R K
SUCCESS SOLUTIONS
LEARN • PRACTICE • SUCCEED

RK Success Solutions – मनोविज्ञान वस्तुनिष्ठ प्रश्न

Psychology MCQs in Hindi for Competitive Exams

UGC NET, CTET, htET, pstet, TET, B.Ed., State Exams एवं अन्य प्रतियोगी परीक्षाओं के लिए उपयोगी

Disclaimer / अस्वीकरण

इस पुस्तक **"RK Success Solutions – मनोविज्ञान वस्तुनिष्ठ प्रश्न"** को प्रतियोगी परीक्षाओं की तैयारी कर रहे विद्यार्थियों की सहायता के उद्देश्य से तैयार किया गया है। पुस्तक में दी गई सामग्री, प्रश्नों और व्याख्याओं को यथासंभव सरल, उपयोगी और परीक्षा-केंद्रित बनाने का प्रयास किया गया है। लेखक एवं प्रकाशक ने जानकारी को सही रखने का पूरा प्रयास किया है, फिर भी किसी त्रुटि के लिए लेखक/प्रकाशक उत्तरदायी नहीं होंगे। विद्यार्थियों को सलाह दी जाती है कि वे परीक्षा की आधिकारिक सूचना और syllabus को भी अवश्य देखें।

Preface / भूमिका

मनोविज्ञान आज प्रतियोगी परीक्षाओं में एक महत्वपूर्ण विषय बन चुका है। Teaching Exams, UGC NET, CTET, REET, TET, B.Ed. और State Level Exams में मनोविज्ञान से जुड़े प्रश्न नियमित रूप से पूछे जाते हैं। विद्यार्थियों को इस विषय में सफलता प्राप्त करने के लिए केवल theory पढ़ना ही पर्याप्त नहीं है, बल्कि अध्यायवार MCQs का नियमित अभ्यास भी आवश्यक है।

RK Success Solutions – मनोविज्ञान वस्तुनिष्ठ प्रश्न इसी उद्देश्य से तैयार की गई है। इस पुस्तक में मनोविज्ञान के प्रमुख topics को सरल भाषा में प्रस्तुत करते हुए परीक्षा-उपयोगी वस्तुनिष्ठ प्रश्न दिए गए हैं। प्रत्येक प्रश्न के साथ संक्षिप्त व्याख्या दी गई है, जिससे विद्यार्थी concept को समझते हुए अपनी तैयारी को मजबूत बना सकें।

मुझे आशा है कि यह पुस्तक विद्यार्थियों की तैयारी में उपयोगी सिद्ध होगी और उन्हें सफलता की ओर आगे बढ़ने में सहायता करेगी।

– R K Success Solutions

Chapter List – 30 Chapters

अध्याय 1: मनोविज्ञान का परिचय

100 वस्तुनिष्ठ प्रश्न

1. मनोविज्ञान शब्द की उत्पत्ति किस भाषा से मानी जाती है?
A. लैटिन
B. ग्रीक
C. संस्कृत
D. फ्रेंच
उत्तर: B. ग्रीक
व्याख्या: Psychology शब्द ग्रीक भाषा के Psyche और Logos से बना है।

2. Psyche शब्द का अर्थ क्या है?
A. शरीर
B. आत्मा या मन
C. समाज
D. व्यवहार
उत्तर: B. आत्मा या मन
व्याख्या: Psyche का अर्थ आत्मा या मन माना जाता है।

3. Logos शब्द का अर्थ क्या है?
A. अध्ययन
B. भावना
C. क्रिया
D. अनुभव
उत्तर: A. अध्ययन
व्याख्या: Logos का अर्थ अध्ययन या विज्ञान होता है।

4. प्रारंभिक काल में मनोविज्ञान को किसका अध्ययन माना जाता था?
A. शरीर का
B. आत्मा का
C. समाज का
D. भाषा का
उत्तर: B. आत्मा का
व्याख्या: प्रारंभ में मनोविज्ञान को आत्मा का विज्ञान कहा गया।

5. मनोविज्ञान को मन का विज्ञान किस काल में माना गया?
A. प्रारंभिक दार्शनिक काल
B. मध्यकालीन विचारधारा
C. आधुनिक वैज्ञानिक काल
D. औद्योगिक काल
उत्तर: B. मध्यकालीन विचारधारा
व्याख्या: आत्मा की अवधारणा अस्पष्ट होने पर मन को अध्ययन का केंद्र बनाया गया।

6. आधुनिक मनोविज्ञान मुख्य रूप से किसका अध्ययन करता है?
A. केवल आत्मा
B. केवल शरीर
C. व्यवहार और मानसिक प्रक्रियाएँ
D. केवल समाज
उत्तर: C. व्यवहार और मानसिक प्रक्रियाएँ
व्याख्या: आधुनिक मनोविज्ञान व्यवहार और मानसिक प्रक्रियाओं का वैज्ञानिक अध्ययन है।

7. मनोविज्ञान को व्यवहार का विज्ञान किसने माना?
A. वाटसन
B. प्लेटो
C. अरस्तू
D. फ्रायड
उत्तर: A. वाटसन
व्याख्या: जे. बी. वाटसन ने मनोविज्ञान को व्यवहार का विज्ञान बताया।

8. मनोविज्ञान को वैज्ञानिक विषय बनाने में किसका विशेष योगदान है?
A. विल्हेम वुंट
B. रूसो
C. मैकडूगल
D. स्किनर
उत्तर: A. विल्हेम वुंट
व्याख्या: वुंट ने 1879 में पहली मनोवैज्ञानिक प्रयोगशाला स्थापित की।

9. पहली मनोवैज्ञानिक प्रयोगशाला कहाँ स्थापित हुई थी?
A. पेरिस
B. लंदन
C. लाइपजिग
D. रोम
उत्तर: C. लाइपजिग
व्याख्या: विल्हेम वुंट ने जर्मनी के लाइपजिग में प्रयोगशाला स्थापित की।

10. पहली मनोवैज्ञानिक प्रयोगशाला किस वर्ष स्थापित हुई?
A. 1859
B. 1879
C. 1890
D. 1905
उत्तर: B. 1879
व्याख्या: 1879 को आधुनिक मनोविज्ञान की शुरुआत का महत्वपूर्ण वर्ष माना जाता है।

11. विल्हेम वुंट को किसका जनक कहा जाता है?
A. आधुनिक मनोविज्ञान
B. शिक्षा मनोविज्ञान
C. सामाजिक मनोविज्ञान
D. बाल मनोविज्ञान
उत्तर: A. आधुनिक मनोविज्ञान
व्याख्या: वुंट ने मनोविज्ञान को प्रयोगात्मक आधार दिया।

12. मनोविज्ञान का मुख्य उद्देश्य क्या है?
A. केवल रोगों का इलाज
B. व्यवहार को समझना, वर्णन करना और नियंत्रित करना
C. केवल शिक्षा देना
D. केवल इतिहास पढ़ना
उत्तर: B. व्यवहार को समझना, वर्णन करना और नियंत्रित करना
व्याख्या: मनोविज्ञान व्यवहार के वर्णन, व्याख्या, पूर्वानुमान और नियंत्रण से जुड़ा है।

13. मनोविज्ञान में व्यवहार का अर्थ क्या है?
A. केवल बोलना
B. व्यक्ति की बाहरी और आंतरिक प्रतिक्रियाएँ
C. केवल चलना
D. केवल लिखना
उत्तर: B. व्यक्ति की बाहरी और आंतरिक प्रतिक्रियाएँ
व्याख्या: व्यवहार में दृश्य क्रियाएँ और मानसिक प्रतिक्रियाएँ दोनों शामिल हैं।

14. निम्न में से कौन-सी मानसिक प्रक्रिया है?
A. चलना
B. दौड़ना
C. सोचना
D. कूदना

उत्तर: C. सोचना
व्याख्या: सोचना एक आंतरिक मानसिक प्रक्रिया है।
15. मनोविज्ञान किस प्रकार का विज्ञान है?
A. प्राकृतिक और सामाजिक विज्ञान से संबंधित
B. केवल गणितीय विज्ञान
C. केवल राजनीतिक विज्ञान
D. केवल धार्मिक विज्ञान
उत्तर: A. प्राकृतिक और सामाजिक विज्ञान से संबंधित
व्याख्या: मनोविज्ञान जैविक, सामाजिक और मानसिक पक्षों का अध्ययन करता है।
16. मनोविज्ञान का अध्ययन किस पर केंद्रित होता है?
A. मानव और पशु व्यवहार
B. केवल पौधे
C. केवल मशीन
D. केवल ग्रह
उत्तर: A. मानव और पशु व्यवहार
व्याख्या: मनोविज्ञान मानव के साथ पशु व्यवहार का भी अध्ययन करता है।
17. मनोविज्ञान में वैज्ञानिक पद्धति का अर्थ है—
A. अनुमान पर आधारित अध्ययन
B. व्यवस्थित और प्रमाणित अध्ययन
C. केवल कल्पना
D. केवल परंपरा
उत्तर: B. व्यवस्थित और प्रमाणित अध्ययन
व्याख्या: वैज्ञानिक पद्धति तथ्य, निरीक्षण और परीक्षण पर आधारित होती है।
18. मनोविज्ञान का संबंध किससे सबसे अधिक है?
A. व्यवहार
B. खगोल
C. वास्तुकला
D. व्यापार
उत्तर: A. व्यवहार
व्याख्या: मनोविज्ञान का मुख्य विषय व्यवहार और मानसिक प्रक्रियाएँ हैं।
19. मनोविज्ञान का प्राचीन अर्थ था—
A. आत्मा का विज्ञान
B. धन का विज्ञान
C. राज्य का विज्ञान
D. भाषा का विज्ञान
उत्तर: A. आत्मा का विज्ञान
व्याख्या: प्रारंभ में मनोविज्ञान आत्मा से संबंधित माना जाता था।
20. मनोविज्ञान का वर्तमान स्वरूप है—
A. धार्मिक अध्ययन
B. व्यवहार और मानसिक प्रक्रियाओं का विज्ञान
C. केवल आत्मा का अध्ययन
D. केवल शरीर का अध्ययन
उत्तर: B. व्यवहार और मानसिक प्रक्रियाओं का विज्ञान
व्याख्या: आधुनिक मनोविज्ञान वैज्ञानिक दृष्टिकोण अपनाता है।
21. मनोविज्ञान में निरीक्षण किसका उदाहरण है?
A. अध्ययन विधि
B. सिद्धांत
C. भावना
D. प्रवृत्ति
उत्तर: A. अध्ययन विधि
व्याख्या: निरीक्षण मनोविज्ञान की प्रमुख अध्ययन विधियों में से एक है।
22. मनोविज्ञान का उद्देश्य व्यवहार का क्या करना है?
A. केवल निंदा करना
B. वर्णन, व्याख्या, पूर्वानुमान और नियंत्रण
C. केवल प्रशंसा करना
D. केवल अनदेखा करना
उत्तर: B. वर्णन, व्याख्या, पूर्वानुमान और नियंत्रण
व्याख्या: ये मनोविज्ञान के चार प्रमुख उद्देश्य माने जाते हैं।
23. मनोविज्ञान में पूर्वानुमान का अर्थ है—
A. भविष्य के व्यवहार का अनुमान
B. पुराने व्यवहार को भूलना
C. व्यवहार को रोकना
D. केवल रिपोर्ट लिखना
उत्तर: A. भविष्य के व्यवहार का अनुमान
व्याख्या: पूर्वानुमान से संभावित व्यवहार का अनुमान लगाया जाता है।
24. मनोविज्ञान में नियंत्रण का अर्थ है—
A. व्यवहार को समझकर उचित दिशा देना
B. व्यक्ति को दंड देना
C. सोच बंद करना
D. शिक्षा रोकना
उत्तर: A. व्यवहार को समझकर उचित दिशा देना
व्याख्या: नियंत्रण का उद्देश्य व्यवहार में सुधार या परिवर्तन लाना है।
25. मनोविज्ञान का शिक्षा से संबंध किस कारण है?
A. सीखने और व्यवहार को समझने के कारण
B. केवल परीक्षा लेने के कारण
C. केवल स्कूल भवन के कारण
D. केवल खेल के कारण
उत्तर: A. सीखने और व्यवहार को समझने के कारण
व्याख्या: शिक्षा में अधिगम, प्रेरणा और व्यक्तित्व को समझना जरूरी है।
26. शिक्षा मनोविज्ञान किसका अध्ययन करता है?
A. शिक्षण-अधिगम प्रक्रिया
B. व्यापारिक लाभ
C. राजनीतिक दल
D. मौसम
उत्तर: A. शिक्षण-अधिगम प्रक्रिया
व्याख्या: शिक्षा मनोविज्ञान सीखने और सिखाने की प्रक्रिया से संबंधित है।
27. बाल मनोविज्ञान किसका अध्ययन करता है?
A. बच्चों के विकास और व्यवहार का
B. केवल वृद्धों का
C. केवल पशुओं का
D. केवल उद्योगों का
उत्तर: A. बच्चों के विकास और व्यवहार का
व्याख्या: बाल मनोविज्ञान बालक के शारीरिक, मानसिक और सामाजिक विकास का अध्ययन करता है।
28. सामाजिक मनोविज्ञान किससे संबंधित है?
A. व्यक्ति और समाज के पारस्परिक प्रभाव से
B. केवल शरीर से
C. केवल मशीन से
D. केवल गणना से
उत्तर: A. व्यक्ति और समाज के पारस्परिक प्रभाव से
व्याख्या: सामाजिक मनोविज्ञान सामाजिक परिस्थितियों में व्यवहार का अध्ययन करता है।
29. असामान्य मनोविज्ञान किसका अध्ययन करता है?
A. असामान्य व्यवहार और मानसिक विकार
B. सामान्य भोजन
C. कृषि उत्पादन
D. भाषा नियम

उत्तर: A. असामान्य व्यवहार और मानसिक विकार
व्याख्या: यह मानसिक समस्याओं और विचलित व्यवहार से संबंधित है।

30. औद्योगिक मनोविज्ञान का संबंध किससे है?
A. कार्यस्थल और कर्मचारियों के व्यवहार से
B. केवल खेतों से
C. केवल परिवार से
D. केवल मंदिर से
उत्तर: A. कार्यस्थल और कर्मचारियों के व्यवहार से
व्याख्या: औद्योगिक मनोविज्ञान कार्यक्षमता, चयन और संगठनात्मक व्यवहार का अध्ययन करता है।

31. परामर्श मनोविज्ञान का मुख्य कार्य क्या है?
A. व्यक्ति को समस्याओं से निपटने में सहायता देना
B. केवल दवा देना
C. मशीन बनाना
D. खेती करना
उत्तर: A. व्यक्ति को समस्याओं से निपटने में सहायता देना
व्याख्या: परामर्श मनोविज्ञान भावनात्मक और व्यक्तिगत समस्याओं में मार्गदर्शन देता है।

32. नैदानिक मनोविज्ञान किससे संबंधित है?
A. मानसिक रोगों के मूल्यांकन और उपचार से
B. खेल नियमों से
C. बैंकिंग से
D. मौसम विज्ञान से
उत्तर: A. मानसिक रोगों के मूल्यांकन और उपचार से
व्याख्या: नैदानिक मनोविज्ञान मानसिक स्वास्थ्य समस्याओं का अध्ययन करता है।

33. मनोविज्ञान में प्रयोग विधि का उद्देश्य क्या है?
A. कारण और परिणाम संबंध जानना
B. केवल कहानी सुनना
C. केवल अनुमान लगाना
D. केवल चित्र बनाना
उत्तर: A. कारण और परिणाम संबंध जानना
व्याख्या: प्रयोग विधि नियंत्रित परिस्थितियों में व्यवहार का अध्ययन करती है।

34. मनोविज्ञान में व्यक्ति-अध्ययन विधि किस पर केंद्रित होती है?
A. एक व्यक्ति के विस्तृत अध्ययन पर
B. केवल भीड़ पर
C. केवल पशुओं पर
D. केवल पौधों पर
उत्तर: A. एक व्यक्ति के विस्तृत अध्ययन पर
व्याख्या: व्यक्ति-अध्ययन में किसी व्यक्ति की पृष्ठभूमि और व्यवहार का गहन अध्ययन किया जाता है।

35. प्रश्नावली विधि में क्या प्रयोग किया जाता है?
A. प्रश्नों की सूची
B. प्रयोगशाला उपकरण
C. दर्पण
D. रक्त परीक्षण
उत्तर: A. प्रश्नों की सूची
व्याख्या: प्रश्नावली में उत्तरदाता से लिखित प्रश्नों के उत्तर लिए जाते हैं।

36. साक्षात्कार विधि में जानकारी कैसे प्राप्त की जाती है?
A. बातचीत द्वारा
B. केवल मशीन द्वारा
C. केवल परीक्षा द्वारा
D. केवल खेल द्वारा
उत्तर: A. बातचीत द्वारा
व्याख्या: साक्षात्कार में प्रत्यक्ष संवाद के माध्यम से जानकारी ली जाती है।

37. मनोविज्ञान में परीक्षण विधि का उपयोग किसलिए होता है?
A. योग्यता, बुद्धि या व्यक्तित्व मापने के लिए
B. केवल भोजन मापने के लिए
C. केवल दूरी मापने के लिए
D. केवल वजन मापने के लिए
उत्तर: A. योग्यता, बुद्धि या व्यक्तित्व मापने के लिए
व्याख्या: मनोवैज्ञानिक परीक्षण विभिन्न मानसिक गुणों का मापन करते हैं।

38. मनोविज्ञान में आत्मनिरीक्षण का अर्थ है—
A. अपने अनुभवों का स्वयं निरीक्षण
B. दूसरों को देखना
C. मशीन चलाना
D. प्रयोगशाला बनाना
उत्तर: A. अपने अनुभवों का स्वयं निरीक्षण
व्याख्या: आत्मनिरीक्षण में व्यक्ति अपने मानसिक अनुभवों का अध्ययन करता है।

39. आत्मनिरीक्षण विधि की मुख्य कमी क्या है?
A. यह व्यक्तिनिष्ठ होती है
B. यह बहुत सस्ती होती है
C. यह हमेशा सही होती है
D. यह मशीन आधारित होती है
उत्तर: A. यह व्यक्तिनिष्ठ होती है
व्याख्या: इसमें व्यक्ति अपने अनुभव बताता है, इसलिए निष्पक्षता कम हो सकती है।

40. व्यवहारवाद किस पर बल देता है?
A. दृश्य व्यवहार पर
B. आत्मा पर
C. अदृश्य कल्पना पर
D. धर्म पर
उत्तर: A. दृश्य व्यवहार पर
व्याख्या: व्यवहारवाद प्रत्यक्ष रूप से देखे जाने वाले व्यवहार को महत्व देता है।

41. व्यवहारवाद के प्रमुख प्रवर्तक कौन थे?
A. जे. बी. वाटसन
B. वुंट
C. पियाजे
D. मास्लो
उत्तर: A. जे. बी. वाटसन
व्याख्या: वाटसन ने व्यवहारवाद को व्यवस्थित रूप दिया।

42. मनोविश्लेषणवाद के प्रमुख प्रवर्तक कौन थे?
A. सिगमंड फ्रायड
B. वाटसन
C. थॉर्नडाइक
D. गेस्टाल्ट
उत्तर: A. सिगमंड फ्रायड
व्याख्या: फ्रायड ने अचेतन मन और मनोविश्लेषण सिद्धांत दिया।

43. मनोविश्लेषणवाद किस पर विशेष बल देता है?
A. अचेतन मन
B. केवल दृश्य व्यवहार
C. केवल भाषा
D. केवल समाज
उत्तर: A. अचेतन मन
व्याख्या: फ्रायड के अनुसार अचेतन इच्छाएँ व्यवहार को प्रभावित करती हैं।

44. गेस्टाल्ट मनोविज्ञान का मुख्य विचार क्या है?
A. संपूर्णता भागों से अधिक महत्वपूर्ण है
B. केवल भाग महत्वपूर्ण हैं
C. केवल दंड महत्वपूर्ण है
D. केवल भाषा महत्वपूर्ण है
उत्तर: A. संपूर्णता भागों से अधिक महत्वपूर्ण है
व्याख्या: गेस्टाल्ट विचारधारा अनुभव को संपूर्ण रूप में समझती है।

45. मानवतावादी मनोविज्ञान किस पर बल देता है?
A. व्यक्ति की क्षमता और आत्म-विकास पर
B. केवल दंड पर
C. केवल मशीन पर
D. केवल बीमारी पर
उत्तर: A. व्यक्ति की क्षमता और आत्म-विकास पर
व्याख्या: मानवतावादी दृष्टिकोण व्यक्ति की सकारात्मक क्षमताओं को महत्व देता है।

46. मानवतावादी मनोविज्ञान से कौन संबंधित है?
A. अब्राहम मास्लो
B. वाटसन
C. पावलॉव
D. वुंट
उत्तर: A. अब्राहम मास्लो
व्याख्या: मास्लो ने आवश्यकता क्रम सिद्धांत दिया।

47. संज्ञानात्मक मनोविज्ञान किसका अध्ययन करता है?
A. सोच, स्मृति, भाषा और समस्या समाधान
B. केवल शरीर की हड्डियाँ
C. केवल बाजार
D. केवल राजनीति
उत्तर: A. सोच, स्मृति, भाषा और समस्या समाधान
व्याख्या: संज्ञानात्मक मनोविज्ञान मानसिक प्रक्रियाओं से संबंधित है।

48. जैविक मनोविज्ञान किससे संबंधित है?
A. व्यवहार के जैविक आधार से
B. केवल इतिहास से
C. केवल व्यापार से
D. केवल कला से
उत्तर: A. व्यवहार के जैविक आधार से
व्याख्या: यह मस्तिष्क, तंत्रिका तंत्र और हार्मोन का व्यवहार पर प्रभाव देखता है।

49. विकासात्मक मनोविज्ञान किसका अध्ययन करता है?
A. जीवन भर होने वाले विकास का
B. केवल धन वृद्धि का
C. केवल उद्योग विकास का
D. केवल मौसम परिवर्तन का
उत्तर: A. जीवन भर होने वाले विकास का
व्याख्या: विकासात्मक मनोविज्ञान जन्म से वृद्धावस्था तक विकास का अध्ययन करता है।

50. मनोविज्ञान में व्यक्तित्व का अर्थ है—
A. व्यक्ति के गुणों और व्यवहार का संगठित स्वरूप
B. केवल सुंदरता
C. केवल कपड़े
D. केवल नाम
उत्तर: A. व्यक्ति के गुणों और व्यवहार का संगठित स्वरूप
व्याख्या: व्यक्तित्व व्यक्ति के सोचने, महसूस करने और व्यवहार करने के ढंग को दर्शाता है।

51. मनोविज्ञान में अभिप्रेरणा का अर्थ है—
A. व्यवहार को प्रेरित करने वाली शक्ति
B. व्यवहार रोकने वाली दीवार
C. केवल नींद
D. केवल भोजन
उत्तर: A. व्यवहार को प्रेरित करने वाली शक्ति
व्याख्या: अभिप्रेरणा व्यक्ति को किसी कार्य की ओर प्रेरित करती है।

52. संवेग का उदाहरण कौन-सा है?
A. क्रोध
B. पेंसिल
C. कुर्सी
D. पुस्तक
उत्तर: A. क्रोध
व्याख्या: क्रोध एक भावनात्मक अवस्था है।

53. अधिगम का अर्थ है—
A. अनुभव के कारण व्यवहार में परिवर्तन
B. केवल जन्मजात क्रिया
C. केवल सोना
D. केवल भोजन करना
उत्तर: A. अनुभव के कारण व्यवहार में परिवर्तन
व्याख्या: अधिगम अनुभव और अभ्यास से उत्पन्न अपेक्षाकृत स्थायी परिवर्तन है।

54. स्मृति का संबंध किससे है?
A. सीखी हुई बातों को याद रखने से
B. केवल भूलने से
C. केवल चलने से
D. केवल बोलने से
उत्तर: A. सीखी हुई बातों को याद रखने से
व्याख्या: स्मृति में सीखना, धारण करना और पुनः स्मरण शामिल है।

55. विस्मरण का अर्थ क्या है?
A. याद की हुई बात को याद न कर पाना
B. जल्दी सीखना
C. अधिक बोलना
D. तेज चलना
उत्तर: A. याद की हुई बात को याद न कर पाना
व्याख्या: विस्मरण स्मृति में कमी या पुनः स्मरण की असफलता है।

56. बुद्धि का संबंध किससे है?
A. सीखने, समझने और समस्या हल करने की क्षमता से
B. केवल ऊँचाई से
C. केवल वजन से
D. केवल रंग से
उत्तर: A. सीखने, समझने और समस्या हल करने की क्षमता से
व्याख्या: बुद्धि व्यक्ति की मानसिक क्षमता को दर्शाती है।

57. मनोविज्ञान में प्रत्यक्षीकरण का अर्थ है—
A. संवेदनाओं को अर्थ देना
B. केवल सुनना
C. केवल देखना
D. केवल छूना
उत्तर: A. संवेदनाओं को अर्थ देना
व्याख्या: प्रत्यक्षीकरण में मस्तिष्क संवेदनाओं की व्याख्या करता है।

58. संवेदना किससे शुरू होती है?
A. इंद्रियों पर उत्तेजना के प्रभाव से
B. केवल विचार से
C. केवल भाषा से
D. केवल स्मृति से
उत्तर: A. इंद्रियों पर उत्तेजना के प्रभाव से
व्याख्या: संवेदना इंद्रिय अंगों द्वारा उत्तेजना ग्रहण करने से होती

है।

59. ध्यान का अर्थ है—
A. किसी वस्तु या विचार पर चेतना का केंद्रित होना
B. सभी चीजों को भूल जाना
C. केवल सो जाना
D. केवल दौड़ना
उत्तर: A. किसी वस्तु या विचार पर चेतना का केंद्रित होना
व्याख्या: ध्यान मानसिक ऊर्जा को किसी विशेष विषय पर केंद्रित करता है।

60. मनोविज्ञान में चेतना का अर्थ है—
A. वर्तमान अनुभवों की जागरूकता
B. पूर्ण नींद
C. बेहोशी
D. शरीर का वजन
उत्तर: A. वर्तमान अनुभवों की जागरूकता
व्याख्या: चेतना व्यक्ति को अपने और वातावरण के प्रति जागरूक बनाती है।

61. अचेतन मन की अवधारणा किससे जुड़ी है?
A. फ्रायड
B. वाटसन
C. वुंट
D. स्किनर
उत्तर: A. फ्रायड
व्याख्या: फ्रायड ने अचेतन मन को व्यवहार का महत्वपूर्ण आधार माना।

62. मनोविज्ञान में वातावरण का प्रभाव किस पर पड़ता है?
A. व्यवहार और विकास पर
B. केवल ग्रहों पर
C. केवल पत्थरों पर
D. केवल धातुओं पर
उत्तर: A. व्यवहार और विकास पर
व्याख्या: व्यक्ति का व्यवहार आनुवंशिकता और वातावरण दोनों से प्रभावित होता है।

63. आनुवंशिकता का संबंध किससे है?
A. माता-पिता से प्राप्त गुणों से
B. केवल स्कूल से
C. केवल मित्रों से
D. केवल मौसम से
उत्तर: A. माता-पिता से प्राप्त गुणों से
व्याख्या: आनुवंशिकता जैविक गुणों के हस्तांतरण से संबंधित है।

64. मनोविज्ञान में मापन का उपयोग किसलिए होता है?
A. मानसिक गुणों का आकलन करने के लिए
B. केवल कपड़ा नापने के लिए
C. केवल खेत नापने के लिए
D. केवल सड़क नापने के लिए
उत्तर: A. मानसिक गुणों का आकलन करने के लिए
व्याख्या: मनोवैज्ञानिक मापन बुद्धि, रुचि, योग्यता आदि को मापता है।

65. मनोविज्ञान का चिकित्सा क्षेत्र में उपयोग किसलिए होता है?
A. मानसिक स्वास्थ्य और उपचार में सहायता के लिए
B. केवल भवन निर्माण के लिए
C. केवल वाहन चलाने के लिए
D. केवल व्यापार बढ़ाने के लिए
उत्तर: A. मानसिक स्वास्थ्य और उपचार में सहायता के लिए
व्याख्या: मनोविज्ञान मानसिक समस्याओं को समझने और उपचार में सहायक है।

66. खेल मनोविज्ञान किससे संबंधित है?
A. खिलाड़ियों के प्रदर्शन और मानसिक तैयारी से
B. केवल दर्शकों से
C. केवल टिकट से
D. केवल मैदान की घास से
उत्तर: A. खिलाड़ियों के प्रदर्शन और मानसिक तैयारी से
व्याख्या: खेल मनोविज्ञान प्रेरणा, तनाव और प्रदर्शन का अध्ययन करता है।

67. अपराध मनोविज्ञान किसका अध्ययन करता है?
A. अपराधी व्यवहार के कारणों का
B. केवल कानून की किताबों का
C. केवल पुलिस वर्दी का
D. केवल अदालत भवन का
उत्तर: A. अपराधी व्यवहार के कारणों का
व्याख्या: अपराध मनोविज्ञान अपराधी के व्यवहार और मानसिक दशा को समझता है।

68. पर्यावरण मनोविज्ञान किससे संबंधित है?
A. वातावरण और व्यवहार के संबंध से
B. केवल गणित से
C. केवल संगीत से
D. केवल बैंकिंग से
उत्तर: A. वातावरण और व्यवहार के संबंध से
व्याख्या: यह भौतिक वातावरण के मानव व्यवहार पर प्रभाव का अध्ययन करता है।

69. मनोविज्ञान में सामान्य व्यवहार का अर्थ है—
A. सामाजिक रूप से स्वीकार्य और संतुलित व्यवहार
B. हमेशा चुप रहना
C. हमेशा क्रोधित रहना
D. हमेशा सोना
उत्तर: A. सामाजिक रूप से स्वीकार्य और संतुलित व्यवहार
व्याख्या: सामान्य व्यवहार परिस्थिति के अनुसार संतुलित माना जाता है।

70. असामान्य व्यवहार की पहचान किससे हो सकती है?
A. सामाजिक मानकों से अत्यधिक विचलन
B. सामान्य बातचीत
C. नियमित अध्ययन
D. संतुलित सोच
उत्तर: A. सामाजिक मानकों से अत्यधिक विचलन
व्याख्या: जब व्यवहार सामाजिक और व्यक्तिगत जीवन में बाधा बने तो असामान्य माना जा सकता है।

71. मनोविज्ञान में वस्तुनिष्ठता का अर्थ है—
A. निष्पक्ष और प्रमाण आधारित अध्ययन
B. व्यक्तिगत पक्षपात
C. केवल कल्पना
D. केवल भावना
उत्तर: A. निष्पक्ष और प्रमाण आधारित अध्ययन
व्याख्या: वस्तुनिष्ठता वैज्ञानिक अध्ययन की आवश्यक विशेषता है।

72. मनोविज्ञान में विश्वसनीयता का अर्थ है—
A. परिणामों का बार-बार समान होना
B. परिणामों का हमेशा बदलना
C. बिना माप के निष्कर्ष
D. केवल अनुमान
उत्तर: A. परिणामों का बार-बार समान होना
व्याख्या: विश्वसनीय परीक्षण समान परिस्थितियों में समान परिणाम देता है।

73. वैधता का अर्थ है—
A. परीक्षण वही मापे जिसके लिए बनाया गया है

B. परीक्षण लंबा हो
C. परीक्षण कठिन हो
D. परीक्षण रंगीन हो
उत्तर: A. परीक्षण वही मापे जिसके लिए बनाया गया है
व्याख्या: वैधता बताती है कि परीक्षण अपने उद्देश्य को सही माप रहा है या नहीं।

74. मनोविज्ञान में नमूना किसे कहते हैं?
A. जनसंख्या का चुना हुआ भाग
B. पूरी पृथ्वी
C. केवल एक पुस्तक
D. केवल प्रयोगशाला
उत्तर: A. जनसंख्या का चुना हुआ भाग
व्याख्या: नमूना अध्ययन के लिए चुने गए व्यक्तियों का समूह होता है।

75. मनोविज्ञान में चर का अर्थ है—
A. बदलने वाली विशेषता
B. स्थिर पत्थर
C. केवल नाम
D. केवल स्थान
उत्तर: A. बदलने वाली विशेषता
व्याख्या: चर वह गुण है जिसमें परिवर्तन हो सकता है।

76. स्वतंत्र चर किसे कहते हैं?
A. जिसे शोधकर्ता बदलता है
B. जो कभी नहीं बदलता
C. जो परिणाम होता है
D. जो केवल नाम होता है
उत्तर: A. जिसे शोधकर्ता बदलता है
व्याख्या: स्वतंत्र चर का प्रभाव आश्रित चर पर देखा जाता है।

77. आश्रित चर किसे कहते हैं?
A. जिस पर प्रभाव मापा जाता है
B. जिसे शोधकर्ता हमेशा छिपाता है
C. जो अप्रासंगिक होता है
D. जो केवल स्थान होता है
उत्तर: A. जिस पर प्रभाव मापा जाता है
व्याख्या: आश्रित चर स्वतंत्र चर के प्रभाव से बदल सकता है।

78. मनोविज्ञान में प्रयोगशाला का महत्व क्या है?
A. नियंत्रित परिस्थितियों में अध्ययन करना
B. केवल आराम करना
C. केवल पुस्तक रखना
D. केवल भोजन बनाना
उत्तर: A. नियंत्रित परिस्थितियों में अध्ययन करना
व्याख्या: प्रयोगशाला में कारकों को नियंत्रित करके व्यवहार का अध्ययन किया जाता है।

79. मनोविज्ञान में नैतिकता क्यों जरूरी है?
A. प्रतिभागियों की सुरक्षा और सम्मान के लिए
B. शोध को लंबा बनाने के लिए
C. केवल खर्च बढ़ाने के लिए
D. परिणाम छिपाने के लिए
उत्तर: A. प्रतिभागियों की सुरक्षा और सम्मान के लिए
व्याख्या: मनोवैज्ञानिक शोध में गोपनीयता, सहमति और सुरक्षा जरूरी हैं।

80. सूचित सहमति का अर्थ है—
A. अध्ययन की जानकारी देकर अनुमति लेना
B. बिना बताए प्रयोग करना
C. दबाव डालना
D. गलत सूचना देना
उत्तर: A. अध्ययन की जानकारी देकर अनुमति लेना
व्याख्या: शोध में प्रतिभागी की स्वैच्छिक सहमति आवश्यक होती है।

81. मनोविज्ञान में गोपनीयता का अर्थ है—
A. व्यक्ति की निजी जानकारी सुरक्षित रखना
B. जानकारी सबको बताना
C. परिणाम बदलना
D. प्रश्न हटाना
उत्तर: A. व्यक्ति की निजी जानकारी सुरक्षित रखना
व्याख्या: शोध और परामर्श में व्यक्ति की निजी जानकारी सुरक्षित रखी जाती है।

82. मनोविज्ञान का लक्ष्य केवल रोगों का उपचार नहीं बल्कि—
A. सामान्य जीवन को बेहतर बनाना भी है
B. केवल दवा बनाना है
C. केवल कानून बनाना है
D. केवल इतिहास लिखना है
उत्तर: A. सामान्य जीवन को बेहतर बनाना भी है
व्याख्या: मनोविज्ञान शिक्षा, कार्य, परिवार और समाज में भी उपयोगी है।

83. मनोविज्ञान में अनुकूलन का अर्थ है—
A. परिस्थितियों के अनुसार स्वयं को ढालना
B. हमेशा विरोध करना
C. हमेशा भागना
D. कुछ न सीखना
उत्तर: A. परिस्थितियों के अनुसार स्वयं को ढालना
व्याख्या: अनुकूलन व्यक्ति को वातावरण में संतुलित रहने में सहायता करता है।

84. मनोविज्ञान में तनाव का अर्थ है—
A. दबाव या चुनौती की मानसिक अवस्था
B. पूर्ण विश्राम
C. केवल खुशी
D. केवल नींद
उत्तर: A. दबाव या चुनौती की मानसिक अवस्था
व्याख्या: तनाव व्यक्ति की मानसिक और शारीरिक प्रतिक्रियाओं को प्रभावित करता है।

85. मनोविज्ञान में रुचि का अर्थ है—
A. किसी कार्य या विषय के प्रति आकर्षण
B. किसी से डरना
C. किसी को भूलना
D. केवल क्रोध करना
उत्तर: A. किसी कार्य या विषय के प्रति आकर्षण
व्याख्या: रुचि व्यक्ति को किसी गतिविधि में भाग लेने के लिए प्रेरित करती है।

86. अभिवृत्ति का अर्थ है—
A. किसी वस्तु, व्यक्ति या विचार के प्रति दृष्टिकोण
B. केवल शरीर की लंबाई
C. केवल आवाज
D. केवल भोजन
उत्तर: A. किसी वस्तु, व्यक्ति या विचार के प्रति दृष्टिकोण
व्याख्या: अभिवृत्ति व्यक्ति के विचार, भावना और व्यवहार को प्रभावित करती है।

87. मनोविज्ञान में मूल्य का संबंध किससे है?
A. व्यक्ति के आदर्शों और मान्यताओं से
B. केवल वस्तु की कीमत से
C. केवल वजन से
D. केवल दूरी से
उत्तर: A. व्यक्ति के आदर्शों और मान्यताओं से
व्याख्या: मूल्य व्यक्ति के निर्णय और व्यवहार को दिशा देते हैं।

88. मनोविज्ञान में समूह का अर्थ है—

A. दो या अधिक व्यक्तियों का पारस्परिक संबंध वाला समूह
B. केवल एक व्यक्ति
C. केवल वस्तुओं का ढेर
D. केवल भवन
उत्तर: A. दो या अधिक व्यक्तियों का पारस्परिक संबंध वाला समूह
व्याख्या: समूह में सदस्यों के बीच संपर्क और प्रभाव होता है।

89. नेतृत्व का अध्ययन किस शाखा में प्रमुख रूप से होता है?
A. सामाजिक और औद्योगिक मनोविज्ञान
B. केवल खगोल विज्ञान
C. केवल रसायन विज्ञान
D. केवल वनस्पति विज्ञान
उत्तर: A. सामाजिक और औद्योगिक मनोविज्ञान
व्याख्या: नेतृत्व समूह और संगठनात्मक व्यवहार से जुड़ा है।

90. मनोविज्ञान में व्यक्तियों के अंतर का अध्ययन किसलिए किया जाता है?
A. क्षमता, रुचि और व्यक्तित्व में भिन्नता समझने के लिए
B. सभी को समान मानने के लिए
C. केवल नाम लिखने के लिए
D. केवल उम्र छिपाने के लिए
उत्तर: A. क्षमता, रुचि और व्यक्तित्व में भिन्नता समझने के लिए
व्याख्या: व्यक्तिगत भिन्नताएँ शिक्षा और चयन में महत्वपूर्ण होती हैं।

91. मनोविज्ञान का संबंध जीवविज्ञान से क्यों है?
A. मस्तिष्क और तंत्रिका तंत्र व्यवहार को प्रभावित करते हैं
B. केवल पौधे पढ़ने के कारण
C. केवल मिट्टी पढ़ने के कारण
D. केवल जल पढ़ने के कारण
उत्तर: A. मस्तिष्क और तंत्रिका तंत्र व्यवहार को प्रभावित करते हैं
व्याख्या: जैविक प्रक्रियाएँ मानसिक और व्यवहारिक प्रतिक्रियाओं से जुड़ी हैं।

92. मनोविज्ञान का समाजशास्त्र से संबंध किस कारण है?
A. सामाजिक वातावरण व्यवहार को प्रभावित करता है
B. केवल भाषा समान है
C. केवल पुस्तक समान है
D. केवल भवन समान है
उत्तर: A. सामाजिक वातावरण व्यवहार को प्रभावित करता है
व्याख्या: व्यक्ति समाज में रहता है और सामाजिक प्रभाव उसके व्यवहार को बदलते हैं।

93. मनोविज्ञान का दर्शन से ऐतिहासिक संबंध क्यों है?
A. मन, आत्मा और चेतना पर प्रारंभिक विचार दर्शन में हुए
B. दर्शन केवल गणित था
C. दर्शन केवल व्यापार था
D. दर्शन केवल खेल था
उत्तर: A. मन, आत्मा और चेतना पर प्रारंभिक विचार दर्शन में हुए
व्याख्या: मनोविज्ञान की शुरुआत दार्शनिक चिंतन से हुई।

94. मनोविज्ञान को स्वतंत्र विज्ञान कब से माना जाने लगा?
A. प्रयोगात्मक पद्धति के विकास के बाद
B. केवल प्राचीन काल से
C. केवल धार्मिक ग्रंथों से
D. केवल राजनीतिक क्रांति से
उत्तर: A. प्रयोगात्मक पद्धति के विकास के बाद
व्याख्या: प्रयोगशाला और वैज्ञानिक विधियों ने मनोविज्ञान को स्वतंत्र विज्ञान बनाया।

95. मनोविज्ञान में व्यवहार का अध्ययन किस आधार पर होना चाहिए?
A. तथ्य और प्रमाण के आधार पर
B. केवल अफवाह के आधार पर
C. केवल अंधविश्वास के आधार पर
D. केवल कल्पना के आधार पर
उत्तर: A. तथ्य और प्रमाण के आधार पर
व्याख्या: वैज्ञानिक मनोविज्ञान प्रमाणित तथ्यों पर आधारित होता है।

96. मनोविज्ञान का उपयोग शिक्षकों के लिए क्यों उपयोगी है?
A. विद्यार्थियों की क्षमता, रुचि और समस्याएँ समझने के लिए
B. केवल उपस्थिति लगाने के लिए
C. केवल भवन सजाने के लिए
D. केवल फीस लेने के लिए
उत्तर: A. विद्यार्थियों की क्षमता, रुचि और समस्याएँ समझने के लिए
व्याख्या: शिक्षक मनोविज्ञान की सहायता से प्रभावी शिक्षण कर सकता है।

97. मनोविज्ञान में परिपक्वता का अर्थ है—
A. स्वाभाविक विकास के कारण क्षमता का विकसित होना
B. केवल पढ़ाई से बदलाव
C. केवल दंड से बदलाव
D. केवल नकल से बदलाव
उत्तर: A. स्वाभाविक विकास के कारण क्षमता का विकसित होना
व्याख्या: परिपक्वता जैविक विकास से जुड़ी प्रक्रिया है।

98. मनोविज्ञान में अनुभव का महत्व क्यों है?
A. अनुभव व्यवहार और सीखने को प्रभावित करता है
B. अनुभव का कोई महत्व नहीं
C. अनुभव केवल उम्र है
D. अनुभव केवल नाम है
उत्तर: A. अनुभव व्यवहार और सीखने को प्रभावित करता है
व्याख्या: व्यक्ति अपने अनुभवों से सीखता और व्यवहार बदलता है।

99. मनोविज्ञान में वैज्ञानिक निष्कर्ष कैसे होने चाहिए?
A. परीक्षण योग्य और प्रमाणित
B. केवल व्यक्तिगत पसंद पर आधारित
C. हमेशा गुप्त
D. बिना प्रमाण के
उत्तर: A. परीक्षण योग्य और प्रमाणित
व्याख्या: वैज्ञानिक निष्कर्षों को जांचा और सत्यापित किया जा सकता है।

100. मनोविज्ञान का सबसे उपयुक्त आधुनिक अर्थ कौन-सा है?
A. आत्मा का धार्मिक अध्ययन
B. व्यवहार और मानसिक प्रक्रियाओं का वैज्ञानिक अध्ययन
C. केवल शरीर का अध्ययन
D. केवल समाज का अध्ययन
उत्तर: B. व्यवहार और मानसिक प्रक्रियाओं का वैज्ञानिक अध्ययन
व्याख्या: आधुनिक मनोविज्ञान मानव और पशु व्यवहार तथा मानसिक प्रक्रियाओं का वैज्ञानिक अध्ययन करता है।

अध्याय 2: मनोविज्ञान की शाखाएँ एवं क्षेत्र

100 वस्तुनिष्ठ प्रश्न

1. मनोविज्ञान की शाखाओं का विकास मुख्य रूप से किस कारण हुआ?
A. मानव व्यवहार की विविधता के कारण
B. केवल भाषा के विकास के कारण
C. केवल राजनीति के कारण
D. केवल व्यापार के कारण
उत्तर: A. मानव व्यवहार की विविधता के कारण
व्याख्या: मानव व्यवहार अलग-अलग परिस्थितियों में भिन्न होता है, इसलिए मनोविज्ञान की कई शाखाएँ विकसित हुईं।

2. शिक्षा मनोविज्ञान का मुख्य क्षेत्र कौन-सा है?
A. शिक्षण-अधिगम प्रक्रिया
B. अपराध नियंत्रण
C. औद्योगिक उत्पादन
D. मौसम अध्ययन
उत्तर: A. शिक्षण-अधिगम प्रक्रिया
व्याख्या: शिक्षा मनोविज्ञान विद्यार्थियों के सीखने और शिक्षण की प्रक्रिया का अध्ययन करता है।

3. बाल मनोविज्ञान किसका अध्ययन करता है?
A. बालकों के विकास और व्यवहार का
B. केवल वृद्धों का
C. केवल पशुओं का
D. केवल उद्योगों का
उत्तर: A. बालकों के विकास और व्यवहार का
व्याख्या: बाल मनोविज्ञान बालक के शारीरिक, मानसिक, सामाजिक और भावनात्मक विकास को समझता है।

4. विकासात्मक मनोविज्ञान किससे संबंधित है?
A. जन्म से वृद्धावस्था तक विकास
B. केवल आर्थिक विकास
C. केवल भवन निर्माण
D. केवल कृषि उत्पादन
उत्तर: A. जन्म से वृद्धावस्था तक विकास
व्याख्या: विकासात्मक मनोविज्ञान जीवन के विभिन्न चरणों में होने वाले परिवर्तनों का अध्ययन करता है।

5. सामाजिक मनोविज्ञान किसका अध्ययन करता है?
A. सामाजिक परिस्थितियों में व्यक्ति के व्यवहार का
B. केवल शरीर रचना का
C. केवल ग्रहों का
D. केवल व्यापार का
उत्तर: A. सामाजिक परिस्थितियों में व्यक्ति के व्यवहार का
व्याख्या: सामाजिक मनोविज्ञान यह देखता है कि समाज, समूह और अन्य व्यक्ति हमारे व्यवहार को कैसे प्रभावित करते हैं।

6. असामान्य मनोविज्ञान का संबंध किससे है?
A. असामान्य व्यवहार और मानसिक विकार
B. सामान्य भोजन
C. भाषा नियम
D. कृषि विज्ञान
उत्तर: A. असामान्य व्यवहार और मानसिक विकार
व्याख्या: असामान्य मनोविज्ञान मानसिक विकारों और विचलित व्यवहार का अध्ययन करता है।

7. नैदानिक मनोविज्ञान का मुख्य कार्य क्या है?
A. मानसिक समस्याओं का मूल्यांकन और उपचार
B. केवल खेल प्रशिक्षण
C. केवल मौसम पूर्वानुमान
D. केवल व्यापारिक लाभ
उत्तर: A. मानसिक समस्याओं का मूल्यांकन और उपचार
व्याख्या: नैदानिक मनोविज्ञान मानसिक स्वास्थ्य समस्याओं की पहचान और उपचार में सहायक होता है।

8. परामर्श मनोविज्ञान किससे संबंधित है?
A. व्यक्तिगत, शैक्षिक और व्यावसायिक समस्याओं में सहायता
B. केवल दवा निर्माण
C. केवल मशीन संचालन
D. केवल खेती
उत्तर: A. व्यक्तिगत, शैक्षिक और व्यावसायिक समस्याओं में सहायता
व्याख्या: परामर्श मनोविज्ञान व्यक्ति को निर्णय लेने और समस्याओं से निपटने में सहायता देता है।

9. औद्योगिक मनोविज्ञान का संबंध किससे है?
A. कार्यस्थल और कर्मचारियों के व्यवहार से
B. केवल परिवार से
C. केवल मंदिर से
D. केवल जंगल से
उत्तर: A. कार्यस्थल और कर्मचारियों के व्यवहार से
व्याख्या: औद्योगिक मनोविज्ञान कर्मचारी चयन, कार्यक्षमता, संतुष्टि और संगठनात्मक व्यवहार का अध्ययन करता है।

10. संगठनात्मक मनोविज्ञान किस क्षेत्र से संबंधित है?
A. संस्थाओं और संगठनों में मानव व्यवहार
B. केवल पशु व्यवहार
C. केवल पौधों की वृद्धि
D. केवल खगोल विज्ञान
उत्तर: A. संस्थाओं और संगठनों में मानव व्यवहार
व्याख्या: संगठनात्मक मनोविज्ञान नेतृत्व, प्रेरणा, समूह कार्य और कार्य संस्कृति का अध्ययन करता है।

11. अपराध मनोविज्ञान किसका अध्ययन करता है?
A. अपराधी व्यवहार और उसके कारण
B. केवल कानून की धाराएँ
C. केवल अदालत भवन
D. केवल पुलिस वर्दी
उत्तर: A. अपराधी व्यवहार और उसके कारण
व्याख्या: अपराध मनोविज्ञान अपराध के मनोवैज्ञानिक कारणों और अपराधी के व्यवहार को समझता है।

12. स्वास्थ्य मनोविज्ञान का संबंध किससे है?
A. स्वास्थ्य, बीमारी और व्यवहार के संबंध से
B. केवल वाहन से
C. केवल बैंकिंग से
D. केवल संगीत से

उत्तर: A. स्वास्थ्य, बीमारी और व्यवहार के संबंध से
व्याख्या: स्वास्थ्य मनोविज्ञान जीवनशैली, तनाव और स्वास्थ्य व्यवहार का अध्ययन करता है।

13. खेल मनोविज्ञान किसका अध्ययन करता है?
A. खिलाड़ियों के प्रदर्शन, प्रेरणा और तनाव का
B. केवल दर्शकों की संख्या
C. केवल टिकट बिक्री
D. केवल मैदान की घास
उत्तर: A. खिलाड़ियों के प्रदर्शन, प्रेरणा और तनाव का
व्याख्या: खेल मनोविज्ञान खिलाड़ियों की मानसिक तैयारी और प्रदर्शन सुधार से जुड़ा है।

14. पर्यावरण मनोविज्ञान किससे संबंधित है?
A. वातावरण और मानव व्यवहार के संबंध से
B. केवल गणित से
C. केवल राजनीति से
D. केवल भाषा से
उत्तर: A. वातावरण और मानव व्यवहार के संबंध से
व्याख्या: पर्यावरण मनोविज्ञान भौतिक वातावरण, भीड़, शोर और स्थान का व्यवहार पर प्रभाव देखता है।

15. जैविक मनोविज्ञान किसका अध्ययन करता है?
A. व्यवहार के जैविक आधार का
B. केवल इतिहास का
C. केवल अर्थशास्त्र का
D. केवल साहित्य का
उत्तर: A. व्यवहार के जैविक आधार का
व्याख्या: जैविक मनोविज्ञान मस्तिष्क, तंत्रिका तंत्र और हार्मोन के व्यवहार पर प्रभाव का अध्ययन करता है।

16. संज्ञानात्मक मनोविज्ञान किससे संबंधित है?
A. सोच, स्मृति, भाषा और समस्या समाधान
B. केवल मांसपेशियों से
C. केवल भवन से
D. केवल कपड़ों से
उत्तर: A. सोच, स्मृति, भाषा और समस्या समाधान
व्याख्या: संज्ञानात्मक मनोविज्ञान मानसिक प्रक्रियाओं को समझने का प्रयास करता है।

17. व्यक्तित्व मनोविज्ञान का मुख्य विषय क्या है?
A. व्यक्ति के गुणों और व्यवहार की स्थायी विशेषताएँ
B. केवल शारीरिक ऊँचाई
C. केवल वस्त्र
D. केवल आवाज
उत्तर: A. व्यक्ति के गुणों और व्यवहार की स्थायी विशेषताएँ
व्याख्या: व्यक्तित्व मनोविज्ञान व्यक्ति के स्वभाव, सोच और व्यवहार के पैटर्न का अध्ययन करता है।

18. तुलनात्मक मनोविज्ञान किसका अध्ययन करता है?
A. विभिन्न प्रजातियों के व्यवहार की तुलना
B. केवल बाजार भाव
C. केवल भाषाओं की व्याकरण
D. केवल भवनों की ऊँचाई
उत्तर: A. विभिन्न प्रजातियों के व्यवहार की तुलना
व्याख्या: तुलनात्मक मनोविज्ञान मानव और पशु व्यवहार की तुलना करता है।

19. पशु मनोविज्ञान किससे संबंधित है?
A. पशुओं के व्यवहार से
B. केवल मनुष्यों की भाषा से
C. केवल राजनीति से
D. केवल व्यापार से
उत्तर: A. पशुओं के व्यवहार से
व्याख्या: पशु मनोविज्ञान पशुओं के सीखने, अनुकूलन और व्यवहार का अध्ययन करता है।

20. प्रयोगात्मक मनोविज्ञान का मुख्य आधार क्या है?
A. नियंत्रित परिस्थितियों में प्रयोग
B. केवल अनुमान
C. केवल कहानी
D. केवल परंपरा
उत्तर: A. नियंत्रित परिस्थितियों में प्रयोग
व्याख्या: प्रयोगात्मक मनोविज्ञान वैज्ञानिक प्रयोगों द्वारा व्यवहार और मानसिक प्रक्रियाओं का अध्ययन करता है।

21. मापन एवं परीक्षण मनोविज्ञान किससे संबंधित है?
A. मानसिक क्षमताओं और गुणों के मापन से
B. केवल कपड़े नापने से
C. केवल खेत नापने से
D. केवल दूरी मापने से
उत्तर: A. मानसिक क्षमताओं और गुणों के मापन से
व्याख्या: यह बुद्धि, योग्यता, रुचि और व्यक्तित्व जैसे गुणों को मापने से जुड़ा है।

22. मनोमिति का संबंध किससे है?
A. मनोवैज्ञानिक मापन से
B. केवल चिकित्सा उपकरण से
C. केवल बैंक खातों से
D. केवल मौसम से
उत्तर: A. मनोवैज्ञानिक मापन से
व्याख्या: मनोमिति परीक्षण निर्माण, विश्वसनीयता और वैधता से संबंधित है।

23. सैन्य मनोविज्ञान किस क्षेत्र में उपयोगी है?
A. सैनिक चयन, प्रशिक्षण और मनोबल में
B. केवल कृषि में
C. केवल संगीत में
D. केवल पर्यटन में
उत्तर: A. सैनिक चयन, प्रशिक्षण और मनोबल में
व्याख्या: सैन्य मनोविज्ञान रक्षा सेवाओं में चयन, तनाव प्रबंधन और नेतृत्व में सहायक है।

24. अभियंत्रण मनोविज्ञान किससे संबंधित है?
A. मानव और मशीन के संबंध से
B. केवल पुल निर्माण से
C. केवल पानी से
D. केवल खेती से
उत्तर: A. मानव और मशीन के संबंध से
व्याख्या: अभियंत्रण मनोविज्ञान मशीनों और उपकरणों को

मानव उपयोग के अनुकूल बनाने में सहायक है।

25. उपभोक्ता मनोविज्ञान किसका अध्ययन करता है?
A. उपभोक्ता के निर्णय और खरीद व्यवहार का
B. केवल उत्पादन मशीनों का
C. केवल सड़क निर्माण का
D. केवल परीक्षा परिणाम का
उत्तर: A. उपभोक्ता के निर्णय और खरीद व्यवहार का
व्याख्या: उपभोक्ता मनोविज्ञान विज्ञापन, पसंद और खरीद निर्णय को समझता है।

26. विज्ञापन मनोविज्ञान किससे संबंधित है?
A. विज्ञापन का उपभोक्ता व्यवहार पर प्रभाव
B. केवल समाचार पढ़ने से
C. केवल खेल से
D. केवल खेती से
उत्तर: A. विज्ञापन का उपभोक्ता व्यवहार पर प्रभाव
व्याख्या: विज्ञापन मनोविज्ञान यह समझता है कि संदेश, रंग, शब्द और छवि उपभोक्ता को कैसे प्रभावित करते हैं।

27. विद्यालयी मनोविज्ञान किसका अध्ययन करता है?
A. विद्यालय में विद्यार्थियों की सीखने और व्यवहार संबंधी समस्याएँ
B. केवल भवन निर्माण
C. केवल बस सेवा
D. केवल फीस व्यवस्था
उत्तर: A. विद्यालय में विद्यार्थियों की सीखने और व्यवहार संबंधी समस्याएँ
व्याख्या: विद्यालयी मनोविज्ञान विद्यार्थियों की शैक्षिक, भावनात्मक और सामाजिक समस्याओं में सहायता करता है।

28. सामुदायिक मनोविज्ञान किससे संबंधित है?
A. समुदाय के मानसिक स्वास्थ्य और सामाजिक समस्याओं से
B. केवल व्यक्तिगत व्यापार से
C. केवल खेल प्रतियोगिता से
D. केवल बैंकिंग से
उत्तर: A. समुदाय के मानसिक स्वास्थ्य और सामाजिक समस्याओं से
व्याख्या: सामुदायिक मनोविज्ञान समाज में मानसिक स्वास्थ्य और कल्याण को बढ़ावा देता है।

29. सकारात्मक मनोविज्ञान किस पर बल देता है?
A. सुख, आशा, क्षमता और जीवन संतुष्टि पर
B. केवल रोग पर
C. केवल अपराध पर
D. केवल दंड पर
उत्तर: A. सुख, आशा, क्षमता और जीवन संतुष्टि पर
व्याख्या: सकारात्मक मनोविज्ञान व्यक्ति की शक्तियों और सकारात्मक अनुभवों का अध्ययन करता है।

30. सांस्कृतिक मनोविज्ञान किसका अध्ययन करता है?
A. संस्कृति का व्यवहार और सोच पर प्रभाव
B. केवल शरीर की हड्डियों का
C. केवल मौसम का
D. केवल गणित का
उत्तर: A. संस्कृति का व्यवहार और सोच पर प्रभाव
व्याख्या: सांस्कृतिक मनोविज्ञान मान्यताओं, परंपराओं और सामाजिक मूल्यों के प्रभाव को समझता है।

31. क्रॉस-सांस्कृतिक मनोविज्ञान किससे संबंधित है?
A. विभिन्न संस्कृतियों में व्यवहार की तुलना
B. केवल एक परिवार से
C. केवल एक भाषा से
D. केवल एक शहर से
उत्तर: A. विभिन्न संस्कृतियों में व्यवहार की तुलना
व्याख्या: यह अलग-अलग संस्कृतियों में समानताओं और भिन्नताओं का अध्ययन करता है।

32. राजनीतिक मनोविज्ञान किसका अध्ययन करता है?
A. राजनीतिक व्यवहार, नेतृत्व और जनमत का
B. केवल खेती का
C. केवल दवा का
D. केवल भवन का
उत्तर: A. राजनीतिक व्यवहार, नेतृत्व और जनमत का
व्याख्या: राजनीतिक मनोविज्ञान मतदाता व्यवहार, नेतृत्व और राजनीतिक दृष्टिकोण को समझता है।

33. कानूनी मनोविज्ञान किससे संबंधित है?
A. कानून और मनोविज्ञान के संबंध से
B. केवल बाजार से
C. केवल संगीत से
D. केवल खेल से
उत्तर: A. कानून और मनोविज्ञान के संबंध से
व्याख्या: कानूनी मनोविज्ञान गवाही, निर्णय और अपराध से जुड़े मनोवैज्ञानिक पहलुओं का अध्ययन करता है।

34. फॉरेंसिक मनोविज्ञान का उपयोग कहाँ होता है?
A. न्यायिक और अपराध संबंधी मामलों में
B. केवल विद्यालय में
C. केवल अस्पताल की सफाई में
D. केवल कृषि में
उत्तर: A. न्यायिक और अपराध संबंधी मामलों में
व्याख्या: फॉरेंसिक मनोविज्ञान अपराध, गवाही, अपराधी मूल्यांकन और न्याय प्रक्रिया में उपयोगी है।

35. यातायात मनोविज्ञान किसका अध्ययन करता है?
A. वाहन चालकों और सड़क व्यवहार का
B. केवल वाहन की कीमत का
C. केवल पेट्रोल की गुणवत्ता का
D. केवल सड़क की लंबाई का
उत्तर: A. वाहन चालकों और सड़क व्यवहार का
व्याख्या: यातायात मनोविज्ञान दुर्घटना रोकथाम और सुरक्षित ड्राइविंग व्यवहार को समझता है।

36. आपदा मनोविज्ञान किससे संबंधित है?
A. आपदा के समय मानसिक प्रतिक्रिया और सहायता से
B. केवल भवन रंगाई से
C. केवल व्यापार से
D. केवल संगीत से
उत्तर: A. आपदा के समय मानसिक प्रतिक्रिया और सहायता से
व्याख्या: आपदा मनोविज्ञान संकट, भय, तनाव और पुनर्वास में

सहायता करता है।

37. वृद्धावस्था मनोविज्ञान किसका अध्ययन करता है?
A. वृद्ध व्यक्तियों के मानसिक और सामाजिक परिवर्तन
B. केवल बच्चों का
C. केवल किशोरों का
D. केवल पशुओं का
उत्तर: A. वृद्ध व्यक्तियों के मानसिक और सामाजिक परिवर्तन
व्याख्या: वृद्धावस्था मनोविज्ञान उम्र बढ़ने के साथ होने वाले मनोवैज्ञानिक परिवर्तनों को समझता है।

38. किशोर मनोविज्ञान किससे संबंधित है?
A. किशोरों के विकास, पहचान और व्यवहार से
B. केवल वृद्धों से
C. केवल शिशुओं से
D. केवल मशीनों से
उत्तर: A. किशोरों के विकास, पहचान और व्यवहार से
व्याख्या: किशोरावस्था में शारीरिक, भावनात्मक और सामाजिक परिवर्तन तीव्र होते हैं।

39. शिशु मनोविज्ञान किसका अध्ययन करता है?
A. शिशु के प्रारंभिक विकास और व्यवहार का
B. केवल कॉलेज छात्रों का
C. केवल वृद्धों का
D. केवल कर्मचारियों का
उत्तर: A. शिशु के प्रारंभिक विकास और व्यवहार का
व्याख्या: शिशु मनोविज्ञान जन्म के बाद प्रारंभिक संवेदन, सीखने और लगाव को समझता है।

40. परिवार मनोविज्ञान किससे संबंधित है?
A. परिवार के संबंधों और व्यवहार से
B. केवल बैंकिंग से
C. केवल मौसम से
D. केवल खेल से
उत्तर: A. परिवार के संबंधों और व्यवहार से
व्याख्या: परिवार मनोविज्ञान पारिवारिक संबंध, पालन-पोषण और संघर्षों का अध्ययन करता है।

41. विवाह मनोविज्ञान का संबंध किससे है?
A. वैवाहिक संबंध और समायोजन से
B. केवल विवाह खर्च से
C. केवल कपड़ों से
D. केवल भोजन से
उत्तर: A. वैवाहिक संबंध और समायोजन से
व्याख्या: विवाह मनोविज्ञान पति-पत्नी के संबंध, संवाद और समायोजन को समझता है।

42. करियर मनोविज्ञान किसमें सहायक है?
A. व्यवसाय चयन और करियर निर्णय में
B. केवल भोजन चयन में
C. केवल कपड़े चयन में
D. केवल यात्रा चयन में
उत्तर: A. व्यवसाय चयन और करियर निर्णय में
व्याख्या: करियर मनोविज्ञान रुचि, योग्यता और व्यक्तित्व के आधार पर करियर मार्गदर्शन देता है।

43. व्यावसायिक मार्गदर्शन किस शाखा से जुड़ा है?
A. परामर्श और करियर मनोविज्ञान
B. केवल कृषि विज्ञान
C. केवल संगीत विज्ञान
D. केवल खगोल विज्ञान
उत्तर: A. परामर्श और करियर मनोविज्ञान
व्याख्या: व्यावसायिक मार्गदर्शन व्यक्ति को उचित व्यवसाय चुनने में सहायता करता है।

44. मनोविज्ञान का चिकित्सा क्षेत्र में उपयोग किसलिए होता है?
A. रोगी के व्यवहार, तनाव और उपचार सहयोग को समझने के लिए
B. केवल दवा बेचने के लिए
C. केवल अस्पताल भवन बनाने के लिए
D. केवल वाहन पार्किंग के लिए
उत्तर: A. रोगी के व्यवहार, तनाव और उपचार सहयोग को समझने के लिए
व्याख्या: चिकित्सा में मनोविज्ञान रोगी की मानसिक स्थिति और उपचार पालन में सहायक है।

45. पुनर्वास मनोविज्ञान किससे संबंधित है?
A. बीमारी, दुर्घटना या विकलांगता के बाद समायोजन से
B. केवल मनोरंजन से
C. केवल व्यापार से
D. केवल राजनीति से
उत्तर: A. बीमारी, दुर्घटना या विकलांगता के बाद समायोजन से
व्याख्या: पुनर्वास मनोविज्ञान व्यक्ति को जीवन में फिर से संतुलन बनाने में मदद करता है।

46. नशा मुक्ति में मनोविज्ञान का उपयोग किसलिए होता है?
A. आदत, प्रेरणा और व्यवहार परिवर्तन समझने के लिए
B. केवल कानून पढ़ने के लिए
C. केवल वाहन चलाने के लिए
D. केवल परीक्षा लेने के लिए
उत्तर: A. आदत, प्रेरणा और व्यवहार परिवर्तन समझने के लिए
व्याख्या: नशा मुक्ति में परामर्श, प्रेरणा और व्यवहार सुधार महत्वपूर्ण होते हैं।

47. मीडिया मनोविज्ञान किसका अध्ययन करता है?
A. मीडिया का सोच, भावना और व्यवहार पर प्रभाव
B. केवल कैमरे की कीमत
C. केवल समाचार पत्र का आकार
D. केवल प्रसारण टावर
उत्तर: A. मीडिया का सोच, भावना और व्यवहार पर प्रभाव
व्याख्या: मीडिया मनोविज्ञान टीवी, इंटरनेट और सोशल मीडिया के प्रभाव को समझता है।

48. साइबर मनोविज्ञान किससे संबंधित है?
A. इंटरनेट और डिजिटल व्यवहार से
B. केवल खेती से
C. केवल दवा से
D. केवल पशुपालन से

उत्तर: A. इंटरनेट और डिजिटल व्यवहार से
व्याख्या: साइबर मनोविज्ञान ऑनलाइन पहचान, सोशल मीडिया व्यवहार और डिजिटल आदतों का अध्ययन करता है।

49. मानव संसाधन प्रबंधन में मनोविज्ञान का उपयोग किसलिए होता है?
A. चयन, प्रशिक्षण और प्रेरणा के लिए
B. केवल भवन रंगने के लिए
C. केवल बिजली बिल के लिए
D. केवल परिवहन के लिए
उत्तर: A. चयन, प्रशिक्षण और प्रेरणा के लिए
व्याख्या: HR में मनोविज्ञान कर्मचारी चयन, कार्य संतुष्टि और प्रदर्शन सुधार में सहायक है।

50. विज्ञापन में मनोविज्ञान किसे समझने में मदद करता है?
A. उपभोक्ता की पसंद और निर्णय
B. केवल प्रिंटिंग मशीन
C. केवल कागज की मोटाई
D. केवल दुकान का आकार
उत्तर: A. उपभोक्ता की पसंद और निर्णय
व्याख्या: विज्ञापन उपभोक्ता की भावनाओं और जरूरतों को प्रभावित करता है।

51. शिक्षा मनोविज्ञान में प्रेरणा का महत्व क्यों है?
A. विद्यार्थी को सीखने के लिए सक्रिय करती है
B. विद्यार्थी को सोने के लिए कहती है
C. केवल परीक्षा रद्द करती है
D. केवल छुट्टी बढ़ाती है
उत्तर: A. विद्यार्थी को सीखने के लिए सक्रिय करती है
व्याख्या: प्रेरणा सीखने की इच्छा और प्रयास को बढ़ाती है।

52. शिक्षा मनोविज्ञान में व्यक्तिगत भिन्नताओं का अध्ययन क्यों आवश्यक है?
A. प्रत्येक विद्यार्थी की क्षमता और रुचि अलग होती है
B. सभी विद्यार्थी बिल्कुल समान होते हैं
C. भिन्नताएँ महत्वहीन हैं
D. केवल नाम अलग होते हैं
उत्तर: A. प्रत्येक विद्यार्थी की क्षमता और रुचि अलग होती है
व्याख्या: व्यक्तिगत भिन्नताओं को समझकर शिक्षण अधिक प्रभावी बनाया जा सकता है।

53. बाल मनोविज्ञान में खेल का महत्व क्यों है?
A. विकास और सीखने में सहायता करता है
B. केवल समय खराब करता है
C. केवल शोर करता है
D. कोई महत्व नहीं
उत्तर: A. विकास और सीखने में सहायता करता है
व्याख्या: खेल बालक के शारीरिक, सामाजिक और भावनात्मक विकास में सहायक है।

54. सामाजिक मनोविज्ञान में समूह प्रभाव का अर्थ है—
A. समूह द्वारा व्यक्ति के व्यवहार पर प्रभाव
B. व्यक्ति का अकेले रहना
C. केवल नींद
D. केवल भोजन
उत्तर: A. समूह द्वारा व्यक्ति के व्यवहार पर प्रभाव
व्याख्या: व्यक्ति अक्सर समूह के नियमों और अपेक्षाओं से प्रभावित होता है।

55. सामाजिक मनोविज्ञान में अभिवृत्ति का अध्ययन क्यों किया जाता है?
A. दृष्टिकोण व्यवहार को प्रभावित करते हैं
B. अभिवृत्ति केवल शारीरिक गुण है
C. इसका व्यवहार से संबंध नहीं
D. यह केवल नाम है
उत्तर: A. दृष्टिकोण व्यवहार को प्रभावित करते हैं
व्याख्या: किसी विषय के प्रति व्यक्ति की सोच और भावना उसके व्यवहार को दिशा देती है।

56. नैदानिक मनोविज्ञान में निदान का अर्थ है—
A. समस्या की पहचान करना
B. समस्या छिपाना
C. व्यक्ति को दंड देना
D. केवल अनुमान लगाना
उत्तर: A. समस्या की पहचान करना
व्याख्या: निदान मानसिक समस्या की प्रकृति और कारण समझने की प्रक्रिया है।

57. परामर्श मनोविज्ञान में परामर्शदाता का मुख्य कार्य है—
A. व्यक्ति को स्वयं निर्णय लेने में सहायता देना
B. व्यक्ति पर निर्णय थोपना
C. केवल आदेश देना
D. समस्या को अनदेखा करना
उत्तर: A. व्यक्ति को स्वयं निर्णय लेने में सहायता देना
व्याख्या: परामर्शदाता मार्गदर्शन देता है, निर्णय व्यक्ति की स्थिति के अनुसार होता है।

58. औद्योगिक मनोविज्ञान में कर्मचारी चयन का आधार क्या होना चाहिए?
A. योग्यता, रुचि और कार्य आवश्यकताएँ
B. केवल पहचान
C. केवल उम्र
D. केवल अनुमान
उत्तर: A. योग्यता, रुचि और कार्य आवश्यकताएँ
व्याख्या: सही चयन से कार्यक्षमता और संतुष्टि दोनों बढ़ती हैं।

59. संगठनात्मक मनोविज्ञान में नेतृत्व का अध्ययन क्यों महत्वपूर्ण है?
A. समूह कार्य और उत्पादकता को प्रभावित करता है
B. नेतृत्व का कोई प्रभाव नहीं
C. केवल पदनाम महत्वपूर्ण है
D. केवल वेतन महत्वपूर्ण है
उत्तर: A. समूह कार्य और उत्पादकता को प्रभावित करता है
व्याख्या: प्रभावी नेतृत्व संगठन के वातावरण और परिणामों को बेहतर बनाता है।

60. स्वास्थ्य मनोविज्ञान में तनाव प्रबंधन क्यों महत्वपूर्ण है?
A. तनाव स्वास्थ्य और व्यवहार को प्रभावित करता है
B. तनाव हमेशा लाभकारी है
C. तनाव का कोई प्रभाव नहीं

D. तनाव केवल खेल है
उत्तर: A. तनाव स्वास्थ्य और व्यवहार को प्रभावित करता है
व्याख्या: अधिक तनाव शारीरिक और मानसिक स्वास्थ्य को प्रभावित कर सकता है।

61. खेल मनोविज्ञान में आत्मविश्वास का महत्व क्या है?
A. प्रदर्शन को बेहतर बना सकता है
B. प्रदर्शन से कोई संबंध नहीं
C. केवल दर्शकों को प्रभावित करता है
D. केवल कपड़ों से जुड़ा है
उत्तर: A. प्रदर्शन को बेहतर बना सकता है
व्याख्या: आत्मविश्वास खिलाड़ी की एकाग्रता और प्रयास को बढ़ाता है।

62. पर्यावरण मनोविज्ञान में शोर का अध्ययन क्यों किया जाता है?
A. शोर तनाव और व्यवहार को प्रभावित कर सकता है
B. शोर हमेशा उपयोगी है
C. शोर का कोई प्रभाव नहीं
D. शोर केवल संगीत है
उत्तर: A. शोर तनाव और व्यवहार को प्रभावित कर सकता है
व्याख्या: अधिक शोर ध्यान, स्वास्थ्य और कार्यक्षमता पर प्रभाव डाल सकता है।

63. जैविक मनोविज्ञान में मस्तिष्क का अध्ययन क्यों महत्वपूर्ण है?
A. मस्तिष्क व्यवहार और मानसिक प्रक्रियाओं का आधार है
B. मस्तिष्क का व्यवहार से कोई संबंध नहीं
C. मस्तिष्क केवल वजन के लिए है
D. मस्तिष्क केवल हड्डी है
उत्तर: A. मस्तिष्क व्यवहार और मानसिक प्रक्रियाओं का आधार है
व्याख्या: सोच, स्मृति, भावना और क्रिया में मस्तिष्क की भूमिका होती है।

64. संज्ञानात्मक मनोविज्ञान में स्मृति का अध्ययन किसलिए होता है?
A. सूचना को ग्रहण, संग्रह और पुनः स्मरण समझने के लिए
B. केवल शरीर मापने के लिए
C. केवल खेल सीखने के लिए
D. केवल भोजन बनाने के लिए
उत्तर: A. सूचना को ग्रहण, संग्रह और पुनः स्मरण समझने के लिए
व्याख्या: स्मृति सीखने और ज्ञान के उपयोग में महत्वपूर्ण भूमिका निभाती है।

65. व्यक्तित्व मनोविज्ञान में व्यक्तित्व परीक्षण क्यों उपयोगी हैं?
A. व्यक्ति की विशेषताओं को समझने के लिए
B. केवल कपड़े चुनने के लिए
C. केवल भोजन तय करने के लिए
D. केवल दूरी मापने के लिए
उत्तर: A. व्यक्ति की विशेषताओं को समझने के लिए
व्याख्या: व्यक्तित्व परीक्षण व्यक्ति के व्यवहारिक पैटर्न और गुणों का आकलन करते हैं।

66. तुलनात्मक मनोविज्ञान में पशु अध्ययन क्यों उपयोगी है?
A. व्यवहार के सामान्य सिद्धांत समझने के लिए
B. केवल मनोरंजन के लिए
C. केवल पशु बेचने के लिए
D. कोई उपयोग नहीं
उत्तर: A. व्यवहार के सामान्य सिद्धांत समझने के लिए
व्याख्या: पशु अध्ययन सीखने और अनुकूलन की मूल प्रक्रियाओं को समझने में सहायक है।

67. प्रयोगात्मक मनोविज्ञान में नियंत्रण समूह क्यों रखा जाता है?
A. तुलना के लिए
B. मनोरंजन के लिए
C. परिणाम छिपाने के लिए
D. प्रयोग रोकने के लिए
उत्तर: A. तुलना के लिए
व्याख्या: नियंत्रण समूह से यह समझने में मदद मिलती है कि परिवर्तन किस कारण हुआ।

68. मनोमिति में विश्वसनीयता का अर्थ है—
A. परीक्षण के परिणामों की स्थिरता
B. परीक्षण का रंग
C. परीक्षण की कीमत
D. परीक्षण की लंबाई
उत्तर: A. परीक्षण के परिणामों की स्थिरता
व्याख्या: विश्वसनीय परीक्षण समान परिस्थितियों में समान परिणाम देता है।

69. मनोमिति में वैधता का अर्थ है—
A. परीक्षण वही मापे जिसके लिए बनाया गया है
B. परीक्षण कठिन हो
C. परीक्षण छोटा हो
D. परीक्षण महँगा हो
उत्तर: A. परीक्षण वही मापे जिसके लिए बनाया गया है
व्याख्या: वैधता परीक्षण की उपयुक्तता को दर्शाती है।

70. सैन्य मनोविज्ञान में मनोबल का अध्ययन क्यों होता है?
A. कठिन परिस्थितियों में कार्यक्षमता बनाए रखने के लिए
B. केवल वर्दी चुनने के लिए
C. केवल भोजन तय करने के लिए
D. केवल छुट्टी देने के लिए
उत्तर: A. कठिन परिस्थितियों में कार्यक्षमता बनाए रखने के लिए
व्याख्या: उच्च मनोबल सैनिकों की दृढ़ता और प्रदर्शन को प्रभावित करता है।

71. अभियंत्रण मनोविज्ञान में उपकरणों की डिजाइन कैसी होनी चाहिए?
A. मानव क्षमताओं और सीमाओं के अनुकूल
B. केवल सुंदर दिखने वाली
C. उपयोगकर्ता से असंबंधित
D. हमेशा जटिल
उत्तर: A. मानव क्षमताओं और सीमाओं के अनुकूल

व्याख्या: मानव-केंद्रित डिजाइन त्रुटियाँ कम और कार्यक्षमता अधिक करती है।

72. उपभोक्ता मनोविज्ञान में ब्रांड पसंद किससे प्रभावित हो सकती है?

A. अनुभव, विज्ञापन और सामाजिक प्रभाव से
B. केवल मौसम से
C. केवल सड़क से
D. केवल ऊँचाई से
उत्तर: A. अनुभव, विज्ञापन और सामाजिक प्रभाव से
व्याख्या: उपभोक्ता का निर्णय कई मनोवैज्ञानिक और सामाजिक कारकों से प्रभावित होता है।

73. विद्यालयी मनोविज्ञान में सीखने की कठिनाइयों का अध्ययन क्यों होता है?

A. विद्यार्थियों को उचित सहायता देने के लिए
B. विद्यार्थियों को दंड देने के लिए
C. परीक्षा रद्द करने के लिए
D. स्कूल बंद करने के लिए
उत्तर: A. विद्यार्थियों को उचित सहायता देने के लिए
व्याख्या: सीखने की कठिनाइयों को समझकर सुधारात्मक उपाय किए जा सकते हैं।

74. सामुदायिक मनोविज्ञान में रोकथाम पर बल क्यों दिया जाता है?

A. समस्याओं को बढ़ने से पहले कम करने के लिए
B. समस्याएँ छिपाने के लिए
C. केवल रिपोर्ट बनाने के लिए
D. कोई कारण नहीं
उत्तर: A. समस्याओं को बढ़ने से पहले कम करने के लिए
व्याख्या: रोकथाम मानसिक स्वास्थ्य और सामाजिक कल्याण को मजबूत करती है।

75. सकारात्मक मनोविज्ञान में आशावाद का अध्ययन क्यों होता है?

A. जीवन संतुष्टि और मानसिक स्वास्थ्य से संबंध के कारण
B. केवल कल्पना के कारण
C. इसका कोई प्रभाव नहीं
D. केवल धन से संबंध है
उत्तर: A. जीवन संतुष्टि और मानसिक स्वास्थ्य से संबंध के कारण
व्याख्या: आशावाद व्यक्ति की अनुकूलन क्षमता और कल्याण को बढ़ा सकता है।

76. सांस्कृतिक मनोविज्ञान में मूल्य क्यों महत्वपूर्ण हैं?

A. वे व्यवहार और निर्णय को दिशा देते हैं
B. वे केवल वस्तु की कीमत हैं
C. उनका व्यवहार से संबंध नहीं
D. वे हमेशा समान होते हैं
उत्तर: A. वे व्यवहार और निर्णय को दिशा देते हैं
व्याख्या: सांस्कृतिक मूल्य व्यक्ति के सोचने और व्यवहार करने के तरीके को प्रभावित करते हैं।

77. राजनीतिक मनोविज्ञान में जनमत का अध्ययन किसलिए होता है?

A. लोगों की राजनीतिक सोच और निर्णय समझने के लिए
B. केवल मौसम जानने के लिए
C. केवल खेल परिणाम जानने के लिए
D. केवल संगीत सुनने के लिए
उत्तर: A. लोगों की राजनीतिक सोच और निर्णय समझने के लिए
व्याख्या: जनमत सामाजिक प्रभाव, नेतृत्व और सूचना से प्रभावित होता है।

78. कानूनी मनोविज्ञान में प्रत्यक्षदर्शी गवाही का अध्ययन क्यों होता है?

A. स्मृति और धारणा की त्रुटियाँ समझने के लिए
B. गवाही हमेशा पूर्ण सही होती है
C. गवाही का कोई महत्व नहीं
D. केवल अदालत की सजावट के लिए
उत्तर: A. स्मृति और धारणा की त्रुटियाँ समझने के लिए
व्याख्या: प्रत्यक्षदर्शी की स्मृति परिस्थितियों और सुझावों से प्रभावित हो सकती है।

79. फॉरेंसिक मनोविज्ञान में अपराधी मूल्यांकन क्यों किया जाता है?

A. मानसिक स्थिति और जोखिम समझने के लिए
B. केवल नाम जानने के लिए
C. केवल कपड़े देखने के लिए
D. केवल पता लिखने के लिए
उत्तर: A. मानसिक स्थिति और जोखिम समझने के लिए
व्याख्या: अपराधी मूल्यांकन न्याय प्रक्रिया और पुनर्वास में सहायक हो सकता है।

80. यातायात मनोविज्ञान में ध्यान भंग का अध्ययन क्यों होता है?

A. दुर्घटनाओं की संभावना कम करने के लिए
B. वाहन की कीमत बढ़ाने के लिए
C. सड़क लंबी करने के लिए
D. पेट्रोल बचाने के लिए
उत्तर: A. दुर्घटनाओं की संभावना कम करने के लिए
व्याख्या: मोबाइल, थकान और तनाव ड्राइविंग सुरक्षा को प्रभावित करते हैं।

81. आपदा मनोविज्ञान में मनोवैज्ञानिक प्राथमिक सहायता का उद्देश्य क्या है?

A. संकट में व्यक्ति को भावनात्मक सहारा देना
B. व्यक्ति को डराना
C. केवल फोटो लेना
D. केवल रिपोर्ट लिखना
उत्तर: A. संकट में व्यक्ति को भावनात्मक सहारा देना
व्याख्या: आपदा के बाद भावनात्मक स्थिरता और सुरक्षा की भावना महत्वपूर्ण होती है।

82. वृद्धावस्था मनोविज्ञान में स्मृति परिवर्तन का अध्ययन क्यों होता है?

A. उम्र के साथ संज्ञानात्मक बदलाव समझने के लिए
B. केवल बच्चों को पढ़ाने के लिए
C. केवल खेल के लिए
D. कोई कारण नहीं

उत्तर: A. उम्र के साथ संज्ञानात्मक बदलाव समझने के लिए
व्याख्या: वृद्धावस्था में स्मृति, ध्यान और समायोजन में परिवर्तन हो सकते हैं।

83. किशोर मनोविज्ञान में पहचान निर्माण क्यों महत्वपूर्ण है?

A. किशोर अपनी भूमिका और व्यक्तित्व समझता है
B. पहचान का कोई महत्व नहीं
C. यह केवल नाम बदलना है
D. यह केवल कपड़े पहनना है
उत्तर: A. किशोर अपनी भूमिका और व्यक्तित्व समझता है
व्याख्या: किशोरावस्था में आत्म-पहचान और सामाजिक भूमिका का विकास होता है।

84. परिवार मनोविज्ञान में पालन-पोषण शैली का अध्ययन क्यों होता है?

A. बच्चे के विकास और व्यवहार पर प्रभाव के कारण
B. केवल घर के आकार के कारण
C. केवल आय के कारण
D. कोई प्रभाव नहीं
उत्तर: A. बच्चे के विकास और व्यवहार पर प्रभाव के कारण
व्याख्या: पालन-पोषण शैली बालक के आत्मविश्वास, अनुशासन और सामाजिक व्यवहार को प्रभावित करती है।

85. विवाह मनोविज्ञान में संवाद का महत्व क्या है?

A. संबंधों में समझ और समायोजन बढ़ाता है
B. संवाद का कोई महत्व नहीं
C. केवल खर्च बढ़ाता है
D. केवल समय खराब करता है
उत्तर: A. संबंधों में समझ और समायोजन बढ़ाता है
व्याख्या: अच्छा संवाद वैवाहिक संतुष्टि और समस्या समाधान में सहायक है।

86. करियर मनोविज्ञान में रुचि परीक्षण क्यों उपयोगी है?

A. उपयुक्त करियर विकल्प समझने के लिए
B. केवल मनोरंजन के लिए
C. केवल अंक बढ़ाने के लिए
D. केवल उम्र जानने के लिए
उत्तर: A. उपयुक्त करियर विकल्प समझने के लिए
व्याख्या: रुचि परीक्षण व्यक्ति की पसंद और कार्य-रुचि को स्पष्ट करता है।

87. चिकित्सा क्षेत्र में रोगी-चिकित्सक संबंध क्यों महत्वपूर्ण है?

A. उपचार सहयोग और विश्वास बढ़ाने के लिए
B. केवल फीस बढ़ाने के लिए
C. केवल समय कम करने के लिए
D. कोई महत्व नहीं
उत्तर: A. उपचार सहयोग और विश्वास बढ़ाने के लिए
व्याख्या: अच्छा संबंध रोगी को उपचार पालन में मदद करता है।

88. पुनर्वास मनोविज्ञान में आत्मनिर्भरता पर बल क्यों दिया जाता है?

A. व्यक्ति को सामान्य जीवन में वापस लाने के लिए
B. व्यक्ति को अलग करने के लिए
C. केवल रिपोर्ट बनाने के लिए
D. कोई कारण नहीं
उत्तर: A. व्यक्ति को सामान्य जीवन में वापस लाने के लिए
व्याख्या: पुनर्वास का उद्देश्य व्यक्ति की कार्यक्षमता और आत्मविश्वास बढ़ाना है।

89. मीडिया मनोविज्ञान में सोशल मीडिया का अध्ययन क्यों होता है?

A. पहचान, संबंध और व्यवहार पर प्रभाव के कारण
B. केवल मोबाइल की कीमत के कारण
C. केवल इंटरनेट स्पीड के कारण
D. कोई प्रभाव नहीं
उत्तर: A. पहचान, संबंध और व्यवहार पर प्रभाव के कारण
व्याख्या: सोशल मीडिया सोच, भावना और सामाजिक संबंधों को प्रभावित कर सकता है।

90. साइबर मनोविज्ञान में ऑनलाइन लत का अध्ययन किसलिए होता है?

A. डिजिटल आदतों और नियंत्रण को समझने के लिए
B. केवल गेम बेचने के लिए
C. केवल कंप्यूटर बनाने के लिए
D. कोई कारण नहीं
उत्तर: A. डिजिटल आदतों और नियंत्रण को समझने के लिए
व्याख्या: अत्यधिक ऑनलाइन उपयोग पढ़ाई, काम और संबंधों को प्रभावित कर सकता है।

91. मनोविज्ञान का क्षेत्र व्यापक क्यों है?

A. क्योंकि यह जीवन के लगभग सभी व्यवहारिक क्षेत्रों से जुड़ा है
B. क्योंकि यह केवल एक विषय है
C. क्योंकि इसमें कोई शाखा नहीं
D. क्योंकि यह केवल इतिहास है
उत्तर: A. क्योंकि यह जीवन के लगभग सभी व्यवहारिक क्षेत्रों से जुड़ा है
व्याख्या: शिक्षा, स्वास्थ्य, उद्योग, खेल, समाज और न्याय जैसे क्षेत्रों में मनोविज्ञान उपयोगी है।

92. मनोविज्ञान की शाखाएँ एक-दूसरे से कैसी हैं?

A. परस्पर संबंधित
B. पूरी तरह अलग और असंबंधित
C. केवल नाम मात्र
D. विरोधी
उत्तर: A. परस्पर संबंधित
व्याख्या: कई शाखाएँ व्यवहार को अलग दृष्टिकोण से समझती हैं, इसलिए उनमें संबंध होता है।

93. मनोविज्ञान का व्यावहारिक उपयोग किसमें होता है?

A. शिक्षा, स्वास्थ्य, उद्योग और समाज में
B. केवल पूजा में
C. केवल मौसम में
D. केवल खगोल में
उत्तर: A. शिक्षा, स्वास्थ्य, उद्योग और समाज में
व्याख्या: मनोविज्ञान व्यवहार सुधार और समस्या समाधान में उपयोगी है।

94. मनोविज्ञान में अनुसंधान का महत्व क्या है?
A. व्यवहार के बारे में प्रमाण आधारित ज्ञान प्राप्त करना
B. केवल अनुमान लगाना
C. केवल कहानी लिखना
D. केवल परंपरा मानना
उत्तर: A. व्यवहार के बारे में प्रमाण आधारित ज्ञान प्राप्त करना
व्याख्या: अनुसंधान मनोविज्ञान को वैज्ञानिक और उपयोगी बनाता है।

95. मनोविज्ञान की कौन-सी शाखा शिक्षकों के लिए सबसे अधिक उपयोगी मानी जाती है?
A. शिक्षा मनोविज्ञान
B. खगोल मनोविज्ञान
C. व्यापार इतिहास
D. वनस्पति विज्ञान
उत्तर: A. शिक्षा मनोविज्ञान
व्याख्या: शिक्षा मनोविज्ञान सीखने, प्रेरणा और कक्षा व्यवहार को समझने में मदद करता है।

96. मानसिक स्वास्थ्य सेवाओं में कौन-सी शाखाएँ प्रमुख हैं?
A. नैदानिक और परामर्श मनोविज्ञान
B. केवल उपभोक्ता मनोविज्ञान
C. केवल यातायात मनोविज्ञान
D. केवल विज्ञापन मनोविज्ञान
उत्तर: A. नैदानिक और परामर्श मनोविज्ञान
व्याख्या: ये शाखाएँ मानसिक समस्याओं के मूल्यांकन, उपचार और मार्गदर्शन से जुड़ी हैं।

97. कार्यस्थल पर कर्मचारी संतुष्टि किस शाखा का विषय है?
A. औद्योगिक-संगठनात्मक मनोविज्ञान
B. बाल मनोविज्ञान
C. पशु मनोविज्ञान
D. शिशु मनोविज्ञान
उत्तर: A. औद्योगिक-संगठनात्मक मनोविज्ञान
व्याख्या: यह शाखा कार्यस्थल पर व्यवहार, प्रेरणा और संतुष्टि का अध्ययन करती है।

98. उपभोक्ता के खरीद निर्णय को समझना किस शाखा का विषय है?
A. उपभोक्ता मनोविज्ञान
B. नैदानिक मनोविज्ञान
C. बाल मनोविज्ञान
D. जैविक मनोविज्ञान
उत्तर: A. उपभोक्ता मनोविज्ञान
व्याख्या: उपभोक्ता मनोविज्ञान खरीद, पसंद और विज्ञापन प्रभाव को समझता है।

99. समाज में पूर्वाग्रह और रूढ़िवादिता का अध्ययन किस शाखा में होता है?
A. सामाजिक मनोविज्ञान
B. जैविक मनोविज्ञान
C. पशु मनोविज्ञान
D. प्रयोगात्मक मनोविज्ञान
उत्तर: A. सामाजिक मनोविज्ञान
व्याख्या: सामाजिक मनोविज्ञान समूह संबंध, पूर्वाग्रह और सामाजिक प्रभाव का अध्ययन करता है।

100. मनोविज्ञान की शाखाओं का मुख्य उद्देश्य क्या है?
A. विभिन्न परिस्थितियों में व्यवहार को समझना और सुधारना
B. केवल विषयों की संख्या बढ़ाना
C. केवल नाम याद कराना
D. केवल सिद्धांत बनाना
उत्तर: A. विभिन्न परिस्थितियों में व्यवहार को समझना और सुधारना
व्याख्या: शाखाएँ व्यवहार को अलग-अलग क्षेत्रों में समझने और उपयोग करने में सहायता करती हैं।

अध्याय 3: मनोविज्ञान की अध्ययन विधियाँ

100 वस्तुनिष्ठ प्रश्न

1. मनोविज्ञान में अध्ययन विधियों का मुख्य उद्देश्य क्या है?
A. व्यवहार और मानसिक प्रक्रियाओं को वैज्ञानिक ढंग से समझना
B. केवल कहानी लिखना
C. केवल अनुमान लगाना
D. केवल परंपरा मानना
उत्तर: A. व्यवहार और मानसिक प्रक्रियाओं को वैज्ञानिक ढंग से समझना
व्याख्या: अध्ययन विधियाँ मनोविज्ञान को प्रमाण-आधारित और वैज्ञानिक बनाती हैं।

2. मनोविज्ञान में वैज्ञानिक विधि किस पर आधारित होती है?
A. निरीक्षण, परीक्षण और प्रमाण
B. केवल विश्वास
C. केवल कल्पना
D. केवल अफवाह
उत्तर: A. निरीक्षण, परीक्षण और प्रमाण
व्याख्या: वैज्ञानिक विधि व्यवस्थित निरीक्षण और प्रमाणित निष्कर्षों पर आधारित होती है।

3. आत्मनिरीक्षण विधि का अर्थ क्या है?
A. अपने मानसिक अनुभवों का स्वयं निरीक्षण
B. दूसरों के व्यवहार को देखना
C. मशीन से मापन करना
D. केवल प्रश्न पूछना
उत्तर: A. अपने मानसिक अनुभवों का स्वयं निरीक्षण
व्याख्या: आत्मनिरीक्षण में व्यक्ति अपने विचारों और भावनाओं का स्वयं अध्ययन करता है।

4. आत्मनिरीक्षण विधि का प्रयोग प्रारंभ में किसके अध्ययन में अधिक हुआ?
A. चेतना
B. अपराध
C. उद्योग
D. मौसम

उत्तर: A. चेतना
व्याख्या: प्रारंभिक मनोविज्ञान में चेतन अनुभवों को समझने के लिए आत्मनिरीक्षण का उपयोग किया गया।

5. आत्मनिरीक्षण विधि की प्रमुख विशेषता क्या है?
A. व्यक्ति स्वयं अपने अनुभव बताता है
B. केवल पशुओं पर प्रयोग होता है
C. केवल समूह पर लागू होती है
D. इसमें कोई अनुभव नहीं लिया जाता
उत्तर: A. व्यक्ति स्वयं अपने अनुभव बताता है
व्याख्या: इस विधि में अध्ययन का विषय व्यक्ति के आंतरिक अनुभव होते हैं।

6. आत्मनिरीक्षण विधि की मुख्य सीमा क्या है?
A. यह व्यक्तिनिष्ठ होती है
B. यह हमेशा वस्तुनिष्ठ होती है
C. यह केवल मशीन आधारित होती है
D. इसमें व्यक्ति की आवश्यकता नहीं होती
उत्तर: A. यह व्यक्तिनिष्ठ होती है
व्याख्या: व्यक्ति अपने अनुभव स्वयं बताता है, इसलिए पक्षपात की संभावना रहती है।

7. छोटे बच्चों पर आत्मनिरीक्षण विधि क्यों कठिन है?
A. वे अपने अनुभव स्पष्ट रूप से व्यक्त नहीं कर पाते
B. वे हमेशा सही उत्तर देते हैं
C. उन्हें कोई अनुभव नहीं होता
D. वे केवल लिखते हैं
उत्तर: A. वे अपने अनुभव स्पष्ट रूप से व्यक्त नहीं कर पाते
व्याख्या: आत्मनिरीक्षण के लिए भाषा और आत्म-जागरूकता आवश्यक होती है।

8. निरीक्षण विधि का अर्थ क्या है?
A. व्यवहार को देखकर अध्ययन करना
B. केवल कल्पना करना
C. केवल पुस्तक पढ़ना
D. केवल गणना करना
उत्तर: A. व्यवहार को देखकर अध्ययन करना
व्याख्या: निरीक्षण विधि में व्यक्ति के व्यवहार को प्रत्यक्ष रूप से देखा जाता है।

9. निरीक्षण विधि में किसका अध्ययन किया जाता है?
A. प्रत्यक्ष व्यवहार
B. केवल आत्मा
C. केवल सपने
D. केवल कल्पना
उत्तर: A. प्रत्यक्ष व्यवहार
व्याख्या: निरीक्षण में देखे जाने योग्य व्यवहार को दर्ज किया जाता है।

10. प्राकृतिक निरीक्षण किसे कहते हैं?
A. प्राकृतिक वातावरण में व्यवहार का अध्ययन
B. प्रयोगशाला में अध्ययन
C. केवल कागज पर अध्ययन
D. केवल गणितीय अध्ययन
उत्तर: A. प्राकृतिक वातावरण में व्यवहार का अध्ययन
व्याख्या: प्राकृतिक निरीक्षण में व्यक्ति को उसके सामान्य वातावरण में देखा जाता है।

11. नियंत्रित निरीक्षण कहाँ किया जाता है?
A. नियंत्रित परिस्थितियों में
B. केवल बाजार में
C. केवल सड़क पर
D. केवल घर में बिना नियंत्रण
उत्तर: A. नियंत्रित परिस्थितियों में
व्याख्या: नियंत्रित निरीक्षण में शोधकर्ता कुछ परिस्थितियों को नियंत्रित करता है।

12. सहभागी निरीक्षण में शोधकर्ता क्या करता है?
A. समूह का हिस्सा बनकर निरीक्षण करता है
B. हमेशा दूर रहता है
C. केवल मशीन लगाता है
D. कोई व्यवहार नहीं देखता
उत्तर: A. समूह का हिस्सा बनकर निरीक्षण करता है
व्याख्या: सहभागी निरीक्षण में शोधकर्ता अध्ययन समूह में शामिल होकर व्यवहार देखता है।

13. असहभागी निरीक्षण में शोधकर्ता क्या करता है?
A. समूह से अलग रहकर निरीक्षण करता है
B. समूह का नेता बनता है
C. व्यवहार बदल देता है
D. कोई रिकॉर्ड नहीं रखता
उत्तर: A. समूह से अलग रहकर निरीक्षण करता है
व्याख्या: इसमें शोधकर्ता दूरी बनाए रखकर व्यवहार का निरीक्षण करता है।

14. निरीक्षण विधि की एक प्रमुख सीमा क्या है?
A. निरीक्षक पक्षपात की संभावना
B. व्यवहार कभी दिखाई नहीं देता
C. इसमें कोई तथ्य नहीं मिलता
D. यह हमेशा गलत होती है
उत्तर: A. निरीक्षक पक्षपात की संभावना
व्याख्या: निरीक्षक की धारणा और अपेक्षाएँ परिणामों को प्रभावित कर सकती हैं।

15. प्रयोग विधि का मुख्य उद्देश्य क्या है?
A. कारण और परिणाम संबंध जानना
B. केवल विवरण देना
C. केवल अनुमान लगाना
D. केवल याद करना
उत्तर: A. कारण और परिणाम संबंध जानना
व्याख्या: प्रयोग विधि यह समझने में मदद करती है कि एक कारक दूसरे को कैसे प्रभावित करता है।

16. प्रयोग विधि में स्वतंत्र चर क्या होता है?
A. जिसे शोधकर्ता बदलता है
B. जो परिणाम होता है
C. जो कभी नहीं बदलता
D. जो अप्रासंगिक होता है
उत्तर: A. जिसे शोधकर्ता बदलता है
व्याख्या: स्वतंत्र चर को बदलकर उसके प्रभाव का अध्ययन

किया जाता है।

17. प्रयोग विधि में आश्रित चर क्या होता है?
A. जिस पर प्रभाव मापा जाता है
B. जिसे शोधकर्ता बदलता है
C. जो स्थिर रहता है
D. जो प्रयोग से बाहर होता है
उत्तर: A. जिस पर प्रभाव मापा जाता है
व्याख्या: आश्रित चर स्वतंत्र चर के प्रभाव से बदल सकता है।

18. नियंत्रण समूह का प्रयोग क्यों किया जाता है?
A. तुलना के लिए
B. मनोरंजन के लिए
C. परिणाम छिपाने के लिए
D. प्रयोग रोकने के लिए
उत्तर: A. तुलना के लिए
व्याख्या: नियंत्रण समूह से यह पता चलता है कि परिवर्तन वास्तव में स्वतंत्र चर के कारण हुआ या नहीं।

19. प्रयोगात्मक समूह किसे कहते हैं?
A. जिस समूह पर स्वतंत्र चर लागू किया जाता है
B. जिसे कोई उपचार नहीं दिया जाता
C. जो अध्ययन में शामिल नहीं होता
D. जो हमेशा नियंत्रण में रहता है
उत्तर: A. जिस समूह पर स्वतंत्र चर लागू किया जाता है
व्याख्या: प्रयोगात्मक समूह पर शोधकर्ता विशेष परिस्थिति या उपचार लागू करता है।

20. प्रयोग विधि की प्रमुख विशेषता क्या है?
A. नियंत्रण और वस्तुनिष्ठता
B. केवल कल्पना
C. केवल कहानी
D. केवल परंपरा
उत्तर: A. नियंत्रण और वस्तुनिष्ठता
व्याख्या: प्रयोग विधि में परिस्थितियों को नियंत्रित कर निष्पक्ष निष्कर्ष निकाले जाते हैं।

21. प्रयोग विधि की एक सीमा क्या है?
A. कृत्रिम वातावरण व्यवहार को प्रभावित कर सकता है
B. इसमें कोई नियंत्रण नहीं होता
C. यह हमेशा प्राकृतिक होती है
D. इसमें तुलना नहीं होती
उत्तर: A. कृत्रिम वातावरण व्यवहार को प्रभावित कर सकता है
व्याख्या: प्रयोगशाला की स्थिति वास्तविक जीवन से भिन्न हो सकती है।

22. व्यक्ति-अध्ययन विधि किस पर केंद्रित होती है?
A. किसी एक व्यक्ति या छोटे समूह के गहन अध्ययन पर
B. केवल बड़ी जनसंख्या पर
C. केवल मशीन पर
D. केवल मौसम पर
उत्तर: A. किसी एक व्यक्ति या छोटे समूह के गहन अध्ययन पर
व्याख्या: व्यक्ति-अध्ययन में व्यक्ति की पृष्ठभूमि, व्यवहार और समस्याओं का विस्तृत अध्ययन होता है।

23. व्यक्ति-अध्ययन विधि कहाँ उपयोगी होती है?
A. असामान्य व्यवहार और विशेष मामलों में
B. केवल खेती में
C. केवल गणित में
D. केवल व्यापार में
उत्तर: A. असामान्य व्यवहार और विशेष मामलों में
व्याख्या: यह विधि जटिल और व्यक्तिगत समस्याओं को समझने में सहायक है।

24. व्यक्ति-अध्ययन विधि की सीमा क्या है?
A. निष्कर्षों का सामान्यीकरण कठिन होता है
B. यह हमेशा बड़ी जनसंख्या पर लागू होती है
C. इसमें विवरण नहीं मिलता
D. यह केवल प्रयोगशाला में होती है
उत्तर: A. निष्कर्षों का सामान्यीकरण कठिन होता है
व्याख्या: एक व्यक्ति से प्राप्त निष्कर्ष सभी पर लागू नहीं किए जा सकते।

25. सर्वेक्षण विधि का मुख्य उद्देश्य क्या है?
A. बड़ी संख्या में लोगों से जानकारी प्राप्त करना
B. केवल एक व्यक्ति का अध्ययन
C. केवल प्रयोगशाला परीक्षण
D. केवल सपनों का अध्ययन
उत्तर: A. बड़ी संख्या में लोगों से जानकारी प्राप्त करना
व्याख्या: सर्वेक्षण विधि जनमत, अभिवृत्ति और व्यवहार संबंधी जानकारी एकत्र करती है।

26. सर्वेक्षण विधि में सामान्यतः किसका उपयोग होता है?
A. प्रश्नावली और साक्षात्कार
B. केवल माइक्रोस्कोप
C. केवल दूरबीन
D. केवल रक्त परीक्षण
उत्तर: A. प्रश्नावली और साक्षात्कार
व्याख्या: सर्वेक्षण में लिखित या मौखिक प्रश्नों से जानकारी ली जाती है।

27. प्रश्नावली विधि में क्या दिया जाता है?
A. प्रश्नों की लिखित सूची
B. दवा
C. उपकरण
D. भोजन
उत्तर: A. प्रश्नों की लिखित सूची
व्याख्या: प्रश्नावली में उत्तरदाता लिखित प्रश्नों के उत्तर देता है।

28. प्रश्नावली विधि का लाभ क्या है?
A. कम समय में अधिक लोगों से जानकारी मिल सकती है
B. केवल एक व्यक्ति का अध्ययन होता है
C. कोई उत्तर नहीं मिलता
D. यह हमेशा महँगी होती है
उत्तर: A. कम समय में अधिक लोगों से जानकारी मिल सकती है
व्याख्या: प्रश्नावली बड़ी संख्या में डेटा एकत्र करने में उपयोगी है।

29. प्रश्नावली विधि की सीमा क्या है?
A. उत्तरदाता गलत या अधूरे उत्तर दे सकता है
B. इसमें प्रश्न नहीं होते

C. यह केवल प्रयोगशाला में होती है
D. इसमें भाषा की जरूरत नहीं होती
उत्तर: A. उत्तरदाता गलत या अधूरे उत्तर दे सकता है
व्याख्या: उत्तरों की सत्यता उत्तरदाता की ईमानदारी और समझ पर निर्भर करती है।

30. साक्षात्कार विधि में जानकारी कैसे प्राप्त होती है?
A. प्रत्यक्ष बातचीत द्वारा
B. केवल मशीन द्वारा
C. केवल अनुमान द्वारा
D. केवल चित्र देखकर
उत्तर: A. प्रत्यक्ष बातचीत द्वारा
व्याख्या: साक्षात्कार में शोधकर्ता और उत्तरदाता के बीच संवाद होता है।

31. संरचित साक्षात्कार में क्या होता है?
A. पूर्व निर्धारित प्रश्न पूछे जाते हैं
B. कोई प्रश्न नहीं होता
C. केवल स्वतंत्र बातचीत होती है
D. केवल लिखित परीक्षा होती है
उत्तर: A. पूर्व निर्धारित प्रश्न पूछे जाते हैं
व्याख्या: संरचित साक्षात्कार में प्रश्न पहले से तय होते हैं।

32. असंरचित साक्षात्कार की विशेषता क्या है?
A. बातचीत अधिक लचीली होती है
B. प्रश्न हमेशा समान होते हैं
C. कोई संवाद नहीं होता
D. केवल अंक दिए जाते हैं
उत्तर: A. बातचीत अधिक लचीली होती है
व्याख्या: असंरचित साक्षात्कार में परिस्थिति के अनुसार प्रश्न बदल सकते हैं।

33. साक्षात्कार विधि की सीमा क्या है?
A. साक्षात्कारकर्ता पक्षपात कर सकता है
B. इसमें संवाद नहीं होता
C. इसमें व्यक्ति उपस्थित नहीं होता
D. यह हमेशा पूर्ण वस्तुनिष्ठ होती है
उत्तर: A. साक्षात्कारकर्ता पक्षपात कर सकता है
व्याख्या: प्रश्न पूछने का ढंग और साक्षात्कारकर्ता की धारणा उत्तरों को प्रभावित कर सकती है।

34. परीक्षण विधि का उपयोग किसलिए होता है?
A. बुद्धि, योग्यता, रुचि और व्यक्तित्व मापने के लिए
B. केवल दूरी मापने के लिए
C. केवल वजन मापने के लिए
D. केवल तापमान मापने के लिए
उत्तर: A. बुद्धि, योग्यता, रुचि और व्यक्तित्व मापने के लिए
व्याख्या: मनोवैज्ञानिक परीक्षण मानसिक गुणों का मापन करते हैं।

35. बुद्धि परीक्षण किसका मापन करता है?
A. मानसिक क्षमता
B. शरीर की लंबाई
C. भोजन की मात्रा
D. कपड़ों का आकार
उत्तर: A. मानसिक क्षमता
व्याख्या: बुद्धि परीक्षण सीखने, समझने और समस्या हल करने की क्षमता का आकलन करता है।

36. व्यक्तित्व परीक्षण किसका अध्ययन करता है?
A. व्यक्ति के गुणों और व्यवहार पैटर्न का
B. केवल ऊँचाई का
C. केवल वजन का
D. केवल रंग का
उत्तर: A. व्यक्ति के गुणों और व्यवहार पैटर्न का
व्याख्या: व्यक्तित्व परीक्षण व्यक्ति के स्वभाव और व्यवहारिक विशेषताओं को समझता है।

37. परीक्षण की विश्वसनीयता का अर्थ क्या है?
A. समान परिस्थितियों में समान परिणाम देना
B. परीक्षण का सुंदर होना
C. परीक्षण का कठिन होना
D. परीक्षण का लंबा होना
उत्तर: A. समान परिस्थितियों में समान परिणाम देना
व्याख्या: विश्वसनीय परीक्षण स्थिर और भरोसेमंद परिणाम देता है।

38. परीक्षण की वैधता का अर्थ क्या है?
A. परीक्षण वही मापे जिसके लिए बनाया गया है
B. परीक्षण हमेशा छोटा हो
C. परीक्षण महँगा हो
D. परीक्षण रंगीन हो
उत्तर: A. परीक्षण वही मापे जिसके लिए बनाया गया है
व्याख्या: वैधता बताती है कि परीक्षण अपने उद्देश्य को सही माप रहा है।

39. मानकीकृत परीक्षण की विशेषता क्या है?
A. समान निर्देश, समान प्रशासन और समान मूल्यांकन
B. हर बार अलग नियम
C. कोई अंक नहीं
D. केवल मौखिक उत्तर
उत्तर: A. समान निर्देश, समान प्रशासन और समान मूल्यांकन
व्याख्या: मानकीकरण से परीक्षण के परिणाम अधिक विश्वसनीय बनते हैं।

40. सहसंबंध विधि का उद्देश्य क्या है?
A. दो चरों के संबंध को जानना
B. कारण-परिणाम सिद्ध करना
C. केवल कहानी लिखना
D. केवल एक व्यक्ति देखना
उत्तर: A. दो चरों के संबंध को जानना
व्याख्या: सहसंबंध विधि बताती है कि दो चर किस हद तक साथ-साथ बदलते हैं।

41. सकारात्मक सहसंबंध का अर्थ है—
A. एक चर बढ़े तो दूसरा भी बढ़े
B. एक चर बढ़े तो दूसरा घटे
C. दोनों का कोई संबंध न हो
D. दोनों स्थिर रहें
उत्तर: A. एक चर बढ़े तो दूसरा भी बढ़े

व्याख्या: सकारात्मक सहसंबंध में दोनों चर समान दिशा में बदलते हैं।

42. नकारात्मक सहसंबंध का अर्थ है—

A. एक चर बढ़े तो दूसरा घटे
B. दोनों साथ बढ़ें
C. दोनों का कोई संबंध न हो
D. दोनों समान रहें
उत्तर: A. एक चर बढ़े तो दूसरा घटे
व्याख्या: नकारात्मक सहसंबंध में चर विपरीत दिशा में बदलते हैं।

43. शून्य सहसंबंध का अर्थ है—

A. दो चरों में कोई स्पष्ट संबंध नहीं
B. दोनों हमेशा साथ बदलते हैं
C. दोनों हमेशा विपरीत बदलते हैं
D. दोनों समान हैं
उत्तर: A. दो चरों में कोई स्पष्ट संबंध नहीं
व्याख्या: शून्य सहसंबंध में एक चर के परिवर्तन से दूसरे का अनुमान नहीं लगाया जा सकता।

44. सहसंबंध विधि की सीमा क्या है?

A. यह कारण-परिणाम सिद्ध नहीं करती
B. यह संबंध नहीं बताती
C. इसमें कोई डेटा नहीं होता
D. यह केवल आत्मनिरीक्षण है
उत्तर: A. यह कारण-परिणाम सिद्ध नहीं करती
व्याख्या: सहसंबंध केवल संबंध दिखाता है, कारण सिद्ध नहीं करता।

45. विकासात्मक विधि का उद्देश्य क्या है?

A. उम्र के साथ होने वाले परिवर्तनों का अध्ययन
B. केवल धन का अध्ययन
C. केवल मशीन का अध्ययन
D. केवल भवन का अध्ययन
उत्तर: A. उम्र के साथ होने वाले परिवर्तनों का अध्ययन
व्याख्या: विकासात्मक विधि शारीरिक, मानसिक और सामाजिक विकास को समझती है।

46. अनुदैर्ध्य अध्ययन में क्या किया जाता है?

A. एक ही व्यक्तियों का लंबे समय तक अध्ययन
B. अलग-अलग व्यक्तियों का एक बार अध्ययन
C. केवल एक दिन का अध्ययन
D. केवल मशीन अध्ययन
उत्तर: A. एक ही व्यक्तियों का लंबे समय तक अध्ययन
व्याख्या: अनुदैर्ध्य अध्ययन विकास की निरंतरता को समझने में सहायक है।

47. अनुप्रस्थ अध्ययन में क्या किया जाता है?

A. अलग-अलग आयु समूहों का एक समय पर अध्ययन
B. एक व्यक्ति का जीवन भर अध्ययन
C. केवल प्रयोगशाला अध्ययन
D. केवल प्रश्नावली अध्ययन
उत्तर: A. अलग-अलग आयु समूहों का एक समय पर अध्ययन
व्याख्या: अनुप्रस्थ अध्ययन कम समय में विभिन्न आयु समूहों की तुलना करता है।

48. अनुदैर्ध्य अध्ययन की सीमा क्या है?

A. इसमें अधिक समय लगता है
B. इसमें कोई समय नहीं लगता
C. इसमें व्यक्ति नहीं होते
D. यह हमेशा सस्ता होता है
उत्तर: A. इसमें अधिक समय लगता है
व्याख्या: लंबे समय तक अध्ययन करने के कारण यह समय और संसाधन अधिक लेता है।

49. अनुप्रस्थ अध्ययन का लाभ क्या है?

A. कम समय में तुलना संभव होती है
B. जीवन भर इंतजार करना पड़ता है
C. केवल एक व्यक्ति मिलता है
D. कोई तुलना नहीं होती
उत्तर: A. कम समय में तुलना संभव होती है
व्याख्या: विभिन्न आयु समूहों को एक साथ लेकर जल्दी निष्कर्ष निकाले जा सकते हैं।

50. नैदानिक विधि का उपयोग किसलिए होता है?

A. व्यक्ति की मानसिक समस्या समझने और उपचार योजना बनाने के लिए
B. केवल मौसम जानने के लिए
C. केवल गणित हल करने के लिए
D. केवल इतिहास पढ़ने के लिए
उत्तर: A. व्यक्ति की मानसिक समस्या समझने और उपचार योजना बनाने के लिए
व्याख्या: नैदानिक विधि मूल्यांकन, निदान और उपचार से जुड़ी होती है।

51. नैदानिक विधि में कौन-सी तकनीक उपयोगी हो सकती है?

A. साक्षात्कार, परीक्षण और केस हिस्ट्री
B. केवल नृत्य
C. केवल खाना
D. केवल यात्रा
उत्तर: A. साक्षात्कार, परीक्षण और केस हिस्ट्री
व्याख्या: नैदानिक अध्ययन में कई स्रोतों से जानकारी ली जाती है।

52. केस हिस्ट्री में क्या शामिल होता है?

A. व्यक्ति की पृष्ठभूमि और समस्या का विवरण
B. केवल नाम
C. केवल रंग
D. केवल भोजन
उत्तर: A. व्यक्ति की पृष्ठभूमि और समस्या का विवरण
व्याख्या: केस हिस्ट्री व्यक्ति के परिवार, शिक्षा, स्वास्थ्य और व्यवहार से जुड़ी जानकारी देती है।

53. मनोविज्ञान में सांख्यिकीय विधि का उपयोग किसलिए होता है?

A. डेटा का विश्लेषण और निष्कर्ष निकालने के लिए
B. केवल कहानी लिखने के लिए
C. केवल अनुमान लगाने के लिए

D. केवल चित्र बनाने के लिए
उत्तर: A. डेटा का विश्लेषण और निष्कर्ष निकालने के लिए
व्याख्या: सांख्यिकी से प्राप्त आंकड़ों को व्यवस्थित और अर्थपूर्ण बनाया जाता है।

54. औसत किसका उदाहरण है?
A. केंद्रीय प्रवृत्ति का माप
B. रंग का माप
C. आवाज का माप
D. दूरी का माप
उत्तर: A. केंद्रीय प्रवृत्ति का माप
व्याख्या: औसत डेटा के सामान्य स्तर को बताता है।

55. मानक विचलन किससे संबंधित है?
A. प्रसरण या फैलाव से
B. केवल औसत से
C. केवल नाम से
D. केवल रंग से
उत्तर: A. प्रसरण या फैलाव से
व्याख्या: मानक विचलन बताता है कि अंक औसत से कितने फैले हुए हैं।

56. सामग्री विश्लेषण विधि किसका अध्ययन करती है?
A. लिखित, मौखिक या दृश्य सामग्री का व्यवस्थित विश्लेषण
B. केवल रक्त का
C. केवल पौधों का
D. केवल भवन का
उत्तर: A. लिखित, मौखिक या दृश्य सामग्री का व्यवस्थित विश्लेषण
व्याख्या: सामग्री विश्लेषण में संदेश, लेख, भाषण या मीडिया सामग्री का अध्ययन किया जाता है।

57. क्षेत्र अध्ययन कहाँ किया जाता है?
A. वास्तविक जीवन की परिस्थितियों में
B. केवल प्रयोगशाला में
C. केवल पुस्तकालय में
D. केवल कल्पना में
उत्तर: A. वास्तविक जीवन की परिस्थितियों में
व्याख्या: क्षेत्र अध्ययन प्राकृतिक वातावरण में व्यवहार को समझता है।

58. प्रयोगशाला अध्ययन का लाभ क्या है?
A. नियंत्रण अधिक होता है
B. वास्तविकता हमेशा अधिक होती है
C. कोई उपकरण नहीं होता
D. कोई मापन नहीं होता
उत्तर: A. नियंत्रण अधिक होता है
व्याख्या: प्रयोगशाला में शोधकर्ता परिस्थितियों को नियंत्रित कर सकता है।

59. क्षेत्र अध्ययन की सीमा क्या है?
A. नियंत्रण कम होता है
B. वास्तविकता कम होती है
C. कोई व्यवहार नहीं दिखता
D. कोई व्यक्ति नहीं होता
उत्तर: A. नियंत्रण कम होता है
व्याख्या: वास्तविक जीवन में सभी कारकों को नियंत्रित करना कठिन होता है।

60. मनोवैज्ञानिक शोध में नमूना किसे कहते हैं?
A. जनसंख्या का चुना हुआ भाग
B. पूरी पृथ्वी
C. केवल एक प्रश्न
D. केवल एक उपकरण
उत्तर: A. जनसंख्या का चुना हुआ भाग
व्याख्या: नमूना अध्ययन के लिए चुने गए व्यक्तियों का समूह होता है।

61. जनसंख्या का अर्थ है—
A. अध्ययन से संबंधित सभी व्यक्तियों का समूह
B. केवल एक व्यक्ति
C. केवल एक शहर
D. केवल एक प्रश्न
उत्तर: A. अध्ययन से संबंधित सभी व्यक्तियों का समूह
व्याख्या: जनसंख्या वह पूरा समूह है जिसके बारे में निष्कर्ष निकालना होता है।

62. यादृच्छिक नमूना चयन का अर्थ है—
A. प्रत्येक सदस्य को चुने जाने का समान अवसर
B. केवल पसंदीदा लोगों को चुनना
C. केवल मित्रों को चुनना
D. केवल एक व्यक्ति चुनना
उत्तर: A. प्रत्येक सदस्य को चुने जाने का समान अवसर
व्याख्या: यादृच्छिक चयन से पक्षपात कम होता है।

63. पक्षपातपूर्ण नमूना क्यों समस्या पैदा करता है?
A. निष्कर्ष गलत या सीमित हो सकते हैं
B. निष्कर्ष हमेशा सही होते हैं
C. कोई प्रभाव नहीं पड़ता
D. डेटा बढ़ जाता है
उत्तर: A. निष्कर्ष गलत या सीमित हो सकते हैं
व्याख्या: यदि नमूना प्रतिनिधि नहीं है तो परिणाम पूरी जनसंख्या पर लागू नहीं हो सकते।

64. परिकल्पना का अर्थ क्या है?
A. परीक्षण योग्य संभावित उत्तर
B. अंतिम सिद्ध सत्य
C. केवल कहानी
D. केवल आदेश
उत्तर: A. परीक्षण योग्य संभावित उत्तर
व्याख्या: परिकल्पना शोध समस्या का संभावित और जांच योग्य समाधान होती है।

65. शोध समस्या क्या होती है?
A. अध्ययन के लिए चुना गया प्रश्न या विषय
B. केवल उत्तर
C. केवल निष्कर्ष
D. केवल उपकरण
उत्तर: A. अध्ययन के लिए चुना गया प्रश्न या विषय
व्याख्या: शोध समस्या अध्ययन की दिशा तय करती है।

66. डेटा संग्रह का अर्थ है—
A. अध्ययन से संबंधित जानकारी एकत्र करना
B. जानकारी नष्ट करना
C. निष्कर्ष छिपाना
D. केवल अनुमान लगाना
उत्तर: A. अध्ययन से संबंधित जानकारी एकत्र करना
व्याख्या: डेटा शोध के विश्लेषण और निष्कर्ष का आधार होता है।

67. डेटा विश्लेषण का उद्देश्य क्या है?
A. जानकारी को अर्थपूर्ण निष्कर्ष में बदलना
B. डेटा मिटाना
C. केवल तालिका बनाना
D. परिणाम छिपाना
उत्तर: A. जानकारी को अर्थपूर्ण निष्कर्ष में बदलना
व्याख्या: विश्लेषण से शोध प्रश्नों के उत्तर प्राप्त होते हैं।

68. वस्तुनिष्ठता का अर्थ है—
A. निष्पक्ष और प्रमाण आधारित अध्ययन
B. व्यक्तिगत पसंद
C. केवल भावना
D. केवल कल्पना
उत्तर: A. निष्पक्ष और प्रमाण आधारित अध्ययन
व्याख्या: वस्तुनिष्ठता शोध को विश्वसनीय बनाती है।

69. पुनरावृत्ति योग्यता का अर्थ क्या है?
A. अध्ययन को दोहराकर समान परिणाम प्राप्त करना
B. अध्ययन को छिपाना
C. अध्ययन को रोकना
D. अध्ययन को बदलना
उत्तर: A. अध्ययन को दोहराकर समान परिणाम प्राप्त करना
व्याख्या: वैज्ञानिक अध्ययन में परिणामों की पुष्टि के लिए पुनरावृत्ति महत्वपूर्ण है।

70. मनोवैज्ञानिक शोध में नैतिकता क्यों जरूरी है?
A. प्रतिभागियों की सुरक्षा, सम्मान और अधिकारों के लिए
B. शोध को कठिन बनाने के लिए
C. परिणाम छिपाने के लिए
D. केवल खर्च बढ़ाने के लिए
उत्तर: A. प्रतिभागियों की सुरक्षा, सम्मान और अधिकारों के लिए
व्याख्या: नैतिकता शोध को मानवीय और जिम्मेदार बनाती है।

71. सूचित सहमति का अर्थ है—
A. जानकारी देकर स्वैच्छिक अनुमति लेना
B. बिना बताए अध्ययन करना
C. दबाव डालकर अनुमति लेना
D. गलत जानकारी देना
उत्तर: A. जानकारी देकर स्वैच्छिक अनुमति लेना
व्याख्या: प्रतिभागी को अध्ययन की प्रकृति बताकर अनुमति लेना आवश्यक है।

72. गोपनीयता का अर्थ है—
A. प्रतिभागी की निजी जानकारी सुरक्षित रखना
B. जानकारी सबको बताना
C. नाम प्रकाशित करना
D. डेटा बेच देना
उत्तर: A. प्रतिभागी की निजी जानकारी सुरक्षित रखना
व्याख्या: शोध में व्यक्तिगत जानकारी की सुरक्षा नैतिक जिम्मेदारी है।

73. शोध में छल का प्रयोग कब स्वीकार्य हो सकता है?
A. जब आवश्यक हो और बाद में सही जानकारी दी जाए
B. हमेशा बिना कारण
C. केवल मनोरंजन के लिए
D. कभी जानकारी न दी जाए
उत्तर: A. जब आवश्यक हो और बाद में सही जानकारी दी जाए
व्याख्या: छल का प्रयोग सीमित, उचित और नैतिक समीक्षा के साथ ही होना चाहिए।

74. डिब्रीफिंग का अर्थ क्या है?
A. अध्ययन के बाद प्रतिभागी को वास्तविक जानकारी देना
B. प्रतिभागी को हटाना
C. डेटा छिपाना
D. परिणाम बदलना
उत्तर: A. अध्ययन के बाद प्रतिभागी को वास्तविक जानकारी देना
व्याख्या: डिब्रीफिंग से प्रतिभागी को अध्ययन का उद्देश्य और प्रक्रिया समझाई जाती है।

75. शोध में प्रतिभागी को हटने का अधिकार क्यों जरूरी है?
A. स्वैच्छिक भागीदारी सुनिश्चित करने के लिए
B. शोध रोकने के लिए
C. परिणाम बिगाड़ने के लिए
D. कोई कारण नहीं
उत्तर: A. स्वैच्छिक भागीदारी सुनिश्चित करने के लिए
व्याख्या: प्रतिभागी किसी भी समय अध्ययन छोड़ सकता है।

76. मनोविज्ञान में गुणात्मक विधि किससे संबंधित है?
A. अनुभवों और अर्थों के गहन अध्ययन से
B. केवल संख्याओं से
C. केवल मशीनों से
D. केवल माप से
उत्तर: A. अनुभवों और अर्थों के गहन अध्ययन से
व्याख्या: गुणात्मक विधि विचारों, भावनाओं और अनुभवों को समझती है।

77. मात्रात्मक विधि किस पर आधारित होती है?
A. संख्यात्मक डेटा और सांख्यिकीय विश्लेषण
B. केवल कहानी
C. केवल अनुभव
D. केवल चित्र
उत्तर: A. संख्यात्मक डेटा और सांख्यिकीय विश्लेषण
व्याख्या: मात्रात्मक विधि मापन और आंकड़ों पर आधारित होती है।

78. मिश्रित विधि का अर्थ है—
A. गुणात्मक और मात्रात्मक दोनों विधियों का उपयोग
B. कोई विधि न होना
C. केवल अनुमान

D. केवल एक प्रश्न
उत्तर: A. गुणात्मक और मात्रात्मक दोनों विधियों का उपयोग
व्याख्या: मिश्रित विधि से अध्ययन अधिक व्यापक हो सकता है।

79. फोकस समूह चर्चा किसका उदाहरण है?
A. गुणात्मक विधि
B. केवल प्रयोग विधि
C. केवल परीक्षण विधि
D. केवल सांख्यिकी
उत्तर: A. गुणात्मक विधि
व्याख्या: फोकस समूह में कई प्रतिभागी किसी विषय पर चर्चा करते हैं।

80. रेटिंग स्केल का उपयोग किसलिए होता है?
A. अभिवृत्ति या गुण की मात्रा जानने के लिए
B. केवल दूरी मापने के लिए
C. केवल तापमान मापने के लिए
D. केवल वजन मापने के लिए
उत्तर: A. अभिवृत्ति या गुण की मात्रा जानने के लिए
व्याख्या: रेटिंग स्केल किसी गुण या राय की तीव्रता मापता है।

81. लिकर्ट स्केल किसके मापन में उपयोगी है?
A. अभिवृत्ति
B. ऊँचाई
C. वजन
D. रक्तचाप
उत्तर: A. अभिवृत्ति
व्याख्या: लिकर्ट स्केल सहमति या असहमति के स्तर को मापता है।

82. प्रक्षेपी परीक्षण किस सिद्धांत पर आधारित होते हैं?
A. व्यक्ति अस्पष्ट सामग्री में अपनी भावनाएँ प्रक्षेपित करता है
B. व्यक्ति केवल गणना करता है
C. व्यक्ति हमेशा झूठ बोलता है
D. व्यक्ति कोई प्रतिक्रिया नहीं देता
उत्तर: A. व्यक्ति अस्पष्ट सामग्री में अपनी भावनाएँ प्रक्षेपित करता है
व्याख्या: प्रक्षेपी परीक्षण व्यक्तित्व के गहरे पक्षों को समझने में सहायक माने जाते हैं।

83. रोर्शाक परीक्षण किस प्रकार का परीक्षण है?
A. प्रक्षेपी परीक्षण
B. बुद्धि परीक्षण
C. उपलब्धि परीक्षण
D. शारीरिक परीक्षण
उत्तर: A. प्रक्षेपी परीक्षण
व्याख्या: रोर्शाक इंकब्लॉट परीक्षण में अस्पष्ट धब्बों पर प्रतिक्रिया ली जाती है।

84. TAT का पूरा नाम क्या है?
A. Thematic Apperception Test
B. Total Ability Test
C. Teaching Aptitude Test
D. Thinking Analysis Test
उत्तर: A. Thematic Apperception Test
व्याख्या: TAT में चित्रों के आधार पर कहानियाँ बनवाई जाती हैं।

85. उपलब्धि परीक्षण किसका मापन करता है?
A. सीखे गए ज्ञान या कौशल का
B. जन्मजात रंग का
C. केवल ऊँचाई का
D. केवल वजन का
उत्तर: A. सीखे गए ज्ञान या कौशल का
व्याख्या: उपलब्धि परीक्षण यह देखता है कि व्यक्ति ने कितना सीखा है।

86. अभिक्षमता परीक्षण किसका मापन करता है?
A. भविष्य में सीखने या कार्य करने की क्षमता
B. केवल वर्तमान भोजन
C. केवल उम्र
D. केवल रंग
उत्तर: A. भविष्य में सीखने या कार्य करने की क्षमता
व्याख्या: अभिक्षमता परीक्षण संभावित योग्यता का आकलन करता है।

87. रुचि सूची का उपयोग किसलिए होता है?
A. व्यक्ति की पसंद और रुचियों को जानने के लिए
B. केवल वजन जानने के लिए
C. केवल बीमारी जानने के लिए
D. केवल रक्त समूह जानने के लिए
उत्तर: A. व्यक्ति की पसंद और रुचियों को जानने के लिए
व्याख्या: रुचि सूची शिक्षा और करियर मार्गदर्शन में उपयोगी है।

88. मनोवैज्ञानिक विधियों में रिकॉर्ड रखना क्यों जरूरी है?
A. निष्कर्षों की जाँच और तुलना के लिए
B. जानकारी खोने के लिए
C. परिणाम बदलने के लिए
D. केवल कागज भरने के लिए
उत्तर: A. निष्कर्षों की जाँच और तुलना के लिए
व्याख्या: व्यवस्थित रिकॉर्ड शोध की विश्वसनीयता बढ़ाता है।

89. शोध रिपोर्ट का उद्देश्य क्या है?
A. अध्ययन की प्रक्रिया और निष्कर्ष प्रस्तुत करना
B. जानकारी छिपाना
C. केवल नाम लिखना
D. केवल अनुमान बताना
उत्तर: A. अध्ययन की प्रक्रिया और निष्कर्ष प्रस्तुत करना
व्याख्या: शोध रिपोर्ट से अन्य लोग अध्ययन को समझ और परख सकते हैं।

90. साहित्य समीक्षा का अर्थ है—
A. पूर्व शोध और संबंधित सामग्री का अध्ययन
B. केवल कविता पढ़ना
C. केवल कहानी लिखना
D. केवल समाचार देखना
उत्तर: A. पूर्व शोध और संबंधित सामग्री का अध्ययन
व्याख्या: साहित्य समीक्षा शोध समस्या को स्पष्ट और मजबूत बनाती है।

91. पायलट अध्ययन क्यों किया जाता है?
A. मुख्य अध्ययन से पहले विधि की जाँच के लिए
B. अंतिम निष्कर्ष घोषित करने के लिए

C. डेटा नष्ट करने के लिए
D. प्रतिभागी हटाने के लिए
उत्तर: A. मुख्य अध्ययन से पहले विधि की जाँच के लिए
व्याख्या: पायलट अध्ययन से उपकरण और प्रक्रिया की कमियाँ पता चलती हैं।

92. नियंत्रण चर का अर्थ क्या है?
A. जिसे स्थिर रखा जाता है
B. जिसे परिणाम माना जाता है
C. जिसे हमेशा बदला जाता है
D. जिसे मापा नहीं जाता
उत्तर: A. जिसे स्थिर रखा जाता है
व्याख्या: नियंत्रण चर को स्थिर रखकर स्वतंत्र चर का प्रभाव स्पष्ट किया जाता है।

93. बाह्य चर क्यों नियंत्रित किए जाते हैं?
A. परिणामों पर अनचाहे प्रभाव को कम करने के लिए
B. परिणाम बदलने के लिए
C. शोध रोकने के लिए
D. डेटा छिपाने के लिए
उत्तर: A. परिणामों पर अनचाहे प्रभाव को कम करने के लिए
व्याख्या: बाह्य चर परिणामों को प्रभावित कर सकते हैं, इसलिए उन्हें नियंत्रित करना जरूरी है।

94. डबल-ब्लाइंड अध्ययन में क्या होता है?
A. प्रतिभागी और शोधकर्ता दोनों उपचार की जानकारी से अनजान रहते हैं
B. सभी को पूरी जानकारी होती है
C. कोई प्रतिभागी नहीं होता
D. केवल एक व्यक्ति जानता है
उत्तर: A. प्रतिभागी और शोधकर्ता दोनों उपचार की जानकारी से अनजान रहते हैं
व्याख्या: इससे अपेक्षा और पक्षपात का प्रभाव कम होता है।

95. प्लेसीबो का अर्थ क्या है?
A. दिखावटी उपचार जिसका वास्तविक सक्रिय प्रभाव नहीं होता
B. वास्तविक दवा हमेशा
C. प्रयोगशाला उपकरण
D. प्रश्नावली
उत्तर: A. दिखावटी उपचार जिसका वास्तविक सक्रिय प्रभाव नहीं होता
व्याख्या: प्लेसीबो का उपयोग अपेक्षा प्रभाव को समझने के लिए किया जाता है।

96. मनोवैज्ञानिक अध्ययन में सामान्यीकरण का अर्थ है—
A. निष्कर्षों को व्यापक जनसंख्या पर लागू करना
B. निष्कर्ष छिपाना
C. केवल एक व्यक्ति तक सीमित रखना
D. परिणाम मिटाना
उत्तर: A. निष्कर्षों को व्यापक जनसंख्या पर लागू करना
व्याख्या: प्रतिनिधि नमूना होने पर निष्कर्षों का सामान्यीकरण अधिक उचित होता है।

97. शोध में त्रिकोणीयकरण का अर्थ है—
A. एक से अधिक विधियों या स्रोतों का उपयोग
B. केवल एक प्रश्न पूछना
C. केवल एक व्यक्ति देखना
D. केवल अनुमान लगाना
उत्तर: A. एक से अधिक विधियों या स्रोतों का उपयोग
व्याख्या: कई स्रोतों से जानकारी लेने पर निष्कर्ष अधिक मजबूत हो सकते हैं।

98. मनोविज्ञान में अध्ययन विधि चुनते समय क्या ध्यान रखना चाहिए?
A. शोध समस्या, उद्देश्य और नैतिकता
B. केवल सुविधा
C. केवल लागत
D. केवल अनुमान
उत्तर: A. शोध समस्या, उद्देश्य और नैतिकता
व्याख्या: उचित विधि अध्ययन की प्रकृति और उद्देश्य के अनुसार चुनी जाती है।

99. वैज्ञानिक मनोविज्ञान की शक्ति किसमें है?
A. व्यवस्थित विधियों और प्रमाण आधारित निष्कर्षों में
B. केवल कल्पना में
C. केवल परंपरा में
D. केवल विश्वास में
उत्तर: A. व्यवस्थित विधियों और प्रमाण आधारित निष्कर्षों में
व्याख्या: वैज्ञानिक विधियाँ मनोविज्ञान को विश्वसनीय और उपयोगी बनाती हैं।

100. मनोविज्ञान की अध्ययन विधियों का अंतिम उद्देश्य क्या है?
A. व्यवहार को समझना, समझाना और सुधारना
B. केवल प्रश्न बढ़ाना
C. केवल नाम याद करना
D. केवल अनुमान लगाना
उत्तर: A. व्यवहार को समझना, समझाना और सुधारना
व्याख्या: अध्ययन विधियाँ व्यवहार और मानसिक प्रक्रियाओं के वैज्ञानिक ज्ञान को बढ़ाती हैं।

अध्याय 4: व्यवहार एवं मानसिक प्रक्रियाएँ

100 वस्तुनिष्ठ प्रश्न

1. मनोविज्ञान में व्यवहार का अर्थ क्या है?
A. व्यक्ति की बाहरी और आंतरिक प्रतिक्रियाएँ
B. केवल शरीर की ऊँचाई
C. केवल भाषा का ज्ञान
D. केवल जन्मस्थान
उत्तर: A. व्यक्ति की बाहरी और आंतरिक प्रतिक्रियाएँ
व्याख्या: व्यवहार में दिखाई देने वाली क्रियाएँ और आंतरिक प्रतिक्रियाएँ दोनों शामिल होती हैं।

2. आधुनिक मनोविज्ञान मुख्य रूप से किसका अध्ययन करता है?
A. व्यवहार और मानसिक प्रक्रियाएँ
B. केवल आत्मा
C. केवल शरीर
D. केवल धन

उत्तर: A. व्यवहार और मानसिक प्रक्रियाएँ
व्याख्या: आधुनिक मनोविज्ञान व्यवहार तथा सोच, स्मृति और भावना जैसी मानसिक प्रक्रियाओं का अध्ययन करता है।

3. प्रत्यक्ष व्यवहार किसे कहते हैं?
A. जिसे देखा या मापा जा सके
B. जिसे कभी न देखा जा सके
C. केवल सपनों को
D. केवल विचारों को
उत्तर: A. जिसे देखा या मापा जा सके
व्याख्या: चलना, बोलना, लिखना और रोना प्रत्यक्ष व्यवहार के उदाहरण हैं।

4. अप्रत्यक्ष व्यवहार का उदाहरण कौन-सा है?
A. सोचना
B. दौड़ना
C. लिखना
D. ताली बजाना
उत्तर: A. सोचना
व्याख्या: सोचना बाहरी रूप से सीधे दिखाई नहीं देता, इसलिए यह अप्रत्यक्ष व्यवहार है।

5. मानसिक प्रक्रिया का उदाहरण कौन-सा है?
A. स्मृति
B. कुर्सी
C. पेंसिल
D. दीवार
उत्तर: A. स्मृति
व्याख्या: स्मृति एक आंतरिक मानसिक प्रक्रिया है।

6. व्यवहार को प्रभावित करने वाला प्रमुख जैविक कारक कौन-सा है?
A. मस्तिष्क और तंत्रिका तंत्र
B. सड़क
C. पुस्तक का रंग
D. भवन की ऊँचाई
उत्तर: A. मस्तिष्क और तंत्रिका तंत्र
व्याख्या: मस्तिष्क और तंत्रिका तंत्र व्यवहार तथा मानसिक प्रक्रियाओं को नियंत्रित करते हैं।

7. व्यवहार पर वातावरण का प्रभाव किस रूप में दिखाई देता है?
A. सीखने, आदतों और सामाजिक व्यवहार में
B. केवल बालों के रंग में
C. केवल ऊँचाई में
D. केवल रक्त समूह में
उत्तर: A. सीखने, आदतों और सामाजिक व्यवहार में
व्याख्या: परिवार, विद्यालय और समाज व्यक्ति के व्यवहार को प्रभावित करते हैं।

8. व्यवहार किसका परिणाम माना जा सकता है?
A. आनुवंशिकता और वातावरण की अंतःक्रिया
B. केवल नाम का
C. केवल कपड़ों का
D. केवल मौसम का
उत्तर: A. आनुवंशिकता और वातावरण की अंतःक्रिया
व्याख्या: व्यक्ति का व्यवहार जैविक गुणों और वातावरण दोनों से प्रभावित होता है।

9. बाह्य व्यवहार का उदाहरण कौन-सा है?
A. बोलना
B. कल्पना करना
C. याद करना
D. सोचना
उत्तर: A. बोलना
व्याख्या: बोलना देखा और सुना जा सकता है, इसलिए यह बाह्य व्यवहार है।

10. आंतरिक व्यवहार का उदाहरण कौन-सा है?
A. चिंता करना
B. चलना
C. दौड़ना
D. हाथ उठाना
उत्तर: A. चिंता करना
व्याख्या: चिंता एक आंतरिक मानसिक अवस्था है।

11. व्यवहार का अध्ययन वैज्ञानिक ढंग से क्यों किया जाता है?
A. ताकि उसे समझा, समझाया और नियंत्रित किया जा सके
B. ताकि उसे छिपाया जा सके
C. ताकि केवल अनुमान लगाया जा सके
D. ताकि उसे अनदेखा किया जा सके
उत्तर: A. ताकि उसे समझा, समझाया और नियंत्रित किया जा सके
व्याख्या: वैज्ञानिक अध्ययन व्यवहार के कारण और परिणाम स्पष्ट करता है।

12. मानसिक प्रक्रियाएँ मुख्य रूप से कैसी होती हैं?
A. आंतरिक और प्रत्यक्ष रूप से अदृश्य
B. केवल बाहरी
C. हमेशा दिखाई देने वाली
D. केवल शारीरिक
उत्तर: A. आंतरिक और प्रत्यक्ष रूप से अदृश्य
व्याख्या: सोच, भावना और स्मृति जैसी प्रक्रियाएँ मन के भीतर होती हैं।

13. संज्ञान का अर्थ क्या है?
A. ज्ञान प्राप्त करने और उपयोग करने की मानसिक प्रक्रिया
B. केवल दौड़ना
C. केवल सोना
D. केवल खाना
उत्तर: A. ज्ञान प्राप्त करने और उपयोग करने की मानसिक प्रक्रिया
व्याख्या: संज्ञान में ध्यान, स्मृति, सोच और समस्या समाधान शामिल हैं।

14. ध्यान किस प्रकार की मानसिक प्रक्रिया है?
A. चयनात्मक एकाग्रता
B. शारीरिक लंबाई
C. रक्त प्रवाह

D. भोजन पाचन
उत्तर: A. चयनात्मक एकाग्रता
व्याख्या: ध्यान व्यक्ति को किसी विशेष वस्तु या विचार पर केंद्रित करता है।

15. प्रत्यक्षीकरण का अर्थ क्या है?
A. संवेदनाओं को अर्थ देना
B. केवल आँख खोलना
C. केवल आवाज निकालना
D. केवल चलना
उत्तर: A. संवेदनाओं को अर्थ देना
व्याख्या: प्रत्यक्षीकरण में मस्तिष्क इंद्रिय सूचनाओं की व्याख्या करता है।

16. संवेदना किससे संबंधित है?
A. इंद्रियों द्वारा उत्तेजना ग्रहण करने से
B. केवल कल्पना से
C. केवल भाषा से
D. केवल निर्णय से
उत्तर: A. इंद्रियों द्वारा उत्तेजना ग्रहण करने से
व्याख्या: संवेदना बाहरी या आंतरिक उत्तेजना को इंद्रियों द्वारा ग्रहण करने की प्रक्रिया है।

17. स्मृति में कौन-सी प्रक्रिया शामिल होती है?
A. सीखना, धारण करना और पुनः स्मरण
B. केवल चलना
C. केवल खाना
D. केवल सोना
उत्तर: A. सीखना, धारण करना और पुनः स्मरण
व्याख्या: स्मृति पूर्व अनुभवों को संचित और पुनः प्राप्त करने से जुड़ी है।

18. सीखना किससे संबंधित है?
A. अनुभव के कारण व्यवहार में अपेक्षाकृत स्थायी परिवर्तन
B. केवल जन्मजात क्रिया
C. केवल नींद
D. केवल भोजन
उत्तर: A. अनुभव के कारण व्यवहार में अपेक्षाकृत स्थायी परिवर्तन
व्याख्या: अधिगम अभ्यास और अनुभव से व्यवहार में परिवर्तन लाता है।

19. प्रेरणा का व्यवहार से क्या संबंध है?
A. यह व्यवहार को आरंभ और निर्देशित करती है
B. यह व्यवहार को हमेशा रोकती है
C. इसका व्यवहार से कोई संबंध नहीं
D. यह केवल शरीर का वजन है
उत्तर: A. यह व्यवहार को आरंभ और निर्देशित करती है
व्याख्या: प्रेरणा व्यक्ति को लक्ष्य की ओर कार्य करने के लिए प्रेरित करती है।

20. भावना या संवेग का उदाहरण कौन-सा है?
A. भय
B. मेज
C. पुस्तक
D. पंखा
उत्तर: A. भय
व्याख्या: भय एक संवेगात्मक अवस्था है।

21. संवेग व्यवहार को कैसे प्रभावित करते हैं?
A. प्रतिक्रिया की तीव्रता और दिशा बदलकर
B. केवल ऊँचाई बढ़ाकर
C. केवल भाषा बदलकर
D. कोई प्रभाव नहीं डालते
उत्तर: A. प्रतिक्रिया की तीव्रता और दिशा बदलकर
व्याख्या: क्रोध, भय और खुशी व्यक्ति के व्यवहार को बदल सकते हैं।

22. सोच का संबंध किससे है?
A. विचार, तर्क और समस्या समाधान से
B. केवल चलने से
C. केवल सुनने से
D. केवल सोने से
उत्तर: A. विचार, तर्क और समस्या समाधान से
व्याख्या: सोच एक उच्च मानसिक प्रक्रिया है।

23. समस्या समाधान किस प्रकार की प्रक्रिया है?
A. संज्ञानात्मक प्रक्रिया
B. केवल शारीरिक प्रक्रिया
C. केवल पाचन प्रक्रिया
D. केवल नींद प्रक्रिया
उत्तर: A. संज्ञानात्मक प्रक्रिया
व्याख्या: समस्या समाधान में सोच, निर्णय और तर्क का उपयोग होता है।

24. निर्णय लेना किससे संबंधित है?
A. विकल्पों में से उचित विकल्प चुनना
B. केवल आँख बंद करना
C. केवल याद करना
D. केवल दौड़ना
उत्तर: A. विकल्पों में से उचित विकल्प चुनना
व्याख्या: निर्णय लेना एक मानसिक प्रक्रिया है जिसमें विकल्पों का मूल्यांकन होता है।

25. भाषा किस मानसिक प्रक्रिया से जुड़ी है?
A. संचार और विचार अभिव्यक्ति
B. केवल भोजन
C. केवल नींद
D. केवल शरीर संतुलन
उत्तर: A. संचार और विचार अभिव्यक्ति
व्याख्या: भाषा विचारों और भावनाओं को व्यक्त करने का माध्यम है।

26. कल्पना का अर्थ क्या है?
A. मन में नई छवियाँ या विचार बनाना
B. केवल चलना
C. केवल लिखना
D. केवल सुनना
उत्तर: A. मन में नई छवियाँ या विचार बनाना
व्याख्या: कल्पना व्यक्ति को वास्तविक अनुभव से परे सोचने में

सहायता करती है।

27. चेतना का अर्थ क्या है?

A. स्वयं और वातावरण के प्रति जागरूकता
B. पूर्ण बेहोशी
C. केवल नींद
D. केवल सपना

उत्तर: A. स्वयं और वातावरण के प्रति जागरूकता
व्याख्या: चेतना वर्तमान अनुभवों की जागरूक अवस्था है।

28. अचेतन प्रक्रियाएँ किससे संबंधित हैं?

A. वे मानसिक क्रियाएँ जो प्रत्यक्ष जागरूकता में नहीं होतीं
B. केवल बाहरी क्रिया
C. केवल दौड़ना
D. केवल बोलना

उत्तर: A. वे मानसिक क्रियाएँ जो प्रत्यक्ष जागरूकता में नहीं होतीं
व्याख्या: अचेतन प्रक्रियाएँ व्यक्ति के व्यवहार को बिना स्पष्ट जागरूकता के प्रभावित कर सकती हैं।

29. आदत किस प्रकार का व्यवहार है?

A. बार-बार अभ्यास से विकसित व्यवहार
B. केवल जन्मजात व्यवहार
C. केवल अचानक घटना
D. केवल विचार

उत्तर: A. बार-बार अभ्यास से विकसित व्यवहार
व्याख्या: आदत अभ्यास और दोहराव से बनती है।

30. प्रतिवर्त क्रिया का उदाहरण कौन-सा है?

A. गर्म वस्तु छूने पर हाथ हटाना
B. कविता याद करना
C. कहानी लिखना
D. योजना बनाना

उत्तर: A. गर्म वस्तु छूने पर हाथ हटाना
व्याख्या: प्रतिवर्त क्रिया स्वतः और त्वरित प्रतिक्रिया होती है।

31. जन्मजात व्यवहार का उदाहरण कौन-सा है?

A. शिशु का चूसना
B. साइकिल चलाना
C. लिखना
D. पढ़ना

उत्तर: A. शिशु का चूसना
व्याख्या: जन्मजात व्यवहार बिना सीखने के स्वाभाविक रूप से होता है।

32. अर्जित व्यवहार किससे बनता है?

A. सीखने और अनुभव से
B. केवल जन्म से
C. केवल रक्त समूह से
D. केवल रंग से

उत्तर: A. सीखने और अनुभव से
व्याख्या: अर्जित व्यवहार अभ्यास और अनुभव द्वारा विकसित होता है।

33. व्यवहार में व्यक्तिगत भिन्नताएँ क्यों होती हैं?

A. आनुवंशिकता, वातावरण और अनुभवों के कारण
B. सभी लोग समान होते हैं
C. कोई कारण नहीं होता
D. केवल नाम अलग होते हैं

उत्तर: A. आनुवंशिकता, वातावरण और अनुभवों के कारण
व्याख्या: प्रत्येक व्यक्ति की क्षमताएँ, रुचियाँ और अनुभव अलग होते हैं।

34. व्यक्तित्व व्यवहार को कैसे प्रभावित करता है?

A. व्यक्ति के स्थायी गुण व्यवहार की दिशा तय करते हैं
B. कोई प्रभाव नहीं डालता
C. केवल कपड़े बदलता है
D. केवल भाषा बदलता है

उत्तर: A. व्यक्ति के स्थायी गुण व्यवहार की दिशा तय करते हैं
व्याख्या: व्यक्तित्व व्यक्ति के सोचने, महसूस करने और प्रतिक्रिया करने के ढंग को प्रभावित करता है।

35. अभिवृत्ति का व्यवहार से क्या संबंध है?

A. दृष्टिकोण व्यवहार को प्रभावित कर सकता है
B. अभिवृत्ति केवल शरीर की लंबाई है
C. इसका कोई प्रभाव नहीं
D. यह केवल नाम है

उत्तर: A. दृष्टिकोण व्यवहार को प्रभावित कर सकता है
व्याख्या: किसी वस्तु या विचार के प्रति सकारात्मक या नकारात्मक दृष्टिकोण व्यवहार को दिशा देता है।

36. मूल्य व्यक्ति के व्यवहार को कैसे प्रभावित करते हैं?

A. निर्णय और कार्यों को दिशा देकर
B. केवल आवाज बदलकर
C. केवल वजन बढ़ाकर
D. कोई प्रभाव नहीं

उत्तर: A. निर्णय और कार्यों को दिशा देकर
व्याख्या: मूल्य व्यक्ति के सही-गलत और प्राथमिकताओं को प्रभावित करते हैं।

37. सामाजिक मानदंड क्या करते हैं?

A. व्यवहार के स्वीकार्य नियम तय करते हैं
B. केवल मौसम बताते हैं
C. केवल शरीर मापते हैं
D. केवल भाषा बनाते हैं

उत्तर: A. व्यवहार के स्वीकार्य नियम तय करते हैं
व्याख्या: समाज में मानदंड व्यक्ति को उचित व्यवहार की दिशा देते हैं।

38. समूह दबाव का प्रभाव किस पर पड़ता है?

A. व्यक्ति के निर्णय और व्यवहार पर
B. केवल ऊँचाई पर
C. केवल रक्त समूह पर
D. केवल जन्मस्थान पर

उत्तर: A. व्यक्ति के निर्णय और व्यवहार पर
व्याख्या: व्यक्ति कई बार समूह की अपेक्षाओं के अनुसार व्यवहार करता है।

39. परिवार व्यवहार को कैसे प्रभावित करता है?

A. प्रारंभिक सीखने और मूल्यों के माध्यम से
B. कोई प्रभाव नहीं डालता

C. केवल नाम देता है
D. केवल कपड़े देता है
उत्तर: A. प्रारंभिक सीखने और मूल्यों के माध्यम से
व्याख्या: परिवार सामाजिककरण का पहला और महत्वपूर्ण माध्यम है।

40. विद्यालय व्यवहार को किस रूप में प्रभावित करता है?
A. अनुशासन, ज्ञान और सामाजिक कौशल के विकास से
B. केवल भवन से
C. केवल फीस से
D. केवल छुट्टियों से
उत्तर: A. अनुशासन, ज्ञान और सामाजिक कौशल के विकास से
व्याख्या: विद्यालय सीखने और सामाजिक व्यवहार को विकसित करता है।

41. संस्कृति व्यवहार को कैसे प्रभावित करती है?
A. मान्यताओं, परंपराओं और मूल्यों के माध्यम से
B. केवल मौसम से
C. केवल भोजन की मात्रा से
D. कोई प्रभाव नहीं
उत्तर: A. मान्यताओं, परंपराओं और मूल्यों के माध्यम से
व्याख्या: संस्कृति व्यक्ति के सोचने और व्यवहार करने के तरीके को आकार देती है।

42. मीडिया व्यवहार को कैसे प्रभावित कर सकता है?
A. विचार, भावनाएँ और आदतें बदलकर
B. केवल शरीर की लंबाई बदलकर
C. कोई प्रभाव नहीं
D. केवल जन्मतिथि बदलकर
उत्तर: A. विचार, भावनाएँ और आदतें बदलकर
व्याख्या: मीडिया सूचना, आदर्श और व्यवहारिक मॉडल प्रदान करता है।

43. अनुकरण किसे कहते हैं?
A. दूसरों को देखकर व्यवहार सीखना
B. केवल अकेले सोचना
C. केवल भूलना
D. केवल दंड देना
उत्तर: A. दूसरों को देखकर व्यवहार सीखना
व्याख्या: व्यक्ति माता-पिता, शिक्षक या साथियों के व्यवहार का अनुकरण कर सकता है।

44. पुनर्बलन का व्यवहार पर क्या प्रभाव होता है?
A. व्यवहार की पुनरावृत्ति बढ़ सकती है
B. व्यवहार हमेशा समाप्त होता है
C. कोई प्रभाव नहीं
D. केवल स्मृति मिटती है
उत्तर: A. व्यवहार की पुनरावृत्ति बढ़ सकती है
व्याख्या: सकारात्मक परिणाम मिलने पर व्यवहार दोहराया जा सकता है।

45. दंड का उद्देश्य क्या हो सकता है?
A. अवांछित व्यवहार को कम करना
B. व्यवहार बढ़ाना हमेशा
C. केवल पुरस्कार देना
D. कोई प्रभाव नहीं
उत्तर: A. अवांछित व्यवहार को कम करना
व्याख्या: दंड का उपयोग अनुचित व्यवहार को घटाने के लिए किया जाता है।

46. पुरस्कार का प्रभाव किस पर पड़ता है?
A. प्रेरणा और व्यवहार की पुनरावृत्ति पर
B. केवल ऊँचाई पर
C. केवल रंग पर
D. कोई प्रभाव नहीं
उत्तर: A. प्रेरणा और व्यवहार की पुनरावृत्ति पर
व्याख्या: पुरस्कार व्यक्ति को व्यवहार दोहराने के लिए प्रेरित कर सकता है।

47. तनाव व्यवहार को कैसे प्रभावित करता है?
A. निर्णय, ध्यान और भावनात्मक प्रतिक्रिया बदलकर
B. कोई प्रभाव नहीं
C. केवल बालों का रंग बदलकर
D. केवल नाम बदलकर
उत्तर: A. निर्णय, ध्यान और भावनात्मक प्रतिक्रिया बदलकर
व्याख्या: अधिक तनाव व्यक्ति के सोचने और व्यवहार करने की क्षमता को प्रभावित कर सकता है।

48. निराशा का व्यवहार पर संभावित प्रभाव क्या है?
A. आक्रामकता या उदासी
B. हमेशा खुशी
C. हमेशा सफलता
D. कोई प्रतिक्रिया नहीं
उत्तर: A. आक्रामकता या उदासी
व्याख्या: लक्ष्य में बाधा आने पर व्यक्ति निराश हो सकता है।

49. संघर्ष का अर्थ क्या है?
A. दो या अधिक विरोधी इच्छाओं या लक्ष्यों की स्थिति
B. केवल आराम
C. केवल भोजन
D. केवल नींद
उत्तर: A. दो या अधिक विरोधी इच्छाओं या लक्ष्यों की स्थिति
व्याख्या: संघर्ष निर्णय और व्यवहार को प्रभावित करता है।

50. समायोजन का अर्थ क्या है?
A. परिस्थितियों के अनुसार स्वयं को ढालना
B. हमेशा विरोध करना
C. हमेशा भागना
D. कोई परिवर्तन न करना
उत्तर: A. परिस्थितियों के अनुसार स्वयं को ढालना
व्याख्या: समायोजन व्यक्ति को जीवन की परिस्थितियों में संतुलित रहने में मदद करता है।

51. मानसिक स्वास्थ्य का व्यवहार से क्या संबंध है?
A. स्वस्थ मानसिक अवस्था संतुलित व्यवहार में सहायक होती है
B. कोई संबंध नहीं
C. केवल शारीरिक ऊँचाई से संबंध है
D. केवल धन से संबंध है
उत्तर: A. स्वस्थ मानसिक अवस्था संतुलित व्यवहार में सहायक होती है

व्याख्या: मानसिक स्वास्थ्य व्यक्ति की सोच, भावना और सामाजिक संबंधों को प्रभावित करता है।

52. असामान्य व्यवहार कब माना जा सकता है?
A. जब व्यवहार सामाजिक जीवन और कार्य में बाधा बने
B. जब व्यक्ति पढ़ता है
C. जब व्यक्ति मुस्कुराता है
D. जब व्यक्ति सीखता है
उत्तर: A. जब व्यवहार सामाजिक जीवन और कार्य में बाधा बने
व्याख्या: असामान्य व्यवहार सामान्य मानदंडों से अत्यधिक विचलित और हानिकारक हो सकता है।

53. सामान्य व्यवहार की विशेषता क्या है?
A. परिस्थिति के अनुसार संतुलित प्रतिक्रिया
B. हमेशा क्रोध
C. हमेशा डर
D. हमेशा चुप्पी
उत्तर: A. परिस्थिति के अनुसार संतुलित प्रतिक्रिया
व्याख्या: सामान्य व्यवहार लचीला, अनुकूल और सामाजिक रूप से स्वीकार्य होता है।

54. व्यवहार परिवर्तन का एक प्रमुख तरीका कौन-सा है?
A. सीखना और अभ्यास
B. केवल जन्म
C. केवल नाम बदलना
D. केवल मौसम बदलना
उत्तर: A. सीखना और अभ्यास
व्याख्या: अभ्यास और अनुभव से व्यवहार में सुधार या परिवर्तन संभव है।

55. व्यवहार संशोधन किस पर आधारित होता है?
A. सीखने के सिद्धांतों पर
B. केवल भाग्य पर
C. केवल कल्पना पर
D. केवल परंपरा पर
उत्तर: A. सीखने के सिद्धांतों पर
व्याख्या: व्यवहार संशोधन में पुनर्बलन, दंड और अभ्यास जैसी तकनीकें उपयोगी होती हैं।

56. लक्ष्य-निर्धारण व्यवहार को कैसे प्रभावित करता है?
A. दिशा और प्रेरणा प्रदान करता है
B. व्यवहार रोक देता है
C. कोई प्रभाव नहीं
D. केवल भ्रम पैदा करता है
उत्तर: A. दिशा और प्रेरणा प्रदान करता है
व्याख्या: स्पष्ट लक्ष्य व्यक्ति को प्रयास करने और योजना बनाने में मदद करते हैं।

57. आत्म-नियंत्रण का अर्थ क्या है?
A. अपने व्यवहार और आवेगों को नियंत्रित करना
B. दूसरों को नियंत्रित करना
C. केवल आदेश देना
D. केवल सोना
उत्तर: A. अपने व्यवहार और आवेगों को नियंत्रित करना
व्याख्या: आत्म-नियंत्रण व्यक्ति को उचित निर्णय और व्यवहार में मदद करता है।

58. आत्म-जागरूकता का अर्थ क्या है?
A. अपने विचारों, भावनाओं और व्यवहार को समझना
B. दूसरों को भूलना
C. केवल सोना
D. केवल खाना
उत्तर: A. अपने विचारों, भावनाओं और व्यवहार को समझना
व्याख्या: आत्म-जागरूकता व्यवहार सुधार में सहायक होती है।

59. सहानुभूति का व्यवहार में क्या महत्व है?
A. दूसरों की भावनाएँ समझने में सहायता
B. केवल स्वयं को देखना
C. कोई महत्व नहीं
D. केवल प्रतियोगिता बढ़ाना
उत्तर: A. दूसरों की भावनाएँ समझने में सहायता
व्याख्या: सहानुभूति सामाजिक संबंधों को बेहतर बनाती है।

60. सहयोग किस प्रकार का व्यवहार है?
A. सामाजिक व्यवहार
B. केवल जैविक व्यवहार
C. केवल प्रतिवर्त
D. केवल अचेतन
उत्तर: A. सामाजिक व्यवहार
व्याख्या: सहयोग समूह में मिलकर कार्य करने की प्रवृत्ति है।

61. आक्रामकता का अर्थ क्या है?
A. दूसरों को हानि पहुँचाने वाला व्यवहार
B. सहायता करना
C. सहयोग करना
D. सहानुभूति दिखाना
उत्तर: A. दूसरों को हानि पहुँचाने वाला व्यवहार
व्याख्या: आक्रामकता शारीरिक या मौखिक रूप में हो सकती है।

62. परोपकारी व्यवहार का अर्थ क्या है?
A. दूसरों की भलाई के लिए किया गया व्यवहार
B. केवल स्वयं का लाभ
C. केवल क्रोध
D. केवल प्रतिस्पर्धा
उत्तर: A. दूसरों की भलाई के लिए किया गया व्यवहार
व्याख्या: परोपकार सामाजिक और नैतिक व्यवहार का उदाहरण है।

63. प्रतिस्पर्धा किससे संबंधित है?
A. लक्ष्य प्राप्ति के लिए दूसरों से आगे बढ़ने की प्रवृत्ति
B. हमेशा सहयोग
C. केवल आराम
D. केवल नींद
उत्तर: A. लक्ष्य प्राप्ति के लिए दूसरों से आगे बढ़ने की प्रवृत्ति
व्याख्या: प्रतिस्पर्धा प्रेरणा बढ़ा सकती है, पर अत्यधिक होने पर तनाव भी पैदा कर सकती है।

64. संचार व्यवहार का महत्व क्या है?
A. विचारों और भावनाओं के आदान-प्रदान में
B. केवल चलने में

C. केवल खाने में
D. केवल सोने में
उत्तर: A. विचारों और भावनाओं के आदान-प्रदान में
व्याख्या: संचार सामाजिक संबंधों और समझ को मजबूत करता है।

65. गैर-मौखिक व्यवहार का उदाहरण कौन-सा है?
A. चेहरे के भाव
B. निबंध लिखना
C. भाषण देना
D. कविता पढ़ना
उत्तर: A. चेहरे के भाव
व्याख्या: चेहरे के भाव, हाव-भाव और शरीर भाषा गैर-मौखिक व्यवहार हैं।

66. मौखिक व्यवहार किससे संबंधित है?
A. भाषा और शब्दों के प्रयोग से
B. केवल संकेतों से
C. केवल नींद से
D. केवल भोजन से
उत्तर: A. भाषा और शब्दों के प्रयोग से
व्याख्या: बोलना और शब्दों द्वारा संवाद मौखिक व्यवहार है।

67. व्यवहार के अध्ययन में संदर्भ क्यों महत्वपूर्ण है?
A. परिस्थिति के अनुसार व्यवहार का अर्थ बदल सकता है
B. संदर्भ का कोई महत्व नहीं
C. व्यवहार हमेशा समान अर्थ रखता है
D. केवल नाम महत्वपूर्ण है
उत्तर: A. परिस्थिति के अनुसार व्यवहार का अर्थ बदल सकता है
व्याख्या: एक ही व्यवहार अलग परिस्थिति में अलग अर्थ रख सकता है।

68. व्यवहार की व्याख्या करते समय किससे बचना चाहिए?
A. बिना प्रमाण के निष्कर्ष निकालने से
B. तथ्य देखने से
C. संदर्भ समझने से
D. डेटा लेने से
उत्तर: A. बिना प्रमाण के निष्कर्ष निकालने से
व्याख्या: वैज्ञानिक दृष्टिकोण में प्रमाण और संदर्भ के आधार पर निष्कर्ष निकाले जाते हैं।

69. मानसिक प्रक्रियाओं का अध्ययन कैसे किया जा सकता है?
A. व्यवहार, रिपोर्ट और परीक्षणों के माध्यम से
B. केवल अनुमान से
C. कभी नहीं किया जा सकता
D. केवल सपनों से
उत्तर: A. व्यवहार, रिपोर्ट और परीक्षणों के माध्यम से
व्याख्या: आंतरिक प्रक्रियाओं को अप्रत्यक्ष तरीकों से समझा जाता है।

70. प्रतिक्रिया समय किसका संकेत दे सकता है?
A. मानसिक प्रक्रिया की गति का
B. शरीर की लंबाई का
C. भोजन की मात्रा का
D. कपड़ों के रंग का
उत्तर: A. मानसिक प्रक्रिया की गति का
व्याख्या: किसी उत्तेजना पर प्रतिक्रिया देने में लगा समय संज्ञानात्मक प्रक्रिया से जुड़ा हो सकता है।

71. व्यवहार का पूर्वानुमान क्यों किया जाता है?
A. संभावित प्रतिक्रिया को समझने के लिए
B. व्यक्ति को भ्रमित करने के लिए
C. केवल कहानी बनाने के लिए
D. कोई कारण नहीं
उत्तर: A. संभावित प्रतिक्रिया को समझने के लिए
व्याख्या: पूर्वानुमान से शिक्षा, परामर्श और संगठन में निर्णय बेहतर हो सकते हैं।

72. व्यवहार नियंत्रण का सकारात्मक अर्थ क्या है?
A. व्यवहार को उचित और उपयोगी दिशा देना
B. व्यक्ति की स्वतंत्रता छीनना
C. हमेशा दंड देना
D. व्यवहार छिपाना
उत्तर: A. व्यवहार को उचित और उपयोगी दिशा देना
व्याख्या: मनोविज्ञान में नियंत्रण का उद्देश्य सुधार और अनुकूलन है।

73. व्यवहार और मानसिक प्रक्रियाओं में क्या संबंध है?
A. मानसिक प्रक्रियाएँ व्यवहार को प्रभावित करती हैं और व्यवहार से उनका अनुमान लगाया जा सकता है
B. दोनों का कोई संबंध नहीं
C. केवल व्यवहार महत्वपूर्ण है
D. केवल मानसिक प्रक्रिया महत्वपूर्ण है
उत्तर: A. मानसिक प्रक्रियाएँ व्यवहार को प्रभावित करती हैं और व्यवहार से उनका अनुमान लगाया जा सकता है
व्याख्या: सोच, भावना और प्रेरणा व्यक्ति के व्यवहार को दिशा देती हैं।

74. भावनात्मक नियंत्रण का अर्थ क्या है?
A. भावनाओं को समझकर संतुलित रूप से व्यक्त करना
B. भावनाओं को हमेशा दबाना
C. हमेशा क्रोध करना
D. कोई भावना न रखना
उत्तर: A. भावनाओं को समझकर संतुलित रूप से व्यक्त करना
व्याख्या: भावनात्मक नियंत्रण स्वस्थ संबंधों और निर्णयों में सहायक है।

75. सामाजिक सीखना किससे होता है?
A. दूसरों को देखकर और अनुकरण करके
B. केवल अकेले सोकर
C. केवल भोजन करके
D. केवल जन्म से
उत्तर: A. दूसरों को देखकर और अनुकरण करके
व्याख्या: सामाजिक सीखने में मॉडलिंग और अवलोकन महत्वपूर्ण होते हैं।

76. मॉडलिंग का अर्थ क्या है?
A. किसी आदर्श व्यक्ति के व्यवहार को देखकर सीखना
B. केवल कपड़े पहनना

C. केवल फोटो खिंचवाना
D. केवल खेलना
उत्तर: A. किसी आदर्श व्यक्ति के व्यवहार को देखकर सीखना
व्याख्या: बच्चे और वयस्क दूसरों के व्यवहार को देखकर सीख सकते हैं।

77. आत्म-प्रभावकारिता का अर्थ क्या है?
A. अपनी क्षमता पर विश्वास
B. दूसरों पर निर्भरता
C. केवल डर
D. केवल भ्रम
उत्तर: A. अपनी क्षमता पर विश्वास
व्याख्या: आत्म-प्रभावकारिता व्यक्ति के प्रयास और सफलता को प्रभावित कर सकती है।

78. अपेक्षा व्यवहार को कैसे प्रभावित करती है?
A. व्यक्ति के प्रयास और प्रतिक्रिया को दिशा देती है
B. कोई प्रभाव नहीं
C. केवल ऊँचाई बदलती है
D. केवल आवाज बदलती है
उत्तर: A. व्यक्ति के प्रयास और प्रतिक्रिया को दिशा देती है
व्याख्या: व्यक्ति अक्सर अपनी अपेक्षाओं के अनुसार प्रयास करता है।

79. धारणा में त्रुटि का व्यवहार पर क्या प्रभाव हो सकता है?
A. गलत निर्णय या प्रतिक्रिया
B. हमेशा सही निर्णय
C. कोई प्रभाव नहीं
D. केवल नींद
उत्तर: A. गलत निर्णय या प्रतिक्रिया
व्याख्या: गलत प्रत्यक्षीकरण से व्यक्ति परिस्थिति को गलत समझ सकता है।

80. पूर्वाग्रह किस प्रकार व्यवहार को प्रभावित करता है?
A. पक्षपातपूर्ण निर्णय और व्यवहार पैदा कर सकता है
B. हमेशा निष्पक्षता बढ़ाता है
C. कोई प्रभाव नहीं
D. केवल स्मृति बढ़ाता है
उत्तर: A. पक्षपातपूर्ण निर्णय और व्यवहार पैदा कर सकता है
व्याख्या: पूर्वाग्रह व्यक्ति या समूह के प्रति गलत धारणा और व्यवहार को जन्म दे सकता है।

81. रूढ़िवादिता का अर्थ क्या है?
A. किसी समूह के बारे में स्थिर और सामान्यीकृत धारणा
B. व्यक्तिगत अनुभव का अभाव
C. केवल वैज्ञानिक तथ्य
D. केवल स्मृति
उत्तर: A. किसी समूह के बारे में स्थिर और सामान्यीकृत धारणा
व्याख्या: रूढ़िवादिता समूहों के प्रति सरल लेकिन अक्सर गलत धारणा होती है।

82. व्यवहार में लचीलापन क्यों आवश्यक है?
A. बदलती परिस्थितियों में अनुकूलन के लिए
B. हमेशा एक जैसा रहने के लिए
C. सीखने से बचने के लिए
D. संबंध तोड़ने के लिए
उत्तर: A. बदलती परिस्थितियों में अनुकूलन के लिए
व्याख्या: लचीला व्यवहार व्यक्ति को नई परिस्थितियों में सफल बनाता है।

83. आत्म-सम्मान का व्यवहार पर क्या प्रभाव होता है?
A. आत्मविश्वास और सामाजिक व्यवहार को प्रभावित करता है
B. कोई प्रभाव नहीं
C. केवल ऊँचाई बढ़ाता है
D. केवल रंग बदलता है
उत्तर: A. आत्मविश्वास और सामाजिक व्यवहार को प्रभावित करता है
व्याख्या: सकारात्मक आत्म-सम्मान व्यक्ति को सक्रिय और संतुलित बनाता है।

84. आदत बदलने के लिए क्या आवश्यक है?
A. जागरूकता, अभ्यास और पुनर्बलन
B. केवल इच्छा बिना प्रयास
C. केवल भाग्य
D. केवल दंड
उत्तर: A. जागरूकता, अभ्यास और पुनर्बलन
व्याख्या: व्यवहार परिवर्तन निरंतर अभ्यास और उचित समर्थन से संभव होता है।

85. मानसिक प्रक्रिया और मस्तिष्क का संबंध कैसा है?
A. मानसिक प्रक्रियाएँ मस्तिष्क की गतिविधियों से जुड़ी होती हैं
B. कोई संबंध नहीं
C. केवल हड्डियों से संबंध है
D. केवल त्वचा से संबंध है
उत्तर: A. मानसिक प्रक्रियाएँ मस्तिष्क की गतिविधियों से जुड़ी होती हैं
व्याख्या: सोच, स्मृति और भावना मस्तिष्क की कार्यप्रणाली से संबंधित हैं।

86. व्यवहार का जैव-मनो-सामाजिक दृष्टिकोण क्या मानता है?
A. व्यवहार जैविक, मनोवैज्ञानिक और सामाजिक कारकों से प्रभावित होता है
B. केवल जैविक कारण होते हैं
C. केवल सामाजिक कारण होते हैं
D. कोई कारण नहीं होता
उत्तर: A. व्यवहार जैविक, मनोवैज्ञानिक और सामाजिक कारकों से प्रभावित होता है
व्याख्या: यह दृष्टिकोण व्यवहार को व्यापक रूप से समझता है।

87. व्यवहार के अध्ययन में नैतिकता क्यों जरूरी है?
A. व्यक्ति की गरिमा और अधिकारों की रक्षा के लिए
B. डेटा छिपाने के लिए
C. परिणाम बदलने के लिए
D. केवल औपचारिकता के लिए
उत्तर: A. व्यक्ति की गरिमा और अधिकारों की रक्षा के लिए
व्याख्या: मनोवैज्ञानिक अध्ययन में सम्मान, गोपनीयता और सुरक्षा आवश्यक हैं।

88. व्यवहार के मापन में वस्तुनिष्ठता का अर्थ है—
A. निष्पक्ष और प्रमाण आधारित मापन

B. व्यक्तिगत पसंद
C. केवल अनुमान
D. केवल भावना
उत्तर: A. निष्पक्ष और प्रमाण आधारित मापन
व्याख्या: वस्तुनिष्ठ मापन से निष्कर्ष अधिक विश्वसनीय होते हैं।

89. व्यवहार का वर्णन किससे संबंधित है?
A. व्यवहार कैसा है, यह बताने से
B. व्यवहार क्यों हुआ, यह बताने से
C. व्यवहार बदलने से
D. भविष्य बताने से
उत्तर: A. व्यवहार कैसा है, यह बताने से
व्याख्या: वर्णन मनोविज्ञान का पहला उद्देश्य है।

90. व्यवहार की व्याख्या किससे संबंधित है?
A. व्यवहार के कारण बताने से
B. केवल व्यवहार देखने से
C. व्यवहार छिपाने से
D. केवल नाम लिखने से
उत्तर: A. व्यवहार के कारण बताने से
व्याख्या: व्याख्या से यह समझ आता है कि व्यवहार क्यों हुआ।

91. व्यवहार का पूर्वानुमान किससे संबंधित है?
A. भविष्य में संभावित व्यवहार का अनुमान
B. केवल अतीत भूलना
C. व्यवहार रोकना
D. केवल रिपोर्ट लिखना
उत्तर: A. भविष्य में संभावित व्यवहार का अनुमान
व्याख्या: पूर्वानुमान मनोवैज्ञानिक ज्ञान के उपयोग से किया जाता है।

92. व्यवहार में सुधार किससे संभव है?
A. सही समझ, अभ्यास और मार्गदर्शन से
B. केवल आलोचना से
C. केवल दंड से
D. केवल अनदेखी से
उत्तर: A. सही समझ, अभ्यास और मार्गदर्शन से
व्याख्या: व्यवहार सुधार के लिए कारणों को समझना और सकारात्मक उपाय अपनाना जरूरी है।

93. मानसिक प्रक्रिया का अध्ययन सीधे कठिन क्यों है?
A. क्योंकि वे आंतरिक होती हैं
B. क्योंकि वे हमेशा दिखाई देती हैं
C. क्योंकि वे केवल बाहरी हैं
D. क्योंकि उनका अस्तित्व नहीं
उत्तर: A. क्योंकि वे आंतरिक होती हैं
व्याख्या: मानसिक प्रक्रियाएँ प्रत्यक्ष नहीं दिखतीं, इसलिए उन्हें अप्रत्यक्ष रूप से समझा जाता है।

94. व्यवहार का अध्ययन किन स्तरों पर किया जा सकता है?
A. जैविक, व्यक्तिगत और सामाजिक स्तर
B. केवल नाम स्तर
C. केवल रंग स्तर
D. केवल दूरी स्तर
उत्तर: A. जैविक, व्यक्तिगत और सामाजिक स्तर
व्याख्या: व्यवहार को विभिन्न स्तरों पर समझना अधिक व्यापक दृष्टिकोण देता है।

95. व्यक्ति का व्यवहार समय के साथ क्यों बदल सकता है?
A. अनुभव, सीखने और परिस्थितियों के कारण
B. व्यवहार कभी नहीं बदलता
C. केवल नाम बदलने से
D. कोई कारण नहीं
उत्तर: A. अनुभव, सीखने और परिस्थितियों के कारण
व्याख्या: नई परिस्थितियाँ और अनुभव व्यक्ति के व्यवहार में परिवर्तन ला सकते हैं।

96. मानसिक प्रक्रियाओं का व्यवहार पर प्रभाव कब दिखता है?
A. निर्णय, प्रतिक्रिया और समस्या समाधान में
B. केवल सोते समय
C. कभी नहीं
D. केवल भोजन करते समय
उत्तर: A. निर्णय, प्रतिक्रिया और समस्या समाधान में
व्याख्या: सोच और भावना व्यक्ति के व्यवहार को प्रभावित करती हैं।

97. व्यवहार और मानसिक प्रक्रियाओं का अध्ययन किसके लिए उपयोगी है?
A. शिक्षा, स्वास्थ्य, परिवार और समाज में
B. केवल खगोल में
C. केवल मौसम में
D. केवल वास्तुकला में
उत्तर: A. शिक्षा, स्वास्थ्य, परिवार और समाज में
व्याख्या: मनोवैज्ञानिक ज्ञान जीवन के अनेक क्षेत्रों में उपयोगी है।

98. संतुलित व्यवहार की पहचान क्या है?
A. परिस्थिति के अनुसार उचित प्रतिक्रिया
B. हमेशा अत्यधिक प्रतिक्रिया
C. हमेशा चुप रहना
D. हमेशा विरोध करना
उत्तर: A. परिस्थिति के अनुसार उचित प्रतिक्रिया
व्याख्या: संतुलित व्यवहार सामाजिक और व्यक्तिगत जीवन में अनुकूल होता है।

99. मानसिक प्रक्रियाओं को समझना क्यों आवश्यक है?
A. व्यवहार के कारणों को समझने के लिए
B. केवल शब्द याद करने के लिए
C. केवल शरीर मापने के लिए
D. कोई आवश्यकता नहीं
उत्तर: A. व्यवहार के कारणों को समझने के लिए
व्याख्या: आंतरिक प्रक्रियाएँ व्यवहार की दिशा और स्वरूप तय करती हैं।

100. व्यवहार एवं मानसिक प्रक्रियाओं का अध्ययन मनोविज्ञान को क्या बनाता है?
A. मानव व्यवहार का वैज्ञानिक अध्ययन
B. केवल धार्मिक अध्ययन
C. केवल साहित्यिक अध्ययन

D. केवल आर्थिक अध्ययन
उत्तर: A. मानव व्यवहार का वैज्ञानिक अध्ययन
व्याख्या: यही आधुनिक मनोविज्ञान का मूल आधार है।

अध्याय 5: जैविक आधार एवं तंत्रिका तंत्र

100 वस्तुनिष्ठ प्रश्न

1. व्यवहार के जैविक आधार का मुख्य केंद्र क्या है?
A. मस्तिष्क और तंत्रिका तंत्र
B. केवल समाज
C. केवल भाषा
D. केवल व्यापार
उत्तर: A. मस्तिष्क और तंत्रिका तंत्र
व्याख्या: मस्तिष्क और तंत्रिका तंत्र व्यवहार, भावना और सोच को नियंत्रित करते हैं।

2. तंत्रिका तंत्र की मूल इकाई क्या है?
A. न्यूरॉन
B. रक्त कोशिका
C. अस्थि कोशिका
D. त्वचा कोशिका
उत्तर: A. न्यूरॉन
व्याख्या: न्यूरॉन तंत्रिका संदेशों को ग्रहण और संचारित करने वाली मूल कोशिका है।

3. न्यूरॉन का मुख्य कार्य क्या है?
A. तंत्रिका संदेशों का संचार
B. भोजन पचाना
C. हड्डियाँ बनाना
D. रक्त बनाना
उत्तर: A. तंत्रिका संदेशों का संचार
व्याख्या: न्यूरॉन विद्युत-रासायनिक संकेतों द्वारा सूचना भेजते हैं।

4. न्यूरॉन का वह भाग जो संदेश ग्रहण करता है, क्या कहलाता है?
A. डेंड्राइट
B. एक्सॉन
C. सिनैप्स
D. माइलिन
उत्तर: A. डेंड्राइट
व्याख्या: डेंड्राइट अन्य न्यूरॉनों से संदेश ग्रहण करते हैं।

5. न्यूरॉन का वह भाग जो संदेश आगे भेजता है, क्या कहलाता है?
A. एक्सॉन
B. डेंड्राइट
C. कोशिका द्रव्य
D. नाभिक
उत्तर: A. एक्सॉन
व्याख्या: एक्सॉन तंत्रिका संदेश को कोशिका शरीर से आगे ले जाता है।

6. दो न्यूरॉनों के बीच की सूक्ष्म जगह को क्या कहते हैं?
A. सिनैप्स
B. नाभिक
C. रक्तवाहिनी
D. ग्रंथि
उत्तर: A. सिनैप्स
व्याख्या: सिनैप्स पर एक न्यूरॉन से दूसरे न्यूरॉन तक संदेश पहुँचता है।

7. न्यूरोट्रांसमीटर क्या होते हैं?
A. रासायनिक संदेशवाहक
B. हड्डी के भाग
C. रक्त समूह
D. त्वचा के रंग
उत्तर: A. रासायनिक संदेशवाहक
व्याख्या: न्यूरोट्रांसमीटर सिनैप्स पर संदेश को आगे बढ़ाते हैं।

8. माइलिन शीथ का मुख्य कार्य क्या है?
A. तंत्रिका संदेश की गति बढ़ाना
B. रक्त बनाना
C. भोजन पचाना
D. हड्डी मजबूत करना
उत्तर: A. तंत्रिका संदेश की गति बढ़ाना
व्याख्या: माइलिन एक्सॉन को ढककर संदेश संचार को तेज करता है।

9. तंत्रिका तंत्र के दो मुख्य भाग कौन-से हैं?
A. केंद्रीय और परिधीय तंत्रिका तंत्र
B. रक्त और अस्थि तंत्र
C. पाचन और श्वसन तंत्र
D. त्वचा और मांसपेशी तंत्र
उत्तर: A. केंद्रीय और परिधीय तंत्रिका तंत्र
व्याख्या: तंत्रिका तंत्र को मुख्य रूप से केंद्रीय और परिधीय भागों में बाँटा जाता है।

10. केंद्रीय तंत्रिका तंत्र में क्या शामिल है?
A. मस्तिष्क और मेरुरज्जु
B. केवल हृदय
C. केवल फेफड़े
D. केवल त्वचा
उत्तर: A. मस्तिष्क और मेरुरज्जु
व्याख्या: केंद्रीय तंत्रिका तंत्र शरीर की सूचनाओं का नियंत्रण और समन्वय करता है।

11. परिधीय तंत्रिका तंत्र का कार्य क्या है?
A. शरीर के अंगों को केंद्रीय तंत्रिका तंत्र से जोड़ना
B. केवल रक्त पंप करना
C. केवल भोजन पचाना
D. केवल हड्डियाँ बनाना
उत्तर: A. शरीर के अंगों को केंद्रीय तंत्रिका तंत्र से जोड़ना
व्याख्या: परिधीय तंत्रिका तंत्र संदेशों को शरीर और मस्तिष्क के बीच पहुँचाता है।

12. मेरुरज्जु का मुख्य कार्य क्या है?
A. संदेशों का संचार और प्रतिवर्त क्रियाओं का नियंत्रण
B. रक्त बनाना
C. भोजन संग्रह करना

D. शरीर का ताप बढ़ाना
उत्तर: A. संदेशों का संचार और प्रतिवर्त क्रियाओं का नियंत्रण
व्याख्या: मेरुरज्जु मस्तिष्क और शरीर के बीच संदेश भेजती है तथा प्रतिवर्त क्रियाएँ नियंत्रित करती है।

13. प्रतिवर्त क्रिया का उदाहरण कौन-सा है?
A. गर्म वस्तु छूने पर हाथ हटाना
B. कविता याद करना
C. योजना बनाना
D. कहानी लिखना
उत्तर: A. गर्म वस्तु छूने पर हाथ हटाना
व्याख्या: प्रतिवर्त क्रिया तेज और स्वतः होने वाली प्रतिक्रिया है।

14. प्रतिवर्त चाप किससे संबंधित है?
A. प्रतिवर्त क्रिया के मार्ग से
B. रक्त प्रवाह से
C. पाचन से
D. श्वसन से
उत्तर: A. प्रतिवर्त क्रिया के मार्ग से
व्याख्या: प्रतिवर्त चाप वह तंत्रिका मार्ग है जिससे प्रतिवर्त क्रिया होती है।

15. मस्तिष्क का सबसे बड़ा भाग कौन-सा है?
A. प्रमस्तिष्क
B. अनुमस्तिष्क
C. मेडुला
D. थैलेमस
उत्तर: A. प्रमस्तिष्क
व्याख्या: प्रमस्तिष्क सोच, स्मृति, भाषा और इच्छित क्रियाओं से संबंधित है।

16. प्रमस्तिष्क किससे संबंधित है?
A. उच्च मानसिक प्रक्रियाओं से
B. केवल पाचन से
C. केवल रक्त निर्माण से
D. केवल त्वचा से
उत्तर: A. उच्च मानसिक प्रक्रियाओं से
व्याख्या: प्रमस्तिष्क विचार, निर्णय, स्मृति और समस्या समाधान में महत्वपूर्ण है।

17. मस्तिष्क के दो गोलार्ध कौन-से हैं?
A. दायाँ और बायाँ गोलार्ध
B. आगे और पीछे हृदय
C. ऊपर और नीचे फेफड़े
D. बड़ा और छोटा पेट
उत्तर: A. दायाँ और बायाँ गोलार्ध
व्याख्या: प्रमस्तिष्क दो गोलार्धों में विभाजित होता है।

18. बायाँ मस्तिष्क गोलार्ध सामान्यतः किससे जुड़ा माना जाता है?
A. भाषा और तार्किक कार्य
B. केवल रंग पहचान
C. केवल नींद
D. केवल संतुलन
उत्तर: A. भाषा और तार्किक कार्य
व्याख्या: अधिकांश व्यक्तियों में भाषा और विश्लेषणात्मक कार्य बाएँ गोलार्ध से जुड़े होते हैं।

19. दायाँ मस्तिष्क गोलार्ध सामान्यतः किससे जुड़ा माना जाता है?
A. स्थानिक और सृजनात्मक कार्य
B. केवल पाचन
C. केवल रक्त निर्माण
D. केवल हड्डी वृद्धि
उत्तर: A. स्थानिक और सृजनात्मक कार्य
व्याख्या: दायाँ गोलार्ध स्थानिक समझ, संगीत और सृजनात्मकता से जुड़ा माना जाता है।

20. अनुमस्तिष्क का मुख्य कार्य क्या है?
A. संतुलन और समन्वय
B. भाषा निर्माण
C. रक्त निर्माण
D. भोजन पाचन
उत्तर: A. संतुलन और समन्वय
व्याख्या: अनुमस्तिष्क शरीर की गति, संतुलन और मांसपेशीय समन्वय में सहायक है।

21. मेडुला का कार्य किससे संबंधित है?
A. श्वसन और हृदय गति जैसी जीवन रक्षक क्रियाएँ
B. कविता लेखन
C. चित्रकला
D. गणितीय तर्क
उत्तर: A. श्वसन और हृदय गति जैसी जीवन रक्षक क्रियाएँ
व्याख्या: मेडुला शरीर की स्वचालित जीवन प्रक्रियाओं को नियंत्रित करता है।

22. थैलेमस का मुख्य कार्य क्या है?
A. संवेदन सूचनाओं का प्रसारण
B. रक्त बनाना
C. हड्डी जोड़ना
D. भोजन पचाना
उत्तर: A. संवेदन सूचनाओं का प्रसारण
व्याख्या: थैलेमस अधिकांश संवेदन सूचनाओं को मस्तिष्क के उचित भागों तक भेजता है।

23. हाइपोथैलेमस किससे संबंधित है?
A. भूख, प्यास, तापमान और हार्मोन नियंत्रण
B. केवल भाषा
C. केवल हड्डियाँ
D. केवल त्वचा
उत्तर: A. भूख, प्यास, तापमान और हार्मोन नियंत्रण
व्याख्या: हाइपोथैलेमस शरीर की आंतरिक संतुलन प्रक्रियाओं को नियंत्रित करता है।

24. लिम्बिक तंत्र किससे संबंधित है?
A. भावना और स्मृति
B. केवल पाचन
C. केवल हड्डी
D. केवल त्वचा
उत्तर: A. भावना और स्मृति

व्याख्या: लिम्बिक तंत्र भावनाओं, प्रेरणा और स्मृति में भूमिका निभाता है।

25. अमिग्डाला किससे संबंधित है?
A. भय और भावनात्मक प्रतिक्रियाएँ
B. केवल संतुलन
C. केवल भाषा
D. केवल दृष्टि
उत्तर: A. भय और भावनात्मक प्रतिक्रियाएँ
व्याख्या: अमिग्डाला भावनात्मक अनुभवों, विशेषकर भय से जुड़ा है।

26. हिप्पोकैम्पस का संबंध किससे है?
A. स्मृति निर्माण
B. केवल श्वसन
C. केवल हृदय गति
D. केवल पाचन
उत्तर: A. स्मृति निर्माण
व्याख्या: हिप्पोकैम्पस नई स्मृतियों के निर्माण में महत्वपूर्ण भूमिका निभाता है।

27. मस्तिष्क प्रांतस्था किसे कहते हैं?
A. मस्तिष्क की बाहरी परत
B. हृदय की दीवार
C. फेफड़े की झिल्ली
D. हड्डी का भाग
उत्तर: A. मस्तिष्क की बाहरी परत
व्याख्या: मस्तिष्क प्रांतस्था उच्च मानसिक प्रक्रियाओं से संबंधित होती है।

28. फ्रंटल लोब किससे संबंधित है?
A. निर्णय, योजना और इच्छित क्रियाएँ
B. केवल दृष्टि
C. केवल सुनना
D. केवल पाचन
उत्तर: A. निर्णय, योजना और इच्छित क्रियाएँ
व्याख्या: फ्रंटल लोब कार्य-योजना, नियंत्रण और व्यक्तित्व से जुड़ा है।

29. पैराइटल लोब का संबंध किससे है?
A. स्पर्श और शरीर संबंधी संवेदनाएँ
B. केवल गंध
C. केवल स्वाद
D. केवल श्वसन
उत्तर: A. स्पर्श और शरीर संबंधी संवेदनाएँ
व्याख्या: पैराइटल लोब शरीर से आने वाली स्पर्श और स्थान संबंधी सूचनाओं को संसाधित करता है।

30. टेम्पोरल लोब किससे संबंधित है?
A. श्रवण और स्मृति
B. केवल दृष्टि
C. केवल संतुलन
D. केवल रक्त
उत्तर: A. श्रवण और स्मृति
व्याख्या: टेम्पोरल लोब सुनने, भाषा समझने और स्मृति से जुड़ा है।

31. ऑक्सिपिटल लोब का मुख्य कार्य क्या है?
A. दृष्टि संबंधी सूचना का प्रसंस्करण
B. स्वाद
C. गंध
D. स्पर्श
उत्तर: A. दृष्टि संबंधी सूचना का प्रसंस्करण
व्याख्या: ऑक्सिपिटल लोब दृश्य जानकारी को समझने में महत्वपूर्ण है।

32. मोटर कॉर्टेक्स किससे संबंधित है?
A. इच्छित मांसपेशीय क्रियाओं से
B. केवल सुनने से
C. केवल गंध से
D. केवल पाचन से
उत्तर: A. इच्छित मांसपेशीय क्रियाओं से
व्याख्या: मोटर कॉर्टेक्स शरीर की स्वैच्छिक गतिविधियों को नियंत्रित करता है।

33. सोमैटोसेन्सरी कॉर्टेक्स किससे संबंधित है?
A. स्पर्श, दबाव और ताप जैसी संवेदनाओं से
B. केवल भाषा से
C. केवल हृदय गति से
D. केवल रक्त से
उत्तर: A. स्पर्श, दबाव और ताप जैसी संवेदनाओं से
व्याख्या: यह शरीर से आने वाली संवेदनाओं को संसाधित करता है।

34. स्वायत्त तंत्रिका तंत्र किसका नियंत्रण करता है?
A. अनैच्छिक क्रियाएँ
B. केवल लिखना
C. केवल पढ़ना
D. केवल बोलना
उत्तर: A. अनैच्छिक क्रियाएँ
व्याख्या: स्वायत्त तंत्रिका तंत्र हृदय गति, पाचन और श्वसन जैसी अनैच्छिक क्रियाओं को नियंत्रित करता है।

35. स्वैच्छिक या सोमैटिक तंत्रिका तंत्र किससे संबंधित है?
A. इच्छित मांसपेशीय क्रियाएँ
B. केवल हृदय गति
C. केवल पाचन
D. केवल पसीना
उत्तर: A. इच्छित मांसपेशीय क्रियाएँ
व्याख्या: सोमैटिक तंत्रिका तंत्र स्वैच्छिक गतिविधियों और संवेदन सूचनाओं से जुड़ा है।

36. स्वायत्त तंत्रिका तंत्र के दो भाग कौन-से हैं?
A. सहानुकंपी और परानुकंपी
B. बायाँ और दायाँ
C. लंबा और छोटा
D. कठोर और मुलायम
उत्तर: A. सहानुकंपी और परानुकंपी
व्याख्या: स्वायत्त तंत्रिका तंत्र sympathetic और parasympathetic भागों में बाँटा जाता है।

37. सहानुकंपी तंत्रिका तंत्र कब सक्रिय होता है?
A. तनाव या संकट की स्थिति में
B. गहरी नींद में हमेशा
C. भोजन पचाते समय ही
D. पूर्ण आराम में
उत्तर: A. तनाव या संकट की स्थिति में
व्याख्या: सहानुकंपी तंत्र शरीर को लड़ो या भागो प्रतिक्रिया के लिए तैयार करता है।

38. परानुकंपी तंत्रिका तंत्र का मुख्य कार्य क्या है?
A. आराम और ऊर्जा संरक्षण
B. संकट प्रतिक्रिया बढ़ाना
C. हृदय गति हमेशा बढ़ाना
D. पसीना हमेशा बढ़ाना
उत्तर: A. आराम और ऊर्जा संरक्षण
व्याख्या: परानुकंपी तंत्र शरीर को शांत अवस्था में लाने और पाचन में मदद करता है।

39. लड़ो या भागो प्रतिक्रिया किससे संबंधित है?
A. सहानुकंपी तंत्रिका तंत्र
B. परानुकंपी तंत्रिका तंत्र
C. केवल पाचन तंत्र
D. केवल अस्थि तंत्र
उत्तर: A. सहानुकंपी तंत्रिका तंत्र
व्याख्या: संकट में सहानुकंपी तंत्र शरीर को तुरंत प्रतिक्रिया के लिए तैयार करता है।

40. आराम और पाचन प्रतिक्रिया किससे संबंधित है?
A. परानुकंपी तंत्रिका तंत्र
B. सहानुकंपी तंत्रिका तंत्र
C. केवल मांसपेशी तंत्र
D. केवल त्वचा
उत्तर: A. परानुकंपी तंत्रिका तंत्र
व्याख्या: परानुकंपी तंत्र शरीर को आराम और पाचन की स्थिति में रखता है।

41. अंतःस्रावी तंत्र किससे संबंधित है?
A. हार्मोन स्राव करने वाली ग्रंथियों से
B. केवल हड्डियों से
C. केवल त्वचा से
D. केवल बालों से
उत्तर: A. हार्मोन स्राव करने वाली ग्रंथियों से
व्याख्या: अंतःस्रावी ग्रंथियाँ हार्मोन बनाकर शरीर और व्यवहार को प्रभावित करती हैं।

42. हार्मोन क्या होते हैं?
A. रासायनिक संदेशवाहक
B. हड्डी के टुकड़े
C. त्वचा कोशिकाएँ
D. रक्त समूह
उत्तर: A. रासायनिक संदेशवाहक
व्याख्या: हार्मोन रक्त के माध्यम से शरीर के विभिन्न अंगों तक संदेश पहुँचाते हैं।

43. पिट्यूटरी ग्रंथि को क्या कहा जाता है?
A. मास्टर ग्रंथि
B. स्वाद ग्रंथि
C. त्वचा ग्रंथि
D. अस्थि ग्रंथि
उत्तर: A. मास्टर ग्रंथि
व्याख्या: पिट्यूटरी ग्रंथि कई अन्य अंतःस्रावी ग्रंथियों को नियंत्रित करती है।

44. थायरॉयड ग्रंथि किससे संबंधित है?
A. चयापचय नियंत्रण
B. केवल दृष्टि
C. केवल सुनना
D. केवल स्मृति
उत्तर: A. चयापचय नियंत्रण
व्याख्या: थायरॉयड हार्मोन शरीर की ऊर्जा उपयोग और चयापचय दर को प्रभावित करते हैं।

45. अधिवृक्क ग्रंथियाँ किस प्रतिक्रिया में महत्वपूर्ण हैं?
A. तनाव प्रतिक्रिया
B. केवल नींद
C. केवल पाचन
D. केवल स्वाद
उत्तर: A. तनाव प्रतिक्रिया
व्याख्या: अधिवृक्क ग्रंथियाँ एड्रेनालिन जैसे हार्मोन स्रावित कर तनाव प्रतिक्रिया में भूमिका निभाती हैं।

46. एड्रेनालिन का संबंध किससे है?
A. आपातकालीन प्रतिक्रिया
B. केवल आराम
C. केवल नींद
D. केवल पाचन
उत्तर: A. आपातकालीन प्रतिक्रिया
व्याख्या: एड्रेनालिन शरीर को तेज प्रतिक्रिया के लिए तैयार करता है।

47. इंसुलिन किस ग्रंथि से संबंधित है?
A. अग्न्याशय
B. थायरॉयड
C. पिट्यूटरी
D. पीनियल
उत्तर: A. अग्न्याशय
व्याख्या: अग्न्याशय इंसुलिन स्रावित करता है, जो रक्त शर्करा को नियंत्रित करता है।

48. पीनियल ग्रंथि किस हार्मोन से संबंधित है?
A. मेलाटोनिन
B. इंसुलिन
C. एड्रेनालिन
D. थायरॉक्सिन
उत्तर: A. मेलाटोनिन
व्याख्या: मेलाटोनिन नींद-जागरण चक्र को प्रभावित करता है।

49. डोपामिन किससे संबंधित माना जाता है?
A. पुरस्कार और प्रेरणा
B. केवल हड्डी वृद्धि

C. केवल पाचन
D. केवल रक्त निर्माण
उत्तर: A. पुरस्कार और प्रेरणा
व्याख्या: डोपामिन प्रेरणा, आनंद और पुरस्कार प्रणाली से जुड़ा है।

50. सेरोटोनिन किससे संबंधित है?
A. मनोदशा और नींद
B. केवल दृष्टि
C. केवल हड्डी
D. केवल रक्त
उत्तर: A. मनोदशा और नींद
व्याख्या: सेरोटोनिन मूड, नींद और भावनात्मक संतुलन से जुड़ा है।

51. एसिटाइलकोलाइन किससे संबंधित है?
A. मांसपेशीय क्रिया और स्मृति
B. केवल त्वचा
C. केवल बाल
D. केवल हड्डी
उत्तर: A. मांसपेशीय क्रिया और स्मृति
व्याख्या: एसिटाइलकोलाइन मांसपेशी संकुचन और सीखने-स्मृति में भूमिका निभाता है।

52. GABA का मुख्य कार्य क्या माना जाता है?
A. तंत्रिका गतिविधि को शांत करना
B. हमेशा उत्तेजना बढ़ाना
C. रक्त बनाना
D. हड्डी जोड़ना
उत्तर: A. तंत्रिका गतिविधि को शांत करना
व्याख्या: GABA प्रमुख अवरोधक न्यूरोट्रांसमीटर माना जाता है।

53. ग्लूटामेट का संबंध किससे है?
A. उत्तेजक तंत्रिका संचार
B. केवल पाचन
C. केवल त्वचा
D. केवल हृदय
उत्तर: A. उत्तेजक तंत्रिका संचार
व्याख्या: ग्लूटामेट मस्तिष्क में प्रमुख उत्तेजक न्यूरोट्रांसमीटर है।

54. एंडोर्फिन किससे संबंधित हैं?
A. दर्द नियंत्रण और सुखद अनुभूति
B. केवल रक्त निर्माण
C. केवल बाल वृद्धि
D. केवल दृष्टि
उत्तर: A. दर्द नियंत्रण और सुखद अनुभूति
व्याख्या: एंडोर्फिन प्राकृतिक दर्दनाशक की तरह कार्य कर सकते हैं।

55. जैविक मनोविज्ञान किसका अध्ययन करता है?
A. व्यवहार के जैविक आधार का
B. केवल साहित्य का
C. केवल अर्थशास्त्र का
D. केवल राजनीति का
उत्तर: A. व्यवहार के जैविक आधार का
व्याख्या: जैविक मनोविज्ञान मस्तिष्क, तंत्रिका तंत्र और हार्मोन के व्यवहार पर प्रभाव को समझता है।

56. मस्तिष्क की प्लास्टिसिटी का अर्थ क्या है?
A. अनुभव के अनुसार मस्तिष्क में परिवर्तन की क्षमता
B. मस्तिष्क का प्लास्टिक होना
C. मस्तिष्क का स्थिर रहना
D. मस्तिष्क का काम बंद होना
उत्तर: A. अनुभव के अनुसार मस्तिष्क में परिवर्तन की क्षमता
व्याख्या: मस्तिष्क सीखने और अनुभवों के आधार पर नए संबंध बना सकता है।

57. मस्तिष्क चोट का व्यवहार पर प्रभाव क्यों पड़ता है?
A. क्योंकि मस्तिष्क व्यवहार और मानसिक प्रक्रियाओं को नियंत्रित करता है
B. क्योंकि चोट केवल त्वचा पर होती है
C. कोई प्रभाव नहीं पड़ता
D. केवल बालों पर प्रभाव पड़ता है
उत्तर: A. क्योंकि मस्तिष्क व्यवहार और मानसिक प्रक्रियाओं को नियंत्रित करता है
व्याख्या: मस्तिष्क के किसी भाग की क्षति संबंधित कार्यों को प्रभावित कर सकती है।

58. EEG का उपयोग किसके अध्ययन में होता है?
A. मस्तिष्क की विद्युत गतिविधि
B. रक्त समूह
C. हड्डी घनत्व
D. फेफड़े की क्षमता
उत्तर: A. मस्तिष्क की विद्युत गतिविधि
व्याख्या: EEG मस्तिष्क तरंगों को रिकॉर्ड करता है।

59. MRI किसका चित्रण करने में उपयोगी है?
A. मस्तिष्क की संरचना
B. केवल रक्तचाप
C. केवल त्वचा रंग
D. केवल आवाज
उत्तर: A. मस्तिष्क की संरचना
व्याख्या: MRI मस्तिष्क और शरीर की आंतरिक संरचनाओं की विस्तृत छवि देता है।

60. fMRI किससे संबंधित है?
A. मस्तिष्क गतिविधि और रक्त प्रवाह
B. केवल हड्डी टूटना
C. केवल पाचन
D. केवल त्वचा
उत्तर: A. मस्तिष्क गतिविधि और रक्त प्रवाह
व्याख्या: fMRI सक्रिय मस्तिष्क क्षेत्रों में रक्त प्रवाह के बदलाव को दिखाता है।

61. PET स्कैन किसका अध्ययन करता है?
A. मस्तिष्क की चयापचय गतिविधि
B. केवल आँख का रंग
C. केवल बालों की लंबाई
D. केवल वजन
उत्तर: A. मस्तिष्क की चयापचय गतिविधि

व्याख्या: PET स्कैन मस्तिष्क में ऊर्जा उपयोग और गतिविधि को दिखा सकता है।

62. आनुवंशिकता व्यवहार को कैसे प्रभावित करती है?

A. जैविक गुणों और प्रवृत्तियों के माध्यम से
B. केवल स्कूल के माध्यम से
C. केवल मित्रों से
D. केवल मौसम से

उत्तर: A. जैविक गुणों और प्रवृत्तियों के माध्यम से

व्याख्या: आनुवंशिकता व्यक्ति की क्षमता, स्वभाव और विकास को प्रभावित कर सकती है।

63. जीन किससे संबंधित हैं?

A. आनुवंशिक सूचना से
B. केवल भोजन से
C. केवल कपड़ों से
D. केवल भाषा से

उत्तर: A. आनुवंशिक सूचना से

व्याख्या: जीन माता-पिता से संतान तक गुणों के हस्तांतरण में भूमिका निभाते हैं।

64. गुणसूत्र कहाँ पाए जाते हैं?

A. कोशिका के नाभिक में
B. त्वचा की सतह पर
C. रक्त प्लाज्मा में
D. हड्डी के बाहर

उत्तर: A. कोशिका के नाभिक में

व्याख्या: गुणसूत्रों में DNA और आनुवंशिक जानकारी होती है।

65. DNA का संबंध किससे है?

A. आनुवंशिक निर्देशों से
B. केवल पाचन से
C. केवल श्वसन से
D. केवल रक्तचाप से

उत्तर: A. आनुवंशिक निर्देशों से

व्याख्या: DNA जीव के विकास और कार्यों के लिए आनुवंशिक सूचना रखता है।

66. जुड़वाँ अध्ययन किसलिए उपयोगी हैं?

A. आनुवंशिकता और वातावरण के प्रभाव समझने के लिए
B. केवल नाम रखने के लिए
C. केवल ऊँचाई मापने के लिए
D. केवल भोजन तुलना के लिए

उत्तर: A. आनुवंशिकता और वातावरण के प्रभाव समझने के लिए

व्याख्या: जुड़वाँ अध्ययन व्यवहार में जीन और वातावरण की भूमिका समझने में सहायक होते हैं।

67. विकास में जैविक परिपक्वता का अर्थ क्या है?

A. शरीर और तंत्रिका तंत्र का स्वाभाविक विकास
B. केवल पढ़ाई से बदलाव
C. केवल दंड से बदलाव
D. केवल नकल से बदलाव

उत्तर: A. शरीर और तंत्रिका तंत्र का स्वाभाविक विकास

व्याख्या: परिपक्वता जैविक विकास की प्रक्रिया है जो व्यवहारिक क्षमताओं को प्रभावित करती है।

68. नींद-जागरण चक्र किससे प्रभावित होता है?

A. जैविक घड़ी और मेलाटोनिन
B. केवल कपड़ों से
C. केवल भाषा से
D. केवल धन से

उत्तर: A. जैविक घड़ी और मेलाटोनिन

व्याख्या: शरीर की जैविक घड़ी और मेलाटोनिन नींद-जागरण को नियंत्रित करते हैं।

69. जैविक घड़ी का संबंध किससे है?

A. शरीर की दैनिक लय से
B. केवल दीवार घड़ी से
C. केवल गणित से
D. केवल भोजन के स्वाद से

उत्तर: A. शरीर की दैनिक लय से

व्याख्या: जैविक घड़ी शरीर की नींद, तापमान और हार्मोन लय को प्रभावित करती है।

70. होमियोस्टैसिस का अर्थ क्या है?

A. शरीर का आंतरिक संतुलन बनाए रखना
B. हमेशा तनाव बढ़ाना
C. केवल शरीर को ठंडा करना
D. केवल भोजन रोकना

उत्तर: A. शरीर का आंतरिक संतुलन बनाए रखना

व्याख्या: होमियोस्टैसिस शरीर को स्थिर आंतरिक अवस्था में रखने की प्रक्रिया है।

71. भूख की अनुभूति में कौन-सा मस्तिष्क भाग महत्वपूर्ण है?

A. हाइपोथैलेमस
B. ऑक्सिपिटल लोब
C. मोटर कॉर्टेक्स
D. अनुमस्तिष्क

उत्तर: A. हाइपोथैलेमस

व्याख्या: हाइपोथैलेमस भूख और प्यास जैसी मूल आवश्यकताओं को नियंत्रित करता है।

72. प्यास का नियंत्रण किससे जुड़ा है?

A. हाइपोथैलेमस
B. टेम्पोरल लोब
C. पैराइटल लोब
D. ऑक्सिपिटल लोब

उत्तर: A. हाइपोथैलेमस

व्याख्या: शरीर में जल संतुलन से जुड़ी सूचनाएँ हाइपोथैलेमस को प्रभावित करती हैं।

73. शरीर तापमान नियंत्रण में कौन सहायक है?

A. हाइपोथैलेमस
B. हिप्पोकैम्पस
C. अमिग्डाला
D. ऑक्सिपिटल लोब

उत्तर: A. हाइपोथैलेमस

व्याख्या: हाइपोथैलेमस शरीर के तापमान को संतुलित रखने में

मदद करता है।

74. तनाव के समय हृदय गति क्यों बढ़ती है?
A. सहानुकंपी तंत्रिका तंत्र की सक्रियता से
B. परानुकंपी तंत्र की कमी से ही नहीं
C. केवल भोजन से
D. केवल नींद से
उत्तर: A. सहानुकंपी तंत्रिका तंत्र की सक्रियता से
व्याख्या: तनाव में शरीर अधिक ऊर्जा और ऑक्सीजन की तैयारी करता है।

75. पाचन क्रिया आराम की अवस्था में क्यों बढ़ सकती है?
A. परानुकंपी तंत्रिका तंत्र की सक्रियता से
B. सहानुकंपी तंत्र की सक्रियता से
C. केवल भय से
D. केवल दौड़ने से
उत्तर: A. परानुकंपी तंत्रिका तंत्र की सक्रियता से
व्याख्या: परानुकंपी तंत्र आराम और पाचन को बढ़ावा देता है।

76. तंत्रिका आवेग का स्वरूप कैसा होता है?
A. विद्युत-रासायनिक
B. केवल ध्वनि
C. केवल प्रकाश
D. केवल ताप
उत्तर: A. विद्युत-रासायनिक
व्याख्या: तंत्रिका संदेश विद्युत संकेत और रासायनिक संचार दोनों से चलते हैं।

77. रिसेप्टर का कार्य क्या है?
A. उत्तेजना को ग्रहण करना
B. केवल रक्त बनाना
C. केवल भोजन पचाना
D. केवल हड्डी बनाना
उत्तर: A. उत्तेजना को ग्रहण करना
व्याख्या: रिसेप्टर बाहरी या आंतरिक उत्तेजनाओं को पहचानते हैं।

78. इफेक्टर किसे कहते हैं?
A. प्रतिक्रिया करने वाली मांसपेशी या ग्रंथि
B. संदेश ग्रहण करने वाला कान
C. केवल आँख
D. केवल त्वचा
उत्तर: A. प्रतिक्रिया करने वाली मांसपेशी या ग्रंथि
व्याख्या: इफेक्टर तंत्रिका संदेश के आधार पर प्रतिक्रिया करता है।

79. संवेदी न्यूरॉन का कार्य क्या है?
A. रिसेप्टर से CNS तक संदेश ले जाना
B. CNS से मांसपेशी तक संदेश ले जाना
C. केवल हार्मोन बनाना
D. केवल रक्त ले जाना
उत्तर: A. रिसेप्टर से CNS तक संदेश ले जाना
व्याख्या: संवेदी न्यूरॉन संवेदन सूचनाएँ केंद्रीय तंत्रिका तंत्र तक पहुँचाते हैं।

80. मोटर न्यूरॉन का कार्य क्या है?
A. CNS से इफेक्टर तक संदेश ले जाना
B. रिसेप्टर से CNS तक संदेश ले जाना
C. केवल स्मृति बनाना
D. केवल रक्त बनाना
उत्तर: A. CNS से इफेक्टर तक संदेश ले जाना
व्याख्या: मोटर न्यूरॉन मांसपेशियों और ग्रंथियों को प्रतिक्रिया के लिए संदेश भेजते हैं।

81. इंटरन्यूरॉन कहाँ पाए जाते हैं?
A. केंद्रीय तंत्रिका तंत्र में
B. केवल त्वचा में
C. केवल रक्त में
D. केवल हड्डियों में
उत्तर: A. केंद्रीय तंत्रिका तंत्र में
व्याख्या: इंटरन्यूरॉन संवेदी और मोटर न्यूरॉनों के बीच संबंध बनाते हैं।

82. तंत्रिका तंत्र और अंतःस्रावी तंत्र में मुख्य अंतर क्या है?
A. तंत्रिका तंत्र तेज संदेश भेजता है, अंतःस्रावी तंत्र हार्मोन द्वारा अपेक्षाकृत धीमा प्रभाव डालता है
B. दोनों बिल्कुल समान हैं
C. अंतःस्रावी तंत्र केवल हड्डियाँ बनाता है
D. तंत्रिका तंत्र केवल रक्त बनाता है
उत्तर: A. तंत्रिका तंत्र तेज संदेश भेजता है, अंतःस्रावी तंत्र हार्मोन द्वारा अपेक्षाकृत धीमा प्रभाव डालता है
व्याख्या: तंत्रिका संकेत तेज होते हैं जबकि हार्मोन का प्रभाव व्यापक और लंबे समय तक हो सकता है।

83. मस्तिष्क और व्यवहार का संबंध किससे स्पष्ट होता है?
A. मस्तिष्क क्षति और मस्तिष्क इमेजिंग अध्ययनों से
B. केवल कहानी से
C. केवल अनुमान से
D. केवल परंपरा से
उत्तर: A. मस्तिष्क क्षति और मस्तिष्क इमेजिंग अध्ययनों से
व्याख्या: विभिन्न तकनीकें दिखाती हैं कि मस्तिष्क के भाग विशेष कार्यों से जुड़े हैं।

84. न्यूरोप्लास्टिसिटी सीखने में क्यों महत्वपूर्ण है?
A. नए तंत्रिका संबंध बनने से सीखना संभव होता है
B. मस्तिष्क कभी नहीं बदलता
C. सीखने का मस्तिष्क से संबंध नहीं
D. केवल हड्डियाँ बदलती हैं
उत्तर: A. नए तंत्रिका संबंध बनने से सीखना संभव होता है
व्याख्या: अनुभव और अभ्यास मस्तिष्क में नए संबंध मजबूत कर सकते हैं।

85. चोट के बाद पुनर्वास में मस्तिष्क प्लास्टिसिटी क्यों सहायक है?
A. मस्तिष्क कुछ कार्यों को पुनर्गठित कर सकता है
B. मस्तिष्क हमेशा स्थिर रहता है
C. पुनर्वास का कोई आधार नहीं
D. केवल दवा से सब ठीक होता है
उत्तर: A. मस्तिष्क कुछ कार्यों को पुनर्गठित कर सकता है
व्याख्या: अभ्यास और उपचार से कुछ कार्यों में सुधार संभव हो

सकता है।

86. जैविक आधार को समझना मनोविज्ञान में क्यों जरूरी है?
A. व्यवहार के शारीरिक कारणों को समझने के लिए
B. केवल नाम याद करने के लिए
C. केवल भाषा सीखने के लिए
D. केवल गणित करने के लिए
उत्तर: A. व्यवहार के शारीरिक कारणों को समझने के लिए
व्याख्या: कई व्यवहार मस्तिष्क, हार्मोन और तंत्रिका प्रक्रियाओं से प्रभावित होते हैं।

87. भावनाओं में जैविक परिवर्तन का उदाहरण क्या है?
A. भय में हृदय गति बढ़ना
B. किताब पढ़ना
C. नाम लिखना
D. कपड़े बदलना
उत्तर: A. भय में हृदय गति बढ़ना
व्याख्या: भय जैसी भावनाएँ शरीर में स्वायत्त तंत्रिका प्रतिक्रियाएँ उत्पन्न करती हैं।

88. स्मृति निर्माण में कौन-सा भाग विशेष रूप से महत्वपूर्ण है?
A. हिप्पोकैम्पस
B. मेडुला
C. अनुमस्तिष्क
D. थायरॉयड
उत्तर: A. हिप्पोकैम्पस
व्याख्या: हिप्पोकैम्पस नई दीर्घकालिक स्मृतियों के निर्माण में सहायक है।

89. भय प्रतिक्रिया में कौन-सा भाग प्रमुख है?
A. अमिग्डाला
B. ऑक्सिपिटल लोब
C. पैराइटल लोब
D. पिट्यूटरी
उत्तर: A. अमिग्डाला
व्याख्या: अमिग्डाला भय और भावनात्मक सीखने में महत्वपूर्ण है।

90. भाषा समझने में टेम्पोरल लोब का कौन-सा क्षेत्र महत्वपूर्ण माना जाता है?
A. वर्निके क्षेत्र
B. मोटर क्षेत्र
C. दृश्य क्षेत्र
D. सोमैटोसेन्सरी क्षेत्र
उत्तर: A. वर्निके क्षेत्र
व्याख्या: वर्निके क्षेत्र भाषा समझने से जुड़ा माना जाता है।

91. भाषा उत्पादन में कौन-सा क्षेत्र महत्वपूर्ण है?
A. ब्रॉका क्षेत्र
B. ऑक्सिपिटल क्षेत्र
C. अमिग्डाला
D. हिप्पोकैम्पस
उत्तर: A. ब्रॉका क्षेत्र
व्याख्या: ब्रॉका क्षेत्र बोलने और भाषा उत्पादन में भूमिका निभाता है।

92. मस्तिष्क के कौन-से भाग में ब्रॉका क्षेत्र सामान्यतः पाया जाता है?
A. बाएँ फ्रंटल लोब में
B. दाएँ ऑक्सिपिटल लोब में
C. अनुमस्तिष्क में
D. मेडुला में
उत्तर: A. बाएँ फ्रंटल लोब में
व्याख्या: अधिकांश व्यक्तियों में ब्रॉका क्षेत्र बाएँ फ्रंटल लोब में होता है।

93. वर्निके क्षेत्र सामान्यतः कहाँ पाया जाता है?
A. बाएँ टेम्पोरल लोब में
B. दाएँ पैराइटल लोब में
C. मेडुला में
D. पिट्यूटरी में
उत्तर: A. बाएँ टेम्पोरल लोब में
व्याख्या: वर्निके क्षेत्र भाषा समझने से संबंधित है।

94. न्यूरॉन के कोशिका शरीर में क्या होता है?
A. नाभिक और कोशिका के मुख्य अंग
B. केवल हवा
C. केवल रक्त
D. केवल हड्डी
उत्तर: A. नाभिक और कोशिका के मुख्य अंग
व्याख्या: कोशिका शरीर न्यूरॉन की जीवन क्रियाओं को नियंत्रित करता है।

95. तंत्रिका संदेश सिनैप्स पर कैसे पार होता है?
A. न्यूरोट्रांसमीटर द्वारा
B. केवल हड्डी द्वारा
C. केवल रक्तचाप द्वारा
D. केवल प्रकाश द्वारा
उत्तर: A. न्यूरोट्रांसमीटर द्वारा
व्याख्या: सिनैप्स पर रासायनिक संदेशवाहक अगले न्यूरॉन को सक्रिय करते हैं।

96. व्यवहार पर हार्मोन का प्रभाव कैसा हो सकता है?
A. मनोदशा, ऊर्जा और तनाव प्रतिक्रिया को प्रभावित कर सकता है
B. कोई प्रभाव नहीं
C. केवल बालों का रंग बदलता है
D. केवल ऊँचाई तुरंत बदलता है
उत्तर: A. मनोदशा, ऊर्जा और तनाव प्रतिक्रिया को प्रभावित कर सकता है
व्याख्या: हार्मोन शरीर और मन दोनों की अवस्थाओं को प्रभावित करते हैं।

97. जैविक आधार और वातावरण का संबंध कैसा है?
A. दोनों मिलकर व्यवहार को प्रभावित करते हैं
B. दोनों का कोई संबंध नहीं
C. केवल जैविक आधार ही सब कुछ है
D. केवल वातावरण ही सब कुछ है

उत्तर: A. दोनों मिलकर व्यवहार को प्रभावित करते हैं
व्याख्या: व्यवहार जीन, मस्तिष्क, हार्मोन और वातावरण की अंतःक्रिया से बनता है।

98. तंत्रिका तंत्र की क्षति से क्या प्रभावित हो सकता है?
A. गति, स्मृति, भाषा और भावना
B. केवल कपड़े
C. केवल नाम
D. केवल मौसम
उत्तर: A. गति, स्मृति, भाषा और भावना
व्याख्या: तंत्रिका तंत्र शरीर और मन की अनेक क्रियाओं को नियंत्रित करता है।

99. जैविक मनोविज्ञान में शोध का मुख्य महत्व क्या है?
A. व्यवहार के शारीरिक और तंत्रिका आधार को समझना
B. केवल कहानी बनाना
C. केवल अनुमान लगाना
D. केवल परंपरा मानना
उत्तर: A. व्यवहार के शारीरिक और तंत्रिका आधार को समझना
व्याख्या: यह शोध मनोविज्ञान, चिकित्सा और शिक्षा में उपयोगी ज्ञान देता है।

100. व्यवहार के जैविक आधार का सबसे उपयुक्त निष्कर्ष क्या है?
A. व्यवहार मस्तिष्क, तंत्रिका तंत्र, हार्मोन और वातावरण की संयुक्त प्रक्रिया से प्रभावित होता है
B. व्यवहार केवल भाग्य से तय होता है
C. व्यवहार का शरीर से कोई संबंध नहीं
D. व्यवहार केवल भाषा पर निर्भर है
उत्तर: A. व्यवहार मस्तिष्क, तंत्रिका तंत्र, हार्मोन और वातावरण की संयुक्त प्रक्रिया से प्रभावित होता है
व्याख्या: आधुनिक मनोविज्ञान व्यवहार को जैविक और पर्यावरणीय कारकों की अंतःक्रिया मानता है।

अध्याय 6: संवेदना एवं प्रत्यक्षीकरण

100 वस्तुनिष्ठ प्रश्न

1. संवेदना का अर्थ क्या है?
A. इंद्रियों द्वारा उत्तेजना ग्रहण करना
B. विचारों को लिखना
C. निर्णय लेना
D. स्मृति बनाना
उत्तर: A. इंद्रियों द्वारा उत्तेजना ग्रहण करना
व्याख्या: संवेदना बाहरी या आंतरिक उत्तेजनाओं को इंद्रियों द्वारा ग्रहण करने की प्रक्रिया है।

2. प्रत्यक्षीकरण का अर्थ क्या है?
A. संवेदनाओं को अर्थ देना
B. केवल आँख खोलना
C. केवल आवाज सुनना
D. केवल चलना
उत्तर: A. संवेदनाओं को अर्थ देना
व्याख्या: प्रत्यक्षीकरण में मस्तिष्क संवेदन सूचनाओं की व्याख्या करता है।

3. संवेदना और प्रत्यक्षीकरण में मुख्य अंतर क्या है?
A. संवेदना उत्तेजना ग्रहण करती है, प्रत्यक्षीकरण उसका अर्थ समझता है
B. दोनों बिल्कुल समान हैं
C. प्रत्यक्षीकरण केवल शरीर की क्रिया है
D. संवेदना केवल स्मृति है
उत्तर: A. संवेदना उत्तेजना ग्रहण करती है, प्रत्यक्षीकरण उसका अर्थ समझता है
व्याख्या: संवेदना प्रारंभिक प्रक्रिया है, जबकि प्रत्यक्षीकरण अर्थ निर्माण की प्रक्रिया है।

4. उत्तेजना किसे कहते हैं?
A. कोई भी ऊर्जा या घटना जो इंद्रियों को प्रभावित करे
B. केवल विचार
C. केवल स्मृति
D. केवल निर्णय
उत्तर: A. कोई भी ऊर्जा या घटना जो इंद्रियों को प्रभावित करे
व्याख्या: प्रकाश, ध्वनि, गंध और स्पर्श जैसी ऊर्जा उत्तेजना कहलाती है।

5. रिसेप्टर का कार्य क्या है?
A. उत्तेजना को ग्रहण करना
B. विचार बनाना
C. निर्णय लेना
D. भाषा बोलना
उत्तर: A. उत्तेजना को ग्रहण करना
व्याख्या: रिसेप्टर इंद्रियों में स्थित विशेष कोशिकाएँ होती हैं जो उत्तेजना ग्रहण करती हैं।

6. आँख किस प्रकार की संवेदना से संबंधित है?
A. दृष्टि
B. श्रवण
C. स्वाद
D. गंध
उत्तर: A. दृष्टि
व्याख्या: आँख प्रकाश को ग्रहण कर दृश्य संवेदना उत्पन्न करती है।

7. कान किस संवेदना से संबंधित है?
A. श्रवण
B. दृष्टि
C. स्वाद
D. गंध
उत्तर: A. श्रवण
व्याख्या: कान ध्वनि तरंगों को ग्रहण करता है।

8. नाक किस संवेदना से संबंधित है?
A. गंध
B. दृष्टि
C. स्पर्श
D. श्रवण
उत्तर: A. गंध

व्याख्या: नाक गंध संबंधी रासायनिक उत्तेजनाओं को ग्रहण करती है।

9. जीभ किस संवेदना से संबंधित है?

A. स्वाद
B. दृष्टि
C. श्रवण
D. संतुलन
उत्तर: A. स्वाद
व्याख्या: जीभ स्वाद संबंधी रासायनिक उत्तेजनाओं को ग्रहण करती है।

10. त्वचा किस संवेदना से संबंधित है?

A. स्पर्श
B. दृष्टि
C. गंध
D. स्वाद
उत्तर: A. स्पर्श
व्याख्या: त्वचा दबाव, ताप, दर्द और स्पर्श की संवेदनाएँ ग्रहण करती है।

11. संवेदना की प्रक्रिया में पहला चरण क्या है?

A. उत्तेजना का इंद्रिय अंग पर प्रभाव
B. निर्णय लेना
C. भाषा बोलना
D. स्मृति बनाना
उत्तर: A. उत्तेजना का इंद्रिय अंग पर प्रभाव
व्याख्या: संवेदना तब शुरू होती है जब कोई उत्तेजना इंद्रिय अंग को प्रभावित करती है।

12. संवेदन संदेश मस्तिष्क तक किसके द्वारा पहुँचते हैं?

A. तंत्रिका तंत्र
B. पाचन तंत्र
C. अस्थि तंत्र
D. रक्त समूह
उत्तर: A. तंत्रिका तंत्र
व्याख्या: इंद्रियों से प्राप्त संदेश तंत्रिकाओं द्वारा मस्तिष्क तक पहुँचते हैं।

13. दृष्टि संवेदना का मुख्य उत्तेजक क्या है?

A. प्रकाश
B. ध्वनि
C. गंध
D. ताप
उत्तर: A. प्रकाश
व्याख्या: दृष्टि संवेदना प्रकाश ऊर्जा पर आधारित होती है।

14. श्रवण संवेदना का मुख्य उत्तेजक क्या है?

A. ध्वनि तरंगें
B. प्रकाश
C. स्वाद
D. गंध
उत्तर: A. ध्वनि तरंगें
व्याख्या: कान ध्वनि तरंगों को ग्रहण करके श्रवण संवेदना उत्पन्न करता है।

15. स्वाद और गंध किस प्रकार की उत्तेजनाओं से संबंधित हैं?

A. रासायनिक
B. केवल प्रकाश
C. केवल ध्वनि
D. केवल ताप
उत्तर: A. रासायनिक
व्याख्या: स्वाद और गंध दोनों रासायनिक पदार्थों की पहचान से जुड़े हैं।

16. पूर्ण सीमा का अर्थ क्या है?

A. सबसे कम उत्तेजना जिसे महसूस किया जा सके
B. सबसे अधिक स्मृति
C. सबसे तेज सोच
D. सबसे लंबा समय
उत्तर: A. सबसे कम उत्तेजना जिसे महसूस किया जा सके
व्याख्या: पूर्ण सीमा वह न्यूनतम तीव्रता है जिस पर उत्तेजना का अनुभव होता है।

17. अंतर सीमा का अर्थ क्या है?

A. दो उत्तेजनाओं में न्यूनतम अंतर जिसे पहचाना जा सके
B. दो व्यक्तियों की उम्र का अंतर
C. दो पुस्तकों की कीमत
D. दो शब्दों की लंबाई
उत्तर: A. दो उत्तेजनाओं में न्यूनतम अंतर जिसे पहचाना जा सके
व्याख्या: अंतर सीमा बताती है कि परिवर्तन महसूस करने के लिए कितना अंतर जरूरी है।

18. संवेदन अनुकूलन का अर्थ क्या है?

A. लगातार उत्तेजना पर संवेदनशीलता कम होना
B. संवेदना का हमेशा बढ़ना
C. स्मृति का मिटना
D. निर्णय का रुकना
उत्तर: A. लगातार उत्तेजना पर संवेदनशीलता कम होना
व्याख्या: लंबे समय तक समान उत्तेजना रहने पर उसकी अनुभूति कम हो सकती है।

19. अंधेरे कमरे में कुछ समय बाद वस्तुएँ दिखने लगना किसका उदाहरण है?

A. अंधकार अनुकूलन
B. स्वाद भ्रम
C. श्रवण हानि
D. स्मृति दोष
उत्तर: A. अंधकार अनुकूलन
व्याख्या: आँख कम प्रकाश में धीरे-धीरे अधिक संवेदनशील हो जाती है।

20. तेज गंध कुछ देर बाद कम महसूस होना किसका उदाहरण है?

A. संवेदन अनुकूलन
B. निर्णय
C. सीखना
D. तर्क
उत्तर: A. संवेदन अनुकूलन

व्याख्या: लगातार गंध रहने पर नाक की संवेदनशीलता घट जाती है।

21. प्रत्यक्षीकरण में मस्तिष्क क्या करता है?
A. संवेदन सूचनाओं को अर्थपूर्ण बनाता है
B. केवल रक्त बनाता है
C. केवल हड्डी बनाता है
D. केवल भोजन पचाता है
उत्तर: A. संवेदन सूचनाओं को अर्थपूर्ण बनाता है
व्याख्या: मस्तिष्क संवेदनाओं को व्यवस्थित कर उनका अर्थ समझता है।

22. प्रत्यक्षीकरण को प्रभावित करने वाला कारक कौन-सा है?
A. अनुभव
B. केवल ऊँचाई
C. केवल वजन
D. केवल रक्त समूह
उत्तर: A. अनुभव
व्याख्या: पिछले अनुभव किसी वस्तु को समझने के तरीके को प्रभावित करते हैं।

23. ध्यान प्रत्यक्षीकरण को कैसे प्रभावित करता है?
A. चयनित सूचना को अधिक स्पष्ट बनाता है
B. सभी सूचनाएँ मिटा देता है
C. कोई प्रभाव नहीं डालता
D. केवल नींद बढ़ाता है
उत्तर: A. चयनित सूचना को अधिक स्पष्ट बनाता है
व्याख्या: ध्यान किसी विशेष उत्तेजना को प्रमुख बनाता है।

24. प्रत्यक्षीकरण में अपेक्षा का प्रभाव क्या होता है?
A. व्यक्ति वही देखने या समझने की प्रवृत्ति रखता है जिसकी अपेक्षा करता है
B. अपेक्षा का कोई प्रभाव नहीं
C. अपेक्षा केवल शरीर को बदलती है
D. अपेक्षा स्मृति मिटाती है
उत्तर: A. व्यक्ति वही देखने या समझने की प्रवृत्ति रखता है जिसकी अपेक्षा करता है
व्याख्या: अपेक्षाएँ संवेदन सूचनाओं की व्याख्या को प्रभावित करती हैं।

25. प्रत्यक्षीकरण में रुचि का प्रभाव क्या है?
A. रुचिकर वस्तुएँ जल्दी ध्यान आकर्षित करती हैं
B. रुचि का कोई प्रभाव नहीं
C. रुचि केवल भोजन से जुड़ी है
D. रुचि केवल रंग बदलती है
उत्तर: A. रुचिकर वस्तुएँ जल्दी ध्यान आकर्षित करती हैं
व्याख्या: व्यक्ति अपनी रुचि से संबंधित वस्तुओं को अधिक आसानी से पहचानता है।

26. प्रत्यक्षीकरण में प्रेरणा की भूमिका क्या है?
A. आवश्यकताओं से संबंधित वस्तुओं को अधिक महत्व देना
B. केवल नींद लाना
C. कोई प्रभाव नहीं
D. केवल भाषा बदलना
उत्तर: A. आवश्यकताओं से संबंधित वस्तुओं को अधिक महत्व देना
व्याख्या: भूख, प्यास या लक्ष्य व्यक्ति के प्रत्यक्षीकरण को प्रभावित कर सकते हैं।

27. आकृति-पृष्ठभूमि सिद्धांत किससे संबंधित है?
A. वस्तु और पृष्ठभूमि को अलग पहचानना
B. केवल स्मृति
C. केवल भाषा
D. केवल नींद
उत्तर: A. वस्तु और पृष्ठभूमि को अलग पहचानना
व्याख्या: हम किसी वस्तु को पृष्ठभूमि से अलग करके देखते हैं।

28. निकटता का नियम क्या बताता है?
A. पास-पास स्थित वस्तुएँ समूह के रूप में देखी जाती हैं
B. दूर वस्तुएँ हमेशा एक लगती हैं
C. सभी वस्तुएँ अलग दिखती हैं
D. कोई संबंध नहीं
उत्तर: A. पास-पास स्थित वस्तुएँ समूह के रूप में देखी जाती हैं
व्याख्या: गेस्टाल्ट नियमों में निकटता समूह निर्माण को प्रभावित करती है।

29. समानता का नियम क्या बताता है?
A. समान वस्तुएँ समूह के रूप में देखी जाती हैं
B. असमान वस्तुएँ हमेशा समूह बनाती हैं
C. वस्तुएँ कभी समूह नहीं बनतीं
D. केवल रंग महत्वपूर्ण नहीं
उत्तर: A. समान वस्तुएँ समूह के रूप में देखी जाती हैं
व्याख्या: आकार, रंग या रूप में समान वस्तुएँ एक समूह जैसी लगती हैं।

30. पूर्णता का नियम क्या बताता है?
A. अधूरी आकृतियों को पूरा मानने की प्रवृत्ति
B. पूरी आकृति को अधूरा देखना
C. कुछ भी न देखना
D. केवल रंग देखना
उत्तर: A. अधूरी आकृतियों को पूरा मानने की प्रवृत्ति
व्याख्या: मस्तिष्क अधूरी सूचनाओं को पूरा करके अर्थ बनाता है।

31. निरंतरता का नियम क्या बताता है?
A. वस्तुओं को सहज और निरंतर रूप में देखने की प्रवृत्ति
B. वस्तुओं को टूटे हुए देखने की प्रवृत्ति
C. कोई संबंध नहीं
D. केवल ध्वनि सुनना
उत्तर: A. वस्तुओं को सहज और निरंतर रूप में देखने की प्रवृत्ति
व्याख्या: हम रेखाओं और आकृतियों को निरंतर दिशा में देखने की प्रवृत्ति रखते हैं।

32. गेस्टाल्ट मनोविज्ञान प्रत्यक्षीकरण में किस पर बल देता है?
A. संपूर्णता पर
B. केवल छोटे भागों पर
C. केवल रंग पर
D. केवल ध्वनि पर

उत्तर: A. संपूर्णता पर
व्याख्या: गेस्टाल्ट के अनुसार संपूर्ण अनुभव भागों के योग से अधिक होता है।

33. प्रत्यक्षीकरण स्थिरता का अर्थ क्या है?
A. वस्तु को बदलती परिस्थितियों में भी समान समझना
B. वस्तु को हमेशा अलग समझना
C. वस्तु को न पहचानना
D. केवल रंग बदलना
उत्तर: A. वस्तु को बदलती परिस्थितियों में भी समान समझना
व्याख्या: आकार, रूप या रंग बदलते दिखने पर भी हम वस्तु को स्थिर पहचानते हैं।

34. आकार स्थिरता का उदाहरण कौन-सा है?
A. दूर जाती कार को वही कार समझना
B. आवाज सुनना
C. गंध पहचानना
D. स्वाद लेना
उत्तर: A. दूर जाती कार को वही कार समझना
व्याख्या: दूरी बदलने पर छवि छोटी दिखती है, फिर भी वस्तु का वास्तविक आकार समझा जाता है।

35. रूप स्थिरता का अर्थ क्या है?
A. कोण बदलने पर भी वस्तु का रूप पहचानना
B. वस्तु को भूल जाना
C. वस्तु को सुनना
D. वस्तु का स्वाद लेना
उत्तर: A. कोण बदलने पर भी वस्तु का रूप पहचानना
व्याख्या: दरवाजा खुला होने पर भी हम उसे दरवाजा ही समझते हैं।

36. रंग स्थिरता का अर्थ क्या है?
A. प्रकाश बदलने पर भी रंग को लगभग समान समझना
B. रंग हमेशा गायब होना
C. केवल काला दिखना
D. रंग न पहचानना
उत्तर: A. प्रकाश बदलने पर भी रंग को लगभग समान समझना
व्याख्या: अलग रोशनी में भी वस्तु का परिचित रंग पहचान लिया जाता है।

37. गहराई प्रत्यक्षीकरण का अर्थ क्या है?
A. दूरी और त्रि-आयामी स्थान को समझना
B. केवल रंग पहचानना
C. केवल ध्वनि सुनना
D. केवल स्वाद लेना
उत्तर: A. दूरी और त्रि-आयामी स्थान को समझना
व्याख्या: गहराई प्रत्यक्षीकरण से हम वस्तुओं की दूरी और स्थान समझते हैं।

38. द्विनेत्री संकेत किससे प्राप्त होते हैं?
A. दोनों आँखों से
B. केवल एक कान से
C. केवल त्वचा से
D. केवल नाक से
उत्तर: A. दोनों आँखों से
व्याख्या: दोनों आँखों से प्राप्त अलग-अलग सूचनाएँ गहराई समझने में मदद करती हैं।

39. एकनेत्री संकेत किससे प्राप्त हो सकते हैं?
A. एक आँख से
B. केवल दोनों कानों से
C. केवल जीभ से
D. केवल त्वचा से
उत्तर: A. एक आँख से
व्याख्या: रेखीय परिप्रेक्ष्य, आकार और छाया जैसे संकेत एक आँख से भी मिल सकते हैं।

40. रेखीय परिप्रेक्ष्य किसका संकेत है?
A. गहराई का
B. स्वाद का
C. गंध का
D. ध्वनि का
उत्तर: A. गहराई का
व्याख्या: समानांतर रेखाएँ दूर जाकर मिलती हुई लगती हैं, जिससे दूरी का संकेत मिलता है।

41. आच्छादन संकेत का अर्थ क्या है?
A. एक वस्तु दूसरी को ढकती है तो ढकी वस्तु दूर लगती है
B. सभी वस्तुएँ समान दूरी पर लगती हैं
C. वस्तु गायब हो जाती है
D. कोई संकेत नहीं मिलता
उत्तर: A. एक वस्तु दूसरी को ढकती है तो ढकी वस्तु दूर लगती है
व्याख्या: आच्छादन गहराई प्रत्यक्षीकरण का महत्वपूर्ण संकेत है।

42. प्रत्यक्षीकरण भ्रम क्या है?
A. वास्तविक उत्तेजना की गलत व्याख्या
B. बिना उत्तेजना के अनुभव
C. सही निर्णय
D. केवल स्मृति
उत्तर: A. वास्तविक उत्तेजना की गलत व्याख्या
व्याख्या: भ्रम में वस्तु मौजूद होती है, लेकिन उसका अर्थ गलत समझा जाता है।

43. मृगतृष्णा किसका उदाहरण है?
A. प्रत्यक्षीकरण भ्रम
B. स्मृति
C. सीखना
D. प्रेरणा
उत्तर: A. प्रत्यक्षीकरण भ्रम
व्याख्या: मृगतृष्णा में वास्तविक प्रकाशीय प्रभाव के कारण पानी जैसा दिखाई देता है।

44. मतिभ्रम क्या है?
A. बिना वास्तविक उत्तेजना के अनुभव
B. वास्तविक वस्तु की सही पहचान
C. केवल सीखना
D. केवल ध्यान
उत्तर: A. बिना वास्तविक उत्तेजना के अनुभव

व्याख्या: मतिभ्रम में व्यक्ति ऐसी चीज महसूस करता है जो वास्तव में मौजूद नहीं होती।

45. भ्रम और मतिभ्रम में अंतर क्या है?
A. भ्रम में उत्तेजना होती है, मतिभ्रम में नहीं
B. दोनों बिल्कुल समान हैं
C. मतिभ्रम हमेशा सही होता है
D. भ्रम में कोई अनुभव नहीं होता
उत्तर: A. भ्रम में उत्तेजना होती है, मतिभ्रम में नहीं
व्याख्या: भ्रम वास्तविक उत्तेजना की गलत व्याख्या है, जबकि मतिभ्रम बिना उत्तेजना के अनुभव है।

46. चयनात्मक प्रत्यक्षीकरण का अर्थ क्या है?
A. कुछ सूचनाओं पर ध्यान देकर बाकी को कम महत्व देना
B. सब कुछ समान रूप से देखना
C. कुछ भी न देखना
D. केवल नींद लेना
उत्तर: A. कुछ सूचनाओं पर ध्यान देकर बाकी को कम महत्व देना
व्याख्या: व्यक्ति अपनी जरूरत, रुचि और ध्यान के अनुसार सूचनाएँ चुनता है।

47. प्रत्यक्षीकरण में संदर्भ का महत्व क्या है?
A. परिस्थिति वस्तु के अर्थ को प्रभावित करती है
B. संदर्भ का कोई प्रभाव नहीं
C. वस्तु हमेशा एक जैसी समझी जाती है
D. संदर्भ केवल रंग है
उत्तर: A. परिस्थिति वस्तु के अर्थ को प्रभावित करती है
व्याख्या: वही वस्तु अलग संदर्भ में अलग अर्थ दे सकती है।

48. पूर्व अनुभव प्रत्यक्षीकरण को कैसे प्रभावित करता है?
A. परिचित वस्तुओं को जल्दी पहचानने में मदद करता है
B. कोई प्रभाव नहीं डालता
C. हमेशा भ्रम पैदा करता है
D. केवल स्मृति मिटाता है
उत्तर: A. परिचित वस्तुओं को जल्दी पहचानने में मदद करता है
व्याख्या: अनुभव मस्तिष्क को सूचनाओं की व्याख्या करने में सहायता देता है।

49. प्रत्यक्षीकरण में सीखने की भूमिका क्या है?
A. अनुभव से वस्तुओं को पहचानना आसान होता है
B. सीखने का कोई प्रभाव नहीं
C. सीखना केवल शरीर बदलता है
D. सीखना केवल नींद है
उत्तर: A. अनुभव से वस्तुओं को पहचानना आसान होता है
व्याख्या: बार-बार अनुभव से प्रत्यक्षीकरण अधिक सटीक हो सकता है।

50. प्रत्यक्षीकरण में भावनाओं का प्रभाव क्या हो सकता है?
A. भय या खुशी वस्तु की व्याख्या बदल सकती है
B. भावनाओं का कोई प्रभाव नहीं
C. भावनाएँ केवल रंग बदलती हैं
D. भावनाएँ केवल ऊँचाई बदलती हैं
उत्तर: A. भय या खुशी वस्तु की व्याख्या बदल सकती है
व्याख्या: भावनात्मक अवस्था व्यक्ति के देखने और समझने के ढंग को प्रभावित करती है।

51. भूख की अवस्था में भोजन संबंधी संकेत जल्दी दिखना किसका उदाहरण है?
A. प्रेरणा का प्रत्यक्षीकरण पर प्रभाव
B. केवल दृष्टि दोष
C. केवल स्मृति हानि
D. केवल भाषा
उत्तर: A. प्रेरणा का प्रत्यक्षीकरण पर प्रभाव
व्याख्या: आवश्यकता से संबंधित वस्तुएँ अधिक ध्यान आकर्षित करती हैं।

52. ध्यान की कमी से प्रत्यक्षीकरण पर क्या प्रभाव पड़ता है?
A. महत्वपूर्ण सूचना छूट सकती है
B. सब कुछ अधिक स्पष्ट होता है
C. कोई प्रभाव नहीं
D. स्मृति हमेशा बढ़ती है
उत्तर: A. महत्वपूर्ण सूचना छूट सकती है
व्याख्या: ध्यान न होने पर संवेदन सूचना सही ढंग से संसाधित नहीं हो पाती।

53. प्रत्यक्षीकरण में संगठन का अर्थ क्या है?
A. संवेदन सूचनाओं को व्यवस्थित रूप देना
B. सूचना नष्ट करना
C. केवल ध्वनि सुनना
D. केवल स्वाद लेना
उत्तर: A. संवेदन सूचनाओं को व्यवस्थित रूप देना
व्याख्या: मस्तिष्क सूचनाओं को अर्थपूर्ण पैटर्न में व्यवस्थित करता है।

54. आकृति-पृष्ठभूमि में आकृति क्या होती है?
A. ध्यान का मुख्य केंद्र
B. पीछे की वस्तु हमेशा
C. अदृश्य भाग
D. केवल रंग
उत्तर: A. ध्यान का मुख्य केंद्र
व्याख्या: आकृति वह भाग है जिसे हम प्रमुख रूप से देखते हैं।

55. आकृति-पृष्ठभूमि में पृष्ठभूमि क्या होती है?
A. आकृति के पीछे या आसपास का भाग
B. मुख्य वस्तु हमेशा
C. केवल ध्वनि
D. केवल स्वाद
उत्तर: A. आकृति के पीछे या आसपास का भाग
व्याख्या: पृष्ठभूमि आकृति को पहचानने में संदर्भ देती है।

56. प्रत्यक्षीकरण में सेट का अर्थ क्या है?
A. किसी विशेष ढंग से देखने की मानसिक तैयारी
B. केवल कुर्सियों का समूह
C. केवल खेल सेट
D. केवल गणितीय सेट
उत्तर: A. किसी विशेष ढंग से देखने की मानसिक तैयारी
व्याख्या: प्रत्यक्षीकरण सेट अपेक्षा और अनुभव से बनता है।

57. प्रत्यक्षीकरण सेट किससे बन सकता है?

A. अपेक्षा, अनुभव और प्रेरणा से
B. केवल रक्त समूह से
C. केवल ऊँचाई से
D. केवल मौसम से
उत्तर: A. अपेक्षा, अनुभव और प्रेरणा से
व्याख्या: व्यक्ति की मानसिक तैयारी प्रत्यक्षीकरण को प्रभावित करती है।

58. नीचे-से-ऊपर प्रक्रिया का अर्थ क्या है?
A. संवेदन सूचना से अर्थ बनना
B. केवल पूर्व ज्ञान से देखना
C. बिना सूचना के निर्णय
D. केवल कल्पना
उत्तर: A. संवेदन सूचना से अर्थ बनना
व्याख्या: इसमें प्रत्यक्षीकरण इंद्रियों से प्राप्त डेटा पर आधारित होता है।

59. ऊपर-से-नीचे प्रक्रिया का अर्थ क्या है?
A. पूर्व ज्ञान और अपेक्षा से सूचना की व्याख्या
B. केवल कच्ची संवेदना
C. कोई ज्ञान नहीं
D. केवल ध्वनि
उत्तर: A. पूर्व ज्ञान और अपेक्षा से सूचना की व्याख्या
व्याख्या: इसमें अनुभव, संदर्भ और अपेक्षा प्रत्यक्षीकरण को प्रभावित करते हैं।

60. संवेदना में रूपांतरण का अर्थ क्या है?
A. उत्तेजना ऊर्जा को तंत्रिका संकेत में बदलना
B. भाषा को भोजन में बदलना
C. स्मृति को रंग में बदलना
D. निर्णय को ध्वनि में बदलना
उत्तर: A. उत्तेजना ऊर्जा को तंत्रिका संकेत में बदलना
व्याख्या: इंद्रिय रिसेप्टर बाहरी ऊर्जा को तंत्रिका संदेश में बदलते हैं।

61. रेटिना किस इंद्रिय से संबंधित है?
A. आँख
B. कान
C. नाक
D. जीभ
उत्तर: A. आँख
व्याख्या: रेटिना आँख की प्रकाश-संवेदनशील परत है।

62. रॉड कोशिकाएँ किसमें सहायक होती हैं?
A. कम प्रकाश में देखने में
B. रंग पहचानने में ही
C. स्वाद लेने में
D. ध्वनि सुनने में
उत्तर: A. कम प्रकाश में देखने में
व्याख्या: रॉड कोशिकाएँ मंद प्रकाश में दृष्टि के लिए महत्वपूर्ण हैं।

63. कोन कोशिकाएँ किससे संबंधित हैं?
A. रंग दृष्टि और स्पष्ट दृष्टि
B. केवल गंध
C. केवल स्पर्श
D. केवल श्रवण
उत्तर: A. रंग दृष्टि और स्पष्ट दृष्टि
व्याख्या: कोन कोशिकाएँ रंग और सूक्ष्म विवरण देखने में सहायक हैं।

64. कर्णावर्त किस इंद्रिय का भाग है?
A. कान
B. आँख
C. नाक
D. त्वचा
उत्तर: A. कान
व्याख्या: कर्णावर्त ध्वनि तरंगों को तंत्रिका संकेतों में बदलने में सहायक है।

65. स्वाद कलिकाएँ कहाँ पाई जाती हैं?
A. जीभ पर
B. आँख में
C. कान में
D. बालों में
उत्तर: A. जीभ पर
व्याख्या: स्वाद कलिकाएँ स्वाद संबंधी रासायनिक उत्तेजनाओं को ग्रहण करती हैं।

66. घ्राण रिसेप्टर किससे संबंधित हैं?
A. गंध
B. दृष्टि
C. श्रवण
D. संतुलन
उत्तर: A. गंध
व्याख्या: घ्राण रिसेप्टर नाक में गंध संबंधी उत्तेजनाएँ ग्रहण करते हैं।

67. त्वचा में कौन-सी संवेदनाएँ पाई जाती हैं?
A. स्पर्श, ताप, दबाव और दर्द
B. केवल दृष्टि
C. केवल गंध
D. केवल स्वाद
उत्तर: A. स्पर्श, ताप, दबाव और दर्द
व्याख्या: त्वचा विभिन्न प्रकार की शारीरिक संवेदनाओं को ग्रहण करती है।

68. दर्द संवेदना का महत्व क्या है?
A. शरीर को संभावित नुकसान से सावधान करना
B. केवल मनोरंजन देना
C. कोई महत्व नहीं
D. केवल नींद लाना
उत्तर: A. शरीर को संभावित नुकसान से सावधान करना
व्याख्या: दर्द शरीर की सुरक्षा के लिए चेतावनी संकेत है।

69. संतुलन संवेदना किससे संबंधित है?
A. आंतरिक कान
B. केवल जीभ
C. केवल नाक
D. केवल त्वचा

उत्तर: A. आंतरिक कान
व्याख्या: आंतरिक कान शरीर के संतुलन और स्थिति की जानकारी देता है।

70. काइनेस्थेटिक संवेदना किससे संबंधित है?
A. शरीर के अंगों की स्थिति और गति
B. केवल स्वाद
C. केवल गंध
D. केवल दृष्टि
उत्तर: A. शरीर के अंगों की स्थिति और गति
व्याख्या: काइनेस्थेटिक संवेदना मांसपेशियों और जोड़ों से जानकारी देती है।

71. संवेदन सीमाएँ क्यों महत्वपूर्ण हैं?
A. वे बताते हैं कि व्यक्ति कितनी कम या अलग उत्तेजना महसूस कर सकता है
B. वे केवल उम्र बताते हैं
C. वे केवल भाषा बताते हैं
D. वे केवल नाम बताते हैं
उत्तर: A. वे बताते हैं कि व्यक्ति कितनी कम या अलग उत्तेजना महसूस कर सकता है
व्याख्या: संवेदन सीमाएँ इंद्रिय संवेदनशीलता को समझने में मदद करती हैं।

72. वेबर का नियम किससे संबंधित है?
A. अंतर सीमा से
B. स्मृति से
C. व्यक्तित्व से
D. भाषा से
उत्तर: A. अंतर सीमा से
व्याख्या: वेबर का नियम बताता है कि परिवर्तन महसूस करने के लिए अनुपातिक अंतर जरूरी होता है।

73. संकेत पहचान सिद्धांत किस पर बल देता है?
A. संवेदना में उत्तेजना और निर्णय दोनों की भूमिका
B. केवल प्रकाश की भूमिका
C. केवल गंध की भूमिका
D. केवल स्वाद की भूमिका
उत्तर: A. संवेदना में उत्तेजना और निर्णय दोनों की भूमिका
व्याख्या: व्यक्ति की अपेक्षा और निर्णय भी संकेत पहचान को प्रभावित करते हैं।

74. प्रत्यक्षीकरण में संदर्भ संकेत किसलिए उपयोगी हैं?
A. वस्तु का सही अर्थ समझने के लिए
B. वस्तु को मिटाने के लिए
C. केवल रंग बदलने के लिए
D. कोई उपयोग नहीं
उत्तर: A. वस्तु का सही अर्थ समझने के लिए
व्याख्या: संदर्भ संकेत वस्तु की पहचान और अर्थ को स्पष्ट करते हैं।

75. अस्पष्ट आकृति का अर्थ क्या है?
A. जिसे एक से अधिक तरीकों से देखा जा सके
B. जिसे कभी देखा न जा सके
C. केवल एक ही अर्थ हो
D. कोई आकृति न हो
उत्तर: A. जिसे एक से अधिक तरीकों से देखा जा सके
व्याख्या: अस्पष्ट आकृतियाँ प्रत्यक्षीकरण की लचीली प्रकृति दिखाती हैं।

76. दृश्य भ्रम क्यों होते हैं?
A. मस्तिष्क की व्याख्या वास्तविक माप से अलग हो जाती है
B. आँख हमेशा बंद रहती है
C. कोई उत्तेजना नहीं होती
D. केवल स्मृति मिटती है
उत्तर: A. मस्तिष्क की व्याख्या वास्तविक माप से अलग हो जाती है
व्याख्या: दृश्य भ्रम प्रत्यक्षीकरण के नियमों और संदर्भ के कारण हो सकते हैं।

77. प्रत्यक्षीकरण की सक्रिय प्रकृति का अर्थ क्या है?
A. मस्तिष्क सूचना को केवल ग्रहण नहीं करता, बल्कि अर्थ भी बनाता है
B. मस्तिष्क कोई कार्य नहीं करता
C. इंद्रियाँ काम नहीं करतीं
D. केवल बाहरी दुनिया अर्थ देती है
उत्तर: A. मस्तिष्क सूचना को केवल ग्रहण नहीं करता, बल्कि अर्थ भी बनाता है
व्याख्या: प्रत्यक्षीकरण एक सक्रिय मानसिक प्रक्रिया है।

78. प्रत्यक्षीकरण में त्रुटि किस कारण हो सकती है?
A. संदर्भ, अपेक्षा या अपूर्ण सूचना के कारण
B. केवल सही सूचना के कारण
C. कोई कारण नहीं
D. हमेशा भाषा के कारण
उत्तर: A. संदर्भ, अपेक्षा या अपूर्ण सूचना के कारण
व्याख्या: जब सूचना अस्पष्ट या संदर्भ भ्रामक हो तो प्रत्यक्षीकरण गलत हो सकता है।

79. प्रत्यक्षीकरण का शिक्षा में महत्व क्या है?
A. विद्यार्थी सूचना को कैसे समझते हैं, यह जानने में
B. केवल भवन बनाने में
C. केवल फीस लेने में
D. कोई महत्व नहीं
उत्तर: A. विद्यार्थी सूचना को कैसे समझते हैं, यह जानने में
व्याख्या: शिक्षक स्पष्ट प्रस्तुति और उदाहरणों से सही प्रत्यक्षीकरण विकसित कर सकते हैं।

80. प्रत्यक्षीकरण का दैनिक जीवन में महत्व क्या है?
A. निर्णय, सुरक्षा और सामाजिक व्यवहार में सहायता
B. कोई महत्व नहीं
C. केवल सोने में
D. केवल भोजन में
उत्तर: A. निर्णय, सुरक्षा और सामाजिक व्यवहार में सहायता
व्याख्या: सही प्रत्यक्षीकरण हमें वातावरण को समझने और प्रतिक्रिया देने में मदद करता है।

81. संवेदना में थ्रेशोल्ड शब्द का अर्थ क्या है?
A. सीमा
B. स्मृति

C. भाषा
D. निर्णय
उत्तर: A. सीमा
व्याख्या: थ्रेशोल्ड संवेदन अनुभव की न्यूनतम या अंतर सीमा को दर्शाता है।

82. प्रत्यक्षीकरण में ध्यान और चयन क्यों आवश्यक हैं?
A. वातावरण में बहुत अधिक सूचना होती है
B. सूचना कभी अधिक नहीं होती
C. ध्यान का कोई कार्य नहीं
D. चयन हमेशा गलत होता है
उत्तर: A. वातावरण में बहुत अधिक सूचना होती है
व्याख्या: ध्यान आवश्यक सूचना को चुनकर संसाधित करने में मदद करता है।

83. प्रत्यक्षीकरण में टॉप-डाउन प्रक्रिया कब अधिक प्रभावी होती है?
A. जब सूचना अस्पष्ट हो
B. जब कोई अनुभव न हो
C. जब कोई अपेक्षा न हो
D. जब वस्तु बिल्कुल स्पष्ट न हो
उत्तर: A. जब सूचना अस्पष्ट हो
व्याख्या: अस्पष्ट सूचना में पूर्व ज्ञान और संदर्भ अधिक भूमिका निभाते हैं।

84. बॉटम-अप प्रक्रिया किस पर निर्भर करती है?
A. इंद्रियों से प्राप्त कच्ची सूचना पर
B. केवल कल्पना पर
C. केवल इच्छा पर
D. केवल स्मृति पर
उत्तर: A. इंद्रियों से प्राप्त कच्ची सूचना पर
व्याख्या: बॉटम-अप प्रक्रिया में संवेदन डेटा से प्रत्यक्षीकरण बनता है।

85. प्रत्यक्षीकरण में सीखना किसका उदाहरण है?
A. अनुभव के आधार पर पहचान में सुधार
B. केवल जन्मजात प्रतिक्रिया
C. कोई परिवर्तन नहीं
D. केवल शारीरिक वृद्धि
उत्तर: A. अनुभव के आधार पर पहचान में सुधार
व्याख्या: अनुभव से व्यक्ति वस्तुओं और संकेतों को बेहतर समझता है।

86. प्रत्यक्षीकरण में व्यक्तिगत भिन्नताएँ क्यों होती हैं?
A. अनुभव, संस्कृति और रुचि में अंतर के कारण
B. सभी लोग बिल्कुल समान होते हैं
C. कोई कारण नहीं
D. केवल आँखों का रंग कारण है
उत्तर: A. अनुभव, संस्कृति और रुचि में अंतर के कारण
व्याख्या: अलग पृष्ठभूमि वाले लोग एक ही चीज को अलग ढंग से समझ सकते हैं।

87. संस्कृति प्रत्यक्षीकरण को कैसे प्रभावित करती है?
A. अर्थ, प्रतीक और अनुभवों के माध्यम से
B. कोई प्रभाव नहीं
C. केवल ऊँचाई बदलकर
D. केवल रक्त समूह बदलकर
उत्तर: A. अर्थ, प्रतीक और अनुभवों के माध्यम से
व्याख्या: सांस्कृतिक अनुभव वस्तुओं और घटनाओं की व्याख्या को प्रभावित करते हैं।

88. प्रत्यक्षीकरण में भावनात्मक अवस्था का प्रभाव कब दिखता है?
A. भय में अस्पष्ट आवाज को खतरा समझना
B. हमेशा सही पहचान करना
C. कोई प्रभाव नहीं
D. केवल नींद में
उत्तर: A. भय में अस्पष्ट आवाज को खतरा समझना
व्याख्या: भय जैसी भावनाएँ व्यक्ति को खतरे के संकेत जल्दी देखने के लिए प्रेरित कर सकती हैं।

89. संवेदना और प्रत्यक्षीकरण में तंत्रिका तंत्र की भूमिका क्या है?
A. सूचना को इंद्रियों से मस्तिष्क तक पहुँचाना और संसाधित करना
B. केवल भोजन पचाना
C. केवल रक्त बनाना
D. केवल हड्डी बनाना
उत्तर: A. सूचना को इंद्रियों से मस्तिष्क तक पहुँचाना और संसाधित करना
व्याख्या: तंत्रिका तंत्र संवेदन संदेशों को मस्तिष्क तक ले जाकर प्रत्यक्षीकरण में सहायता करता है।

90. प्रत्यक्षीकरण में स्मृति का योगदान क्या है?
A. पूर्व अनुभवों से अर्थ पहचानना
B. कोई योगदान नहीं
C. केवल शरीर चलाना
D. केवल स्वाद लेना
उत्तर: A. पूर्व अनुभवों से अर्थ पहचानना
व्याख्या: स्मृति परिचित वस्तुओं और स्थितियों को समझने में मदद करती है।

91. प्रत्यक्षीकरण में समस्या कब उत्पन्न हो सकती है?
A. जब सूचना अधूरी या भ्रामक हो
B. जब सूचना स्पष्ट हो
C. जब ध्यान उचित हो
D. जब संदर्भ सही हो
उत्तर: A. जब सूचना अधूरी या भ्रामक हो
व्याख्या: अधूरी या गलत संकेतों से प्रत्यक्षीकरण त्रुटिपूर्ण हो सकता है।

92. संवेदन हानि का प्रभाव क्या हो सकता है?
A. वातावरण से सूचना प्राप्त करने में कठिनाई
B. हमेशा बेहतर प्रत्यक्षीकरण
C. कोई प्रभाव नहीं
D. केवल स्मृति बढ़ना
उत्तर: A. वातावरण से सूचना प्राप्त करने में कठिनाई
व्याख्या: इंद्रिय हानि से व्यक्ति को सूचना ग्रहण करने में समस्या हो सकती है।

93. प्रत्यक्षीकरण प्रशिक्षण किसमें सहायक हो सकता है?
A. पहचान और ध्यान कौशल सुधारने में
B. केवल ऊँचाई बढ़ाने में
C. केवल रक्त समूह बदलने में
D. कोई उपयोग नहीं
उत्तर: A. पहचान और ध्यान कौशल सुधारने में
व्याख्या: अभ्यास से कुछ प्रत्यक्षीकरण कौशल बेहतर हो सकते हैं।

94. संवेदना में तीव्रता का अर्थ क्या है?
A. उत्तेजना की शक्ति या मात्रा
B. वस्तु का नाम
C. व्यक्ति की उम्र
D. भाषा का प्रकार
उत्तर: A. उत्तेजना की शक्ति या मात्रा
व्याख्या: तेज प्रकाश, ऊँची आवाज या अधिक दबाव उत्तेजना की तीव्रता दर्शाते हैं।

95. संवेदना में अवधि का अर्थ क्या है?
A. उत्तेजना कितनी देर तक रहती है
B. वस्तु का रंग
C. व्यक्ति का नाम
D. दूरी का अनुमान
उत्तर: A. उत्तेजना कितनी देर तक रहती है
व्याख्या: उत्तेजना की अवधि संवेदन अनुभव को प्रभावित कर सकती है।

96. प्रत्यक्षीकरण में वस्तु पहचान किससे प्रभावित होती है?
A. आकार, रंग, संदर्भ और अनुभव
B. केवल नाम से
C. केवल उम्र से
D. केवल रक्त से
उत्तर: A. आकार, रंग, संदर्भ और अनुभव
व्याख्या: वस्तु की पहचान कई संकेतों और पूर्व ज्ञान पर निर्भर करती है।

97. संवेदना के बिना प्रत्यक्षीकरण क्यों कठिन है?
A. क्योंकि प्रत्यक्षीकरण संवेदन सूचना पर आधारित होता है
B. क्योंकि प्रत्यक्षीकरण केवल कल्पना है
C. क्योंकि संवेदना का कोई महत्व नहीं
D. क्योंकि मस्तिष्क काम नहीं करता
उत्तर: A. क्योंकि प्रत्यक्षीकरण संवेदन सूचना पर आधारित होता है
व्याख्या: इंद्रियों से प्राप्त सूचना प्रत्यक्षीकरण का आधार बनती है।

98. प्रत्यक्षीकरण के बिना संवेदना अधूरी क्यों है?
A. क्योंकि अर्थ निर्माण नहीं होता
B. क्योंकि इंद्रियाँ बंद हो जाती हैं
C. क्योंकि सूचना गायब हो जाती है
D. क्योंकि शरीर नहीं चलता
उत्तर: A. क्योंकि अर्थ निर्माण नहीं होता
व्याख्या: प्रत्यक्षीकरण संवेदन सूचना को अर्थपूर्ण अनुभव में बदलता है।

99. संवेदना एवं प्रत्यक्षीकरण का अध्ययन मनोविज्ञान में क्यों महत्वपूर्ण है?
A. वातावरण को समझने और व्यवहार की प्रतिक्रिया जानने के लिए
B. केवल शब्द याद करने के लिए
C. केवल गणित सीखने के लिए
D. कोई महत्व नहीं
उत्तर: A. वातावरण को समझने और व्यवहार की प्रतिक्रिया जानने के लिए
व्याख्या: व्यक्ति दुनिया को कैसे महसूस और समझता है, यह व्यवहार को प्रभावित करता है।

100. संवेदना और प्रत्यक्षीकरण का सबसे उपयुक्त निष्कर्ष क्या है?
A. संवेदना सूचना ग्रहण करती है और प्रत्यक्षीकरण उसे अर्थ देता है
B. दोनों का कोई संबंध नहीं
C. प्रत्यक्षीकरण केवल शरीर की क्रिया है
D. संवेदना केवल कल्पना है
उत्तर: A. संवेदना सूचना ग्रहण करती है और प्रत्यक्षीकरण उसे अर्थ देता है
व्याख्या: दोनों प्रक्रियाएँ मिलकर व्यक्ति को वातावरण का अर्थपूर्ण अनुभव कराती हैं।

अध्याय 7: ध्यान

100 वस्तुनिष्ठ प्रश्न

1. ध्यान का अर्थ क्या है?
A. किसी विशेष वस्तु या विचार पर मन को केंद्रित करना
B. केवल सोना
C. केवल खाना
D. केवल बोलना
उत्तर: A. किसी विशेष वस्तु या विचार पर मन को केंद्रित करना
व्याख्या: ध्यान में व्यक्ति अनेक उत्तेजनाओं में से किसी एक पर मानसिक रूप से केंद्रित होता है।

2. ध्यान किस प्रकार की मानसिक प्रक्रिया है?
A. चयनात्मक प्रक्रिया
B. पाचन प्रक्रिया
C. रक्त संचार प्रक्रिया
D. अस्थि निर्माण प्रक्रिया
उत्तर: A. चयनात्मक प्रक्रिया
व्याख्या: ध्यान आवश्यक सूचना को चुनकर उस पर केंद्रित होने में सहायता करता है।

3. ध्यान का मुख्य कार्य क्या है?
A. महत्वपूर्ण उत्तेजना पर मानसिक ऊर्जा लगाना
B. सभी सूचनाओं को भूल जाना
C. केवल शरीर को आराम देना
D. केवल भाषा बदलना
उत्तर: A. महत्वपूर्ण उत्तेजना पर मानसिक ऊर्जा लगाना

व्याख्या: ध्यान व्यक्ति को आवश्यक कार्य या सूचना पर केंद्रित रखता है।

4. ध्यान की चयनात्मकता का अर्थ क्या है?
A. कई उत्तेजनाओं में से किसी एक को चुनना
B. सभी उत्तेजनाओं को समान रूप से ग्रहण करना
C. कोई उत्तेजना न लेना
D. केवल नींद लेना
उत्तर: A. कई उत्तेजनाओं में से किसी एक को चुनना
व्याख्या: ध्यान में व्यक्ति अपनी जरूरत के अनुसार कुछ सूचनाओं को प्राथमिकता देता है।

5. ध्यान का संबंध किससे है?
A. चेतना और एकाग्रता से
B. केवल भोजन से
C. केवल रक्त से
D. केवल हड्डी से
उत्तर: A. चेतना और एकाग्रता से
व्याख्या: ध्यान चेतन मन को किसी विषय पर स्थिर करने की प्रक्रिया है।

6. एकाग्रता का अर्थ क्या है?
A. किसी कार्य पर लगातार ध्यान बनाए रखना
B. बार-बार विषय बदलना
C. बिना उद्देश्य देखना
D. केवल आराम करना
उत्तर: A. किसी कार्य पर लगातार ध्यान बनाए रखना
व्याख्या: एकाग्रता ध्यान की स्थिर और निरंतर अवस्था है।

7. ध्यान की अवधि से क्या अभिप्राय है?
A. ध्यान कितनी देर तक बना रहता है
B. व्यक्ति की ऊँचाई
C. पुस्तक की लंबाई
D. आवाज की भाषा
उत्तर: A. ध्यान कितनी देर तक बना रहता है
व्याख्या: ध्यान की अवधि कार्य, रुचि और थकान पर निर्भर करती है।

8. ध्यान का विस्तार क्या है?
A. एक समय में ध्यान में आने वाली वस्तुओं की संख्या
B. केवल समय की लंबाई
C. केवल आवाज की तीव्रता
D. केवल शरीर का वजन
उत्तर: A. एक समय में ध्यान में आने वाली वस्तुओं की संख्या
व्याख्या: ध्यान विस्तार बताता है कि व्यक्ति एक साथ कितनी सूचनाएँ ग्रहण कर सकता है।

9. ध्यान का विभाजन किसे कहते हैं?
A. एक समय में दो या अधिक कार्यों पर ध्यान देना
B. केवल एक कार्य करना
C. सभी कार्य छोड़ना
D. केवल सोचना बंद करना
उत्तर: A. एक समय में दो या अधिक कार्यों पर ध्यान देना
व्याख्या: विभाजित ध्यान में व्यक्ति एक साथ कई कार्यों को संभालने का प्रयास करता है।

10. ध्यान का स्थानांतरण क्या है?
A. ध्यान को एक वस्तु से दूसरी वस्तु पर ले जाना
B. ध्यान को हमेशा स्थिर रखना
C. ध्यान को समाप्त करना
D. केवल आँख बंद करना
उत्तर: A. ध्यान को एक वस्तु से दूसरी वस्तु पर ले जाना
व्याख्या: जब व्यक्ति एक कार्य से दूसरे कार्य पर ध्यान बदलता है, तो इसे ध्यान स्थानांतरण कहते हैं।

11. अनैच्छिक ध्यान किसे कहते हैं?
A. बिना प्रयास के अचानक आकर्षित होने वाला ध्यान
B. जानबूझकर किया गया ध्यान
C. केवल पढ़ाई का ध्यान
D. केवल नींद का ध्यान
उत्तर: A. बिना प्रयास के अचानक आकर्षित होने वाला ध्यान
व्याख्या: तेज आवाज या अचानक प्रकाश अनैच्छिक ध्यान को आकर्षित कर सकते हैं।

12. ऐच्छिक ध्यान किसे कहते हैं?
A. इच्छा और प्रयास से लगाया गया ध्यान
B. अचानक लगने वाला ध्यान
C. केवल डर से होने वाला ध्यान
D. बिना चेतना का ध्यान
उत्तर: A. इच्छा और प्रयास से लगाया गया ध्यान
व्याख्या: पढ़ाई, लेखन या परीक्षा की तैयारी में ऐच्छिक ध्यान आवश्यक होता है।

13. स्वाभाविक ध्यान किससे उत्पन्न होता है?
A. रुचि और जिज्ञासा से
B. केवल दंड से
C. केवल नींद से
D. केवल बीमारी से
उत्तर: A. रुचि और जिज्ञासा से
व्याख्या: जिस विषय में रुचि होती है, उस पर ध्यान आसानी से केंद्रित होता है।

14. ध्यान को प्रभावित करने वाला बाहरी कारक कौन-सा है?
A. उत्तेजना की तीव्रता
B. व्यक्ति का रक्त समूह
C. जन्मस्थान
D. ऊँचाई
उत्तर: A. उत्तेजना की तीव्रता
व्याख्या: तेज आवाज, चमकीला रंग या तीव्र गंध ध्यान को जल्दी आकर्षित करते हैं।

15. ध्यान को प्रभावित करने वाला आंतरिक कारक कौन-सा है?
A. रुचि
B. दीवार का रंग हमेशा
C. सड़क की लंबाई
D. मौसम का नाम
उत्तर: A. रुचि
व्याख्या: व्यक्ति की रुचि ध्यान को दिशा देती है।

16. नवीनता ध्यान को कैसे प्रभावित करती है?
A. नई वस्तु ध्यान आकर्षित करती है
B. ध्यान हमेशा घटाती है
C. कोई प्रभाव नहीं डालती
D. केवल स्मृति मिटाती है
उत्तर: A. नई वस्तु ध्यान आकर्षित करती है
व्याख्या: नई और अलग वस्तु सामान्य वस्तुओं की तुलना में जल्दी ध्यान खींचती है।

17. परिवर्तनशीलता का ध्यान पर क्या प्रभाव होता है?
A. बदलती हुई वस्तु ध्यान आकर्षित करती है
B. परिवर्तन ध्यान रोक देता है
C. कोई प्रभाव नहीं
D. केवल नींद लाता है
उत्तर: A. बदलती हुई वस्तु ध्यान आकर्षित करती है
व्याख्या: गति, आवाज या प्रकाश में परिवर्तन ध्यान को सक्रिय करता है।

18. गति का ध्यान पर क्या प्रभाव होता है?
A. चलती वस्तु स्थिर वस्तु से अधिक ध्यान खींचती है
B. चलती वस्तु कभी दिखाई नहीं देती
C. गति का कोई प्रभाव नहीं
D. गति केवल स्मृति से जुड़ी है
उत्तर: A. चलती वस्तु स्थिर वस्तु से अधिक ध्यान खींचती है
व्याख्या: गतिशील उत्तेजना हमारी चेतना को जल्दी आकर्षित करती है।

19. आकार ध्यान को कैसे प्रभावित करता है?
A. बड़ी वस्तु सामान्यतः अधिक ध्यान आकर्षित करती है
B. आकार का कोई प्रभाव नहीं
C. छोटी वस्तु हमेशा अधिक ध्यान खींचती है
D. आकार केवल भाषा से जुड़ा है
उत्तर: A. बड़ी वस्तु सामान्यतः अधिक ध्यान आकर्षित करती है
व्याख्या: आकार में बड़ी या प्रमुख वस्तु जल्दी ध्यान में आती है।

20. विपरीतता का ध्यान पर क्या प्रभाव होता है?
A. अलग या विरोधी गुण वाली वस्तु ध्यान खींचती है
B. विपरीतता ध्यान को समाप्त करती है
C. कोई प्रभाव नहीं
D. केवल नींद बढ़ाती है
उत्तर: A. अलग या विरोधी गुण वाली वस्तु ध्यान खींचती है
व्याख्या: पृष्ठभूमि से अलग रंग या आकार वाली वस्तु अधिक ध्यान आकर्षित करती है।

21. पुनरावृत्ति ध्यान को कैसे प्रभावित करती है?
A. बार-बार आने वाली उत्तेजना ध्यान आकर्षित कर सकती है
B. पुनरावृत्ति का कोई प्रभाव नहीं
C. पुनरावृत्ति हमेशा ध्यान खत्म करती है
D. केवल शरीर बदलती है
उत्तर: A. बार-बार आने वाली उत्तेजना ध्यान आकर्षित कर सकती है
व्याख्या: दोहराई गई सूचना व्यक्ति की चेतना में अधिक स्पष्ट हो सकती है।

22. रुचि ध्यान को कैसे प्रभावित करती है?
A. रुचिकर विषय पर ध्यान आसानी से लगता है
B. रुचि ध्यान घटाती है
C. कोई प्रभाव नहीं
D. केवल आवाज बदलती है
उत्तर: A. रुचिकर विषय पर ध्यान आसानी से लगता है
व्याख्या: व्यक्ति अपनी पसंद के विषय पर अधिक समय तक ध्यान रख सकता है।

23. आवश्यकता ध्यान को कैसे प्रभावित करती है?
A. जरूरत से संबंधित वस्तु जल्दी ध्यान खींचती है
B. आवश्यकता का कोई प्रभाव नहीं
C. आवश्यकता ध्यान रोकती है
D. केवल भाषा बदलती है
उत्तर: A. जरूरत से संबंधित वस्तु जल्दी ध्यान खींचती है
व्याख्या: भूखे व्यक्ति का ध्यान भोजन संबंधी संकेतों पर जल्दी जाता है।

24. प्रेरणा का ध्यान से क्या संबंध है?
A. प्रेरणा ध्यान को लक्ष्य की ओर निर्देशित करती है
B. प्रेरणा ध्यान समाप्त करती है
C. कोई संबंध नहीं
D. प्रेरणा केवल शरीर का वजन है
उत्तर: A. प्रेरणा ध्यान को लक्ष्य की ओर निर्देशित करती है
व्याख्या: लक्ष्य प्राप्ति की इच्छा व्यक्ति को ध्यान केंद्रित रखने में मदद करती है।

25. भावनाएँ ध्यान को कैसे प्रभावित करती हैं?
A. तीव्र भावनाएँ ध्यान को किसी विशेष वस्तु पर केंद्रित कर सकती हैं
B. भावनाओं का कोई प्रभाव नहीं
C. भावनाएँ हमेशा ध्यान मिटाती हैं
D. केवल भोजन से जुड़ी हैं
उत्तर: A. तीव्र भावनाएँ ध्यान को किसी विशेष वस्तु पर केंद्रित कर सकती हैं
व्याख्या: भय, क्रोध या खुशी ध्यान की दिशा और तीव्रता बदल सकते हैं।

26. थकान का ध्यान पर क्या प्रभाव होता है?
A. ध्यान की क्षमता कम हो जाती है
B. ध्यान हमेशा बढ़ता है
C. कोई प्रभाव नहीं
D. केवल भाषा सुधरती है
उत्तर: A. ध्यान की क्षमता कम हो जाती है
व्याख्या: शारीरिक या मानसिक थकान से एकाग्रता घटती है।

27. नींद की कमी ध्यान को कैसे प्रभावित करती है?
A. ध्यान और प्रतिक्रिया समय कमजोर हो सकते हैं
B. ध्यान हमेशा बढ़ता है
C. कोई प्रभाव नहीं
D. केवल भूख बढ़ती है
उत्तर: A. ध्यान और प्रतिक्रिया समय कमजोर हो सकते हैं
व्याख्या: पर्याप्त नींद न मिलने पर व्यक्ति का ध्यान स्थिर नहीं रहता।

28. अभ्यास का ध्यान पर क्या प्रभाव होता है?

A. ध्यान और कार्य-कुशलता में सुधार होता है
B. अभ्यास ध्यान घटाता है
C. कोई प्रभाव नहीं
D. अभ्यास केवल शरीर का रंग बदलता है
उत्तर: A. ध्यान और कार्य-कुशलता में सुधार होता है
व्याख्या: नियमित अभ्यास से व्यक्ति किसी कार्य पर अधिक कुशलता से ध्यान दे सकता है।

29. आदत ध्यान को कैसे प्रभावित करती है?
A. परिचित कार्य में कम प्रयास से ध्यान लग सकता है
B. आदत ध्यान को हमेशा रोकती है
C. कोई प्रभाव नहीं
D. केवल स्मृति मिटाती है
उत्तर: A. परिचित कार्य में कम प्रयास से ध्यान लग सकता है
व्याख्या: अभ्यास से कुछ कार्य स्वचालित हो जाते हैं और ध्यान का बोझ कम होता है।

30. ध्यान भंग होने का अर्थ क्या है?
A. मुख्य कार्य से ध्यान हट जाना
B. ध्यान का स्थिर रहना
C. अधिक एकाग्रता होना
D. स्मृति बढ़ना
उत्तर: A. मुख्य कार्य से ध्यान हट जाना
व्याख्या: बाहरी या आंतरिक बाधाएँ ध्यान को मुख्य कार्य से हटा सकती हैं।

31. ध्यान भंग करने वाला बाहरी कारण कौन-सा है?
A. शोर
B. रुचि
C. लक्ष्य
D. प्रेरणा
उत्तर: A. शोर
व्याख्या: तेज शोर या बाधा ध्यान को कार्य से हटा सकती है।

32. ध्यान भंग करने वाला आंतरिक कारण कौन-सा है?
A. चिंता
B. पुस्तक
C. मेज
D. पंखा
उत्तर: A. चिंता
व्याख्या: चिंता और तनाव व्यक्ति की मानसिक एकाग्रता को कमजोर कर सकते हैं।

33. चयनात्मक ध्यान का उदाहरण कौन-सा है?
A. भीड़ में अपने नाम की आवाज सुनना
B. सब आवाजों को समान सुनना
C. कोई आवाज न सुनना
D. केवल सोना
उत्तर: A. भीड़ में अपने नाम की आवाज सुनना
व्याख्या: व्यक्ति अनेक आवाजों में से अपने लिए महत्वपूर्ण आवाज पर ध्यान देता है।

34. विभाजित ध्यान का उदाहरण कौन-सा है?
A. खाना बनाते समय फोन पर बात करना
B. केवल सोना
C. केवल एक शब्द पढ़ना
D. आँख बंद रखना
उत्तर: A. खाना बनाते समय फोन पर बात करना
व्याख्या: विभाजित ध्यान में व्यक्ति एक साथ दो कार्यों को संभालता है।

35. सतत ध्यान किसे कहते हैं?
A. लंबे समय तक किसी कार्य पर ध्यान बनाए रखना
B. बार-बार विषय बदलना
C. केवल अचानक ध्यान देना
D. बिना उद्देश्य देखना
उत्तर: A. लंबे समय तक किसी कार्य पर ध्यान बनाए रखना
व्याख्या: सतत ध्यान पढ़ाई, निगरानी और परीक्षा में महत्वपूर्ण होता है।

36. सतर्कता का अर्थ क्या है?
A. संभावित संकेतों के लिए जागरूक रहना
B. गहरी नींद में रहना
C. ध्यान समाप्त करना
D. केवल खाना
उत्तर: A. संभावित संकेतों के लिए जागरूक रहना
व्याख्या: सतर्कता में व्यक्ति वातावरण में होने वाले महत्वपूर्ण संकेतों पर नजर रखता है।

37. ध्यान का सीखने से क्या संबंध है?
A. ध्यान सीखने की प्रारंभिक शर्त है
B. सीखने में ध्यान की जरूरत नहीं
C. ध्यान सीखने को रोकता है
D. केवल याद करने से संबंध है
उत्तर: A. ध्यान सीखने की प्रारंभिक शर्त है
व्याख्या: जिस विषय पर ध्यान नहीं दिया जाता, उसे सीखना कठिन होता है।

38. ध्यान और स्मृति में क्या संबंध है?
A. ध्यान दी गई सूचना स्मृति में बेहतर जाती है
B. ध्यान स्मृति को हमेशा मिटाता है
C. कोई संबंध नहीं
D. स्मृति केवल जन्मजात है
उत्तर: A. ध्यान दी गई सूचना स्मृति में बेहतर जाती है
व्याख्या: ध्यान सूचना को ग्रहण और याद रखने में सहायता करता है।

39. ध्यान का प्रत्यक्षीकरण में क्या महत्व है?
A. ध्यान वस्तु को स्पष्ट रूप से समझने में मदद करता है
B. ध्यान प्रत्यक्षीकरण रोकता है
C. कोई महत्व नहीं
D. केवल भ्रम पैदा करता है
उत्तर: A. ध्यान वस्तु को स्पष्ट रूप से समझने में मदद करता है
व्याख्या: ध्यान चयनित सूचना को प्रमुख बनाकर प्रत्यक्षीकरण को प्रभावित करता है।

40. ध्यान का निर्णय लेने में क्या योगदान है?
A. आवश्यक सूचना पर ध्यान देकर सही निर्णय में सहायता
B. निर्णय को हमेशा गलत बनाना
C. कोई योगदान नहीं

D. केवल भाषा बदलना
उत्तर: A. आवश्यक सूचना पर ध्यान देकर सही निर्णय में सहायता
व्याख्या: निर्णय के लिए संबंधित जानकारी पर ध्यान देना आवश्यक होता है।

41. ध्यान का कार्य-प्रदर्शन पर क्या प्रभाव होता है?
A. ध्यान अच्छा हो तो प्रदर्शन बेहतर हो सकता है
B. ध्यान से प्रदर्शन हमेशा खराब होता है
C. कोई प्रभाव नहीं
D. केवल नींद बढ़ती है
उत्तर: A. ध्यान अच्छा हो तो प्रदर्शन बेहतर हो सकता है
व्याख्या: एकाग्रता कार्य की गति और शुद्धता बढ़ाने में सहायक है।

42. ध्यान की कमी से क्या समस्या हो सकती है?
A. भूल, गलती और अधूरा सीखना
B. हमेशा सफलता
C. बेहतर स्मृति
D. अधिक शांति
उत्तर: A. भूल, गलती और अधूरा सीखना
व्याख्या: ध्यान न होने पर व्यक्ति महत्वपूर्ण सूचना ग्रहण नहीं कर पाता।

43. ध्यान में रुचि पैदा करने का लाभ क्या है?
A. विद्यार्थी अधिक सक्रिय और एकाग्र रहते हैं
B. विद्यार्थी हमेशा सोते हैं
C. ध्यान कम होता है
D. सीखना रुक जाता है
उत्तर: A. विद्यार्थी अधिक सक्रिय और एकाग्र रहते हैं
व्याख्या: रुचिकर सामग्री ध्यान और सीखने दोनों को बढ़ाती है।

44. शिक्षक ध्यान आकर्षित करने के लिए क्या कर सकता है?
A. उदाहरण, प्रश्न और स्पष्ट प्रस्तुति का उपयोग
B. लगातार अस्पष्ट बोलना
C. विषय बदलते रहना
D. विद्यार्थियों को अनदेखा करना
उत्तर: A. उदाहरण, प्रश्न और स्पष्ट प्रस्तुति का उपयोग
व्याख्या: स्पष्ट और रोचक शिक्षण ध्यान को बनाए रखने में मदद करता है।

45. ध्यान बनाए रखने में लक्ष्य का क्या महत्व है?
A. लक्ष्य ध्यान को दिशा देता है
B. लक्ष्य ध्यान हटाता है
C. कोई महत्व नहीं
D. लक्ष्य केवल नाम है
उत्तर: A. लक्ष्य ध्यान को दिशा देता है
व्याख्या: स्पष्ट लक्ष्य व्यक्ति को कार्य पर केंद्रित रखता है।

46. ध्यान में वातावरण की भूमिका क्या है?
A. शांत और व्यवस्थित वातावरण ध्यान में सहायक होता है
B. वातावरण का कोई प्रभाव नहीं
C. शोर हमेशा ध्यान बढ़ाता है
D. अव्यवस्था हमेशा मदद करती है
उत्तर: A. शांत और व्यवस्थित वातावरण ध्यान में सहायक होता है
व्याख्या: कम बाधाओं वाला वातावरण एकाग्रता को बेहतर बनाता है।

47. ध्यान की क्षमता सीमित क्यों मानी जाती है?
A. व्यक्ति एक समय में सीमित सूचना ही संसाधित कर सकता है
B. व्यक्ति अनंत सूचना संसाधित करता है
C. ध्यान का कोई संबंध सूचना से नहीं
D. ध्यान केवल शरीर से जुड़ा है
उत्तर: A. व्यक्ति एक समय में सीमित सूचना ही संसाधित कर सकता है
व्याख्या: मानसिक संसाधन सीमित होते हैं, इसलिए ध्यान चयनात्मक होता है।

48. मल्टीटास्किंग में गलती क्यों बढ़ सकती है?
A. ध्यान कई कार्यों में बँट जाता है
B. ध्यान हमेशा बढ़ जाता है
C. कोई कारण नहीं
D. स्मृति स्वतः बढ़ती है
उत्तर: A. ध्यान कई कार्यों में बँट जाता है
व्याख्या: जब ध्यान विभाजित होता है तो कार्य की शुद्धता कम हो सकती है।

49. ध्यान का नियंत्रण किससे संभव है?
A. अभ्यास, योजना और आत्म-नियमन से
B. केवल भाग्य से
C. केवल शोर से
D. केवल भ्रम से
उत्तर: A. अभ्यास, योजना और आत्म-नियमन से
व्याख्या: ध्यान को नियमित अभ्यास और सही रणनीतियों से बेहतर बनाया जा सकता है।

50. आत्म-नियमन ध्यान में कैसे सहायक है?
A. व्यक्ति अपने ध्यान को लक्ष्य पर वापस ला सकता है
B. व्यक्ति ध्यान पूरी तरह छोड़ देता है
C. कोई प्रभाव नहीं
D. केवल शरीर बदलता है
उत्तर: A. व्यक्ति अपने ध्यान को लक्ष्य पर वापस ला सकता है
व्याख्या: आत्म-नियमन ध्यान भंग होने पर फिर से एकाग्र होने में मदद करता है।

51. ध्यान का जैविक आधार किससे जुड़ा है?
A. मस्तिष्क और तंत्रिका तंत्र से
B. केवल हड्डियों से
C. केवल त्वचा से
D. केवल बालों से
उत्तर: A. मस्तिष्क और तंत्रिका तंत्र से
व्याख्या: ध्यान में मस्तिष्क के कई क्षेत्र और तंत्रिका प्रक्रियाएँ सक्रिय होती हैं।

52. ध्यान में फ्रंटल लोब की भूमिका क्या है?
A. नियंत्रण और योजना में सहायता
B. केवल दृष्टि में
C. केवल स्वाद में

D. केवल गंध में
उत्तर: A. नियंत्रण और योजना में सहायता
व्याख्या: फ्रंटल लोब ध्यान नियंत्रण और लक्ष्य-निर्देशित व्यवहार में महत्वपूर्ण है।

53. ध्यान में उत्तेजना की तीव्रता क्यों महत्वपूर्ण है?
A. तीव्र उत्तेजना जल्दी चेतना में आती है
B. तीव्रता का कोई प्रभाव नहीं
C. तीव्रता ध्यान घटाती है
D. तीव्रता केवल भाषा है
उत्तर: A. तीव्र उत्तेजना जल्दी चेतना में आती है
व्याख्या: तेज आवाज या चमकदार प्रकाश ध्यान को तुरंत आकर्षित कर सकता है।

54. ध्यान में स्पष्टता का क्या महत्व है?
A. स्पष्ट वस्तु पर ध्यान लगाना आसान होता है
B. अस्पष्टता हमेशा ध्यान बढ़ाती है
C. स्पष्टता का कोई प्रभाव नहीं
D. स्पष्टता केवल स्मृति है
उत्तर: A. स्पष्ट वस्तु पर ध्यान लगाना आसान होता है
व्याख्या: स्पष्ट और व्यवस्थित सूचना ध्यान को बनाए रखने में सहायक होती है।

55. ध्यान में भावनात्मक उत्तेजना का प्रभाव क्या हो सकता है?
A. भावनात्मक वस्तु जल्दी ध्यान आकर्षित कर सकती है
B. कोई प्रभाव नहीं
C. हमेशा ध्यान खत्म करती है
D. केवल नींद लाती है
उत्तर: A. भावनात्मक वस्तु जल्दी ध्यान आकर्षित कर सकती है
व्याख्या: डर, खुशी या दुख से जुड़ी सूचना व्यक्ति के लिए अधिक महत्वपूर्ण हो सकती है।

56. ध्यान में जिज्ञासा का क्या महत्व है?
A. जिज्ञासा ध्यान को बढ़ाती है
B. जिज्ञासा ध्यान समाप्त करती है
C. कोई प्रभाव नहीं
D. केवल थकान लाती है
उत्तर: A. जिज्ञासा ध्यान को बढ़ाती है
व्याख्या: जिज्ञासा व्यक्ति को विषय को जानने और समझने के लिए प्रेरित करती है।

57. ध्यान में अर्थपूर्णता का क्या प्रभाव होता है?
A. अर्थपूर्ण सामग्री पर ध्यान अधिक टिकता है
B. अर्थपूर्णता ध्यान घटाती है
C. कोई प्रभाव नहीं
D. केवल भ्रम बढ़ता है
उत्तर: A. अर्थपूर्ण सामग्री पर ध्यान अधिक टिकता है
व्याख्या: जिस सामग्री का अर्थ समझ आता है, उस पर ध्यान बनाए रखना आसान होता है।

58. ध्यान में कठिनाई स्तर का प्रभाव क्या होता है?
A. बहुत आसान या बहुत कठिन कार्य ध्यान घटा सकता है
B. कठिनाई का कोई प्रभाव नहीं
C. बहुत कठिन कार्य हमेशा सर्वोत्तम ध्यान देता है
D. बहुत आसान कार्य हमेशा सर्वोत्तम ध्यान देता है
उत्तर: A. बहुत आसान या बहुत कठिन कार्य ध्यान घटा सकता है
व्याख्या: मध्यम कठिनाई वाले कार्य अक्सर ध्यान और रुचि बनाए रखते हैं।

59. ध्यान में पुरस्कार की भूमिका क्या हो सकती है?
A. प्रेरणा बढ़ाकर ध्यान बनाए रखना
B. ध्यान हमेशा हटाना
C. कोई भूमिका नहीं
D. केवल दंड देना
उत्तर: A. प्रेरणा बढ़ाकर ध्यान बनाए रखना
व्याख्या: उचित पुरस्कार व्यक्ति को लक्ष्य पर केंद्रित रहने में मदद कर सकता है।

60. ध्यान में दंड का अत्यधिक प्रयोग क्या कर सकता है?
A. चिंता बढ़ाकर ध्यान घटा सकता है
B. हमेशा ध्यान बढ़ाता है
C. कोई प्रभाव नहीं
D. स्मृति हमेशा बढ़ाता है
उत्तर: A. चिंता बढ़ाकर ध्यान घटा सकता है
व्याख्या: अत्यधिक दंड से तनाव बढ़ता है, जिससे एकाग्रता कमजोर हो सकती है।

61. ध्यान और चेतना में संबंध क्या है?
A. ध्यान चेतना के क्षेत्र को सीमित और केंद्रित करता है
B. दोनों का कोई संबंध नहीं
C. ध्यान चेतना समाप्त करता है
D. चेतना केवल नींद है
उत्तर: A. ध्यान चेतना के क्षेत्र को सीमित और केंद्रित करता है
व्याख्या: ध्यान के कारण चेतना किसी विशेष विषय पर केंद्रित होती है।

62. ध्यान में जागरूकता का क्या महत्व है?
A. व्यक्ति को पता रहता है कि वह किस पर केंद्रित है
B. जागरूकता का कोई महत्व नहीं
C. जागरूकता ध्यान रोकती है
D. जागरूकता केवल सपना है
उत्तर: A. व्यक्ति को पता रहता है कि वह किस पर केंद्रित है
व्याख्या: जागरूकता ध्यान को सचेत और उद्देश्यपूर्ण बनाती है।

63. ध्यान में मानसिक ऊर्जा का अर्थ क्या है?
A. सूचना संसाधन के लिए मन का प्रयास
B. केवल शरीर की शक्ति
C. केवल भोजन की ऊर्जा
D. केवल बिजली
उत्तर: A. सूचना संसाधन के लिए मन का प्रयास
व्याख्या: ध्यान में मानसिक संसाधन किसी विशेष कार्य पर लगाए जाते हैं।

64. ध्यान का अभ्यास कैसे किया जा सकता है?
A. नियमित पढ़ाई, ध्यान-व्यायाम और लक्ष्य निर्धारण से
B. केवल शोर में बैठकर
C. केवल काम टालकर
D. केवल नींद कम करके

उत्तर: A. नियमित पढ़ाई, ध्यान-व्यायाम और लक्ष्य निर्धारण से
व्याख्या: नियमित अभ्यास ध्यान की स्थिरता और नियंत्रण बढ़ाता है।

65. ध्यान में छोटे-छोटे लक्ष्य क्यों उपयोगी हैं?
A. कार्य को सरल और नियंत्रित बनाते हैं
B. कार्य को हमेशा कठिन बनाते हैं
C. ध्यान हटाते हैं
D. कोई लाभ नहीं
उत्तर: A. कार्य को सरल और नियंत्रित बनाते हैं
व्याख्या: छोटे लक्ष्य व्यक्ति को लगातार प्रगति और ध्यान बनाए रखने में मदद करते हैं।

66. पढ़ाई में ध्यान बढ़ाने का उचित तरीका कौन-सा है?
A. शांत स्थान और निश्चित समय पर अध्ययन
B. लगातार मोबाइल देखना
C. बिना योजना पढ़ना
D. बहुत शोर में पढ़ना
उत्तर: A. शांत स्थान और निश्चित समय पर अध्ययन
व्याख्या: व्यवस्थित अध्ययन वातावरण ध्यान को स्थिर रखता है।

67. मोबाइल नोटिफिकेशन ध्यान पर क्या प्रभाव डाल सकते हैं?
A. ध्यान भंग कर सकते हैं
B. हमेशा ध्यान बढ़ाते हैं
C. कोई प्रभाव नहीं
D. स्मृति को तुरंत बढ़ाते हैं
उत्तर: A. ध्यान भंग कर सकते हैं
व्याख्या: बार-बार आने वाली सूचनाएँ मुख्य कार्य से ध्यान हटाती हैं।

68. ध्यान में विराम का क्या महत्व है?
A. थकान कम कर ध्यान को फिर से सक्रिय करता है
B. ध्यान हमेशा समाप्त करता है
C. कोई महत्व नहीं
D. केवल समय खराब करता है
उत्तर: A. थकान कम कर ध्यान को फिर से सक्रिय करता है
व्याख्या: छोटे विराम मानसिक ताजगी बनाए रखते हैं।

69. लंबे समय तक लगातार पढ़ने से ध्यान क्यों घट सकता है?
A. मानसिक थकान के कारण
B. ज्ञान बढ़ने के कारण
C. रुचि बढ़ने के कारण
D. नींद पूरी होने के कारण
उत्तर: A. मानसिक थकान के कारण
व्याख्या: लगातार कार्य करने से मानसिक ऊर्जा कम होती है और ध्यान घटता है।

70. ध्यान और रुचि में संबंध क्या है?
A. रुचि ध्यान को स्वाभाविक रूप से बढ़ाती है
B. रुचि ध्यान रोकती है
C. कोई संबंध नहीं
D. रुचि केवल भावना है
उत्तर: A. रुचि ध्यान को स्वाभाविक रूप से बढ़ाती है
व्याख्या: रुचिकर विषय पर व्यक्ति कम प्रयास में भी ध्यान बनाए रख सकता है।

71. ध्यान में उद्देश्यहीनता का प्रभाव क्या होता है?
A. ध्यान बिखर सकता है
B. ध्यान हमेशा बढ़ता है
C. कोई प्रभाव नहीं
D. स्मृति बढ़ती है
उत्तर: A. ध्यान बिखर सकता है
व्याख्या: स्पष्ट उद्देश्य न होने पर मन अलग-अलग दिशाओं में भटक सकता है।

72. ध्यान में योजना का महत्व क्या है?
A. कार्य क्रमबद्ध होने से ध्यान स्थिर रहता है
B. योजना ध्यान घटाती है
C. कोई महत्व नहीं
D. योजना केवल समय लिखना है
उत्तर: A. कार्य क्रमबद्ध होने से ध्यान स्थिर रहता है
व्याख्या: योजना से व्यक्ति जानता है कि कब और क्या करना है।

73. ध्यान में आत्मविश्वास का प्रभाव क्या हो सकता है?
A. कार्य पर टिके रहने की क्षमता बढ़ सकती है
B. ध्यान हमेशा घटता है
C. कोई प्रभाव नहीं
D. केवल आवाज बदलती है
उत्तर: A. कार्य पर टिके रहने की क्षमता बढ़ सकती है
व्याख्या: आत्मविश्वास व्यक्ति को कठिन कार्य में भी ध्यान बनाए रखने में मदद करता है।

74. चिंता ध्यान को क्यों कमजोर कर सकती है?
A. मन बार-बार चिंता के विचारों में उलझता है
B. चिंता हमेशा ध्यान बढ़ाती है
C. चिंता का कोई प्रभाव नहीं
D. चिंता केवल शरीर की ऊँचाई है
उत्तर: A. मन बार-बार चिंता के विचारों में उलझता है
व्याख्या: चिंता मानसिक संसाधनों को मुख्य कार्य से हटा देती है।

75. ध्यान में तनाव का प्रभाव क्या हो सकता है?
A. मध्यम तनाव ध्यान बढ़ा सकता है, अधिक तनाव ध्यान घटा सकता है
B. तनाव का कोई प्रभाव नहीं
C. तनाव हमेशा लाभकारी है
D. तनाव हमेशा ध्यान खत्म करता है
उत्तर: A. मध्यम तनाव ध्यान बढ़ा सकता है, अधिक तनाव ध्यान घटा सकता है
व्याख्या: बहुत अधिक तनाव से मानसिक संतुलन और एकाग्रता प्रभावित होती है।

76. ध्यान का सामाजिक व्यवहार में महत्व क्या है?
A. दूसरों की बात समझने और प्रतिक्रिया देने में सहायता
B. केवल अकेले रहने में
C. कोई महत्व नहीं
D. केवल भोजन में
उत्तर: A. दूसरों की बात समझने और प्रतिक्रिया देने में सहायता

व्याख्या: बातचीत में ध्यान न हो तो समझ और संबंध कमजोर हो सकते हैं।

77. सुनने में ध्यान का क्या महत्व है?
A. संदेश को सही समझने में सहायता
B. सुनने में ध्यान की जरूरत नहीं
C. ध्यान सुनना रोकता है
D. केवल आवाज बढ़ाता है
उत्तर: A. संदेश को सही समझने में सहायता
व्याख्या: सक्रिय सुनने के लिए ध्यान आवश्यक है।

78. सक्रिय श्रवण में क्या शामिल है?
A. वक्ता की बात पर ध्यान देना और समझना
B. बीच में लगातार बोलना
C. ध्यान हटाना
D. केवल मोबाइल देखना
उत्तर: A. वक्ता की बात पर ध्यान देना और समझना
व्याख्या: सक्रिय श्रवण में ध्यान, समझ और उचित प्रतिक्रिया शामिल होती है।

79. ध्यान का सुरक्षा में महत्व क्या है?
A. खतरे के संकेत पहचानने में सहायता
B. खतरे को बढ़ाना
C. कोई महत्व नहीं
D. केवल नींद लाना
उत्तर: A. खतरे के संकेत पहचानने में सहायता
व्याख्या: सड़क पार करते समय या वाहन चलाते समय ध्यान सुरक्षा के लिए जरूरी है।

80. वाहन चलाते समय मोबाइल प्रयोग करना खतरनाक क्यों है?
A. ध्यान सड़क से हट जाता है
B. ध्यान हमेशा बढ़ता है
C. गति अपने-आप कम हो जाती है
D. कोई खतरा नहीं
उत्तर: A. ध्यान सड़क से हट जाता है
व्याख्या: मोबाइल प्रयोग से दृश्य, मानसिक और मोटर ध्यान विभाजित हो जाता है।

81. ध्यान का खेलों में क्या महत्व है?
A. खिलाड़ी संकेतों पर जल्दी और सही प्रतिक्रिया देता है
B. खेल में ध्यान की जरूरत नहीं
C. ध्यान प्रदर्शन घटाता है
D. केवल दर्शकों के लिए जरूरी है
उत्तर: A. खिलाड़ी संकेतों पर जल्दी और सही प्रतिक्रिया देता है
व्याख्या: खेलों में ध्यान गति, निर्णय और समन्वय को बेहतर बनाता है।

82. ध्यान का कार्यस्थल पर क्या महत्व है?
A. गलती कम और कार्य-कुशलता अधिक होती है
B. कार्यस्थल पर ध्यान जरूरी नहीं
C. ध्यान हमेशा गलती बढ़ाता है
D. केवल आराम के लिए है
उत्तर: A. गलती कम और कार्य-कुशलता अधिक होती है
व्याख्या: ध्यान से कार्य सही, सुरक्षित और समय पर पूरा होता है।

83. ध्यान और रचनात्मकता का संबंध क्या हो सकता है?
A. केंद्रित ध्यान विचारों को व्यवस्थित करने में मदद करता है
B. ध्यान रचनात्मकता को हमेशा रोकता है
C. कोई संबंध नहीं
D. रचनात्मकता केवल नींद है
उत्तर: A. केंद्रित ध्यान विचारों को व्यवस्थित करने में मदद करता है
व्याख्या: रचनात्मक कार्य में भी विचारों पर ध्यान और चयन आवश्यक होता है।

84. ध्यान और समस्या समाधान में संबंध क्या है?
A. समस्या के महत्वपूर्ण पहलुओं पर ध्यान देना जरूरी है
B. ध्यान समस्या समाधान रोकता है
C. कोई संबंध नहीं
D. केवल अनुमान काफी है
उत्तर: A. समस्या के महत्वपूर्ण पहलुओं पर ध्यान देना जरूरी है
व्याख्या: समस्या समाधान में संबंधित सूचना पर ध्यान केंद्रित करना आवश्यक होता है।

85. ध्यान की कमी से परीक्षा में क्या हो सकता है?
A. प्रश्न गलत पढ़ना या उत्तर में गलती
B. हमेशा अच्छे अंक
C. स्मृति स्वतः बढ़ना
D. समय रुक जाना
उत्तर: A. प्रश्न गलत पढ़ना या उत्तर में गलती
व्याख्या: परीक्षा में ध्यान न होने पर निर्देश और प्रश्न ठीक से समझ नहीं आते।

86. ध्यान में निर्देशों की स्पष्टता क्यों जरूरी है?
A. स्पष्ट निर्देश ध्यान को सही दिशा देते हैं
B. अस्पष्ट निर्देश हमेशा बेहतर हैं
C. निर्देशों का कोई महत्व नहीं
D. निर्देश केवल औपचारिकता हैं
उत्तर: A. स्पष्ट निर्देश ध्यान को सही दिशा देते हैं
व्याख्या: स्पष्ट निर्देश व्यक्ति को बताता है कि किस पर ध्यान देना है।

87. ध्यान का मापन किससे किया जा सकता है?
A. प्रतिक्रिया समय और त्रुटियों की संख्या से
B. केवल ऊँचाई से
C. केवल वजन से
D. केवल नाम से
उत्तर: A. प्रतिक्रिया समय और त्रुटियों की संख्या से
व्याख्या: ध्यान परीक्षणों में गति, शुद्धता और सतर्कता का मूल्यांकन किया जाता है।

88. ध्यान परीक्षणों का उपयोग कहाँ हो सकता है?
A. शिक्षा, क्लिनिकल और कार्यस्थल मूल्यांकन में
B. केवल भोजन बनाने में
C. केवल कपड़े चुनने में
D. कोई उपयोग नहीं
उत्तर: A. शिक्षा, क्लिनिकल और कार्यस्थल मूल्यांकन में
व्याख्या: ध्यान परीक्षण व्यक्ति की एकाग्रता और कार्य क्षमता

समझने में सहायक होते हैं।

89. ध्यान में चयन और अवरोध का क्या अर्थ है?
A. आवश्यक सूचना चुनना और अनावश्यक सूचना रोकना
B. सभी सूचना छोड़ना
C. केवल अनावश्यक सूचना चुनना
D. कोई प्रक्रिया नहीं
उत्तर: A. आवश्यक सूचना चुनना और अनावश्यक सूचना रोकना
व्याख्या: ध्यान अनावश्यक बाधाओं को कम करके महत्वपूर्ण सूचना पर केंद्रित करता है।

90. ध्यान में फिल्टर सिद्धांत किस विचार से जुड़ा है?
A. मन कुछ सूचनाओं को चुनता और कुछ को रोकता है
B. मन सभी सूचना समान रखता है
C. ध्यान का कोई चयन नहीं
D. केवल शरीर फिल्टर करता है
उत्तर: A. मन कुछ सूचनाओं को चुनता और कुछ को रोकता है
व्याख्या: फिल्टर सिद्धांत ध्यान की चयनात्मक प्रकृति को समझाता है।

91. ध्यान में कॉकटेल पार्टी प्रभाव क्या है?
A. भीड़ में भी अपने नाम या महत्वपूर्ण आवाज पर ध्यान जाना
B. सभी आवाजें बंद हो जाना
C. केवल संगीत सुनना
D. कुछ भी न सुनना
उत्तर: A. भीड़ में भी अपने नाम या महत्वपूर्ण आवाज पर ध्यान जाना
व्याख्या: यह चयनात्मक ध्यान का प्रसिद्ध उदाहरण है।

92. ध्यान में स्वचालित प्रक्रिया का अर्थ क्या है?
A. कम प्रयास से होने वाली सीखी हुई प्रक्रिया
B. बहुत अधिक प्रयास वाली नई प्रक्रिया
C. केवल बेहोशी
D. कोई प्रक्रिया नहीं
उत्तर: A. कम प्रयास से होने वाली सीखी हुई प्रक्रिया
व्याख्या: अभ्यास से कुछ कार्य स्वचालित हो जाते हैं और कम ध्यान मांगते हैं।

93. नियंत्रित प्रक्रिया का अर्थ क्या है?
A. सचेत प्रयास और ध्यान की आवश्यकता वाली प्रक्रिया
B. बिना ध्यान की प्रक्रिया
C. केवल प्रतिवर्त
D. केवल नींद
उत्तर: A. सचेत प्रयास और ध्यान की आवश्यकता वाली प्रक्रिया
व्याख्या: नया या कठिन कार्य नियंत्रित ध्यान और प्रयास मांगता है।

94. नया कौशल सीखते समय ध्यान अधिक क्यों चाहिए?
A. कार्य अभी स्वचालित नहीं हुआ होता
B. कार्य पहले से आसान होता है
C. ध्यान की जरूरत नहीं होती
D. केवल शरीर काम करता है
उत्तर: A. कार्य अभी स्वचालित नहीं हुआ होता
व्याख्या: नया कौशल सीखने में नियम, क्रिया और सुधार पर ध्यान देना पड़ता है।

95. अभ्यास के बाद ध्यान की आवश्यकता क्यों घट सकती है?
A. कार्य अधिक स्वचालित हो जाता है
B. कार्य असंभव हो जाता है
C. स्मृति मिट जाती है
D. ध्यान हमेशा बढ़ता है
उत्तर: A. कार्य अधिक स्वचालित हो जाता है
व्याख्या: बार-बार अभ्यास से कार्य सरल और तेज हो जाता है।

96. ध्यान का सबसे उपयुक्त उदाहरण कौन-सा है?
A. शोर में भी पुस्तक पढ़ने पर मन लगाना
B. बिना देखे चलना
C. हमेशा सोना
D. बिना सोचे बोलना
उत्तर: A. शोर में भी पुस्तक पढ़ने पर मन लगाना
व्याख्या: यह मुख्य कार्य पर ध्यान बनाए रखने का उदाहरण है।

97. ध्यान और प्रत्यक्षीकरण का संबंध क्या है?
A. ध्यान चयनित वस्तु को प्रत्यक्षीकरण में प्रमुख बनाता है
B. ध्यान प्रत्यक्षीकरण को समाप्त करता है
C. कोई संबंध नहीं
D. प्रत्यक्षीकरण केवल नींद है
उत्तर: A. ध्यान चयनित वस्तु को प्रत्यक्षीकरण में प्रमुख बनाता है
व्याख्या: जिस वस्तु पर ध्यान होता है, वह अधिक स्पष्ट और अर्थपूर्ण लगती है।

98. ध्यान और अधिगम का संबंध क्या है?
A. ध्यान के बिना प्रभावी अधिगम कठिन है
B. अधिगम में ध्यान की जरूरत नहीं
C. ध्यान अधिगम रोकता है
D. अधिगम केवल जन्मजात है
उत्तर: A. ध्यान के बिना प्रभावी अधिगम कठिन है
व्याख्या: सीखने के लिए पहले सूचना पर ध्यान देना आवश्यक है।

99. ध्यान बढ़ाने के लिए सबसे उचित उपाय कौन-सा है?
A. स्पष्ट लक्ष्य, शांत वातावरण और नियमित अभ्यास
B. लगातार बाधाएँ
C. बिना योजना कार्य
D. नींद कम करना
उत्तर: A. स्पष्ट लक्ष्य, शांत वातावरण और नियमित अभ्यास
व्याख्या: ध्यान सुधारने के लिए वातावरण, उद्देश्य और अभ्यास तीनों महत्वपूर्ण हैं।

100. ध्यान का सबसे उपयुक्त निष्कर्ष क्या है?
A. ध्यान मन को आवश्यक सूचना पर केंद्रित करने वाली चयनात्मक प्रक्रिया है
B. ध्यान केवल शारीरिक क्रिया है
C. ध्यान का सीखने से कोई संबंध नहीं
D. ध्यान हमेशा अनैच्छिक होता है
उत्तर: A. ध्यान मन को आवश्यक सूचना पर केंद्रित करने वाली चयनात्मक प्रक्रिया है

व्याख्या: ध्यान व्यक्ति को वातावरण की अनेक सूचनाओं में से महत्वपूर्ण सूचना चुनने और समझने में सहायता करता है।

अध्याय 8: अधिगम

100 वस्तुनिष्ठ प्रश्न

1. अधिगम का अर्थ क्या है?
A. अनुभव और अभ्यास से व्यवहार में अपेक्षाकृत स्थायी परिवर्तन
B. केवल जन्मजात क्रिया
C. केवल नींद
D. केवल शरीर की वृद्धि
उत्तर: A. अनुभव और अभ्यास से व्यवहार में अपेक्षाकृत स्थायी परिवर्तन
व्याख्या: अधिगम अनुभव, अभ्यास और प्रशिक्षण से व्यवहार में होने वाला परिवर्तन है।

2. अधिगम की मुख्य विशेषता क्या है?
A. व्यवहार में परिवर्तन
B. केवल शरीर का रंग बदलना
C. केवल ऊँचाई बढ़ना
D. केवल भूख लगना
उत्तर: A. व्यवहार में परिवर्तन
व्याख्या: अधिगम का परिणाम व्यक्ति के व्यवहार या क्षमता में बदलाव के रूप में दिखाई देता है।

3. अधिगम किस पर आधारित होता है?
A. अनुभव और अभ्यास
B. केवल जन्म
C. केवल भाग्य
D. केवल मौसम
उत्तर: A. अनुभव और अभ्यास
व्याख्या: सीखना बार-बार अनुभव और अभ्यास से मजबूत होता है।

4. अधिगम में परिवर्तन कैसा माना जाता है?
A. अपेक्षाकृत स्थायी
B. हमेशा क्षणिक
C. केवल एक सेकंड का
D. बिल्कुल असंभव
उत्तर: A. अपेक्षाकृत स्थायी
व्याख्या: अधिगम से हुआ परिवर्तन सामान्यतः कुछ समय तक बना रहता है।

5. निम्न में से अधिगम का उदाहरण कौन-सा है?
A. अभ्यास से साइकिल चलाना सीखना
B. आँख झपकना
C. छींक आना
D. हृदय गति चलना
उत्तर: A. अभ्यास से साइकिल चलाना सीखना
व्याख्या: साइकिल चलाना अभ्यास और अनुभव से सीखा गया कौशल है।

6. निम्न में से अधिगम नहीं है?
A. प्रतिवर्त क्रिया
B. भाषा सीखना
C. गणित सीखना
D. लिखना सीखना
उत्तर: A. प्रतिवर्त क्रिया
व्याख्या: प्रतिवर्त क्रिया जन्मजात और स्वतः होती है, इसलिए यह अधिगम नहीं है।

7. अधिगम का संबंध किससे है?
A. व्यवहार, ज्ञान और कौशल से
B. केवल भोजन से
C. केवल रक्त से
D. केवल मौसम से
उत्तर: A. व्यवहार, ज्ञान और कौशल से
व्याख्या: अधिगम से व्यक्ति नए ज्ञान, आदतों और कौशलों को प्राप्त करता है।

8. अभ्यास का अधिगम में क्या महत्व है?
A. सीखने को मजबूत और स्थायी बनाता है
B. सीखने को रोकता है
C. कोई प्रभाव नहीं
D. केवल थकान देता है
उत्तर: A. सीखने को मजबूत और स्थायी बनाता है
व्याख्या: नियमित अभ्यास से सीखी हुई बातें अधिक स्पष्ट और स्थायी होती हैं।

9. प्रेरणा का अधिगम में क्या महत्व है?
A. सीखने की इच्छा और प्रयास बढ़ाती है
B. सीखने को हमेशा रोकती है
C. कोई प्रभाव नहीं
D. केवल नींद लाती है
उत्तर: A. सीखने की इच्छा और प्रयास बढ़ाती है
व्याख्या: प्रेरित विद्यार्थी अधिक ध्यान और मेहनत से सीखता है।

10. ध्यान का अधिगम में क्या महत्व है?
A. सूचना ग्रहण करने के लिए आवश्यक है
B. सीखने में ध्यान की जरूरत नहीं
C. ध्यान सीखने को रोकता है
D. केवल शरीर को चलाता है
उत्तर: A. सूचना ग्रहण करने के लिए आवश्यक है
व्याख्या: जिस सूचना पर ध्यान नहीं दिया जाता, उसे सीखना कठिन होता है।

11. परिपक्वता का अधिगम से क्या संबंध है?
A. कुछ कौशल सीखने के लिए जैविक तैयारी जरूरी होती है
B. परिपक्वता का कोई संबंध नहीं
C. परिपक्वता सीखने को हमेशा रोकती है
D. केवल उम्र का नाम है
उत्तर: A. कुछ कौशल सीखने के लिए जैविक तैयारी जरूरी होती है
व्याख्या: बच्चा तभी चलना सीखता है जब शरीर और तंत्रिका तंत्र पर्याप्त विकसित होते हैं।

12. अधिगम और परिपक्वता में अंतर क्या है?
A. अधिगम अनुभव से, परिपक्वता जैविक विकास से होती है
B. दोनों बिल्कुल समान हैं

C. परिपक्वता केवल पढ़ाई है
D. अधिगम केवल शरीर वृद्धि है
उत्तर: A. अधिगम अनुभव से, परिपक्वता जैविक विकास से होती है
व्याख्या: अधिगम अभ्यास पर आधारित है, जबकि परिपक्वता स्वाभाविक जैविक विकास है।

13. अधिगम का नियम किसने दिया?
A. थॉर्नडाइक
B. फ्रायड
C. पियाजे
D. वुंट
उत्तर: A. थॉर्नडाइक
व्याख्या: थॉर्नडाइक ने अधिगम के प्रमुख नियमों का प्रतिपादन किया।

14. थॉर्नडाइक का प्रभाव का नियम क्या बताता है?
A. संतोषजनक परिणाम वाले व्यवहार दोहराए जाते हैं
B. दंड हमेशा सीखना बढ़ाता है
C. अभ्यास का कोई प्रभाव नहीं
D. सीखना बिना परिणाम के होता है
उत्तर: A. संतोषजनक परिणाम वाले व्यवहार दोहराए जाते हैं
व्याख्या: सुखद परिणाम व्यवहार को मजबूत करते हैं।

15. अभ्यास का नियम क्या बताता है?
A. दोहराव से संबंध मजबूत होते हैं
B. अभ्यास से सीखना मिटता है
C. अभ्यास का कोई महत्व नहीं
D. अभ्यास केवल थकान है
उत्तर: A. दोहराव से संबंध मजबूत होते हैं
व्याख्या: बार-बार अभ्यास से सीखने की प्रक्रिया मजबूत होती है।

16. तत्परता का नियम क्या बताता है?
A. सीखने के लिए मानसिक और शारीरिक तैयारी आवश्यक है
B. तैयारी की जरूरत नहीं
C. केवल दंड से सीखना होता है
D. सीखना असंभव है
उत्तर: A. सीखने के लिए मानसिक और शारीरिक तैयारी आवश्यक है
व्याख्या: तैयार व्यक्ति नई चीजें जल्दी और बेहतर सीखता है।

17. शास्त्रीय अनुबंधन किससे संबंधित है?
A. पावलॉव
B. स्किनर
C. कोहलर
D. बंडूरा
उत्तर: A. पावलॉव
व्याख्या: पावलॉव ने कुत्तों पर प्रयोग करके शास्त्रीय अनुबंधन को समझाया।

18. पावलॉव के प्रयोग में कुत्ते की लार किसका उदाहरण थी?
A. प्रतिक्रिया
B. दंड
C. पुरस्कार
D. निरीक्षण
उत्तर: A. प्रतिक्रिया
व्याख्या: भोजन देखकर लार आना स्वाभाविक प्रतिक्रिया थी।

19. शास्त्रीय अनुबंधन में तटस्थ उत्तेजना क्या बन सकती है?
A. अनुबंधित उत्तेजना
B. दंड
C. स्मृति
D. लक्ष्य
उत्तर: A. अनुबंधित उत्तेजना
व्याख्या: तटस्थ उत्तेजना बार-बार स्वाभाविक उत्तेजना के साथ आने पर अनुबंधित उत्तेजना बन जाती है।

20. शास्त्रीय अनुबंधन में भोजन क्या था?
A. अननुबंधित उत्तेजना
B. अनुबंधित प्रतिक्रिया
C. दंड
D. संकेत
उत्तर: A. अननुबंधित उत्तेजना
व्याख्या: भोजन स्वाभाविक रूप से लार प्रतिक्रिया उत्पन्न करता था।

21. घंटी सुनकर लार आना किसका उदाहरण है?
A. अनुबंधित प्रतिक्रिया
B. जन्मजात प्रतिवर्त
C. दंड
D. भूलना
उत्तर: A. अनुबंधित प्रतिक्रिया
व्याख्या: घंटी के साथ भोजन के बार-बार संबंध से घंटी पर लार आना सीख लिया गया।

22. शास्त्रीय अनुबंधन का दैनिक उदाहरण कौन-सा है?
A. स्कूल की घंटी सुनकर कक्षा बदलना
B. हृदय धड़कना
C. आँख झपकना
D. पाचन होना
उत्तर: A. स्कूल की घंटी सुनकर कक्षा बदलना
व्याख्या: घंटी एक संकेत बन जाती है जिसके आधार पर व्यवहार बदलता है।

23. क्रियात्मक अनुबंधन किससे संबंधित है?
A. स्किनर
B. पावलॉव
C. वुंट
D. फ्रायड
उत्तर: A. स्किनर
व्याख्या: स्किनर ने पुरस्कार और दंड द्वारा व्यवहार परिवर्तन को समझाया।

24. क्रियात्मक अनुबंधन में व्यवहार किससे प्रभावित होता है?
A. परिणामों से
B. केवल जन्म से

C. केवल मौसम से
D. केवल रंग से
उत्तर: A. परिणामों से
व्याख्या: जिस व्यवहार के बाद पुरस्कार मिलता है, वह मजबूत होता है।

25. पुनर्बलन का अर्थ क्या है?
A. व्यवहार को मजबूत करने वाली प्रक्रिया
B. व्यवहार को मिटाना
C. केवल दंड देना
D. केवल भूलना
उत्तर: A. व्यवहार को मजबूत करने वाली प्रक्रिया
व्याख्या: पुनर्बलन से किसी व्यवहार की पुनरावृत्ति की संभावना बढ़ती है।

26. सकारात्मक पुनर्बलन का उदाहरण कौन-सा है?
A. अच्छे उत्तर पर प्रशंसा मिलना
B. गलती पर डांट मिलना
C. काम छीन लेना
D. भोजन न देना
उत्तर: A. अच्छे उत्तर पर प्रशंसा मिलना
व्याख्या: प्रशंसा व्यवहार को मजबूत करती है।

27. नकारात्मक पुनर्बलन का अर्थ क्या है?
A. अप्रिय स्थिति हटाकर व्यवहार मजबूत करना
B. दंड देना
C. पुरस्कार देना ही
D. व्यवहार समाप्त करना
उत्तर: A. अप्रिय स्थिति हटाकर व्यवहार मजबूत करना
व्याख्या: नकारात्मक पुनर्बलन में अप्रिय उत्तेजना हटने से व्यवहार बढ़ता है।

28. दंड का उद्देश्य क्या होता है?
A. अवांछित व्यवहार को कम करना
B. व्यवहार को हमेशा बढ़ाना
C. सीखना रोकना
D. केवल पुरस्कार देना
उत्तर: A. अवांछित व्यवहार को कम करना
व्याख्या: दंड से किसी व्यवहार की पुनरावृत्ति कम करने का प्रयास किया जाता है।

29. पुरस्कार का अधिगम पर क्या प्रभाव होता है?
A. वांछित व्यवहार को बढ़ा सकता है
B. हमेशा सीखना रोकता है
C. कोई प्रभाव नहीं
D. केवल डर पैदा करता है
उत्तर: A. वांछित व्यवहार को बढ़ा सकता है
व्याख्या: पुरस्कार प्रेरणा और व्यवहार की पुनरावृत्ति को बढ़ाता है।

30. दंड के अत्यधिक प्रयोग का नुकसान क्या हो सकता है?
A. भय और चिंता बढ़ सकती है
B. हमेशा बेहतर सीखना
C. कोई नुकसान नहीं
D. स्मृति हमेशा बढ़ती है
उत्तर: A. भय और चिंता बढ़ सकती है
व्याख्या: अत्यधिक दंड सीखने की रुचि और आत्मविश्वास को कम कर सकता है।

31. अंतर्दृष्टि अधिगम किससे संबंधित है?
A. कोहलर
B. स्किनर
C. पावलॉव
D. थॉर्नडाइक
उत्तर: A. कोहलर
व्याख्या: कोहलर ने चिंपैंजी पर प्रयोग कर अंतर्दृष्टि अधिगम को समझाया।

32. अंतर्दृष्टि अधिगम का अर्थ क्या है?
A. समस्या का अचानक समाधान समझना
B. केवल रटकर सीखना
C. केवल दंड से सीखना
D. केवल प्रतिवर्त क्रिया
उत्तर: A. समस्या का अचानक समाधान समझना
व्याख्या: अंतर्दृष्टि में व्यक्ति समस्या की संरचना समझकर समाधान प्राप्त करता है।

33. अवलोकन अधिगम किससे संबंधित है?
A. बंडूरा
B. पावलॉव
C. स्किनर
D. वुंट
उत्तर: A. बंडूरा
व्याख्या: बंडूरा ने मॉडल को देखकर सीखने की प्रक्रिया पर बल दिया।

34. अवलोकन अधिगम का अर्थ क्या है?
A. दूसरों को देखकर सीखना
B. केवल सोकर सीखना
C. केवल दंड से सीखना
D. केवल प्रतिवर्त
उत्तर: A. दूसरों को देखकर सीखना
व्याख्या: व्यक्ति मॉडल के व्यवहार और परिणामों को देखकर नया व्यवहार सीख सकता है।

35. मॉडलिंग का अर्थ क्या है?
A. किसी व्यक्ति के व्यवहार का अनुकरण करना
B. केवल चित्र बनाना
C. केवल खेलना
D. केवल भूलना
उत्तर: A. किसी व्यक्ति के व्यवहार का अनुकरण करना
व्याख्या: बच्चे अक्सर माता-पिता, शिक्षक या साथियों के व्यवहार की नकल करते हैं।

36. सामाजिक अधिगम सिद्धांत किसने दिया?
A. बंडूरा
B. फ्रायड
C. वुंट
D. पियाजे
उत्तर: A. बंडूरा

व्याख्या: बंडूरा ने सामाजिक अधिगम में अवलोकन, अनुकरण और मॉडलिंग को महत्वपूर्ण माना।

37. प्रयास और त्रुटि अधिगम किससे संबंधित है?
A. थॉर्नडाइक
B. कोहलर
C. पावलॉव
D. बंडूरा
उत्तर: A. थॉर्नडाइक
व्याख्या: थॉर्नडाइक ने बिल्ली के पजल बॉक्स प्रयोग से प्रयास और त्रुटि अधिगम समझाया।

38. प्रयास और त्रुटि अधिगम में क्या होता है?
A. कई प्रयासों के बाद सही प्रतिक्रिया सीखी जाती है
B. तुरंत समाधान मिलता है
C. कोई प्रयास नहीं होता
D. केवल कल्पना होती है
उत्तर: A. कई प्रयासों के बाद सही प्रतिक्रिया सीखी जाती है
व्याख्या: गलतियों से सीखकर व्यक्ति धीरे-धीरे सही व्यवहार अपनाता है।

39. संज्ञानात्मक अधिगम किस पर बल देता है?
A. सोच, समझ और मानसिक प्रक्रियाओं पर
B. केवल दंड पर
C. केवल प्रतिवर्त पर
D. केवल भोजन पर
उत्तर: A. सोच, समझ और मानसिक प्रक्रियाओं पर
व्याख्या: संज्ञानात्मक दृष्टिकोण अधिगम में मानसिक संगठन और समझ को महत्वपूर्ण मानता है।

40. अधिगम में स्मृति की भूमिका क्या है?
A. सीखी हुई सूचना को सुरक्षित रखना
B. सीखने को रोकना
C. कोई भूमिका नहीं
D. केवल भूलना
उत्तर: A. सीखी हुई सूचना को सुरक्षित रखना
व्याख्या: स्मृति के बिना सीखी हुई बातों का उपयोग कठिन होता है।

41. अधिगम में प्रतिक्रिया का महत्व क्या है?
A. सही और गलत का ज्ञान मिलता है
B. कोई महत्व नहीं
C. सीखना रुकता है
D. केवल दंड मिलता है
उत्तर: A. सही और गलत का ज्ञान मिलता है
व्याख्या: प्रतिक्रिया से विद्यार्थी अपनी त्रुटियों को सुधार सकता है।

42. अधिगम में फीडबैक का अर्थ क्या है?
A. प्रदर्शन के बारे में जानकारी
B. केवल भोजन
C. केवल पुरस्कार
D. केवल नींद
उत्तर: A. प्रदर्शन के बारे में जानकारी
व्याख्या: फीडबैक बताता है कि कार्य कितना सही या गलत हुआ।

43. त्वरित फीडबैक क्यों उपयोगी है?
A. गलती तुरंत सुधारी जा सकती है
B. सीखना हमेशा रुकता है
C. कोई लाभ नहीं
D. केवल भ्रम बढ़ता है
उत्तर: A. गलती तुरंत सुधारी जा सकती है
व्याख्या: समय पर प्रतिक्रिया मिलने से सीखना प्रभावी होता है।

44. अधिगम में पुनरावृत्ति का महत्व क्या है?
A. स्मृति और दक्षता बढ़ाती है
B. सीखना मिटाती है
C. कोई महत्व नहीं
D. केवल थकान देती है
उत्तर: A. स्मृति और दक्षता बढ़ाती है
व्याख्या: दोहराव से सीखी हुई सामग्री अधिक स्थायी होती है।

45. रटकर अधिगम का अर्थ क्या है?
A. बिना गहरी समझ के याद करना
B. अर्थ समझकर सीखना
C. अनुभव से कौशल सीखना
D. समस्या समाधान
उत्तर: A. बिना गहरी समझ के याद करना
व्याख्या: रटकर सीखना केवल याद करने पर आधारित होता है।

46. अर्थपूर्ण अधिगम क्या है?
A. समझ के साथ सीखना
B. बिना अर्थ याद करना
C. केवल दंड से सीखना
D. केवल प्रतिवर्त
उत्तर: A. समझ के साथ सीखना
व्याख्या: अर्थपूर्ण अधिगम में नई जानकारी को पुराने ज्ञान से जोड़ा जाता है।

47. अर्थपूर्ण अधिगम रटकर अधिगम से बेहतर क्यों है?
A. यह अधिक स्थायी और उपयोगी होता है
B. यह हमेशा कमजोर होता है
C. इसका कोई लाभ नहीं
D. यह केवल कठिन होता है
उत्तर: A. यह अधिक स्थायी और उपयोगी होता है
व्याख्या: समझ के साथ सीखी गई बातों को लागू करना आसान होता है।

48. अधिगम का स्थानांतरण क्या है?
A. एक परिस्थिति में सीखा ज्ञान दूसरी परिस्थिति में उपयोग करना
B. सीखना भूल जाना
C. केवल पुस्तक बदलना
D. केवल स्थान बदलना
उत्तर: A. एक परिस्थिति में सीखा ज्ञान दूसरी परिस्थिति में उपयोग करना
व्याख्या: स्थानांतरण सीखने को व्यावहारिक जीवन में उपयोगी बनाता है।

49. सकारात्मक स्थानांतरण का उदाहरण कौन-सा है?

A. साइकिल चलाने से मोटरसाइकिल सीखने में मदद
B. सीखना हमेशा कठिन होना
C. एक कौशल दूसरे को रोकना
D. सब कुछ भूलना
उत्तर: A. साइकिल चलाने से मोटरसाइकिल सीखने में मदद
व्याख्या: पूर्व सीखा कौशल नए कौशल को सीखने में सहायता करता है।

50. नकारात्मक स्थानांतरण का अर्थ क्या है?
A. पुराना अधिगम नए अधिगम में बाधा बने
B. पुराना अधिगम मदद करे
C. कोई प्रभाव न हो
D. सीखना बंद हो
उत्तर: A. पुराना अधिगम नए अधिगम में बाधा बने
व्याख्या: जब पुरानी आदत नई परिस्थिति में गलत प्रतिक्रिया कराती है, तो नकारात्मक स्थानांतरण होता है।

51. शून्य स्थानांतरण का अर्थ क्या है?
A. पुराने अधिगम का नए अधिगम पर कोई प्रभाव न होना
B. हमेशा मदद होना
C. हमेशा बाधा होना
D. सीखना असंभव होना
उत्तर: A. पुराने अधिगम का नए अधिगम पर कोई प्रभाव न होना
व्याख्या: जब दो कार्यों में संबंध नहीं होता, तो स्थानांतरण नहीं होता।

52. अधिगम वक्र क्या दर्शाता है?
A. समय के साथ सीखने की प्रगति
B. केवल शरीर की ऊँचाई
C. केवल मौसम
D. केवल नाम
उत्तर: A. समय के साथ सीखने की प्रगति
व्याख्या: अधिगम वक्र बताता है कि अभ्यास के साथ प्रदर्शन कैसे बदलता है।

53. अधिगम पठार का अर्थ क्या है?
A. कुछ समय तक प्रगति रुक जाना
B. सीखना बहुत तेज होना
C. सीखना तुरंत समाप्त होना
D. कोई अभ्यास न होना
उत्तर: A. कुछ समय तक प्रगति रुक जाना
व्याख्या: कभी-कभी अभ्यास के बावजूद प्रदर्शन में सुधार अस्थायी रूप से रुक जाता है।

54. अधिगम पठार क्यों आ सकता है?
A. थकान, गलत विधि या प्रेरणा की कमी से
B. हमेशा अधिक प्रेरणा से
C. केवल सफलता से
D. कोई कारण नहीं
उत्तर: A. थकान, गलत विधि या प्रेरणा की कमी से
व्याख्या: उचित सुधार, विश्राम और नई रणनीति से पठार दूर हो सकता है।

55. अधिगम में विश्राम का महत्व क्या है?
A. थकान कम कर सीखने को प्रभावी बनाता है
B. सीखना हमेशा रोकता है
C. कोई महत्व नहीं
D. केवल समय खराब करता है
उत्तर: A. थकान कम कर सीखने को प्रभावी बनाता है
व्याख्या: उचित विश्राम मानसिक ऊर्जा और स्मृति को बेहतर करता है।

56. अधिगम में वातावरण का महत्व क्या है?
A. अनुकूल वातावरण सीखने को आसान बनाता है
B. वातावरण का कोई प्रभाव नहीं
C. शोर हमेशा सीखना बढ़ाता है
D. अव्यवस्था हमेशा उपयोगी है
उत्तर: A. अनुकूल वातावरण सीखने को आसान बनाता है
व्याख्या: शांत, सुरक्षित और प्रेरक वातावरण अधिगम में सहायक होता है।

57. अधिगम में शिक्षक की भूमिका क्या है?
A. मार्गदर्शन, प्रेरणा और फीडबैक देना
B. केवल दंड देना
C. कुछ न करना
D. सीखने को रोकना
उत्तर: A. मार्गदर्शन, प्रेरणा और फीडबैक देना
व्याख्या: शिक्षक सही विधि, उदाहरण और सुधार से सीखने को प्रभावी बनाता है।

58. अधिगम में विद्यार्थी की सक्रियता क्यों जरूरी है?
A. सक्रिय भागीदारी से समझ और स्मृति बेहतर होती है
B. निष्क्रियता हमेशा बेहतर है
C. कोई फर्क नहीं पड़ता
D. केवल सुनना काफी है
उत्तर: A. सक्रिय भागीदारी से समझ और स्मृति बेहतर होती है
व्याख्या: प्रश्न पूछना, अभ्यास करना और चर्चा करना सीखने को मजबूत करता है।

59. समस्या समाधान अधिगम में क्या शामिल है?
A. स्थिति को समझकर समाधान खोजना
B. केवल याद करना
C. केवल दंड
D. केवल प्रतिवर्त
उत्तर: A. स्थिति को समझकर समाधान खोजना
व्याख्या: समस्या समाधान में सोच, तर्क और अनुभव का उपयोग होता है।

60. कौशल अधिगम का उदाहरण कौन-सा है?
A. टाइपिंग सीखना
B. केवल भूख लगना
C. छींक आना
D. हृदय धड़कना
उत्तर: A. टाइपिंग सीखना
व्याख्या: टाइपिंग अभ्यास से विकसित होने वाला कौशल है।

61. मौखिक अधिगम का उदाहरण कौन-सा है?
A. शब्दावली याद करना
B. साइकिल चलाना
C. तैरना

D. चित्र बनाना
उत्तर: A. शब्दावली याद करना
व्याख्या: मौखिक अधिगम भाषा और शब्दों से संबंधित होता है।

62. संकल्पना अधिगम का अर्थ क्या है?
A. वस्तुओं या विचारों को सामान्य गुणों के आधार पर समझना
B. केवल नाम याद करना
C. केवल दौड़ना
D. केवल खाना
उत्तर: A. वस्तुओं या विचारों को सामान्य गुणों के आधार पर समझना
व्याख्या: संकल्पना अधिगम में समान गुणों के आधार पर वर्गीकरण किया जाता है।

63. भेद अधिगम का अर्थ क्या है?
A. समान और भिन्न वस्तुओं में अंतर पहचानना
B. सबको समान मानना
C. कुछ भी न पहचानना
D. केवल स्मृति मिटाना
उत्तर: A. समान और भिन्न वस्तुओं में अंतर पहचानना
व्याख्या: भेद अधिगम से व्यक्ति अलग-अलग उत्तेजनाओं को अलग पहचानता है।

64. सामान्यीकरण का अर्थ क्या है?
A. समान परिस्थितियों में समान प्रतिक्रिया देना
B. हर चीज को अलग मानना
C. सीखना रोकना
D. केवल भूलना
उत्तर: A. समान परिस्थितियों में समान प्रतिक्रिया देना
व्याख्या: सामान्यीकरण में सीखी गई प्रतिक्रिया समान उत्तेजनाओं पर भी होती है।

65. विभेदीकरण का अर्थ क्या है?
A. अलग-अलग उत्तेजनाओं पर अलग प्रतिक्रिया देना
B. सब पर समान प्रतिक्रिया
C. कोई प्रतिक्रिया नहीं
D. केवल दंड
उत्तर: A. अलग-अलग उत्तेजनाओं पर अलग प्रतिक्रिया देना
व्याख्या: विभेदीकरण व्यक्ति को समान दिखने वाली स्थितियों में अंतर करना सिखाता है।

66. विलोपन का अर्थ क्या है?
A. पुनर्बलन न मिलने पर सीखी प्रतिक्रिया कम होना
B. प्रतिक्रिया हमेशा बढ़ना
C. नया सीखना
D. केवल पुरस्कार
उत्तर: A. पुनर्बलन न मिलने पर सीखी प्रतिक्रिया कम होना
व्याख्या: जब अनुबंधित प्रतिक्रिया को समर्थन नहीं मिलता, तो वह धीरे-धीरे घटती है।

67. स्वतः पुनर्प्राप्ति क्या है?
A. विलोपन के बाद प्रतिक्रिया का फिर से प्रकट होना
B. प्रतिक्रिया का हमेशा समाप्त होना
C. कोई सीखना नहीं
D. केवल दंड
उत्तर: A. विलोपन के बाद प्रतिक्रिया का फिर से प्रकट होना
व्याख्या: कुछ समय बाद पहले सीखी प्रतिक्रिया फिर दिखाई दे सकती है।

68. पुनर्बलन अनुसूची का अर्थ क्या है?
A. कब और कितनी बार पुनर्बलन दिया जाएगा
B. केवल दंड की सूची
C. केवल छुट्टी का समय
D. कोई अर्थ नहीं
उत्तर: A. कब और कितनी बार पुनर्बलन दिया जाएगा
व्याख्या: पुनर्बलन की आवृत्ति और समय व्यवहार की मजबूती को प्रभावित करते हैं।

69. निरंतर पुनर्बलन क्या है?
A. हर सही प्रतिक्रिया पर पुनर्बलन देना
B. कभी पुनर्बलन न देना
C. केवल दंड देना
D. याद न करना
उत्तर: A. हर सही प्रतिक्रिया पर पुनर्बलन देना
व्याख्या: प्रारंभिक अधिगम में निरंतर पुनर्बलन उपयोगी होता है।

70. आंशिक पुनर्बलन क्या है?
A. कुछ सही प्रतिक्रियाओं पर ही पुनर्बलन देना
B. हर बार दंड देना
C. कभी पुरस्कार न देना
D. सीखना रोकना
उत्तर: A. कुछ सही प्रतिक्रियाओं पर ही पुनर्बलन देना
व्याख्या: आंशिक पुनर्बलन से व्यवहार अधिक स्थायी हो सकता है।

71. आंतरिक प्रेरणा क्या है?
A. स्वयं की रुचि और संतोष से सीखना
B. केवल बाहरी पुरस्कार से सीखना
C. केवल दंड से सीखना
D. केवल डर से सीखना
उत्तर: A. स्वयं की रुचि और संतोष से सीखना
व्याख्या: आंतरिक प्रेरणा में व्यक्ति सीखने को स्वयं मूल्यवान मानता है।

72. बाहरी प्रेरणा क्या है?
A. पुरस्कार या मान्यता के लिए सीखना
B. केवल रुचि से सीखना
C. बिना कारण सीखना
D. केवल आदत
उत्तर: A. पुरस्कार या मान्यता के लिए सीखना
व्याख्या: बाहरी प्रेरणा में अंक, पुरस्कार या प्रशंसा सीखने को प्रेरित करते हैं।

73. अधिगम में लक्ष्य निर्धारण क्यों महत्वपूर्ण है?
A. प्रयास को दिशा देता है
B. सीखना रोकता है
C. कोई प्रभाव नहीं
D. केवल समय बढ़ाता है
उत्तर: A. प्रयास को दिशा देता है

व्याख्या: स्पष्ट लक्ष्य से विद्यार्थी जानता है कि क्या और कैसे सीखना है।

74. अधिगम में आत्मविश्वास का महत्व क्या है?

A. प्रयास और निरंतरता बढ़ाता है
B. सीखना हमेशा घटाता है
C. कोई प्रभाव नहीं
D. केवल घमंड है

उत्तर: A. प्रयास और निरंतरता बढ़ाता है

व्याख्या: आत्मविश्वासी विद्यार्थी कठिनाई आने पर भी प्रयास जारी रखता है।

75. अधिगम में चिंता का प्रभाव क्या हो सकता है?

A. अधिक चिंता सीखने को बाधित कर सकती है
B. चिंता हमेशा सीखना बढ़ाती है
C. कोई प्रभाव नहीं
D. चिंता केवल शरीर की क्रिया है

उत्तर: A. अधिक चिंता सीखने को बाधित कर सकती है

व्याख्या: अत्यधिक चिंता ध्यान और स्मृति दोनों को प्रभावित करती है।

76. अधिगम में रुचि का प्रभाव क्या है?

A. सीखने की गति और गुणवत्ता बढ़ती है
B. रुचि सीखना रोकती है
C. कोई प्रभाव नहीं
D. केवल मनोरंजन है

उत्तर: A. सीखने की गति और गुणवत्ता बढ़ती है

व्याख्या: रुचिकर विषय पर विद्यार्थी अधिक ध्यान और समय देता है।

77. अधिगम में बुद्धि की भूमिका क्या है?

A. समझने और समस्या हल करने की क्षमता प्रभावित करती है
B. कोई भूमिका नहीं
C. केवल शरीर से जुड़ी है
D. केवल दंड से बढ़ती है

उत्तर: A. समझने और समस्या हल करने की क्षमता प्रभावित करती है

व्याख्या: बुद्धि अधिगम की गति और जटिल सामग्री समझने में सहायक हो सकती है।

78. अधिगम में पूर्व ज्ञान का महत्व क्या है?

A. नई जानकारी को समझने में सहायता
B. नई जानकारी रोकना हमेशा
C. कोई प्रभाव नहीं
D. केवल भ्रम पैदा करना

उत्तर: A. नई जानकारी को समझने में सहायता

व्याख्या: पूर्व ज्ञान नई सामग्री को जोड़ने और समझने में मदद करता है।

79. अधिगम में भाषा की भूमिका क्या है?

A. विचारों और ज्ञान के संचार में सहायता
B. कोई भूमिका नहीं
C. केवल बाधा
D. केवल आवाज

उत्तर: A. विचारों और ज्ञान के संचार में सहायता

व्याख्या: भाषा के माध्यम से व्यक्ति निर्देश, विचार और अवधारणाएँ सीखता है।

80. अधिगम में समूह चर्चा का लाभ क्या है?

A. विचारों का आदान-प्रदान और समझ बढ़ती है
B. सीखना हमेशा रुकता है
C. कोई लाभ नहीं
D. केवल शोर होता है

उत्तर: A. विचारों का आदान-प्रदान और समझ बढ़ती है

व्याख्या: चर्चा से अलग दृष्टिकोण मिलते हैं और समझ मजबूत होती है।

81. अधिगम में उदाहरणों का उपयोग क्यों किया जाता है?

A. अवधारणाएँ स्पष्ट करने के लिए
B. भ्रम बढ़ाने के लिए
C. कोई उपयोग नहीं
D. केवल समय भरने के लिए

उत्तर: A. अवधारणाएँ स्पष्ट करने के लिए

व्याख्या: उदाहरण अमूर्त विचारों को व्यावहारिक और सरल बनाते हैं।

82. अधिगम में पुनरावलोकन का महत्व क्या है?

A. सीखी सामग्री को दोहराकर मजबूत करना
B. सब भूल जाना
C. कोई महत्व नहीं
D. केवल समय खराब करना

उत्तर: A. सीखी सामग्री को दोहराकर मजबूत करना

व्याख्या: पुनरावलोकन से स्मृति और समझ दोनों बेहतर होती हैं।

83. अधिगम में नोट्स बनाना क्यों उपयोगी है?

A. मुख्य बिंदुओं को व्यवस्थित करने में
B. सीखना रोकने में
C. कोई लाभ नहीं
D. केवल कागज भरने में

उत्तर: A. मुख्य बिंदुओं को व्यवस्थित करने में

व्याख्या: नोट्स बनाना सक्रिय अधिगम और पुनरावृत्ति में सहायक है।

84. अधिगम में प्रश्न पूछना क्यों महत्वपूर्ण है?

A. शंका दूर और समझ गहरी होती है
B. सीखना रुकता है
C. कोई लाभ नहीं
D. केवल समय खराब होता है

उत्तर: A. शंका दूर और समझ गहरी होती है

व्याख्या: प्रश्न पूछने से विद्यार्थी सक्रिय रूप से सीखता है।

85. अधिगम में गलती का महत्व क्या है?

A. सुधार और सीखने का अवसर देती है
B. गलती का कोई उपयोग नहीं
C. गलती हमेशा अंत है
D. गलती से सीखना असंभव है

उत्तर: A. सुधार और सीखने का अवसर देती है

व्याख्या: गलती से व्यक्ति सही तरीका समझ सकता है।

86. अधिगम में अनुकरण कब उपयोगी होता है?

A. जब मॉडल सही व्यवहार दिखाता है
B. जब मॉडल गलत व्यवहार दिखाता है
C. कभी नहीं
D. केवल दंड में
उत्तर: A. जब मॉडल सही व्यवहार दिखाता है
व्याख्या: सही मॉडल देखकर व्यक्ति उपयोगी व्यवहार सीख सकता है।

87. अधिगम में मीडिया का प्रभाव कैसा हो सकता है?
A. सकारात्मक या नकारात्मक दोनों
B. केवल सकारात्मक
C. कोई प्रभाव नहीं
D. केवल नकारात्मक
उत्तर: A. सकारात्मक या नकारात्मक दोनों
व्याख्या: मीडिया ज्ञान दे सकता है, पर गलत व्यवहार भी सिखा सकता है।

88. अधिगम में परिवार की भूमिका क्या है?
A. प्रारंभिक आदतों और मूल्यों का विकास
B. कोई भूमिका नहीं
C. केवल दंड देना
D. सीखना रोकना
उत्तर: A. प्रारंभिक आदतों और मूल्यों का विकास
व्याख्या: परिवार बच्चे के सामाजिक और नैतिक अधिगम में महत्वपूर्ण भूमिका निभाता है।

89. अधिगम में विद्यालय की भूमिका क्या है?
A. व्यवस्थित ज्ञान, अनुशासन और कौशल प्रदान करना
B. कोई भूमिका नहीं
C. केवल खेल
D. केवल छुट्टी
उत्तर: A. व्यवस्थित ज्ञान, अनुशासन और कौशल प्रदान करना
व्याख्या: विद्यालय औपचारिक शिक्षा और सामाजिक विकास का प्रमुख केंद्र है।

90. अधिगम में समाज की भूमिका क्या है?
A. व्यवहार, मानदंड और संस्कृति सिखाना
B. कोई भूमिका नहीं
C. केवल बाधा
D. केवल भोजन देना
उत्तर: A. व्यवहार, मानदंड और संस्कृति सिखाना
व्याख्या: समाज व्यक्ति को सामाजिक नियम और जीवन शैली सिखाता है।

91. अधिगम में तकनीक का लाभ क्या है?
A. विविध सामग्री और अभ्यास के अवसर मिलते हैं
B. हमेशा नुकसान होता है
C. कोई लाभ नहीं
D. सीखना बंद होता है
उत्तर: A. विविध सामग्री और अभ्यास के अवसर मिलते हैं
व्याख्या: तकनीक सीखने को रोचक और सुलभ बना सकती है।

92. ऑनलाइन अधिगम की चुनौती क्या हो सकती है?
A. ध्यान भंग और आत्म-अनुशासन की कमी
B. कोई चुनौती नहीं
C. हमेशा बेहतर ध्यान
D. केवल किताब की जरूरत
उत्तर: A. ध्यान भंग और आत्म-अनुशासन की कमी
व्याख्या: ऑनलाइन सीखने में स्वयं नियंत्रण और नियमितता जरूरी होती है।

93. अधिगम में व्यक्तिगत भिन्नताओं का अर्थ क्या है?
A. हर विद्यार्थी की सीखने की गति और शैली अलग हो सकती है
B. सभी विद्यार्थी समान होते हैं
C. कोई अंतर नहीं
D. केवल नाम अलग होते हैं
उत्तर: A. हर विद्यार्थी की सीखने की गति और शैली अलग हो सकती है
व्याख्या: बुद्धि, रुचि, अनुभव और पृष्ठभूमि सीखने को प्रभावित करते हैं।

94. धीमे सीखने वाले विद्यार्थी के लिए क्या उचित है?
A. अतिरिक्त सहायता और सरल उदाहरण
B. केवल दंड
C. अनदेखा करना
D. पढ़ाई बंद कराना
उत्तर: A. अतिरिक्त सहायता और सरल उदाहरण
व्याख्या: सहायक वातावरण और व्यक्तिगत मार्गदर्शन सीखने में मदद करते हैं।

95. प्रतिभाशाली विद्यार्थी के लिए क्या उचित है?
A. चुनौतीपूर्ण कार्य और रचनात्मक अवसर
B. केवल आसान कार्य
C. सीखना रोकना
D. कोई मार्गदर्शन नहीं
उत्तर: A. चुनौतीपूर्ण कार्य और रचनात्मक अवसर
व्याख्या: प्रतिभाशाली विद्यार्थी को उच्च स्तर की गतिविधियाँ और विस्तार कार्य चाहिए।

96. अधिगम में नैतिकता क्यों महत्वपूर्ण है?
A. सही और जिम्मेदार व्यवहार विकसित करने के लिए
B. कोई महत्व नहीं
C. केवल परीक्षा के लिए
D. केवल दंड से बचने के लिए
उत्तर: A. सही और जिम्मेदार व्यवहार विकसित करने के लिए
व्याख्या: शिक्षा का उद्देश्य केवल ज्ञान नहीं, बल्कि चरित्र निर्माण भी है।

97. अधिगम में आत्म-मूल्यांकन का लाभ क्या है?
A. अपनी प्रगति और कमी पहचानना
B. सीखना रोकना
C. कोई लाभ नहीं
D. केवल अंक घटाना
उत्तर: A. अपनी प्रगति और कमी पहचानना
व्याख्या: आत्म-मूल्यांकन से विद्यार्थी सुधार की दिशा तय कर सकता है।

98. प्रभावी अधिगम की शर्त कौन-सी है?
A. ध्यान, प्रेरणा, अभ्यास और फीडबैक
B. केवल दंड

C. केवल भाग्य
D. केवल शोर
उत्तर: A. ध्यान, प्रेरणा, अभ्यास और फीडबैक
व्याख्या: प्रभावी सीखने के लिए कई मानसिक और पर्यावरणीय कारक मिलकर काम करते हैं।

99. अधिगम का शिक्षा में महत्व क्या है?
A. ज्ञान, कौशल और व्यवहार विकास का आधार
B. कोई महत्व नहीं
C. केवल परीक्षा पास करना
D. केवल खेलना
उत्तर: A. ज्ञान, कौशल और व्यवहार विकास का आधार
व्याख्या: शिक्षा की पूरी प्रक्रिया अधिगम पर आधारित होती है।

100. अधिगम का सबसे उपयुक्त निष्कर्ष क्या है?
A. अधिगम अनुभव और अभ्यास से व्यवहार में अपेक्षाकृत स्थायी परिवर्तन है
B. अधिगम केवल जन्मजात क्रिया है
C. अधिगम का अभ्यास से कोई संबंध नहीं
D. अधिगम केवल नींद में होता है
उत्तर: A. अधिगम अनुभव और अभ्यास से व्यवहार में अपेक्षाकृत स्थायी परिवर्तन है
व्याख्या: अधिगम व्यक्ति को ज्ञान, कौशल और व्यवहार में विकास करने में सक्षम बनाता है।

अध्याय 9: स्मृति

100 वस्तुनिष्ठ प्रश्न

1. स्मृति का अर्थ क्या है?
A. सीखी हुई बातों को संचित, सुरक्षित और पुनः याद करने की क्षमता
B. केवल भूल जाना
C. केवल सोना
D. केवल शरीर की वृद्धि
उत्तर: A. सीखी हुई बातों को संचित, सुरक्षित और पुनः याद करने की क्षमता
व्याख्या: स्मृति के माध्यम से व्यक्ति पूर्व अनुभवों और ज्ञान को याद रखता है।

2. स्मृति किस मानसिक प्रक्रिया से संबंधित है?
A. अधिगम और पुनःस्मरण
B. केवल पाचन
C. केवल श्वसन
D. केवल रक्त संचार
उत्तर: A. अधिगम और पुनःस्मरण
व्याख्या: स्मृति सीखी हुई जानकारी को सुरक्षित रखकर जरूरत पड़ने पर वापस लाती है।

3. स्मृति की मुख्य प्रक्रियाएँ कौन-सी हैं?
A. कूटलेखन, भंडारण और पुनर्प्राप्ति
B. भोजन, पाचन और उत्सर्जन
C. श्वसन, रक्त और हड्डी
D. नींद, स्वप्न और जागना
उत्तर: A. कूटलेखन, भंडारण और पुनर्प्राप्ति
व्याख्या: स्मृति में जानकारी पहले कूटबद्ध होती है, फिर संग्रहित और बाद में पुनः प्राप्त होती है।

4. कूटलेखन का अर्थ क्या है?
A. सूचना को स्मृति में रखने योग्य रूप में बदलना
B. सूचना को नष्ट करना
C. केवल बोलना
D. केवल सोचना बंद करना
उत्तर: A. सूचना को स्मृति में रखने योग्य रूप में बदलना
व्याख्या: कूटलेखन स्मृति की पहली अवस्था है जिसमें सूचना मानसिक रूप में बदलती है।

5. भंडारण का अर्थ क्या है?
A. सूचना को सुरक्षित रखना
B. सूचना को तुरंत भूलना
C. केवल लिखना
D. केवल सुनना
उत्तर: A. सूचना को सुरक्षित रखना
व्याख्या: भंडारण में कूटबद्ध सूचना कुछ समय या लंबे समय तक सुरक्षित रहती है।

6. पुनर्प्राप्ति का अर्थ क्या है?
A. संग्रहित सूचना को वापस याद करना
B. सूचना को छिपाना
C. सूचना को मिटाना
D. केवल नई सूचना लेना
उत्तर: A. संग्रहित सूचना को वापस याद करना
व्याख्या: पुनर्प्राप्ति के द्वारा व्यक्ति पहले सीखी हुई जानकारी को याद करता है।

7. स्मृति का पहला चरण कौन-सा है?
A. कूटलेखन
B. पुनर्प्राप्ति
C. भूलना
D. दंड
उत्तर: A. कूटलेखन
व्याख्या: सूचना को स्मृति में प्रवेश कराने के लिए कूटलेखन आवश्यक है।

8. स्मृति में ध्यान का क्या महत्व है?
A. ध्यान सूचना के कूटलेखन में सहायता करता है
B. ध्यान स्मृति को हमेशा मिटाता है
C. कोई महत्व नहीं
D. ध्यान केवल नींद है
उत्तर: A. ध्यान सूचना के कूटलेखन में सहायता करता है
व्याख्या: जिस सूचना पर ध्यान दिया जाता है, वह स्मृति में बेहतर प्रवेश करती है।

9. स्मृति का संबंध किससे है?
A. अनुभव, सीखने और ज्ञान से
B. केवल भोजन से
C. केवल रक्त से
D. केवल मौसम से
उत्तर: A. अनुभव, सीखने और ज्ञान से
व्याख्या: स्मृति पूर्व अनुभवों को सुरक्षित रखकर भविष्य के

व्यवहार में मदद करती है।

10. संवेदी स्मृति का अर्थ क्या है?
A. इंद्रियों से आई सूचना का बहुत अल्पकालिक भंडारण
B. जीवनभर की स्मृति
C. केवल भाषा स्मृति
D. केवल भावनात्मक स्मृति
उत्तर: A. इंद्रियों से आई सूचना का बहुत अल्पकालिक भंडारण
व्याख्या: संवेदी स्मृति कुछ क्षणों के लिए दृश्य, श्रवण आदि सूचना रखती है।

11. अल्पकालिक स्मृति का अर्थ क्या है?
A. थोड़े समय के लिए सीमित सूचना रखना
B. जीवनभर सूचना रखना
C. केवल जन्मजात सूचना
D. कोई सूचना न रखना
उत्तर: A. थोड़े समय के लिए सीमित सूचना रखना
व्याख्या: अल्पकालिक स्मृति कुछ सेकंड से मिनट तक सूचना रख सकती है।

12. दीर्घकालिक स्मृति का अर्थ क्या है?
A. लंबे समय तक सूचना का भंडारण
B. केवल कुछ सेकंड की स्मृति
C. कोई स्मृति नहीं
D. केवल इंद्रिय संकेत
उत्तर: A. लंबे समय तक सूचना का भंडारण
व्याख्या: दीर्घकालिक स्मृति में ज्ञान, अनुभव और कौशल लंबे समय तक सुरक्षित रहते हैं।

13. कार्यशील स्मृति किससे संबंधित है?
A. सूचना को अस्थायी रूप से रखकर उस पर काम करना
B. केवल नींद
C. केवल भोजन
D. केवल भूलना
उत्तर: A. सूचना को अस्थायी रूप से रखकर उस पर काम करना
व्याख्या: कार्यशील स्मृति गणना, समझ और समस्या समाधान में उपयोगी होती है।

14. संवेदी स्मृति की अवधि कैसी होती है?
A. बहुत कम
B. बहुत लंबी
C. जीवनभर
D. स्थायी
उत्तर: A. बहुत कम
व्याख्या: संवेदी स्मृति केवल क्षणिक समय के लिए सूचना रखती है।

15. अल्पकालिक स्मृति की क्षमता कैसी होती है?
A. सीमित
B. असीमित
C. बिल्कुल नहीं
D. केवल जन्मजात
उत्तर: A. सीमित
व्याख्या: अल्पकालिक स्मृति एक समय में सीमित सूचना ही रख सकती है।

16. चंकिंग का अर्थ क्या है?
A. सूचना को छोटे समूहों में व्यवस्थित करना
B. सूचना को नष्ट करना
C. केवल लिखना
D. केवल सुनना
उत्तर: A. सूचना को छोटे समूहों में व्यवस्थित करना
व्याख्या: चंकिंग से बड़ी सूचना को छोटे अर्थपूर्ण समूहों में याद रखना आसान होता है।

17. चंकिंग का उदाहरण कौन-सा है?
A. मोबाइल नंबर को भागों में याद करना
B. बिना देखे भूल जाना
C. किताब फेंकना
D. आँख बंद करना
उत्तर: A. मोबाइल नंबर को भागों में याद करना
व्याख्या: नंबरों को छोटे समूहों में बाँटने से उन्हें याद रखना सरल होता है।

18. पुनरावृत्ति का स्मृति में क्या महत्व है?
A. सूचना को स्मृति में बनाए रखने में सहायता
B. स्मृति को हमेशा मिटाना
C. कोई प्रभाव नहीं
D. केवल थकान देना
उत्तर: A. सूचना को स्मृति में बनाए रखने में सहायता
व्याख्या: दोहराव से सूचना अल्पकालिक से दीर्घकालिक स्मृति में जा सकती है।

19. अर्थपूर्ण कूटलेखन क्या है?
A. सूचना को अर्थ और संबंध के साथ याद करना
B. बिना अर्थ रटना
C. सूचना को भूलना
D. केवल सुनना
उत्तर: A. सूचना को अर्थ और संबंध के साथ याद करना
व्याख्या: अर्थपूर्ण जानकारी अधिक स्थायी और आसानी से याद रहती है।

20. रटकर याद करना किस प्रकार का कूटलेखन है?
A. यांत्रिक कूटलेखन
B. अर्थपूर्ण कूटलेखन
C. भावनात्मक कूटलेखन
D. दृश्य कूटलेखन
उत्तर: A. यांत्रिक कूटलेखन
व्याख्या: रटकर याद करना दोहराव पर आधारित होता है, पर समझ कम हो सकती है।

21. स्मृति में संगठन का महत्व क्या है?
A. सूचना को व्यवस्थित कर याद रखना आसान बनाना
B. सूचना को मिटाना
C. कोई महत्व नहीं
D. केवल भ्रम पैदा करना
उत्तर: A. सूचना को व्यवस्थित कर याद रखना आसान बनाना
व्याख्या: श्रेणी, क्रम और संबंध बनाकर सूचना बेहतर याद रहती है।

22. संकेत आधारित पुनर्प्राप्ति क्या है?
A. संकेतों की सहायता से याद करना
B. बिना सूचना के याद करना
C. सूचना को मिटाना
D. केवल नई बात सीखना
उत्तर: A. संकेतों की सहायता से याद करना
व्याख्या: संकेत पुराने अनुभव या जानकारी को याद करने में मदद करते हैं।

23. पहचान क्या है?
A. पहले देखी सूचना को विकल्पों में पहचानना
B. बिना संकेत याद करना
C. सब भूल जाना
D. नई सूचना बनाना
उत्तर: A. पहले देखी सूचना को विकल्पों में पहचानना
व्याख्या: पहचान में व्यक्ति उपलब्ध विकल्पों में सही सूचना पहचानता है।

24. पुनःस्मरण क्या है?
A. बिना विकल्प के जानकारी याद करना
B. विकल्प देखकर पहचानना
C. सूचना मिटाना
D. केवल सुनना
उत्तर: A. बिना विकल्प के जानकारी याद करना
व्याख्या: पुनःस्मरण में व्यक्ति स्मृति से जानकारी स्वयं निकालता है।

25. पुनःअधिगम क्या है?
A. पहले सीखी हुई बात को फिर से सीखना
B. नई बात कभी न सीखना
C. केवल भूलना
D. केवल दंड
उत्तर: A. पहले सीखी हुई बात को फिर से सीखना
व्याख्या: पुनःअधिगम में पहले सीखी बात दोबारा जल्दी सीखी जा सकती है।

26. बचत विधि किससे संबंधित है?
A. पुनःअधिगम में समय या प्रयास की बचत से
B. केवल धन बचाने से
C. केवल भोजन से
D. केवल यात्रा से
उत्तर: A. पुनःअधिगम में समय या प्रयास की बचत से
व्याख्या: पहले सीखी जानकारी दोबारा सीखने में कम समय लगाती है।

27. विस्मरण का अर्थ क्या है?
A. सीखी हुई बात को याद न कर पाना
B. नई बात सीखना
C. हमेशा याद रखना
D. केवल सोना
उत्तर: A. सीखी हुई बात को याद न कर पाना
व्याख्या: विस्मरण में जानकारी स्मृति में होने पर भी याद नहीं आ सकती या मिट सकती है।

28. विस्मरण का प्रमुख कारण कौन-सा हो सकता है?
A. अभ्यास की कमी
B. अत्यधिक समझ
C. अधिक ध्यान
D. अधिक रुचि
उत्तर: A. अभ्यास की कमी
व्याख्या: दोहराव न होने पर सीखी हुई जानकारी कमजोर हो सकती है।

29. क्षय सिद्धांत क्या बताता है?
A. समय के साथ स्मृति चिन्ह कमजोर हो जाते हैं
B. स्मृति हमेशा बढ़ती है
C. समय का कोई प्रभाव नहीं
D. केवल दंड से स्मृति घटती है
उत्तर: A. समय के साथ स्मृति चिन्ह कमजोर हो जाते हैं
व्याख्या: यदि सूचना का उपयोग न हो तो वह धीरे-धीरे कमजोर हो सकती है।

30. हस्तक्षेप सिद्धांत क्या बताता है?
A. नई या पुरानी सूचना एक-दूसरे को याद करने में बाधा बनती है
B. कोई सूचना बाधा नहीं बनती
C. स्मृति हमेशा स्थायी है
D. केवल नींद बाधा है
उत्तर: A. नई या पुरानी सूचना एक-दूसरे को याद करने में बाधा बनती है
व्याख्या: समान सूचनाएँ एक-दूसरे के पुनःस्मरण में रुकावट डाल सकती हैं।

31. पूर्वगामी हस्तक्षेप क्या है?
A. पुरानी सूचना नई सूचना याद करने में बाधा बने
B. नई सूचना पुरानी सूचना में बाधा बने
C. कोई बाधा न हो
D. सब कुछ याद रहे
उत्तर: A. पुरानी सूचना नई सूचना याद करने में बाधा बने
व्याख्या: पहले सीखी बात बाद में सीखी बात को याद करने में रुकावट डालती है।

32. पश्चगामी हस्तक्षेप क्या है?
A. नई सूचना पुरानी सूचना याद करने में बाधा बने
B. पुरानी सूचना नई सूचना में बाधा बने
C. कोई बाधा नहीं
D. केवल नींद बाधा है
उत्तर: A. नई सूचना पुरानी सूचना याद करने में बाधा बने
व्याख्या: बाद में सीखी बात पहले सीखी बात को याद करने में बाधा डालती है।

33. दमन सिद्धांत किससे संबंधित है?
A. अप्रिय अनुभवों को अचेतन में दबाने से
B. केवल भोजन से
C. केवल भाषा से
D. केवल गणित से
उत्तर: A. अप्रिय अनुभवों को अचेतन में दबाने से
व्याख्या: कुछ अप्रिय या तनावपूर्ण अनुभवों को व्यक्ति याद करने से बच सकता है।

34. संकेत की कमी से विस्मरण कैसे होता है?
A. सही संकेत न मिलने पर जानकारी याद नहीं आती
B. संकेत हमेशा स्मृति मिटाते हैं
C. संकेत का कोई संबंध नहीं
D. संकेत केवल भाषा हैं
उत्तर: A. सही संकेत न मिलने पर जानकारी याद नहीं आती
व्याख्या: कभी-कभी सूचना स्मृति में होती है, पर उचित संकेत न मिलने से याद नहीं आती।

35. विस्मरण वक्र किसने प्रस्तुत किया?
A. एबिंगहाउस
B. पावलॉव
C. स्किनर
D. बंडूरा
उत्तर: A. एबिंगहाउस
व्याख्या: एबिंगहाउस ने समय के साथ भूलने की दर का अध्ययन किया।

36. एबिंगहाउस के अनुसार भूलना कब अधिक तेज होता है?
A. सीखने के तुरंत बाद
B. कई वर्षों बाद ही
C. कभी नहीं
D. केवल परीक्षा के बाद
उत्तर: A. सीखने के तुरंत बाद
व्याख्या: प्रारंभिक समय में भूलने की गति अधिक होती है, फिर धीरे-धीरे कम होती है।

37. स्मृति सुधारने का अच्छा उपाय कौन-सा है?
A. पुनरावृत्ति और अर्थपूर्ण अध्ययन
B. बिना ध्यान पढ़ना
C. नींद कम करना
D. केवल रटना हमेशा
उत्तर: A. पुनरावृत्ति और अर्थपूर्ण अध्ययन
व्याख्या: समझकर पढ़ना और दोहराना स्मृति को मजबूत करता है।

38. स्मृति में पर्याप्त नींद का क्या महत्व है?
A. स्मृति सुदृढ़ीकरण में सहायता
B. स्मृति हमेशा घटाती है
C. कोई प्रभाव नहीं
D. केवल समय खराब करती है
उत्तर: A. स्मृति सुदृढ़ीकरण में सहायता
व्याख्या: नींद के दौरान सीखी हुई जानकारी अधिक स्थिर हो सकती है।

39. स्मृति में भावनाओं का प्रभाव क्या हो सकता है?
A. भावनात्मक घटनाएँ अधिक याद रह सकती हैं
B. भावनाओं का कोई प्रभाव नहीं
C. भावनाएँ हमेशा स्मृति मिटाती हैं
D. केवल भूख बढ़ाती हैं
उत्तर: A. भावनात्मक घटनाएँ अधिक याद रह सकती हैं
व्याख्या: तीव्र भावनाएँ स्मृति को मजबूत या कभी-कभी विकृत कर सकती हैं।

40. फ्लैशबल्ब स्मृति क्या है?
A. तीव्र भावनात्मक घटना की स्पष्ट स्मृति
B. केवल मोबाइल की रोशनी
C. कोई स्मृति नहीं
D. केवल सपना
उत्तर: A. तीव्र भावनात्मक घटना की स्पष्ट स्मृति
व्याख्या: अचानक और भावनात्मक घटनाएँ लंबे समय तक स्पष्ट रूप में याद रह सकती हैं।

41. आत्मकथात्मक स्मृति किससे संबंधित है?
A. अपने जीवन की घटनाओं से
B. केवल शब्दों से
C. केवल नियमों से
D. केवल गणित से
उत्तर: A. अपने जीवन की घटनाओं से
व्याख्या: आत्मकथात्मक स्मृति व्यक्ति के निजी अनुभवों को सुरक्षित रखती है।

42. प्रकरणात्मक स्मृति क्या है?
A. व्यक्तिगत घटनाओं और अनुभवों की स्मृति
B. सामान्य ज्ञान की स्मृति
C. कौशल की स्मृति
D. केवल आदत
उत्तर: A. व्यक्तिगत घटनाओं और अनुभवों की स्मृति
व्याख्या: प्रकरणात्मक स्मृति समय और स्थान से जुड़ी घटनाओं को याद रखती है।

43. अर्थगत स्मृति क्या है?
A. तथ्य, शब्द और सामान्य ज्ञान की स्मृति
B. व्यक्तिगत घटना
C. कौशल
D. केवल भावना
उत्तर: A. तथ्य, शब्द और सामान्य ज्ञान की स्मृति
व्याख्या: अर्थगत स्मृति में भाषा, तथ्य और अवधारणाएँ शामिल होती हैं।

44. प्रक्रियात्मक स्मृति क्या है?
A. कौशल और क्रियाओं की स्मृति
B. केवल तथ्य
C. केवल घटना
D. केवल नाम
उत्तर: A. कौशल और क्रियाओं की स्मृति
व्याख्या: साइकिल चलाना या टाइपिंग प्रक्रियात्मक स्मृति के उदाहरण हैं।

45. स्पष्ट स्मृति का अर्थ क्या है?
A. सचेत रूप से याद की जाने वाली स्मृति
B. बिना चेतना की आदत
C. केवल प्रतिवर्त
D. कोई स्मृति नहीं
उत्तर: A. सचेत रूप से याद की जाने वाली स्मृति
व्याख्या: स्पष्ट स्मृति में व्यक्ति जानबूझकर जानकारी याद करता है।

46. अस्पष्ट स्मृति का अर्थ क्या है?

A. बिना सचेत प्रयास के प्रभाव डालने वाली स्मृति
B. सचेत तथ्य स्मृति
C. केवल किताब पढ़ना
D. कोई स्मृति नहीं
उत्तर: A. बिना सचेत प्रयास के प्रभाव डालने वाली स्मृति
व्याख्या: आदतें और कौशल अक्सर अस्पष्ट स्मृति से जुड़े होते हैं।

47. स्मृति में हिप्पोकैम्पस की भूमिका क्या है?
A. नई दीर्घकालिक स्मृतियों के निर्माण में
B. केवल दृष्टि में
C. केवल स्वाद में
D. केवल श्वसन में
उत्तर: A. नई दीर्घकालिक स्मृतियों के निर्माण में
व्याख्या: हिप्पोकैम्पस नई स्मृतियों को व्यवस्थित और स्थिर करने में महत्वपूर्ण है।

48. अमिग्डाला स्मृति को कैसे प्रभावित करता है?
A. भावनात्मक स्मृतियों को प्रभावित करता है
B. केवल पाचन करता है
C. कोई भूमिका नहीं
D. केवल संतुलन रखता है
उत्तर: A. भावनात्मक स्मृतियों को प्रभावित करता है
व्याख्या: अमिग्डाला भय और भावनात्मक अनुभवों से जुड़ी स्मृति में भूमिका निभाता है।

49. स्मृति में मस्तिष्क की भूमिका क्या है?
A. सूचना को संसाधित, संग्रहित और पुनः प्राप्त करना
B. केवल भोजन पचाना
C. केवल रक्त बनाना
D. केवल हड्डी बनाना
उत्तर: A. सूचना को संसाधित, संग्रहित और पुनः प्राप्त करना
व्याख्या: मस्तिष्क के विभिन्न भाग स्मृति प्रक्रियाओं में मिलकर काम करते हैं।

50. स्मृति सुदृढ़ीकरण का अर्थ क्या है?
A. नई सूचना को स्थायी स्मृति में मजबूत करना
B. सूचना को मिटाना
C. केवल भूलना
D. केवल सुनना
उत्तर: A. नई सूचना को स्थायी स्मृति में मजबूत करना
व्याख्या: सुदृढ़ीकरण से सीखी हुई सूचना अधिक स्थायी बनती है।

51. अभ्यास का स्मृति पर क्या प्रभाव होता है?
A. स्मृति को मजबूत करता है
B. स्मृति हमेशा मिटाता है
C. कोई प्रभाव नहीं
D. केवल थकान देता है
उत्तर: A. स्मृति को मजबूत करता है
व्याख्या: बार-बार अभ्यास से स्मृति चिन्ह मजबूत होते हैं।

52. वितरित अभ्यास क्या है?
A. अंतराल देकर अध्ययन करना
B. लगातार बिना रुके पढ़ना
C. बिल्कुल अभ्यास न करना
D. केवल परीक्षा के दिन पढ़ना
उत्तर: A. अंतराल देकर अध्ययन करना
व्याख्या: अंतराल के साथ पढ़ना लंबे समय तक याद रखने में सहायक होता है।

53. सामूहिक अभ्यास क्या है?
A. कम समय में बहुत अधिक पढ़ना
B. अंतराल देकर पढ़ना
C. कभी न पढ़ना
D. केवल खेलना
उत्तर: A. कम समय में बहुत अधिक पढ़ना
व्याख्या: सामूहिक अभ्यास परीक्षा से पहले रटने जैसा हो सकता है, जो कम स्थायी होता है।

54. वितरित अभ्यास सामूहिक अभ्यास से बेहतर क्यों है?
A. यह दीर्घकालिक स्मृति को मजबूत करता है
B. यह हमेशा खराब है
C. कोई अंतर नहीं
D. यह सीखना रोकता है
उत्तर: A. यह दीर्घकालिक स्मृति को मजबूत करता है
व्याख्या: समय-समय पर दोहराव से जानकारी लंबे समय तक याद रहती है।

55. स्मृति में संगठन तकनीक का उदाहरण कौन-सा है?
A. विषयों को श्रेणियों में बाँटना
B. बिना क्रम पढ़ना
C. सब कुछ मिलाना
D. कभी न दोहराना
उत्तर: A. विषयों को श्रेणियों में बाँटना
व्याख्या: व्यवस्थित सामग्री को याद करना आसान होता है।

56. स्मृति में कल्पना का उपयोग कैसे मदद करता है?
A. दृश्य चित्र बनाकर जानकारी याद रखना
B. जानकारी मिटाना
C. कोई प्रभाव नहीं
D. केवल भ्रम पैदा करना
उत्तर: A. दृश्य चित्र बनाकर जानकारी याद रखना
व्याख्या: मानसिक चित्र स्मृति संकेतों को मजबूत करते हैं।

57. स्मृति सहायक युक्ति को क्या कहते हैं?
A. निमोनिक
B. प्रतिवर्त
C. दंड
D. भ्रम
उत्तर: A. निमोनिक
व्याख्या: निमोनिक तकनीकें कठिन सूचना को सरल तरीके से याद रखने में मदद करती हैं।

58. संक्षेपाक्षर विधि किसका उदाहरण है?
A. निमोनिक
B. दंड
C. विस्मरण
D. प्रतिवर्त
उत्तर: A. निमोनिक

व्याख्या: शब्दों के प्रथम अक्षरों से नया शब्द बनाकर जानकारी याद रखी जाती है।

59. स्मृति में संबंध बनाना क्यों उपयोगी है?
A. नई जानकारी पुराने ज्ञान से जुड़ जाती है
B. जानकारी हमेशा मिटती है
C. कोई लाभ नहीं
D. केवल भ्रम होता है
उत्तर: A. नई जानकारी पुराने ज्ञान से जुड़ जाती है
व्याख्या: संबंध बनाने से पुनर्प्राप्ति आसान होती है।

60. संदर्भ-निर्भर स्मृति क्या है?
A. जिस संदर्भ में सीखा, उसी में याद करना आसान होना
B. संदर्भ का कोई प्रभाव नहीं
C. केवल नींद में याद आना
D. हमेशा भूलना
उत्तर: A. जिस संदर्भ में सीखा, उसी में याद करना आसान होना
व्याख्या: वातावरण या परिस्थिति संकेत के रूप में स्मृति को सक्रिय कर सकती है।

61. अवस्था-निर्भर स्मृति क्या है?
A. समान मानसिक या शारीरिक अवस्था में याद करना आसान होना
B. अवस्था का कोई प्रभाव नहीं
C. केवल किताब से याद करना
D. कोई स्मृति नहीं
उत्तर: A. समान मानसिक या शारीरिक अवस्था में याद करना आसान होना
व्याख्या: व्यक्ति जिस अवस्था में सीखता है, वैसी अवस्था में जानकारी आसानी से याद आ सकती है।

62. मूड-निर्भर स्मृति क्या है?
A. समान मनोदशा में सीखी बात याद आना आसान होना
B. मूड का कोई प्रभाव नहीं
C. केवल खराब मूड में सब भूलना
D. केवल खुशी में कुछ न याद होना
उत्तर: A. समान मनोदशा में सीखी बात याद आना आसान होना
व्याख्या: मनोदशा स्मृति संकेत के रूप में कार्य कर सकती है।

63. स्मृति विकृति का अर्थ क्या है?
A. याद की गई सूचना का बदल जाना
B. स्मृति हमेशा सही होना
C. कोई परिवर्तन नहीं
D. केवल नई स्मृति
उत्तर: A. याद की गई सूचना का बदल जाना
व्याख्या: स्मृति हमेशा कैमरे जैसी नहीं होती, उसमें बदलाव हो सकता है।

64. झूठी स्मृति क्या है?
A. ऐसी स्मृति जो वास्तविक घटना से मेल न खाए
B. हमेशा सही स्मृति
C. केवल गणितीय तथ्य
D. कोई स्मृति नहीं
उत्तर: A. ऐसी स्मृति जो वास्तविक घटना से मेल न खाए
व्याख्या: व्यक्ति कभी-कभी ऐसी घटना याद कर सकता है जो वास्तव में वैसी नहीं हुई।

65. स्मृति पुनर्निर्माण का अर्थ क्या है?
A. याद करते समय सूचना को फिर से बनाना
B. स्मृति को बिल्कुल वैसा ही रिकॉर्ड करना
C. कोई प्रक्रिया नहीं
D. केवल भूलना
उत्तर: A. याद करते समय सूचना को फिर से बनाना
व्याख्या: स्मृति में व्यक्ति संकेतों, अनुभवों और अपेक्षाओं से जानकारी पुनर्निर्मित करता है।

66. प्रत्यक्षदर्शी गवाही में स्मृति क्यों त्रुटिपूर्ण हो सकती है?
A. तनाव, सुझाव और समय के कारण
B. स्मृति हमेशा पूर्ण सही होती है
C. कोई त्रुटि नहीं होती
D. केवल उम्र कारण नहीं
उत्तर: A. तनाव, सुझाव और समय के कारण
व्याख्या: घटना के बाद मिली जानकारी और भावनाएँ स्मृति को प्रभावित कर सकती हैं।

67. सुझाव का स्मृति पर क्या प्रभाव हो सकता है?
A. याद की गई सूचना बदल सकती है
B. कोई प्रभाव नहीं
C. स्मृति हमेशा मिटती है
D. केवल नींद आती है
उत्तर: A. याद की गई सूचना बदल सकती है
व्याख्या: दूसरों के संकेत या प्रश्न स्मृति की व्याख्या को बदल सकते हैं।

68. स्मृति में आत्मविश्वास और शुद्धता का संबंध कैसा है?
A. अधिक आत्मविश्वास हमेशा सही स्मृति की गारंटी नहीं
B. आत्मविश्वास हमेशा सही स्मृति है
C. कोई स्मृति नहीं
D. आत्मविश्वास स्मृति मिटाता है
उत्तर: A. अधिक आत्मविश्वास हमेशा सही स्मृति की गारंटी नहीं
व्याख्या: व्यक्ति गलत स्मृति के बारे में भी बहुत आत्मविश्वासी हो सकता है।

69. स्मृति में उम्र का प्रभाव क्या हो सकता है?
A. उम्र के साथ कुछ स्मृति क्षमताएँ बदल सकती हैं
B. उम्र का कोई प्रभाव नहीं
C. उम्र हमेशा स्मृति बढ़ाती है
D. उम्र हमेशा सब मिटा देती है
उत्तर: A. उम्र के साथ कुछ स्मृति क्षमताएँ बदल सकती हैं
व्याख्या: जीवन के अलग-अलग चरणों में स्मृति की गति और प्रकार में परिवर्तन हो सकता है।

70. बच्चों की स्मृति में क्या विशेषता हो सकती है?
A. विकास के साथ स्मृति रणनीतियाँ बेहतर होती हैं
B. बच्चे कभी याद नहीं रखते
C. बच्चों की स्मृति हमेशा वयस्कों से बेहतर होती है
D. कोई विकास नहीं होता
उत्तर: A. विकास के साथ स्मृति रणनीतियाँ बेहतर होती हैं
व्याख्या: उम्र और अनुभव के साथ बच्चे संगठन और पुनरावृत्ति जैसी रणनीतियाँ सीखते हैं।

71. वृद्धावस्था में स्मृति की सामान्य चुनौती क्या हो सकती है?
A. नई जानकारी याद रखने में कठिनाई
B. सभी स्मृतियाँ तुरंत मिट जाना
C. स्मृति हमेशा बढ़ना
D. कोई बदलाव नहीं
उत्तर: A. नई जानकारी याद रखने में कठिनाई
व्याख्या: उम्र बढ़ने पर कुछ लोगों में नई सूचना सीखने और याद करने की गति घट सकती है।

72. स्मृति में स्वास्थ्य का महत्व क्या है?
A. नींद, पोषण और मानसिक स्वास्थ्य स्मृति को प्रभावित करते हैं
B. स्वास्थ्य का कोई प्रभाव नहीं
C. केवल भोजन का रंग महत्वपूर्ण है
D. केवल ऊँचाई महत्वपूर्ण है
उत्तर: A. नींद, पोषण और मानसिक स्वास्थ्य स्मृति को प्रभावित करते हैं
व्याख्या: स्वस्थ शरीर और मन स्मृति प्रक्रियाओं को बेहतर बनाए रखते हैं।

73. तनाव स्मृति को कैसे प्रभावित कर सकता है?
A. अधिक तनाव कूटलेखन और पुनर्प्राप्ति को बाधित कर सकता है
B. तनाव हमेशा स्मृति बढ़ाता है
C. कोई प्रभाव नहीं
D. तनाव केवल शरीर को प्रभावित करता है
उत्तर: A. अधिक तनाव कूटलेखन और पुनर्प्राप्ति को बाधित कर सकता है
व्याख्या: अत्यधिक तनाव ध्यान और याद करने की क्षमता को कमजोर कर सकता है।

74. मध्यम उत्तेजना स्मृति पर क्या प्रभाव डाल सकती है?
A. कुछ स्थितियों में स्मृति को बेहतर कर सकती है
B. हमेशा स्मृति मिटाती है
C. कोई प्रभाव नहीं
D. केवल नींद लाती है
उत्तर: A. कुछ स्थितियों में स्मृति को बेहतर कर सकती है
व्याख्या: बहुत कम या बहुत अधिक उत्तेजना की तुलना में मध्यम स्तर उपयोगी हो सकता है।

75. स्मृति में अभ्यास परीक्षण का लाभ क्या है?
A. पुनर्प्राप्ति को मजबूत करता है
B. स्मृति मिटाता है
C. कोई लाभ नहीं
D. केवल डर पैदा करता है
उत्तर: A. पुनर्प्राप्ति को मजबूत करता है
व्याख्या: स्वयं परीक्षण करने से याद करने की क्षमता बेहतर होती है।

76. केवल पढ़ते रहने की तुलना में स्वयं परीक्षण क्यों बेहतर हो सकता है?
A. यह सक्रिय पुनर्प्राप्ति कराता है
B. यह सीखना रोकता है
C. कोई अंतर नहीं
D. यह केवल समय खराब करता है
उत्तर: A. यह सक्रिय पुनर्प्राप्ति कराता है
व्याख्या: सक्रिय रूप से याद करना स्मृति मार्गों को मजबूत करता है।

77. स्मृति में गहरी प्रक्रिया का अर्थ क्या है?
A. अर्थ और संबंध के आधार पर जानकारी संसाधित करना
B. केवल अक्षर देखना
C. केवल आवाज सुनना
D. बिना ध्यान पढ़ना
उत्तर: A. अर्थ और संबंध के आधार पर जानकारी संसाधित करना
व्याख्या: गहरी प्रक्रिया से जानकारी दीर्घकालिक स्मृति में बेहतर जाती है।

78. सतही प्रक्रिया का अर्थ क्या है?
A. केवल बाहरी रूप या ध्वनि पर ध्यान देना
B. अर्थ समझना
C. संबंध बनाना
D. उपयोग करना
उत्तर: A. केवल बाहरी रूप या ध्वनि पर ध्यान देना
व्याख्या: सतही प्रक्रिया में सूचना का गहरा अर्थ नहीं समझा जाता।

79. गहरी प्रक्रिया सतही प्रक्रिया से बेहतर क्यों है?
A. अर्थपूर्ण संबंध स्मृति को मजबूत करते हैं
B. सतही प्रक्रिया हमेशा बेहतर है
C. कोई अंतर नहीं
D. गहरी प्रक्रिया स्मृति मिटाती है
उत्तर: A. अर्थपूर्ण संबंध स्मृति को मजबूत करते हैं
व्याख्या: अर्थ के आधार पर पढ़ने से पुनर्प्राप्ति आसान होती है।

80. स्मृति में पुनरावृत्ति का सही तरीका कौन-सा है?
A. अंतराल देकर नियमित दोहराव
B. केवल परीक्षा से पहले रटना
C. कभी न दोहराना
D. बिना समझ दोहराना ही
उत्तर: A. अंतराल देकर नियमित दोहराव
व्याख्या: अंतराल पुनरावृत्ति दीर्घकालिक स्मृति के लिए प्रभावी होती है।

81. स्मृति में दृश्य संकेत कैसे सहायक होते हैं?
A. चित्र और आरेख याद रखने में मदद करते हैं
B. हमेशा भ्रम पैदा करते हैं
C. कोई लाभ नहीं
D. स्मृति मिटाते हैं
उत्तर: A. चित्र और आरेख याद रखने में मदद करते हैं
व्याख्या: दृश्य संकेत सूचना को अधिक स्पष्ट और यादगार बनाते हैं।

82. स्मृति में कहानी विधि क्या है?
A. जानकारी को कहानी के रूप में जोड़कर याद करना
B. जानकारी को मिटाना
C. केवल सुनना
D. कोई विधि नहीं

उत्तर: A. जानकारी को कहानी के रूप में जोड़कर याद करना
व्याख्या: कहानी बनाकर अलग-अलग बिंदुओं को क्रम में याद रखना आसान होता है।

83. स्थान विधि क्या है?
A. जानकारी को परिचित स्थानों से जोड़कर याद करना
B. केवल स्थान बदलना
C. जानकारी भूलना
D. कोई विधि नहीं
उत्तर: A. जानकारी को परिचित स्थानों से जोड़कर याद करना
व्याख्या: स्थान विधि में मानसिक मार्ग या स्थान स्मृति संकेत बनते हैं।

84. स्मृति में पुनरावलोकन कब अधिक प्रभावी है?
A. नियमित अंतराल पर
B. केवल परीक्षा के बाद
C. कभी नहीं
D. केवल एक बार
उत्तर: A. नियमित अंतराल पर
व्याख्या: नियमित पुनरावलोकन भूलने की गति को कम करता है।

85. स्मृति में समझ का महत्व क्या है?
A. समझी हुई बात लंबे समय तक याद रहती है
B. समझ स्मृति को रोकती है
C. कोई महत्व नहीं
D. केवल रटना बेहतर है
उत्तर: A. समझी हुई बात लंबे समय तक याद रहती है
व्याख्या: अर्थपूर्ण समझ स्मृति को अधिक स्थायी बनाती है।

86. स्मृति में ध्यान भंग होने से क्या होता है?
A. कूटलेखन कमजोर हो सकता है
B. स्मृति हमेशा बढ़ती है
C. कोई प्रभाव नहीं
D. सब कुछ स्वतः याद रहता है
उत्तर: A. कूटलेखन कमजोर हो सकता है
व्याख्या: ध्यान भंग होने पर सूचना ठीक से स्मृति में प्रवेश नहीं करती।

87. स्मृति में बहु-कार्य करना क्यों नुकसानदायक हो सकता है?
A. ध्यान विभाजित होने से सीखना कमजोर होता है
B. स्मृति हमेशा बढ़ती है
C. कोई नुकसान नहीं
D. सब काम बेहतर होते हैं
उत्तर: A. ध्यान विभाजित होने से सीखना कमजोर होता है
व्याख्या: एक समय में कई कार्य करने से सूचना का कूटलेखन कमजोर हो सकता है।

88. स्मृति में उद्देश्य का महत्व क्या है?
A. लक्ष्य स्पष्ट होने से अध्ययन केंद्रित होता है
B. उद्देश्य का कोई प्रभाव नहीं
C. उद्देश्य स्मृति मिटाता है
D. केवल भ्रम पैदा करता है
उत्तर: A. लक्ष्य स्पष्ट होने से अध्ययन केंद्रित होता है
व्याख्या: स्पष्ट उद्देश्य सूचना को चुनने और व्यवस्थित करने में मदद करता है।

89. स्मृति में रुचि का प्रभाव क्या है?
A. रुचिकर सूचना अधिक आसानी से याद रहती है
B. रुचि स्मृति घटाती है
C. कोई प्रभाव नहीं
D. केवल मनोरंजन है
उत्तर: A. रुचिकर सूचना अधिक आसानी से याद रहती है
व्याख्या: रुचि ध्यान और पुनरावृत्ति दोनों को बढ़ाती है।

90. स्मृति में प्रेरणा का प्रभाव क्या है?
A. सीखने और याद रखने का प्रयास बढ़ाती है
B. स्मृति हमेशा घटाती है
C. कोई प्रभाव नहीं
D. केवल नींद लाती है
उत्तर: A. सीखने और याद रखने का प्रयास बढ़ाती है
व्याख्या: प्रेरित व्यक्ति सामग्री को समझने और दोहराने में अधिक प्रयास करता है।

91. स्मृति में भाषा का महत्व क्या है?
A. सूचना को नाम और अर्थ देकर व्यवस्थित करना
B. भाषा का कोई प्रभाव नहीं
C. भाषा स्मृति मिटाती है
D. केवल आवाज है
उत्तर: A. सूचना को नाम और अर्थ देकर व्यवस्थित करना
व्याख्या: भाषा अवधारणाओं और ज्ञान को याद रखने में सहायता करती है।

92. स्मृति में सामाजिक संदर्भ का प्रभाव क्या हो सकता है?
A. चर्चा और संवाद से याददाश्त मजबूत हो सकती है
B. कोई प्रभाव नहीं
C. हमेशा स्मृति घटती है
D. केवल शोर होता है
उत्तर: A. चर्चा और संवाद से याददाश्त मजबूत हो सकती है
व्याख्या: दूसरों से चर्चा करने पर जानकारी दोहराई और स्पष्ट होती है।

93. स्मृति में शिक्षण विधि का महत्व क्या है?
A. स्पष्ट, अर्थपूर्ण और संगठित शिक्षण स्मृति बढ़ाता है
B. विधि का कोई प्रभाव नहीं
C. अस्पष्ट शिक्षण हमेशा बेहतर है
D. केवल दंड जरूरी है
उत्तर: A. स्पष्ट, अर्थपूर्ण और संगठित शिक्षण स्मृति बढ़ाता है
व्याख्या: व्यवस्थित प्रस्तुति से विद्यार्थी जानकारी को बेहतर समझ और याद कर सकता है।

94. स्मृति में परीक्षा की तैयारी का प्रभावी तरीका कौन-सा है?
A. समझना, नोट्स बनाना, दोहराना और स्वयं परीक्षण करना
B. केवल अंतिम रात पढ़ना
C. बिना योजना पढ़ना
D. केवल उत्तर रटना
उत्तर: A. समझना, नोट्स बनाना, दोहराना और स्वयं परीक्षण करना

व्याख्या: सक्रिय और योजनाबद्ध अध्ययन स्मृति को मजबूत करता है।

95. स्मृति में भूलने से बचने का उपाय कौन-सा है?
A. नियमित पुनरावृत्ति और प्रयोग
B. कभी न पढ़ना
C. बिना समझ याद करना
D. नींद कम करना
उत्तर: A. नियमित पुनरावृत्ति और प्रयोग
व्याख्या: उपयोग और दोहराव से स्मृति चिन्ह कमजोर नहीं पड़ते।

96. स्मृति में प्रयोग का क्या महत्व है?
A. सीखी बातों को व्यवहार में लाने से याद मजबूत होती है
B. प्रयोग स्मृति मिटाता है
C. कोई लाभ नहीं
D. केवल समय खराब करता है
उत्तर: A. सीखी बातों को व्यवहार में लाने से याद मजबूत होती है
व्याख्या: व्यावहारिक उपयोग जानकारी को अर्थपूर्ण और स्थायी बनाता है।

97. स्मृति का दैनिक जीवन में महत्व क्या है?
A. पहचान, निर्णय और कार्यों को पूरा करने में सहायता
B. कोई महत्व नहीं
C. केवल परीक्षा में
D. केवल नींद में
उत्तर: A. पहचान, निर्णय और कार्यों को पूरा करने में सहायता
व्याख्या: स्मृति के बिना व्यक्ति दैनिक कार्यों और संबंधों को ठीक से नहीं निभा सकता।

98. स्मृति का शिक्षा में महत्व क्या है?
A. ज्ञान को सुरक्षित रखकर आगे के अधिगम में सहायता
B. शिक्षा में स्मृति की जरूरत नहीं
C. स्मृति सीखने को रोकती है
D. केवल खेल में उपयोगी है
उत्तर: A. ज्ञान को सुरक्षित रखकर आगे के अधिगम में सहायता
व्याख्या: शिक्षा में सीखी हुई बातों का उपयोग आगे की पढ़ाई में होता है।

99. स्मृति की सबसे उपयुक्त विशेषता कौन-सी है?
A. यह सूचना को ग्रहण, सुरक्षित और पुनः प्राप्त करती है
B. यह केवल भूलने की प्रक्रिया है
C. यह केवल जन्मजात है
D. यह शरीर की वृद्धि है
उत्तर: A. यह सूचना को ग्रहण, सुरक्षित और पुनः प्राप्त करती है
व्याख्या: स्मृति तीन मुख्य प्रक्रियाओं—कूटलेखन, भंडारण और पुनर्प्राप्ति—पर आधारित है।

100. स्मृति का सबसे उपयुक्त निष्कर्ष क्या है?
A. स्मृति पूर्व अनुभवों को सुरक्षित रखकर वर्तमान और भविष्य के व्यवहार में सहायता करती है
B. स्मृति का सीखने से कोई संबंध नहीं
C. स्मृति केवल क्षणिक होती है
D. स्मृति केवल कल्पना है
उत्तर: A. स्मृति पूर्व अनुभवों को सुरक्षित रखकर वर्तमान और भविष्य के व्यवहार में सहायता करती है
व्याख्या: स्मृति व्यक्ति के ज्ञान, पहचान, निर्णय और व्यवहार का आधार है।

अध्याय 10: विस्मरण

100 वस्तुनिष्ठ प्रश्न

1. विस्मरण का अर्थ क्या है?
A. सीखी हुई बातों को याद न कर पाना
B. नई बात सीखना
C. हमेशा सब याद रखना
D. केवल सोना
उत्तर: A. सीखी हुई बातों को याद न कर पाना
व्याख्या: विस्मरण में व्यक्ति पहले सीखी गई जानकारी को याद नहीं कर पाता।

2. विस्मरण किससे संबंधित है?
A. स्मृति की असफलता से
B. केवल भोजन से
C. केवल शरीर की वृद्धि से
D. केवल खेल से
उत्तर: A. स्मृति की असफलता से
व्याख्या: जब कूटलेखन, भंडारण या पुनर्प्राप्ति में समस्या होती है, तो विस्मरण हो सकता है।

3. विस्मरण कब होता है?
A. जब सीखी हुई सूचना याद न आए
B. जब नई सूचना मिले
C. जब शरीर बढ़े
D. जब व्यक्ति सोए
उत्तर: A. जब सीखी हुई सूचना याद न आए
व्याख्या: याद करने में असफलता ही विस्मरण कहलाती है।

4. विस्मरण का प्रमुख कारण कौन-सा है?
A. अभ्यास की कमी
B. अधिक रुचि
C. अधिक ध्यान
D. अधिक समझ
उत्तर: A. अभ्यास की कमी
व्याख्या: दोहराव न होने पर सीखी हुई जानकारी कमजोर हो सकती है।

5. विस्मरण वक्र किसने प्रस्तुत किया?
A. एबिंगहाउस
B. पावलॉव
C. स्किनर
D. कोहलर
उत्तर: A. एबिंगहाउस
व्याख्या: एबिंगहाउस ने समय के साथ भूलने की दर का अध्ययन किया।

6. एबिंगहाउस के अनुसार भूलना कब अधिक तेज होता है?
A. सीखने के तुरंत बाद
B. कई वर्षों बाद
C. कभी नहीं

D. केवल परीक्षा के बाद
उत्तर: A. सीखने के तुरंत बाद
व्याख्या: सीखने के प्रारंभिक समय में भूलने की गति अधिक होती है।

7. क्षय सिद्धांत क्या बताता है?
A. समय के साथ स्मृति चिन्ह कमजोर हो जाते हैं
B. स्मृति हमेशा मजबूत होती है
C. समय का कोई प्रभाव नहीं
D. केवल दंड से विस्मरण होता है
उत्तर: A. समय के साथ स्मृति चिन्ह कमजोर हो जाते हैं
व्याख्या: यदि सूचना का उपयोग नहीं किया जाता, तो वह धीरे-धीरे कमजोर हो सकती है।

8. हस्तक्षेप सिद्धांत क्या बताता है?
A. पुरानी और नई सूचनाएँ एक-दूसरे को याद करने में बाधा बनती हैं
B. सभी सूचनाएँ हमेशा स्पष्ट रहती हैं
C. कोई सूचना बाधा नहीं बनती
D. स्मृति केवल जन्मजात है
उत्तर: A. पुरानी और नई सूचनाएँ एक-दूसरे को याद करने में बाधा बनती हैं
व्याख्या: समान प्रकार की सूचनाएँ याद करने में रुकावट डाल सकती हैं।

9. पूर्वगामी हस्तक्षेप का अर्थ क्या है?
A. पुरानी सूचना नई सूचना याद करने में बाधा बने
B. नई सूचना पुरानी सूचना याद करने में बाधा बने
C. कोई बाधा न हो
D. सब कुछ याद रहे
उत्तर: A. पुरानी सूचना नई सूचना याद करने में बाधा बने
व्याख्या: पहले सीखी गई बात बाद में सीखी बात को याद करने में बाधा डालती है।

10. पश्चगामी हस्तक्षेप का अर्थ क्या है?
A. नई सूचना पुरानी सूचना याद करने में बाधा बने
B. पुरानी सूचना नई सूचना में सहायता करे
C. कोई संबंध न हो
D. सब कुछ हमेशा याद रहे
उत्तर: A. नई सूचना पुरानी सूचना याद करने में बाधा बने
व्याख्या: बाद में सीखी गई बात पहले सीखी गई बात के पुनःस्मरण में बाधा डालती है।

11. दमन सिद्धांत किससे संबंधित है?
A. अप्रिय अनुभवों को अचेतन में दबाने से
B. भोजन पचाने से
C. शरीर की वृद्धि से
D. खेल-कूद से
उत्तर: A. अप्रिय अनुभवों को अचेतन में दबाने से
व्याख्या: व्यक्ति कभी-कभी दर्दनाक या अप्रिय अनुभवों को याद करने से बचता है।

12. संकेत की कमी से विस्मरण कैसे होता है?
A. उचित संकेत न मिलने पर जानकारी याद नहीं आती
B. संकेत हमेशा स्मृति मिटाते हैं
C. संकेत का कोई प्रभाव नहीं
D. संकेत केवल भाषा होते हैं
उत्तर: A. उचित संकेत न मिलने पर जानकारी याद नहीं आती
व्याख्या: जानकारी स्मृति में हो सकती है, लेकिन सही संकेत न मिलने से याद नहीं आती।

13. विस्मरण का संबंध किस प्रक्रिया से हो सकता है?
A. कूटलेखन, भंडारण या पुनर्प्राप्ति की असफलता
B. केवल पाचन
C. केवल श्वसन
D. केवल चलना
उत्तर: A. कूटलेखन, भंडारण या पुनर्प्राप्ति की असफलता
व्याख्या: स्मृति की किसी भी अवस्था में कमजोरी विस्मरण का कारण बन सकती है।

14. कूटलेखन की कमजोरी से क्या होता है?
A. सूचना ठीक से स्मृति में प्रवेश नहीं करती
B. सूचना हमेशा मजबूत रहती है
C. स्मृति कभी प्रभावित नहीं होती
D. केवल नींद आती है
उत्तर: A. सूचना ठीक से स्मृति में प्रवेश नहीं करती
व्याख्या: ध्यान न होने पर सूचना सही ढंग से कूटबद्ध नहीं होती।

15. भंडारण की कमजोरी से क्या हो सकता है?
A. सूचना समय के साथ कमजोर हो सकती है
B. सूचना हमेशा स्थायी रहती है
C. कोई प्रभाव नहीं
D. केवल नई जानकारी आती है
उत्तर: A. सूचना समय के साथ कमजोर हो सकती है
व्याख्या: यदि सूचना सुरक्षित रूप से संग्रहित नहीं रहती, तो याद करना कठिन हो सकता है।

16. पुनर्प्राप्ति की असफलता का अर्थ क्या है?
A. सूचना मौजूद होने पर भी याद न आना
B. सूचना कभी सीखी ही न गई हो
C. केवल नई सूचना सीखना
D. हमेशा याद रहना
उत्तर: A. सूचना मौजूद होने पर भी याद न आना
व्याख्या: कभी-कभी जानकारी स्मृति में होती है, लेकिन व्यक्ति उसे निकाल नहीं पाता।

17. "जुबान की नोक पर" अनुभव किससे संबंधित है?
A. पुनर्प्राप्ति की असफलता
B. पूर्ण स्मृति
C. नई सीख
D. प्रतिवर्त
उत्तर: A. पुनर्प्राप्ति की असफलता
व्याख्या: व्यक्ति को लगता है कि उत्तर पता है, पर तुरंत याद नहीं आता।

18. ध्यान की कमी से विस्मरण क्यों होता है?
A. सूचना ठीक से कूटबद्ध नहीं होती
B. स्मृति हमेशा बढ़ती है
C. कोई प्रभाव नहीं
D. ध्यान केवल नींद है

उत्तर: A. सूचना ठीक से कूटबद्ध नहीं होती
व्याख्या: बिना ध्यान के पढ़ी गई बात स्मृति में कमजोर रूप से जाती है।

19. रुचि की कमी का विस्मरण पर क्या प्रभाव होता है?
A. याद रखने की संभावना कम हो सकती है
B. स्मृति हमेशा बढ़ती है
C. कोई प्रभाव नहीं
D. रुचि केवल मनोरंजन है
उत्तर: A. याद रखने की संभावना कम हो सकती है
व्याख्या: रुचि न होने पर ध्यान और पुनरावृत्ति दोनों कम हो जाते हैं।

20. समझ की कमी से विस्मरण क्यों बढ़ता है?
A. बिना अर्थ की सूचना जल्दी भूल सकती है
B. समझ स्मृति घटाती है
C. कोई प्रभाव नहीं
D. समझ केवल भाषा है
उत्तर: A. बिना अर्थ की सूचना जल्दी भूल सकती है
व्याख्या: अर्थपूर्ण जानकारी अधिक समय तक याद रहती है।

21. रटकर पढ़ने का विस्मरण पर क्या प्रभाव हो सकता है?
A. समझ न होने पर जल्दी भूल हो सकती है
B. रटना हमेशा स्थायी होता है
C. कोई प्रभाव नहीं
D. रटना स्मृति मिटाता नहीं
उत्तर: A. समझ न होने पर जल्दी भूल हो सकती है
व्याख्या: केवल रटने से जानकारी गहराई से स्मृति में नहीं जाती।

22. पुनरावृत्ति की कमी से क्या होता है?
A. स्मृति चिन्ह कमजोर हो जाते हैं
B. स्मृति हमेशा बढ़ती है
C. कोई प्रभाव नहीं
D. केवल नई सीख होती है
उत्तर: A. स्मृति चिन्ह कमजोर हो जाते हैं
व्याख्या: दोहराव न होने पर सीखी हुई बात कमजोर पड़ सकती है।

23. समय का विस्मरण पर क्या प्रभाव होता है?
A. समय के साथ बिना अभ्यास सूचना कमजोर हो सकती है
B. समय हमेशा स्मृति बढ़ाता है
C. कोई प्रभाव नहीं
D. समय केवल घड़ी है
उत्तर: A. समय के साथ बिना अभ्यास सूचना कमजोर हो सकती है
व्याख्या: यदि जानकारी का उपयोग न हो, तो समय के साथ भूलने की संभावना बढ़ती है।

24. समान विषयों को लगातार पढ़ने से विस्मरण क्यों हो सकता है?
A. हस्तक्षेप बढ़ सकता है
B. स्मृति हमेशा बढ़ती है
C. कोई बाधा नहीं
D. विषय समान होने से सब स्थायी हो जाता है
उत्तर: A. हस्तक्षेप बढ़ सकता है
व्याख्या: समान सूचनाएँ एक-दूसरे में भ्रम पैदा कर सकती हैं।

25. नई जानकारी पुरानी जानकारी को कब बाधित करती है?
A. पश्चगामी हस्तक्षेप में
B. पूर्वगामी हस्तक्षेप में
C. पुनर्बलन में
D. सामान्यीकरण में
उत्तर: A. पश्चगामी हस्तक्षेप में
व्याख्या: बाद में सीखी गई सूचना पहले सीखी सूचना को याद करने में बाधा बनती है।

26. पुरानी जानकारी नई जानकारी को कब बाधित करती है?
A. पूर्वगामी हस्तक्षेप में
B. पश्चगामी हस्तक्षेप में
C. दमन में
D. पहचान में
उत्तर: A. पूर्वगामी हस्तक्षेप में
व्याख्या: पहले सीखी गई सूचना नई सूचना के अधिगम या पुनःस्मरण में बाधा बनती है।

27. विस्मरण कम करने का अच्छा उपाय कौन-सा है?
A. नियमित पुनरावृत्ति
B. बिना ध्यान पढ़ना
C. नींद कम करना
D. केवल अंतिम दिन पढ़ना
उत्तर: A. नियमित पुनरावृत्ति
व्याख्या: नियमित दोहराव स्मृति को मजबूत करता है और भूलने को कम करता है।

28. अंतराल पुनरावृत्ति क्यों उपयोगी है?
A. लंबे समय तक स्मृति बनाए रखती है
B. हमेशा भूल बढ़ाती है
C. कोई लाभ नहीं
D. केवल समय खराब करती है
उत्तर: A. लंबे समय तक स्मृति बनाए रखती है
व्याख्या: समय-समय पर दोहराव करने से जानकारी स्थायी होती है।

29. अर्थपूर्ण अध्ययन विस्मरण को कैसे कम करता है?
A. जानकारी को समझ और संबंधों से जोड़ता है
B. जानकारी को मिटाता है
C. कोई प्रभाव नहीं
D. केवल रटने जैसा है
उत्तर: A. जानकारी को समझ और संबंधों से जोड़ता है
व्याख्या: समझकर पढ़ने से पुनर्प्राप्ति आसान होती है।

30. संगठन तकनीक विस्मरण कम कैसे करती है?
A. सूचना को क्रम और समूह में रखती है
B. सूचना को बिखेरती है
C. कोई लाभ नहीं
D. केवल भ्रम पैदा करती है
उत्तर: A. सूचना को क्रम और समूह में रखती है
व्याख्या: व्यवस्थित सूचना याद रखने और याद करने में आसान

होती है।

31. नोट्स बनाना विस्मरण कम करने में कैसे सहायक है?
A. मुख्य बिंदुओं को व्यवस्थित और दोहराने योग्य बनाता है
B. सीखना रोकता है
C. कोई लाभ नहीं
D. केवल कागज भरता है
उत्तर: A. मुख्य बिंदुओं को व्यवस्थित और दोहराने योग्य बनाता है
व्याख्या: नोट्स पुनरावृत्ति और स्पष्ट समझ में मदद करते हैं।

32. स्वयं परीक्षण विस्मरण कम कैसे करता है?
A. पुनर्प्राप्ति अभ्यास कराता है
B. स्मृति मिटाता है
C. कोई लाभ नहीं
D. केवल डर पैदा करता है
उत्तर: A. पुनर्प्राप्ति अभ्यास कराता है
व्याख्या: खुद से प्रश्न पूछना याद करने की क्षमता को मजबूत करता है।

33. पर्याप्त नींद विस्मरण को कैसे प्रभावित करती है?
A. स्मृति सुदृढ़ीकरण में सहायता करती है
B. विस्मरण हमेशा बढ़ाती है
C. कोई प्रभाव नहीं
D. केवल समय खराब करती है
उत्तर: A. स्मृति सुदृढ़ीकरण में सहायता करती है
व्याख्या: नींद के दौरान सीखी हुई जानकारी अधिक स्थिर हो सकती है।

34. थकान का विस्मरण पर क्या प्रभाव होता है?
A. ध्यान और स्मृति कमजोर हो सकती है
B. स्मृति हमेशा बढ़ती है
C. कोई प्रभाव नहीं
D. थकान केवल शरीर की है
उत्तर: A. ध्यान और स्मृति कमजोर हो सकती है
व्याख्या: थकान से कूटलेखन और पुनर्प्राप्ति दोनों प्रभावित हो सकते हैं।

35. तनाव का विस्मरण पर क्या प्रभाव हो सकता है?
A. अधिक तनाव याद करने में बाधा डाल सकता है
B. तनाव हमेशा स्मृति बढ़ाता है
C. कोई प्रभाव नहीं
D. तनाव केवल खेल से जुड़ा है
उत्तर: A. अधिक तनाव याद करने में बाधा डाल सकता है
व्याख्या: तनाव मानसिक संसाधनों को कम कर देता है, जिससे याद करना कठिन हो सकता है।

36. चिंता विस्मरण को कैसे बढ़ा सकती है?
A. ध्यान को मुख्य सामग्री से हटा देती है
B. स्मृति हमेशा बढ़ाती है
C. कोई प्रभाव नहीं
D. चिंता केवल कल्पना है
उत्तर: A. ध्यान को मुख्य सामग्री से हटा देती है
व्याख्या: चिंता के कारण मन बार-बार अन्य विचारों में उलझता है।

37. भावनात्मक आघात से विस्मरण किस सिद्धांत से जुड़ सकता है?
A. दमन सिद्धांत
B. अभ्यास सिद्धांत
C. पुरस्कार सिद्धांत
D. सामान्यीकरण सिद्धांत
उत्तर: A. दमन सिद्धांत
व्याख्या: अप्रिय अनुभवों को व्यक्ति अचेतन में दबा सकता है।

38. दमन का उद्देश्य क्या माना जाता है?
A. मानसिक पीड़ा से बचाव
B. हमेशा याद रखना
C. नई सीख बढ़ाना
D. केवल शरीर को आराम देना
उत्तर: A. मानसिक पीड़ा से बचाव
व्याख्या: दमन में मन दर्दनाक अनुभवों को चेतना से दूर रखने का प्रयास करता है।

39. विस्मरण हमेशा हानिकारक क्यों नहीं होता?
A. अनावश्यक सूचना हटाकर मानसिक बोझ कम करता है
B. यह हमेशा बीमारी है
C. इसका कोई लाभ नहीं
D. यह सीखना असंभव बनाता है
उत्तर: A. अनावश्यक सूचना हटाकर मानसिक बोझ कम करता है
व्याख्या: सभी सूचनाओं को याद रखना आवश्यक नहीं; भूलना चयन और अनुकूलन में मदद करता है।

40. विस्मरण का सकारात्मक पक्ष क्या है?
A. अप्रासंगिक जानकारी से मुक्ति
B. सभी ज्ञान का नाश
C. सीखना बंद होना
D. केवल गलती करना
उत्तर: A. अप्रासंगिक जानकारी से मुक्ति
व्याख्या: अनावश्यक जानकारी भूलने से उपयोगी जानकारी पर ध्यान देना आसान होता है।

41. विस्मरण का शिक्षा में मुख्य नुकसान क्या है?
A. सीखी सामग्री याद न रहना
B. हमेशा बेहतर प्रदर्शन
C. कोई नुकसान नहीं
D. केवल खेल में असर
उत्तर: A. सीखी सामग्री याद न रहना
व्याख्या: विस्मरण से परीक्षा और सीखने की निरंतरता प्रभावित हो सकती है।

42. परीक्षा में विस्मरण का कारण क्या हो सकता है?
A. तनाव, तैयारी की कमी या संकेत की कमी
B. हमेशा अधिक ज्ञान
C. केवल अच्छा वातावरण
D. कोई कारण नहीं
उत्तर: A. तनाव, तैयारी की कमी या संकेत की कमी
व्याख्या: परीक्षा स्थिति में तनाव और कमजोर पुनरावृत्ति याद करने में बाधा डालते हैं।

43. "पढ़ा था पर याद नहीं आ रहा" किसका उदाहरण है?
A. पुनर्प्राप्ति असफलता
B. नई सीख
C. प्रतिवर्त
D. पूर्ण विस्मृति
उत्तर: A. पुनर्प्राप्ति असफलता
व्याख्या: जानकारी मौजूद हो सकती है, लेकिन सही समय पर याद नहीं आती।

44. पहचान की तुलना में पुनःस्मरण कठिन क्यों होता है?
A. पुनःस्मरण में संकेत कम होते हैं
B. पहचान में कोई संकेत नहीं होते
C. पुनःस्मरण हमेशा आसान है
D. दोनों समान हैं
उत्तर: A. पुनःस्मरण में संकेत कम होते हैं
व्याख्या: विकल्प मिलने पर पहचान आसान होती है, जबकि पुनःस्मरण में स्वयं याद करना पड़ता है।

45. बहुविकल्पीय प्रश्नों में याद करना आसान क्यों हो सकता है?
A. विकल्प संकेत के रूप में काम करते हैं
B. विकल्प स्मृति मिटाते हैं
C. कोई कारण नहीं
D. विकल्प हमेशा गलत होते हैं
उत्तर: A. विकल्प संकेत के रूप में काम करते हैं
व्याख्या: विकल्प देखकर सही उत्तर पहचानना आसान हो सकता है।

46. रिक्त स्थान भरने वाले प्रश्न कठिन क्यों लग सकते हैं?
A. स्वयं उत्तर याद करना पड़ता है
B. विकल्प मिलते हैं
C. हमेशा संकेत अधिक होते हैं
D. कोई स्मृति नहीं चाहिए
उत्तर: A. स्वयं उत्तर याद करना पड़ता है
व्याख्या: ऐसे प्रश्न पुनःस्मरण पर आधारित होते हैं, इसलिए अधिक कठिन हो सकते हैं।

47. विस्मरण में संकेतों की भूमिका क्या है?
A. सही संकेत याद करने में मदद करते हैं
B. संकेत हमेशा भूल बढ़ाते हैं
C. कोई भूमिका नहीं
D. संकेत केवल चित्र हैं
उत्तर: A. सही संकेत याद करने में मदद करते हैं
व्याख्या: संकेत स्मृति में संग्रहित जानकारी को सक्रिय कर सकते हैं।

48. संदर्भ बदलने से विस्मरण क्यों हो सकता है?
A. सीखने के समय के संकेत उपलब्ध नहीं होते
B. संदर्भ का कोई प्रभाव नहीं
C. संदर्भ हमेशा स्मृति बढ़ाता है
D. केवल स्थान बदलने से सब याद रहता है
उत्तर: A. सीखने के समय के संकेत उपलब्ध नहीं होते
व्याख्या: जिस वातावरण में सीखा गया, उसके संकेत याद करने में मदद कर सकते हैं।

49. संदर्भ-निर्भर स्मृति का विस्मरण से संबंध क्या है?
A. संदर्भ बदलने पर याद करना कठिन हो सकता है
B. संदर्भ का कोई संबंध नहीं
C. हमेशा सब याद रहता है
D. केवल नींद में याद आता है
उत्तर: A. संदर्भ बदलने पर याद करना कठिन हो सकता है
व्याख्या: समान संदर्भ स्मृति संकेतों को सक्रिय करता है।

50. अवस्था-निर्भर स्मृति का विस्मरण से संबंध क्या है?
A. अवस्था बदलने पर याद करना कठिन हो सकता है
B. अवस्था का कोई प्रभाव नहीं
C. अवस्था हमेशा विस्मरण रोकती है
D. केवल भोजन से संबंध है
उत्तर: A. अवस्था बदलने पर याद करना कठिन हो सकता है
व्याख्या: सीखने और याद करने की मानसिक अवस्था समान हो तो स्मृति बेहतर हो सकती है।

51. मूड बदलने से याद करने में कठिनाई क्यों हो सकती है?
A. मूड स्मृति संकेत के रूप में काम कर सकता है
B. मूड का कोई प्रभाव नहीं
C. मूड हमेशा स्मृति मिटाता है
D. केवल खुशी में याद नहीं आता
उत्तर: A. मूड स्मृति संकेत के रूप में काम कर सकता है
व्याख्या: समान मनोदशा में सीखी बात याद आना आसान हो सकता है।

52. विस्मरण में स्वास्थ्य की भूमिका क्या है?
A. खराब स्वास्थ्य ध्यान और स्मृति को प्रभावित कर सकता है
B. स्वास्थ्य का कोई प्रभाव नहीं
C. बीमारी हमेशा स्मृति बढ़ाती है
D. केवल ऊँचाई महत्वपूर्ण है
उत्तर: A. खराब स्वास्थ्य ध्यान और स्मृति को प्रभावित कर सकता है
व्याख्या: शारीरिक और मानसिक स्वास्थ्य स्मृति प्रक्रियाओं से जुड़ा है।

53. नींद की कमी विस्मरण क्यों बढ़ा सकती है?
A. कूटलेखन और सुदृढ़ीकरण कमजोर हो सकते हैं
B. नींद की कमी हमेशा स्मृति बढ़ाती है
C. कोई प्रभाव नहीं
D. केवल भूख बढ़ती है
उत्तर: A. कूटलेखन और सुदृढ़ीकरण कमजोर हो सकते हैं
व्याख्या: पर्याप्त नींद न मिलने पर नई जानकारी को सुरक्षित रखना कठिन हो सकता है।

54. वृद्धावस्था में विस्मरण का सामान्य कारण क्या हो सकता है?
A. नई जानकारी सीखने और याद करने की गति में कमी
B. सभी स्मृति समाप्त होना हमेशा
C. कोई बदलाव नहीं
D. केवल भोजन
उत्तर: A. नई जानकारी सीखने और याद करने की गति में कमी
व्याख्या: उम्र के साथ कुछ स्मृति क्षमताओं में सामान्य परिवर्तन हो सकते हैं।

55. सामान्य विस्मरण और रोगात्मक विस्मरण में अंतर क्या है?
A. सामान्य विस्मरण हल्का होता है, रोगात्मक विस्मरण गंभीर और दैनिक जीवन को प्रभावित कर सकता है
B. दोनों समान हैं
C. सामान्य विस्मरण हमेशा खतरनाक है
D. रोगात्मक विस्मरण कभी समस्या नहीं
उत्तर: A. सामान्य विस्मरण हल्का होता है, रोगात्मक विस्मरण गंभीर और दैनिक जीवन को प्रभावित कर सकता है
व्याख्या: यदि भूलना दैनिक कार्यों में बाधा बने, तो विशेषज्ञ सलाह आवश्यक हो सकती है।

56. अम्नेसिया का अर्थ क्या है?
A. स्मृति हानि
B. अधिक स्मृति
C. नई सीख
D. ध्यान बढ़ना
उत्तर: A. स्मृति हानि
व्याख्या: अम्नेसिया में व्यक्ति कुछ जानकारी या घटनाएँ याद नहीं कर पाता।

57. अग्रगामी अम्नेसिया क्या है?
A. नई स्मृतियाँ बनाने में कठिनाई
B. पुरानी स्मृतियाँ हमेशा बढ़ना
C. सब कुछ याद रहना
D. केवल भाषा सीखना
उत्तर: A. नई स्मृतियाँ बनाने में कठिनाई
व्याख्या: इसमें व्यक्ति नई जानकारी को दीर्घकालिक स्मृति में नहीं रख पाता।

58. पश्चगामी अम्नेसिया क्या है?
A. पहले की घटनाएँ याद करने में कठिनाई
B. नई स्मृतियाँ बनाना
C. सब कुछ याद रखना
D. केवल नींद
उत्तर: A. पहले की घटनाएँ याद करने में कठिनाई
व्याख्या: इसमें व्यक्ति चोट या घटना से पहले की स्मृतियाँ भूल सकता है।

59. विस्मरण में मस्तिष्क चोट का प्रभाव क्या हो सकता है?
A. स्मृति प्रक्रियाएँ प्रभावित हो सकती हैं
B. कोई प्रभाव नहीं
C. स्मृति हमेशा बढ़ती है
D. केवल शरीर की ऊँचाई बदलती है
उत्तर: A. स्मृति प्रक्रियाएँ प्रभावित हो सकती हैं
व्याख्या: मस्तिष्क के स्मृति-संबंधी भागों को नुकसान होने पर विस्मरण बढ़ सकता है।

60. विस्मरण में हिप्पोकैम्पस की भूमिका क्यों महत्वपूर्ण है?
A. नई स्मृतियों के निर्माण से जुड़ा है
B. केवल पाचन से जुड़ा है
C. कोई भूमिका नहीं
D. केवल दृष्टि से जुड़ा है
उत्तर: A. नई स्मृतियों के निर्माण से जुड़ा है
व्याख्या: हिप्पोकैम्पस को नुकसान नई जानकारी याद रखने में समस्या पैदा कर सकता है।

61. विस्मरण में शराब या नशे का प्रभाव क्या हो सकता है?
A. कूटलेखन और स्मृति कमजोर हो सकती है
B. स्मृति हमेशा बढ़ती है
C. कोई प्रभाव नहीं
D. केवल भूख बढ़ती है
उत्तर: A. कूटलेखन और स्मृति कमजोर हो सकती है
व्याख्या: नशा ध्यान और मस्तिष्क की स्मृति प्रक्रियाओं को प्रभावित कर सकता है।

62. विस्मरण में दवाओं का प्रभाव कैसा हो सकता है?
A. कुछ दवाएँ स्मृति को प्रभावित कर सकती हैं
B. कोई दवा प्रभाव नहीं डालती
C. सभी दवाएँ स्मृति बढ़ाती हैं
D. दवाएँ केवल स्वाद बदलती हैं
उत्तर: A. कुछ दवाएँ स्मृति को प्रभावित कर सकती हैं
व्याख्या: कुछ औषधियों के दुष्प्रभाव स्मृति और ध्यान पर पड़ सकते हैं।

63. विस्मरण में भावनात्मक स्थिति की भूमिका क्या है?
A. भय, तनाव या उदासी याद करने को प्रभावित कर सकते हैं
B. भावनाओं का कोई प्रभाव नहीं
C. भावनाएँ हमेशा स्मृति बढ़ाती हैं
D. केवल खुशी ही विस्मरण करती है
उत्तर: A. भय, तनाव या उदासी याद करने को प्रभावित कर सकते हैं
व्याख्या: भावनात्मक अवस्था कूटलेखन और पुनर्प्राप्ति दोनों को प्रभावित कर सकती है।

64. विस्मरण में प्रेरणा की कमी का प्रभाव क्या है?
A. सीखने और दोहराने का प्रयास कम होता है
B. स्मृति हमेशा बढ़ती है
C. कोई प्रभाव नहीं
D. प्रेरणा केवल खेल है
उत्तर: A. सीखने और दोहराने का प्रयास कम होता है
व्याख्या: प्रेरणा न होने पर व्यक्ति सामग्री पर पर्याप्त ध्यान और अभ्यास नहीं करता।

65. विस्मरण में आत्मविश्वास की कमी का प्रभाव क्या हो सकता है?
A. परीक्षा में याद करने में बाधा आ सकती है
B. स्मृति हमेशा बढ़ती है
C. कोई प्रभाव नहीं
D. आत्मविश्वास केवल घमंड है
उत्तर: A. परीक्षा में याद करने में बाधा आ सकती है
व्याख्या: आत्मविश्वास की कमी से चिंता बढ़ सकती है, जिससे पुनर्प्राप्ति कठिन होती है।

66. विस्मरण कम करने के लिए अध्ययन योजना क्यों जरूरी है?
A. नियमितता और पुनरावृत्ति सुनिश्चित होती है
B. योजना सीखना रोकती है
C. कोई लाभ नहीं

D. केवल समय लिखना है
उत्तर: A. नियमितता और पुनरावृत्ति सुनिश्चित होती है
व्याख्या: योजनाबद्ध अध्ययन से सामग्री समय पर दोहराई जाती है।

67. छोटे-छोटे भागों में पढ़ना क्यों उपयोगी है?
A. सूचना का भार कम होता है और याद रखना आसान होता है
B. हमेशा भूल बढ़ती है
C. कोई लाभ नहीं
D. केवल समय खराब होता है
उत्तर: A. सूचना का भार कम होता है और याद रखना आसान होता है
व्याख्या: बड़े विषय को छोटे भागों में बाँटने से समझ और स्मृति बेहतर होती है।

68. कठिन सामग्री को पहले समझना क्यों जरूरी है?
A. समझ से स्मृति मजबूत होती है
B. समझने से भूल हमेशा बढ़ती है
C. कोई लाभ नहीं
D. केवल रटना काफी है
उत्तर: A. समझ से स्मृति मजबूत होती है
व्याख्या: अर्थपूर्ण समझ कठिन सामग्री को याद रखने में सहायता करती है।

69. उदाहरणों से पढ़ना विस्मरण कैसे कम करता है?
A. अवधारणा स्पष्ट और यादगार बनती है
B. उदाहरण हमेशा भ्रमित करते हैं
C. कोई प्रभाव नहीं
D. केवल समय खराब करते हैं
उत्तर: A. अवधारणा स्पष्ट और यादगार बनती है
व्याख्या: उदाहरण नई जानकारी को वास्तविक जीवन से जोड़ते हैं।

70. चित्र या चार्ट विस्मरण कम कैसे कर सकते हैं?
A. दृश्य संकेत बनाकर स्मृति मजबूत करते हैं
B. हमेशा भूल बढ़ाते हैं
C. कोई लाभ नहीं
D. केवल सजावट हैं
उत्तर: A. दृश्य संकेत बनाकर स्मृति मजबूत करते हैं
व्याख्या: दृश्य सामग्री जानकारी को व्यवस्थित और स्पष्ट बनाती है।

71. चर्चा से विस्मरण कैसे कम होता है?
A. जानकारी दोहराई और स्पष्ट होती है
B. चर्चा हमेशा भूल बढ़ाती है
C. कोई लाभ नहीं
D. केवल शोर होता है
उत्तर: A. जानकारी दोहराई और स्पष्ट होती है
व्याख्या: समूह चर्चा से विचारों का आदान-प्रदान और पुनरावृत्ति होती है।

72. दूसरों को पढ़ाना विस्मरण कम क्यों करता है?
A. समझ और पुनर्प्राप्ति दोनों मजबूत होते हैं
B. हमेशा स्मृति घटती है
C. कोई लाभ नहीं
D. केवल समय खराब होता है
उत्तर: A. समझ और पुनर्प्राप्ति दोनों मजबूत होते हैं
व्याख्या: जब व्यक्ति दूसरों को समझाता है, तो उसकी अपनी समझ गहरी होती है।

73. विस्मरण कम करने के लिए पुनरावलोकन कब करना चाहिए?
A. नियमित अंतराल पर
B. केवल परीक्षा के बाद
C. कभी नहीं
D. केवल एक बार
उत्तर: A. नियमित अंतराल पर
व्याख्या: समय-समय पर पुनरावलोकन भूलने की गति को कम करता है।

74. परीक्षा से पहले केवल अंतिम रात पढ़ना क्यों कम प्रभावी है?
A. दीर्घकालिक स्मृति मजबूत नहीं होती
B. हमेशा सबसे अच्छा तरीका है
C. कोई समस्या नहीं
D. सब कुछ स्थायी हो जाता है
उत्तर: A. दीर्घकालिक स्मृति मजबूत नहीं होती
व्याख्या: अंतिम समय में रटना अल्पकालिक याद में मदद कर सकता है, पर स्थायी नहीं होता।

75. विस्मरण कम करने के लिए सक्रिय अध्ययन क्या है?
A. प्रश्न बनाना, उत्तर देना और सार लिखना
B. केवल पढ़ते रहना
C. बिना ध्यान बैठना
D. केवल मोबाइल देखना
उत्तर: A. प्रश्न बनाना, उत्तर देना और सार लिखना
व्याख्या: सक्रिय अध्ययन में विद्यार्थी जानकारी को समझता और पुनः उपयोग करता है।

76. निष्क्रिय अध्ययन का नुकसान क्या है?
A. गहरी समझ और पुनर्प्राप्ति कम हो सकती है
B. हमेशा बेहतर याद रहता है
C. कोई नुकसान नहीं
D. यह सबसे अच्छा तरीका है
उत्तर: A. गहरी समझ और पुनर्प्राप्ति कम हो सकती है
व्याख्या: केवल पढ़ना पर्याप्त नहीं; सक्रिय अभ्यास जरूरी है।

77. विस्मरण में गलत अध्ययन विधि का प्रभाव क्या है?
A. सीखना कमजोर और अस्थायी हो सकता है
B. हमेशा बेहतर स्मृति
C. कोई प्रभाव नहीं
D. केवल समय बचता है
उत्तर: A. सीखना कमजोर और अस्थायी हो सकता है
व्याख्या: बिना योजना और बिना समझ पढ़ना जल्दी भूलने का कारण बन सकता है।

78. विस्मरण में मोबाइल/सोशल मीडिया का प्रभाव क्या हो सकता है?
A. ध्यान भंग कर कूटलेखन कमजोर कर सकते हैं
B. हमेशा स्मृति बढ़ाते हैं

C. कोई प्रभाव नहीं
D. केवल मनोरंजन है
उत्तर: A. ध्यान भंग कर कूटलेखन कमजोर कर सकते हैं
व्याख्या: बार-बार बाधाएँ अध्ययन की गहराई कम करती हैं।

79. पढ़ते समय शांत वातावरण क्यों जरूरी है?
A. ध्यान और कूटलेखन बेहतर होते हैं
B. शांत वातावरण हमेशा नुकसानदायक है
C. कोई फर्क नहीं पड़ता
D. केवल सजावट है
उत्तर: A. ध्यान और कूटलेखन बेहतर होते हैं
व्याख्या: कम बाधाओं वाला वातावरण सीखने और याद रखने में सहायक होता है।

80. विस्मरण में पोषण का प्रभाव क्या हो सकता है?
A. उचित पोषण मस्तिष्क कार्य में सहायक होता है
B. पोषण का कोई प्रभाव नहीं
C. भोजन हमेशा स्मृति मिटाता है
D. केवल स्वाद महत्वपूर्ण है
उत्तर: A. उचित पोषण मस्तिष्क कार्य में सहायक होता है
व्याख्या: संतुलित आहार मानसिक कार्यों को समर्थन देता है।

81. विस्मरण में शारीरिक व्यायाम का प्रभाव क्या हो सकता है?
A. मस्तिष्क स्वास्थ्य और ध्यान में सहायता
B. हमेशा स्मृति घटाता है
C. कोई प्रभाव नहीं
D. केवल थकान देता है
उत्तर: A. मस्तिष्क स्वास्थ्य और ध्यान में सहायता
व्याख्या: नियमित व्यायाम मानसिक सक्रियता और स्वास्थ्य में सहायक हो सकता है।

82. विस्मरण में सकारात्मक मनोवृत्ति का महत्व क्या है?
A. सीखने का आत्मविश्वास और प्रयास बढ़ता है
B. कोई महत्व नहीं
C. हमेशा भूल बढ़ती है
D. केवल कल्पना है
उत्तर: A. सीखने का आत्मविश्वास और प्रयास बढ़ता है
व्याख्या: सकारात्मक सोच अध्ययन में निरंतरता और आत्मविश्वास बनाए रखती है।

83. विस्मरण में लक्ष्य निर्धारण क्यों उपयोगी है?
A. अध्ययन को दिशा और प्राथमिकता मिलती है
B. लक्ष्य भूल बढ़ाता है
C. कोई लाभ नहीं
D. लक्ष्य केवल नाम है
उत्तर: A. अध्ययन को दिशा और प्राथमिकता मिलती है
व्याख्या: स्पष्ट लक्ष्य होने से महत्वपूर्ण सामग्री पर ध्यान केंद्रित होता है।

84. विस्मरण में समय प्रबंधन का महत्व क्या है?
A. पढ़ाई और पुनरावृत्ति के लिए पर्याप्त समय मिलता है
B. कोई महत्व नहीं
C. समय प्रबंधन स्मृति मिटाता है
D. केवल घड़ी देखना है
उत्तर: A. पढ़ाई और पुनरावृत्ति के लिए पर्याप्त समय मिलता है
व्याख्या: समय का सही उपयोग अध्ययन को नियमित बनाता है।

85. विस्मरण में अधिगम की गहराई का महत्व क्या है?
A. गहरी समझ से भूल कम होती है
B. गहराई का कोई प्रभाव नहीं
C. सतही पढ़ाई हमेशा बेहतर है
D. गहराई स्मृति मिटाती है
उत्तर: A. गहरी समझ से भूल कम होती है
व्याख्या: अर्थपूर्ण और गहरा अधिगम अधिक स्थायी होता है।

86. विस्मरण में रुचिकर सामग्री क्यों कम भूलती है?
A. उस पर ध्यान और पुनरावृत्ति अधिक होती है
B. रुचि भूल बढ़ाती है
C. कोई प्रभाव नहीं
D. रुचि केवल मनोरंजन है
उत्तर: A. उस पर ध्यान और पुनरावृत्ति अधिक होती है
व्याख्या: रुचि व्यक्ति को सामग्री से जुड़े रहने में मदद करती है।

87. विस्मरण में कठिन शब्दों को याद रखने का उपाय क्या है?
A. अर्थ, उदाहरण और संबंध बनाना
B. बिना समझ रटना ही
C. कभी न दोहराना
D. केवल छोड़ देना
उत्तर: A. अर्थ, उदाहरण और संबंध बनाना
व्याख्या: कठिन शब्दों को अर्थपूर्ण संदर्भ से जोड़ना उन्हें याद रखने में मदद करता है।

88. विस्मरण में सूत्र याद रखने का अच्छा तरीका क्या है?
A. प्रयोग, उदाहरण और पुनरावृत्ति
B. केवल एक बार पढ़ना
C. बिना समझ रटना
D. कभी अभ्यास न करना
उत्तर: A. प्रयोग, उदाहरण और पुनरावृत्ति
व्याख्या: सूत्रों का उपयोग करने से वे अधिक स्थायी रूप से याद रहते हैं।

89. विस्मरण में भाषा सीखने का प्रभावी तरीका कौन-सा है?
A. नियमित अभ्यास और वास्तविक प्रयोग
B. केवल शब्द सूची देखना
C. कभी बोलना नहीं
D. केवल अंतिम दिन पढ़ना
उत्तर: A. नियमित अभ्यास और वास्तविक प्रयोग
व्याख्या: भाषा अभ्यास, सुनने, बोलने और प्रयोग से बेहतर याद रहती है।

90. विस्मरण में कौशल सीखने का प्रभावी तरीका क्या है?
A. लगातार अभ्यास और फीडबैक
B. केवल सिद्धांत पढ़ना
C. कभी अभ्यास न करना
D. केवल देखना
उत्तर: A. लगातार अभ्यास और फीडबैक

व्याख्या: कौशल अभ्यास और सुधार से मजबूत होते हैं।

91. विस्मरण में फीडबैक का महत्व क्या है?
A. गलतियों को सुधारकर सीखना मजबूत करता है
B. फीडबैक हमेशा भूल बढ़ाता है
C. कोई महत्व नहीं
D. केवल आलोचना है
उत्तर: A. गलतियों को सुधारकर सीखना मजबूत करता है
व्याख्या: सही प्रतिक्रिया से व्यक्ति अपनी कमजोरियों को पहचानता है।

92. विस्मरण में पुरस्कार का प्रभाव क्या हो सकता है?
A. प्रेरणा बढ़ाकर अभ्यास बढ़ा सकता है
B. हमेशा भूल बढ़ाता है
C. कोई प्रभाव नहीं
D. केवल दंड है
उत्तर: A. प्रेरणा बढ़ाकर अभ्यास बढ़ा सकता है
व्याख्या: सकारात्मक परिणाम अध्ययन के प्रति रुचि और निरंतरता बढ़ाते हैं।

93. विस्मरण में दंड का अत्यधिक प्रयोग क्या कर सकता है?
A. भय और चिंता बढ़ाकर याद करना कठिन बना सकता है
B. हमेशा स्मृति बढ़ाता है
C. कोई प्रभाव नहीं
D. केवल ज्ञान बढ़ाता है
उत्तर: A. भय और चिंता बढ़ाकर याद करना कठिन बना सकता है
व्याख्या: अत्यधिक दंड सीखने की प्रक्रिया को तनावपूर्ण बना सकता है।

94. विस्मरण में शिक्षक की भूमिका क्या है?
A. स्पष्ट शिक्षण, पुनरावृत्ति और फीडबैक देना
B. केवल दंड देना
C. कुछ न करना
D. सीखना रोकना
उत्तर: A. स्पष्ट शिक्षण, पुनरावृत्ति और फीडबैक देना
व्याख्या: शिक्षक व्यवस्थित प्रस्तुति और अभ्यास से विस्मरण कम कर सकता है।

95. विस्मरण में विद्यार्थी की भूमिका क्या है?
A. नियमित अध्ययन, पुनरावृत्ति और आत्म-परीक्षण
B. केवल सुनना
C. कुछ न करना
D. पढ़ाई छोड़ना
उत्तर: A. नियमित अध्ययन, पुनरावृत्ति और आत्म-परीक्षण
व्याख्या: विद्यार्थी की सक्रियता स्मृति को मजबूत बनाए रखती है।

96. विस्मरण कम करने के लिए सबसे अच्छा अध्ययन तरीका कौन-सा है?
A. समझकर पढ़ना और अंतराल पर दोहराना
B. बिना समझ रटना
C. केवल अंतिम रात पढ़ना
D. बिना योजना पढ़ना
उत्तर: A. समझकर पढ़ना और अंतराल पर दोहराना
व्याख्या: समझ और अंतराल पुनरावृत्ति लंबे समय तक याद रखने में मदद करते हैं।

97. विस्मरण का दैनिक जीवन में उदाहरण कौन-सा है?
A. किसी परिचित का नाम याद न आना
B. खाना खाना
C. चलना
D. सांस लेना
उत्तर: A. किसी परिचित का नाम याद न आना
व्याख्या: नाम याद न आना सामान्य पुनर्प्राप्ति असफलता का उदाहरण हो सकता है।

98. विस्मरण का शिक्षा में महत्व क्यों समझना चाहिए?
A. ताकि सीखने और पुनरावृत्ति की सही योजना बनाई जा सके
B. ताकि पढ़ाई छोड़ दी जाए
C. कोई महत्व नहीं
D. केवल परीक्षा डराने के लिए
उत्तर: A. ताकि सीखने और पुनरावृत्ति की सही योजना बनाई जा सके
व्याख्या: विस्मरण को समझकर शिक्षक और विद्यार्थी प्रभावी अध्ययन रणनीति बना सकते हैं।

99. विस्मरण की सबसे उपयुक्त विशेषता कौन-सी है?
A. यह स्मृति की पुनर्प्राप्ति या भंडारण की असफलता से जुड़ा है
B. यह हमेशा नई सीख है
C. यह केवल शरीर की क्रिया है
D. यह कभी सामान्य नहीं होता
उत्तर: A. यह स्मृति की पुनर्प्राप्ति या भंडारण की असफलता से जुड़ा है
व्याख्या: विस्मरण कई कारणों से हो सकता है, जैसे क्षय, हस्तक्षेप, संकेत की कमी या दमन।

100. विस्मरण का सबसे उपयुक्त निष्कर्ष क्या है?
A. विस्मरण सीखी हुई सूचना को याद न कर पाने की प्रक्रिया है, जिसे सही अध्ययन और पुनरावृत्ति से कम किया जा सकता है
B. विस्मरण हमेशा लाभकारी है
C. विस्मरण का स्मृति से कोई संबंध नहीं
D. विस्मरण केवल जन्मजात क्रिया है
उत्तर: A. विस्मरण सीखी हुई सूचना को याद न कर पाने की प्रक्रिया है, जिसे सही अध्ययन और पुनरावृत्ति से कम किया जा सकता है
व्याख्या: विस्मरण सामान्य मानसिक प्रक्रिया है, पर उचित रणनीतियों से इसे नियंत्रित किया जा सकता है।

अध्याय 11: चिंतन एवं तर्क

100 वस्तुनिष्ठ प्रश्न

1. चिंतन का अर्थ क्या है?
A. समस्याओं, विचारों और अनुभवों पर मानसिक रूप से विचार करना
B. केवल सोना
C. केवल खाना
D. केवल चलना

उत्तर: A. समस्याओं, विचारों और अनुभवों पर मानसिक रूप से विचार करना
व्याख्या: चिंतन एक उच्च मानसिक प्रक्रिया है जिसमें व्यक्ति सूचना का विश्लेषण और संगठन करता है।

2. तर्क का अर्थ क्या है?
A. तथ्यों और प्रमाणों के आधार पर निष्कर्ष निकालना
B. बिना कारण निर्णय लेना
C. केवल कल्पना करना
D. केवल याद करना
उत्तर: A. तथ्यों और प्रमाणों के आधार पर निष्कर्ष निकालना
व्याख्या: तर्क में व्यक्ति उपलब्ध जानकारी से सही निष्कर्ष तक पहुँचता है।

3. चिंतन किस प्रकार की मानसिक प्रक्रिया है?
A. उच्च मानसिक प्रक्रिया
B. केवल शारीरिक प्रक्रिया
C. केवल प्रतिवर्त क्रिया
D. केवल पाचन प्रक्रिया
उत्तर: A. उच्च मानसिक प्रक्रिया
व्याख्या: चिंतन में समझ, कल्पना, तर्क और निर्णय जैसी प्रक्रियाएँ शामिल होती हैं।

4. चिंतन का मुख्य उद्देश्य क्या है?
A. समस्या समाधान और निर्णय लेना
B. केवल सोना
C. केवल भोजन करना
D. केवल शरीर बढ़ाना
उत्तर: A. समस्या समाधान और निर्णय लेना
व्याख्या: चिंतन व्यक्ति को परिस्थितियों को समझने और उचित निर्णय लेने में मदद करता है।

5. तर्क का मुख्य आधार क्या है?
A. तथ्य, प्रमाण और नियम
B. केवल अनुमान
C. केवल भावना
D. केवल आदत
उत्तर: A. तथ्य, प्रमाण और नियम
व्याख्या: सही तर्क तथ्यों और प्रमाणों पर आधारित होता है।

6. चिंतन में कौन-सी प्रक्रिया शामिल होती है?
A. विश्लेषण और तुलना
B. केवल श्वसन
C. केवल रक्त संचार
D. केवल पाचन
उत्तर: A. विश्लेषण और तुलना
व्याख्या: चिंतन में व्यक्ति सूचनाओं की तुलना, वर्गीकरण और विश्लेषण करता है।

7. तर्क का शिक्षा में महत्व क्या है?
A. सही निष्कर्ष और निर्णय लेने में सहायता
B. केवल रटने में सहायता
C. कोई महत्व नहीं
D. सीखना रोकना
उत्तर: A. सही निष्कर्ष और निर्णय लेने में सहायता
व्याख्या: तर्कशील विद्यार्थी विषयों को समझकर निर्णय लेता है।

8. चिंतन का संबंध किससे है?
A. भाषा, स्मृति और अनुभव से
B. केवल भोजन से
C. केवल ऊँचाई से
D. केवल मौसम से
उत्तर: A. भाषा, स्मृति और अनुभव से
व्याख्या: चिंतन में भाषा, पूर्व ज्ञान और अनुभव महत्वपूर्ण भूमिका निभाते हैं।

9. चिंतन का उपकरण कौन-सा माना जाता है?
A. भाषा
B. भोजन
C. रक्त
D. नींद
उत्तर: A. भाषा
व्याख्या: भाषा विचारों को व्यवस्थित और व्यक्त करने का प्रमुख माध्यम है।

10. प्रतीकात्मक चिंतन क्या है?
A. शब्दों, संकेतों और प्रतीकों के माध्यम से सोच
B. केवल शरीर से काम करना
C. बिना विचार के प्रतिक्रिया
D. केवल प्रतिवर्त
उत्तर: A. शब्दों, संकेतों और प्रतीकों के माध्यम से सोच
व्याख्या: मनुष्य भाषा और प्रतीकों के आधार पर जटिल विचार कर सकता है।

11. कल्पना का चिंतन में क्या महत्व है?
A. संभावनाओं और नए विचारों को जन्म देती है
B. चिंतन को हमेशा रोकती है
C. कोई महत्व नहीं
D. केवल नींद लाती है
उत्तर: A. संभावनाओं और नए विचारों को जन्म देती है
व्याख्या: कल्पना व्यक्ति को नई स्थितियों और समाधान की मानसिक छवि बनाने में मदद करती है।

12. समस्या समाधान में चिंतन की भूमिका क्या है?
A. समस्या को समझकर समाधान ढूँढना
B. समस्या से भागना
C. केवल याद करना
D. कोई भूमिका नहीं
उत्तर: A. समस्या को समझकर समाधान ढूँढना
व्याख्या: चिंतन समस्या की प्रकृति, कारण और समाधान का विश्लेषण करता है।

13. निर्णय लेना किससे संबंधित है?
A. विकल्पों में से उचित विकल्प चुनना
B. बिना सोचे कार्य करना
C. केवल सोना
D. केवल खाना
उत्तर: A. विकल्पों में से उचित विकल्प चुनना
व्याख्या: निर्णय लेने में व्यक्ति विभिन्न विकल्पों का मूल्यांकन करता है।

14. आलोचनात्मक चिंतन का अर्थ क्या है?
A. तथ्यों का निष्पक्ष विश्लेषण करके निर्णय लेना
B. बिना कारण आलोचना करना
C. केवल याद करना
D. केवल कल्पना करना
उत्तर: A. तथ्यों का निष्पक्ष विश्लेषण करके निर्णय लेना
व्याख्या: आलोचनात्मक चिंतन में प्रमाण, तर्क और निष्पक्षता पर बल दिया जाता है।

15. रचनात्मक चिंतन का अर्थ क्या है?
A. नए और मौलिक विचार उत्पन्न करना
B. केवल पुराने विचार दोहराना
C. बिना सोचे कार्य करना
D. केवल रटना
उत्तर: A. नए और मौलिक विचार उत्पन्न करना
व्याख्या: रचनात्मक चिंतन नए समाधान और विचारों को जन्म देता है।

16. अभिसारी चिंतन क्या है?
A. एक सही उत्तर या समाधान पर पहुँचना
B. अनेक संभावनाएँ खोजना
C. बिना उत्तर सोचना
D. केवल कल्पना करना
उत्तर: A. एक सही उत्तर या समाधान पर पहुँचना
व्याख्या: अभिसारी चिंतन में व्यक्ति उपलब्ध जानकारी से एक उपयुक्त उत्तर तक पहुँचता है।

17. अपसारी चिंतन क्या है?
A. एक समस्या के अनेक संभावित समाधान खोजना
B. केवल एक उत्तर चुनना
C. कोई समाधान न खोजना
D. केवल रटना
उत्तर: A. एक समस्या के अनेक संभावित समाधान खोजना
व्याख्या: अपसारी चिंतन रचनात्मकता और नए विचारों से जुड़ा है।

18. निगमनात्मक तर्क क्या है?
A. सामान्य नियम से विशेष निष्कर्ष निकालना
B. विशेष उदाहरणों से सामान्य नियम बनाना
C. बिना प्रमाण निष्कर्ष निकालना
D. केवल अनुमान लगाना
उत्तर: A. सामान्य नियम से विशेष निष्कर्ष निकालना
व्याख्या: निगमनात्मक तर्क में सामान्य सिद्धांत को विशेष परिस्थिति पर लागू किया जाता है।

19. आगमनात्मक तर्क क्या है?
A. विशेष उदाहरणों से सामान्य निष्कर्ष बनाना
B. सामान्य नियम से विशेष निष्कर्ष
C. बिना उदाहरण निर्णय
D. केवल भावना
उत्तर: A. विशेष उदाहरणों से सामान्य निष्कर्ष बनाना
व्याख्या: आगमनात्मक तर्क में कई उदाहरणों के आधार पर सामान्य नियम बनाया जाता है।

20. उपमानात्मक तर्क क्या है?
A. समानताओं के आधार पर निष्कर्ष निकालना
B. बिना समानता निर्णय लेना
C. केवल रटना
D. केवल प्रतिवर्त
उत्तर: A. समानताओं के आधार पर निष्कर्ष निकालना
व्याख्या: उपमानात्मक तर्क में एक स्थिति की समानता दूसरी स्थिति से जोड़कर निष्कर्ष निकाला जाता है।

21. सही तर्क के लिए क्या आवश्यक है?
A. स्पष्ट तथ्य और उचित निष्कर्ष
B. केवल भावना
C. केवल अनुमान
D. कोई आधार नहीं
उत्तर: A. स्पष्ट तथ्य और उचित निष्कर्ष
व्याख्या: तर्क तभी सही होता है जब उसका आधार और निष्कर्ष तार्किक हों।

22. तर्कदोष का अर्थ क्या है?
A. गलत या भ्रमित करने वाला तर्क
B. सही निष्कर्ष
C. स्पष्ट प्रमाण
D. वैज्ञानिक तथ्य
उत्तर: A. गलत या भ्रमित करने वाला तर्क
व्याख्या: तर्कदोष में निष्कर्ष सही प्रतीत हो सकता है, पर उसका आधार कमजोर होता है।

23. पूर्वाग्रह तर्क को कैसे प्रभावित करता है?
A. निष्पक्ष निर्णय में बाधा डालता है
B. तर्क को हमेशा सही बनाता है
C. कोई प्रभाव नहीं
D. केवल स्मृति बढ़ाता है
उत्तर: A. निष्पक्ष निर्णय में बाधा डालता है
व्याख्या: पूर्वाग्रह व्यक्ति को तथ्यों की जगह अपनी धारणा के आधार पर निर्णय लेने को प्रेरित कर सकता है।

24. पुष्टि पूर्वाग्रह क्या है?
A. अपनी मान्यता के पक्ष में ही सूचना खोजने की प्रवृत्ति
B. सभी तथ्यों को समान देखना
C. बिना मान्यता सोचना
D. केवल याद करना
उत्तर: A. अपनी मान्यता के पक्ष में ही सूचना खोजने की प्रवृत्ति
व्याख्या: व्यक्ति अपनी सोच को सही साबित करने वाली जानकारी को अधिक महत्व देता है।

25. निर्णय में भावना की भूमिका कैसी हो सकती है?
A. निर्णय को प्रभावित कर सकती है
B. कोई प्रभाव नहीं
C. हमेशा सही निर्णय देती है
D. केवल शरीर पर असर करती है
उत्तर: A. निर्णय को प्रभावित कर सकती है
व्याख्या: भावनाएँ कभी निर्णय को तेज बनाती हैं, तो कभी पक्षपात भी पैदा कर सकती हैं।

26. समस्या समाधान का पहला चरण क्या है?
A. समस्या की पहचान

B. समाधान लागू करना
C. परिणाम भूलना
D. बिना सोचे निर्णय
उत्तर: A. समस्या की पहचान
व्याख्या: सही समाधान के लिए पहले समस्या को स्पष्ट समझना जरूरी है।

27. समस्या समाधान का अंतिम चरण क्या हो सकता है?
A. समाधान का मूल्यांकन
B. समस्या को नकारना
C. बिना जांच निर्णय
D. केवल कल्पना
उत्तर: A. समाधान का मूल्यांकन
व्याख्या: समाधान लागू करने के बाद उसकी सफलता का मूल्यांकन किया जाता है।

28. समस्या समाधान में योजना का महत्व क्या है?
A. कार्य को व्यवस्थित दिशा मिलती है
B. योजना से भ्रम बढ़ता है
C. कोई महत्व नहीं
D. योजना सीखना रोकती है
उत्तर: A. कार्य को व्यवस्थित दिशा मिलती है
व्याख्या: योजना समस्या को चरणबद्ध तरीके से हल करने में मदद करती है।

29. प्रयास और त्रुटि विधि में क्या होता है?
A. कई प्रयासों के बाद सही समाधान मिलता है
B. तुरंत समाधान मिलता है
C. कोई प्रयास नहीं होता
D. केवल रटना होता है
उत्तर: A. कई प्रयासों के बाद सही समाधान मिलता है
व्याख्या: व्यक्ति गलतियों से सीखकर सही तरीका खोजता है।

30. अंतर्दृष्टि द्वारा समस्या समाधान क्या है?
A. समस्या का अचानक समाधान समझ में आना
B. केवल रटना
C. बिना समझ कार्य करना
D. केवल दंड
उत्तर: A. समस्या का अचानक समाधान समझ में आना
व्याख्या: अंतर्दृष्टि में व्यक्ति समस्या की संरचना समझकर अचानक समाधान पाता है।

31. एल्गोरिदम क्या है?
A. समस्या हल करने की निश्चित चरणबद्ध विधि
B. केवल अनुमान
C. बिना नियम कार्य
D. केवल कल्पना
उत्तर: A. समस्या हल करने की निश्चित चरणबद्ध विधि
व्याख्या: एल्गोरिदम में निश्चित नियमों का पालन करके समाधान खोजा जाता है।

32. हीयूरिस्टिक क्या है?
A. अनुभव आधारित त्वरित समाधान रणनीति
B. हमेशा पूर्ण निश्चित विधि
C. कोई विधि नहीं
D. केवल दंड
उत्तर: A. अनुभव आधारित त्वरित समाधान रणनीति
व्याख्या: हीयूरिस्टिक तेज निर्णय में मदद करता है, पर हमेशा सही नहीं होता।

33. मानसिक सेट क्या है?
A. पुराने तरीके से ही समस्या हल करने की प्रवृत्ति
B. हर बार नया तरीका अपनाना
C. कोई सोच न होना
D. केवल याद करना
उत्तर: A. पुराने तरीके से ही समस्या हल करने की प्रवृत्ति
व्याख्या: मानसिक सेट कभी-कभी नए समाधान खोजने में बाधा बनता है।

34. कार्यात्मक स्थिरता क्या है?
A. वस्तु को केवल उसके सामान्य उपयोग तक सीमित समझना
B. वस्तु के नए उपयोग खोजना
C. कोई वस्तु न देखना
D. केवल याद करना
उत्तर: A. वस्तु को केवल उसके सामान्य उपयोग तक सीमित समझना
व्याख्या: कार्यात्मक स्थिरता रचनात्मक समस्या समाधान में बाधा डाल सकती है।

35. समस्या समाधान में बाधा कौन-सी है?
A. पूर्वाग्रह और मानसिक सेट
B. स्पष्ट जानकारी
C. सही योजना
D. उचित फीडबैक
उत्तर: A. पूर्वाग्रह और मानसिक सेट
व्याख्या: पूर्वाग्रह और पुराने सोच-तरीके नए समाधान खोजने में रुकावट डालते हैं।

36. निर्णय लेने में जोखिम का अर्थ क्या है?
A. परिणाम अनिश्चित होना
B. परिणाम हमेशा निश्चित होना
C. कोई विकल्प न होना
D. केवल सफलता होना
उत्तर: A. परिणाम अनिश्चित होना
व्याख्या: जोखिम वाली स्थिति में परिणाम पूरी तरह निश्चित नहीं होता।

37. निर्णय लेने में लागत-लाभ विश्लेषण क्या है?
A. विकल्पों के लाभ और नुकसान की तुलना
B. केवल लाभ देखना
C. केवल नुकसान देखना
D. बिना तुलना निर्णय
उत्तर: A. विकल्पों के लाभ और नुकसान की तुलना
व्याख्या: यह विधि उचित विकल्प चुनने में मदद करती है।

38. तार्किक निर्णय किस पर आधारित होता है?
A. तथ्य, प्रमाण और परिणामों के विश्लेषण पर
B. केवल अफवाह
C. केवल भावना
D. केवल अनुमान

उत्तर: A. तथ्य, प्रमाण और परिणामों के विश्लेषण पर
व्याख्या: तार्किक निर्णय में भावनाओं के साथ-साथ प्रमाणों का भी ध्यान रखा जाता है।

39. अवैज्ञानिक सोच का उदाहरण कौन-सा है?
A. बिना प्रमाण अंधविश्वास पर विश्वास करना
B. प्रमाण देखकर निष्कर्ष निकालना
C. प्रयोग करना
D. कारण-परिणाम समझना
उत्तर: A. बिना प्रमाण अंधविश्वास पर विश्वास करना
व्याख्या: अवैज्ञानिक सोच प्रमाण और तर्क की उपेक्षा करती है।

40. वैज्ञानिक चिंतन किस पर आधारित है?
A. निरीक्षण, प्रमाण और परीक्षण
B. केवल अनुमान
C. केवल परंपरा
D. केवल भावना
उत्तर: A. निरीक्षण, प्रमाण और परीक्षण
व्याख्या: वैज्ञानिक चिंतन में निष्कर्ष प्रमाण और परीक्षण पर आधारित होते हैं।

41. चिंतन में स्मृति की भूमिका क्या है?
A. पूर्व ज्ञान और अनुभव उपलब्ध कराती है
B. कोई भूमिका नहीं
C. चिंतन रोकती है
D. केवल भूलना
उत्तर: A. पूर्व ज्ञान और अनुभव उपलब्ध कराती है
व्याख्या: स्मृति में संग्रहित जानकारी चिंतन का आधार बनती है।

42. चिंतन में ध्यान की भूमिका क्या है?
A. आवश्यक सूचना पर मानसिक ऊर्जा केंद्रित करता है
B. कोई भूमिका नहीं
C. हमेशा बाधा है
D. केवल नींद है
उत्तर: A. आवश्यक सूचना पर मानसिक ऊर्जा केंद्रित करता है
व्याख्या: ध्यान के बिना समस्या के महत्वपूर्ण पक्षों पर विचार कठिन होता है।

43. चिंतन में बुद्धि की भूमिका क्या है?
A. समझ, विश्लेषण और समाधान क्षमता को प्रभावित करती है
B. कोई भूमिका नहीं
C. केवल शरीर से जुड़ी है
D. केवल भोजन से बढ़ती है
उत्तर: A. समझ, विश्लेषण और समाधान क्षमता को प्रभावित करती है
व्याख्या: बुद्धि जटिल समस्याओं को समझने और हल करने में सहायक होती है।

44. चिंतन में अनुभव का महत्व क्या है?
A. नए निर्णयों के लिए आधार देता है
B. कोई महत्व नहीं
C. अनुभव हमेशा बाधा है
D. केवल उम्र का नाम है
उत्तर: A. नए निर्णयों के लिए आधार देता है
व्याख्या: पूर्व अनुभव व्यक्ति को समान स्थितियों में उचित निर्णय लेने में मदद करते हैं।

45. चिंतन में भाषा की भूमिका क्या है?
A. विचारों को व्यवस्थित और व्यक्त करती है
B. भाषा का कोई संबंध नहीं
C. भाषा सोच को हमेशा रोकती है
D. केवल आवाज है
उत्तर: A. विचारों को व्यवस्थित और व्यक्त करती है
व्याख्या: भाषा अमूर्त विचारों को स्पष्ट रूप देने में मदद करती है।

46. अवधारणा निर्माण क्या है?
A. समान गुणों के आधार पर वस्तुओं या विचारों का वर्ग बनाना
B. सबको अलग-अलग देखना
C. कोई वर्ग न बनाना
D. केवल याद करना
उत्तर: A. समान गुणों के आधार पर वस्तुओं या विचारों का वर्ग बनाना
व्याख्या: अवधारणा निर्माण से व्यक्ति जटिल जानकारी को सरल वर्गों में समझता है।

47. वर्गीकरण चिंतन में कैसे मदद करता है?
A. जानकारी को व्यवस्थित करता है
B. जानकारी को नष्ट करता है
C. कोई मदद नहीं
D. केवल भ्रम बढ़ाता है
उत्तर: A. जानकारी को व्यवस्थित करता है
व्याख्या: वर्गीकरण से समान वस्तुओं को समूह में रखकर समझ आसान होती है।

48. तुलना का चिंतन में महत्व क्या है?
A. समानता और भिन्नता समझने में सहायता
B. कोई महत्व नहीं
C. हमेशा भ्रम
D. केवल याद करना
उत्तर: A. समानता और भिन्नता समझने में सहायता
व्याख्या: तुलना से व्यक्ति वस्तुओं या विचारों के संबंध समझता है।

49. विश्लेषण का अर्थ क्या है?
A. किसी विषय को भागों में बाँटकर समझना
B. बिना समझ स्वीकार करना
C. केवल याद करना
D. सबको मिलाना
उत्तर: A. किसी विषय को भागों में बाँटकर समझना
व्याख्या: विश्लेषण जटिल विषय को सरल भागों में समझने में मदद करता है।

50. संश्लेषण का अर्थ क्या है?
A. अलग-अलग भागों को जोड़कर नया रूप बनाना
B. भागों को अलग करना
C. सब भूलना
D. केवल आलोचना
उत्तर: A. अलग-अलग भागों को जोड़कर नया रूप बनाना
व्याख्या: संश्लेषण रचनात्मक चिंतन और नए विचार निर्माण में

सहायक है।

51. मूल्यांकन का अर्थ क्या है?
A. किसी विचार या समाधान की गुणवत्ता का निर्णय
B. बिना जांच स्वीकार करना
C. केवल याद करना
D. कोई निर्णय न लेना
उत्तर: A. किसी विचार या समाधान की गुणवत्ता का निर्णय
व्याख्या: मूल्यांकन में मानदंडों के आधार पर सही-गलत या बेहतर-कमतर तय किया जाता है।

52. निष्कर्ष निकालना किस प्रक्रिया से जुड़ा है?
A. तर्क
B. केवल नींद
C. केवल भोजन
D. केवल खेल
उत्तर: A. तर्क
व्याख्या: तर्क के आधार पर उपलब्ध जानकारी से निष्कर्ष निकाला जाता है।

53. प्रमाण का तर्क में क्या महत्व है?
A. निष्कर्ष को विश्वसनीय बनाता है
B. कोई महत्व नहीं
C. प्रमाण तर्क को कमजोर करता है
D. केवल सजावट है
उत्तर: A. निष्कर्ष को विश्वसनीय बनाता है
व्याख्या: प्रमाण के बिना तर्क कमजोर और अविश्वसनीय हो सकता है।

54. धारणा और तथ्य में अंतर क्या है?
A. तथ्य प्रमाणित होता है, धारणा व्यक्तिगत विश्वास हो सकती है
B. दोनों समान हैं
C. धारणा हमेशा प्रमाणित है
D. तथ्य हमेशा गलत है
उत्तर: A. तथ्य प्रमाणित होता है, धारणा व्यक्तिगत विश्वास हो सकती है
व्याख्या: तर्कशील चिंतन में तथ्य और धारणा में अंतर समझना जरूरी है।

55. आलोचनात्मक चिंतन में प्रश्न पूछना क्यों जरूरी है?
A. प्रमाण और तर्क की जांच के लिए
B. बिना कारण बहस के लिए
C. केवल समय खराब करने के लिए
D. कोई जरूरत नहीं
उत्तर: A. प्रमाण और तर्क की जांच के लिए
व्याख्या: प्रश्न पूछने से सूचना की सत्यता और उपयोगिता स्पष्ट होती है।

56. तर्कशील व्यक्ति की विशेषता क्या है?
A. प्रमाण देखकर निष्कर्ष निकालना
B. अफवाह पर तुरंत विश्वास करना
C. बिना सोचे निर्णय लेना
D. केवल भावना से चलना
उत्तर: A. प्रमाण देखकर निष्कर्ष निकालना
व्याख्या: तर्कशील व्यक्ति निष्पक्ष और प्रमाण-आधारित निर्णय लेने का प्रयास करता है।

57. जल्दबाजी में निष्कर्ष निकालना किसका उदाहरण है?
A. तर्कदोष
B. सही तर्क
C. वैज्ञानिक विधि
D. स्पष्ट प्रमाण
उत्तर: A. तर्कदोष
व्याख्या: अपर्याप्त प्रमाण के आधार पर निष्कर्ष निकालना गलत तर्क हो सकता है।

58. सामान्यीकरण कब गलत हो सकता है?
A. जब बहुत कम उदाहरणों से बड़ा निष्कर्ष निकाला जाए
B. जब पर्याप्त प्रमाण हों
C. जब सभी तथ्य जांचे जाएँ
D. जब निष्कर्ष तार्किक हो
उत्तर: A. जब बहुत कम उदाहरणों से बड़ा निष्कर्ष निकाला जाए
व्याख्या: सीमित अनुभव से व्यापक निष्कर्ष निकालना त्रुटिपूर्ण हो सकता है।

59. कारण-परिणाम संबंध में गलती कब होती है?
A. केवल साथ होने वाली घटनाओं को कारण मान लेना
B. प्रमाणित कारण समझना
C. प्रयोग करना
D. डेटा देखना
उत्तर: A. केवल साथ होने वाली घटनाओं को कारण मान लेना
व्याख्या: दो घटनाओं का साथ होना जरूरी नहीं कि एक दूसरी का कारण हो।

60. समस्या समाधान में फीडबैक क्यों जरूरी है?
A. समाधान की सफलता या कमी पता चलती है
B. कोई महत्व नहीं
C. हमेशा भ्रम पैदा करता है
D. केवल दंड है
उत्तर: A. समाधान की सफलता या कमी पता चलती है
व्याख्या: फीडबैक से व्यक्ति अपनी रणनीति सुधार सकता है।

61. चिंतन में लचीलापन क्यों महत्वपूर्ण है?
A. नए दृष्टिकोण और समाधान अपनाने के लिए
B. हमेशा पुराने तरीके अपनाने के लिए
C. कोई महत्व नहीं
D. केवल शरीर से जुड़ा है
उत्तर: A. नए दृष्टिकोण और समाधान अपनाने के लिए
व्याख्या: लचीला चिंतन व्यक्ति को बदलती परिस्थितियों में बेहतर निर्णय लेने में मदद करता है।

62. कठोर चिंतन का नुकसान क्या है?
A. नए समाधान खोजने में कठिनाई
B. हमेशा बेहतर निर्णय
C. कोई नुकसान नहीं
D. अधिक रचनात्मकता
उत्तर: A. नए समाधान खोजने में कठिनाई
व्याख्या: कठोर सोच व्यक्ति को पुराने विचारों तक सीमित कर सकती है।

63. रचनात्मक समस्या समाधान के लिए क्या आवश्यक है?
A. कल्पना, लचीलापन और नए विचार
B. केवल रटना
C. केवल दंड
D. बिना सोच कार्य
उत्तर: A. कल्पना, लचीलापन और नए विचार
व्याख्या: रचनात्मक समाधान के लिए व्यक्ति को सामान्य तरीकों से आगे सोचने की जरूरत होती है।

64. आलोचनात्मक और रचनात्मक चिंतन में संबंध कैसा है?
A. दोनों समस्या समाधान में सहायक हैं
B. दोनों हमेशा विरोधी हैं
C. कोई संबंध नहीं
D. दोनों केवल स्मृति हैं
उत्तर: A. दोनों समस्या समाधान में सहायक हैं
व्याख्या: रचनात्मक चिंतन नए विचार देता है और आलोचनात्मक चिंतन उनकी जांच करता है।

65. तर्क में क्रमबद्धता क्यों जरूरी है?
A. विचार स्पष्ट और निष्कर्ष उचित बनता है
B. कोई जरूरत नहीं
C. क्रमबद्धता तर्क रोकती है
D. केवल सजावट है
उत्तर: A. विचार स्पष्ट और निष्कर्ष उचित बनता है
व्याख्या: क्रमबद्ध तर्क से विचारों के बीच संबंध स्पष्ट होते हैं।

66. गणितीय तर्क किस पर आधारित होता है?
A. नियम, प्रतीक और प्रमाण
B. केवल भावना
C. केवल अनुमान
D. केवल कहानी
उत्तर: A. नियम, प्रतीक और प्रमाण
व्याख्या: गणितीय तर्क में निश्चित नियमों और तार्किक प्रमाणों का उपयोग होता है।

67. नैतिक तर्क क्या है?
A. सही और गलत के आधार पर निर्णय लेना
B. केवल लाभ देखना
C. बिना मूल्य निर्णय
D. केवल गणना
उत्तर: A. सही और गलत के आधार पर निर्णय लेना
व्याख्या: नैतिक तर्क में व्यक्ति मूल्य, न्याय और जिम्मेदारी को ध्यान में रखता है।

68. सामाजिक तर्क क्या है?
A. सामाजिक परिस्थितियों और संबंधों को समझकर निर्णय लेना
B. केवल अकेले निर्णय लेना
C. समाज को न समझना
D. केवल गणित करना
उत्तर: A. सामाजिक परिस्थितियों और संबंधों को समझकर निर्णय लेना
व्याख्या: सामाजिक तर्क व्यक्ति को दूसरों के विचार और भावनाएँ समझने में मदद करता है।

69. भावनात्मक बुद्धि चिंतन को कैसे प्रभावित करती है?
A. भावनाओं को समझकर संतुलित निर्णय में मदद करती है
B. कोई प्रभाव नहीं
C. हमेशा गलत निर्णय
D. केवल शरीर से जुड़ी है
उत्तर: A. भावनाओं को समझकर संतुलित निर्णय में मदद करती है
व्याख्या: भावनात्मक बुद्धि व्यक्ति को भावनाओं और तर्क के बीच संतुलन बनाने में मदद करती है।

70. मेटाकॉग्निशन का अर्थ क्या है?
A. अपनी सोच के बारे में सोचना
B. केवल याद करना
C. बिना सोच कार्य करना
D. केवल सोना
उत्तर: A. अपनी सोच के बारे में सोचना
व्याख्या: मेटाकॉग्निशन से व्यक्ति अपनी सोच और सीखने की प्रक्रिया का मूल्यांकन करता है।

71. मेटाकॉग्निशन का लाभ क्या है?
A. अपनी गलतियों और रणनीतियों को पहचानना
B. सोच को रोकना
C. कोई लाभ नहीं
D. केवल भ्रम
उत्तर: A. अपनी गलतियों और रणनीतियों को पहचानना
व्याख्या: इससे व्यक्ति बेहतर सीखने और समस्या समाधान की रणनीति बना सकता है।

72. चिंतन में आत्म-नियंत्रण का महत्व क्या है?
A. जल्दबाजी और भावनात्मक निर्णय से बचाता है
B. कोई महत्व नहीं
C. हमेशा निर्णय रोकता है
D. केवल शरीर से जुड़ा है
उत्तर: A. जल्दबाजी और भावनात्मक निर्णय से बचाता है
व्याख्या: आत्म-नियंत्रण व्यक्ति को सोच-समझकर निर्णय लेने में मदद करता है।

73. चिंतन में धैर्य क्यों आवश्यक है?
A. जटिल समस्याओं पर गहराई से विचार करने के लिए
B. जल्दी निष्कर्ष के लिए
C. कोई जरूरत नहीं
D. केवल प्रतीक्षा के लिए
उत्तर: A. जटिल समस्याओं पर गहराई से विचार करने के लिए
व्याख्या: धैर्य से व्यक्ति समस्या के सभी पक्षों को समझ सकता है।

74. चिंतन में खुले मन का महत्व क्या है?
A. नए प्रमाण और विचार स्वीकार करने के लिए
B. केवल अपनी बात मानने के लिए
C. कोई महत्व नहीं
D. तर्क रोकने के लिए
उत्तर: A. नए प्रमाण और विचार स्वीकार करने के लिए
व्याख्या: खुले मन वाला व्यक्ति अपनी मान्यताओं की भी जांच

करता है।

75. चिंतन में जिज्ञासा का प्रभाव क्या है?
A. प्रश्न पूछने और सीखने की इच्छा बढ़ाती है
B. सोच को रोकती है
C. कोई प्रभाव नहीं
D. केवल खेल है
उत्तर: A. प्रश्न पूछने और सीखने की इच्छा बढ़ाती है
व्याख्या: जिज्ञासा व्यक्ति को गहराई से जानने और समझने के लिए प्रेरित करती है।

76. चिंतन में शिक्षा की भूमिका क्या है?
A. तर्क, विश्लेषण और समस्या समाधान विकसित करना
B. केवल रटना
C. सोच को रोकना
D. कोई भूमिका नहीं
उत्तर: A. तर्क, विश्लेषण और समस्या समाधान विकसित करना
व्याख्या: शिक्षा व्यक्ति की सोचने और निर्णय लेने की क्षमता को विकसित करती है।

77. चिंतन में शिक्षक की भूमिका क्या है?
A. प्रश्न, चर्चा और समस्या आधारित शिक्षण कराना
B. केवल उत्तर रटवाना
C. सोच रोकना
D. कोई भूमिका नहीं
उत्तर: A. प्रश्न, चर्चा और समस्या आधारित शिक्षण कराना
व्याख्या: शिक्षक विद्यार्थियों को सोचने, तर्क करने और निष्कर्ष निकालने के अवसर देता है।

78. चिंतन में विद्यार्थी की सक्रियता क्यों जरूरी है?
A. सक्रिय भागीदारी से समझ और तर्क क्षमता बढ़ती है
B. निष्क्रियता हमेशा बेहतर है
C. कोई फर्क नहीं
D. केवल सुनना काफी है
उत्तर: A. सक्रिय भागीदारी से समझ और तर्क क्षमता बढ़ती है
व्याख्या: प्रश्न पूछना, चर्चा करना और समस्या हल करना चिंतन को विकसित करता है।

79. समूह चर्चा चिंतन को कैसे बढ़ाती है?
A. अलग-अलग दृष्टिकोण मिलते हैं
B. हमेशा सोच रोकती है
C. कोई लाभ नहीं
D. केवल शोर होता है
उत्तर: A. अलग-अलग दृष्टिकोण मिलते हैं
व्याख्या: चर्चा से व्यक्ति अपने विचारों की तुलना और सुधार कर सकता है।

80. वाद-विवाद का चिंतन में महत्व क्या है?
A. तर्क और प्रमाण प्रस्तुत करने की क्षमता बढ़ती है
B. केवल झगड़ा होता है
C. कोई लाभ नहीं
D. सोच समाप्त होती है
उत्तर: A. तर्क और प्रमाण प्रस्तुत करने की क्षमता बढ़ती है
व्याख्या: वाद-विवाद व्यक्ति को अपनी बात तार्किक रूप से रखने में मदद करता है।

81. परियोजना कार्य चिंतन को कैसे विकसित करता है?
A. वास्तविक समस्या पर योजना और समाधान का अभ्यास कराता है
B. कोई लाभ नहीं
C. केवल समय खराब करता है
D. सोच रोकता है
उत्तर: A. वास्तविक समस्या पर योजना और समाधान का अभ्यास कराता है
व्याख्या: परियोजना कार्य में विद्यार्थी जानकारी खोजता, विश्लेषण करता और निष्कर्ष बनाता है।

82. केस अध्ययन का चिंतन में उपयोग क्या है?
A. वास्तविक स्थिति का विश्लेषण कर निर्णय लेना
B. केवल कहानी पढ़ना
C. कोई उपयोग नहीं
D. केवल रटना
उत्तर: A. वास्तविक स्थिति का विश्लेषण कर निर्णय लेना
व्याख्या: केस अध्ययन विद्यार्थियों को परिस्थिति के आधार पर सोचने और निर्णय लेने का अभ्यास देता है।

83. चिंतन में डिजिटल सूचना का उपयोग सावधानी से क्यों करना चाहिए?
A. गलत सूचना और पक्षपात हो सकते हैं
B. डिजिटल सूचना हमेशा सही है
C. कोई सावधानी नहीं चाहिए
D. इंटरनेट पर सब प्रमाणित है
उत्तर: A. गलत सूचना और पक्षपात हो सकते हैं
व्याख्या: डिजिटल सामग्री की विश्वसनीयता जांचना आवश्यक है।

84. सूचना की विश्वसनीयता कैसे जांची जा सकती है?
A. स्रोत, प्रमाण और तिथि देखकर
B. केवल शीर्षक देखकर
C. केवल पसंद देखकर
D. बिना जांच स्वीकार करके
उत्तर: A. स्रोत, प्रमाण और तिथि देखकर
व्याख्या: विश्वसनीय स्रोत और प्रमाण सही जानकारी की पहचान में मदद करते हैं।

85. अफवाहों पर तुरंत विश्वास करना किसकी कमी दिखाता है?
A. आलोचनात्मक चिंतन
B. स्मृति
C. भोजन
D. नींद
उत्तर: A. आलोचनात्मक चिंतन
व्याख्या: आलोचनात्मक चिंतन व्यक्ति को जानकारी की जांच करने की आदत देता है।

86. चिंतन में नैतिकता क्यों जरूरी है?
A. निर्णय जिम्मेदार और न्यायपूर्ण हों
B. कोई जरूरत नहीं
C. केवल लाभ के लिए
D. केवल नियम तोड़ने के लिए

उत्तर: A. निर्णय जिम्मेदार और न्यायपूर्ण हों
व्याख्या: नैतिक चिंतन व्यक्ति को सही और सामाजिक रूप से स्वीकार्य निर्णय लेने में मदद करता है।

87. तर्क और बहस में अंतर क्या है?
A. तर्क प्रमाण आधारित होता है, बहस कभी-कभी केवल जीतने के लिए हो सकती है
B. दोनों हमेशा समान हैं
C. तर्क में प्रमाण नहीं चाहिए
D. बहस हमेशा वैज्ञानिक है
उत्तर: A. तर्क प्रमाण आधारित होता है, बहस कभी-कभी केवल जीतने के लिए हो सकती है
व्याख्या: स्वस्थ तर्क सत्य और समाधान खोजने पर केंद्रित होता है।

88. चिंतन में निष्पक्षता का महत्व क्या है?
A. सही और संतुलित निर्णय के लिए
B. केवल अपनी बात मनवाने के लिए
C. कोई महत्व नहीं
D. निष्पक्षता सोच रोकती है
उत्तर: A. सही और संतुलित निर्णय के लिए
व्याख्या: निष्पक्ष व्यक्ति सभी पक्षों और प्रमाणों को ध्यान में रखता है।

89. चिंतन में प्रमाण के बिना निष्कर्ष क्यों कमजोर होता है?
A. वह केवल अनुमान हो सकता है
B. वह हमेशा सही होता है
C. प्रमाण की जरूरत नहीं
D. अनुमान ही विज्ञान है
उत्तर: A. वह केवल अनुमान हो सकता है
व्याख्या: प्रमाण निष्कर्ष को मजबूत और विश्वसनीय बनाता है।

90. चिंतन में "क्यों" प्रश्न का महत्व क्या है?
A. कारण और गहराई समझने में मदद
B. कोई महत्व नहीं
C. सोच रोकता है
D. केवल समय खराब करता है
उत्तर: A. कारण और गहराई समझने में मदद
व्याख्या: "क्यों" प्रश्न व्यक्ति को सतह से आगे जाकर कारण खोजने के लिए प्रेरित करता है।

91. चिंतन में "कैसे" प्रश्न का महत्व क्या है?
A. प्रक्रिया और संबंध समझने में मदद
B. कोई महत्व नहीं
C. केवल भ्रम
D. सोच रोकता है
उत्तर: A. प्रक्रिया और संबंध समझने में मदद
व्याख्या: "कैसे" प्रश्न समस्या या घटना की कार्यप्रणाली समझने में मदद करता है।

92. चिंतन में "क्या होगा यदि" प्रश्न का महत्व क्या है?
A. संभावित परिणामों पर विचार करने में
B. कोई महत्व नहीं
C. हमेशा गलत है
D. केवल कल्पना बिना उपयोग
उत्तर: A. संभावित परिणामों पर विचार करने में
व्याख्या: यह प्रश्न भविष्य की संभावनाओं और परिणामों का अनुमान लगाने में मदद करता है।

93. चिंतन में अभ्यास का महत्व क्या है?
A. तर्क और समस्या समाधान क्षमता विकसित होती है
B. अभ्यास सोच को रोकता है
C. कोई महत्व नहीं
D. केवल रटना है
उत्तर: A. तर्क और समस्या समाधान क्षमता विकसित होती है
व्याख्या: नियमित अभ्यास से व्यक्ति बेहतर ढंग से सोच और निर्णय ले पाता है।

94. चिंतन में त्रुटियों से सीखना क्यों जरूरी है?
A. गलत रणनीति पहचानकर सुधार होता है
B. गलती से कुछ नहीं सीखते
C. गलती हमेशा अंत है
D. सुधार असंभव है
उत्तर: A. गलत रणनीति पहचानकर सुधार होता है
व्याख्या: त्रुटियाँ व्यक्ति को बेहतर समाधान और रणनीति अपनाने का अवसर देती हैं।

95. चिंतन में आत्म-मूल्यांकन का लाभ क्या है?
A. अपनी सोच की गुणवत्ता जांचना
B. सोच रोकना
C. कोई लाभ नहीं
D. केवल अंक घटाना
उत्तर: A. अपनी सोच की गुणवत्ता जांचना
व्याख्या: आत्म-मूल्यांकन से व्यक्ति अपनी कमजोरियों और सुधार की दिशा पहचानता है।

96. चिंतन और तर्क का दैनिक जीवन में उपयोग क्या है?
A. निर्णय, समस्या समाधान और संबंधों में
B. कोई उपयोग नहीं
C. केवल परीक्षा में
D. केवल खेल में
उत्तर: A. निर्णय, समस्या समाधान और संबंधों में
व्याख्या: दैनिक जीवन में हर निर्णय किसी न किसी स्तर पर चिंतन और तर्क पर आधारित होता है।

97. चिंतन और तर्क का प्रतियोगी परीक्षाओं में महत्व क्या है?
A. विश्लेषणात्मक प्रश्नों और निर्णय क्षमता के लिए
B. कोई महत्व नहीं
C. केवल चित्र बनाने के लिए
D. केवल याद करने के लिए
उत्तर: A. विश्लेषणात्मक प्रश्नों और निर्णय क्षमता के लिए
व्याख्या: प्रतियोगी परीक्षाओं में तर्क शक्ति और समस्या समाधान क्षमता महत्वपूर्ण होती है।

98. चिंतन और तर्क की सबसे अच्छी विशेषता क्या है?
A. व्यक्ति को समझदार और प्रमाण-आधारित निर्णय लेने में सक्षम बनाना
B. बिना सोचे कार्य कराना
C. केवल रटना बढ़ाना

D. भ्रम पैदा करना
उत्तर: A. व्यक्ति को समझदार और प्रमाण-आधारित निर्णय लेने में सक्षम बनाना
व्याख्या: चिंतन और तर्क व्यक्ति को सही, संतुलित और उपयोगी निर्णय लेने में सहायता करते हैं।

99. चिंतन और तर्क को कैसे विकसित किया जा सकता है?
A. प्रश्न पूछकर, चर्चा करके और समस्याएँ हल करके
B. केवल चुप रहकर
C. बिना पढ़े
D. केवल रटकर
उत्तर: A. प्रश्न पूछकर, चर्चा करके और समस्याएँ हल करके
व्याख्या: सक्रिय अभ्यास और आलोचनात्मक दृष्टि चिंतन को विकसित करते हैं।

100. चिंतन एवं तर्क का सबसे उपयुक्त निष्कर्ष क्या है?
A. ये उच्च मानसिक प्रक्रियाएँ हैं जो समस्या समाधान, निर्णय और ज्ञान के सही उपयोग में सहायता करती हैं
B. इनका शिक्षा से कोई संबंध नहीं
C. ये केवल जन्मजात प्रतिवर्त हैं
D. ये केवल नींद से संबंधित हैं
उत्तर: A. ये उच्च मानसिक प्रक्रियाएँ हैं जो समस्या समाधान, निर्णय और ज्ञान के सही उपयोग में सहायता करती हैं
व्याख्या: चिंतन और तर्क व्यक्ति को प्रमाण, अनुभव और विचारों के आधार पर सही निष्कर्ष तक पहुँचाते हैं।

अध्याय 12: बुद्धि

100 वस्तुनिष्ठ प्रश्न

1. बुद्धि का सामान्य अर्थ क्या है?
A. सीखने, समझने और समस्या हल करने की क्षमता
B. केवल शरीर की ऊँचाई
C. केवल भोजन करने की क्षमता
D. केवल सोने की आदत
उत्तर: A. सीखने, समझने और समस्या हल करने की क्षमता
व्याख्या: बुद्धि व्यक्ति की मानसिक क्षमता है, जिससे वह नई परिस्थितियों को समझकर उचित प्रतिक्रिया देता है।

2. बुद्धि किस प्रकार की क्षमता है?
A. मानसिक क्षमता
B. केवल शारीरिक क्षमता
C. केवल जैविक प्रतिवर्त
D. केवल भावनात्मक प्रतिक्रिया
उत्तर: A. मानसिक क्षमता
व्याख्या: बुद्धि का संबंध विचार, तर्क, सीखने और निर्णय लेने जैसी मानसिक प्रक्रियाओं से है।

3. बुद्धि का संबंध किससे है?
A. अधिगम, तर्क और अनुकूलन से
B. केवल पाचन से
C. केवल नींद से
D. केवल रक्त संचार से
उत्तर: A. अधिगम, तर्क और अनुकूलन से
व्याख्या: बुद्धि व्यक्ति को सीखने, सोचने और परिस्थिति के अनुसार ढलने में सहायता करती है।

4. बुद्धि की प्रमुख विशेषता कौन-सी है?
A. नई परिस्थितियों में अनुकूलन
B. केवल जन्मजात क्रिया
C. केवल रंग पहचानना
D. केवल भोजन करना
उत्तर: A. नई परिस्थितियों में अनुकूलन
व्याख्या: बुद्धिमान व्यक्ति बदलती परिस्थितियों के अनुसार उचित व्यवहार कर सकता है।

5. बुद्धि व्यक्ति को किसमें सहायता करती है?
A. समस्या समाधान में
B. केवल सोने में
C. केवल खाने में
D. केवल चलने में
उत्तर: A. समस्या समाधान में
व्याख्या: बुद्धि के माध्यम से व्यक्ति कठिनाइयों का विश्लेषण कर समाधान खोजता है।

6. बुद्धि का मापन किससे किया जाता है?
A. बुद्धि परीक्षणों से
B. केवल वजन से
C. केवल ऊँचाई से
D. केवल रंग से
उत्तर: A. बुद्धि परीक्षणों से
व्याख्या: बुद्धि परीक्षण व्यक्ति की मानसिक क्षमताओं का आकलन करने के लिए बनाए जाते हैं।

7. IQ का पूर्ण रूप क्या है?
A. Intelligence Quotient
B. Internal Quality
C. Individual Question
D. Intelligent Quantity
उत्तर: A. Intelligence Quotient
व्याख्या: IQ का अर्थ बुद्धिलब्धि है, जो बुद्धि स्तर का संकेत देता है।

8. बुद्धिलब्धि का हिंदी अर्थ क्या है?
A. Intelligence Quotient
B. Emotional Balance
C. Learning Habit
D. Social Skill
उत्तर: A. Intelligence Quotient
व्याख्या: बुद्धिलब्धि को अंग्रेजी में Intelligence Quotient कहा जाता है।

9. बुद्धि परीक्षणों का उद्देश्य क्या है?
A. मानसिक क्षमता का आकलन
B. केवल शारीरिक शक्ति मापना
C. केवल भोजन आदत जानना
D. केवल नींद मापना
उत्तर: A. मानसिक क्षमता का आकलन
व्याख्या: बुद्धि परीक्षण सीखने, तर्क और समस्या समाधान की क्षमता को मापते हैं।

10. बुद्धि को प्रभावित करने वाला कारक कौन-सा है?

A. आनुवंशिकता और वातावरण
B. केवल कपड़े
C. केवल मौसम
D. केवल रंग
उत्तर: A. आनुवंशिकता और वातावरण
व्याख्या: बुद्धि पर जन्मजात गुणों और सामाजिक-शैक्षिक वातावरण दोनों का प्रभाव पड़ता है।

11. आनुवंशिकता बुद्धि को कैसे प्रभावित करती है?
A. जन्मजात क्षमता का आधार देती है
B. कोई प्रभाव नहीं
C. केवल भाषा सिखाती है
D. केवल भोजन तय करती है
उत्तर: A. जन्मजात क्षमता का आधार देती है
व्याख्या: आनुवंशिकता व्यक्ति की बौद्धिक क्षमता की संभावनाओं को प्रभावित कर सकती है।

12. वातावरण बुद्धि को कैसे प्रभावित करता है?
A. शिक्षा, पोषण और अनुभव से विकास में सहायता करता है
B. कोई प्रभाव नहीं
C. केवल रंग बदलता है
D. केवल ऊँचाई घटाता है
उत्तर: A. शिक्षा, पोषण और अनुभव से विकास में सहायता करता है
व्याख्या: अनुकूल वातावरण बुद्धि के विकास को बेहतर बना सकता है।

13. बुद्धि के विकास में शिक्षा की भूमिका क्या है?
A. सोच, तर्क और समस्या समाधान को विकसित करना
B. केवल दंड देना
C. कोई भूमिका नहीं
D. सीखना रोकना
उत्तर: A. सोच, तर्क और समस्या समाधान को विकसित करना
व्याख्या: शिक्षा व्यक्ति की बौद्धिक क्षमताओं को दिशा और अवसर देती है।

14. बुद्धि के विकास में पोषण का महत्व क्या है?
A. मस्तिष्क विकास में सहायता
B. कोई महत्व नहीं
C. केवल वजन बढ़ाना
D. केवल स्वाद बदलना
उत्तर: A. मस्तिष्क विकास में सहायता
व्याख्या: संतुलित पोषण मस्तिष्क और मानसिक कार्यों के विकास में सहायक होता है।

15. बुद्धि के विकास में परिवार की भूमिका क्या है?
A. प्रारंभिक अनुभव और सीखने का वातावरण देना
B. कोई भूमिका नहीं
C. केवल दंड देना
D. सीखना रोकना
उत्तर: A. प्रारंभिक अनुभव और सीखने का वातावरण देना
व्याख्या: परिवार बच्चे की भाषा, जिज्ञासा और सोच के विकास में महत्वपूर्ण भूमिका निभाता है।

16. बुद्धि का शैक्षिक महत्व क्या है?
A. विद्यार्थियों की क्षमता के अनुसार शिक्षण योजना बनाना
B. केवल दंड देना
C. शिक्षा से कोई संबंध नहीं
D. सभी को समान तरीके से पढ़ाना हमेशा सही है
उत्तर: A. विद्यार्थियों की क्षमता के अनुसार शिक्षण योजना बनाना
व्याख्या: बुद्धि के आकलन से शिक्षक विद्यार्थियों की जरूरतों के अनुसार सहायता दे सकता है।

17. बुद्धि परीक्षण किस क्षेत्र में उपयोगी हैं?
A. शिक्षा, परामर्श और चयन
B. केवल खेल मैदान
C. केवल भोजनालय
D. केवल मनोरंजन
उत्तर: A. शिक्षा, परामर्श और चयन
व्याख्या: बुद्धि परीक्षण विद्यार्थियों के मार्गदर्शन और विशेष सहायता में उपयोगी होते हैं।

18. बुद्धि का संबंध अनुकूलन से किसने जोड़ा?
A. स्टर्न
B. पावलॉव
C. स्किनर
D. कोहलर
उत्तर: A. स्टर्न
व्याख्या: स्टर्न ने बुद्धि को नई परिस्थितियों में अनुकूलन की क्षमता से जोड़ा।

19. बिने किससे संबंधित हैं?
A. बुद्धि परीक्षण
B. शास्त्रीय अनुबंधन
C. क्रियात्मक अनुबंधन
D. अंतर्दृष्टि अधिगम
उत्तर: A. बुद्धि परीक्षण
व्याख्या: अल्फ्रेड बिने ने बच्चों की बौद्धिक क्षमता मापने के लिए प्रारंभिक बुद्धि परीक्षण विकसित किया।

20. बिने-साइमन परीक्षण किससे संबंधित है?
A. बुद्धि मापन
B. व्यक्तित्व मापन
C. केवल स्मृति मापन
D. केवल शारीरिक शक्ति
उत्तर: A. बुद्धि मापन
व्याख्या: बिने और साइमन ने बुद्धि मापन के लिए प्रसिद्ध परीक्षण विकसित किया।

21. मानसिक आयु का अर्थ क्या है?
A. व्यक्ति की बौद्धिक कार्यक्षमता का स्तर
B. वास्तविक जन्म आयु
C. शरीर की लंबाई
D. वजन
उत्तर: A. व्यक्ति की बौद्धिक कार्यक्षमता का स्तर
व्याख्या: मानसिक आयु बताती है कि व्यक्ति किस आयु-स्तर के कार्य कर सकता है।

22. कालानुक्रमिक आयु का अर्थ क्या है?

A. जन्म से अब तक की वास्तविक आयु
B. मानसिक क्षमता
C. वजन
D. ऊँचाई
उत्तर: A. जन्म से अब तक की वास्तविक आयु
व्याख्या: कालानुक्रमिक आयु व्यक्ति की वास्तविक उम्र होती है।

23. IQ का पारंपरिक सूत्र क्या है?
A. मानसिक आयु ÷ कालानुक्रमिक आयु × 100
B. कालानुक्रमिक आयु ÷ मानसिक आयु × 10
C. वजन ÷ ऊँचाई × 100
D. अंक ÷ प्रश्न × 10
उत्तर: A. मानसिक आयु ÷ कालानुक्रमिक आयु × 100
व्याख्या: पारंपरिक IQ सूत्र में मानसिक आयु को वास्तविक आयु से भाग देकर 100 से गुणा किया जाता है।

24. यदि मानसिक आयु और कालानुक्रमिक आयु समान हों, तो IQ कितना होगा?
A. 100
B. 50
C. 150
D. 200
उत्तर: A. 100
व्याख्या: समान मानसिक और वास्तविक आयु होने पर IQ सामान्यतः 100 होता है।

25. औसत IQ सामान्यतः कितना माना जाता है?
A. लगभग 100
B. 10
C. 200
D. 300
उत्तर: A. लगभग 100
व्याख्या: IQ स्केल में 100 को औसत बुद्धि स्तर माना जाता है।

26. बुद्धि का एक-कारक सिद्धांत किसने दिया?
A. बिने
B. स्पीयरमैन
C. थर्स्टन
D. गार्डनर
उत्तर: A. बिने
व्याख्या: बिने ने बुद्धि को एक सामान्य मानसिक क्षमता के रूप में देखा।

27. द्वि-कारक सिद्धांत किसने दिया?
A. स्पीयरमैन
B. बिने
C. थर्स्टन
D. गिलफोर्ड
उत्तर: A. स्पीयरमैन
व्याख्या: स्पीयरमैन ने बुद्धि में सामान्य कारक और विशिष्ट कारक का विचार दिया।

28. स्पीयरमैन के सिद्धांत में g-कारक क्या है?
A. सामान्य बुद्धि
B. केवल खेल क्षमता
C. केवल भाषा
D. केवल स्मृति
उत्तर: A. सामान्य बुद्धि
व्याख्या: g-कारक सभी बौद्धिक कार्यों में सामान्य रूप से काम करने वाली क्षमता है।

29. स्पीयरमैन के सिद्धांत में s-कारक क्या है?
A. विशिष्ट क्षमता
B. सामान्य बुद्धि
C. केवल भावनाएँ
D. केवल भोजन
उत्तर: A. विशिष्ट क्षमता
व्याख्या: s-कारक किसी विशेष कार्य या क्षेत्र से जुड़ी विशिष्ट क्षमता है।

30. थर्स्टन का प्राथमिक मानसिक योग्यताओं का सिद्धांत किससे संबंधित है?
A. बुद्धि की कई प्राथमिक क्षमताओं से
B. केवल एक क्षमता से
C. केवल शरीर से
D. केवल प्रतिवर्त से
उत्तर: A. बुद्धि की कई प्राथमिक क्षमताओं से
व्याख्या: थर्स्टन ने बुद्धि को कई प्राथमिक मानसिक योग्यताओं का समूह माना।

31. थर्स्टन ने बुद्धि को किस रूप में माना?
A. प्राथमिक मानसिक योग्यताओं के समूह के रूप में
B. केवल एक क्षमता
C. केवल शारीरिक शक्ति
D. केवल भावना
उत्तर: A. प्राथमिक मानसिक योग्यताओं के समूह के रूप में
व्याख्या: उनके अनुसार शब्द समझ, संख्यात्मक क्षमता, स्मृति आदि बुद्धि के भाग हैं।

32. गिलफोर्ड का बुद्धि संरचना सिद्धांत किससे संबंधित है?
A. बुद्धि के बहुआयामी मॉडल से
B. केवल एक कारक से
C. केवल अनुबंधन से
D. केवल व्यक्तित्व से
उत्तर: A. बुद्धि के बहुआयामी मॉडल से
व्याख्या: गिलफोर्ड ने बुद्धि को ऑपरेशन, सामग्री और उत्पादों के आधार पर समझाया।

33. गार्डनर का सिद्धांत किससे संबंधित है?
A. बहु-बुद्धि सिद्धांत
B. द्वि-कारक सिद्धांत
C. शास्त्रीय अनुबंधन
D. प्रयास और त्रुटि
उत्तर: A. बहु-बुद्धि सिद्धांत
व्याख्या: गार्डनर ने बुद्धि को कई स्वतंत्र प्रकारों में बाँटा।

34. गार्डनर के अनुसार भाषाई बुद्धि का संबंध किससे है?
A. भाषा के प्रभावी उपयोग से
B. केवल गणित से
C. केवल संगीत से

D. केवल खेल से
उत्तर: A. भाषा के प्रभावी उपयोग से
व्याख्या: भाषाई बुद्धि बोलने, लिखने और भाषा समझने की क्षमता से जुड़ी है।

35. तार्किक-गणितीय बुद्धि किससे संबंधित है?
A. तर्क और संख्यात्मक समस्याओं से
B. केवल नृत्य से
C. केवल रंग से
D. केवल स्वाद से
उत्तर: A. तर्क और संख्यात्मक समस्याओं से
व्याख्या: यह बुद्धि गणना, तर्क और वैज्ञानिक सोच में सहायक होती है।

36. स्थानिक बुद्धि का संबंध किससे है?
A. दृश्य और स्थान संबंधी समझ से
B. केवल भाषा से
C. केवल भोजन से
D. केवल नींद से
उत्तर: A. दृश्य और स्थान संबंधी समझ से
व्याख्या: स्थानिक बुद्धि नक्शे, चित्र, आकार और दिशा समझने में सहायक है।

37. शारीरिक-गतिज बुद्धि किससे संबंधित है?
A. शरीर की गतिविधियों और कौशल से
B. केवल शब्दों से
C. केवल संख्याओं से
D. केवल भावनाओं से
उत्तर: A. शरीर की गतिविधियों और कौशल से
व्याख्या: खिलाड़ी, नर्तक और कारीगरों में यह क्षमता प्रमुख हो सकती है।

38. संगीतिक बुद्धि किससे संबंधित है?
A. लय, स्वर और संगीत की समझ से
B. केवल गणित से
C. केवल भाषा से
D. केवल चित्र से
उत्तर: A. लय, स्वर और संगीत की समझ से
व्याख्या: संगीत पहचानने, बनाने और समझने की क्षमता संगीतिक बुद्धि है।

39. अंतर्वैयक्तिक बुद्धि का अर्थ क्या है?
A. दूसरों की भावनाएँ और व्यवहार समझना
B. केवल स्वयं को समझना
C. केवल गणना करना
D. केवल भाषा बोलना
उत्तर: A. दूसरों की भावनाएँ और व्यवहार समझना
व्याख्या: यह सामाजिक संबंधों और संवाद में उपयोगी होती है।

40. आत्मवैयक्तिक बुद्धि का अर्थ क्या है?
A. स्वयं की भावनाओं और क्षमताओं को समझना
B. दूसरों को समझना
C. केवल संगीत समझना
D. केवल गणित करना
उत्तर: A. स्वयं की भावनाओं और क्षमताओं को समझना
व्याख्या: आत्मवैयक्तिक बुद्धि आत्म-जागरूकता और आत्म-नियंत्रण से जुड़ी है।

41. प्राकृतिक बुद्धि किससे संबंधित है?
A. प्रकृति, जीव-जंतु और पर्यावरण को समझना
B. केवल मशीन से
C. केवल भाषा से
D. केवल गणित से
उत्तर: A. प्रकृति, जीव-जंतु और पर्यावरण को समझना
व्याख्या: यह क्षमता प्राकृतिक वस्तुओं और जीवों के वर्गीकरण व समझ से जुड़ी है।

42. स्टर्नबर्ग का त्रिआयामी बुद्धि सिद्धांत किससे संबंधित है?
A. विश्लेषणात्मक, रचनात्मक और व्यावहारिक बुद्धि
B. केवल भाषाई बुद्धि
C. केवल शारीरिक बुद्धि
D. केवल संगीतिक बुद्धि
उत्तर: A. विश्लेषणात्मक, रचनात्मक और व्यावहारिक बुद्धि
व्याख्या: स्टर्नबर्ग ने बुद्धि को तीन प्रमुख रूपों में समझाया।

43. विश्लेषणात्मक बुद्धि किससे संबंधित है?
A. समस्या विश्लेषण और तार्किक सोच से
B. केवल खेल से
C. केवल संगीत से
D. केवल भोजन से
उत्तर: A. समस्या विश्लेषण और तार्किक सोच से
व्याख्या: यह बुद्धि शैक्षिक और तर्क आधारित कार्यों में उपयोगी होती है।

44. रचनात्मक बुद्धि किससे संबंधित है?
A. नए विचार और समाधान उत्पन्न करने से
B. केवल रटने से
C. केवल नकल से
D. केवल नींद से
उत्तर: A. नए विचार और समाधान उत्पन्न करने से
व्याख्या: रचनात्मक बुद्धि नई परिस्थितियों में मौलिक समाधान खोजती है।

45. व्यावहारिक बुद्धि किससे संबंधित है?
A. दैनिक जीवन की समस्याओं को हल करने से
B. केवल पुस्तक पढ़ने से
C. केवल संगीत से
D. केवल चित्र बनाने से
उत्तर: A. दैनिक जीवन की समस्याओं को हल करने से
व्याख्या: व्यावहारिक बुद्धि वास्तविक जीवन में ज्ञान का उपयोग करने की क्षमता है।

46. भावनात्मक बुद्धि का अर्थ क्या है?
A. अपनी और दूसरों की भावनाओं को समझना और नियंत्रित करना
B. केवल गणित हल करना
C. केवल भाषा बोलना
D. केवल स्मृति
उत्तर: A. अपनी और दूसरों की भावनाओं को समझना और

नियंत्रित करना
व्याख्या: भावनात्मक बुद्धि संबंधों और निर्णयों में संतुलन बनाने में मदद करती है।

47. भावनात्मक बुद्धि किसमें सहायक है?
A. सामाजिक संबंध और आत्म-नियंत्रण
B. केवल ऊँचाई बढ़ाने में
C. केवल भोजन में
D. केवल नींद में
उत्तर: A. सामाजिक संबंध और आत्म-नियंत्रण
व्याख्या: भावनात्मक बुद्धि व्यक्ति को भावनाओं को समझकर उचित व्यवहार करने में सहायता करती है।

48. बुद्धि और उपलब्धि में क्या अंतर है?
A. बुद्धि क्षमता है, उपलब्धि सीखे हुए ज्ञान का प्रदर्शन
B. दोनों बिल्कुल समान हैं
C. उपलब्धि जन्मजात है
D. बुद्धि केवल परीक्षा अंक है
उत्तर: A. बुद्धि क्षमता है, उपलब्धि सीखे हुए ज्ञान का प्रदर्शन
व्याख्या: बुद्धि संभावित क्षमता बताती है, जबकि उपलब्धि वास्तविक प्रदर्शन को दर्शाती है।

49. बुद्धि और सृजनात्मकता में क्या संबंध है?
A. दोनों अलग पर संबंधित मानसिक क्षमताएँ हैं
B. दोनों बिल्कुल समान हैं
C. सृजनात्मकता में बुद्धि की जरूरत नहीं
D. बुद्धि हमेशा सृजनात्मकता रोकती है
उत्तर: A. दोनों अलग पर संबंधित मानसिक क्षमताएँ हैं
व्याख्या: सृजनात्मकता नए विचारों से जुड़ी है, जबकि बुद्धि समस्या समाधान और समझ से जुड़ी है।

50. बुद्धि परीक्षणों की सीमा क्या हो सकती है?
A. वे सभी प्रकार की क्षमताओं को पूरी तरह नहीं मापते
B. वे हमेशा पूर्ण सत्य होते हैं
C. उनका कोई उपयोग नहीं
D. वे केवल ऊँचाई मापते हैं
उत्तर: A. वे सभी प्रकार की क्षमताओं को पूरी तरह नहीं मापते
व्याख्या: बुद्धि परीक्षण सांस्कृतिक, भाषाई और परिस्थितिजन्य कारकों से प्रभावित हो सकते हैं।

51. सांस्कृतिक पक्षपात बुद्धि परीक्षणों में क्या समस्या पैदा करता है?
A. कुछ समूहों के लिए परीक्षण अनुचित हो सकता है
B. परीक्षण हमेशा निष्पक्ष होता है
C. कोई समस्या नहीं
D. केवल समय बढ़ता है
उत्तर: A. कुछ समूहों के लिए परीक्षण अनुचित हो सकता है
व्याख्या: यदि परीक्षण किसी विशेष संस्कृति पर आधारित हो, तो अन्य पृष्ठभूमि के लोग प्रभावित हो सकते हैं।

52. मौखिक बुद्धि परीक्षण किस पर आधारित होते हैं?
A. भाषा और शब्दों पर
B. केवल चित्रों पर
C. केवल शरीर पर
D. केवल संगीत पर
उत्तर: A. भाषा और शब्दों पर
व्याख्या: मौखिक परीक्षण में शब्दार्थ, भाषा समझ और मौखिक तर्क शामिल होते हैं।

53. अमौखिक बुद्धि परीक्षण किस पर आधारित होते हैं?
A. चित्र, आकृति और प्रतीकों पर
B. केवल भाषा पर
C. केवल निबंध पर
D. केवल बातचीत पर
उत्तर: A. चित्र, आकृति और प्रतीकों पर
व्याख्या: अमौखिक परीक्षण भाषा पर कम निर्भर होते हैं और आकृति आधारित तर्क मापते हैं।

54. व्यक्तिगत बुद्धि परीक्षण क्या है?
A. एक समय में एक व्यक्ति पर लागू परीक्षण
B. एक साथ बड़े समूह पर परीक्षण
C. केवल खेल परीक्षण
D. केवल स्वास्थ्य परीक्षण
उत्तर: A. एक समय में एक व्यक्ति पर लागू परीक्षण
व्याख्या: व्यक्तिगत परीक्षण में परीक्षक एक व्यक्ति की क्षमता का विस्तार से आकलन करता है।

55. समूह बुद्धि परीक्षण क्या है?
A. एक साथ कई व्यक्तियों पर लागू परीक्षण
B. केवल एक व्यक्ति का परीक्षण
C. केवल परिवार का परीक्षण
D. केवल शिक्षक का परीक्षण
उत्तर: A. एक साथ कई व्यक्तियों पर लागू परीक्षण
व्याख्या: समूह परीक्षण विद्यालयों और चयन प्रक्रियाओं में उपयोगी होते हैं।

56. बुद्धि परीक्षण में विश्वसनीयता का अर्थ क्या है?
A. परीक्षण के परिणामों की स्थिरता
B. परीक्षण का रंग
C. प्रश्नों की संख्या
D. परीक्षा का समय
उत्तर: A. परीक्षण के परिणामों की स्थिरता
व्याख्या: विश्वसनीय परीक्षण बार-बार समान परिस्थितियों में समान परिणाम देता है।

57. बुद्धि परीक्षण में वैधता का अर्थ क्या है?
A. परीक्षण वही मापे जिसके लिए बनाया गया है
B. परीक्षण लंबा हो
C. प्रश्न कठिन हों
D. सभी उत्तर समान हों
उत्तर: A. परीक्षण वही मापे जिसके लिए बनाया गया है
व्याख्या: वैधता बताती है कि परीक्षण वास्तव में बुद्धि को माप रहा है या नहीं।

58. मानकीकरण का अर्थ क्या है?
A. परीक्षण को समान नियमों और मानदंडों से लागू करना
B. हर व्यक्ति को अलग नियम देना
C. बिना नियम परीक्षण
D. केवल मौखिक प्रश्न
उत्तर: A. परीक्षण को समान नियमों और मानदंडों से लागू

करना
व्याख्या: मानकीकरण से परीक्षण के परिणामों की तुलना उचित ढंग से की जा सकती है।

59. बुद्धि परीक्षणों का उपयोग किसके लिए किया जा सकता है?
A. शैक्षिक मार्गदर्शन और विशेष सहायता
B. केवल मनोरंजन
C. केवल खेल चयन
D. केवल भोजन योजना
उत्तर: A. शैक्षिक मार्गदर्शन और विशेष सहायता
व्याख्या: परीक्षण से विद्यार्थी की क्षमता और सहायता की आवश्यकता समझी जा सकती है।

60. प्रतिभाशाली बालक किसे कहा जाता है?
A. जिसकी बौद्धिक क्षमता औसत से काफी अधिक हो
B. जो कभी न पढ़े
C. जो हमेशा चुप रहे
D. जो केवल खेल खेले
उत्तर: A. जिसकी बौद्धिक क्षमता औसत से काफी अधिक हो
व्याख्या: प्रतिभाशाली बालक तेजी से सीख सकता है और जटिल समस्याएँ हल कर सकता है।

61. प्रतिभाशाली बच्चों की आवश्यकता क्या हो सकती है?
A. चुनौतीपूर्ण और समृद्ध शिक्षण अनुभव
B. केवल आसान कार्य
C. कोई शिक्षा नहीं
D. केवल दंड
उत्तर: A. चुनौतीपूर्ण और समृद्ध शिक्षण अनुभव
व्याख्या: उन्हें उनकी क्षमता के अनुसार उच्च स्तर की गतिविधियाँ चाहिए।

62. धीमे सीखने वाले बालक को किसकी आवश्यकता होती है?
A. अतिरिक्त सहायता और सरल शिक्षण
B. केवल दंड
C. अनदेखा करना
D. पढ़ाई बंद करना
उत्तर: A. अतिरिक्त सहायता और सरल शिक्षण
व्याख्या: व्यक्तिगत मार्गदर्शन और पुनरावृत्ति से धीमे सीखने वाले बालक को सहायता मिलती है।

63. बौद्धिक अक्षमता का अर्थ क्या है?
A. बौद्धिक कार्यक्षमता और अनुकूलन में गंभीर कठिनाई
B. अधिक बुद्धि
C. केवल आलस्य
D. केवल रुचि की कमी
उत्तर: A. बौद्धिक कार्यक्षमता और अनुकूलन में गंभीर कठिनाई
व्याख्या: इसमें व्यक्ति को सीखने और दैनिक जीवन कौशलों में विशेष सहायता की आवश्यकता हो सकती है।

64. बुद्धि में व्यक्तिगत भिन्नता का अर्थ क्या है?
A. लोगों की मानसिक क्षमताओं में अंतर
B. सभी की बुद्धि समान
C. कोई अंतर नहीं
D. केवल नाम अलग
उत्तर: A. लोगों की मानसिक क्षमताओं में अंतर
व्याख्या: प्रत्येक व्यक्ति की सीखने, समझने और समस्या हल करने की क्षमता अलग हो सकती है।

65. बुद्धि का वितरण सामान्यतः कैसा माना जाता है?
A. सामान्य वितरण जैसा
B. सभी समान
C. केवल दो स्तर
D. कोई वितरण नहीं
उत्तर: A. सामान्य वितरण जैसा
व्याख्या: अधिकांश लोग औसत के आसपास होते हैं और बहुत कम लोग अत्यधिक उच्च या निम्न स्तर पर होते हैं।

66. बुद्धि का सामाजिक महत्व क्या है?
A. व्यक्ति को समाज में अनुकूलन और योगदान में सहायता
B. कोई महत्व नहीं
C. केवल परीक्षा में उपयोग
D. केवल खेल में उपयोग
उत्तर: A. व्यक्ति को समाज में अनुकूलन और योगदान में सहायता
व्याख्या: बुद्धि व्यक्ति को सामाजिक समस्याओं को समझने और जिम्मेदार निर्णय लेने में मदद करती है।

67. बुद्धि का व्यावसायिक महत्व क्या है?
A. कार्य चयन और कार्य-क्षमता समझने में सहायता
B. कोई महत्व नहीं
C. केवल छुट्टी तय करना
D. केवल वेतन गिनना
उत्तर: A. कार्य चयन और कार्य-क्षमता समझने में सहायता
व्याख्या: कुछ कार्यों में विशेष प्रकार की मानसिक क्षमताओं की आवश्यकता होती है।

68. बुद्धि और सीखने की गति में क्या संबंध है?
A. उच्च बुद्धि सीखने की गति को प्रभावित कर सकती है
B. कोई संबंध नहीं
C. बुद्धि सीखने को रोकती है
D. सीखना केवल भाग्य है
उत्तर: A. उच्च बुद्धि सीखने की गति को प्रभावित कर सकती है
व्याख्या: बुद्धि सीखने की क्षमता का एक महत्वपूर्ण कारक है, पर अकेला कारक नहीं।

69. बुद्धि और प्रेरणा का संबंध कैसा है?
A. दोनों उपलब्धि को प्रभावित करते हैं
B. प्रेरणा का कोई प्रभाव नहीं
C. बुद्धि ही सब कुछ है
D. प्रेरणा हमेशा बुद्धि घटाती है
उत्तर: A. दोनों उपलब्धि को प्रभावित करते हैं
व्याख्या: अच्छी बुद्धि के साथ प्रेरणा और मेहनत भी सफलता के लिए जरूरी हैं।

70. बुद्धि और परिश्रम में क्या संबंध है?
A. सफलता के लिए दोनों महत्वपूर्ण हैं
B. केवल बुद्धि काफी है
C. परिश्रम का कोई महत्व नहीं

D. दोनों का कोई संबंध नहीं
उत्तर: A. सफलता के लिए दोनों महत्वपूर्ण हैं
व्याख्या: बुद्धि क्षमता देती है, जबकि परिश्रम उसे परिणाम में बदलता है।

71. बुद्धि का नैतिकता से संबंध कैसा है?
A. बुद्धि और नैतिकता अलग क्षमताएँ हैं
B. अधिक बुद्धि हमेशा अधिक नैतिकता है
C. नैतिकता का कोई महत्व नहीं
D. बुद्धि केवल नैतिक निर्णय है
उत्तर: A. बुद्धि और नैतिकता अलग क्षमताएँ हैं
व्याख्या: बुद्धिमान होना और नैतिक होना समान बात नहीं; दोनों का विकास अलग हो सकता है।

72. बुद्धि का व्यक्तित्व से संबंध कैसा है?
A. दोनों अलग पर व्यक्ति के व्यवहार को प्रभावित करते हैं
B. दोनों बिल्कुल समान हैं
C. व्यक्तित्व का कोई प्रभाव नहीं
D. बुद्धि केवल स्वभाव है
उत्तर: A. दोनों अलग पर व्यक्ति के व्यवहार को प्रभावित करते हैं
व्याख्या: बुद्धि मानसिक क्षमता है, जबकि व्यक्तित्व व्यवहार की शैली और गुणों से जुड़ा है।

73. बुद्धि का मस्तिष्क से संबंध क्या है?
A. मस्तिष्क की संरचना और कार्यों से संबंधित
B. केवल हाथों से
C. केवल पैर से
D. कोई संबंध नहीं
उत्तर: A. मस्तिष्क की संरचना और कार्यों से संबंधित
व्याख्या: बुद्धि में मस्तिष्क की सूचना संसाधन क्षमता महत्वपूर्ण भूमिका निभाती है।

74. बुद्धि में तंत्रिका तंत्र की भूमिका क्या है?
A. सूचना संसाधन और प्रतिक्रिया नियंत्रण
B. कोई भूमिका नहीं
C. केवल पाचन
D. केवल स्वाद
उत्तर: A. सूचना संसाधन और प्रतिक्रिया नियंत्रण
व्याख्या: तंत्रिका तंत्र बाहरी सूचना को संसाधित कर उचित प्रतिक्रिया देने में मदद करता है।

75. बुद्धि में अनुभव का महत्व क्या है?
A. समस्याओं को समझने और हल करने में सहायता
B. कोई महत्व नहीं
C. अनुभव हमेशा बाधा है
D. केवल उम्र बढ़ाना
उत्तर: A. समस्याओं को समझने और हल करने में सहायता
व्याख्या: अनुभव व्यक्ति को समान परिस्थितियों में बेहतर निर्णय लेने में मदद करता है।

76. बुद्धि में जिज्ञासा का प्रभाव क्या है?
A. सीखने और खोजने की प्रवृत्ति बढ़ाती है
B. कोई प्रभाव नहीं
C. बुद्धि हमेशा घटाती है
D. केवल खेल है
उत्तर: A. सीखने और खोजने की प्रवृत्ति बढ़ाती है
व्याख्या: जिज्ञासु व्यक्ति नई जानकारी और अनुभवों से अधिक सीखता है।

77. बुद्धि में रचनात्मकता का महत्व क्या है?
A. नए समाधान और विचार विकसित करना
B. केवल नकल करना
C. कोई महत्व नहीं
D. केवल याद करना
उत्तर: A. नए समाधान और विचार विकसित करना
व्याख्या: रचनात्मकता बुद्धि को नई और मौलिक दिशा देती है।

78. बुद्धि में आलोचनात्मक सोच का महत्व क्या है?
A. प्रमाण के आधार पर निर्णय लेना
B. बिना प्रमाण विश्वास करना
C. कोई महत्व नहीं
D. केवल रटना
उत्तर: A. प्रमाण के आधार पर निर्णय लेना
व्याख्या: आलोचनात्मक सोच बुद्धि के उपयोग को अधिक सही और संतुलित बनाती है।

79. बुद्धि में समस्या समाधान की प्रक्रिया क्या शामिल करती है?
A. समस्या पहचान, योजना, समाधान और मूल्यांकन
B. केवल अनुमान
C. केवल भूलना
D. केवल सोना
उत्तर: A. समस्या पहचान, योजना, समाधान और मूल्यांकन
व्याख्या: बुद्धि समस्या को चरणबद्ध ढंग से हल करने में सहायता करती है।

80. बुद्धि में अनुकूलन का उदाहरण कौन-सा है?
A. नई परिस्थिति में सही तरीका अपनाना
B. हमेशा पुरानी गलती दोहराना
C. बिना सोचे प्रतिक्रिया
D. सीखना छोड़ना
उत्तर: A. नई परिस्थिति में सही तरीका अपनाना
व्याख्या: अनुकूलन बुद्धि की महत्वपूर्ण विशेषता है।

81. बुद्धि में अमूर्त चिंतन का अर्थ क्या है?
A. प्रत्यक्ष वस्तुओं से आगे विचारों और सिद्धांतों पर सोचना
B. केवल वस्तु छूना
C. केवल खाना
D. केवल सोना
उत्तर: A. प्रत्यक्ष वस्तुओं से आगे विचारों और सिद्धांतों पर सोचना
व्याख्या: अमूर्त चिंतन उच्च बुद्धि से जुड़ी महत्वपूर्ण क्षमता है।

82. बुद्धि में तर्क क्षमता का महत्व क्या है?
A. सही निष्कर्ष निकालने में सहायता
B. कोई महत्व नहीं
C. तर्क बुद्धि को रोकता है
D. केवल भावना है
उत्तर: A. सही निष्कर्ष निकालने में सहायता

व्याख्या: तर्क क्षमता बुद्धि का प्रमुख भाग है।

83. बुद्धि में निर्णय क्षमता का महत्व क्या है?
A. विकल्पों में से उचित विकल्प चुनना
B. बिना सोचे चुनना
C. कोई महत्व नहीं
D. केवल भाग्य
उत्तर: A. विकल्पों में से उचित विकल्प चुनना
व्याख्या: बुद्धि व्यक्ति को विकल्पों का मूल्यांकन कर सही निर्णय लेने में मदद करती है।

84. बुद्धि में सीखने की क्षमता का महत्व क्या है?
A. नए ज्ञान और कौशल प्राप्त करना
B. सीखना रोकना
C. कोई महत्व नहीं
D. केवल जन्मजात क्रिया
उत्तर: A. नए ज्ञान और कौशल प्राप्त करना
व्याख्या: बुद्धि व्यक्ति को अनुभवों से सीखने और उन्हें लागू करने में सहायता करती है।

85. बुद्धि में स्मृति की भूमिका क्या है?
A. पूर्व ज्ञान को उपलब्ध कराना
B. कोई भूमिका नहीं
C. स्मृति बुद्धि को हमेशा रोकती है
D. केवल भूलना
उत्तर: A. पूर्व ज्ञान को उपलब्ध कराना
व्याख्या: स्मृति में संग्रहित जानकारी बुद्धि के उपयोग में आधार देती है।

86. बुद्धि में ध्यान की भूमिका क्या है?
A. आवश्यक सूचना पर केंद्रित होना
B. कोई भूमिका नहीं
C. ध्यान हमेशा बाधा है
D. केवल नींद
उत्तर: A. आवश्यक सूचना पर केंद्रित होना
व्याख्या: ध्यान सही सूचना चुनने और समस्या समझने में मदद करता है।

87. बुद्धि में भाषा की भूमिका क्या है?
A. विचारों और ज्ञान को व्यवस्थित करना
B. कोई भूमिका नहीं
C. भाषा बुद्धि को रोकती है
D. केवल आवाज
उत्तर: A. विचारों और ज्ञान को व्यवस्थित करना
व्याख्या: भाषा अमूर्त विचारों और तर्क को व्यक्त करने में सहायक है।

88. बुद्धि में सामाजिक अनुभव का महत्व क्या है?
A. व्यवहार और निर्णय क्षमता विकसित करना
B. कोई महत्व नहीं
C. हमेशा बाधा
D. केवल खेल
उत्तर: A. व्यवहार और निर्णय क्षमता विकसित करना
व्याख्या: सामाजिक अनुभव व्यक्ति को लोगों और परिस्थितियों को समझने में मदद करता है।

89. बुद्धि में अभ्यास का प्रभाव क्या है?
A. कौशल और समस्या समाधान क्षमता सुधार सकता है
B. बुद्धि हमेशा घटाता है
C. कोई प्रभाव नहीं
D. केवल थकान
उत्तर: A. कौशल और समस्या समाधान क्षमता सुधार सकता है
व्याख्या: अभ्यास से व्यक्ति अपनी क्षमताओं का बेहतर उपयोग करना सीखता है।

90. बुद्धि में वातावरण समृद्धि का अर्थ क्या है?
A. सीखने के विविध अवसर मिलना
B. कोई अवसर न होना
C. केवल शोर होना
D. केवल दंड
उत्तर: A. सीखने के विविध अवसर मिलना
व्याख्या: समृद्ध वातावरण जिज्ञासा, भाषा और समस्या समाधान को बढ़ावा देता है।

91. बुद्धि में गरीबी या संसाधन की कमी का प्रभाव क्या हो सकता है?
A. अवसर और पोषण की कमी से विकास प्रभावित हो सकता है
B. कोई प्रभाव नहीं
C. हमेशा बुद्धि बढ़ती है
D. केवल कपड़े बदलते हैं
उत्तर: A. अवसर और पोषण की कमी से विकास प्रभावित हो सकता है
व्याख्या: संसाधनों की कमी शिक्षा और अनुभवों को सीमित कर सकती है।

92. बुद्धि में विशेष प्रशिक्षण का प्रभाव क्या हो सकता है?
A. कुछ क्षमताओं के प्रदर्शन में सुधार
B. कोई सुधार नहीं
C. हमेशा नुकसान
D. केवल समय खराब
उत्तर: A. कुछ क्षमताओं के प्रदर्शन में सुधार
व्याख्या: प्रशिक्षण से व्यक्ति परीक्षण और समस्या समाधान रणनीतियाँ बेहतर कर सकता है।

93. बुद्धि को केवल IQ से क्यों नहीं समझना चाहिए?
A. बुद्धि के कई रूप और उपयोग होते हैं
B. IQ सब कुछ बताता है
C. IQ का कोई अर्थ नहीं
D. बुद्धि केवल अंक है
उत्तर: A. बुद्धि के कई रूप और उपयोग होते हैं
व्याख्या: सामाजिक, भावनात्मक, रचनात्मक और व्यावहारिक क्षमताएँ भी महत्वपूर्ण हैं।

94. बुद्धि के अध्ययन में व्यक्तिगत सम्मान क्यों जरूरी है?
A. हर व्यक्ति की क्षमता और गति अलग होती है
B. सभी को कमतर मानने के लिए
C. कोई जरूरत नहीं
D. केवल तुलना के लिए
उत्तर: A. हर व्यक्ति की क्षमता और गति अलग होती है
व्याख्या: बुद्धि के आधार पर किसी का अपमान नहीं करना

चाहिए; सहायता और विकास पर ध्यान देना चाहिए।

95. बुद्धि का सही उपयोग क्या है?

A. ज्ञान को जिम्मेदारी और समस्या समाधान में लगाना
B. दूसरों को नीचा दिखाना
C. केवल अंक लाना
D. बिना नैतिकता निर्णय लेना
उत्तर: A. ज्ञान को जिम्मेदारी और समस्या समाधान में लगाना
व्याख्या: बुद्धि का उद्देश्य जीवन और समाज में उपयोगी निर्णय लेना है।

96. बुद्धि और सफलता में संबंध कैसा है?

A. बुद्धि सहायक है, पर सफलता में मेहनत और अवसर भी जरूरी हैं
B. केवल बुद्धि ही सफलता है
C. बुद्धि का कोई संबंध नहीं
D. सफलता केवल भाग्य है
उत्तर: A. बुद्धि सहायक है, पर सफलता में मेहनत और अवसर भी जरूरी हैं
व्याख्या: सफलता कई कारकों का परिणाम होती है।

97. बुद्धि का दैनिक जीवन में महत्व क्या है?

A. निर्णय, अनुकूलन और समस्या समाधान में
B. कोई महत्व नहीं
C. केवल परीक्षा में
D. केवल खेल में
उत्तर: A. निर्णय, अनुकूलन और समस्या समाधान में
व्याख्या: दैनिक जीवन की परिस्थितियों में बुद्धि का उपयोग लगातार होता है।

98. बुद्धि का प्रतियोगी परीक्षाओं में महत्व क्या है?

A. तर्क, विश्लेषण और समस्या समाधान के लिए
B. कोई महत्व नहीं
C. केवल चित्र बनाने के लिए
D. केवल खेल के लिए
उत्तर: A. तर्क, विश्लेषण और समस्या समाधान के लिए
व्याख्या: प्रतियोगी परीक्षाओं में बौद्धिक क्षमता और तर्क शक्ति महत्वपूर्ण होती है।

99. बुद्धि की सबसे उपयुक्त विशेषता कौन-सी है?

A. सीखना, समझना, तर्क करना और अनुकूलन करना
B. केवल खाना
C. केवल सोना
D. केवल शरीर बढ़ना
उत्तर: A. सीखना, समझना, तर्क करना और अनुकूलन करना
व्याख्या: बुद्धि कई मानसिक क्षमताओं का समन्वित रूप है।

100. बुद्धि का सबसे उपयुक्त निष्कर्ष क्या है?

A. बुद्धि वह मानसिक क्षमता है जो व्यक्ति को सीखने, समझने, समस्या हल करने और नई परिस्थितियों में अनुकूलन करने में सक्षम बनाती है
B. बुद्धि केवल शारीरिक शक्ति है
C. बुद्धि का शिक्षा से कोई संबंध नहीं
D. बुद्धि केवल जन्मजात प्रतिवर्त है
उत्तर: A. बुद्धि वह मानसिक क्षमता है जो व्यक्ति को सीखने, समझने, समस्या हल करने और नई परिस्थितियों में अनुकूलन करने में सक्षम बनाती है
व्याख्या: बुद्धि व्यक्ति के ज्ञान, निर्णय, अनुकूलन और जीवन-व्यवहार का महत्वपूर्ण आधार है।

अध्याय 13: सृजनात्मकता

100 वस्तुनिष्ठ प्रश्न

1. सृजनात्मकता का अर्थ क्या है?

A. नए और उपयोगी विचार उत्पन्न करने की क्षमता
B. केवल पुरानी बातों को दोहराना
C. केवल याद करना
D. बिना सोचे कार्य करना
उत्तर: A. नए और उपयोगी विचार उत्पन्न करने की क्षमता
व्याख्या: सृजनात्मकता में व्यक्ति मौलिक, नवीन और उपयोगी विचार या समाधान प्रस्तुत करता है।

2. सृजनात्मकता किस प्रकार की मानसिक क्षमता है?

A. मौलिक और नवीन सोच की क्षमता
B. केवल शारीरिक शक्ति
C. केवल पाचन क्रिया
D. केवल नींद की अवस्था
उत्तर: A. मौलिक और नवीन सोच की क्षमता
व्याख्या: सृजनात्मकता विचारों को नए रूप में प्रस्तुत करने और नए समाधान खोजने से जुड़ी है।

3. सृजनात्मकता का मुख्य तत्व कौन-सा है?

A. मौलिकता
B. केवल नकल
C. केवल रटना
D. केवल आदत
उत्तर: A. मौलिकता
व्याख्या: मौलिकता सृजनात्मकता का प्रमुख गुण है, जिसमें व्यक्ति नए विचार देता है।

4. सृजनात्मक व्यक्ति की विशेषता कौन-सी है?

A. कल्पनाशीलता और नए विचार
B. केवल अनुकरण
C. केवल डर
D. केवल निष्क्रियता
उत्तर: A. कल्पनाशीलता और नए विचार
व्याख्या: सृजनात्मक व्यक्ति नए दृष्टिकोण से सोचता है और समस्याओं के अलग समाधान खोजता है।

5. सृजनात्मकता का संबंध किससे है?

A. कल्पना, मौलिकता और समस्या समाधान से
B. केवल भोजन से
C. केवल ऊँचाई से
D. केवल नींद से
उत्तर: A. कल्पना, मौलिकता और समस्या समाधान से
व्याख्या: सृजनात्मकता में कल्पना, लचीलापन और नवीन समाधान शामिल होते हैं।

6. सृजनात्मकता शिक्षा में क्यों महत्वपूर्ण है?

A. विद्यार्थियों में नए विचार और समस्या समाधान विकसित

करने के लिए
B. केवल रटने के लिए
C. सोच को रोकने के लिए
D. कोई महत्व नहीं
उत्तर: A. विद्यार्थियों में नए विचार और समस्या समाधान विकसित करने के लिए
व्याख्या: शिक्षा में सृजनात्मकता विद्यार्थियों को स्वतंत्र और नवीन सोच विकसित करने में मदद करती है।

7. सृजनात्मकता का प्रमुख परिणाम क्या हो सकता है?
A. नया विचार, वस्तु या समाधान
B. केवल नकल
C. केवल भ्रम
D. केवल भूलना
उत्तर: A. नया विचार, वस्तु या समाधान
व्याख्या: सृजनात्मकता से उपयोगी और मौलिक परिणाम प्राप्त हो सकते हैं।

8. मौलिकता का अर्थ क्या है?
A. नया और अलग विचार देना
B. दूसरों की नकल करना
C. पुराना विचार दोहराना
D. बिना सोचे उत्तर देना
उत्तर: A. नया और अलग विचार देना
व्याख्या: मौलिकता में विचार सामान्य से अलग और नवीन होते हैं।

9. प्रवाहशीलता का अर्थ क्या है?
A. अधिक संख्या में विचार उत्पन्न करना
B. केवल एक विचार देना
C. कोई विचार न देना
D. केवल नकल करना
उत्तर: A. अधिक संख्या में विचार उत्पन्न करना
व्याख्या: प्रवाहशीलता सृजनात्मकता का गुण है, जिसमें व्यक्ति कई विचार प्रस्तुत करता है।

10. लचीलापन का अर्थ क्या है?
A. विभिन्न दृष्टिकोणों से सोचने की क्षमता
B. केवल एक ही तरीके से सोचना
C. सोच बंद करना
D. केवल रटना
उत्तर: A. विभिन्न दृष्टिकोणों से सोचने की क्षमता
व्याख्या: लचीलापन व्यक्ति को अलग-अलग समाधान और विचार खोजने में मदद करता है।

11. विस्तारशीलता का अर्थ क्या है?
A. विचारों को विस्तार और विवरण देना
B. विचारों को छिपाना
C. केवल एक शब्द कहना
D. बिना सोच उत्तर देना
उत्तर: A. विचारों को विस्तार और विवरण देना
व्याख्या: विस्तारशीलता में व्यक्ति विचार को विकसित कर उपयोगी रूप देता है।

12. सृजनात्मकता का संबंध किस प्रकार के चिंतन से अधिक है?
A. अपसारी चिंतन
B. केवल अभिसारी चिंतन
C. केवल प्रतिवर्त
D. केवल स्मृति
उत्तर: A. अपसारी चिंतन
व्याख्या: अपसारी चिंतन में एक समस्या के कई संभावित समाधान खोजे जाते हैं।

13. अपसारी चिंतन क्या है?
A. अनेक संभावित उत्तरों की खोज
B. केवल एक सही उत्तर
C. कोई उत्तर नहीं
D. केवल याद करना
उत्तर: A. अनेक संभावित उत्तरों की खोज
व्याख्या: सृजनात्मकता में अलग-अलग और नए समाधान खोजने की क्षमता आवश्यक है।

14. अभिसारी चिंतन क्या है?
A. एक सही उत्तर तक पहुँचना
B. अनेक उत्तर बनाना
C. बिना उत्तर रहना
D. केवल कल्पना
उत्तर: A. एक सही उत्तर तक पहुँचना
व्याख्या: अभिसारी चिंतन में उपलब्ध जानकारी से एक उपयुक्त या सही उत्तर चुना जाता है।

15. सृजनात्मकता और बुद्धि में क्या संबंध है?
A. दोनों संबंधित हैं, पर समान नहीं
B. दोनों बिल्कुल समान हैं
C. सृजनात्मकता में बुद्धि की कोई भूमिका नहीं
D. बुद्धि सृजनात्मकता को हमेशा रोकती है
उत्तर: A. दोनों संबंधित हैं, पर समान नहीं
व्याख्या: बुद्धि समस्या समझने में मदद करती है, जबकि सृजनात्मकता नए समाधान उत्पन्न करती है।

16. सृजनात्मकता में कल्पना की भूमिका क्या है?
A. नए विचार और संभावनाएँ उत्पन्न करना
B. सोच को रोकना
C. कोई भूमिका नहीं
D. केवल भ्रम पैदा करना
उत्तर: A. नए विचार और संभावनाएँ उत्पन्न करना
व्याख्या: कल्पना सृजनात्मक सोच का आधार है।

17. सृजनात्मकता में जिज्ञासा का महत्व क्या है?
A. नई चीजें जानने और खोजने की इच्छा बढ़ाती है
B. सोच को रोकती है
C. कोई महत्व नहीं
D. केवल डर बढ़ाती है
उत्तर: A. नई चीजें जानने और खोजने की इच्छा बढ़ाती है
व्याख्या: जिज्ञासा व्यक्ति को प्रश्न पूछने और नए समाधान खोजने के लिए प्रेरित करती है।

18. सृजनात्मक व्यक्ति सामान्यतः कैसा होता है?
A. जिज्ञासु और कल्पनाशील

B. केवल निष्क्रिय
C. केवल डरपोक
D. केवल नकल करने वाला
उत्तर: A. जिज्ञासु और कल्पनाशील
व्याख्या: सृजनात्मक व्यक्ति नई संभावनाओं पर विचार करता है।

19. सृजनात्मकता में जोखिम लेने का क्या महत्व है?
A. नए विचारों को आजमाने में मदद
B. हमेशा नुकसान
C. कोई महत्व नहीं
D. केवल डर पैदा करना
उत्तर: A. नए विचारों को आजमाने में मदद
व्याख्या: नए विचारों को लागू करने के लिए कभी-कभी जोखिम लेना आवश्यक होता है।

20. सृजनात्मकता में स्वतंत्रता क्यों जरूरी है?
A. स्वतंत्र सोच और प्रयोग के लिए
B. केवल अनुशासन समाप्त करने के लिए
C. कोई जरूरत नहीं
D. केवल नकल के लिए
उत्तर: A. स्वतंत्र सोच और प्रयोग के लिए
व्याख्या: स्वतंत्र वातावरण व्यक्ति को नए विचार व्यक्त करने का अवसर देता है।

21. सृजनात्मकता को बढ़ाने वाला वातावरण कौन-सा है?
A. खुला, प्रोत्साहन देने वाला वातावरण
B. डर और दंड वाला वातावरण
C. केवल आलोचना वाला वातावरण
D. बिल्कुल निष्क्रिय वातावरण
उत्तर: A. खुला, प्रोत्साहन देने वाला वातावरण
व्याख्या: प्रोत्साहन और स्वतंत्रता सृजनात्मक सोच को बढ़ाते हैं।

22. सृजनात्मकता को रोकने वाला कारक कौन-सा है?
A. अत्यधिक डर और कठोर आलोचना
B. प्रोत्साहन
C. स्वतंत्रता
D. जिज्ञासा
उत्तर: A. अत्यधिक डर और कठोर आलोचना
व्याख्या: डर और नकारात्मक आलोचना व्यक्ति को नए विचार व्यक्त करने से रोक सकती है।

23. सृजनात्मकता में प्रेरणा की भूमिका क्या है?
A. नए कार्य करने की ऊर्जा और इच्छा देती है
B. कोई भूमिका नहीं
C. हमेशा बाधा
D. केवल थकान
उत्तर: A. नए कार्य करने की ऊर्जा और इच्छा देती है
व्याख्या: प्रेरणा व्यक्ति को प्रयास करने और विचारों को विकसित करने में सहायता करती है।

24. आंतरिक प्रेरणा सृजनात्मकता में कैसे सहायक है?
A. व्यक्ति रुचि और आनंद से कार्य करता है
B. केवल पुरस्कार के लिए कार्य करता है
C. कोई लाभ नहीं
D. सोच को रोकती है
उत्तर: A. व्यक्ति रुचि और आनंद से कार्य करता है
व्याख्या: आंतरिक प्रेरणा व्यक्ति को स्वाभाविक रूप से नए विचारों की ओर प्रेरित करती है।

25. बाहरी प्रेरणा का उदाहरण क्या है?
A. पुरस्कार या प्रशंसा के लिए कार्य करना
B. रुचि के कारण कार्य करना
C. आनंद के लिए कार्य करना
D. जिज्ञासा से सीखना
उत्तर: A. पुरस्कार या प्रशंसा के लिए कार्य करना
व्याख्या: बाहरी प्रेरणा बाहरी लाभ या मान्यता से जुड़ी होती है।

26. सृजनात्मकता में समस्या पहचान क्यों जरूरी है?
A. सही समस्या समझे बिना नया समाधान कठिन है
B. समस्या पहचान की जरूरत नहीं
C. समस्या हमेशा छिपानी चाहिए
D. केवल उत्तर याद करना चाहिए
उत्तर: A. सही समस्या समझे बिना नया समाधान कठिन है
व्याख्या: सृजनात्मक समाधान के लिए पहले समस्या को स्पष्ट समझना आवश्यक है।

27. सृजनात्मक प्रक्रिया का पहला चरण कौन-सा माना जाता है?
A. तैयारी
B. सत्यापन
C. प्रकाशन
D. निष्कर्ष
उत्तर: A. तैयारी
व्याख्या: तैयारी में व्यक्ति समस्या और संबंधित जानकारी को समझता है।

28. सृजनात्मक प्रक्रिया में ऊष्मायन का अर्थ क्या है?
A. समस्या पर अप्रत्यक्ष रूप से मन का काम करना
B. तुरंत उत्तर देना
C. समस्या भूल जाना हमेशा
D. केवल नकल करना
उत्तर: A. समस्या पर अप्रत्यक्ष रूप से मन का काम करना
व्याख्या: ऊष्मायन में व्यक्ति थोड़ी दूरी बनाकर भी समस्या पर मानसिक रूप से कार्य करता रहता है।

29. सृजनात्मक प्रक्रिया में प्रकाशन/अंतर्दृष्टि क्या है?
A. अचानक नया विचार या समाधान मिलना
B. समस्या से भागना
C. केवल याद करना
D. दंड मिलना
उत्तर: A. अचानक नया विचार या समाधान मिलना
व्याख्या: अंतर्दृष्टि में समाधान अचानक स्पष्ट हो सकता है।

30. सृजनात्मक प्रक्रिया में सत्यापन क्या है?
A. विचार की उपयोगिता और सहीपन की जांच
B. बिना जांच स्वीकार करना
C. केवल कल्पना करना
D. विचार छोड़ देना
उत्तर: A. विचार की उपयोगिता और सहीपन की जांच

व्याख्या: सत्यापन में विचार को व्यवहार में परखकर सुधार किया जाता है।

31. सृजनात्मकता के चरणों में कौन-सा शामिल है?
A. तैयारी, ऊष्मायन, अंतर्दृष्टि और सत्यापन
B. केवल रटना
C. केवल दंड
D. केवल सोना
उत्तर: A. तैयारी, ऊष्मायन, अंतर्दृष्टि और सत्यापन
व्याख्या: सृजनात्मक प्रक्रिया सामान्यतः इन चरणों से गुजरती है।

32. ब्रेनस्टॉर्मिंग क्या है?
A. बिना तुरंत आलोचना के कई विचार उत्पन्न करना
B. केवल एक उत्तर याद करना
C. विचारों को रोकना
D. दंड देना
उत्तर: A. बिना तुरंत आलोचना के कई विचार उत्पन्न करना
व्याख्या: ब्रेनस्टॉर्मिंग में पहले अधिक से अधिक विचार लिए जाते हैं, बाद में उनका मूल्यांकन किया जाता है।

33. ब्रेनस्टॉर्मिंग का मुख्य नियम क्या है?
A. प्रारंभ में आलोचना न करना
B. तुरंत सभी विचार गलत कहना
C. केवल एक व्यक्ति बोले
D. कोई विचार न लिखना
उत्तर: A. प्रारंभ में आलोचना न करना
व्याख्या: आलोचना रोकने से लोग स्वतंत्र रूप से विचार व्यक्त करते हैं।

34. सृजनात्मकता में समूह कार्य कैसे सहायक हो सकता है?
A. अलग-अलग दृष्टिकोण मिलते हैं
B. हमेशा सोच रोकता है
C. कोई लाभ नहीं
D. केवल भ्रम
उत्तर: A. अलग-अलग दृष्टिकोण मिलते हैं
व्याख्या: समूह में विविध विचार सृजनात्मक समाधान को बढ़ा सकते हैं।

35. सृजनात्मकता में अकेले चिंतन का महत्व क्या है?
A. गहराई से विचार और आत्म-चिंतन संभव होता है
B. कोई महत्व नहीं
C. हमेशा बाधा
D. केवल समय खराब
उत्तर: A. गहराई से विचार और आत्म-चिंतन संभव होता है
व्याख्या: अकेले चिंतन से व्यक्ति अपने विचारों को स्पष्ट और विकसित कर सकता है।

36. सृजनात्मकता में अनुभव का महत्व क्या है?
A. नए विचारों के लिए आधार सामग्री देता है
B. कोई महत्व नहीं
C. अनुभव हमेशा बाधा है
D. केवल उम्र बढ़ाता है
उत्तर: A. नए विचारों के लिए आधार सामग्री देता है
व्याख्या: पूर्व अनुभव और ज्ञान से नए संयोजन और समाधान बनते हैं।

37. सृजनात्मकता में ज्ञान का महत्व क्या है?
A. विषय की समझ नए विचारों को मजबूत बनाती है
B. ज्ञान हमेशा सृजनात्मकता रोकता है
C. कोई महत्व नहीं
D. केवल रटना है
उत्तर: A. विषय की समझ नए विचारों को मजबूत बनाती है
व्याख्या: पर्याप्त ज्ञान के बिना उपयोगी और व्यावहारिक नए विचार बनाना कठिन हो सकता है।

38. सृजनात्मकता में लचीले चिंतन का महत्व क्या है?
A. नए दृष्टिकोण अपनाने में सहायता
B. केवल पुराने तरीके अपनाना
C. कोई महत्व नहीं
D. सोच बंद करना
उत्तर: A. नए दृष्टिकोण अपनाने में सहायता
व्याख्या: लचीला चिंतन व्यक्ति को समस्या को अलग-अलग कोणों से देखने में मदद करता है।

39. सृजनात्मकता में कठोर चिंतन का प्रभाव क्या है?
A. नए विचारों में बाधा
B. हमेशा लाभ
C. कोई प्रभाव नहीं
D. अधिक मौलिकता
उत्तर: A. नए विचारों में बाधा
व्याख्या: कठोर सोच व्यक्ति को पुराने तरीकों तक सीमित कर सकती है।

40. सृजनात्मकता में असफलता का महत्व क्या हो सकता है?
A. सीखने और सुधार का अवसर
B. हमेशा अंत
C. कोई सीख नहीं
D. केवल दंड
उत्तर: A. सीखने और सुधार का अवसर
व्याख्या: असफलता से व्यक्ति अपने विचारों को बेहतर बना सकता है।

41. सृजनात्मकता में धैर्य क्यों जरूरी है?
A. विचारों को विकसित और परखने के लिए
B. तुरंत हार मानने के लिए
C. कोई जरूरत नहीं
D. केवल प्रतीक्षा के लिए
उत्तर: A. विचारों को विकसित और परखने के लिए
व्याख्या: सृजनात्मक कार्य में समय, अभ्यास और सुधार की आवश्यकता होती है।

42. सृजनात्मकता में आत्मविश्वास की भूमिका क्या है?
A. नए विचार व्यक्त करने का साहस देता है
B. कोई भूमिका नहीं
C. हमेशा बाधा
D. केवल घमंड
उत्तर: A. नए विचार व्यक्त करने का साहस देता है
व्याख्या: आत्मविश्वास व्यक्ति को आलोचना के डर से बाहर

निकलने में मदद करता है।

43. सृजनात्मकता में संवेदनशीलता का अर्थ क्या है?
A. समस्याओं और अवसरों को पहचानने की क्षमता
B. कुछ न समझना
C. केवल डरना
D. केवल नकल करना
उत्तर: A. समस्याओं और अवसरों को पहचानने की क्षमता
व्याख्या: सृजनात्मक व्यक्ति छोटी समस्याओं और संभावनाओं को भी पहचान सकता है।

44. सृजनात्मकता में हास्य-बोध का क्या योगदान हो सकता है?
A. नए संबंध और दृष्टिकोण देखने में सहायता
B. हमेशा बाधा
C. कोई योगदान नहीं
D. केवल समय खराब
उत्तर: A. नए संबंध और दृष्टिकोण देखने में सहायता
व्याख्या: हास्य-बोध व्यक्ति को असामान्य संबंधों को देखने में मदद कर सकता है।

45. सृजनात्मकता में स्वतंत्र निर्णय क्षमता क्यों जरूरी है?
A. व्यक्ति अपने विचारों को विकसित कर सके
B. केवल दूसरों की नकल करे
C. कोई जरूरत नहीं
D. सोच बंद करे
उत्तर: A. व्यक्ति अपने विचारों को विकसित कर सके
व्याख्या: स्वतंत्र निर्णय व्यक्ति को मौलिक विचारों पर काम करने में मदद करता है।

46. सृजनात्मकता में सामाजिक समर्थन का महत्व क्या है?
A. विचारों को प्रोत्साहन और संसाधन मिलते हैं
B. कोई महत्व नहीं
C. हमेशा बाधा
D. केवल आलोचना
उत्तर: A. विचारों को प्रोत्साहन और संसाधन मिलते हैं
व्याख्या: परिवार, शिक्षक और समाज का समर्थन सृजनात्मकता को विकसित कर सकता है।

47. सृजनात्मकता में शिक्षक की भूमिका क्या है?
A. प्रश्न, स्वतंत्रता और प्रोत्साहन देना
B. केवल दंड देना
C. विचारों को रोकना
D. केवल नकल कराना
उत्तर: A. प्रश्न, स्वतंत्रता और प्रोत्साहन देना
व्याख्या: शिक्षक विद्यार्थियों को नए विचार व्यक्त करने और प्रयोग करने का अवसर दे सकता है।

48. सृजनात्मकता में विद्यार्थी की भूमिका क्या है?
A. जिज्ञासा, अभ्यास और नए प्रयास करना
B. केवल चुप रहना
C. नकल करना
D. प्रश्न न पूछना
उत्तर: A. जिज्ञासा, अभ्यास और नए प्रयास करना
व्याख्या: विद्यार्थी की सक्रियता सृजनात्मक क्षमता को विकसित करती है।

49. सृजनात्मकता को विकसित करने का उपाय कौन-सा है?
A. खुले प्रश्न और समस्या आधारित गतिविधियाँ
B. केवल रटाना
C. डराना
D. नकल कराना
उत्तर: A. खुले प्रश्न और समस्या आधारित गतिविधियाँ
व्याख्या: खुले प्रश्न कई उत्तरों की संभावना देते हैं, जिससे सृजनात्मक सोच विकसित होती है।

50. खुले प्रश्न सृजनात्मकता कैसे बढ़ाते हैं?
A. कई उत्तरों और दृष्टिकोणों की अनुमति देते हैं
B. केवल एक उत्तर देते हैं
C. सोच रोकते हैं
D. कोई लाभ नहीं
उत्तर: A. कई उत्तरों और दृष्टिकोणों की अनुमति देते हैं
व्याख्या: खुले प्रश्न विद्यार्थी को स्वतंत्र रूप से सोचने के लिए प्रेरित करते हैं।

51. सृजनात्मक लेखन किसका उदाहरण है?
A. मौलिक विचारों की अभिव्यक्ति
B. केवल नकल
C. केवल रटना
D. बिना भाषा
उत्तर: A. मौलिक विचारों की अभिव्यक्ति
व्याख्या: सृजनात्मक लेखन में कल्पना, भाषा और मौलिकता का उपयोग होता है।

52. कला में सृजनात्मकता का उदाहरण क्या है?
A. नया चित्र या डिजाइन बनाना
B. केवल कागज फाड़ना
C. बिना उद्देश्य रेखा खींचना
D. केवल नकल करना
उत्तर: A. नया चित्र या डिजाइन बनाना
व्याख्या: कला में व्यक्ति अपने अनुभव और कल्पना को नए रूप में प्रस्तुत करता है।

53. विज्ञान में सृजनात्मकता का उदाहरण क्या है?
A. नई परिकल्पना या आविष्कार करना
B. केवल तथ्य रटना
C. प्रयोग न करना
D. प्रश्न न पूछना
उत्तर: A. नई परिकल्पना या आविष्कार करना
व्याख्या: विज्ञान में नए प्रश्न, प्रयोग और आविष्कार सृजनात्मकता के उदाहरण हैं।

54. गणित में सृजनात्मकता कैसे दिख सकती है?
A. समस्या का नया समाधान तरीका खोजना
B. केवल सूत्र रटना
C. कोई समस्या न हल करना
D. केवल उत्तर नकल करना
उत्तर: A. समस्या का नया समाधान तरीका खोजना
व्याख्या: गणित में भी वैकल्पिक और सरल समाधान

सृजनात्मकता दिखाते हैं।

55. दैनिक जीवन में सृजनात्मकता का उदाहरण क्या है?

A. सीमित संसाधनों से नया समाधान निकालना
B. हमेशा समस्या छोड़ देना
C. केवल शिकायत करना
D. बिना सोच कार्य करना
उत्तर: A. सीमित संसाधनों से नया समाधान निकालना
व्याख्या: रोजमर्रा की समस्याओं में नए और उपयोगी तरीके अपनाना सृजनात्मकता है।

56. सृजनात्मकता में तकनीक का उपयोग कैसे हो सकता है?

A. नए विचारों को डिजाइन और साझा करने में
B. हमेशा बाधा
C. कोई उपयोग नहीं
D. केवल समय खराब
उत्तर: A. नए विचारों को डिजाइन और साझा करने में
व्याख्या: तकनीक सृजनात्मक कार्यों को विकसित और प्रस्तुत करने में मदद कर सकती है।

57. सृजनात्मकता में अनुकरण की भूमिका क्या हो सकती है?

A. प्रारंभिक सीख में सहायक, पर अंतिम लक्ष्य मौलिकता है
B. हमेशा अंतिम लक्ष्य है
C. कोई भूमिका नहीं
D. केवल नुकसान
उत्तर: A. प्रारंभिक सीख में सहायक, पर अंतिम लक्ष्य मौलिकता है
व्याख्या: व्यक्ति पहले सीखता है, फिर अपने नए विचार विकसित करता है।

58. सृजनात्मकता में आलोचना कब उपयोगी होती है?

A. जब वह रचनात्मक और सुधारात्मक हो
B. जब वह अपमानजनक हो
C. जब वह डर पैदा करे
D. जब वह विचार रोक दे
उत्तर: A. जब वह रचनात्मक और सुधारात्मक हो
व्याख्या: सकारात्मक आलोचना विचारों को बेहतर बनाने में मदद करती है।

59. सृजनात्मकता में अत्यधिक नियमों का प्रभाव क्या हो सकता है?

A. स्वतंत्र सोच सीमित हो सकती है
B. हमेशा सृजनात्मकता बढ़ती है
C. कोई प्रभाव नहीं
D. मौलिकता बढ़ती है
उत्तर: A. स्वतंत्र सोच सीमित हो सकती है
व्याख्या: बहुत अधिक कठोर नियम नए प्रयोगों को रोक सकते हैं।

60. सृजनात्मकता में समय का महत्व क्या है?

A. विचारों को विकसित करने के लिए समय चाहिए
B. समय की कोई जरूरत नहीं
C. तुरंत हर विचार पूर्ण होता है
D. समय हमेशा बाधा है
उत्तर: A. विचारों को विकसित करने के लिए समय चाहिए
व्याख्या: सृजनात्मक विचारों को सोचने, परखने और सुधारने में समय लगता है।

61. सृजनात्मकता में विश्राम का महत्व क्या हो सकता है?

A. नए विचार आने में मदद
B. हमेशा नुकसान
C. कोई लाभ नहीं
D. सोच को समाप्त करता है
उत्तर: A. नए विचार आने में मदद
व्याख्या: विश्राम के दौरान मन अप्रत्यक्ष रूप से समस्या पर काम कर सकता है।

62. सृजनात्मकता में ऊष्मायन कब होता है?

A. जब व्यक्ति समस्या से थोड़ी दूरी बनाकर भी मन में काम करता है
B. जब तुरंत उत्तर मिल जाता है
C. जब कोई विचार नहीं होता
D. जब केवल नकल होती है
उत्तर: A. जब व्यक्ति समस्या से थोड़ी दूरी बनाकर भी मन में काम करता है
व्याख्या: ऊष्मायन सृजनात्मक प्रक्रिया का महत्वपूर्ण चरण है।

63. सृजनात्मकता में अंतर्दृष्टि का उदाहरण क्या है?

A. अचानक समाधान समझ में आना
B. हमेशा भूल जाना
C. केवल दंड मिलना
D. बिना समस्या के उत्तर
उत्तर: A. अचानक समाधान समझ में आना
व्याख्या: कभी-कभी समाधान अचानक स्पष्ट हो जाता है।

64. सृजनात्मकता में सत्यापन क्यों जरूरी है?

A. विचार की उपयोगिता और व्यवहारिकता जांचने के लिए
B. बिना जांच लागू करने के लिए
C. विचार छिपाने के लिए
D. सोच रोकने के लिए
उत्तर: A. विचार की उपयोगिता और व्यवहारिकता जांचने के लिए
व्याख्या: हर नया विचार उपयोगी हो, यह जरूरी नहीं; इसलिए जांच आवश्यक है।

65. सृजनात्मकता में उपयोगिता क्यों आवश्यक है?

A. विचार केवल नया ही नहीं, काम का भी होना चाहिए
B. उपयोगिता की जरूरत नहीं
C. बेकार विचार ही सृजनात्मक हैं
D. केवल कल्पना पर्याप्त है
उत्तर: A. विचार केवल नया ही नहीं, काम का भी होना चाहिए
व्याख्या: सृजनात्मकता में नवीनता के साथ उपयोगिता भी महत्वपूर्ण है।

66. सृजनात्मकता में मौलिकता और उपयोगिता का संबंध क्या है?

A. दोनों मिलकर सृजनात्मक परिणाम बनाते हैं
B. केवल मौलिकता काफी है

C. केवल उपयोगिता काफी है
D. दोनों का कोई संबंध नहीं
उत्तर: A. दोनों मिलकर सृजनात्मक परिणाम बनाते हैं
व्याख्या: नया विचार तभी सृजनात्मक माना जाता है जब वह उपयोगी भी हो।

67. सृजनात्मकता में मूल्यांकन कब करना बेहतर है?
A. विचार उत्पन्न करने के बाद
B. विचार आने से पहले
C. हर विचार तुरंत रोककर
D. कभी नहीं
उत्तर: A. विचार उत्पन्न करने के बाद
व्याख्या: पहले विचारों को आने देना चाहिए, फिर उनका मूल्यांकन करना चाहिए।

68. सृजनात्मकता में अत्यधिक डर का प्रभाव क्या है?
A. व्यक्ति नए विचार व्यक्त करने से बचता है
B. हमेशा सृजनात्मकता बढ़ती है
C. कोई प्रभाव नहीं
D. केवल साहस बढ़ता है
उत्तर: A. व्यक्ति नए विचार व्यक्त करने से बचता है
व्याख्या: डर सृजनात्मक अभिव्यक्ति को सीमित कर सकता है।

69. सृजनात्मकता में अस्वीकार होने का डर क्या कर सकता है?
A. नए विचारों को रोक सकता है
B. हमेशा विचार बढ़ाता है
C. कोई प्रभाव नहीं
D. केवल खुशी देता है
उत्तर: A. नए विचारों को रोक सकता है
व्याख्या: यदि व्यक्ति आलोचना से डरता है, तो वह मौलिक विचार व्यक्त नहीं करता।

70. सृजनात्मकता में आत्म-अभिव्यक्ति का महत्व क्या है?
A. व्यक्ति अपने विचार और भावनाएँ व्यक्त कर पाता है
B. कोई महत्व नहीं
C. हमेशा नुकसान
D. केवल नकल
उत्तर: A. व्यक्ति अपने विचार और भावनाएँ व्यक्त कर पाता है
व्याख्या: आत्म-अभिव्यक्ति सृजनात्मक कार्यों का आधार है।

71. सृजनात्मकता में बहु-विषयक ज्ञान का महत्व क्या है?
A. अलग क्षेत्रों के विचार जोड़कर नए समाधान बनते हैं
B. कोई महत्व नहीं
C. हमेशा भ्रम
D. केवल एक विषय ही पर्याप्त है
उत्तर: A. अलग क्षेत्रों के विचार जोड़कर नए समाधान बनते हैं
व्याख्या: विभिन्न क्षेत्रों का ज्ञान नए संयोजन और नवाचार को बढ़ाता है।

72. सृजनात्मकता में अवलोकन की भूमिका क्या है?
A. समस्याओं और संभावनाओं को पहचानना
B. कोई भूमिका नहीं
C. हमेशा बाधा
D. केवल देखना बिना समझ
उत्तर: A. समस्याओं और संभावनाओं को पहचानना
व्याख्या: सूक्ष्म अवलोकन से व्यक्ति नए प्रश्न और विचार विकसित कर सकता है।

73. सृजनात्मकता में प्रश्न पूछने का महत्व क्या है?
A. नई खोज और विचारों की शुरुआत
B. कोई महत्व नहीं
C. सोच रोकना
D. केवल परेशानी
उत्तर: A. नई खोज और विचारों की शुरुआत
व्याख्या: प्रश्न सृजनात्मक सोच को दिशा देते हैं।

74. सृजनात्मकता में "यदि ऐसा हो तो?" प्रश्न किसमें सहायक है?
A. संभावनाओं पर विचार करने में
B. सोच रोकने में
C. केवल डर में
D. कोई उपयोग नहीं
उत्तर: A. संभावनाओं पर विचार करने में
व्याख्या: ऐसे प्रश्न व्यक्ति को सामान्य सीमाओं से आगे सोचने में मदद करते हैं।

75. सृजनात्मकता में प्रयोग का महत्व क्या है?
A. विचारों को व्यवहार में परखना
B. कभी प्रयास न करना
C. केवल कल्पना करना
D. सोच बंद करना
उत्तर: A. विचारों को व्यवहार में परखना
व्याख्या: प्रयोग से विचारों की उपयोगिता और सीमाएँ स्पष्ट होती हैं।

76. सृजनात्मकता में नवाचार का अर्थ क्या है?
A. नए विचार को उपयोगी रूप में लागू करना
B. केवल सोचते रहना
C. केवल नकल
D. बिना उपयोग विचार
उत्तर: A. नए विचार को उपयोगी रूप में लागू करना
व्याख्या: नवाचार सृजनात्मक विचार को व्यवहार में बदलता है।

77. सृजनात्मकता और नवाचार में अंतर क्या है?
A. सृजनात्मकता विचार है, नवाचार उसका उपयोगी प्रयोग
B. दोनों बिल्कुल समान हैं
C. नवाचार में उपयोग नहीं होता
D. सृजनात्मकता केवल नकल है
उत्तर: A. सृजनात्मकता विचार है, नवाचार उसका उपयोगी प्रयोग
व्याख्या: नया विचार सृजनात्मकता है, उसे लागू करना नवाचार है।

78. सृजनात्मकता में संसाधन की कमी का प्रभाव क्या हो सकता है?
A. कभी-कभी नए उपाय खोजने को प्रेरित कर सकती है
B. हमेशा सृजनात्मकता समाप्त करती है
C. कोई प्रभाव नहीं
D. केवल नकल बढ़ाती है

उत्तर: A. कभी-कभी नए उपाय खोजने को प्रेरित कर सकती है
व्याख्या: सीमाएँ व्यक्ति को वैकल्पिक और नए समाधान खोजने के लिए प्रेरित कर सकती हैं।

79. सृजनात्मकता में विविध अनुभव क्यों महत्वपूर्ण हैं?
A. नए संबंध और विचार बनाने में सहायता
B. कोई महत्व नहीं
C. हमेशा बाधा
D. केवल भ्रम
उत्तर: A. नए संबंध और विचार बनाने में सहायता
व्याख्या: विविध अनुभव व्यक्ति को अलग-अलग दृष्टिकोण देते हैं।

80. सृजनात्मकता में संस्कृति की भूमिका क्या है?
A. विचारों और अभिव्यक्ति के अवसरों को प्रभावित करती है
B. कोई भूमिका नहीं
C. हमेशा रोकती है
D. केवल भाषा बदलती है
उत्तर: A. विचारों और अभिव्यक्ति के अवसरों को प्रभावित करती है
व्याख्या: संस्कृति व्यक्ति की सोच और सृजनात्मक अभिव्यक्ति को आकार देती है।

81. सृजनात्मकता में खेल का महत्व क्या है?
A. कल्पना और प्रयोग को बढ़ावा देता है
B. कोई महत्व नहीं
C. हमेशा नुकसान
D. केवल समय खराब
उत्तर: A. कल्पना और प्रयोग को बढ़ावा देता है
व्याख्या: खेल बच्चों में कल्पनाशीलता और नए प्रयोगों को विकसित करता है।

82. बच्चों में सृजनात्मकता कैसे बढ़ाई जा सकती है?
A. प्रश्न पूछने, चित्र बनाने और कहानी बनाने के अवसर देकर
B. केवल चुप रखकर
C. हर विचार पर दंड देकर
D. केवल नकल कराकर
उत्तर: A. प्रश्न पूछने, चित्र बनाने और कहानी बनाने के अवसर देकर
व्याख्या: बच्चों को स्वतंत्र अभिव्यक्ति और प्रयोग के अवसर चाहिए।

83. सृजनात्मकता में पाठ्यक्रम की भूमिका क्या होनी चाहिए?
A. खोज, प्रयोग और समस्या समाधान को शामिल करना
B. केवल रटना
C. प्रश्न पूछना रोकना
D. केवल परीक्षा अंक
उत्तर: A. खोज, प्रयोग और समस्या समाधान को शामिल करना
व्याख्या: पाठ्यक्रम में सृजनात्मक गतिविधियाँ विद्यार्थियों की मौलिक सोच विकसित करती हैं।

84. सृजनात्मकता में मूल्यांकन कैसा होना चाहिए?
A. मौलिकता, उपयोगिता और प्रयास को महत्व देने वाला
B. केवल रटने पर आधारित
C. केवल दंडात्मक
D. कोई मूल्यांकन नहीं
उत्तर: A. मौलिकता, उपयोगिता और प्रयास को महत्व देने वाला
व्याख्या: सही मूल्यांकन विद्यार्थियों को नए विचारों के लिए प्रेरित करता है।

85. सृजनात्मकता में प्रतियोगिता का प्रभाव कैसा हो सकता है?
A. संतुलित हो तो प्रेरक, अत्यधिक हो तो बाधक
B. हमेशा लाभदायक
C. हमेशा नुकसानदायक
D. कोई प्रभाव नहीं
उत्तर: A. संतुलित हो तो प्रेरक, अत्यधिक हो तो बाधक
व्याख्या: अत्यधिक प्रतियोगिता डर और दबाव बढ़ा सकती है।

86. सृजनात्मकता में सहयोग का महत्व क्या है?
A. विचारों के आदान-प्रदान और सुधार में
B. कोई महत्व नहीं
C. हमेशा बाधा
D. केवल नकल
उत्तर: A. विचारों के आदान-प्रदान और सुधार में
व्याख्या: सहयोग से विचारों को नई दिशा और सुधार मिल सकता है।

87. सृजनात्मकता में नेतृत्व की भूमिका क्या हो सकती है?
A. नए विचारों को समर्थन और दिशा देना
B. विचारों को दबाना
C. केवल आदेश देना
D. कोई भूमिका नहीं
उत्तर: A. नए विचारों को समर्थन और दिशा देना
व्याख्या: अच्छा नेतृत्व सृजनात्मक प्रयासों को प्रोत्साहित करता है।

88. सृजनात्मकता में समय-सीमा का प्रभाव क्या हो सकता है?
A. मध्यम समय-सीमा प्रेरित कर सकती है, अत्यधिक दबाव बाधक हो सकता है
B. समय-सीमा का कोई प्रभाव नहीं
C. हमेशा नुकसान
D. हमेशा लाभ
उत्तर: A. मध्यम समय-सीमा प्रेरित कर सकती है, अत्यधिक दबाव बाधक हो सकता है
व्याख्या: संतुलित समय-सीमा कार्य को दिशा देती है, पर बहुत अधिक दबाव सोच को सीमित कर सकता है।

89. सृजनात्मकता में आत्म-चिंतन का महत्व क्या है?
A. अपने विचारों और प्रक्रिया को सुधारना
B. कोई महत्व नहीं
C. सोच रोकना
D. केवल गलती छिपाना
उत्तर: A. अपने विचारों और प्रक्रिया को सुधारना
व्याख्या: आत्म-चिंतन से व्यक्ति अपने कार्य को बेहतर बना सकता है।

90. सृजनात्मकता में पोर्टफोलियो का उपयोग क्या है?

A. सृजनात्मक कार्यों और प्रगति को दिखाना
B. केवल कागज जमा करना
C. कोई उपयोग नहीं
D. केवल दंड देना
उत्तर: A. सृजनात्मक कार्यों और प्रगति को दिखाना
व्याख्या: पोर्टफोलियो से व्यक्ति की सृजनात्मक यात्रा और विकास दिखता है।

91. सृजनात्मकता में मूल्यांकन से पहले विचारों की संख्या क्यों बढ़ानी चाहिए?
A. अधिक विकल्पों से बेहतर विचार चुनने की संभावना बढ़ती है
B. विचार कम करने के लिए
C. कोई लाभ नहीं
D. केवल भ्रम के लिए
उत्तर: A. अधिक विकल्पों से बेहतर विचार चुनने की संभावना बढ़ती है
व्याख्या: पहले अधिक विचार आने देना सृजनात्मकता को बढ़ाता है।

92. सृजनात्मकता में विविध दृष्टिकोण का लाभ क्या है?
A. समस्या को नए कोणों से देखने में सहायता
B. कोई लाभ नहीं
C. हमेशा भ्रम
D. केवल नकल
उत्तर: A. समस्या को नए कोणों से देखने में सहायता
व्याख्या: अलग दृष्टिकोण नए और बेहतर समाधान दे सकते हैं।

93. सृजनात्मकता में मानसिक अवरोध क्या है?
A. ऐसा विचार या डर जो नई सोच को रोकता है
B. हमेशा मददगार विचार
C. कोई अवरोध नहीं
D. केवल शारीरिक शक्ति
उत्तर: A. ऐसा विचार या डर जो नई सोच को रोकता है
व्याख्या: मानसिक अवरोध व्यक्ति को सीमित तरीके से सोचने पर मजबूर कर सकता है।

94. सृजनात्मकता में मानसिक अवरोध कैसे कम हो सकते हैं?
A. स्वतंत्रता, अभ्यास और सकारात्मक वातावरण से
B. अधिक डर से
C. कठोर दंड से
D. विचार रोकने से
उत्तर: A. स्वतंत्रता, अभ्यास और सकारात्मक वातावरण से
व्याख्या: सुरक्षित और प्रोत्साहनपूर्ण वातावरण व्यक्ति को नए विचार व्यक्त करने में मदद करता है।

95. सृजनात्मकता में असामान्य संबंध बनाना क्यों उपयोगी है?
A. नए विचार और समाधान बन सकते हैं
B. कोई उपयोग नहीं
C. हमेशा गलत
D. केवल भ्रम
उत्तर: A. नए विचार और समाधान बन सकते हैं
व्याख्या: अलग-अलग विचारों को जोड़ना सृजनात्मकता का महत्वपूर्ण आधार है।

96. सृजनात्मकता में कल्पनाशील खेल बच्चों को क्या देता है?
A. भूमिका निभाने और नए विचारों का अभ्यास
B. कोई लाभ नहीं
C. केवल समय खराब
D. सोच बंद
उत्तर: A. भूमिका निभाने और नए विचारों का अभ्यास
व्याख्या: कल्पनाशील खेल बच्चों की भाषा, सामाजिक और सृजनात्मक क्षमता को विकसित करता है।

97. सृजनात्मकता का व्यावसायिक महत्व क्या है?
A. नवाचार और समस्या समाधान में सहायता
B. कोई महत्व नहीं
C. केवल रटना
D. केवल आदेश पालन
उत्तर: A. नवाचार और समस्या समाधान में सहायता
व्याख्या: कार्यस्थल पर नए विचार और समाधान सफलता में योगदान देते हैं।

98. सृजनात्मकता का सामाजिक महत्व क्या है?
A. समाज में नए समाधान और विकास लाना
B. कोई महत्व नहीं
C. केवल भ्रम फैलाना
D. विकास रोकना
उत्तर: A. समाज में नए समाधान और विकास लाना
व्याख्या: सृजनात्मकता विज्ञान, कला, शिक्षा और समाज में प्रगति लाती है।

99. सृजनात्मकता की सबसे उपयुक्त विशेषता कौन-सी है?
A. मौलिकता, उपयोगिता, लचीलापन और प्रवाहशीलता
B. केवल नकल
C. केवल डर
D. केवल रटना
उत्तर: A. मौलिकता, उपयोगिता, लचीलापन और प्रवाहशीलता
व्याख्या: ये गुण सृजनात्मक सोच को पहचानने में मदद करते हैं।

100. सृजनात्मकता का सबसे उपयुक्त निष्कर्ष क्या है?
A. सृजनात्मकता नए, मौलिक और उपयोगी विचारों या समाधानों को उत्पन्न करने की मानसिक क्षमता है
B. सृजनात्मकता केवल नकल है
C. सृजनात्मकता का शिक्षा से कोई संबंध नहीं
D. सृजनात्मकता केवल जन्मजात प्रतिवर्त है
उत्तर: A. सृजनात्मकता नए, मौलिक और उपयोगी विचारों या समाधानों को उत्पन्न करने की मानसिक क्षमता है
व्याख्या: सृजनात्मकता व्यक्ति और समाज दोनों के विकास में महत्वपूर्ण भूमिका निभाती है।

अध्याय 14: अभिप्रेरणा

100 वस्तुनिष्ठ प्रश्न

1. अभिप्रेरणा का अर्थ क्या है?
A. व्यक्ति को किसी कार्य के लिए प्रेरित करने वाली आंतरिक या बाहरी शक्ति
B. केवल शारीरिक थकान
C. केवल नींद की अवस्था
D. बिना उद्देश्य कार्य करना
उत्तर: A. व्यक्ति को किसी कार्य के लिए प्रेरित करने वाली आंतरिक या बाहरी शक्ति
व्याख्या: अभिप्रेरणा व्यक्ति के व्यवहार को दिशा, ऊर्जा और निरंतरता प्रदान करती है।

2. अभिप्रेरणा किससे संबंधित है?
A. व्यवहार की दिशा और ऊर्जा से
B. केवल भोजन के स्वाद से
C. केवल शरीर की लंबाई से
D. केवल रंग पहचानने से
उत्तर: A. व्यवहार की दिशा और ऊर्जा से
व्याख्या: अभिप्रेरणा बताती है कि व्यक्ति कोई कार्य क्यों करता है और कितनी लगन से करता है।

3. अभिप्रेरणा का मुख्य कार्य क्या है?
A. व्यक्ति को लक्ष्य की ओर सक्रिय करना
B. व्यक्ति को हमेशा निष्क्रिय बनाना
C. सीखना रोकना
D. केवल भूलना
उत्तर: A. व्यक्ति को लक्ष्य की ओर सक्रिय करना
व्याख्या: अभिप्रेरणा व्यक्ति को लक्ष्य प्राप्ति के लिए प्रयास करने हेतु प्रेरित करती है।

4. अभिप्रेरणा व्यवहार को क्या प्रदान करती है?
A. दिशा, ऊर्जा और निरंतरता
B. केवल भ्रम
C. केवल नींद
D. केवल थकान
उत्तर: A. दिशा, ऊर्जा और निरंतरता
व्याख्या: प्रेरित व्यक्ति लक्ष्य की ओर नियमित और संगठित प्रयास करता है।

5. अभिप्रेरणा का संबंध किससे है?
A. आवश्यकता, लक्ष्य और प्रयास से
B. केवल रंग से
C. केवल मौसम से
D. केवल ऊँचाई से
उत्तर: A. आवश्यकता, लक्ष्य और प्रयास से
व्याख्या: आवश्यकता व्यक्ति में तनाव पैदा करती है और लक्ष्य की ओर प्रयास करवाती है।

6. आवश्यकता का अर्थ क्या है?
A. ऐसी कमी या चाह जो व्यवहार को प्रेरित करे
B. केवल मनोरंजन
C. केवल आराम
D. केवल कल्पना
उत्तर: A. ऐसी कमी या चाह जो व्यवहार को प्रेरित करे
व्याख्या: आवश्यकता व्यक्ति को उसे पूरा करने के लिए सक्रिय करती है।

7. लक्ष्य का अभिप्रेरणा में क्या महत्व है?
A. व्यवहार को दिशा देता है
B. व्यवहार को रोकता है
C. कोई महत्व नहीं
D. केवल भ्रम पैदा करता है
उत्तर: A. व्यवहार को दिशा देता है
व्याख्या: लक्ष्य स्पष्ट होने पर व्यक्ति के प्रयास अधिक व्यवस्थित होते हैं।

8. अभिप्रेरित व्यवहार की विशेषता कौन-सी है?
A. उद्देश्यपूर्ण और लक्ष्य-निर्देशित होना
B. बिना कारण होना
C. केवल प्रतिवर्त होना
D. हमेशा अनियंत्रित होना
उत्तर: A. उद्देश्यपूर्ण और लक्ष्य-निर्देशित होना
व्याख्या: अभिप्रेरित व्यवहार किसी न किसी लक्ष्य की प्राप्ति से जुड़ा होता है।

9. अभिप्रेरणा का शिक्षा में महत्व क्या है?
A. सीखने में रुचि और प्रयास बढ़ाना
B. विद्यार्थियों को निष्क्रिय बनाना
C. शिक्षा रोकना
D. केवल दंड देना
उत्तर: A. सीखने में रुचि और प्रयास बढ़ाना
व्याख्या: प्रेरित विद्यार्थी अधिक ध्यान, मेहनत और निरंतरता से सीखता है।

10. अभिप्रेरणा का कार्यस्थल में महत्व क्या है?
A. कार्यक्षमता और उत्पादकता बढ़ाना
B. काम से दूरी बढ़ाना
C. केवल थकान बढ़ाना
D. कोई महत्व नहीं
उत्तर: A. कार्यक्षमता और उत्पादकता बढ़ाना
व्याख्या: प्रेरित कर्मचारी बेहतर प्रदर्शन और जिम्मेदारी दिखाते हैं।

11. आंतरिक अभिप्रेरणा का अर्थ क्या है?
A. रुचि, आनंद या संतुष्टि के कारण कार्य करना
B. केवल पुरस्कार के लिए कार्य करना
C. केवल दंड से बचने के लिए कार्य करना
D. बिना रुचि कार्य करना
उत्तर: A. रुचि, आनंद या संतुष्टि के कारण कार्य करना
व्याख्या: आंतरिक प्रेरणा में व्यक्ति कार्य को स्वयं मूल्यवान मानकर करता है।

12. बाह्य अभिप्रेरणा का अर्थ क्या है?
A. पुरस्कार, प्रशंसा या दंड से बचने के लिए कार्य करना
B. केवल आनंद के लिए कार्य करना
C. बिना लक्ष्य कार्य करना

D. केवल जिज्ञासा से कार्य करना
उत्तर: A. पुरस्कार, प्रशंसा या दंड से बचने के लिए कार्य करना
व्याख्या: बाह्य प्रेरणा बाहरी लाभ या परिणामों से जुड़ी होती है।

13. आंतरिक अभिप्रेरणा का उदाहरण कौन-सा है?
A. रुचि के कारण पुस्तक पढ़ना
B. केवल इनाम के लिए पढ़ना
C. दंड से बचने के लिए पढ़ना
D. डर के कारण पढ़ना
उत्तर: A. रुचि के कारण पुस्तक पढ़ना
व्याख्या: जब व्यक्ति अपनी रुचि से कार्य करता है, तो यह आंतरिक प्रेरणा है।

14. बाह्य अभिप्रेरणा का उदाहरण कौन-सा है?
A. पुरस्कार पाने के लिए पढ़ाई करना
B. ज्ञान की जिज्ञासा से पढ़ना
C. आनंद के लिए चित्र बनाना
D. रुचि से संगीत सीखना
उत्तर: A. पुरस्कार पाने के लिए पढ़ाई करना
व्याख्या: बाह्य प्रेरणा में कार्य बाहरी परिणाम के लिए किया जाता है।

15. जैविक अभिप्रेरणा किससे संबंधित है?
A. भूख, प्यास और नींद जैसी शारीरिक आवश्यकताओं से
B. केवल सामाजिक प्रतिष्ठा से
C. केवल परीक्षा से
D. केवल कल्पना से
उत्तर: A. भूख, प्यास और नींद जैसी शारीरिक आवश्यकताओं से
व्याख्या: जैविक प्रेरणाएँ शरीर की मूल आवश्यकताओं से उत्पन्न होती हैं।

16. सामाजिक अभिप्रेरणा किससे संबंधित है?
A. सम्मान, उपलब्धि और संबंधों से
B. केवल भूख से
C. केवल प्यास से
D. केवल तापमान से
उत्तर: A. सम्मान, उपलब्धि और संबंधों से
व्याख्या: सामाजिक प्रेरणाएँ समाज, संबंध और मान्यता से जुड़ी होती हैं।

17. उपलब्धि अभिप्रेरणा का अर्थ क्या है?
A. सफलता प्राप्त करने और श्रेष्ठ प्रदर्शन करने की इच्छा
B. कार्य से बचने की इच्छा
C. केवल आराम की इच्छा
D. बिना लक्ष्य रहना
उत्तर: A. सफलता प्राप्त करने और श्रेष्ठ प्रदर्शन करने की इच्छा
व्याख्या: उपलब्धि प्रेरणा व्यक्ति को कठिन कार्यों में सफलता पाने के लिए प्रेरित करती है।

18. उपलब्धि अभिप्रेरणा किसमें सहायक है?
A. लक्ष्य निर्धारण और मेहनत में
B. केवल आलस्य में
C. कार्य छोड़ने में
D. सीखना रोकने में
उत्तर: A. लक्ष्य निर्धारण और मेहनत में
व्याख्या: उच्च उपलब्धि प्रेरणा वाला व्यक्ति लक्ष्य के लिए लगातार प्रयास करता है।

19. शक्ति अभिप्रेरणा का अर्थ क्या है?
A. दूसरों को प्रभावित या नियंत्रित करने की इच्छा
B. केवल सोने की इच्छा
C. केवल भोजन की इच्छा
D. बिना उद्देश्य रहना
उत्तर: A. दूसरों को प्रभावित या नियंत्रित करने की इच्छा
व्याख्या: शक्ति प्रेरणा नेतृत्व, प्रभाव और नियंत्रण की इच्छा से जुड़ी होती है।

20. संबंध अभिप्रेरणा का अर्थ क्या है?
A. दूसरों से जुड़ने और स्वीकार्यता पाने की इच्छा
B. अकेले रहने की मजबूरी
C. केवल भोजन की इच्छा
D. केवल शारीरिक शक्ति
उत्तर: A. दूसरों से जुड़ने और स्वीकार्यता पाने की इच्छा
व्याख्या: संबंध प्रेरणा मित्रता, सहयोग और सामाजिक स्वीकृति से जुड़ी है।

21. प्रेरक या ड्राइव का अर्थ क्या है?
A. आवश्यकता से उत्पन्न आंतरिक तनाव जो व्यवहार को प्रेरित करे
B. केवल बाहरी वस्तु
C. केवल दंड
D. केवल पुरस्कार
उत्तर: A. आवश्यकता से उत्पन्न आंतरिक तनाव जो व्यवहार को प्रेरित करे
व्याख्या: ड्राइव व्यक्ति को कमी दूर करने के लिए सक्रिय करता है।

22. प्रोत्साहन का अर्थ क्या है?
A. बाहरी वस्तु या परिस्थिति जो व्यवहार को आकर्षित करे
B. केवल नींद
C. केवल थकान
D. केवल डर
उत्तर: A. बाहरी वस्तु या परिस्थिति जो व्यवहार को आकर्षित करे
व्याख्या: पुरस्कार, प्रशंसा और मान्यता प्रोत्साहन के उदाहरण हैं।

23. ड्राइव-रिडक्शन सिद्धांत किस पर आधारित है?
A. आवश्यकता से उत्पन्न तनाव को कम करने पर
B. केवल पुरस्कार पर
C. केवल सामाजिक सम्मान पर
D. केवल कल्पना पर
उत्तर: A. आवश्यकता से उत्पन्न तनाव को कम करने पर
व्याख्या: इस सिद्धांत के अनुसार व्यक्ति आंतरिक तनाव कम करने के लिए व्यवहार करता है।

24. भूख किस प्रकार की प्रेरणा है?
A. जैविक प्रेरणा
B. सामाजिक प्रेरणा
C. नैतिक प्रेरणा

D. केवल बाहरी प्रेरणा
उत्तर: A. जैविक प्रेरणा
व्याख्या: भूख शरीर की ऊर्जा आवश्यकता से जुड़ी मूल जैविक प्रेरणा है।

25. प्यास किस प्रकार की प्रेरणा है?
A. जैविक प्रेरणा
B. उपलब्धि प्रेरणा
C. शक्ति प्रेरणा
D. संबंध प्रेरणा
उत्तर: A. जैविक प्रेरणा
व्याख्या: प्यास शरीर में जल संतुलन बनाए रखने की आवश्यकता से उत्पन्न होती है।

26. नींद की आवश्यकता किससे संबंधित है?
A. जैविक संतुलन से
B. केवल सामाजिक सम्मान से
C. केवल परीक्षा से
D. केवल पुरस्कार से
उत्तर: A. जैविक संतुलन से
व्याख्या: नींद शरीर और मस्तिष्क को आराम तथा पुनर्स्थापन देती है।

27. होमियोस्टेसिस का अर्थ क्या है?
A. शरीर का आंतरिक संतुलन बनाए रखना
B. केवल बाहरी प्रशंसा
C. केवल सामाजिक तुलना
D. केवल स्मृति
उत्तर: A. शरीर का आंतरिक संतुलन बनाए रखना
व्याख्या: जैविक प्रेरणाएँ अक्सर शरीर के संतुलन को बनाए रखने से जुड़ी होती हैं।

28. मास्लो का आवश्यकता पदानुक्रम सिद्धांत किससे संबंधित है?
A. मानव आवश्यकताओं के स्तरों से
B. केवल स्मृति से
C. केवल अधिगम से
D. केवल प्रत्यक्षीकरण से
उत्तर: A. मानव आवश्यकताओं के स्तरों से
व्याख्या: मास्लो ने आवश्यकताओं को निम्न से उच्च स्तर तक क्रमबद्ध किया।

29. मास्लो के अनुसार सबसे मूल आवश्यकता कौन-सी है?
A. शारीरिक आवश्यकता
B. आत्म-साक्षात्कार
C. सम्मान
D. सौंदर्य
उत्तर: A. शारीरिक आवश्यकता
व्याख्या: भोजन, पानी, नींद जैसी शारीरिक आवश्यकताएँ आधार स्तर पर होती हैं।

30. मास्लो के अनुसार शारीरिक आवश्यकताओं के बाद कौन-सी आवश्यकता आती है?
A. सुरक्षा आवश्यकता
B. आत्म-साक्षात्कार
C. सौंदर्य आवश्यकता
D. ज्ञान आवश्यकता
उत्तर: A. सुरक्षा आवश्यकता
व्याख्या: मूल शारीरिक आवश्यकताओं के बाद व्यक्ति सुरक्षा और स्थिरता चाहता है।

31. सुरक्षा आवश्यकता का उदाहरण क्या है?
A. संरक्षण, स्थिरता और भय से मुक्ति
B. केवल प्रसिद्धि
C. केवल रचनात्मकता
D. केवल खेल
उत्तर: A. संरक्षण, स्थिरता और भय से मुक्ति
व्याख्या: सुरक्षा आवश्यकता व्यक्ति को सुरक्षित वातावरण और स्थिर जीवन की ओर प्रेरित करती है।

32. प्रेम और संबंध की आवश्यकता किससे जुड़ी है?
A. मित्रता, परिवार और अपनापन
B. केवल भोजन
C. केवल नींद
D. केवल शारीरिक तापमान
उत्तर: A. मित्रता, परिवार और अपनापन
व्याख्या: मनुष्य सामाजिक प्राणी है और संबंधों की आवश्यकता महसूस करता है।

33. सम्मान आवश्यकता का अर्थ क्या है?
A. आत्म-सम्मान और दूसरों से मान्यता पाना
B. केवल भूख
C. केवल प्यास
D. केवल आराम
उत्तर: A. आत्म-सम्मान और दूसरों से मान्यता पाना
व्याख्या: सम्मान आवश्यकता व्यक्ति को उपलब्धि और प्रतिष्ठा की ओर प्रेरित करती है।

34. आत्म-साक्षात्कार का अर्थ क्या है?
A. अपनी क्षमता का पूर्ण विकास करना
B. केवल भोजन करना
C. केवल दंड से बचना
D. केवल सोना
उत्तर: A. अपनी क्षमता का पूर्ण विकास करना
व्याख्या: आत्म-साक्षात्कार में व्यक्ति अपनी सर्वोच्च संभावनाओं को विकसित करता है।

35. मास्लो के सिद्धांत में सर्वोच्च स्तर कौन-सा है?
A. आत्म-साक्षात्कार
B. शारीरिक आवश्यकता
C. सुरक्षा
D. संबंध
उत्तर: A. आत्म-साक्षात्कार
व्याख्या: मास्लो के अनुसार उच्चतम स्तर पर व्यक्ति अपनी क्षमताओं की पूर्णता चाहता है।

36. आवश्यकता पदानुक्रम का मुख्य विचार क्या है?
A. निम्न आवश्यकताएँ पूरी होने पर उच्च आवश्यकताएँ प्रमुख होती हैं
B. सभी आवश्यकताएँ हमेशा समान होती हैं

C. केवल पुरस्कार महत्वपूर्ण है
D. कोई क्रम नहीं होता
उत्तर: A. निम्न आवश्यकताएँ पूरी होने पर उच्च आवश्यकताएँ प्रमुख होती हैं
व्याख्या: व्यक्ति पहले मूल आवश्यकताओं को पूरा करता है, फिर उच्च स्तर की आवश्यकताओं की ओर बढ़ता है।

37. हर्जबर्ग का द्वि-कारक सिद्धांत किस क्षेत्र में प्रसिद्ध है?
A. कार्य अभिप्रेरणा
B. स्मृति
C. प्रत्यक्षीकरण
D. जैविक विकास
उत्तर: A. कार्य अभिप्रेरणा
व्याख्या: हर्जबर्ग ने कार्य संतुष्टि और असंतुष्टि से जुड़े कारकों को समझाया।

38. हर्जबर्ग के प्रेरक कारक का उदाहरण क्या है?
A. उपलब्धि और मान्यता
B. केवल वेतन की कमी
C. खराब कार्य-परिस्थिति
D. असुरक्षा
उत्तर: A. उपलब्धि और मान्यता
व्याख्या: प्रेरक कारक व्यक्ति को कार्य में संतुष्टि और उत्साह देते हैं।

39. हर्जबर्ग के स्वच्छता कारक का उदाहरण क्या है?
A. वेतन, नीति और कार्य-परिस्थितियाँ
B. उपलब्धि
C. विकास
D. जिम्मेदारी
उत्तर: A. वेतन, नीति और कार्य-परिस्थितियाँ
व्याख्या: स्वच्छता कारक असंतुष्टि को कम करते हैं, पर अकेले उच्च प्रेरणा नहीं देते।

40. मैक्लीलैंड का सिद्धांत किससे संबंधित है?
A. उपलब्धि, शक्ति और संबंध आवश्यकताओं से
B. केवल जैविक भूख से
C. केवल स्मृति से
D. केवल प्रत्यक्षीकरण से
उत्तर: A. उपलब्धि, शक्ति और संबंध आवश्यकताओं से
व्याख्या: मैक्लीलैंड ने तीन प्रमुख सामाजिक प्रेरणाओं पर बल दिया।

41. उच्च उपलब्धि प्रेरणा वाले व्यक्ति की विशेषता क्या है?
A. चुनौतीपूर्ण लक्ष्य और जिम्मेदारी लेना
B. हमेशा कार्य से बचना
C. केवल आसान काम चुनना
D. कोई लक्ष्य न रखना
उत्तर: A. चुनौतीपूर्ण लक्ष्य और जिम्मेदारी लेना
व्याख्या: ऐसे व्यक्ति सफलता और श्रेष्ठ प्रदर्शन के लिए प्रयास करते हैं।

42. प्रेरणा और अधिगम का संबंध कैसा है?
A. प्रेरणा अधिगम को प्रभावी बनाती है
B. प्रेरणा सीखने को रोकती है
C. दोनों का कोई संबंध नहीं
D. अधिगम केवल जन्मजात है
उत्तर: A. प्रेरणा अधिगम को प्रभावी बनाती है
व्याख्या: प्रेरित विद्यार्थी अधिक ध्यान और अभ्यास करता है।

43. प्रेरणा की कमी का प्रभाव क्या हो सकता है?
A. रुचि और प्रयास में कमी
B. हमेशा अधिक सफलता
C. सीखने की गति बढ़ना
D. अधिक उत्साह
उत्तर: A. रुचि और प्रयास में कमी
व्याख्या: प्रेरणा कम होने पर व्यक्ति लक्ष्य की ओर कम प्रयास करता है।

44. अत्यधिक प्रेरणा का प्रभाव कभी-कभी कैसा हो सकता है?
A. तनाव और प्रदर्शन में कमी
B. हमेशा सर्वोत्तम प्रदर्शन
C. कोई प्रभाव नहीं
D. केवल आराम
उत्तर: A. तनाव और प्रदर्शन में कमी
व्याख्या: बहुत अधिक दबाव चिंता बढ़ाकर प्रदर्शन को प्रभावित कर सकता है।

45. यर्कीस-डॉडसन नियम किससे संबंधित है?
A. उत्तेजना स्तर और प्रदर्शन के संबंध से
B. केवल भूख से
C. केवल स्मृति हानि से
D. केवल नींद से
उत्तर: A. उत्तेजना स्तर और प्रदर्शन के संबंध से
व्याख्या: मध्यम स्तर की उत्तेजना सामान्यतः बेहतर प्रदर्शन में सहायक होती है।

46. मध्यम स्तर की प्रेरणा क्यों उपयोगी मानी जाती है?
A. ध्यान और प्रयास को संतुलित रखती है
B. हमेशा आलस्य देती है
C. कोई लाभ नहीं
D. सीखना रोकती है
उत्तर: A. ध्यान और प्रयास को संतुलित रखती है
व्याख्या: बहुत कम प्रेरणा प्रयास घटाती है और बहुत अधिक प्रेरणा तनाव बढ़ा सकती है।

47. लक्ष्य निर्धारण सिद्धांत का मुख्य विचार क्या है?
A. स्पष्ट और चुनौतीपूर्ण लक्ष्य प्रेरणा बढ़ाते हैं
B. लक्ष्य की जरूरत नहीं
C. अस्पष्ट लक्ष्य बेहतर हैं
D. केवल दंड जरूरी है
उत्तर: A. स्पष्ट और चुनौतीपूर्ण लक्ष्य प्रेरणा बढ़ाते हैं
व्याख्या: स्पष्ट लक्ष्य व्यक्ति को दिशा और मापनीय प्रगति देते हैं।

48. अच्छा लक्ष्य कैसा होना चाहिए?
A. स्पष्ट, यथार्थवादी और चुनौतीपूर्ण
B. बिल्कुल अस्पष्ट
C. असंभव

D. बिना समय सीमा
उत्तर: A. स्पष्ट, यथार्थवादी और चुनौतीपूर्ण
व्याख्या: ऐसा लक्ष्य व्यक्ति को प्रयास करने के लिए प्रेरित करता है।

49. प्रतिपुष्टि का अभिप्रेरणा में क्या महत्व है?
A. प्रगति और सुधार की जानकारी देती है
B. कोई महत्व नहीं
C. हमेशा डर पैदा करती है
D. प्रयास रोकती है
उत्तर: A. प्रगति और सुधार की जानकारी देती है
व्याख्या: सही प्रतिपुष्टि व्यक्ति को अपनी दिशा सुधारने में मदद करती है।

50. सकारात्मक प्रतिपुष्टि का प्रभाव क्या हो सकता है?
A. आत्मविश्वास और प्रेरणा बढ़ना
B. हमेशा निराशा
C. कोई प्रभाव नहीं
D. सीखना रुकना
उत्तर: A. आत्मविश्वास और प्रेरणा बढ़ना
व्याख्या: सकारात्मक प्रतिक्रिया व्यक्ति को आगे प्रयास करने के लिए प्रोत्साहित करती है।

51. पुरस्कार का प्रेरणा पर क्या प्रभाव हो सकता है?
A. व्यवहार को मजबूत कर सकता है
B. हमेशा व्यवहार रोकता है
C. कोई प्रभाव नहीं
D. केवल भ्रम देता है
उत्तर: A. व्यवहार को मजबूत कर सकता है
व्याख्या: उचित पुरस्कार व्यक्ति को कार्य दोहराने के लिए प्रेरित कर सकता है।

52. दंड का उद्देश्य क्या हो सकता है?
A. अवांछित व्यवहार को कम करना
B. हमेशा प्रेरणा बढ़ाना
C. सीखना बढ़ाना ही बढ़ाना
D. केवल आनंद देना
उत्तर: A. अवांछित व्यवहार को कम करना
व्याख्या: दंड का प्रयोग सावधानी से होना चाहिए क्योंकि यह डर और तनाव भी पैदा कर सकता है।

53. प्रशंसा का अभिप्रेरणा में महत्व क्या है?
A. आत्मविश्वास और प्रयास को बढ़ाना
B. हमेशा नुकसान
C. कोई महत्व नहीं
D. केवल भ्रम
उत्तर: A. आत्मविश्वास और प्रयास को बढ़ाना
व्याख्या: उचित और सच्ची प्रशंसा व्यक्ति को बेहतर कार्य के लिए प्रेरित करती है।

54. आत्म-प्रेरणा का अर्थ क्या है?
A. स्वयं को लक्ष्य की ओर प्रेरित करना
B. केवल दूसरों पर निर्भर रहना
C. बिना लक्ष्य रहना
D. कार्य से भागना
उत्तर: A. स्वयं को लक्ष्य की ओर प्रेरित करना
व्याख्या: आत्म-प्रेरित व्यक्ति बाहरी दबाव के बिना भी प्रयास करता है।

55. आत्म-प्रेरणा कैसे विकसित हो सकती है?
A. लक्ष्य, अनुशासन और सकारात्मक सोच से
B. केवल आलस्य से
C. कार्य टालने से
D. बिना योजना से
उत्तर: A. लक्ष्य, अनुशासन और सकारात्मक सोच से
व्याख्या: स्पष्ट उद्देश्य और नियमित प्रयास आत्म-प्रेरणा को मजबूत बनाते हैं।

56. आत्म-प्रभावकारिता का अर्थ क्या है?
A. अपने कार्य सफलतापूर्वक करने की क्षमता पर विश्वास
B. केवल दूसरों पर विश्वास
C. कोई विश्वास नहीं
D. केवल डर
उत्तर: A. अपने कार्य सफलतापूर्वक करने की क्षमता पर विश्वास
व्याख्या: आत्म-प्रभावकारिता अधिक प्रयास और दृढ़ता को बढ़ाती है।

57. उच्च आत्म-प्रभावकारिता का प्रभाव क्या है?
A. कठिन कार्यों में भी प्रयास जारी रखना
B. तुरंत हार मानना
C. कोई प्रयास न करना
D. केवल डरना
उत्तर: A. कठिन कार्यों में भी प्रयास जारी रखना
व्याख्या: अपने ऊपर विश्वास व्यक्ति को चुनौतियों का सामना करने में मदद करता है।

58. निम्न आत्म-प्रभावकारिता का प्रभाव क्या हो सकता है?
A. प्रयास कम होना और असफलता का डर बढ़ना
B. हमेशा अधिक सफलता
C. अधिक आत्मविश्वास
D. अधिक रुचि
उत्तर: A. प्रयास कम होना और असफलता का डर बढ़ना
व्याख्या: व्यक्ति यदि अपनी क्षमता पर विश्वास नहीं करता, तो वह चुनौती से बच सकता है।

59. अभिप्रेरणा में रुचि की भूमिका क्या है?
A. कार्य में ध्यान और आनंद बढ़ाना
B. कोई भूमिका नहीं
C. हमेशा बाधा
D. केवल थकान
उत्तर: A. कार्य में ध्यान और आनंद बढ़ाना
व्याख्या: रुचि व्यक्ति को कार्य में स्वाभाविक रूप से जुड़ने में मदद करती है।

60. अभिप्रेरणा में जिज्ञासा का महत्व क्या है?
A. सीखने और खोजने की इच्छा बढ़ाना
B. सीखना रोकना
C. कोई महत्व नहीं
D. केवल डर
उत्तर: A. सीखने और खोजने की इच्छा बढ़ाना

व्याख्या: जिज्ञासा व्यक्ति को प्रश्न पूछने और ज्ञान प्राप्त करने के लिए प्रेरित करती है।

61. अभिप्रेरणा में आकांक्षा स्तर का अर्थ क्या है?
A. व्यक्ति द्वारा निर्धारित उपलब्धि का अपेक्षित स्तर
B. केवल नींद का स्तर
C. केवल भोजन की मात्रा
D. केवल ऊँचाई
उत्तर: A. व्यक्ति द्वारा निर्धारित उपलब्धि का अपेक्षित स्तर
व्याख्या: आकांक्षा स्तर व्यक्ति के लक्ष्य और प्रयास को प्रभावित करता है।

62. बहुत अधिक अवास्तविक आकांक्षा का परिणाम क्या हो सकता है?
A. निराशा और तनाव
B. हमेशा सफलता
C. कोई प्रभाव नहीं
D. अधिक आराम
उत्तर: A. निराशा और तनाव
व्याख्या: असंभव लक्ष्य बार-बार असफलता और निराशा पैदा कर सकते हैं।

63. बहुत कम आकांक्षा का परिणाम क्या हो सकता है?
A. क्षमता का पूरा उपयोग न होना
B. हमेशा श्रेष्ठ प्रदर्शन
C. अधिक चुनौती
D. अधिक विकास
उत्तर: A. क्षमता का पूरा उपयोग न होना
व्याख्या: बहुत आसान लक्ष्य व्यक्ति की क्षमता को चुनौती नहीं देते।

64. संतुलित आकांक्षा कैसी होती है?
A. क्षमता के अनुसार चुनौतीपूर्ण और यथार्थवादी
B. पूरी तरह असंभव
C. बिल्कुल बिना लक्ष्य
D. केवल आसान
उत्तर: A. क्षमता के अनुसार चुनौतीपूर्ण और यथार्थवादी
व्याख्या: संतुलित लक्ष्य प्रेरणा और सफलता दोनों को बढ़ाते हैं।

65. अभिप्रेरणा में सफलता का प्रभाव क्या होता है?
A. आत्मविश्वास और आगे प्रयास बढ़ सकते हैं
B. हमेशा प्रयास घटता है
C. कोई प्रभाव नहीं
D. केवल डर बढ़ता है
उत्तर: A. आत्मविश्वास और आगे प्रयास बढ़ सकते हैं
व्याख्या: सफलता व्यक्ति को अपनी क्षमता पर विश्वास दिलाती है।

66. बार-बार असफलता का प्रभाव क्या हो सकता है?
A. निराशा और प्रेरणा में कमी
B. हमेशा अधिक उत्साह
C. कोई प्रभाव नहीं
D. केवल आनंद
उत्तर: A. निराशा और प्रेरणा में कमी
व्याख्या: लगातार असफलता से व्यक्ति प्रयास करना छोड़ सकता है, यदि उचित समर्थन न मिले।

67. असफलता से सीखने का सही तरीका क्या है?
A. कारण पहचानकर रणनीति सुधारना
B. तुरंत प्रयास छोड़ देना
C. स्वयं को हमेशा अयोग्य मानना
D. लक्ष्य भूल जाना
उत्तर: A. कारण पहचानकर रणनीति सुधारना
व्याख्या: असफलता सुधार का अवसर बन सकती है।

68. शिक्षक अभिप्रेरणा कैसे बढ़ा सकता है?
A. रुचिकर शिक्षण, प्रशंसा और स्पष्ट लक्ष्य देकर
B. केवल डराकर
C. केवल दंड देकर
D. प्रश्न रोककर
उत्तर: A. रुचिकर शिक्षण, प्रशंसा और स्पष्ट लक्ष्य देकर
व्याख्या: अच्छा शिक्षक विद्यार्थियों में सीखने की इच्छा और आत्मविश्वास बढ़ाता है।

69. विद्यार्थी की अभिप्रेरणा बढ़ाने का अच्छा तरीका क्या है?
A. छोटे लक्ष्य और नियमित अभ्यास
B. बिना योजना पढ़ना
C. केवल डर से पढ़ना
D. हर गलती पर अपमान
उत्तर: A. छोटे लक्ष्य और नियमित अभ्यास
व्याख्या: छोटे लक्ष्य सफलता का अनुभव देकर प्रेरणा बढ़ाते हैं।

70. कक्षा में अभिप्रेरणा के लिए कौन-सा वातावरण उचित है?
A. सहयोगी, सुरक्षित और प्रोत्साहनपूर्ण
B. डर और अपमान वाला
C. अत्यधिक दंडात्मक
D. निष्क्रिय और उदासीन
उत्तर: A. सहयोगी, सुरक्षित और प्रोत्साहनपूर्ण
व्याख्या: सुरक्षित वातावरण में विद्यार्थी प्रश्न पूछने और प्रयास करने से नहीं डरते।

71. प्रतियोगिता का अभिप्रेरणा पर प्रभाव कैसा हो सकता है?
A. संतुलित हो तो प्रेरक, अत्यधिक हो तो तनावपूर्ण
B. हमेशा नुकसानदायक
C. हमेशा लाभदायक
D. कोई प्रभाव नहीं
उत्तर: A. संतुलित हो तो प्रेरक, अत्यधिक हो तो तनावपूर्ण
व्याख्या: स्वस्थ प्रतियोगिता प्रयास बढ़ाती है, पर अत्यधिक दबाव चिंता बढ़ा सकता है।

72. सहयोग का अभिप्रेरणा में महत्व क्या है?
A. सामाजिक समर्थन और सीखने में सहायता
B. हमेशा बाधा
C. कोई महत्व नहीं
D. केवल नकल
उत्तर: A. सामाजिक समर्थन और सीखने में सहायता
व्याख्या: सहयोग से विद्यार्थी आत्मविश्वास और सहभागिता महसूस करते हैं।

73. अभिप्रेरणा में भय का प्रभाव क्या हो सकता है?
A. अल्पकालिक प्रयास बढ़ा सकता है, पर दीर्घकाल में नुकसानदायक हो सकता है
B. हमेशा श्रेष्ठ प्रेरणा
C. कोई प्रभाव नहीं
D. हमेशा आनंद
उत्तर: A. अल्पकालिक प्रयास बढ़ा सकता है, पर दीर्घकाल में नुकसानदायक हो सकता है
व्याख्या: भय आधारित प्रेरणा तनाव और नकारात्मक भावनाएँ पैदा कर सकती है।

74. अभिप्रेरणा में आनंद का महत्व क्या है?
A. कार्य में रुचि और निरंतरता बढ़ाना
B. कोई महत्व नहीं
C. हमेशा बाधा
D. केवल समय खराब
उत्तर: A. कार्य में रुचि और निरंतरता बढ़ाना
व्याख्या: आनंद से व्यक्ति कार्य को लंबे समय तक जारी रख सकता है।

75. अभिप्रेरणा में मूल्य का अर्थ क्या है?
A. व्यक्ति किसी कार्य को कितना महत्वपूर्ण मानता है
B. केवल वस्तु की कीमत
C. केवल रंग
D. केवल वजन
उत्तर: A. व्यक्ति किसी कार्य को कितना महत्वपूर्ण मानता है
व्याख्या: जब व्यक्ति कार्य को महत्वपूर्ण मानता है, तो वह अधिक प्रयास करता है।

76. अपेक्षा-मूल्य सिद्धांत का मुख्य विचार क्या है?
A. व्यक्ति तब प्रयास करता है जब सफलता की उम्मीद और कार्य का मूल्य हो
B. केवल दंड से प्रयास होता है
C. मूल्य का कोई महत्व नहीं
D. सफलता की उम्मीद जरूरी नहीं
उत्तर: A. व्यक्ति तब प्रयास करता है जब सफलता की उम्मीद और कार्य का मूल्य हो
व्याख्या: सफलता की संभावना और कार्य की उपयोगिता प्रेरणा को प्रभावित करते हैं।

77. अभिप्रेरणा में आत्म-सम्मान की भूमिका क्या है?
A. व्यक्ति को प्रयास और उपलब्धि के लिए प्रेरित करना
B. कोई भूमिका नहीं
C. हमेशा बाधा
D. केवल घमंड
उत्तर: A. व्यक्ति को प्रयास और उपलब्धि के लिए प्रेरित करना
व्याख्या: सकारात्मक आत्म-सम्मान व्यक्ति को लक्ष्य की ओर आगे बढ़ने में मदद करता है।

78. अभिप्रेरणा में आदत का प्रभाव क्या हो सकता है?
A. नियमित व्यवहार को बनाए रखने में सहायता
B. हमेशा नुकसान
C. कोई प्रभाव नहीं
D. केवल भूलना
उत्तर: A. नियमित व्यवहार को बनाए रखने में सहायता
व्याख्या: अच्छी आदतें प्रेरणा कम होने पर भी कार्य जारी रखने में मदद करती हैं।

79. अभिप्रेरणा में अनुशासन का महत्व क्या है?
A. लक्ष्य की ओर निरंतर प्रयास बनाए रखना
B. प्रयास रोकना
C. कोई महत्व नहीं
D. केवल डर पैदा करना
उत्तर: A. लक्ष्य की ओर निरंतर प्रयास बनाए रखना
व्याख्या: अनुशासन व्यक्ति को नियमित और योजनाबद्ध कार्य करने में मदद करता है।

80. अभिप्रेरणा और भावना का संबंध कैसा है?
A. भावनाएँ प्रेरणा को बढ़ा या घटा सकती हैं
B. कोई संबंध नहीं
C. भावना हमेशा प्रेरणा रोकती है
D. प्रेरणा केवल शारीरिक है
उत्तर: A. भावनाएँ प्रेरणा को बढ़ा या घटा सकती हैं
व्याख्या: उत्साह, डर, आशा और निराशा प्रेरणा को प्रभावित करते हैं।

81. आशा का अभिप्रेरणा पर प्रभाव क्या है?
A. प्रयास और दृढ़ता बढ़ाना
B. हमेशा प्रयास घटाना
C. कोई प्रभाव नहीं
D. केवल भ्रम
उत्तर: A. प्रयास और दृढ़ता बढ़ाना
व्याख्या: आशा व्यक्ति को लक्ष्य प्राप्ति की संभावना पर विश्वास देती है।

82. निराशा का अभिप्रेरणा पर प्रभाव क्या हो सकता है?
A. प्रयास में कमी और लक्ष्य से दूरी
B. हमेशा अधिक प्रेरणा
C. कोई प्रभाव नहीं
D. केवल आनंद
उत्तर: A. प्रयास में कमी और लक्ष्य से दूरी
व्याख्या: निराशा व्यक्ति को प्रयास छोड़ने की ओर ले जा सकती है।

83. अभिप्रेरणा में धैर्य क्यों जरूरी है?
A. दीर्घकालिक लक्ष्यों के लिए निरंतर प्रयास हेतु
B. तुरंत हार मानने के लिए
C. कोई जरूरत नहीं
D. केवल प्रतीक्षा के लिए
उत्तर: A. दीर्घकालिक लक्ष्यों के लिए निरंतर प्रयास हेतु
व्याख्या: बड़े लक्ष्यों को प्राप्त करने में समय और लगातार प्रयास की आवश्यकता होती है।

84. दृढ़ता का अर्थ क्या है?
A. कठिनाई के बावजूद प्रयास जारी रखना
B. तुरंत हार मानना
C. बिना लक्ष्य रहना
D. केवल आराम करना
उत्तर: A. कठिनाई के बावजूद प्रयास जारी रखना
व्याख्या: दृढ़ता प्रेरित व्यवहार की महत्वपूर्ण विशेषता है।

85. अभिप्रेरणा में लक्ष्य की निकटता का प्रभाव क्या हो सकता है?
A. लक्ष्य पास दिखने पर प्रयास बढ़ सकता है
B. प्रयास हमेशा घटता है
C. कोई प्रभाव नहीं
D. केवल भ्रम
उत्तर: A. लक्ष्य पास दिखने पर प्रयास बढ़ सकता है
व्याख्या: लक्ष्य की प्रगति दिखाई देने से व्यक्ति अधिक उत्साहित होता है।

86. अभिप्रेरणा में प्रगति मापना क्यों जरूरी है?
A. व्यक्ति को पता चलता है कि वह लक्ष्य के कितने करीब है
B. कोई जरूरत नहीं
C. हमेशा तनाव बढ़ाता है
D. प्रयास रोकता है
उत्तर: A. व्यक्ति को पता चलता है कि वह लक्ष्य के कितने करीब है
व्याख्या: प्रगति की जानकारी प्रेरणा और सुधार दोनों में मदद करती है।

87. अभिप्रेरणा में समय-प्रबंधन का महत्व क्या है?
A. प्रयासों को व्यवस्थित और प्रभावी बनाना
B. कोई महत्व नहीं
C. केवल देरी करना
D. लक्ष्य भूलना
उत्तर: A. प्रयासों को व्यवस्थित और प्रभावी बनाना
व्याख्या: समय-प्रबंधन से लक्ष्य की दिशा में नियमित प्रगति होती है।

88. कार्य टालना किसकी कमी से जुड़ा हो सकता है?
A. प्रेरणा, योजना या आत्म-नियंत्रण की कमी
B. हमेशा उच्च प्रेरणा
C. पूर्ण सफलता
D. अधिक अनुशासन
उत्तर: A. प्रेरणा, योजना या आत्म-नियंत्रण की कमी
व्याख्या: कार्य टालना लक्ष्य प्राप्ति में बाधा बनता है।

89. अभिप्रेरणा में आत्म-नियंत्रण का अर्थ क्या है?
A. इच्छाओं और ध्यान को लक्ष्य के अनुसार नियंत्रित करना
B. बिना नियंत्रण कार्य करना
C. केवल आराम करना
D. लक्ष्य छोड़ना
उत्तर: A. इच्छाओं और ध्यान को लक्ष्य के अनुसार नियंत्रित करना
व्याख्या: आत्म-नियंत्रण व्यक्ति को विचलनों से बचाकर लक्ष्य पर टिकाए रखता है।

90. अभिप्रेरणा में सकारात्मक सोच का प्रभाव क्या हो सकता है?
A. आत्मविश्वास और प्रयास बढ़ाना
B. हमेशा भ्रम
C. कोई प्रभाव नहीं
D. प्रयास घटाना
उत्तर: A. आत्मविश्वास और प्रयास बढ़ाना
व्याख्या: सकारात्मक सोच व्यक्ति को कठिनाइयों में भी प्रयास करने की शक्ति देती है।

91. अभिप्रेरणा में नकारात्मक आत्म-वार्ता का प्रभाव क्या हो सकता है?
A. आत्मविश्वास और प्रयास कम करना
B. हमेशा सफलता
C. प्रेरणा बढ़ाना
D. कोई प्रभाव नहीं
उत्तर: A. आत्मविश्वास और प्रयास कम करना
व्याख्या: "मैं नहीं कर सकता" जैसी सोच व्यक्ति की प्रेरणा को कमजोर कर सकती है।

92. अभिप्रेरणा में सामाजिक तुलना का प्रभाव कैसा हो सकता है?
A. संतुलित हो तो प्रेरक, अत्यधिक हो तो निराशाजनक
B. हमेशा लाभदायक
C. हमेशा हानिकारक
D. कोई प्रभाव नहीं
उत्तर: A. संतुलित हो तो प्रेरक, अत्यधिक हो तो निराशाजनक
व्याख्या: दूसरों से तुलना प्रेरणा दे सकती है, पर अत्यधिक तुलना तनाव बढ़ा सकती है।

93. अभिप्रेरणा में रोल मॉडल का महत्व क्या है?
A. लक्ष्य और प्रयास के लिए प्रेरणा देना
B. कोई महत्व नहीं
C. हमेशा बाधा
D. केवल नकल कराना
उत्तर: A. लक्ष्य और प्रयास के लिए प्रेरणा देना
व्याख्या: सफल और सकारात्मक आदर्श व्यक्ति को दिशा और प्रेरणा दे सकते हैं।

94. अभिप्रेरणा में वातावरण की भूमिका क्या है?
A. अवसर, समर्थन और संसाधन देकर प्रेरणा प्रभावित करना
B. कोई भूमिका नहीं
C. हमेशा रोकना
D. केवल मौसम बदलना
उत्तर: A. अवसर, समर्थन और संसाधन देकर प्रेरणा प्रभावित करना
व्याख्या: सहायक वातावरण व्यक्ति की प्रेरणा को मजबूत कर सकता है।

95. अभिप्रेरणा में परिवार की भूमिका क्या है?
A. समर्थन, प्रोत्साहन और मूल्य देना
B. कोई भूमिका नहीं
C. हमेशा बाधा
D. केवल दंड
उत्तर: A. समर्थन, प्रोत्साहन और मूल्य देना
व्याख्या: परिवार का सहयोग व्यक्ति के आत्मविश्वास और लक्ष्य-भावना को बढ़ाता है।

96. अभिप्रेरणा में संस्कृति का प्रभाव क्या हो सकता है?
A. लक्ष्य, मूल्य और सफलता की धारणा को प्रभावित करना
B. कोई प्रभाव नहीं
C. केवल भाषा बदलना

D. केवल भोजन बदलना
उत्तर: A. लक्ष्य, मूल्य और सफलता की धारणा को प्रभावित करना
व्याख्या: संस्कृति यह प्रभावित करती है कि व्यक्ति किसे महत्वपूर्ण और प्रेरक मानता है।

97. अभिप्रेरणा का दैनिक जीवन में उपयोग क्या है?
A. लक्ष्य प्राप्ति, कार्य पूर्ण करने और निर्णय लेने में
B. कोई उपयोग नहीं
C. केवल नींद में
D. केवल भोजन में
उत्तर: A. लक्ष्य प्राप्ति, कार्य पूर्ण करने और निर्णय लेने में
व्याख्या: दैनिक जीवन में पढ़ाई, काम, स्वास्थ्य और संबंधों में प्रेरणा महत्वपूर्ण होती है।

98. अभिप्रेरणा का प्रतियोगी परीक्षाओं में महत्व क्या है?
A. नियमित अध्ययन, अभ्यास और दृढ़ता के लिए
B. कोई महत्व नहीं
C. केवल चित्र बनाने के लिए
D. केवल मनोरंजन के लिए
उत्तर: A. नियमित अध्ययन, अभ्यास और दृढ़ता के लिए
व्याख्या: प्रतियोगी परीक्षाओं में लंबे समय तक लगातार तैयारी के लिए प्रेरणा आवश्यक है।

99. अभिप्रेरणा की सबसे उपयुक्त विशेषता कौन-सी है?
A. व्यवहार को ऊर्जा, दिशा और निरंतरता देना
B. व्यवहार को हमेशा रोकना
C. केवल भूलना
D. केवल शारीरिक शक्ति
उत्तर: A. व्यवहार को ऊर्जा, दिशा और निरंतरता देना
व्याख्या: अभिप्रेरणा व्यक्ति को लक्ष्य की ओर सक्रिय और स्थिर रखती है।

100. अभिप्रेरणा का सबसे उपयुक्त निष्कर्ष क्या है?
A. अभिप्रेरणा वह प्रक्रिया है जो व्यक्ति के व्यवहार को लक्ष्य की ओर प्रेरित, निर्देशित और बनाए रखती है
B. अभिप्रेरणा का व्यवहार से कोई संबंध नहीं
C. अभिप्रेरणा केवल नींद है
D. अभिप्रेरणा केवल जन्मजात प्रतिवर्त है
उत्तर: A. अभिप्रेरणा वह प्रक्रिया है जो व्यक्ति के व्यवहार को लक्ष्य की ओर प्रेरित, निर्देशित और बनाए रखती है
व्याख्या: अभिप्रेरणा जीवन, शिक्षा और कार्य में सफलता के लिए आवश्यक मानसिक प्रक्रिया है।

अध्याय 15: संवेग

100 वस्तुनिष्ठ प्रश्न

1. संवेग का अर्थ क्या है?
A. तीव्र भावात्मक अवस्था जो व्यवहार और शारीरिक प्रतिक्रियाओं को प्रभावित करती है
B. केवल नींद की अवस्था
C. केवल भोजन की इच्छा
D. बिना भावना की स्थिति
उत्तर: A. तीव्र भावात्मक अवस्था जो व्यवहार और शारीरिक प्रतिक्रियाओं को प्रभावित करती है
व्याख्या: संवेग में भावना, शारीरिक परिवर्तन और व्यवहारिक प्रतिक्रिया शामिल होती है।

2. संवेग किससे संबंधित है?
A. भावना, शारीरिक परिवर्तन और व्यवहार से
B. केवल गणित से
C. केवल स्मृति से
D. केवल भाषा से
उत्तर: A. भावना, शारीरिक परिवर्तन और व्यवहार से
व्याख्या: संवेग व्यक्ति के मन और शरीर दोनों को प्रभावित करता है।

3. संवेग की प्रमुख विशेषता क्या है?
A. तीव्रता और अल्पकालिकता
B. हमेशा स्थायी होना
C. कोई शारीरिक परिवर्तन नहीं
D. केवल विचार होना
उत्तर: A. तीव्रता और अल्पकालिकता
व्याख्या: संवेग सामान्यतः तीव्र होते हैं और कुछ समय तक रहते हैं।

4. संवेग का उदाहरण कौन-सा है?
A. भय
B. पाचन
C. ऊँचाई
D. वजन
उत्तर: A. भय
व्याख्या: भय एक सामान्य संवेग है जो खतरे की स्थिति में उत्पन्न होता है।

5. निम्न में से कौन-सा संवेग है?
A. क्रोध
B. रक्त
C. हड्डी
D. त्वचा
उत्तर: A. क्रोध
व्याख्या: क्रोध एक भावात्मक अवस्था है जो व्यवहार को प्रभावित करती है।

6. खुशी किस प्रकार की अवस्था है?
A. सकारात्मक संवेग
B. केवल शारीरिक अंग
C. केवल स्मृति
D. केवल प्रतिवर्त
उत्तर: A. सकारात्मक संवेग
व्याख्या: खुशी सुखद अनुभव और संतुष्टि से जुड़ा संवेग है।

7. दुख किस प्रकार का संवेग है?
A. नकारात्मक संवेग
B. केवल शारीरिक शक्ति
C. केवल भाषा
D. केवल पाचन
उत्तर: A. नकारात्मक संवेग
व्याख्या: दुख हानि, निराशा या पीड़ा से जुड़ा भाव है।

8. भय का मुख्य उद्देश्य क्या हो सकता है?
A. खतरे से बचाव
B. हमेशा आनंद देना
C. भोजन बढ़ाना
D. स्मृति मिटाना
उत्तर: A. खतरे से बचाव
व्याख्या: भय व्यक्ति को संभावित खतरे से बचने के लिए सतर्क करता है।

9. क्रोध कब उत्पन्न हो सकता है?
A. बाधा, अन्याय या निराशा की स्थिति में
B. केवल नींद में
C. केवल भोजन करते समय
D. बिना किसी कारण हमेशा
उत्तर: A. बाधा, अन्याय या निराशा की स्थिति में
व्याख्या: क्रोध तब उत्पन्न हो सकता है जब व्यक्ति को लक्ष्य में बाधा या अन्याय महसूस हो।

10. आश्चर्य किससे जुड़ा संवेग है?
A. अप्रत्याशित घटना से
B. हमेशा पुराने अनुभव से
C. केवल भूख से
D. केवल थकान से
उत्तर: A. अप्रत्याशित घटना से
व्याख्या: आश्चर्य अचानक और अप्रत्याशित स्थिति में उत्पन्न होता है।

11. घृणा किससे जुड़ा संवेग है?
A. अप्रिय या अस्वीकार्य वस्तु/स्थिति से
B. केवल खुशी से
C. केवल सीखने से
D. केवल स्मृति से
उत्तर: A. अप्रिय या अस्वीकार्य वस्तु/स्थिति से
व्याख्या: घृणा व्यक्ति को हानिकारक या अप्रिय वस्तुओं से दूर रहने में मदद कर सकती है।

12. प्रेम किस प्रकार का संवेग है?
A. सकारात्मक और सामाजिक संवेग
B. केवल जैविक क्रिया
C. केवल डर
D. केवल क्रोध
उत्तर: A. सकारात्मक और सामाजिक संवेग
व्याख्या: प्रेम संबंध, अपनापन और देखभाल से जुड़ा संवेग है।

13. संवेगों का व्यवहार पर क्या प्रभाव पड़ता है?
A. व्यवहार की दिशा और तीव्रता बदल सकते हैं
B. कोई प्रभाव नहीं
C. हमेशा व्यवहार रोकते हैं
D. केवल पाचन बदलते हैं
उत्तर: A. व्यवहार की दिशा और तीव्रता बदल सकते हैं
व्याख्या: संवेग व्यक्ति के निर्णय, प्रतिक्रिया और सामाजिक व्यवहार को प्रभावित करते हैं।

14. संवेगों का शारीरिक प्रभाव क्या हो सकता है?
A. हृदय गति और श्वास में परिवर्तन
B. केवल बालों का रंग बदलना
C. कोई परिवर्तन नहीं
D. केवल ऊँचाई बढ़ना
उत्तर: A. हृदय गति और श्वास में परिवर्तन
व्याख्या: तीव्र संवेगों में शरीर की जैविक प्रतिक्रियाएँ बदलती हैं।

15. संवेग के दौरान शरीर में कौन-सी प्रतिक्रिया हो सकती है?
A. पसीना आना
B. हड्डी टूटना हमेशा
C. ऊँचाई बढ़ना
D. बाल बढ़ना
उत्तर: A. पसीना आना
व्याख्या: भय या चिंता जैसे संवेगों में पसीना और धड़कन बढ़ सकती है।

16. संवेग में स्वायत्त तंत्रिका तंत्र की भूमिका क्या है?
A. शारीरिक प्रतिक्रियाओं को नियंत्रित करना
B. केवल भाषा बोलना
C. केवल स्मृति रखना
D. कोई भूमिका नहीं
उत्तर: A. शारीरिक प्रतिक्रियाओं को नियंत्रित करना
व्याख्या: स्वायत्त तंत्रिका तंत्र हृदय गति, पसीना और श्वास जैसी प्रतिक्रियाओं को प्रभावित करता है।

17. संवेग में सहानुभूति तंत्रिका तंत्र क्या करता है?
A. शरीर को आपात स्थिति के लिए तैयार करता है
B. हमेशा नींद लाता है
C. पाचन को ही बढ़ाता है
D. कोई प्रभाव नहीं
उत्तर: A. शरीर को आपात स्थिति के लिए तैयार करता है
व्याख्या: सहानुभूति तंत्रिका तंत्र "लड़ो या भागो" प्रतिक्रिया में सक्रिय होता है।

18. "लड़ो या भागो" प्रतिक्रिया किससे संबंधित है?
A. भय और तनाव की स्थिति से
B. केवल नींद से
C. केवल भोजन से
D. केवल स्मृति से
उत्तर: A. भय और तनाव की स्थिति से
व्याख्या: खतरे की स्थिति में शरीर लड़ने या भागने के लिए तैयार होता है।

19. संवेगों की अभिव्यक्ति किससे होती है?
A. चेहरे के भाव, आवाज और शारीरिक मुद्रा से
B. केवल हड्डियों से
C. केवल रक्त से
D. केवल पाचन से
उत्तर: A. चेहरे के भाव, आवाज और शारीरिक मुद्रा से
व्याख्या: व्यक्ति अपने संवेगों को चेहरे, स्वर और व्यवहार से व्यक्त करता है।

20. चेहरे के भाव किसमें सहायक हैं?
A. संवेगों की पहचान में
B. केवल भोजन में

C. केवल गणना में
D. केवल नींद में
उत्तर: A. संवेगों की पहचान में
व्याख्या: चेहरे के भाव दूसरों की भावनाएँ समझने में मदद करते हैं।

21. संवेगों की भाषा क्या हो सकती है?
A. शब्द, स्वर और शरीर-भाषा
B. केवल संख्या
C. केवल रंग
D. केवल वजन
उत्तर: A. शब्द, स्वर और शरीर-भाषा
व्याख्या: संवेग भाषा और गैर-भाषाई संकेतों दोनों से व्यक्त होते हैं।

22. संवेग और मनोदशा में अंतर क्या है?
A. संवेग तीव्र और अल्पकालिक, मनोदशा अपेक्षाकृत दीर्घकालिक होती है
B. दोनों हमेशा समान हैं
C. मनोदशा हमेशा तीव्र होती है
D. संवेग कभी बदलते नहीं
उत्तर: A. संवेग तीव्र और अल्पकालिक, मनोदशा अपेक्षाकृत दीर्घकालिक होती है
व्याख्या: संवेग किसी घटना से तुरंत उत्पन्न हो सकते हैं, जबकि मनोदशा लंबे समय तक रह सकती है।

23. संवेग और भावना में संबंध कैसा है?
A. संवेग में भावना के साथ शारीरिक और व्यवहारिक प्रतिक्रियाएँ भी होती हैं
B. दोनों का कोई संबंध नहीं
C. भावना केवल पाचन है
D. संवेग केवल भाषा है
उत्तर: A. संवेग में भावना के साथ शारीरिक और व्यवहारिक प्रतिक्रियाएँ भी होती हैं
व्याख्या: संवेग बहुआयामी अनुभव है जिसमें मन और शरीर दोनों शामिल होते हैं।

24. संवेग का संज्ञान से संबंध क्या है?
A. व्यक्ति स्थिति की व्याख्या करके संवेग अनुभव करता है
B. कोई संबंध नहीं
C. संज्ञान हमेशा बंद हो जाता है
D. संवेग केवल प्रतिवर्त है
उत्तर: A. व्यक्ति स्थिति की व्याख्या करके संवेग अनुभव करता है
व्याख्या: एक ही घटना की अलग व्याख्या अलग संवेग उत्पन्न कर सकती है।

25. संवेग में मूल्यांकन की भूमिका क्या है?
A. स्थिति को लाभ, हानि या खतरे के रूप में समझना
B. कोई भूमिका नहीं
C. केवल रंग देखना
D. केवल आवाज सुनना
उत्तर: A. स्थिति को लाभ, हानि या खतरे के रूप में समझना
व्याख्या: संज्ञानात्मक मूल्यांकन संवेग की प्रकृति और तीव्रता को प्रभावित करता है।

26. जेम्स-लैंग सिद्धांत किससे संबंधित है?
A. संवेग शारीरिक परिवर्तनों की अनुभूति से उत्पन्न होते हैं
B. संवेग केवल सामाजिक नियम हैं
C. संवेग का शरीर से कोई संबंध नहीं
D. संवेग केवल स्मृति हैं
उत्तर: A. संवेग शारीरिक परिवर्तनों की अनुभूति से उत्पन्न होते हैं
व्याख्या: इस सिद्धांत के अनुसार पहले शारीरिक परिवर्तन होते हैं, फिर व्यक्ति संवेग अनुभव करता है।

27. जेम्स-लैंग सिद्धांत के अनुसार पहले क्या होता है?
A. शारीरिक प्रतिक्रिया
B. संवेग का नाम
C. सामाजिक पुरस्कार
D. भाषा सीखना
उत्तर: A. शारीरिक प्रतिक्रिया
व्याख्या: जैसे खतरा देखकर शरीर काँपता है, फिर व्यक्ति भय अनुभव करता है।

28. कैनन-बार्ड सिद्धांत किससे संबंधित है?
A. संवेग और शारीरिक प्रतिक्रिया साथ-साथ उत्पन्न होते हैं
B. केवल शारीरिक प्रतिक्रिया पहले होती है
C. केवल संवेग पहले होता है
D. कोई प्रतिक्रिया नहीं होती
उत्तर: A. संवेग और शारीरिक प्रतिक्रिया साथ-साथ उत्पन्न होते हैं
व्याख्या: इस सिद्धांत के अनुसार मस्तिष्क संवेग और शारीरिक प्रतिक्रिया को साथ सक्रिय करता है।

29. कैनन-बार्ड सिद्धांत के अनुसार क्या होता है?
A. संवेग और शारीरिक परिवर्तन एक साथ
B. केवल शरीर बदलता है
C. केवल भाषा बदलती है
D. कोई संवेग नहीं
उत्तर: A. संवेग और शारीरिक परिवर्तन एक साथ
व्याख्या: व्यक्ति खतरे को देखकर एक साथ भय और शारीरिक उत्तेजना अनुभव कर सकता है।

30. शैक्टर-सिंगर सिद्धांत किससे संबंधित है?
A. शारीरिक उत्तेजना और संज्ञानात्मक व्याख्या दोनों से संवेग बनता है
B. केवल शारीरिक प्रतिक्रिया से
C. केवल नींद से
D. केवल भोजन से
उत्तर: A. शारीरिक उत्तेजना और संज्ञानात्मक व्याख्या दोनों से संवेग बनता है
व्याख्या: इस सिद्धांत में शरीर की उत्तेजना और स्थिति की व्याख्या मिलकर संवेग बनाते हैं।

31. दो-कारक सिद्धांत किसने दिया?
A. शैक्टर और सिंगर
B. पावलॉव
C. स्किनर
D. थॉर्नडाइक

उत्तर: A. शैक्टर और सिंगर
व्याख्या: शैक्टर-सिंगर सिद्धांत को संवेग का दो-कारक सिद्धांत भी कहा जाता है।

32. दो-कारक सिद्धांत में दो कारक कौन-से हैं?
A. शारीरिक उत्तेजना और संज्ञानात्मक व्याख्या
B. केवल भूख और प्यास
C. केवल पुरस्कार और दंड
D. केवल स्मृति और विस्मरण
उत्तर: A. शारीरिक उत्तेजना और संज्ञानात्मक व्याख्या
व्याख्या: संवेग अनुभव करने के लिए शरीर की उत्तेजना और उसका अर्थ समझना दोनों महत्वपूर्ण हैं।

33. लाजरस का संज्ञानात्मक मूल्यांकन सिद्धांत किस पर बल देता है?
A. स्थिति की मानसिक व्याख्या पर
B. केवल रक्तचाप पर
C. केवल पाचन पर
D. केवल प्रतिवर्त पर
उत्तर: A. स्थिति की मानसिक व्याख्या पर
व्याख्या: लाजरस के अनुसार व्यक्ति पहले स्थिति का मूल्यांकन करता है, फिर संवेग उत्पन्न होता है।

34. संवेगों में मस्तिष्क का कौन-सा भाग महत्वपूर्ण माना जाता है?
A. अमिग्डाला
B. पेट
C. हड्डी
D. त्वचा
उत्तर: A. अमिग्डाला
व्याख्या: अमिग्डाला भय और अन्य संवेगात्मक प्रतिक्रियाओं में महत्वपूर्ण भूमिका निभाता है।

35. लिम्बिक तंत्र किससे संबंधित है?
A. संवेग और स्मृति से
B. केवल पाचन से
C. केवल चलने से
D. केवल हड्डियों से
उत्तर: A. संवेग और स्मृति से
व्याख्या: लिम्बिक तंत्र संवेगात्मक अनुभव और स्मृति से जुड़ा होता है।

36. संवेगों में हार्मोन की भूमिका क्या हो सकती है?
A. शारीरिक उत्तेजना और प्रतिक्रिया को प्रभावित करना
B. कोई भूमिका नहीं
C. केवल रंग बदलना
D. केवल भाषा बदलना
उत्तर: A. शारीरिक उत्तेजना और प्रतिक्रिया को प्रभावित करना
व्याख्या: तनाव और भय में हार्मोन शरीर को प्रतिक्रिया के लिए तैयार करते हैं।

37. एड्रेनालिन किस स्थिति में बढ़ सकता है?
A. भय या तनाव
B. गहरी नींद हमेशा
C. केवल आराम
D. कोई स्थिति नहीं
उत्तर: A. भय या तनाव
व्याख्या: एड्रेनालिन शरीर को आपात स्थिति के लिए तैयार करता है।

38. संवेगों का स्मृति पर क्या प्रभाव हो सकता है?
A. तीव्र संवेग स्मृति को मजबूत या कमजोर कर सकते हैं
B. कोई प्रभाव नहीं
C. स्मृति हमेशा मिटती है
D. केवल भाषा बदलती है
उत्तर: A. तीव्र संवेग स्मृति को मजबूत या कमजोर कर सकते हैं
व्याख्या: भावनात्मक घटनाएँ अक्सर अधिक याद रहती हैं, पर अत्यधिक तनाव स्मृति को प्रभावित कर सकता है।

39. संवेगों का निर्णय पर क्या प्रभाव हो सकता है?
A. निर्णय को प्रभावित कर सकते हैं
B. कोई प्रभाव नहीं
C. हमेशा सही निर्णय देते हैं
D. निर्णय रोकते नहीं
उत्तर: A. निर्णय को प्रभावित कर सकते हैं
व्याख्या: संवेग कभी निर्णय को तेज करते हैं, तो कभी पक्षपात भी पैदा कर सकते हैं।

40. संवेगों का सीखने पर क्या प्रभाव हो सकता है?
A. सकारात्मक संवेग सीखने में सहायता कर सकते हैं
B. कोई प्रभाव नहीं
C. हमेशा सीखना रोकते हैं
D. केवल भूख बढ़ाते हैं
उत्तर: A. सकारात्मक संवेग सीखने में सहायता कर सकते हैं
व्याख्या: रुचि और खुशी सीखने को अधिक प्रभावी बना सकते हैं।

41. चिंता का सीखने पर क्या प्रभाव हो सकता है?
A. मध्यम चिंता प्रेरक, अत्यधिक चिंता बाधक हो सकती है
B. हमेशा लाभदायक
C. कोई प्रभाव नहीं
D. हमेशा स्मृति बढ़ाती है
उत्तर: A. मध्यम चिंता प्रेरक, अत्यधिक चिंता बाधक हो सकती है
व्याख्या: बहुत अधिक चिंता ध्यान और प्रदर्शन को प्रभावित कर सकती है।

42. परीक्षा-भय किसका उदाहरण है?
A. संवेगात्मक प्रतिक्रिया
B. केवल शारीरिक ऊँचाई
C. केवल भोजन
D. केवल भाषा
उत्तर: A. संवेगात्मक प्रतिक्रिया
व्याख्या: परीक्षा-भय में चिंता, तनाव और शारीरिक प्रतिक्रियाएँ शामिल हो सकती हैं।

43. संवेग नियंत्रण का अर्थ क्या है?
A. भावनाओं को समझकर उचित ढंग से व्यक्त करना
B. भावनाओं को हमेशा दबाना
C. बिना नियंत्रण प्रतिक्रिया देना

D. कोई भावना न होना
उत्तर: A. भावनाओं को समझकर उचित ढंग से व्यक्त करना
व्याख्या: संवेग नियंत्रण में व्यक्ति अपनी भावनाओं को संतुलित तरीके से संभालता है।

44. संवेगों को दबाना हमेशा क्यों उचित नहीं है?
A. इससे तनाव और मानसिक दबाव बढ़ सकता है
B. हमेशा लाभ होता है
C. कोई प्रभाव नहीं
D. भावनाएँ समाप्त हो जाती हैं
उत्तर: A. इससे तनाव और मानसिक दबाव बढ़ सकता है
व्याख्या: भावनाओं को स्वस्थ तरीके से व्यक्त करना और समझना आवश्यक है।

45. संवेगों की स्वस्थ अभिव्यक्ति क्या है?
A. उचित शब्दों और व्यवहार से भावना व्यक्त करना
B. हिंसा करना
C. हमेशा चुप रहना
D. दूसरों को दोष देना
उत्तर: A. उचित शब्दों और व्यवहार से भावना व्यक्त करना
व्याख्या: स्वस्थ अभिव्यक्ति संबंधों और मानसिक संतुलन के लिए उपयोगी है।

46. क्रोध नियंत्रण का सही तरीका क्या है?
A. गहरी साँस, शांत बातचीत और कारण समझना
B. तुरंत हिंसा करना
C. वस्तुएँ तोड़ना
D. बिना सोचे चिल्लाना
उत्तर: A. गहरी साँस, शांत बातचीत और कारण समझना
व्याख्या: शांत तकनीकें क्रोध की तीव्रता कम करने में मदद करती हैं।

47. भय से निपटने का अच्छा तरीका क्या है?
A. कारण समझना और धीरे-धीरे सामना करना
B. हमेशा भागना
C. बिना समझ डरना
D. दूसरों को डराना
उत्तर: A. कारण समझना और धीरे-धीरे सामना करना
व्याख्या: भय को समझकर नियंत्रित तरीके से सामना करना उपयोगी हो सकता है।

48. तनाव में संवेग नियंत्रण कैसे किया जा सकता है?
A. विश्राम, समय-प्रबंधन और सकारात्मक सोच से
B. केवल चिंता बढ़ाकर
C. समस्या छिपाकर
D. बिना आराम काम करके
उत्तर: A. विश्राम, समय-प्रबंधन और सकारात्मक सोच से
व्याख्या: तनाव प्रबंधन संवेगात्मक संतुलन बनाए रखने में मदद करता है।

49. भावनात्मक बुद्धि का अर्थ क्या है?
A. अपनी और दूसरों की भावनाओं को समझना और नियंत्रित करना
B. केवल गणितीय क्षमता
C. केवल स्मृति
D. केवल शारीरिक शक्ति
उत्तर: A. अपनी और दूसरों की भावनाओं को समझना और नियंत्रित करना
व्याख्या: भावनात्मक बुद्धि संवेगों के सही उपयोग और नियंत्रण से जुड़ी है।

50. भावनात्मक बुद्धि में कौन-सी क्षमता शामिल है?
A. आत्म-जागरूकता
B. केवल ऊँचाई
C. केवल वजन
D. केवल रंग
उत्तर: A. आत्म-जागरूकता
व्याख्या: आत्म-जागरूकता व्यक्ति को अपनी भावनाओं को पहचानने में मदद करती है।

51. आत्म-नियमन का अर्थ क्या है?
A. अपनी भावनाओं और प्रतिक्रियाओं को नियंत्रित करना
B. बिना नियंत्रण प्रतिक्रिया देना
C. हमेशा क्रोध करना
D. कोई भावना न होना
उत्तर: A. अपनी भावनाओं और प्रतिक्रियाओं को नियंत्रित करना
व्याख्या: आत्म-नियमन भावनात्मक बुद्धि का महत्वपूर्ण भाग है।

52. सहानुभूति का अर्थ क्या है?
A. दूसरों की भावनाओं को समझना
B. केवल स्वयं के बारे में सोचना
C. दूसरों की उपेक्षा करना
D. केवल आदेश देना
उत्तर: A. दूसरों की भावनाओं को समझना
व्याख्या: सहानुभूति सामाजिक संबंधों को बेहतर बनाती है।

53. सामाजिक कौशल संवेगों में कैसे सहायक हैं?
A. संबंधों और संवाद को बेहतर बनाते हैं
B. हमेशा संबंध बिगाड़ते हैं
C. कोई भूमिका नहीं
D. केवल अकेलापन बढ़ाते हैं
उत्तर: A. संबंधों और संवाद को बेहतर बनाते हैं
व्याख्या: अच्छे सामाजिक कौशल भावनाओं को सही ढंग से व्यक्त करने में मदद करते हैं।

54. संवेगात्मक परिपक्वता का अर्थ क्या है?
A. भावनाओं को संतुलित और जिम्मेदारी से संभालना
B. हर भावना पर तुरंत प्रतिक्रिया देना
C. केवल क्रोध करना
D. कोई भावना न होना
उत्तर: A. भावनाओं को संतुलित और जिम्मेदारी से संभालना
व्याख्या: परिपक्व व्यक्ति भावनाओं को समझकर उचित व्यवहार करता है।

55. संवेगात्मक अस्थिरता का अर्थ क्या है?
A. भावनाओं में बार-बार तीव्र परिवर्तन
B. हमेशा संतुलित रहना
C. कोई भावना न होना
D. केवल खुशी रहना
उत्तर: A. भावनाओं में बार-बार तीव्र परिवर्तन

व्याख्या: अस्थिरता में व्यक्ति की भावनाएँ जल्दी और तीव्र रूप से बदल सकती हैं।

56. संवेगात्मक संतुलन किसमें सहायक है?
A. मानसिक स्वास्थ्य और संबंधों में
B. केवल ऊँचाई में
C. केवल भोजन में
D. कोई लाभ नहीं
उत्तर: A. मानसिक स्वास्थ्य और संबंधों में
व्याख्या: संतुलित भावनाएँ व्यक्ति को बेहतर निर्णय और स्वस्थ संबंधों में मदद करती हैं।

57. संवेगों का सामाजिक महत्व क्या है?
A. संवाद, संबंध और सहयोग में सहायता
B. कोई महत्व नहीं
C. हमेशा संघर्ष
D. केवल अकेलापन
उत्तर: A. संवाद, संबंध और सहयोग में सहायता
व्याख्या: संवेग सामाजिक संकेत देते हैं और संबंधों को प्रभावित करते हैं।

58. संवेगों का सांस्कृतिक प्रभाव क्या हो सकता है?
A. अभिव्यक्ति और नियंत्रण के तरीके संस्कृति से प्रभावित होते हैं
B. कोई प्रभाव नहीं
C. सभी संस्कृतियों में सब समान
D. संस्कृति केवल भोजन बदलती है
उत्तर: A. अभिव्यक्ति और नियंत्रण के तरीके संस्कृति से प्रभावित होते हैं
व्याख्या: अलग संस्कृतियाँ भावनाओं को व्यक्त करने के अलग नियम सिखाती हैं।

59. संवेगों की सार्वभौमिक अभिव्यक्ति किससे संबंधित है?
A. कुछ मूल चेहरे के भाव कई संस्कृतियों में समान होते हैं
B. सभी भाव केवल सीखे जाते हैं
C. कोई समानता नहीं
D. केवल भाषा से
उत्तर: A. कुछ मूल चेहरे के भाव कई संस्कृतियों में समान होते हैं
व्याख्या: खुशी, दुख, भय आदि के चेहरे के भाव कई संस्कृतियों में पहचाने जा सकते हैं।

60. पॉल एकमैन किससे संबंधित हैं?
A. चेहरे के भाव और मूल संवेगों के अध्ययन से
B. अधिगम सिद्धांत
C. बुद्धि परीक्षण
D. स्मृति प्रयोग
उत्तर: A. चेहरे के भाव और मूल संवेगों के अध्ययन से
व्याख्या: पॉल एकमैन ने मूल संवेगों और चेहरे की अभिव्यक्तियों पर कार्य किया।

61. मूल संवेगों में कौन-सा शामिल है?
A. खुशी
B. पाचन
C. वजन
D. ऊँचाई
उत्तर: A. खुशी
व्याख्या: खुशी को सामान्यतः मूल संवेगों में माना जाता है।

62. मूल संवेगों में कौन-सा शामिल है?
A. भय
B. रक्त
C. त्वचा
D. हड्डी
उत्तर: A. भय
व्याख्या: भय एक मूल संवेग है जो सुरक्षा से जुड़ा है।

63. मूल संवेगों में कौन-सा शामिल है?
A. क्रोध
B. पाचन
C. श्वसन
D. नींद
उत्तर: A. क्रोध
व्याख्या: क्रोध बाधा या खतरे की स्थिति में उत्पन्न होने वाला मूल संवेग है।

64. संवेगात्मक अभिव्यक्ति में आवाज की भूमिका क्या है?
A. स्वर और तीव्रता से भावना प्रकट होती है
B. कोई भूमिका नहीं
C. केवल शब्द ही मायने रखते हैं
D. आवाज हमेशा समान रहती है
उत्तर: A. स्वर और तीव्रता से भावना प्रकट होती है
व्याख्या: व्यक्ति की आवाज से खुशी, क्रोध, भय या दुख का संकेत मिल सकता है।

65. संवेगात्मक संकेतों को समझना क्यों जरूरी है?
A. दूसरों की भावनाएँ और सामाजिक स्थिति समझने के लिए
B. कोई जरूरत नहीं
C. केवल परीक्षा के लिए
D. केवल भोजन के लिए
उत्तर: A. दूसरों की भावनाएँ और सामाजिक स्थिति समझने के लिए
व्याख्या: संवेगात्मक संकेत सामाजिक व्यवहार और संबंधों में मदद करते हैं।

66. संवेगों का प्रेरणा से संबंध कैसा है?
A. संवेग व्यवहार को प्रेरित और दिशा दे सकते हैं
B. कोई संबंध नहीं
C. प्रेरणा हमेशा संवेग रोकती है
D. संवेग केवल शरीर हैं
उत्तर: A. संवेग व्यवहार को प्रेरित और दिशा दे सकते हैं
व्याख्या: भय भागने, क्रोध विरोध करने और प्रेम निकटता बनाने के लिए प्रेरित कर सकता है।

67. संवेग और तनाव का संबंध क्या है?
A. तनाव में संवेगात्मक और शारीरिक प्रतिक्रियाएँ होती हैं
B. कोई संबंध नहीं
C. तनाव केवल खुशी है
D. संवेग तनाव को हमेशा रोकते हैं
उत्तर: A. तनाव में संवेगात्मक और शारीरिक प्रतिक्रियाएँ होती हैं
व्याख्या: तनाव चिंता, डर, चिड़चिड़ापन और शारीरिक परिवर्तन

पैदा कर सकता है।

68. संवेगात्मक तनाव का संकेत क्या हो सकता है?
A. चिड़चिड़ापन
B. ऊँचाई बढ़ना
C. बालों का रंग बदलना
D. हड्डी मजबूत होना
उत्तर: A. चिड़चिड़ापन
व्याख्या: तनाव में व्यक्ति अधिक चिड़चिड़ा या बेचैन हो सकता है।

69. संवेगात्मक स्वास्थ्य का अर्थ क्या है?
A. भावनाओं को समझना, स्वीकार करना और संतुलित रखना
B. कोई भावना न होना
C. हमेशा खुशी रहना
D. भावनाओं को दबाना
उत्तर: A. भावनाओं को समझना, स्वीकार करना और संतुलित रखना
व्याख्या: संवेगात्मक स्वास्थ्य में भावनाओं का स्वस्थ प्रबंधन शामिल है।

70. संवेगात्मक स्वास्थ्य के लिए क्या उपयोगी है?
A. संवाद, विश्राम और आत्म-जागरूकता
B. भावनाएँ दबाना
C. हमेशा अकेले रहना
D. समस्या छिपाना
उत्तर: A. संवाद, विश्राम और आत्म-जागरूकता
व्याख्या: स्वस्थ संवाद और आत्म-जागरूकता भावनात्मक संतुलन में सहायक हैं।

71. संवेगों को पहचानना क्यों महत्वपूर्ण है?
A. उचित प्रतिक्रिया और नियंत्रण के लिए
B. कोई महत्व नहीं
C. भावनाएँ बढ़ाने के लिए ही
D. केवल दूसरों को दोष देने के लिए
उत्तर: A. उचित प्रतिक्रिया और नियंत्रण के लिए
व्याख्या: भावना पहचानने से व्यक्ति उसे बेहतर ढंग से संभाल सकता है।

72. संवेगों का नामकरण कैसे मदद करता है?
A. भावना स्पष्ट होती है और नियंत्रण आसान होता है
B. कोई मदद नहीं
C. भावना हमेशा बढ़ती है
D. सोच बंद होती है
उत्तर: A. भावना स्पष्ट होती है और नियंत्रण आसान होता है
व्याख्या: "मैं क्रोधित हूँ" समझना प्रतिक्रिया को नियंत्रित करने में मदद करता है।

73. संवेगों में आत्म-जागरूकता का लाभ क्या है?
A. अपनी भावनाओं और कारणों को समझना
B. कोई लाभ नहीं
C. भावनाएँ छिपाना
D. केवल दूसरों को दोष देना
उत्तर: A. अपनी भावनाओं और कारणों को समझना
व्याख्या: आत्म-जागरूकता भावनात्मक नियंत्रण की पहली सीढ़ी है।

74. संवेगों में आत्म-नियंत्रण का लाभ क्या है?
A. आवेगपूर्ण व्यवहार से बचना
B. हमेशा आवेग में कार्य करना
C. कोई लाभ नहीं
D. केवल क्रोध बढ़ाना
उत्तर: A. आवेगपूर्ण व्यवहार से बचना
व्याख्या: आत्म-नियंत्रण व्यक्ति को सोच-समझकर प्रतिक्रिया देने में मदद करता है।

75. संवेगों में आवेग का अर्थ क्या है?
A. तुरंत और बिना सोचे प्रतिक्रिया देने की प्रवृत्ति
B. बहुत सोचकर निर्णय
C. कोई प्रतिक्रिया नहीं
D. केवल योजना
उत्तर: A. तुरंत और बिना सोचे प्रतिक्रिया देने की प्रवृत्ति
व्याख्या: आवेगपूर्ण प्रतिक्रिया कभी-कभी नुकसानदायक हो सकती है।

76. संवेगात्मक आवेग को कैसे नियंत्रित किया जा सकता है?
A. रुककर सोचना और शांत तकनीक अपनाना
B. तुरंत प्रतिक्रिया देना
C. चिल्लाना
D. वस्तुएँ तोड़ना
उत्तर: A. रुककर सोचना और शांत तकनीक अपनाना
व्याख्या: थोड़ी देर रुकना और गहरी साँस लेना प्रतिक्रिया को नियंत्रित कर सकता है।

77. संवेगों में संज्ञानात्मक पुनर्मूल्यांकन क्या है?
A. स्थिति को नए दृष्टिकोण से समझना
B. बिना सोचे प्रतिक्रिया
C. भावना दबाना
D. हमेशा दोष देना
उत्तर: A. स्थिति को नए दृष्टिकोण से समझना
व्याख्या: पुनर्मूल्यांकन से संवेग की तीव्रता कम या बदल सकती है।

78. संज्ञानात्मक पुनर्मूल्यांकन का उदाहरण क्या है?
A. असफलता को सीखने का अवसर मानना
B. असफलता को अंत मानना
C. स्वयं को दोष देना
D. प्रयास छोड़ देना
उत्तर: A. असफलता को सीखने का अवसर मानना
व्याख्या: सोच बदलने से भावना और व्यवहार बदल सकते हैं।

79. संवेगों में ध्यान हटाना कब उपयोगी हो सकता है?
A. अत्यधिक तनाव या आवेग कम करने में
B. हमेशा समस्या से भागने के लिए
C. कोई उपयोग नहीं
D. केवल भूलने के लिए
उत्तर: A. अत्यधिक तनाव या आवेग कम करने में
व्याख्या: कुछ समय के लिए ध्यान बदलना भावनात्मक तीव्रता कम कर सकता है।

80. संवेगों में समस्या-केंद्रित सामना क्या है?
A. समस्या के कारण को हल करने का प्रयास
B. केवल भावना दबाना
C. समस्या से हमेशा भागना
D. कोई प्रयास नहीं
उत्तर: A. समस्या के कारण को हल करने का प्रयास
व्याख्या: जब समस्या नियंत्रित हो सकती है, तो समाधान-केंद्रित प्रयास उपयोगी होते हैं।

81. संवेग-केंद्रित सामना क्या है?
A. भावना को संभालने पर ध्यान देना
B. समस्या को तुरंत हल करना ही
C. कोई भावना न होना
D. केवल दंड देना
उत्तर: A. भावना को संभालने पर ध्यान देना
व्याख्या: जब समस्या तुरंत हल न हो, तो भावना को संतुलित करना आवश्यक होता है।

82. संवेगों में सामाजिक समर्थन का महत्व क्या है?
A. तनाव कम करने और समझ बढ़ाने में
B. कोई महत्व नहीं
C. हमेशा नुकसान
D. केवल निर्भरता
उत्तर: A. तनाव कम करने और समझ बढ़ाने में
व्याख्या: भरोसेमंद लोगों से बात करना भावनात्मक राहत दे सकता है।

83. संवेगों में संवाद का महत्व क्या है?
A. भावनाओं को स्पष्ट और स्वस्थ तरीके से व्यक्त करना
B. हमेशा चुप रहना
C. केवल झगड़ा करना
D. कोई महत्व नहीं
उत्तर: A. भावनाओं को स्पष्ट और स्वस्थ तरीके से व्यक्त करना
व्याख्या: सही संवाद संबंधों में गलतफहमी कम करता है।

84. "मैं-संदेश" का उपयोग किसमें सहायक है?
A. अपनी भावना बिना दोष दिए व्यक्त करने में
B. दूसरों को दोष देने में
C. झगड़ा बढ़ाने में
D. भावना छिपाने में
उत्तर: A. अपनी भावना बिना दोष दिए व्यक्त करने में
व्याख्या: "मुझे ऐसा महसूस हुआ" जैसे वाक्य स्वस्थ संवाद में मदद करते हैं।

85. संवेगों में क्षमा का महत्व क्या हो सकता है?
A. नकारात्मक भावनाओं को कम करना
B. हमेशा कमजोरी
C. कोई लाभ नहीं
D. क्रोध बढ़ाना
उत्तर: A. नकारात्मक भावनाओं को कम करना
व्याख्या: क्षमा व्यक्ति को क्रोध और तनाव से मुक्त होने में मदद कर सकती है।

86. संवेगों में कृतज्ञता का प्रभाव क्या हो सकता है?
A. सकारात्मक भावनाएँ और संतुष्टि बढ़ाना
B. हमेशा दुख बढ़ाना
C. कोई प्रभाव नहीं
D. केवल डर बढ़ाना
उत्तर: A. सकारात्मक भावनाएँ और संतुष्टि बढ़ाना
व्याख्या: कृतज्ञता व्यक्ति को सकारात्मक अनुभवों पर ध्यान देने में मदद करती है।

87. संवेगों में हास्य का उपयोग क्या हो सकता है?
A. तनाव कम करना और दृष्टिकोण बदलना
B. हमेशा नुकसान
C. कोई उपयोग नहीं
D. केवल अपमान
उत्तर: A. तनाव कम करना और दृष्टिकोण बदलना
व्याख्या: स्वस्थ हास्य कठिन स्थिति में भावनात्मक राहत दे सकता है।

88. संवेगों में ध्यान/माइंडफुलनेस का लाभ क्या है?
A. वर्तमान क्षण में जागरूकता और भावनात्मक संतुलन
B. हमेशा भ्रम
C. कोई लाभ नहीं
D. केवल नींद
उत्तर: A. वर्तमान क्षण में जागरूकता और भावनात्मक संतुलन
व्याख्या: माइंडफुलनेस व्यक्ति को भावनाओं को बिना आवेग के देखने में मदद करती है।

89. संवेगों में शारीरिक व्यायाम का प्रभाव क्या हो सकता है?
A. तनाव कम करना और मनोदशा सुधारना
B. हमेशा तनाव बढ़ाना
C. कोई प्रभाव नहीं
D. केवल स्मृति मिटाना
उत्तर: A. तनाव कम करना और मनोदशा सुधारना
व्याख्या: नियमित व्यायाम शरीर और मन दोनों के संतुलन में मदद कर सकता है।

90. संवेगों में नींद का महत्व क्या है?
A. भावनात्मक संतुलन और नियंत्रण में सहायता
B. कोई महत्व नहीं
C. नींद हमेशा क्रोध बढ़ाती है
D. केवल समय खराब
उत्तर: A. भावनात्मक संतुलन और नियंत्रण में सहायता
व्याख्या: पर्याप्त नींद भावनात्मक स्थिरता के लिए महत्वपूर्ण है।

91. संवेगों में भोजन और स्वास्थ्य का संबंध क्या है?
A. शारीरिक स्वास्थ्य भावनात्मक स्थिति को प्रभावित कर सकता है
B. कोई संबंध नहीं
C. भोजन केवल स्वाद है
D. स्वास्थ्य का मन से कोई संबंध नहीं
उत्तर: A. शारीरिक स्वास्थ्य भावनात्मक स्थिति को प्रभावित कर सकता है
व्याख्या: शरीर की स्थिति और ऊर्जा स्तर भावनाओं को प्रभावित कर सकते हैं।

92. संवेगों में नशे या हानिकारक आदतों का प्रभाव क्या हो

सकता है?
A. भावनात्मक नियंत्रण कमजोर हो सकता है
B. हमेशा नियंत्रण बढ़ता है
C. कोई प्रभाव नहीं
D. केवल स्मृति बढ़ती है
उत्तर: A. भावनात्मक नियंत्रण कमजोर हो सकता है
व्याख्या: हानिकारक आदतें निर्णय और भावनात्मक संतुलन को प्रभावित कर सकती हैं।

93. संवेगों का व्यक्तित्व से संबंध क्या है?
A. व्यक्तित्व संवेगों की अभिव्यक्ति और नियंत्रण को प्रभावित करता है
B. कोई संबंध नहीं
C. व्यक्तित्व केवल ऊँचाई है
D. संवेग व्यक्तित्व से हमेशा अलग हैं
उत्तर: A. व्यक्तित्व संवेगों की अभिव्यक्ति और नियंत्रण को प्रभावित करता है
व्याख्या: अलग व्यक्तित्व वाले लोग भावनाओं को अलग तरीके से व्यक्त कर सकते हैं।

94. संवेगों का विकास किससे प्रभावित होता है?
A. जैविक परिपक्वता, परिवार और सामाजिक अनुभव
B. केवल ऊँचाई
C. केवल वजन
D. केवल रंग
उत्तर: A. जैविक परिपक्वता, परिवार और सामाजिक अनुभव
व्याख्या: बच्चों में संवेगात्मक विकास परिवार और वातावरण से प्रभावित होता है।

95. बच्चों में संवेग नियंत्रण कैसे विकसित होता है?
A. मार्गदर्शन, अनुकरण और अभ्यास से
B. बिना सीख के हमेशा पूर्ण
C. केवल दंड से
D. भावनाएँ दबाने से
उत्तर: A. मार्गदर्शन, अनुकरण और अभ्यास से
व्याख्या: बच्चे बड़ों को देखकर और अभ्यास से भावनाएँ संभालना सीखते हैं।

96. किशोरावस्था में संवेग क्यों तीव्र हो सकते हैं?
A. जैविक, सामाजिक और पहचान संबंधी परिवर्तनों के कारण
B. कोई कारण नहीं
C. केवल भोजन के कारण
D. केवल नींद के कारण
उत्तर: A. जैविक, सामाजिक और पहचान संबंधी परिवर्तनों के कारण
व्याख्या: किशोरावस्था में शरीर, संबंध और आत्म-पहचान में बदलाव संवेगों को प्रभावित करते हैं।

97. संवेगों का शिक्षा में महत्व क्या है?
A. सीखने, ध्यान और कक्षा व्यवहार को प्रभावित करना
B. कोई महत्व नहीं
C. केवल खेल में उपयोग
D. केवल भोजन में उपयोग
उत्तर: A. सीखने, ध्यान और कक्षा व्यवहार को प्रभावित करना
व्याख्या: सकारात्मक भावनाएँ सीखने में सहायता करती हैं और नकारात्मक भावनाएँ बाधा बन सकती हैं।

98. संवेगों का दैनिक जीवन में महत्व क्या है?
A. निर्णय, संबंध और अनुकूलन में
B. कोई महत्व नहीं
C. केवल परीक्षा में
D. केवल सोने में
उत्तर: A. निर्णय, संबंध और अनुकूलन में
व्याख्या: संवेग व्यक्ति के रोजमर्रा के व्यवहार और सामाजिक जीवन को प्रभावित करते हैं।

99. संवेग की सबसे उपयुक्त विशेषता कौन-सी है?
A. भावना, शारीरिक परिवर्तन और व्यवहारिक प्रतिक्रिया का संयोजन
B. केवल शरीर की ऊँचाई
C. केवल भोजन
D. केवल नींद
उत्तर: A. भावना, शारीरिक परिवर्तन और व्यवहारिक प्रतिक्रिया का संयोजन
व्याख्या: संवेग एक जटिल प्रक्रिया है जिसमें मन और शरीर दोनों शामिल होते हैं।

100. संवेग का सबसे उपयुक्त निष्कर्ष क्या है?
A. संवेग तीव्र भावात्मक अवस्थाएँ हैं जो व्यक्ति के शरीर, विचार और व्यवहार को प्रभावित करती हैं
B. संवेग का व्यवहार से कोई संबंध नहीं
C. संवेग केवल पाचन क्रिया है
D. संवेग केवल जन्मजात प्रतिवर्त है
उत्तर: A. संवेग तीव्र भावात्मक अवस्थाएँ हैं जो व्यक्ति के शरीर, विचार और व्यवहार को प्रभावित करती हैं
व्याख्या: संवेग व्यक्ति को परिस्थितियों के प्रति प्रतिक्रिया देने, संबंध बनाने और जीवन में अनुकूलन करने में सहायता करते हैं।

अध्याय 16: व्यक्तित्व

100 वस्तुनिष्ठ प्रश्न

1. व्यक्तित्व का अर्थ क्या है?
A. व्यक्ति के शारीरिक, मानसिक, भावात्मक और सामाजिक गुणों का संगठित रूप
B. केवल शरीर की लंबाई
C. केवल धन-संपत्ति
D. केवल कपड़ों का प्रकार
उत्तर: A. व्यक्ति के शारीरिक, मानसिक, भावात्मक और सामाजिक गुणों का संगठित रूप
व्याख्या: व्यक्तित्व व्यक्ति के सम्पूर्ण व्यवहार और गुणों की समग्र अभिव्यक्ति है।

2. व्यक्तित्व किससे संबंधित है?
A. व्यक्ति के व्यवहार, विचार और भावनाओं से
B. केवल भोजन से
C. केवल नींद से
D. केवल रंग पहचानने से
उत्तर: A. व्यक्ति के व्यवहार, विचार और भावनाओं से

व्याख्या: व्यक्तित्व व्यक्ति के सोचने, महसूस करने और व्यवहार करने के ढंग को दर्शाता है।

3. व्यक्तित्व की प्रमुख विशेषता क्या है?
A. संगठित और अपेक्षाकृत स्थायी गुणों का समूह
B. केवल क्षणिक भावना
C. केवल शारीरिक वजन
D. केवल भाषा ज्ञान
उत्तर: A. संगठित और अपेक्षाकृत स्थायी गुणों का समूह
व्याख्या: व्यक्तित्व में ऐसे गुण शामिल होते हैं जो व्यक्ति के व्यवहार में निरंतरता लाते हैं।

4. व्यक्तित्व को प्रभावित करने वाला प्रमुख कारक कौन-सा है?
A. वंशानुक्रम और वातावरण
B. केवल मौसम
C. केवल रंग
D. केवल भोजन का स्वाद
उत्तर: A. वंशानुक्रम और वातावरण
व्याख्या: व्यक्तित्व का विकास जैविक गुणों और सामाजिक वातावरण दोनों से प्रभावित होता है।

5. व्यक्तित्व का अध्ययन किस विषय में किया जाता है?
A. मनोविज्ञान
B. भूगोल
C. रसायन विज्ञान
D. खगोल विज्ञान
उत्तर: A. मनोविज्ञान
व्याख्या: मनोविज्ञान व्यक्ति के व्यवहार और व्यक्तित्व का वैज्ञानिक अध्ययन करता है।

6. व्यक्तित्व का संबंध किससे नहीं है?
A. केवल बाहरी सुंदरता से
B. व्यवहार से
C. विचारों से
D. भावनाओं से
उत्तर: A. केवल बाहरी सुंदरता से
व्याख्या: व्यक्तित्व केवल रूप-रंग नहीं, बल्कि व्यक्ति के संपूर्ण गुणों का संगठन है।

7. व्यक्तित्व की स्थिरता का अर्थ क्या है?
A. व्यवहार में कुछ हद तक निरंतरता होना
B. हर क्षण बिल्कुल बदल जाना
C. केवल शरीर का स्थिर रहना
D. कोई गुण न होना
उत्तर: A. व्यवहार में कुछ हद तक निरंतरता होना
व्याख्या: व्यक्तित्व के गुण व्यक्ति के व्यवहार में नियमित पैटर्न दिखाते हैं।

8. व्यक्तित्व की गतिशीलता का अर्थ क्या है?
A. परिस्थितियों के अनुसार व्यक्तित्व में परिवर्तन और विकास संभव होना
B. व्यक्तित्व कभी बदलता नहीं
C. केवल शरीर की गति
D. केवल नींद की अवस्था
उत्तर: A. परिस्थितियों के अनुसार व्यक्तित्व में परिवर्तन और विकास संभव होना
व्याख्या: व्यक्तित्व अपेक्षाकृत स्थायी होते हुए भी अनुभवों से विकसित हो सकता है।

9. व्यक्तित्व का सामाजिक पक्ष किससे जुड़ा है?
A. दूसरों के साथ व्यवहार और संबंधों से
B. केवल शरीर की ऊँचाई से
C. केवल पाचन से
D. केवल रक्त से
उत्तर: A. दूसरों के साथ व्यवहार और संबंधों से
व्याख्या: व्यक्ति समाज में कैसे व्यवहार करता है, यह उसके व्यक्तित्व का महत्वपूर्ण भाग है।

10. व्यक्तित्व का भावात्मक पक्ष किससे संबंधित है?
A. भावनाओं और संवेगों से
B. केवल हड्डियों से
C. केवल रंग से
D. केवल आवाज की ऊँचाई से
उत्तर: A. भावनाओं और संवेगों से
व्याख्या: व्यक्ति भावनाओं को कैसे अनुभव और व्यक्त करता है, यह व्यक्तित्व से जुड़ा है।

11. व्यक्तित्व का संज्ञानात्मक पक्ष किससे संबंधित है?
A. सोच, समझ और निर्णय से
B. केवल त्वचा से
C. केवल भोजन से
D. केवल नींद से
उत्तर: A. सोच, समझ और निर्णय से
व्याख्या: व्यक्ति की सोचने और निर्णय लेने की शैली उसके व्यक्तित्व को प्रभावित करती है।

12. व्यक्तित्व का जैविक आधार किससे संबंधित है?
A. वंशानुक्रम, शरीर रचना और तंत्रिका तंत्र से
B. केवल भाषा से
C. केवल सामाजिक नियम से
D. केवल पुस्तक से
उत्तर: A. वंशानुक्रम, शरीर रचना और तंत्रिका तंत्र से
व्याख्या: जैविक कारक व्यक्ति की प्रवृत्तियों और व्यवहार शैली को प्रभावित कर सकते हैं।

13. वंशानुक्रम व्यक्तित्व को कैसे प्रभावित करता है?
A. जन्मजात गुणों और शारीरिक संरचना के माध्यम से
B. केवल परीक्षा अंक से
C. केवल कपड़ों से
D. केवल मौसम से
उत्तर: A. जन्मजात गुणों और शारीरिक संरचना के माध्यम से
व्याख्या: कुछ स्वभावगत विशेषताएँ व्यक्ति को जन्म से प्राप्त हो सकती हैं।

14. वातावरण व्यक्तित्व को कैसे प्रभावित करता है?
A. परिवार, शिक्षा, संस्कृति और अनुभवों के माध्यम से
B. केवल रक्त समूह से
C. केवल शरीर की लंबाई से
D. केवल आँखों के रंग से

उत्तर: A. परिवार, शिक्षा, संस्कृति और अनुभवों के माध्यम से
व्याख्या: सामाजिक और सांस्कृतिक अनुभव व्यक्तित्व विकास में महत्वपूर्ण भूमिका निभाते हैं।

15. परिवार व्यक्तित्व विकास में कैसे सहायक है?
A. प्रारंभिक अनुभव, मूल्य और व्यवहार सिखाकर
B. केवल भोजन देकर
C. केवल कपड़े बदलकर
D. कोई भूमिका नहीं
उत्तर: A. प्रारंभिक अनुभव, मूल्य और व्यवहार सिखाकर
व्याख्या: परिवार बच्चे के व्यक्तित्व विकास का पहला सामाजिक वातावरण होता है।

16. विद्यालय व्यक्तित्व को कैसे प्रभावित करता है?
A. अनुशासन, सहयोग, सीखने और सामाजिक व्यवहार के माध्यम से
B. केवल भवन के रंग से
C. केवल घंटी से
D. कोई प्रभाव नहीं
उत्तर: A. अनुशासन, सहयोग, सीखने और सामाजिक व्यवहार के माध्यम से
व्याख्या: विद्यालय में बच्चे सामाजिक कौशल, आत्मविश्वास और जिम्मेदारी सीखते हैं।

17. संस्कृति व्यक्तित्व को कैसे प्रभावित करती है?
A. मूल्यों, विश्वासों और व्यवहार नियमों के माध्यम से
B. केवल मौसम से
C. केवल भोजन की मात्रा से
D. केवल शारीरिक शक्ति से
उत्तर: A. मूल्यों, विश्वासों और व्यवहार नियमों के माध्यम से
व्याख्या: संस्कृति व्यक्ति को समाज के अनुसार सोचने और व्यवहार करने के तरीके सिखाती है।

18. समाजीकरण का व्यक्तित्व विकास में क्या महत्व है?
A. व्यक्ति को सामाजिक नियम और भूमिकाएँ सिखाता है
B. व्यक्ति को समाज से अलग करता है
C. कोई महत्व नहीं
D. केवल शारीरिक वृद्धि करता है
उत्तर: A. व्यक्ति को सामाजिक नियम और भूमिकाएँ सिखाता है
व्याख्या: समाजीकरण से व्यक्ति समाज में स्वीकार्य व्यवहार सीखता है।

19. व्यक्तित्व विकास में मित्रों की भूमिका क्या है?
A. व्यवहार, रुचि और सामाजिक कौशल को प्रभावित करना
B. कोई भूमिका नहीं
C. केवल ऊँचाई बढ़ाना
D. केवल नींद बढ़ाना
उत्तर: A. व्यवहार, रुचि और सामाजिक कौशल को प्रभावित करना
व्याख्या: मित्र समूह व्यक्ति के आत्मविश्वास और सामाजिक व्यवहार पर प्रभाव डाल सकता है।

20. व्यक्तित्व विकास में आत्म-अनुभव का महत्व क्या है?
A. व्यक्ति अपने बारे में समझ विकसित करता है
B. कोई महत्व नहीं
C. केवल भोजन बढ़ाता है
D. केवल भाषा मिटाता है
उत्तर: A. व्यक्ति अपने बारे में समझ विकसित करता है
व्याख्या: अनुभवों से व्यक्ति अपनी क्षमताओं, सीमाओं और रुचियों को समझता है।

21. स्वभाव का अर्थ क्या है?
A. व्यक्ति की जन्मजात भावात्मक और व्यवहारिक प्रवृत्ति
B. केवल कपड़ों की शैली
C. केवल धन
D. केवल शिक्षा प्रमाणपत्र
उत्तर: A. व्यक्ति की जन्मजात भावात्मक और व्यवहारिक प्रवृत्ति
व्याख्या: स्वभाव व्यक्तित्व का प्रारंभिक आधार माना जाता है।

22. चरित्र का अर्थ क्या है?
A. नैतिक गुणों और मूल्यों का समूह
B. केवल शरीर की बनावट
C. केवल आवाज
D. केवल स्मृति
उत्तर: A. नैतिक गुणों और मूल्यों का समूह
व्याख्या: चरित्र व्यक्ति के नैतिक व्यवहार और मूल्यों को दर्शाता है।

23. व्यक्तित्व और चरित्र में संबंध कैसा है?
A. चरित्र व्यक्तित्व का नैतिक पक्ष है
B. दोनों का कोई संबंध नहीं
C. चरित्र केवल शरीर है
D. व्यक्तित्व केवल धन है
उत्तर: A. चरित्र व्यक्तित्व का नैतिक पक्ष है
व्याख्या: व्यक्तित्व व्यापक है, जबकि चरित्र नैतिक गुणों से संबंधित है।

24. आत्म-अवधारणा का अर्थ क्या है?
A. व्यक्ति की अपने बारे में धारणा
B. दूसरों की ऊँचाई
C. केवल भोजन की इच्छा
D. केवल स्मृति शक्ति
उत्तर: A. व्यक्ति की अपने बारे में धारणा
व्याख्या: व्यक्ति स्वयं को कैसे देखता है, यह उसके व्यवहार और व्यक्तित्व को प्रभावित करता है।

25. आत्म-सम्मान का अर्थ क्या है?
A. स्वयं के प्रति मूल्य और सम्मान की भावना
B. केवल दूसरों की नकल
C. केवल शरीर की लंबाई
D. केवल धन
उत्तर: A. स्वयं के प्रति मूल्य और सम्मान की भावना
व्याख्या: आत्म-सम्मान व्यक्ति के आत्मविश्वास और सामाजिक व्यवहार को प्रभावित करता है।

26. उच्च आत्म-सम्मान का प्रभाव क्या हो सकता है?
A. आत्मविश्वास और सकारात्मक व्यवहार
B. हमेशा डर
C. हमेशा असफलता
D. कोई प्रयास नहीं
उत्तर: A. आत्मविश्वास और सकारात्मक व्यवहार

व्याख्या: उच्च आत्म-सम्मान व्यक्ति को चुनौतियों का सामना करने में सहायता करता है।

27. निम्न आत्म-सम्मान का प्रभाव क्या हो सकता है?

A. असुरक्षा और आत्म-संदेह
B. हमेशा अधिक आत्मविश्वास
C. कोई प्रभाव नहीं
D. अधिक सामाजिक साहस
उत्तर: A. असुरक्षा और आत्म-संदेह
व्याख्या: निम्न आत्म-सम्मान व्यक्ति की प्रेरणा और सामाजिक संबंधों को प्रभावित कर सकता है।

28. आत्म-प्रभावकारिता का अर्थ क्या है?

A. अपने कार्य सफलतापूर्वक करने की क्षमता पर विश्वास
B. केवल दूसरों पर निर्भरता
C. कोई विश्वास नहीं
D. केवल डर
उत्तर: A. अपने कार्य सफलतापूर्वक करने की क्षमता पर विश्वास
व्याख्या: आत्म-प्रभावकारिता व्यक्ति के प्रयास और दृढ़ता को प्रभावित करती है।

29. व्यक्तित्व में आत्म-नियंत्रण का अर्थ क्या है?

A. अपनी इच्छाओं और व्यवहार को नियंत्रित करना
B. बिना सोचे प्रतिक्रिया देना
C. हमेशा क्रोध करना
D. कोई नियंत्रण न होना
उत्तर: A. अपनी इच्छाओं और व्यवहार को नियंत्रित करना
व्याख्या: आत्म-नियंत्रण व्यक्ति को सामाजिक और नैतिक व्यवहार में सहायता करता है।

30. व्यक्तित्व में आत्म-जागरूकता का अर्थ क्या है?

A. अपनी भावनाओं, विचारों और व्यवहार को समझना
B. केवल दूसरों को देखना
C. कोई समझ न होना
D. केवल भोजन करना
उत्तर: A. अपनी भावनाओं, विचारों और व्यवहार को समझना
व्याख्या: आत्म-जागरूकता व्यक्तित्व विकास का महत्वपूर्ण आधार है।

31. व्यक्तित्व सिद्धांतों का उद्देश्य क्या है?

A. व्यक्तित्व की संरचना, विकास और भिन्नताओं को समझाना
B. केवल शरीर की लंबाई मापना
C. केवल रंग पहचानना
D. केवल भोजन समझाना
उत्तर: A. व्यक्तित्व की संरचना, विकास और भिन्नताओं को समझाना
व्याख्या: सिद्धांत व्यक्तित्व के कारणों और स्वरूप को समझने में सहायता करते हैं।

32. मनोविश्लेषणात्मक सिद्धांत किसने दिया?

A. सिगमंड फ्रायड
B. पावलॉव
C. स्किनर
D. वॉटसन
उत्तर: A. सिगमंड फ्रायड
व्याख्या: फ्रायड ने व्यक्तित्व को अचेतन इच्छाओं और मनोवैज्ञानिक संघर्षों से जोड़ा।

33. फ्रायड के अनुसार व्यक्तित्व के तीन भाग कौन-से हैं?

A. इड, ईगो और सुपर ईगो
B. भूख, प्यास और नींद
C. स्मृति, ध्यान और भाषा
D. रंग, आकार और वजन
उत्तर: A. इड, ईगो और सुपर ईगो
व्याख्या: फ्रायड ने व्यक्तित्व को इड, ईगो और सुपर ईगो की परस्पर क्रिया से समझाया।

34. इड किस सिद्धांत पर कार्य करता है?

A. सुख सिद्धांत
B. वास्तविकता सिद्धांत
C. नैतिक सिद्धांत
D. सामाजिक सिद्धांत
उत्तर: A. सुख सिद्धांत
व्याख्या: इड तत्काल संतुष्टि और मूल इच्छाओं की पूर्ति चाहता है।

35. ईगो किस सिद्धांत पर कार्य करता है?

A. वास्तविकता सिद्धांत
B. सुख सिद्धांत
C. केवल नैतिक सिद्धांत
D. केवल कल्पना सिद्धांत
उत्तर: A. वास्तविकता सिद्धांत
व्याख्या: ईगो वास्तविक परिस्थितियों को ध्यान में रखकर व्यवहार नियंत्रित करता है।

36. सुपर ईगो किससे संबंधित है?

A. नैतिक मूल्यों और आदर्शों से
B. केवल भूख से
C. केवल प्यास से
D. केवल नींद से
उत्तर: A. नैतिक मूल्यों और आदर्शों से
व्याख्या: सुपर ईगो व्यक्ति के नैतिक मानदंड और आदर्श व्यवहार को दर्शाता है।

37. फ्रायड के अनुसार अचेतन मन का महत्व क्या है?

A. छिपी इच्छाएँ और संघर्ष व्यवहार को प्रभावित कर सकते हैं
B. कोई महत्व नहीं
C. केवल शरीर का भाग है
D. केवल भाषा है
उत्तर: A. छिपी इच्छाएँ और संघर्ष व्यवहार को प्रभावित कर सकते हैं
व्याख्या: फ्रायड ने अचेतन मन को व्यक्तित्व का महत्वपूर्ण आधार माना।

38. रक्षा-युक्तियाँ किसलिए प्रयोग होती हैं?

A. चिंता और मानसिक तनाव कम करने के लिए
B. केवल भोजन पचाने के लिए
C. केवल नींद लाने के लिए
D. केवल भाषा सीखने के लिए
उत्तर: A. चिंता और मानसिक तनाव कम करने के लिए

व्याख्या: रक्षा-युक्तियाँ ईगो को तनाव और संघर्ष से बचाने में मदद करती हैं।

39. दमन किसका उदाहरण है?

A. रक्षा-युक्ति
B. स्मृति परीक्षण
C. बुद्धि परीक्षण
D. अधिगम विधि
उत्तर: A. रक्षा-युक्ति
व्याख्या: दमन में व्यक्ति अस्वीकार्य विचारों को चेतना से बाहर कर देता है।

40. प्रक्षेपण का अर्थ क्या है?

A. अपनी भावनाओं या दोषों को दूसरों पर डालना
B. दूसरों की सहायता करना
C. केवल याद करना
D. केवल ध्यान देना
उत्तर: A. अपनी भावनाओं या दोषों को दूसरों पर डालना
व्याख्या: प्रक्षेपण में व्यक्ति अपनी अस्वीकार्य भावनाओं को दूसरों में देखता है।

41. युक्तिकरण का अर्थ क्या है?

A. अपने व्यवहार के लिए तर्कपूर्ण बहाना बनाना
B. बिना कारण स्वीकार करना
C. केवल भूलना
D. केवल सपना देखना
उत्तर: A. अपने व्यवहार के लिए तर्कपूर्ण बहाना बनाना
व्याख्या: युक्तिकरण में व्यक्ति वास्तविक कारण छिपाकर स्वीकार्य कारण बताता है।

42. गुण सिद्धांत व्यक्तित्व को कैसे समझता है?

A. स्थायी गुणों या विशेषताओं के आधार पर
B. केवल सपनों के आधार पर
C. केवल भूख के आधार पर
D. केवल पाचन के आधार पर
उत्तर: A. स्थायी गुणों या विशेषताओं के आधार पर
व्याख्या: गुण सिद्धांत व्यक्तित्व को मापने योग्य विशेषताओं के रूप में देखता है।

43. गुण का अर्थ क्या है?

A. व्यवहार की अपेक्षाकृत स्थायी विशेषता
B. केवल क्षणिक भावना
C. केवल शरीर का रंग
D. केवल भोजन की पसंद
उत्तर: A. व्यवहार की अपेक्षाकृत स्थायी विशेषता
व्याख्या: गुण व्यक्ति के व्यवहार में निरंतरता और भिन्नता दिखाते हैं।

44. ऑलपोर्ट किससे संबंधित हैं?

A. व्यक्तित्व के गुण सिद्धांत से
B. अधिगम के नियम से
C. प्रत्यक्षीकरण से
D. स्मृति से
उत्तर: A. व्यक्तित्व के गुण सिद्धांत से
व्याख्या: ऑलपोर्ट ने व्यक्तित्व गुणों के वर्गीकरण पर कार्य किया।

45. कैटेल ने व्यक्तित्व के अध्ययन में किसका उपयोग किया?

A. कारक विश्लेषण
B. केवल स्वप्न विश्लेषण
C. केवल दंड
D. केवल प्रतिवर्त
उत्तर: A. कारक विश्लेषण
व्याख्या: कैटेल ने व्यक्तित्व के मूल गुणों को पहचानने के लिए कारक विश्लेषण का उपयोग किया।

46. आइज़ेंक ने व्यक्तित्व के प्रमुख आयाम कौन-से बताए?

A. बहिर्मुखता, न्यूरोटिसिज्म और मनोविकृतिवाद
B. केवल भूख और प्यास
C. केवल स्मृति और ध्यान
D. केवल भाषा और गणित
उत्तर: A. बहिर्मुखता, न्यूरोटिसिज्म और मनोविकृतिवाद
व्याख्या: आइज़ेंक ने व्यक्तित्व को प्रमुख आयामों के आधार पर समझाया।

47. बहिर्मुख व्यक्ति की विशेषता क्या है?

A. सामाजिक, सक्रिय और मिलनसार होना
B. हमेशा अकेला रहना
C. केवल डरना
D. कोई बातचीत न करना
उत्तर: A. सामाजिक, सक्रिय और मिलनसार होना
व्याख्या: बहिर्मुख व्यक्ति सामाजिक परिस्थितियों में सहज और सक्रिय रहता है।

48. अंतर्मुख व्यक्ति की विशेषता क्या है?

A. शांत, आत्म-चिंतनशील और कम सामाजिक होना
B. हमेशा अत्यधिक बोलना
C. हर समय भीड़ में रहना
D. केवल आक्रामक होना
उत्तर: A. शांत, आत्म-चिंतनशील और कम सामाजिक होना
व्याख्या: अंतर्मुख व्यक्ति अकेले या सीमित सामाजिक वातावरण में अधिक सहज हो सकता है।

49. न्यूरोटिसिज्म किससे संबंधित है?

A. भावनात्मक अस्थिरता और चिंता से
B. केवल शारीरिक शक्ति से
C. केवल भाषा से
D. केवल भोजन से
उत्तर: A. भावनात्मक अस्थिरता और चिंता से
व्याख्या: उच्च न्यूरोटिसिज्म वाला व्यक्ति तनाव और चिंता जल्दी अनुभव कर सकता है।

50. बिग फाइव व्यक्तित्व मॉडल में कौन-सा गुण शामिल है?

A. खुलापन
B. केवल भूख
C. केवल नींद
D. केवल रक्तचाप
उत्तर: A. खुलापन
व्याख्या: बिग फाइव में खुलापन, कर्तव्यनिष्ठा, बहिर्मुखता,

सहमतता और भावनात्मक स्थिरता शामिल हैं।

51. बिग फाइव में कर्तव्यनिष्ठा का अर्थ क्या है?
A. जिम्मेदार, संगठित और अनुशासित होना
B. बिना योजना काम करना
C. हमेशा लापरवाह होना
D. केवल कल्पना करना
उत्तर: A. जिम्मेदार, संगठित और अनुशासित होना
व्याख्या: कर्तव्यनिष्ठ व्यक्ति लक्ष्य के प्रति नियमित और जिम्मेदार रहता है।

52. बिग फाइव में सहमतता का अर्थ क्या है?
A. सहयोगी, दयालु और भरोसेमंद होना
B. हमेशा झगड़ालू होना
C. केवल अकेले रहना
D. कोई संबंध न रखना
उत्तर: A. सहयोगी, दयालु और भरोसेमंद होना
व्याख्या: सहमतता सामाजिक संबंधों और सहयोग से जुड़ा गुण है।

53. बिग फाइव में भावनात्मक स्थिरता का अर्थ क्या है?
A. तनाव में भी संतुलित रहना
B. हमेशा चिंता करना
C. हर समय डरना
D. बिना कारण क्रोध करना
उत्तर: A. तनाव में भी संतुलित रहना
व्याख्या: भावनात्मक स्थिर व्यक्ति कठिन परिस्थितियों में भी संतुलन बनाए रखता है।

54. मानवतावादी सिद्धांत किस पर बल देता है?
A. आत्म-विकास, स्वतंत्रता और आत्म-साक्षात्कार पर
B. केवल अचेतन संघर्ष पर
C. केवल दंड पर
D. केवल प्रतिवर्त पर
उत्तर: A. आत्म-विकास, स्वतंत्रता और आत्म-साक्षात्कार पर
व्याख्या: मानवतावादी दृष्टिकोण व्यक्ति की सकारात्मक क्षमता और विकास पर बल देता है।

55. कार्ल रोजर्स किससे संबंधित हैं?
A. आत्म-अवधारणा और व्यक्ति-केंद्रित दृष्टिकोण से
B. शास्त्रीय अनुबंधन से
C. ऑपेरेंट अनुबंधन से
D. प्रत्यक्षीकरण नियम से
उत्तर: A. आत्म-अवधारणा और व्यक्ति-केंद्रित दृष्टिकोण से
व्याख्या: रोजर्स ने आत्म-अवधारणा और बिना शर्त सकारात्मक स्वीकृति पर बल दिया।

56. मास्लो किस सिद्धांत से संबंधित हैं?
A. आवश्यकता पदानुक्रम और आत्म-साक्षात्कार
B. केवल स्वप्न विश्लेषण
C. केवल दंड सिद्धांत
D. केवल स्मृति सिद्धांत
उत्तर: A. आवश्यकता पदानुक्रम और आत्म-साक्षात्कार
व्याख्या: मास्लो ने मानव आवश्यकताओं और आत्म-विकास को व्यक्तित्व से जोड़ा।

57. आत्म-साक्षात्कार का अर्थ क्या है?
A. अपनी क्षमताओं का पूर्ण विकास
B. केवल भोजन करना
C. केवल सोना
D. केवल दूसरों की नकल
उत्तर: A. अपनी क्षमताओं का पूर्ण विकास
व्याख्या: आत्म-साक्षात्कार में व्यक्ति अपनी सर्वोच्च संभावनाओं को विकसित करता है।

58. सामाजिक-अधिगम सिद्धांत व्यक्तित्व को कैसे समझता है?
A. अवलोकन, अनुकरण और प्रबलन के माध्यम से
B. केवल जन्मजात इच्छाओं से
C. केवल शरीर की बनावट से
D. केवल स्वप्न से
उत्तर: A. अवलोकन, अनुकरण और प्रबलन के माध्यम से
व्याख्या: व्यक्ति दूसरों को देखकर और परिणामों से सीखकर व्यवहार विकसित करता है।

59. बंडूरा किससे संबंधित हैं?
A. सामाजिक अधिगम और आत्म-प्रभावकारिता से
B. स्वप्न विश्लेषण से
C. बुद्धि परीक्षण से
D. प्रत्यक्षीकरण से
उत्तर: A. सामाजिक अधिगम और आत्म-प्रभावकारिता से
व्याख्या: बंडूरा ने मॉडलिंग और आत्म-प्रभावकारिता को व्यक्तित्व विकास में महत्वपूर्ण माना।

60. मॉडलिंग का अर्थ क्या है?
A. दूसरों को देखकर व्यवहार सीखना
B. केवल भूलना
C. केवल सोना
D. बिना सीख व्यवहार करना
उत्तर: A. दूसरों को देखकर व्यवहार सीखना
व्याख्या: बच्चे और वयस्क दूसरों के व्यवहार का अनुकरण करके सीखते हैं।

61. प्रबलन व्यक्तित्व विकास को कैसे प्रभावित करता है?
A. व्यवहार को मजबूत या कमजोर करके
B. कोई प्रभाव नहीं
C. केवल शरीर बदलकर
D. केवल आवाज बदलकर
उत्तर: A. व्यवहार को मजबूत या कमजोर करके
व्याख्या: पुरस्कार और परिणाम व्यक्ति के व्यवहार पैटर्न को प्रभावित करते हैं।

62. परिस्थिति का व्यक्तित्व पर क्या प्रभाव हो सकता है?
A. व्यवहार की अभिव्यक्ति बदल सकती है
B. कोई प्रभाव नहीं
C. व्यक्तित्व हमेशा समाप्त हो जाता है
D. केवल शरीर बदलता है
उत्तर: A. व्यवहार की अभिव्यक्ति बदल सकती है
व्याख्या: व्यक्ति का व्यवहार उसके गुणों और परिस्थिति दोनों से प्रभावित होता है।

63. व्यक्तित्व मूल्यांकन का उद्देश्य क्या है?
A. व्यक्ति के गुणों, व्यवहार और अनुकूलन को समझना
B. केवल वजन मापना
C. केवल रंग पहचानना
D. केवल भोजन पसंद जानना
उत्तर: A. व्यक्ति के गुणों, व्यवहार और अनुकूलन को समझना
व्याख्या: मूल्यांकन से व्यक्तित्व की विशेषताओं और आवश्यकताओं को समझा जाता है।

64. व्यक्तित्व परीक्षण किसलिए उपयोगी हैं?
A. व्यक्तित्व गुणों का आकलन करने के लिए
B. केवल रक्त जाँच के लिए
C. केवल ऊँचाई मापने के लिए
D. केवल नींद मापने के लिए
उत्तर: A. व्यक्तित्व गुणों का आकलन करने के लिए
व्याख्या: व्यक्तित्व परीक्षण व्यक्ति की प्रवृत्तियों और व्यवहार शैली को समझने में सहायता करते हैं।

65. प्रश्नावली विधि में क्या किया जाता है?
A. व्यक्ति से प्रश्नों के उत्तर लेकर गुणों का आकलन
B. केवल शरीर की जाँच
C. केवल रक्त परीक्षण
D. केवल चित्र बनाना
उत्तर: A. व्यक्ति से प्रश्नों के उत्तर लेकर गुणों का आकलन
व्याख्या: प्रश्नावली में व्यक्ति अपने विचारों और व्यवहारों के बारे में उत्तर देता है।

66. साक्षात्कार विधि में क्या किया जाता है?
A. बातचीत के माध्यम से जानकारी प्राप्त करना
B. केवल मशीन से मापना
C. केवल नींद देखना
D. केवल भोजन देना
उत्तर: A. बातचीत के माध्यम से जानकारी प्राप्त करना
व्याख्या: साक्षात्कार से व्यक्ति के अनुभव, भावनाएँ और व्यवहार समझे जाते हैं।

67. अवलोकन विधि का उपयोग किसलिए किया जाता है?
A. वास्तविक व्यवहार को देखकर समझने के लिए
B. केवल लिखित उत्तर देखने के लिए
C. केवल रक्त जाँच के लिए
D. केवल सपना देखने के लिए
उत्तर: A. वास्तविक व्यवहार को देखकर समझने के लिए
व्याख्या: अवलोकन से व्यक्ति का स्वाभाविक व्यवहार समझा जा सकता है।

68. प्रक्षेपी परीक्षण किस सिद्धांत पर आधारित होते हैं?
A. अस्पष्ट उद्दीपकों पर व्यक्ति अपनी भावनाएँ प्रक्षेपित करता है
B. केवल सही-गलत उत्तर पर
C. केवल गणितीय गणना पर
D. केवल शारीरिक शक्ति पर
उत्तर: A. अस्पष्ट उद्दीपकों पर व्यक्ति अपनी भावनाएँ प्रक्षेपित करता है
व्याख्या: प्रक्षेपी परीक्षणों में व्यक्ति की छिपी भावनाएँ और संघर्ष सामने आ सकते हैं।

69. रोर्शाक परीक्षण में क्या उपयोग होता है?
A. स्याही के धब्बे
B. गणित प्रश्न
C. रक्त नमूना
D. ध्वनि तरंग
उत्तर: A. स्याही के धब्बे
व्याख्या: रोर्शाक परीक्षण में व्यक्ति अस्पष्ट स्याही धब्बों की व्याख्या करता है।

70. टी.ए.टी. का पूरा नाम क्या है?
A. थीमैटिक एपर्सेप्शन टेस्ट
B. टोटल अटेंशन टेस्ट
C. टेक्निकल एप्टीट्यूड टेस्ट
D. टाइम एंड टास्क टेस्ट
उत्तर: A. थीमैटिक एपर्सेप्शन टेस्ट
व्याख्या: टी.ए.टी. में चित्रों के आधार पर कहानी बनवाकर व्यक्तित्व समझा जाता है।

71. टी.ए.टी. में व्यक्ति से क्या कराया जाता है?
A. चित्र देखकर कहानी बनाना
B. केवल गणना करना
C. केवल रंग भरना
D. केवल नींद लेना
उत्तर: A. चित्र देखकर कहानी बनाना
व्याख्या: कहानी के माध्यम से व्यक्ति की आवश्यकताएँ, संघर्ष और भावनाएँ समझी जाती हैं।

72. व्यक्तित्व परीक्षण में विश्वसनीयता का अर्थ क्या है?
A. परीक्षण के परिणामों की स्थिरता
B. परीक्षण का रंग
C. प्रश्नों की संख्या ही
D. केवल समय
उत्तर: A. परीक्षण के परिणामों की स्थिरता
व्याख्या: विश्वसनीय परीक्षण समान परिस्थितियों में समान परिणाम देता है।

73. व्यक्तित्व परीक्षण में वैधता का अर्थ क्या है?
A. परीक्षण वही मापे जिसे मापने के लिए बनाया गया है
B. परीक्षण लंबा हो
C. परीक्षण महँगा हो
D. परीक्षण रंगीन हो
उत्तर: A. परीक्षण वही मापे जिसे मापने के लिए बनाया गया है
व्याख्या: वैधता बताती है कि परीक्षण अपने उद्देश्य को सही ढंग से पूरा करता है या नहीं।

74. व्यक्तित्व विकास में परिपक्वता का अर्थ क्या है?
A. शारीरिक और मानसिक विकास की प्राकृतिक प्रक्रिया
B. केवल उम्र बढ़ना बिना विकास
C. केवल भोजन करना
D. केवल खेलना
उत्तर: A. शारीरिक और मानसिक विकास की प्राकृतिक प्रक्रिया
व्याख्या: परिपक्वता व्यक्ति की क्षमताओं और व्यवहार को प्रभावित करती है।

75. व्यक्तित्व विकास में सीखने की भूमिका क्या है?

A. अनुभवों से व्यवहार और आदतों का निर्माण
B. कोई भूमिका नहीं
C. केवल जन्मजात व्यवहार
D. केवल नींद
उत्तर: A. अनुभवों से व्यवहार और आदतों का निर्माण
व्याख्या: व्यक्ति अपने अनुभवों, प्रबलन और अनुकरण से व्यक्तित्व गुण विकसित करता है।

76. व्यक्तित्व में आदतों का महत्व क्या है?
A. व्यवहार में नियमितता और शैली बनाती हैं
B. कोई महत्व नहीं
C. हमेशा नुकसान
D. केवल भूलना
उत्तर: A. व्यवहार में नियमितता और शैली बनाती हैं
व्याख्या: अच्छी या बुरी आदतें व्यक्ति के व्यक्तित्व की अभिव्यक्ति को प्रभावित करती हैं।

77. व्यक्तित्व में रुचियों की भूमिका क्या है?
A. व्यक्ति की पसंद और गतिविधियों को दिशा देना
B. कोई भूमिका नहीं
C. केवल ऊँचाई बढ़ाना
D. केवल भोजन बदलना
उत्तर: A. व्यक्ति की पसंद और गतिविधियों को दिशा देना
व्याख्या: रुचियाँ व्यक्ति के कार्यों और जीवन-चयन को प्रभावित करती हैं।

78. व्यक्तित्व में मूल्यों का महत्व क्या है?
A. सही-गलत और महत्वपूर्ण चीजों का निर्णय करना
B. केवल रंग चुनना
C. केवल भोजन खाना
D. कोई महत्व नहीं
उत्तर: A. सही-गलत और महत्वपूर्ण चीजों का निर्णय करना
व्याख्या: मूल्य व्यक्ति के निर्णय और व्यवहार को दिशा देते हैं।

79. व्यक्तित्व में दृष्टिकोण का अर्थ क्या है?
A. किसी वस्तु, व्यक्ति या विचार के प्रति सोच और भावना
B. केवल आँखों की दृष्टि
C. केवल आवाज
D. केवल शरीर
उत्तर: A. किसी वस्तु, व्यक्ति या विचार के प्रति सोच और भावना
व्याख्या: दृष्टिकोण व्यक्ति के व्यवहार और निर्णयों को प्रभावित करता है।

80. सकारात्मक व्यक्तित्व विकास के लिए क्या आवश्यक है?
A. आत्म-जागरूकता, अनुशासन और सकारात्मक वातावरण
B. केवल आलोचना
C. केवल डर
D. केवल दंड
उत्तर: A. आत्म-जागरूकता, अनुशासन और सकारात्मक वातावरण
व्याख्या: सही वातावरण और आत्म-विकास की इच्छा व्यक्तित्व को बेहतर बनाते हैं।

81. व्यक्तित्व में आत्मविश्वास का महत्व क्या है?
A. चुनौतियों का सामना करने में सहायता
B. हमेशा बाधा
C. कोई महत्व नहीं
D. केवल घमंड
उत्तर: A. चुनौतियों का सामना करने में सहायता
व्याख्या: आत्मविश्वास व्यक्ति को लक्ष्य की ओर प्रयास करने में मदद करता है।

82. व्यक्तित्व में विनम्रता का महत्व क्या है?
A. सामाजिक संबंधों को बेहतर बनाना
B. हमेशा कमजोरी
C. कोई महत्व नहीं
D. केवल डर
उत्तर: A. सामाजिक संबंधों को बेहतर बनाना
व्याख्या: विनम्र व्यक्ति दूसरों के साथ सम्मानपूर्ण व्यवहार करता है।

83. व्यक्तित्व में सहनशीलता का अर्थ क्या है?
A. भिन्न विचारों और परिस्थितियों को स्वीकार करने की क्षमता
B. हर बात पर क्रोध करना
C. दूसरों को न सुनना
D. कोई धैर्य न रखना
उत्तर: A. भिन्न विचारों और परिस्थितियों को स्वीकार करने की क्षमता
व्याख्या: सहनशीलता सामाजिक समायोजन और संबंधों में सहायक है।

84. व्यक्तित्व में नेतृत्व गुण क्या दर्शाते हैं?
A. दूसरों को प्रेरित और दिशा देने की क्षमता
B. केवल आदेश देना
C. हमेशा अकेले रहना
D. कोई जिम्मेदारी न लेना
उत्तर: A. दूसरों को प्रेरित और दिशा देने की क्षमता
व्याख्या: नेतृत्व में जिम्मेदारी, निर्णय क्षमता और सहयोग शामिल होते हैं।

85. व्यक्तित्व में समायोजन का अर्थ क्या है?
A. परिस्थितियों के अनुसार संतुलित व्यवहार करना
B. हर परिस्थिति से भागना
C. हमेशा संघर्ष करना
D. कोई परिवर्तन न करना
उत्तर: A. परिस्थितियों के अनुसार संतुलित व्यवहार करना
व्याख्या: अच्छा समायोजन व्यक्ति को जीवन की चुनौतियों से निपटने में मदद करता है।

86. असमायोजन का अर्थ क्या है?
A. परिस्थितियों से प्रभावी ढंग से न निपट पाना
B. हर स्थिति में सफल होना
C. पूर्ण संतुलन
D. कोई समस्या न होना
उत्तर: A. परिस्थितियों से प्रभावी ढंग से न निपट पाना
व्याख्या: असमायोजन में व्यक्ति तनाव, संघर्ष या व्यवहारिक कठिनाइयों का अनुभव कर सकता है।

87. व्यक्तित्व में मानसिक स्वास्थ्य का महत्व क्या है?

A. संतुलित सोच, भावना और व्यवहार बनाए रखना
B. कोई महत्व नहीं
C. केवल शारीरिक बल
D. केवल धन
उत्तर: A. संतुलित सोच, भावना और व्यवहार बनाए रखना
व्याख्या: मानसिक स्वास्थ्य व्यक्तित्व के स्वस्थ विकास के लिए आवश्यक है।

88. स्वस्थ व्यक्तित्व की विशेषता कौन-सी है?
A. आत्मविश्वास, संतुलन और सामाजिक अनुकूलन
B. हमेशा क्रोध
C. हमेशा भय
D. कोई जिम्मेदारी नहीं
उत्तर: A. आत्मविश्वास, संतुलन और सामाजिक अनुकूलन
व्याख्या: स्वस्थ व्यक्तित्व वाला व्यक्ति स्वयं और समाज दोनों के साथ संतुलित रहता है।

89. अस्वस्थ व्यक्तित्व की विशेषता कौन-सी हो सकती है?
A. अत्यधिक असुरक्षा और असमायोजन
B. संतुलित व्यवहार
C. आत्म-जागरूकता
D. सकारात्मक संबंध
उत्तर: A. अत्यधिक असुरक्षा और असमायोजन
व्याख्या: अस्वस्थ व्यक्तित्व में भावनात्मक और सामाजिक कठिनाइयाँ हो सकती हैं।

90. व्यक्तित्व सुधार का अच्छा उपाय कौन-सा है?
A. आत्म-विश्लेषण और सकारात्मक आदतों का विकास
B. केवल दूसरों को दोष देना
C. प्रयास न करना
D. हर गलती छिपाना
उत्तर: A. आत्म-विश्लेषण और सकारात्मक आदतों का विकास
व्याख्या: अपने व्यवहार को समझकर सुधार करना व्यक्तित्व विकास में सहायक है।

91. व्यक्तित्व में संचार कौशल का महत्व क्या है?
A. विचारों और भावनाओं को प्रभावी ढंग से व्यक्त करना
B. कोई महत्व नहीं
C. हमेशा चुप रहना
D. केवल झगड़ा करना
उत्तर: A. विचारों और भावनाओं को प्रभावी ढंग से व्यक्त करना
व्याख्या: अच्छा संचार सामाजिक संबंधों और आत्मविश्वास को बढ़ाता है।

92. व्यक्तित्व में निर्णय क्षमता का महत्व क्या है?
A. सही विकल्प चुनने और जिम्मेदारी लेने में
B. हमेशा दूसरों पर निर्भर रहने में
C. कोई महत्व नहीं
D. निर्णय से बचने में
उत्तर: A. सही विकल्प चुनने और जिम्मेदारी लेने में
व्याख्या: निर्णय क्षमता व्यक्ति को जीवन की परिस्थितियों में प्रभावी बनाती है।

93. व्यक्तित्व में समस्या समाधान कौशल क्यों जरूरी है?
A. कठिनाइयों का प्रभावी समाधान खोजने के लिए
B. समस्याओं से भागने के लिए
C. कोई जरूरत नहीं
D. केवल शिकायत करने के लिए
उत्तर: A. कठिनाइयों का प्रभावी समाधान खोजने के लिए
व्याख्या: समस्या समाधान कौशल व्यक्ति के समायोजन और सफलता में सहायक है।

94. व्यक्तित्व में भावनात्मक नियंत्रण का महत्व क्या है?
A. संतुलित और उचित व्यवहार के लिए
B. हमेशा भावना दबाने के लिए
C. कोई महत्व नहीं
D. केवल क्रोध बढ़ाने के लिए
उत्तर: A. संतुलित और उचित व्यवहार के लिए
व्याख्या: भावनात्मक नियंत्रण व्यक्ति को आवेगपूर्ण व्यवहार से बचाता है।

95. व्यक्तित्व में नैतिकता का महत्व क्या है?
A. सही आचरण और सामाजिक विश्वास के लिए
B. कोई महत्व नहीं
C. केवल डर पैदा करने के लिए
D. केवल दिखावे के लिए
उत्तर: A. सही आचरण और सामाजिक विश्वास के लिए
व्याख्या: नैतिकता व्यक्ति के चरित्र और सामाजिक सम्मान को मजबूत करती है।

96. व्यक्तित्व में लक्ष्य निर्धारण का महत्व क्या है?
A. जीवन को दिशा और प्रेरणा देना
B. कोई दिशा न देना
C. हमेशा भ्रम पैदा करना
D. प्रयास रोकना
उत्तर: A. जीवन को दिशा और प्रेरणा देना
व्याख्या: स्पष्ट लक्ष्य व्यक्ति को योजनाबद्ध और उद्देश्यपूर्ण बनाते हैं।

97. व्यक्तित्व में आत्म-अनुशासन का महत्व क्या है?
A. नियमित प्रयास और जिम्मेदार व्यवहार के लिए
B. केवल डर के लिए
C. कोई महत्व नहीं
D. केवल आराम के लिए
उत्तर: A. नियमित प्रयास और जिम्मेदार व्यवहार के लिए
व्याख्या: आत्म-अनुशासन व्यक्ति को लक्ष्य प्राप्ति में सहायता करता है।

98. व्यक्तित्व का दैनिक जीवन में महत्व क्या है?
A. संबंधों, निर्णयों और सफलता को प्रभावित करना
B. कोई महत्व नहीं
C. केवल भोजन चुनना
D. केवल रंग पहचानना
उत्तर: A. संबंधों, निर्णयों और सफलता को प्रभावित करना
व्याख्या: व्यक्तित्व व्यक्ति के सामाजिक, शैक्षिक और व्यावसायिक जीवन में महत्वपूर्ण भूमिका निभाता है।

99. व्यक्तित्व की सबसे उपयुक्त विशेषता कौन-सी है?
A. व्यक्ति के व्यवहार में विशिष्टता और निरंतरता
B. केवल शरीर का रंग

C. केवल कपड़े
D. केवल आवाज
उत्तर: A. व्यक्ति के व्यवहार में विशिष्टता और निरंतरता
व्याख्या: व्यक्तित्व प्रत्येक व्यक्ति को दूसरों से अलग बनाता है और व्यवहार में स्थिरता देता है।

100. व्यक्तित्व का सबसे उपयुक्त निष्कर्ष क्या है?
A. व्यक्तित्व व्यक्ति के शारीरिक, मानसिक, भावात्मक और सामाजिक गुणों का संगठित एवं गतिशील स्वरूप है
B. व्यक्तित्व केवल बाहरी रूप है
C. व्यक्तित्व का व्यवहार से कोई संबंध नहीं
D. व्यक्तित्व केवल जन्म के समय तय होकर कभी नहीं बदलता
उत्तर: A. व्यक्तित्व व्यक्ति के शारीरिक, मानसिक, भावात्मक और सामाजिक गुणों का संगठित एवं गतिशील स्वरूप है
व्याख्या: व्यक्तित्व व्यक्ति के संपूर्ण जीवन, व्यवहार और सामाजिक समायोजन को प्रभावित करता है।

अध्याय 17: व्यक्तित्व के सिद्धांत

100 वस्तुनिष्ठ प्रश्न

1. व्यक्तित्व सिद्धांतों का मुख्य उद्देश्य क्या है?
A. व्यक्तित्व की संरचना, विकास और व्यवहार को समझाना
B. केवल शरीर की लंबाई बताना
C. केवल भाषा सीखना
D. केवल भोजन की पसंद बताना
उत्तर: A. व्यक्तित्व की संरचना, विकास और व्यवहार को समझाना
व्याख्या: व्यक्तित्व सिद्धांत व्यक्ति के व्यवहार और गुणों को वैज्ञानिक रूप से समझाने का प्रयास करते हैं।

2. व्यक्तित्व के सिद्धांत किस विषय से संबंधित हैं?
A. मनोविज्ञान
B. भूगोल
C. गणित
D. रसायन विज्ञान
उत्तर: A. मनोविज्ञान
व्याख्या: व्यक्तित्व का अध्ययन मनोविज्ञान की महत्वपूर्ण शाखा में किया जाता है।

3. व्यक्तित्व सिद्धांत व्यक्ति के किस पक्ष को समझाते हैं?
A. विचार, भावनाएँ और व्यवहार
B. केवल वजन
C. केवल रंग
D. केवल ऊँचाई
उत्तर: A. विचार, भावनाएँ और व्यवहार
व्याख्या: व्यक्तित्व सिद्धांत बताते हैं कि व्यक्ति अलग-अलग परिस्थितियों में कैसे सोचता और व्यवहार करता है।

4. व्यक्तित्व सिद्धांतों की आवश्यकता क्यों होती है?
A. व्यक्ति-व्यक्ति के अंतर को समझने के लिए
B. केवल मौसम बताने के लिए
C. केवल गणना करने के लिए
D. केवल भोजन बनाने के लिए
उत्तर: A. व्यक्ति-व्यक्ति के अंतर को समझने के लिए
व्याख्या: हर व्यक्ति का व्यवहार अलग होता है, जिसे समझाने के लिए सिद्धांत उपयोगी होते हैं।

5. व्यक्तित्व सिद्धांतों में कौन-सा दृष्टिकोण अचेतन मन पर बल देता है?
A. मनोविश्लेषणात्मक दृष्टिकोण
B. व्यवहारवादी दृष्टिकोण
C. मानवतावादी दृष्टिकोण
D. गुण दृष्टिकोण
उत्तर: A. मनोविश्लेषणात्मक दृष्टिकोण
व्याख्या: मनोविश्लेषणात्मक दृष्टिकोण अचेतन इच्छाओं और संघर्षों को व्यक्तित्व का आधार मानता है।

6. मनोविश्लेषणात्मक सिद्धांत किसने प्रस्तुत किया?
A. सिगमंड फ्रायड
B. पावलॉव
C. स्किनर
D. वॉटसन
उत्तर: A. सिगमंड फ्रायड
व्याख्या: फ्रायड ने व्यक्तित्व को अचेतन मन, इच्छाओं और संघर्षों के आधार पर समझाया।

7. फ्रायड के अनुसार व्यक्तित्व के तीन प्रमुख घटक कौन-से हैं?
A. इड, ईगो और सुपर ईगो
B. ध्यान, स्मृति और भाषा
C. भूख, प्यास और नींद
D. रंग, आकार और वजन
उत्तर: A. इड, ईगो और सुपर ईगो
व्याख्या: फ्रायड ने व्यक्तित्व की संरचना को इड, ईगो और सुपर ईगो के रूप में समझाया।

8. इड किस सिद्धांत पर कार्य करता है?
A. सुख सिद्धांत
B. वास्तविकता सिद्धांत
C. नैतिक सिद्धांत
D. सामाजिक सिद्धांत
उत्तर: A. सुख सिद्धांत
व्याख्या: इड तत्काल सुख और इच्छाओं की पूर्ति चाहता है।

9. ईगो किस सिद्धांत पर कार्य करता है?
A. वास्तविकता सिद्धांत
B. सुख सिद्धांत
C. नैतिक सिद्धांत
D. कल्पना सिद्धांत
उत्तर: A. वास्तविकता सिद्धांत
व्याख्या: ईगो वास्तविक परिस्थितियों को ध्यान में रखकर इड की इच्छाओं को नियंत्रित करता है।

10. सुपर ईगो किससे संबंधित है?
A. नैतिकता और आदर्शों से
B. केवल भूख से
C. केवल प्यास से
D. केवल नींद से
उत्तर: A. नैतिकता और आदर्शों से

व्याख्या: सुपर ईगो व्यक्ति के नैतिक मूल्यों और सामाजिक आदर्शों का प्रतिनिधित्व करता है।

11. फ्रायड के अनुसार अचेतन मन में क्या होता है?

A. दबाई गई इच्छाएँ और संघर्ष
B. केवल स्पष्ट विचार
C. केवल गणितीय ज्ञान
D. केवल शारीरिक शक्ति
उत्तर: A. दबाई गई इच्छाएँ और संघर्ष
व्याख्या: अचेतन मन में ऐसी इच्छाएँ और अनुभव हो सकते हैं जो चेतन में सीधे उपलब्ध नहीं होते।

12. फ्रायड के अनुसार व्यक्तित्व विकास में कौन-सी अवस्थाएँ महत्वपूर्ण हैं?

A. मनोलैंगिक अवस्थाएँ
B. केवल शारीरिक व्यायाम अवस्थाएँ
C. केवल भोजन अवस्थाएँ
D. केवल नींद अवस्थाएँ
उत्तर: A. मनोलैंगिक अवस्थाएँ
व्याख्या: फ्रायड ने व्यक्तित्व विकास को मनोलैंगिक अवस्थाओं से जोड़ा।

13. फ्रायड की पहली मनोलैंगिक अवस्था कौन-सी है?

A. मुख अवस्था
B. गुदा अवस्था
C. जननेंद्रिय अवस्था
D. सुप्त अवस्था
उत्तर: A. मुख अवस्था
व्याख्या: मुख अवस्था में शिशु को मुख से संबंधित क्रियाओं से सुख मिलता है।

14. फ्रायड की गुदा अवस्था किससे संबंधित है?

A. नियंत्रण और शौच प्रशिक्षण से
B. केवल भाषा से
C. केवल दृष्टि से
D. केवल स्मृति से
उत्तर: A. नियंत्रण और शौच प्रशिक्षण से
व्याख्या: गुदा अवस्था में नियंत्रण, अनुशासन और स्वच्छता से जुड़े अनुभव महत्वपूर्ण होते हैं।

15. फ्रायड की फालिक अवस्था में कौन-सा पक्ष महत्वपूर्ण माना गया?

A. लिंग-पहचान और पारिवारिक भावनात्मक संबंध
B. केवल भोजन
C. केवल गणना
D. केवल नींद
उत्तर: A. लिंग-पहचान और पारिवारिक भावनात्मक संबंध
व्याख्या: फालिक अवस्था में बच्चे की पहचान और परिवार से भावनात्मक संबंध महत्वपूर्ण माने जाते हैं।

16. फ्रायड की सुप्त अवस्था की विशेषता क्या है?

A. ऊर्जा का सामाजिक और बौद्धिक कार्यों में लगना
B. केवल रोना
C. केवल भोजन करना
D. केवल सोना
उत्तर: A. ऊर्जा का सामाजिक और बौद्धिक कार्यों में लगना
व्याख्या: सुप्त अवस्था में बच्चा शिक्षा, मित्रता और सामाजिक गतिविधियों में रुचि लेता है।

17. फ्रायड की जननेंद्रिय अवस्था कब प्रमुख होती है?

A. किशोरावस्था से आगे
B. जन्म से पहले
C. केवल शैशव में
D. केवल वृद्धावस्था में
उत्तर: A. किशोरावस्था से आगे
व्याख्या: इस अवस्था में परिपक्व संबंधों और सामाजिक जिम्मेदारी का विकास होता है।

18. रक्षा-युक्तियाँ किस सिद्धांत से जुड़ी हैं?

A. मनोविश्लेषणात्मक सिद्धांत
B. केवल व्यवहारवादी सिद्धांत
C. केवल जैविक सिद्धांत
D. केवल सांख्यिकीय सिद्धांत
उत्तर: A. मनोविश्लेषणात्मक सिद्धांत
व्याख्या: रक्षा-युक्तियाँ ईगो को चिंता और मानसिक संघर्ष से बचाने में सहायता करती हैं।

19. दमन का अर्थ क्या है?

A. अप्रिय विचारों को चेतना से बाहर रखना
B. दूसरों पर दोष डालना
C. कल्पना में जीना
D. किसी व्यवहार को दोहराना
उत्तर: A. अप्रिय विचारों को चेतना से बाहर रखना
व्याख्या: दमन में व्यक्ति दर्दनाक या अस्वीकार्य विचारों को दबा देता है।

20. प्रक्षेपण का अर्थ क्या है?

A. अपनी भावनाओं या दोषों को दूसरों पर डालना
B. अपनी गलती स्वीकार करना
C. स्मृति बढ़ाना
D. ध्यान केंद्रित करना
उत्तर: A. अपनी भावनाओं या दोषों को दूसरों पर डालना
व्याख्या: प्रक्षेपण में व्यक्ति अपनी अस्वीकार्य भावनाएँ दूसरों में देखता है।

21. युक्तिकरण का अर्थ क्या है?

A. अपने व्यवहार के लिए स्वीकार्य बहाना बनाना
B. बिना कारण क्रोध करना
C. केवल भूलना
D. केवल सोचना बंद करना
उत्तर: A. अपने व्यवहार के लिए स्वीकार्य बहाना बनाना
व्याख्या: युक्तिकरण में व्यक्ति वास्तविक कारण छिपाकर तर्कपूर्ण कारण बताता है।

22. प्रतिगमन का अर्थ क्या है?

A. तनाव में पहले जैसी बचकानी अवस्था में लौटना
B. नया कौशल सीखना
C. समस्या का समाधान करना
D. लक्ष्य निर्धारित करना
उत्तर: A. तनाव में पहले जैसी बचकानी अवस्था में लौटना

व्याख्या: प्रतिगमन में व्यक्ति कठिन परिस्थिति में अपरिपक्व व्यवहार कर सकता है।

23. उदात्तीकरण का अर्थ क्या है?
A. अस्वीकार्य इच्छाओं को सामाजिक रूप से स्वीकार्य कार्यों में बदलना
B. भावना को दबाना
C. दूसरों को दोष देना
D. लक्ष्य छोड़ना
उत्तर: A. अस्वीकार्य इच्छाओं को सामाजिक रूप से स्वीकार्य कार्यों में बदलना
व्याख्या: उदात्तीकरण रक्षा-युक्ति का सकारात्मक रूप माना जाता है।

24. नव-फ्रायडियन सिद्धांतकार किस बात पर अधिक बल देते हैं?
A. सामाजिक और सांस्कृतिक कारकों पर
B. केवल शारीरिक ऊँचाई पर
C. केवल रंग पर
D. केवल भोजन पर
उत्तर: A. सामाजिक और सांस्कृतिक कारकों पर
व्याख्या: नव-फ्रायडियन विचारकों ने फ्रायड के विचारों में सामाजिक पक्ष को अधिक महत्व दिया।

25. कार्ल युंग किस सिद्धांत से संबंधित हैं?
A. विश्लेषणात्मक मनोविज्ञान
B. शास्त्रीय अनुबंधन
C. ऑपेरेंट अनुबंधन
D. प्रत्यक्षीकरण सिद्धांत
उत्तर: A. विश्लेषणात्मक मनोविज्ञान
व्याख्या: युंग ने सामूहिक अचेतन और आर्केटाइप की अवधारणा दी।

26. युंग के अनुसार सामूहिक अचेतन क्या है?
A. मानव जाति के साझा अनुभवों का अचेतन भंडार
B. केवल व्यक्तिगत स्मृति
C. केवल भाषा ज्ञान
D. केवल शारीरिक शक्ति
उत्तर: A. मानव जाति के साझा अनुभवों का अचेतन भंडार
व्याख्या: युंग ने माना कि कुछ प्रतीक और अनुभव मानव जाति में सामान्य रूप से पाए जाते हैं।

27. युंग के अनुसार आर्केटाइप क्या हैं?
A. सार्वभौमिक प्रतीकात्मक रूप
B. केवल गणितीय सूत्र
C. केवल भोजन की आदत
D. केवल शरीर का आकार
उत्तर: A. सार्वभौमिक प्रतीकात्मक रूप
व्याख्या: आर्केटाइप ऐसे प्रतीक हैं जो मिथकों, सपनों और संस्कृति में दिखाई देते हैं।

28. युंग ने व्यक्तित्व के कौन-से प्रकार बताए?
A. अंतर्मुख और बहिर्मुख
B. लंबा और छोटा
C. मोटा और पतला
D. तेज और धीमा
उत्तर: A. अंतर्मुख और बहिर्मुख
व्याख्या: युंग ने व्यक्तित्व को अंतर्मुखता और बहिर्मुखता के आधार पर समझाया।

29. अल्फ्रेड एडलर किस सिद्धांत से संबंधित हैं?
A. व्यक्तिगत मनोविज्ञान
B. व्यवहारवाद
C. जैविक सिद्धांत
D. संवेग सिद्धांत
उत्तर: A. व्यक्तिगत मनोविज्ञान
व्याख्या: एडलर ने हीनता भावना और श्रेष्ठता की इच्छा पर बल दिया।

30. एडलर के अनुसार हीनता भावना का प्रभाव क्या हो सकता है?
A. व्यक्ति को श्रेष्ठता और विकास की ओर प्रेरित करना
B. हमेशा नींद लाना
C. केवल स्मृति मिटाना
D. कोई प्रभाव नहीं
उत्तर: A. व्यक्ति को श्रेष्ठता और विकास की ओर प्रेरित करना
व्याख्या: एडलर के अनुसार व्यक्ति अपनी कमी को दूर करने के लिए प्रयास करता है।

31. एडलर के सिद्धांत में जीवन-शैली का अर्थ क्या है?
A. व्यक्ति का लक्ष्य प्राप्ति और जीवन जीने का विशिष्ट तरीका
B. केवल कपड़ों की शैली
C. केवल भोजन की पसंद
D. केवल शरीर की बनावट
उत्तर: A. व्यक्ति का लक्ष्य प्राप्ति और जीवन जीने का विशिष्ट तरीका
व्याख्या: जीवन-शैली व्यक्ति के व्यवहार और लक्ष्य की दिशा को दर्शाती है।

32. कैरन हॉर्नी ने व्यक्तित्व में किस पर बल दिया?
A. मूल चिंता और सामाजिक संबंधों पर
B. केवल भूख पर
C. केवल नींद पर
D. केवल रक्तचाप पर
उत्तर: A. मूल चिंता और सामाजिक संबंधों पर
व्याख्या: हॉर्नी ने माना कि असुरक्षा और संबंधों की समस्या व्यक्तित्व को प्रभावित करती है।

33. एरिक एरिक्सन का सिद्धांत किससे संबंधित है?
A. मनोसामाजिक विकास
B. केवल मनोलैंगिक विकास
C. केवल शारीरिक विकास
D. केवल भाषा विकास
उत्तर: A. मनोसामाजिक विकास
व्याख्या: एरिक्सन ने जीवनभर चलने वाले सामाजिक और मनोवैज्ञानिक विकास को समझाया।

34. एरिक्सन ने व्यक्तित्व विकास की कितनी अवस्थाएँ बताईं?
A. आठ

B. तीन
C. चार
D. बारह
उत्तर: A. आठ
व्याख्या: एरिक्सन के अनुसार व्यक्तित्व विकास जीवन की आठ मनोसामाजिक अवस्थाओं से गुजरता है।

35. एरिक्सन की पहली अवस्था कौन-सी है?
A. विश्वास बनाम अविश्वास
B. उद्योग बनाम हीनता
C. पहचान बनाम भूमिका भ्रम
D. अखंडता बनाम निराशा
उत्तर: A. विश्वास बनाम अविश्वास
व्याख्या: शैशव में देखभाल के आधार पर बच्चे में विश्वास या अविश्वास विकसित होता है।

36. एरिक्सन की किशोरावस्था की प्रमुख समस्या क्या है?
A. पहचान बनाम भूमिका भ्रम
B. विश्वास बनाम अविश्वास
C. पहल बनाम अपराधबोध
D. अखंडता बनाम निराशा
उत्तर: A. पहचान बनाम भूमिका भ्रम
व्याख्या: किशोरावस्था में व्यक्ति अपनी पहचान और भूमिका को समझने का प्रयास करता है।

37. गुण सिद्धांत व्यक्तित्व को किस आधार पर समझता है?
A. स्थायी विशेषताओं के आधार पर
B. केवल स्वप्नों के आधार पर
C. केवल भोजन के आधार पर
D. केवल पाचन के आधार पर
उत्तर: A. स्थायी विशेषताओं के आधार पर
व्याख्या: गुण सिद्धांत व्यक्तित्व को मापने योग्य गुणों के रूप में देखता है।

38. व्यक्तित्व गुण का अर्थ क्या है?
A. व्यवहार की अपेक्षाकृत स्थायी प्रवृत्ति
B. क्षणिक संवेग
C. केवल शरीर का रंग
D. केवल नींद की मात्रा
उत्तर: A. व्यवहार की अपेक्षाकृत स्थायी प्रवृत्ति
व्याख्या: गुण व्यक्ति के व्यवहार में निरंतरता और विशिष्टता लाते हैं।

39. गॉर्डन ऑलपोर्ट किससे संबंधित हैं?
A. गुण सिद्धांत
B. मनोलैंगिक सिद्धांत
C. ऑपेरेंट अनुबंधन
D. स्मृति सिद्धांत
उत्तर: A. गुण सिद्धांत
व्याख्या: ऑलपोर्ट ने व्यक्तित्व गुणों को कार्डिनल, केंद्रीय और गौण गुणों में बाँटा।

40. ऑलपोर्ट के अनुसार कार्डिनल गुण क्या हैं?
A. अत्यंत प्रभावशाली गुण जो व्यक्ति के पूरे जीवन को प्रभावित करें
B. बिल्कुल महत्वहीन गुण
C. केवल शारीरिक गुण
D. केवल अस्थायी भाव
उत्तर: A. अत्यंत प्रभावशाली गुण जो व्यक्ति के पूरे जीवन को प्रभावित करें
व्याख्या: कार्डिनल गुण व्यक्ति की पहचान का प्रमुख आधार बन सकते हैं।

41. ऑलपोर्ट के अनुसार केंद्रीय गुण क्या हैं?
A. व्यक्ति के सामान्य और प्रमुख व्यक्तित्व गुण
B. केवल क्षणिक प्रतिक्रिया
C. केवल भोजन पसंद
D. केवल नींद आदत
उत्तर: A. व्यक्ति के सामान्य और प्रमुख व्यक्तित्व गुण
व्याख्या: केंद्रीय गुण व्यक्ति के व्यवहार को नियमित रूप से प्रभावित करते हैं।

42. ऑलपोर्ट के अनुसार गौण गुण क्या हैं?
A. कम प्रभावशाली और परिस्थिति-विशेष गुण
B. सबसे प्रमुख गुण
C. जन्मजात रोग
D. केवल शारीरिक बनावट
उत्तर: A. कम प्रभावशाली और परिस्थिति-विशेष गुण
व्याख्या: गौण गुण विशेष परिस्थितियों में दिखाई देते हैं।

43. रेमंड कैटेल ने व्यक्तित्व के अध्ययन में किस विधि का उपयोग किया?
A. कारक विश्लेषण
B. केवल स्वप्न विश्लेषण
C. केवल निरीक्षण बिना मापन
D. केवल दंड
उत्तर: A. कारक विश्लेषण
व्याख्या: कैटेल ने कारक विश्लेषण से व्यक्तित्व के मूल गुणों की पहचान की।

44. कैटेल ने कितने प्रमुख व्यक्तित्व कारक बताए?
A. 16
B. 5
C. 2
D. 8
उत्तर: A. 16
व्याख्या: कैटेल का 16PF व्यक्तित्व के 16 प्रमुख कारकों पर आधारित है।

45. आइज़ेंक का व्यक्तित्व सिद्धांत किस पर आधारित है?
A. प्रमुख आयामों पर
B. केवल स्वप्न पर
C. केवल संस्कृति पर
D. केवल भाषा पर
उत्तर: A. प्रमुख आयामों पर
व्याख्या: आइज़ेंक ने व्यक्तित्व को कुछ व्यापक आयामों के आधार पर समझाया।

46. आइज़ेंक के प्रमुख आयाम कौन-से हैं?
A. बहिर्मुखता, न्यूरोटिसिज्म और मनोविकृतिवाद
B. भूख, प्यास और नींद

C. ध्यान, स्मृति और भाषा
D. रंग, आकार और वजन
उत्तर: A. बहिर्मुखता, न्यूरोटिसिज्म और मनोविकृतिवाद
व्याख्या: ये आयाम व्यक्ति के व्यवहार और भावनात्मक प्रवृत्तियों को समझाते हैं।

47. बहिर्मुखता का अर्थ क्या है?
A. सामाजिक, सक्रिय और मिलनसार प्रवृत्ति
B. हमेशा अकेले रहना
C. केवल डरना
D. कोई बातचीत न करना
उत्तर: A. सामाजिक, सक्रिय और मिलनसार प्रवृत्ति
व्याख्या: बहिर्मुख व्यक्ति सामाजिक परिस्थितियों में सहज और ऊर्जावान रहता है।

48. अंतर्मुखता का अर्थ क्या है?
A. शांत, आत्म-चिंतनशील और सीमित सामाजिकता
B. हमेशा भीड़ में रहना
C. हर समय बोलना
D. केवल आक्रामक होना
उत्तर: A. शांत, आत्म-चिंतनशील और सीमित सामाजिकता
व्याख्या: अंतर्मुख व्यक्ति अकेले या छोटे समूह में अधिक सहज महसूस कर सकता है।

49. न्यूरोटिसिज्म किससे संबंधित है?
A. भावनात्मक अस्थिरता और चिंता से
B. केवल शारीरिक शक्ति से
C. केवल भोजन से
D. केवल भाषा से
उत्तर: A. भावनात्मक अस्थिरता और चिंता से
व्याख्या: उच्च न्यूरोटिसिज्म में व्यक्ति तनाव और चिंता जल्दी अनुभव कर सकता है।

50. बिग फाइव व्यक्तित्व मॉडल में कितने प्रमुख गुण हैं?
A. पाँच
B. तीन
C. आठ
D. सोलह
उत्तर: A. पाँच
व्याख्या: बिग फाइव मॉडल व्यक्तित्व को पाँच व्यापक गुणों में समझाता है।

51. बिग फाइव मॉडल में कौन-सा गुण शामिल है?
A. खुलापन
B. भूख
C. नींद
D. प्यास
उत्तर: A. खुलापन
व्याख्या: खुलापन नई चीजों, कल्पना और अनुभवों के प्रति रुचि को दर्शाता है।

52. बिग फाइव में कर्तव्यनिष्ठा का अर्थ क्या है?
A. जिम्मेदार, संगठित और अनुशासित होना
B. लापरवाह होना
C. बिना योजना काम करना
D. हमेशा कार्य टालना
उत्तर: A. जिम्मेदार, संगठित और अनुशासित होना
व्याख्या: कर्तव्यनिष्ठ व्यक्ति लक्ष्य के प्रति नियमित और जिम्मेदार रहता है।

53. बिग फाइव में सहमतता का अर्थ क्या है?
A. सहयोगी, दयालु और भरोसेमंद होना
B. हमेशा झगड़ालू होना
C. केवल अकेले रहना
D. दूसरों की उपेक्षा करना
उत्तर: A. सहयोगी, दयालु और भरोसेमंद होना
व्याख्या: सहमतता सामाजिक संबंधों और सहयोग से जुड़ा गुण है।

54. बिग फाइव में बहिर्मुखता क्या दर्शाती है?
A. सामाजिकता और सक्रियता
B. केवल भोजन की पसंद
C. केवल नींद
D. केवल स्मृति
उत्तर: A. सामाजिकता और सक्रियता
व्याख्या: बहिर्मुखता व्यक्ति की सामाजिक ऊर्जा और मिलनसार प्रवृत्ति को दर्शाती है।

55. बिग फाइव में भावनात्मक स्थिरता किसका विपरीत मानी जाती है?
A. न्यूरोटिसिज्म
B. खुलापन
C. सहमतता
D. कर्तव्यनिष्ठा
उत्तर: A. न्यूरोटिसिज्म
व्याख्या: भावनात्मक स्थिरता तनाव और चिंता को संतुलित रखने की क्षमता से जुड़ी है।

56. व्यवहारवादी सिद्धांत व्यक्तित्व को कैसे समझाता है?
A. सीखने, प्रबलन और वातावरण के आधार पर
B. केवल अचेतन इच्छाओं से
C. केवल जन्मजात गुणों से
D. केवल स्वप्नों से
उत्तर: A. सीखने, प्रबलन और वातावरण के आधार पर
व्याख्या: व्यवहारवादी दृष्टिकोण के अनुसार व्यक्तित्व सीखे गए व्यवहारों का परिणाम है।

57. व्यवहारवाद में प्रबलन का अर्थ क्या है?
A. ऐसा परिणाम जो व्यवहार को मजबूत करे
B. केवल दंड
C. केवल भूलना
D. केवल कल्पना
उत्तर: A. ऐसा परिणाम जो व्यवहार को मजबूत करे
व्याख्या: पुरस्कार या सकारात्मक परिणाम किसी व्यवहार की पुनरावृत्ति बढ़ा सकते हैं।

58. स्किनर किस सिद्धांत से संबंधित हैं?
A. ऑपेरेंट अनुबंधन
B. मनोविश्लेषण
C. मानवतावाद

D. गुण सिद्धांत
उत्तर: A. ऑपेरेंट अनुबंधन
व्याख्या: स्किनर ने व्यवहार को पुरस्कार और दंड के परिणामों से समझाया।

59. वॉटसन किस दृष्टिकोण से संबंधित हैं?
A. व्यवहारवाद
B. मानवतावाद
C. विश्लेषणात्मक मनोविज्ञान
D. गुण सिद्धांत
उत्तर: A. व्यवहारवाद
व्याख्या: वॉटसन ने व्यवहार को अवलोकनीय प्रतिक्रियाओं के आधार पर समझने पर बल दिया।

60. व्यवहारवादी दृष्टिकोण में वातावरण की भूमिका कैसी मानी जाती है?
A. बहुत महत्वपूर्ण
B. बिल्कुल महत्वहीन
C. केवल सजावट
D. केवल मौसम
उत्तर: A. बहुत महत्वपूर्ण
व्याख्या: व्यवहारवादी मानते हैं कि वातावरण और अनुभव व्यक्ति के व्यवहार को आकार देते हैं।

61. सामाजिक अधिगम सिद्धांत किसने प्रस्तुत किया?
A. अल्बर्ट बंडूरा
B. फ्रायड
C. युंग
D. एडलर
उत्तर: A. अल्बर्ट बंडूरा
व्याख्या: बंडूरा ने अवलोकन, अनुकरण और आत्म-प्रभावकारिता पर बल दिया।

62. सामाजिक अधिगम सिद्धांत में मॉडलिंग का अर्थ क्या है?
A. दूसरों को देखकर व्यवहार सीखना
B. केवल याद करना
C. केवल सोना
D. बिना अनुभव सीखना
उत्तर: A. दूसरों को देखकर व्यवहार सीखना
व्याख्या: व्यक्ति दूसरों के व्यवहार और उसके परिणामों को देखकर सीख सकता है।

63. बंडूरा के अनुसार आत्म-प्रभावकारिता का अर्थ क्या है?
A. अपनी क्षमता पर विश्वास
B. दूसरों पर पूर्ण निर्भरता
C. कोई आत्मविश्वास नहीं
D. केवल डर
उत्तर: A. अपनी क्षमता पर विश्वास
व्याख्या: आत्म-प्रभावकारिता व्यक्ति के प्रयास, दृढ़ता और सफलता को प्रभावित करती है।

64. पारस्परिक निर्धारणवाद किससे संबंधित है?
A. व्यक्ति, व्यवहार और वातावरण के परस्पर प्रभाव से
B. केवल भोजन से
C. केवल शरीर से
D. केवल स्मृति से
उत्तर: A. व्यक्ति, व्यवहार और वातावरण के परस्पर प्रभाव से
व्याख्या: बंडूरा के अनुसार व्यक्ति, उसका व्यवहार और वातावरण एक-दूसरे को प्रभावित करते हैं।

65. मानवतावादी सिद्धांत किस पर बल देता है?
A. स्वतंत्रता, आत्म-विकास और आत्म-साक्षात्कार पर
B. केवल अचेतन संघर्ष पर
C. केवल दंड पर
D. केवल प्रतिवर्त पर
उत्तर: A. स्वतंत्रता, आत्म-विकास और आत्म-साक्षात्कार पर
व्याख्या: मानवतावादी दृष्टिकोण व्यक्ति की सकारात्मक क्षमता और विकास को महत्व देता है।

66. मानवतावादी दृष्टिकोण के प्रमुख मनोवैज्ञानिक कौन हैं?
A. कार्ल रोजर्स और अब्राहम मास्लो
B. पावलॉव और वॉटसन
C. फ्रायड और स्किनर
D. कैटेल और आइज़ेंक
उत्तर: A. कार्ल रोजर्स और अब्राहम मास्लो
व्याख्या: रोजर्स और मास्लो ने व्यक्ति की स्वतंत्रता, विकास और आत्म-साक्षात्कार पर बल दिया।

67. कार्ल रोजर्स किस अवधारणा से संबंधित हैं?
A. आत्म-अवधारणा
B. इड
C. प्रबलन अनुसूची
D. सामूहिक अचेतन
उत्तर: A. आत्म-अवधारणा
व्याख्या: रोजर्स ने व्यक्ति की स्वयं के बारे में धारणा को व्यक्तित्व का महत्वपूर्ण आधार माना।

68. रोजर्स के अनुसार स्वस्थ व्यक्तित्व के लिए क्या आवश्यक है?
A. बिना शर्त सकारात्मक स्वीकृति
B. लगातार दंड
C. हमेशा आलोचना
D. पूर्ण नियंत्रण
उत्तर: A. बिना शर्त सकारात्मक स्वीकृति
व्याख्या: बिना शर्त स्वीकृति व्यक्ति को आत्म-विकास और आत्म-स्वीकार में मदद करती है।

69. रोजर्स के अनुसार आत्म-अवधारणा का अर्थ क्या है?
A. व्यक्ति की अपने बारे में धारणा
B. दूसरों की ऊँचाई
C. केवल भोजन की पसंद
D. केवल भाषा ज्ञान
उत्तर: A. व्यक्ति की अपने बारे में धारणा
व्याख्या: व्यक्ति स्वयं को कैसे देखता है, यह उसके व्यवहार और व्यक्तित्व को प्रभावित करता है।

70. मास्लो का सिद्धांत किससे संबंधित है?
A. आवश्यकता पदानुक्रम और आत्म-साक्षात्कार

B. केवल रक्षा-युक्तियों से
C. केवल ऑपेरेंट अनुबंधन से
D. केवल स्वप्न से
उत्तर: A. आवश्यकता पदानुक्रम और आत्म-साक्षात्कार
व्याख्या: मास्लो ने मानव आवश्यकताओं को क्रमबद्ध रूप में समझाया।

71. मास्लो के अनुसार सबसे उच्च आवश्यकता कौन-सी है?
A. आत्म-साक्षात्कार
B. शारीरिक आवश्यकता
C. सुरक्षा आवश्यकता
D. प्रेम और संबंध
उत्तर: A. आत्म-साक्षात्कार
व्याख्या: आत्म-साक्षात्कार में व्यक्ति अपनी क्षमताओं का पूर्ण विकास करता है।

72. मानवतावादी सिद्धांत व्यक्ति को कैसा मानता है?
A. विकासशील और सकारात्मक क्षमता वाला
B. केवल मशीन जैसा
C. केवल अचेतन इच्छाओं का गुलाम
D. केवल दंड से चलने वाला
उत्तर: A. विकासशील और सकारात्मक क्षमता वाला
व्याख्या: मानवतावादी दृष्टिकोण व्यक्ति को आत्म-विकास करने में सक्षम मानता है।

73. संज्ञानात्मक सिद्धांत व्यक्तित्व को किस आधार पर समझता है?
A. सोच, विश्वास और व्याख्या के आधार पर
B. केवल शरीर के आधार पर
C. केवल भोजन के आधार पर
D. केवल रंग के आधार पर
उत्तर: A. सोच, विश्वास और व्याख्या के आधार पर
व्याख्या: संज्ञानात्मक दृष्टिकोण मानता है कि व्यक्ति की सोच उसके व्यवहार को प्रभावित करती है।

74. संज्ञानात्मक दृष्टिकोण में व्यक्ति की भूमिका कैसी मानी जाती है?
A. सक्रिय व्याख्याकार
B. पूरी तरह निष्क्रिय
C. केवल मशीन
D. केवल जैविक अंग
उत्तर: A. सक्रिय व्याख्याकार
व्याख्या: व्यक्ति परिस्थितियों को अर्थ देकर अपने व्यवहार को दिशा देता है।

75. केली का व्यक्तिगत निर्माण सिद्धांत किससे संबंधित है?
A. व्यक्ति दुनिया को अपने मानसिक निर्माणों से समझता है
B. केवल दंड से सीखता है
C. केवल अचेतन इच्छाओं से चलता है
D. केवल शारीरिक शक्ति से व्यवहार करता है
उत्तर: A. व्यक्ति दुनिया को अपने मानसिक निर्माणों से समझता है
व्याख्या: केली के अनुसार व्यक्ति घटनाओं को अपने व्यक्तिगत अर्थों के आधार पर समझता है।

76. जैविक दृष्टिकोण व्यक्तित्व को किससे जोड़ता है?
A. वंशानुक्रम, मस्तिष्क और तंत्रिका तंत्र से
B. केवल कपड़ों से
C. केवल संस्कृति से
D. केवल भाषा से
उत्तर: A. वंशानुक्रम, मस्तिष्क और तंत्रिका तंत्र से
व्याख्या: जैविक दृष्टिकोण मानता है कि व्यक्तित्व में आनुवंशिक और जैविक कारकों की भूमिका होती है।

77. व्यक्तित्व में वंशानुक्रम का अर्थ क्या है?
A. माता-पिता से प्राप्त जैविक गुण
B. केवल विद्यालय का प्रभाव
C. केवल मित्रों का प्रभाव
D. केवल मौसम
उत्तर: A. माता-पिता से प्राप्त जैविक गुण
व्याख्या: कुछ स्वभावगत विशेषताएँ जन्मजात हो सकती हैं।

78. जैविक दृष्टिकोण में स्वभाव का महत्व क्या है?
A. जन्मजात भावात्मक और व्यवहारिक प्रवृत्ति
B. केवल कपड़ों की पसंद
C. केवल भाषा
D. केवल शिक्षा
उत्तर: A. जन्मजात भावात्मक और व्यवहारिक प्रवृत्ति
व्याख्या: स्वभाव व्यक्तित्व का प्रारंभिक जैविक आधार माना जाता है।

79. प्रकार सिद्धांत व्यक्तित्व को कैसे समझता है?
A. व्यक्तियों को कुछ निश्चित प्रकारों में बाँटकर
B. केवल अंकों से
C. केवल स्मृति से
D. केवल भोजन से
उत्तर: A. व्यक्तियों को कुछ निश्चित प्रकारों में बाँटकर
व्याख्या: प्रकार सिद्धांत व्यक्ति को व्यापक श्रेणियों में वर्गीकृत करता है।

80. क्रेशमर ने व्यक्तित्व को किस आधार पर बाँटा?
A. शरीर रचना के आधार पर
B. केवल बुद्धि के आधार पर
C. केवल भाषा के आधार पर
D. केवल स्मृति के आधार पर
उत्तर: A. शरीर रचना के आधार पर
व्याख्या: क्रेशमर ने शरीर रचना और व्यक्तित्व के संबंध को समझाने का प्रयास किया।

81. शेल्डन का व्यक्तित्व वर्गीकरण किससे संबंधित है?
A. शरीर प्रकार और स्वभाव से
B. केवल संवेग से
C. केवल स्मृति से
D. केवल भाषा से
उत्तर: A. शरीर प्रकार और स्वभाव से
व्याख्या: शेल्डन ने शरीर प्रकारों को स्वभाव से जोड़ने का प्रयास किया।

82. शेल्डन के अनुसार एंडोमॉर्फ शरीर प्रकार की प्रवृत्ति क्या मानी गई?

A. आरामप्रिय और सामाजिक
B. अत्यधिक आक्रामक ही
C. हमेशा अकेला
D. केवल चिंतित
उत्तर: A. आरामप्रिय और सामाजिक
व्याख्या: शेल्डन ने एंडोमॉर्फ को आरामप्रिय और मिलनसार प्रवृत्ति से जोड़ा।

83. शेल्डन के अनुसार मेसोमॉर्फ शरीर प्रकार की प्रवृत्ति क्या मानी गई?
A. सक्रिय और साहसी
B. हमेशा निष्क्रिय
C. केवल भयभीत
D. केवल उदास
उत्तर: A. सक्रिय और साहसी
व्याख्या: मेसोमॉर्फ को शारीरिक सक्रियता और साहस से जोड़ा गया।

84. शेल्डन के अनुसार एक्टोमॉर्फ शरीर प्रकार की प्रवृत्ति क्या मानी गई?
A. संवेदनशील और अंतर्मुख
B. हमेशा अत्यधिक सामाजिक
C. केवल आरामप्रिय
D. केवल आक्रामक
उत्तर: A. संवेदनशील और अंतर्मुख
व्याख्या: एक्टोमॉर्फ को संवेदनशीलता और अंतर्मुखता से जोड़ा गया।

85. भारतीय दृष्टिकोण में व्यक्तित्व के गुणों का उल्लेख कहाँ मिलता है?
A. सांख्य दर्शन और गीता में
B. केवल गणित में
C. केवल भूगोल में
D. केवल रसायन में
उत्तर: A. सांख्य दर्शन और गीता में
व्याख्या: भारतीय विचार में सत्त्व, रजस और तमस जैसे गुणों का वर्णन मिलता है।

86. भारतीय दृष्टिकोण में सत्त्व गुण किससे संबंधित है?
A. शांति, ज्ञान और संतुलन से
B. केवल आलस्य से
C. केवल क्रोध से
D. केवल अज्ञान से
उत्तर: A. शांति, ज्ञान और संतुलन से
व्याख्या: सत्त्व गुण को संतुलन, स्पष्टता और सकारात्मकता से जोड़ा जाता है।

87. रजस गुण किससे संबंधित है?
A. सक्रियता, इच्छा और ऊर्जा से
B. केवल निष्क्रियता से
C. केवल अज्ञान से
D. केवल नींद से
उत्तर: A. सक्रियता, इच्छा और ऊर्जा से
व्याख्या: रजस गुण गतिविधि, महत्वाकांक्षा और इच्छा से जुड़ा माना जाता है।

88. तमस गुण किससे संबंधित है?
A. आलस्य, अज्ञान और जड़ता से
B. ज्ञान और शांति से
C. संतुलन से
D. सक्रियता से
उत्तर: A. आलस्य, अज्ञान और जड़ता से
व्याख्या: तमस गुण को निष्क्रियता और भ्रम से जोड़ा जाता है।

89. व्यक्तित्व सिद्धांतों में कोई एक सिद्धांत पूर्ण क्यों नहीं माना जाता?
A. क्योंकि व्यक्तित्व जटिल और बहुआयामी है
B. क्योंकि व्यक्तित्व का अध्ययन असंभव है
C. क्योंकि सभी व्यक्ति समान हैं
D. क्योंकि व्यवहार का कोई कारण नहीं होता
उत्तर: A. क्योंकि व्यक्तित्व जटिल और बहुआयामी है
व्याख्या: अलग-अलग सिद्धांत व्यक्तित्व के अलग पक्षों को समझाते हैं।

90. मनोविश्लेषणात्मक सिद्धांत की प्रमुख आलोचना क्या है?
A. वैज्ञानिक परीक्षण में कठिनाई
B. बहुत अधिक गणितीय होना
C. केवल शारीरिक होना
D. वातावरण को ही सब कुछ मानना
उत्तर: A. वैज्ञानिक परीक्षण में कठिनाई
व्याख्या: अचेतन मन और कई अवधारणाओं को प्रत्यक्ष रूप से मापना कठिन है।

91. व्यवहारवादी सिद्धांत की प्रमुख सीमा क्या है?
A. आंतरिक विचारों और भावनाओं को कम महत्व देना
B. वातावरण को महत्व देना
C. सीखने पर ध्यान देना
D. व्यवहार का अध्ययन करना
उत्तर: A. आंतरिक विचारों और भावनाओं को कम महत्व देना
व्याख्या: व्यवहारवाद मुख्यतः बाहरी व्यवहार और वातावरण पर केंद्रित रहता है।

92. मानवतावादी सिद्धांत की प्रमुख विशेषता क्या है?
A. व्यक्ति की स्वतंत्रता और सकारात्मक क्षमता पर बल
B. केवल अचेतन संघर्ष
C. केवल दंड
D. केवल शरीर रचना
उत्तर: A. व्यक्ति की स्वतंत्रता और सकारात्मक क्षमता पर बल
व्याख्या: मानवतावादी दृष्टिकोण व्यक्ति को विकासशील और सक्षम मानता है।

93. गुण सिद्धांत की उपयोगिता क्या है?
A. व्यक्तित्व को मापने और तुलना करने में सहायता
B. अचेतन सपनों की व्याख्या
C. केवल दंड देना
D. केवल शरीर मापना
उत्तर: A. व्यक्तित्व को मापने और तुलना करने में सहायता
व्याख्या: गुण सिद्धांत व्यक्तित्व परीक्षणों और मूल्यांकन में

उपयोगी है।

94. सामाजिक अधिगम सिद्धांत की विशेषता क्या है?
A. व्यक्ति, व्यवहार और वातावरण की परस्पर क्रिया पर बल
B. केवल अचेतन इच्छाओं पर बल
C. केवल शरीर पर बल
D. केवल जन्मजात गुणों पर बल
उत्तर: A. व्यक्ति, व्यवहार और वातावरण की परस्पर क्रिया पर बल
व्याख्या: यह सिद्धांत बताता है कि व्यक्ति वातावरण से सीखता है और उसे प्रभावित भी करता है।

95. संज्ञानात्मक दृष्टिकोण की उपयोगिता क्या है?
A. व्यक्ति की सोच और विश्वासों के प्रभाव को समझना
B. केवल शरीर की लंबाई मापना
C. केवल रक्तचाप बताना
D. केवल भोजन की पसंद बताना
उत्तर: A. व्यक्ति की सोच और विश्वासों के प्रभाव को समझना
व्याख्या: संज्ञानात्मक दृष्टिकोण व्यवहार में मानसिक प्रक्रियाओं की भूमिका समझाता है।

96. जैविक दृष्टिकोण की उपयोगिता क्या है?
A. व्यक्तित्व में आनुवंशिक और तंत्रिका संबंधी आधार समझना
B. केवल सामाजिक नियम समझना
C. केवल भाषा सीखना
D. केवल कपड़ों की पसंद बताना
उत्तर: A. व्यक्तित्व में आनुवंशिक और तंत्रिका संबंधी आधार समझना
व्याख्या: जैविक दृष्टिकोण बताता है कि शरीर और मस्तिष्क व्यक्तित्व को प्रभावित कर सकते हैं।

97. व्यक्तित्व सिद्धांतों का शिक्षा में महत्व क्या है?
A. विद्यार्थियों की भिन्नताओं को समझकर शिक्षण में सहायता
B. केवल भवन बनाने में
C. केवल भोजन देने में
D. कोई महत्व नहीं
उत्तर: A. विद्यार्थियों की भिन्नताओं को समझकर शिक्षण में सहायता
व्याख्या: व्यक्तित्व सिद्धांत शिक्षक को विद्यार्थियों की जरूरतों और व्यवहार को समझने में मदद करते हैं।

98. व्यक्तित्व सिद्धांतों का परामर्श में उपयोग क्या है?
A. व्यक्ति की समस्याओं, गुणों और समायोजन को समझना
B. केवल दवा देना
C. केवल परीक्षा लेना
D. केवल ऊँचाई मापना
उत्तर: A. व्यक्ति की समस्याओं, गुणों और समायोजन को समझना
व्याख्या: परामर्श में व्यक्तित्व सिद्धांत व्यक्ति की भावनाओं और व्यवहार को समझने में सहायक होते हैं।

99. व्यक्तित्व सिद्धांतों का सबसे उचित निष्कर्ष क्या है?
A. ये व्यक्तित्व को अलग-अलग दृष्टिकोणों से समझाते हैं
B. ये केवल शरीर की बनावट बताते हैं
C. ये केवल भोजन की आदत बताते हैं
D. ये व्यवहार से असंबंधित हैं
उत्तर: A. ये व्यक्तित्व को अलग-अलग दृष्टिकोणों से समझाते हैं
व्याख्या: हर सिद्धांत व्यक्तित्व के किसी विशेष पक्ष पर प्रकाश डालता है।

100. व्यक्तित्व के सिद्धांतों का समग्र महत्व क्या है?
A. व्यक्ति के व्यवहार, विकास, भिन्नताओं और समायोजन को समझने में सहायता
B. केवल नाम याद करने में सहायता
C. केवल रंग पहचानने में सहायता
D. केवल नींद मापने में सहायता
उत्तर: A. व्यक्ति के व्यवहार, विकास, भिन्नताओं और समायोजन को समझने में सहायता
व्याख्या: व्यक्तित्व सिद्धांत मनोविज्ञान में व्यक्ति को वैज्ञानिक और व्यवस्थित रूप से समझने का आधार प्रदान करते हैं।

अध्याय 18: विकासात्मक मनोविज्ञान

100 वस्तुनिष्ठ प्रश्न

1. विकासात्मक मनोविज्ञान का अर्थ क्या है?
A. जीवनभर होने वाले शारीरिक, मानसिक, सामाजिक और भावात्मक परिवर्तनों का अध्ययन
B. केवल शरीर की लंबाई का अध्ययन
C. केवल भोजन की आदतों का अध्ययन
D. केवल भाषा के नियमों का अध्ययन
उत्तर: A. जीवनभर होने वाले शारीरिक, मानसिक, सामाजिक और भावात्मक परिवर्तनों का अध्ययन
व्याख्या: विकासात्मक मनोविज्ञान जन्म से वृद्धावस्था तक व्यक्ति में होने वाले परिवर्तनों को समझता है।

2. विकासात्मक मनोविज्ञान किस विषय की शाखा है?
A. मनोविज्ञान
B. रसायन विज्ञान
C. भूगोल
D. गणित
उत्तर: A. मनोविज्ञान
व्याख्या: यह मनोविज्ञान की वह शाखा है जो मानव विकास का वैज्ञानिक अध्ययन करती है।

3. विकास का अर्थ क्या है?
A. गुणात्मक और मात्रात्मक परिवर्तन की क्रमिक प्रक्रिया
B. केवल वजन बढ़ना
C. केवल रंग बदलना
D. केवल नींद आना
उत्तर: A. गुणात्मक और मात्रात्मक परिवर्तन की क्रमिक प्रक्रिया
व्याख्या: विकास में शरीर, सोच, भाषा, भावना और सामाजिक व्यवहार में परिवर्तन शामिल हैं।

4. वृद्धि का अर्थ क्या है?
A. आकार, वजन और ऊँचाई में मात्रात्मक बढ़ोतरी
B. केवल विचारों में बदलाव
C. केवल सामाजिक व्यवहार
D. केवल भाषा ज्ञान
उत्तर: A. आकार, वजन और ऊँचाई में मात्रात्मक बढ़ोतरी
व्याख्या: वृद्धि मुख्यतः शारीरिक आकार और मात्रा में वृद्धि से

संबंधित है।

5. विकास और वृद्धि में मुख्य अंतर क्या है?

A. वृद्धि मात्रात्मक है, विकास गुणात्मक और मात्रात्मक दोनों है
B. दोनों बिल्कुल समान हैं
C. विकास केवल वजन है
D. वृद्धि केवल भाषा है
उत्तर: A. वृद्धि मात्रात्मक है, विकास गुणात्मक और मात्रात्मक दोनों है
व्याख्या: विकास व्यापक प्रक्रिया है, जबकि वृद्धि उसका शारीरिक और मात्रात्मक पक्ष है।

6. विकास की प्रमुख विशेषता क्या है?

A. यह निरंतर और क्रमबद्ध प्रक्रिया है
B. यह हमेशा अचानक रुक जाता है
C. यह केवल एक दिन में होता है
D. इसका कोई क्रम नहीं होता
उत्तर: A. यह निरंतर और क्रमबद्ध प्रक्रिया है
व्याख्या: विकास जीवनभर चलता है और सामान्यतः एक निश्चित क्रम का पालन करता है।

7. विकास किससे प्रभावित होता है?

A. वंशानुक्रम और वातावरण दोनों से
B. केवल कपड़ों से
C. केवल मौसम से
D. केवल नाम से
उत्तर: A. वंशानुक्रम और वातावरण दोनों से
व्याख्या: जैविक गुण और सामाजिक अनुभव दोनों विकास में महत्वपूर्ण भूमिका निभाते हैं।

8. वंशानुक्रम का अर्थ क्या है?

A. माता-पिता से प्राप्त जैविक गुण
B. विद्यालय की इमारत
C. मित्रों की संख्या
D. भोजन का स्वाद
उत्तर: A. माता-पिता से प्राप्त जैविक गुण
व्याख्या: वंशानुक्रम व्यक्ति की शारीरिक और कुछ मानसिक क्षमताओं का आधार बन सकता है।

9. वातावरण का अर्थ क्या है?

A. व्यक्ति के आसपास की भौतिक, सामाजिक और सांस्कृतिक परिस्थितियाँ
B. केवल शरीर का रंग
C. केवल रक्त समूह
D. केवल जन्मतिथि
उत्तर: A. व्यक्ति के आसपास की भौतिक, सामाजिक और सांस्कृतिक परिस्थितियाँ
व्याख्या: परिवार, विद्यालय, समाज और संस्कृति व्यक्ति के विकास को प्रभावित करते हैं।

10. परिपक्वता का अर्थ क्या है?

A. जैविक रूप से तैयार होने की प्राकृतिक प्रक्रिया
B. केवल पढ़ाई करना
C. केवल खेलना
D. केवल भोजन करना
उत्तर: A. जैविक रूप से तैयार होने की प्राकृतिक प्रक्रिया
व्याख्या: परिपक्वता शरीर और तंत्रिका तंत्र के प्राकृतिक विकास से जुड़ी होती है।

11. अधिगम विकास को कैसे प्रभावित करता है?

A. अनुभव और अभ्यास से व्यवहार में परिवर्तन लाकर
B. कोई प्रभाव नहीं डालता
C. केवल शरीर की लंबाई बढ़ाकर
D. केवल रंग बदलकर
उत्तर: A. अनुभव और अभ्यास से व्यवहार में परिवर्तन लाकर
व्याख्या: सीखने से व्यक्ति नई क्षमताएँ, आदतें और कौशल विकसित करता है।

12. विकास का सिर से पैर की ओर सिद्धांत क्या कहलाता है?

A. शीर्ष-पाद सिद्धांत
B. निकट-दूर सिद्धांत
C. प्रतिवर्त सिद्धांत
D. भाषा सिद्धांत
उत्तर: A. शीर्ष-पाद सिद्धांत
व्याख्या: इस सिद्धांत के अनुसार विकास सिर से शुरू होकर पैरों की ओर बढ़ता है।

13. विकास का केंद्र से बाहरी भागों की ओर सिद्धांत क्या कहलाता है?

A. निकट-दूर सिद्धांत
B. शीर्ष-पाद सिद्धांत
C. संवेग सिद्धांत
D. स्मृति सिद्धांत
उत्तर: A. निकट-दूर सिद्धांत
व्याख्या: इसमें शरीर के केंद्र से हाथ-पैर जैसे बाहरी भागों की ओर विकास होता है।

14. विकास की गति कैसी होती है?

A. सभी व्यक्तियों में समान नहीं होती
B. सभी में बिल्कुल समान होती है
C. हमेशा एक जैसी रहती है
D. केवल जन्म के दिन होती है
उत्तर: A. सभी व्यक्तियों में समान नहीं होती
व्याख्या: विकास का क्रम समान हो सकता है, पर गति व्यक्ति-व्यक्ति में भिन्न होती है।

15. विकास के किस पक्ष में सोच और समस्या-समाधान शामिल हैं?

A. संज्ञानात्मक विकास
B. केवल शारीरिक विकास
C. केवल भावात्मक विकास
D. केवल नैतिक विकास
उत्तर: A. संज्ञानात्मक विकास
व्याख्या: संज्ञानात्मक विकास में सोच, स्मृति, भाषा और तर्क क्षमता शामिल हैं।

16. शारीरिक विकास में क्या शामिल है?

A. ऊँचाई, वजन, मांसपेशियाँ और अंगों का विकास
B. केवल कल्पना
C. केवल भाषा

D. केवल सामाजिक नियम
उत्तर: A. ऊँचाई, वजन, मांसपेशियाँ और अंगों का विकास
व्याख्या: शारीरिक विकास शरीर की संरचना और कार्यक्षमता से जुड़ा है।

17. भावात्मक विकास किससे संबंधित है?
A. भावनाओं की पहचान, अभिव्यक्ति और नियंत्रण से
B. केवल ऊँचाई से
C. केवल भोजन से
D. केवल रंग से
उत्तर: A. भावनाओं की पहचान, अभिव्यक्ति और नियंत्रण से
व्याख्या: भावात्मक विकास व्यक्ति को अपनी और दूसरों की भावनाएँ समझने में मदद करता है।

18. सामाजिक विकास का अर्थ क्या है?
A. दूसरों के साथ संबंध और सामाजिक व्यवहार सीखना
B. केवल वजन बढ़ना
C. केवल भाषा के अक्षर सीखना
D. केवल नींद लेना
उत्तर: A. दूसरों के साथ संबंध और सामाजिक व्यवहार सीखना
व्याख्या: सामाजिक विकास में सहयोग, साझा करना और सामाजिक नियमों को सीखना शामिल है।

19. नैतिक विकास किससे संबंधित है?
A. सही-गलत की समझ और नैतिक निर्णय से
B. केवल भोजन की पसंद से
C. केवल शरीर की शक्ति से
D. केवल नींद से
उत्तर: A. सही-गलत की समझ और नैतिक निर्णय से
व्याख्या: नैतिक विकास व्यक्ति को सामाजिक और नैतिक मूल्यों के अनुसार व्यवहार करना सिखाता है।

20. भाषा विकास का अर्थ क्या है?
A. भाषा को समझने और बोलने की क्षमता का विकास
B. केवल चित्र बनाना
C. केवल चलना
D. केवल खाना
उत्तर: A. भाषा को समझने और बोलने की क्षमता का विकास
व्याख्या: भाषा विकास संचार और विचारों की अभिव्यक्ति में सहायता करता है।

21. गर्भावस्था काल किस विकास अवस्था से संबंधित है?
A. जन्मपूर्व अवस्था
B. किशोरावस्था
C. वृद्धावस्था
D. प्रौढ़ावस्था
उत्तर: A. जन्मपूर्व अवस्था
व्याख्या: जन्मपूर्व अवस्था गर्भाधान से जन्म तक की अवधि है।

22. जन्मपूर्व विकास में कौन-सा कारक महत्वपूर्ण है?
A. माता का स्वास्थ्य और पोषण
B. केवल बच्चे का नाम
C. केवल कपड़े
D. केवल विद्यालय
उत्तर: A. माता का स्वास्थ्य और पोषण
व्याख्या: गर्भकाल में माता का स्वास्थ्य भ्रूण के विकास को प्रभावित करता है।

23. शैशवावस्था किस अवधि को कहा जाता है?
A. जन्म से लगभग दो वर्ष तक
B. 12 से 18 वर्ष तक
C. 40 से 60 वर्ष तक
D. 60 वर्ष के बाद
उत्तर: A. जन्म से लगभग दो वर्ष तक
व्याख्या: शैशवावस्था में शारीरिक वृद्धि और प्रारंभिक सीखना तेजी से होता है।

24. शैशवावस्था की प्रमुख विशेषता क्या है?
A. तीव्र शारीरिक विकास और इंद्रिय अनुभव
B. पूर्ण स्वतंत्रता
C. स्थिर व्यक्तित्व
D. वृद्धावस्था के लक्षण
उत्तर: A. तीव्र शारीरिक विकास और इंद्रिय अनुभव
व्याख्या: शिशु अपने वातावरण को इंद्रियों और गतिविधियों से समझना शुरू करता है।

25. प्रतिवर्त क्रियाएँ किस अवस्था में प्रमुख होती हैं?
A. शैशवावस्था
B. वृद्धावस्था
C. प्रौढ़ावस्था
D. किशोरावस्था
उत्तर: A. शैशवावस्था
व्याख्या: नवजात शिशु में चूसना, पकड़ना जैसी प्रतिवर्त क्रियाएँ पाई जाती हैं।

26. बाल्यावस्था किससे संबंधित है?
A. शारीरिक, भाषा, सामाजिक और संज्ञानात्मक विकास की निरंतर वृद्धि से
B. केवल वृद्धावस्था से
C. केवल नौकरी से
D. केवल विवाह से
उत्तर: A. शारीरिक, भाषा, सामाजिक और संज्ञानात्मक विकास की निरंतर वृद्धि से
व्याख्या: बाल्यावस्था में बच्चा भाषा, खेल, सामाजिक व्यवहार और सोच विकसित करता है।

27. प्रारंभिक बाल्यावस्था में खेल का महत्व क्या है?
A. सीखने, सामाजिकता और कल्पना के विकास में सहायता
B. कोई महत्व नहीं
C. केवल समय खराब करना
D. केवल थकान बढ़ाना
उत्तर: A. सीखने, सामाजिकता और कल्पना के विकास में सहायता
व्याख्या: खेल बच्चे के शारीरिक, मानसिक और सामाजिक विकास का महत्वपूर्ण माध्यम है।

28. मध्य बाल्यावस्था में विद्यालय का महत्व क्या है?
A. ज्ञान, अनुशासन और सामाजिक कौशल का विकास
B. केवल भोजन देना
C. केवल नींद बढ़ाना
D. कोई महत्व नहीं

उत्तर: A. ज्ञान, अनुशासन और सामाजिक कौशल का विकास
व्याख्या: विद्यालय बच्चे को सीखने, सहयोग और जिम्मेदारी का अनुभव देता है।

29. किशोरावस्था किसे कहा जाता है?
A. बाल्यावस्था से प्रौढ़ावस्था की ओर संक्रमण काल
B. जन्म से दो वर्ष तक
C. केवल वृद्धावस्था
D. केवल गर्भकाल
उत्तर: A. बाल्यावस्था से प्रौढ़ावस्था की ओर संक्रमण काल
व्याख्या: किशोरावस्था में शारीरिक, भावात्मक और सामाजिक परिवर्तन तेजी से होते हैं।

30. किशोरावस्था की प्रमुख विशेषता क्या है?
A. पहचान की खोज और तीव्र परिवर्तन
B. कोई परिवर्तन नहीं
C. केवल नींद
D. पूर्ण निर्भरता हमेशा
उत्तर: A. पहचान की खोज और तीव्र परिवर्तन
व्याख्या: किशोर अपनी पहचान, भूमिका और भविष्य को समझने का प्रयास करता है।

31. यौवनारंभ किससे संबंधित है?
A. लैंगिक परिपक्वता और शारीरिक परिवर्तनों से
B. केवल भाषा सीखने से
C. केवल स्मृति से
D. केवल वृद्धावस्था से
उत्तर: A. लैंगिक परिपक्वता और शारीरिक परिवर्तनों से
व्याख्या: यौवनारंभ में शरीर प्रजनन क्षमता की ओर विकसित होता है।

32. किशोरावस्था में भावनाएँ कैसी हो सकती हैं?
A. अधिक तीव्र और परिवर्तनशील
B. हमेशा बिल्कुल स्थिर
C. बिल्कुल समाप्त
D. केवल खुशी
उत्तर: A. अधिक तीव्र और परिवर्तनशील
व्याख्या: जैविक और सामाजिक बदलावों के कारण किशोरों में भावनात्मक उतार-चढ़ाव हो सकते हैं।

33. प्रौढ़ावस्था किससे संबंधित है?
A. जिम्मेदारी, कार्य, परिवार और सामाजिक भूमिकाओं से
B. केवल शैशव से
C. केवल खेल से
D. केवल प्रतिवर्त से
उत्तर: A. जिम्मेदारी, कार्य, परिवार और सामाजिक भूमिकाओं से
व्याख्या: प्रौढ़ावस्था में व्यक्ति व्यावसायिक और पारिवारिक जिम्मेदारियाँ निभाता है।

34. वृद्धावस्था की प्रमुख विशेषता क्या हो सकती है?
A. शारीरिक क्षमता में कमी और अनुभव की वृद्धि
B. जन्मपूर्व विकास
C. शैशव प्रतिवर्त
D. यौवनारंभ
उत्तर: A. शारीरिक क्षमता में कमी और अनुभव की वृद्धि
व्याख्या: वृद्धावस्था में शरीर की गति धीमी हो सकती है, पर अनुभव और जीवन-ज्ञान बढ़ सकता है।

35. पियाजे किस विकास से संबंधित हैं?
A. संज्ञानात्मक विकास
B. केवल शारीरिक विकास
C. केवल भावात्मक विकास
D. केवल जैविक वृद्धि
उत्तर: A. संज्ञानात्मक विकास
व्याख्या: पियाजे ने बच्चों की सोच के विकास की अवस्थाएँ बताईं।

36. पियाजे के अनुसार संज्ञानात्मक विकास की पहली अवस्था कौन-सी है?
A. संवेदी-गत्यात्मक अवस्था
B. औपचारिक संक्रियात्मक अवस्था
C. ठोस संक्रियात्मक अवस्था
D. पूर्व-संक्रियात्मक अवस्था
उत्तर: A. संवेदी-गत्यात्मक अवस्था
व्याख्या: यह जन्म से लगभग दो वर्ष तक की अवस्था है, जिसमें बच्चा इंद्रियों और गतिविधियों से सीखता है।

37. वस्तु स्थायित्व किस अवस्था में विकसित होता है?
A. संवेदी-गत्यात्मक अवस्था
B. वृद्धावस्था
C. औपचारिक संक्रियात्मक अवस्था
D. प्रौढ़ावस्था
उत्तर: A. संवेदी-गत्यात्मक अवस्था
व्याख्या: वस्तु स्थायित्व का अर्थ है कि वस्तु दिखाई न देने पर भी मौजूद रहती है।

38. पूर्व-संक्रियात्मक अवस्था की आयु सामान्यतः क्या मानी जाती है?
A. लगभग 2 से 7 वर्ष
B. जन्म से 1 माह
C. 12 से 18 वर्ष
D. 60 वर्ष के बाद
उत्तर: A. लगभग 2 से 7 वर्ष
व्याख्या: इस अवस्था में भाषा और प्रतीकात्मक सोच विकसित होती है।

39. पूर्व-संक्रियात्मक अवस्था की प्रमुख विशेषता क्या है?
A. प्रतीकात्मक सोच और आत्मकेन्द्रितता
B. पूर्ण तार्किक सोच
C. अमूर्त तर्क
D. वृद्धावस्था अनुभव
उत्तर: A. प्रतीकात्मक सोच और आत्मकेन्द्रितता
व्याख्या: बच्चा प्रतीकों का उपयोग करता है, पर दूसरों के दृष्टिकोण को समझने में कठिनाई हो सकती है।

40. ठोस संक्रियात्मक अवस्था किस आयु से संबंधित है?
A. लगभग 7 से 11 वर्ष
B. जन्म से 2 वर्ष
C. 2 से 7 वर्ष

D. 60 वर्ष के बाद
उत्तर: A. लगभग 7 से 11 वर्ष
व्याख्या: इस अवस्था में बच्चा ठोस वस्तुओं और घटनाओं पर तार्किक सोच विकसित करता है।

41. संरक्षण की अवधारणा किस अवस्था में विकसित होती है?
A. ठोस संक्रियात्मक अवस्था
B. संवेदी-गत्यात्मक अवस्था
C. जन्मपूर्व अवस्था
D. वृद्धावस्था
उत्तर: A. ठोस संक्रियात्मक अवस्था
व्याख्या: संरक्षण का अर्थ है रूप बदलने पर भी मात्रा समान रह सकती है।

42. औपचारिक संक्रियात्मक अवस्था किससे संबंधित है?
A. अमूर्त और काल्पनिक तर्क से
B. केवल प्रतिवर्त से
C. केवल चूसने से
D. केवल चलने से
उत्तर: A. अमूर्त और काल्पनिक तर्क से
व्याख्या: किशोर इस अवस्था में अमूर्त विचार और वैज्ञानिक तर्क कर सकते हैं।

43. पियाजे के अनुसार आत्मसातीकरण का अर्थ क्या है?
A. नई जानकारी को पुराने मानसिक ढाँचे में शामिल करना
B. पुरानी जानकारी मिटाना
C. केवल भूलना
D. केवल सोना
उत्तर: A. नई जानकारी को पुराने मानसिक ढाँचे में शामिल करना
व्याख्या: आत्मसातीकरण में बच्चा नई चीजों को पहले से मौजूद समझ के अनुसार समझता है।

44. समायोजन का अर्थ क्या है?
A. नई जानकारी के अनुसार मानसिक ढाँचे में परिवर्तन करना
B. केवल याद करना
C. केवल खेलना
D. केवल भोजन करना
उत्तर: A. नई जानकारी के अनुसार मानसिक ढाँचे में परिवर्तन करना
व्याख्या: समायोजन में व्यक्ति अपनी सोच को नए अनुभवों के अनुसार बदलता है।

45. संतुलन का अर्थ क्या है?
A. आत्मसातीकरण और समायोजन के बीच मानसिक संतुलन
B. केवल शरीर का संतुलन
C. केवल नींद
D. केवल भोजन
उत्तर: A. आत्मसातीकरण और समायोजन के बीच मानसिक संतुलन
व्याख्या: पियाजे के अनुसार बच्चा संतुलन की खोज में अपनी सोच विकसित करता है।

46. वाइगोत्स्की किस विकास से संबंधित हैं?
A. सामाजिक-सांस्कृतिक संज्ञानात्मक विकास
B. केवल शारीरिक वृद्धि
C. केवल जैविक परिपक्वता
D. केवल प्रतिवर्त
उत्तर: A. सामाजिक-सांस्कृतिक संज्ञानात्मक विकास
व्याख्या: वाइगोत्स्की ने सीखने में समाज, भाषा और संस्कृति की भूमिका पर बल दिया।

47. निकटस्थ विकास क्षेत्र का अर्थ क्या है?
A. बच्चा सहायता से जो कर सकता है और अकेले जो कर सकता है, उनके बीच का क्षेत्र
B. केवल खेल का मैदान
C. केवल शरीर का क्षेत्र
D. केवल विद्यालय भवन
उत्तर: A. बच्चा सहायता से जो कर सकता है और अकेले जो कर सकता है, उनके बीच का क्षेत्र
व्याख्या: इस क्षेत्र में सही सहायता देकर बच्चे का सीखना बेहतर बनाया जा सकता है।

48. स्कैफोल्डिंग का अर्थ क्या है?
A. सीखने में अस्थायी सहायता देना
B. बच्चे को अकेला छोड़ना
C. केवल दंड देना
D. सीखना रोकना
उत्तर: A. सीखने में अस्थायी सहायता देना
व्याख्या: शिक्षक या अभिभावक धीरे-धीरे सहायता देकर बच्चे को स्वतंत्र बनाते हैं।

49. वाइगोत्स्की के अनुसार भाषा की भूमिका क्या है?
A. सोच और सीखने के विकास में महत्वपूर्ण
B. कोई भूमिका नहीं
C. केवल आवाज
D. केवल मनोरंजन
उत्तर: A. सोच और सीखने के विकास में महत्वपूर्ण
व्याख्या: भाषा सामाजिक संवाद और मानसिक विकास का प्रमुख साधन है।

50. एरिक्सन किस विकास सिद्धांत से संबंधित हैं?
A. मनोसामाजिक विकास
B. केवल मनोलैंगिक विकास
C. केवल शारीरिक विकास
D. केवल भाषा विकास
उत्तर: A. मनोसामाजिक विकास
व्याख्या: एरिक्सन ने जीवनभर चलने वाली मनोसामाजिक अवस्थाओं का वर्णन किया।

51. एरिक्सन के अनुसार पहली अवस्था कौन-सी है?
A. विश्वास बनाम अविश्वास
B. पहचान बनाम भूमिका भ्रम
C. उद्योग बनाम हीनता
D. अखंडता बनाम निराशा
उत्तर: A. विश्वास बनाम अविश्वास
व्याख्या: शैशव में उचित देखभाल से बच्चे में विश्वास विकसित होता है।

52. स्वायत्तता बनाम लज्जा और संदेह किस अवस्था से

संबंधित है?
A. प्रारंभिक बाल्यावस्था
B. वृद्धावस्था
C. किशोरावस्था
D. जन्मपूर्व अवस्था
उत्तर: A. प्रारंभिक बाल्यावस्था
व्याख्या: बच्चा स्वतंत्र कार्य करना सीखता है; अत्यधिक नियंत्रण से संदेह उत्पन्न हो सकता है।

53. पहल बनाम अपराधबोध किससे संबंधित है?
A. बच्चे की नई गतिविधियाँ शुरू करने की इच्छा से
B. केवल वृद्धावस्था से
C. केवल नींद से
D. केवल शारीरिक वजन से
उत्तर: A. बच्चे की नई गतिविधियाँ शुरू करने की इच्छा से
व्याख्या: इस अवस्था में बच्चा पहल करता है और कल्पनाशील गतिविधियों में भाग लेता है।

54. उद्योग बनाम हीनता किस अवस्था से संबंधित है?
A. विद्यालयी आयु
B. शैशव
C. वृद्धावस्था
D. जन्मपूर्व अवस्था
उत्तर: A. विद्यालयी आयु
व्याख्या: बच्चा कार्य करना, सीखना और उपलब्धि प्राप्त करना सीखता है।

55. पहचान बनाम भूमिका भ्रम किस अवस्था की प्रमुख समस्या है?
A. किशोरावस्था
B. शैशवावस्था
C. वृद्धावस्था
D. प्रारंभिक बाल्यावस्था
उत्तर: A. किशोरावस्था
व्याख्या: किशोर अपने व्यक्तित्व, मूल्य और भविष्य की भूमिका को समझने का प्रयास करता है।

56. अंतरंगता बनाम अलगाव किस अवस्था से संबंधित है?
A. युवा प्रौढ़ावस्था
B. शैशवावस्था
C. जन्मपूर्व अवस्था
D. वृद्धावस्था
उत्तर: A. युवा प्रौढ़ावस्था
व्याख्या: इस अवस्था में व्यक्ति निकट संबंध और साझेदारी विकसित करता है।

57. सृजनशीलता बनाम ठहराव किस अवस्था से संबंधित है?
A. मध्य प्रौढ़ावस्था
B. शैशव
C. बाल्यावस्था
D. जन्मपूर्व अवस्था
उत्तर: A. मध्य प्रौढ़ावस्था
व्याख्या: व्यक्ति अगली पीढ़ी, कार्य और समाज में योगदान देने की इच्छा रखता है।

58. अखंडता बनाम निराशा किस अवस्था से संबंधित है?
A. वृद्धावस्था
B. किशोरावस्था
C. शैशव
D. प्रारंभिक बाल्यावस्था
उत्तर: A. वृद्धावस्था
व्याख्या: व्यक्ति अपने जीवन को देखकर संतोष या निराशा अनुभव कर सकता है।

59. कोहलबर्ग किस विकास से संबंधित हैं?
A. नैतिक विकास
B. केवल शारीरिक विकास
C. केवल भाषा विकास
D. केवल प्रत्यक्षीकरण
उत्तर: A. नैतिक विकास
व्याख्या: कोहलबर्ग ने नैतिक निर्णय के स्तरों और अवस्थाओं का वर्णन किया।

60. कोहलबर्ग के नैतिक विकास में कितने प्रमुख स्तर हैं?
A. तीन
B. पाँच
C. सात
D. दस
उत्तर: A. तीन
व्याख्या: कोहलबर्ग ने पूर्व-पारंपरिक, पारंपरिक और उत्तर-पारंपरिक स्तर बताए।

61. पूर्व-पारंपरिक स्तर में नैतिकता किस पर आधारित होती है?
A. दंड और पुरस्कार पर
B. सार्वभौमिक सिद्धांतों पर
C. सामाजिक अनुबंध पर
D. आत्म-साक्षात्कार पर
उत्तर: A. दंड और पुरस्कार पर
व्याख्या: इस स्तर पर बच्चा परिणामों के आधार पर सही-गलत समझता है।

62. पारंपरिक स्तर में नैतिकता किससे प्रभावित होती है?
A. सामाजिक नियमों और स्वीकृति से
B. केवल व्यक्तिगत लाभ से
C. केवल भूख से
D. केवल प्रतिवर्त से
उत्तर: A. सामाजिक नियमों और स्वीकृति से
व्याख्या: व्यक्ति समाज के नियमों और दूसरों की अपेक्षाओं को महत्व देता है।

63. उत्तर-पारंपरिक स्तर में नैतिकता किस पर आधारित होती है?
A. सिद्धांतों, अधिकारों और न्याय पर
B. केवल दंड से बचने पर
C. केवल पुरस्कार पाने पर
D. केवल डर पर
उत्तर: A. सिद्धांतों, अधिकारों और न्याय पर

व्याख्या: व्यक्ति सार्वभौमिक नैतिक सिद्धांतों के आधार पर निर्णय लेता है।

64. बाउल्बी किस अवधारणा से संबंधित हैं?
A. लगाव सिद्धांत
B. बुद्धि परीक्षण
C. स्मृति सिद्धांत
D. प्रत्यक्षीकरण नियम
उत्तर: A. लगाव सिद्धांत
व्याख्या: बाउल्बी ने बच्चे और देखभालकर्ता के भावनात्मक संबंध का अध्ययन किया।

65. लगाव का अर्थ क्या है?
A. बच्चे और देखभालकर्ता के बीच भावनात्मक बंधन
B. केवल भोजन की इच्छा
C. केवल खेल
D. केवल भाषा
उत्तर: A. बच्चे और देखभालकर्ता के बीच भावनात्मक बंधन
व्याख्या: सुरक्षित लगाव बच्चे के भावात्मक और सामाजिक विकास में सहायक होता है।

66. सुरक्षित लगाव का प्रभाव क्या हो सकता है?
A. आत्मविश्वास और स्वस्थ सामाजिक संबंध
B. हमेशा डर
C. पूर्ण अलगाव
D. सीखना रुकना
उत्तर: A. आत्मविश्वास और स्वस्थ सामाजिक संबंध
व्याख्या: सुरक्षित लगाव बच्चे को भरोसा और सुरक्षा की भावना देता है।

67. असुरक्षित लगाव का प्रभाव क्या हो सकता है?
A. चिंता और संबंधों में कठिनाई
B. हमेशा पूर्ण आत्मविश्वास
C. कोई प्रभाव नहीं
D. केवल शारीरिक वृद्धि
उत्तर: A. चिंता और संबंधों में कठिनाई
व्याख्या: असुरक्षित लगाव बच्चे के भावात्मक और सामाजिक विकास को प्रभावित कर सकता है।

68. ब्रॉनफेनब्रेनर किस सिद्धांत से संबंधित हैं?
A. पारिस्थितिक तंत्र सिद्धांत
B. मनोलैंगिक सिद्धांत
C. केवल प्रतिवर्त सिद्धांत
D. स्मृति सिद्धांत
उत्तर: A. पारिस्थितिक तंत्र सिद्धांत
व्याख्या: उन्होंने विकास को परिवार, विद्यालय, समाज और संस्कृति जैसे तंत्रों से जोड़ा।

69. माइक्रोसिस्टम में क्या शामिल होता है?
A. परिवार, विद्यालय और मित्र जैसे प्रत्यक्ष वातावरण
B. केवल राष्ट्रीय नीति
C. केवल दूर की संस्कृति
D. केवल मौसम
उत्तर: A. परिवार, विद्यालय और मित्र जैसे प्रत्यक्ष वातावरण
व्याख्या: माइक्रोसिस्टम वे वातावरण हैं जिनसे बच्चा सीधे संपर्क करता है।

70. मेसोसिस्टम का अर्थ क्या है?
A. विभिन्न माइक्रोसिस्टमों के बीच संबंध
B. केवल शरीर का तंत्र
C. केवल एक व्यक्ति
D. केवल भाषा
उत्तर: A. विभिन्न माइक्रोसिस्टमों के बीच संबंध
व्याख्या: जैसे परिवार और विद्यालय के बीच संबंध बच्चे के विकास को प्रभावित कर सकता है।

71. एक्सोसिस्टम में क्या शामिल हो सकता है?
A. माता-पिता का कार्यस्थल जैसे अप्रत्यक्ष प्रभाव वाले वातावरण
B. बच्चे का अपना खेल
C. बच्चे का भोजन ही
D. केवल बच्चे की नींद
उत्तर: A. माता-पिता का कार्यस्थल जैसे अप्रत्यक्ष प्रभाव वाले वातावरण
व्याख्या: बच्चा सीधे शामिल न हो, फिर भी ऐसे वातावरण उसके जीवन को प्रभावित कर सकते हैं।

72. मैक्रोसिस्टम किससे संबंधित है?
A. संस्कृति, मूल्य और सामाजिक व्यवस्था से
B. केवल खिलौनों से
C. केवल कक्षा से
D. केवल परिवार से
उत्तर: A. संस्कृति, मूल्य और सामाजिक व्यवस्था से
व्याख्या: व्यापक सांस्कृतिक और सामाजिक मान्यताएँ विकास को प्रभावित करती हैं।

73. विकासात्मक अध्ययन में अनुदैर्ध्य विधि क्या है?
A. एक ही व्यक्तियों का लंबे समय तक अध्ययन
B. एक समय में अलग-अलग आयु समूहों का अध्ययन
C. केवल प्रयोगशाला परीक्षण
D. केवल साक्षात्कार
उत्तर: A. एक ही व्यक्तियों का लंबे समय तक अध्ययन
व्याख्या: अनुदैर्ध्य अध्ययन विकास में समय के साथ बदलाव समझने में मदद करता है।

74. अनुप्रस्थ विधि क्या है?
A. एक ही समय में अलग-अलग आयु समूहों का अध्ययन
B. एक ही व्यक्ति का जीवनभर अध्ययन
C. केवल रक्त परीक्षण
D. केवल स्वप्न विश्लेषण
उत्तर: A. एक ही समय में अलग-अलग आयु समूहों का अध्ययन
व्याख्या: अनुप्रस्थ अध्ययन कम समय में विभिन्न आयु समूहों की तुलना करता है।

75. केस अध्ययन विधि में क्या किया जाता है?
A. किसी व्यक्ति या छोटे समूह का गहन अध्ययन
B. केवल संख्या गिनना
C. केवल रंग देखना
D. केवल भोजन देना
उत्तर: A. किसी व्यक्ति या छोटे समूह का गहन अध्ययन
व्याख्या: केस अध्ययन से व्यक्ति के विकास और अनुभवों की

विस्तृत जानकारी मिलती है।

76. अवलोकन विधि विकासात्मक मनोविज्ञान में क्यों उपयोगी है?

A. बच्चे के वास्तविक व्यवहार को देखने के लिए
B. केवल दवा देने के लिए
C. केवल वजन घटाने के लिए
D. केवल नाम लिखने के लिए
उत्तर: A. बच्चे के वास्तविक व्यवहार को देखने के लिए
व्याख्या: अवलोकन से प्राकृतिक परिस्थिति में व्यवहार समझा जा सकता है।

77. विकास में व्यक्तिगत भिन्नता का अर्थ क्या है?

A. हर व्यक्ति की विकास गति और शैली अलग हो सकती है
B. सभी व्यक्ति बिल्कुल समान होते हैं
C. कोई अंतर नहीं होता
D. केवल नाम अलग होता है
उत्तर: A. हर व्यक्ति की विकास गति और शैली अलग हो सकती है
व्याख्या: बच्चे समान क्रम से विकसित हो सकते हैं, पर उनकी गति और क्षमता अलग होती है।

78. विकास में संवेदनशील अवधि का अर्थ क्या है?

A. ऐसा समय जब कुछ सीखना या विकास विशेष रूप से आसान होता है
B. ऐसा समय जब विकास असंभव होता है
C. केवल सोने का समय
D. केवल भोजन का समय
उत्तर: A. ऐसा समय जब कुछ सीखना या विकास विशेष रूप से आसान होता है
व्याख्या: कुछ क्षमताएँ विशेष आयु में अधिक तेजी से विकसित हो सकती हैं।

79. प्रारंभिक अनुभवों का विकास पर क्या प्रभाव होता है?

A. व्यक्तित्व, लगाव और सीखने पर दीर्घकालिक प्रभाव पड़ सकता है
B. कोई प्रभाव नहीं
C. केवल रंग बदलते हैं
D. केवल ऊँचाई तय करते हैं
उत्तर: A. व्यक्तित्व, लगाव और सीखने पर दीर्घकालिक प्रभाव पड़ सकता है
व्याख्या: बचपन के अनुभव आगे के सामाजिक और भावात्मक विकास को प्रभावित कर सकते हैं।

80. पोषण का विकास में महत्व क्या है?

A. शारीरिक और मानसिक विकास के लिए आवश्यक
B. कोई महत्व नहीं
C. केवल स्वाद के लिए
D. केवल कपड़ों के लिए
उत्तर: A. शारीरिक और मानसिक विकास के लिए आवश्यक
व्याख्या: संतुलित पोषण शरीर और मस्तिष्क के स्वस्थ विकास में मदद करता है।

81. खेल का विकास में क्या महत्व है?

A. शारीरिक, सामाजिक, भावात्मक और संज्ञानात्मक विकास में सहायता
B. केवल समय नष्ट करना
C. कोई लाभ नहीं
D. केवल थकान
उत्तर: A. शारीरिक, सामाजिक, भावात्मक और संज्ञानात्मक विकास में सहायता
व्याख्या: खेल बच्चों को सीखने, सहयोग और समस्या-समाधान का अवसर देता है।

82. अनुकरण विकास में कैसे सहायक है?

A. बच्चा दूसरों को देखकर व्यवहार सीखता है
B. बच्चा कुछ नहीं सीखता
C. केवल नींद बढ़ती है
D. केवल भोजन बदलता है
उत्तर: A. बच्चा दूसरों को देखकर व्यवहार सीखता है
व्याख्या: बच्चे माता-पिता, शिक्षक और साथियों के व्यवहार का अनुकरण करते हैं।

83. माता-पिता की भूमिका विकास में कैसी होती है?

A. सुरक्षा, प्रेम, अनुशासन और मार्गदर्शन देना
B. कोई भूमिका नहीं
C. केवल नाम रखना
D. केवल कपड़े देना
उत्तर: A. सुरक्षा, प्रेम, अनुशासन और मार्गदर्शन देना
व्याख्या: माता-पिता बच्चे के भावात्मक, सामाजिक और नैतिक विकास में महत्वपूर्ण हैं।

84. शिक्षक की भूमिका विकास में क्या है?

A. सीखने, अनुशासन और आत्मविश्वास को बढ़ाना
B. केवल दंड देना
C. केवल उपस्थिति लेना
D. कोई भूमिका नहीं
उत्तर: A. सीखने, अनुशासन और आत्मविश्वास को बढ़ाना
व्याख्या: शिक्षक बच्चों की क्षमताओं को पहचानकर उन्हें उचित दिशा दे सकता है।

85. साथियों का प्रभाव किस विकास में महत्वपूर्ण है?

A. सामाजिक विकास
B. केवल शारीरिक विकास
C. केवल नींद
D. केवल भोजन
उत्तर: A. सामाजिक विकास
व्याख्या: साथियों के साथ बच्चा सहयोग, प्रतिस्पर्धा और सामाजिक नियम सीखता है।

86. मीडिया का विकास पर क्या प्रभाव हो सकता है?

A. ज्ञान, व्यवहार और दृष्टिकोण को प्रभावित कर सकता है
B. कोई प्रभाव नहीं
C. केवल शरीर की ऊँचाई बढ़ाता है
D. केवल रक्त बदलता है
उत्तर: A. ज्ञान, व्यवहार और दृष्टिकोण को प्रभावित कर सकता है
व्याख्या: मीडिया सकारात्मक या नकारात्मक दोनों प्रकार से बच्चे के विकास को प्रभावित कर सकता है।

87. विकासात्मक विलंब का अर्थ क्या है?

A. अपेक्षित आयु की तुलना में विकास का धीमा होना
B. बहुत तेज विकास
C. सामान्य विकास
D. केवल नींद
उत्तर: A. अपेक्षित आयु की तुलना में विकास का धीमा होना
व्याख्या: यदि बच्चा सामान्य समय पर कौशल विकसित नहीं करता, तो विकासात्मक विलंब हो सकता है।

88. विकासात्मक विलंब में क्या करना चाहिए?
A. समय पर पहचान और विशेषज्ञ सहायता लेना
B. हमेशा अनदेखा करना
C. बच्चे को दोष देना
D. पढ़ाई रोक देना
उत्तर: A. समय पर पहचान और विशेषज्ञ सहायता लेना
व्याख्या: प्रारंभिक पहचान और हस्तक्षेप बच्चे के विकास में मदद कर सकते हैं।

89. समावेशी शिक्षा का विकास में महत्व क्या है?
A. सभी बच्चों को सीखने और भागीदारी का अवसर देना
B. कुछ बच्चों को अलग करना
C. केवल तेज बच्चों को पढ़ाना
D. कोई महत्व नहीं
उत्तर: A. सभी बच्चों को सीखने और भागीदारी का अवसर देना
व्याख्या: समावेशी शिक्षा विविध क्षमताओं वाले बच्चों को समान अवसर देती है।

90. विशेष आवश्यकता वाले बच्चों के लिए क्या आवश्यक है?
A. व्यक्तिगत सहायता और अनुकूल शिक्षण
B. केवल दंड
C. शिक्षा से दूर रखना
D. कोई सहायता नहीं
उत्तर: A. व्यक्तिगत सहायता और अनुकूल शिक्षण
व्याख्या: विशेष जरूरतों के अनुसार सहायता देने से बच्चे की क्षमता विकसित होती है।

91. विकासात्मक मनोविज्ञान का शिक्षा में उपयोग क्या है?
A. आयु और क्षमता के अनुसार शिक्षण योजना बनाना
B. केवल भवन सजाना
C. केवल परीक्षा लेना
D. कोई उपयोग नहीं
उत्तर: A. आयु और क्षमता के अनुसार शिक्षण योजना बनाना
व्याख्या: विकास की समझ शिक्षक को बच्चों के स्तर के अनुसार पढ़ाने में मदद करती है।

92. विकासात्मक मनोविज्ञान का परामर्श में महत्व क्या है?
A. व्यक्ति की आयु, समस्या और विकास अवस्था को समझना
B. केवल दवा देना
C. केवल अंक बताना
D. कोई महत्व नहीं
उत्तर: A. व्यक्ति की आयु, समस्या और विकास अवस्था को समझना
व्याख्या: परामर्श में विकास अवस्था के अनुसार सहायता दी जाती है।

93. विकासात्मक मनोविज्ञान में जीवन-काल दृष्टिकोण क्या कहता है?
A. विकास जन्म से मृत्यु तक चलता है
B. विकास केवल बचपन में होता है
C. विकास केवल किशोरावस्था में होता है
D. विकास कभी नहीं होता
उत्तर: A. विकास जन्म से मृत्यु तक चलता है
व्याख्या: जीवन-काल दृष्टिकोण विकास को पूरे जीवन की प्रक्रिया मानता है।

94. विकास में निरंतरता का अर्थ क्या है?
A. परिवर्तन धीरे-धीरे और क्रमिक रूप से होना
B. अचानक बिना क्रम के होना
C. कभी परिवर्तन न होना
D. केवल एक दिन में विकास
उत्तर: A. परिवर्तन धीरे-धीरे और क्रमिक रूप से होना
व्याख्या: कई विकासात्मक परिवर्तन धीरे-धीरे अनुभव और परिपक्वता से होते हैं।

95. विकास में असततता का अर्थ क्या है?
A. विकास अलग-अलग अवस्थाओं में होना
B. विकास का न होना
C. हमेशा समान रहना
D. केवल वजन बढ़ना
उत्तर: A. विकास अलग-अलग अवस्थाओं में होना
व्याख्या: कुछ सिद्धांत विकास को चरणों या अवस्थाओं में समझाते हैं।

96. प्रकृति बनाम पोषण विवाद किससे संबंधित है?
A. वंशानुक्रम और वातावरण की भूमिका से
B. केवल भोजन के स्वाद से
C. केवल खेल से
D. केवल भाषा से
उत्तर: A. वंशानुक्रम और वातावरण की भूमिका से
व्याख्या: यह प्रश्न विकास में जैविक गुणों और अनुभवों के योगदान को समझता है।

97. विकास में संस्कृति की भूमिका क्या है?
A. मूल्यों, भाषा और सामाजिक व्यवहार को प्रभावित करना
B. कोई भूमिका नहीं
C. केवल कपड़ों का रंग बदलना
D. केवल नींद बढ़ाना
उत्तर: A. मूल्यों, भाषा और सामाजिक व्यवहार को प्रभावित करना
व्याख्या: संस्कृति बच्चे को समाज के अनुसार सोचने और व्यवहार करने के तरीके सिखाती है।

98. विकासात्मक मनोविज्ञान का दैनिक जीवन में महत्व क्या है?
A. बच्चों, किशोरों, वयस्कों और वृद्धों को बेहतर समझने में
B. कोई महत्व नहीं
C. केवल गणित में
D. केवल भोजन बनाने में
उत्तर: A. बच्चों, किशोरों, वयस्कों और वृद्धों को बेहतर समझने

में
व्याख्या: यह जीवन की अलग-अलग अवस्थाओं की जरूरतों और व्यवहार को समझने में सहायता करता है।

99. विकासात्मक मनोविज्ञान की सबसे उपयुक्त विशेषता कौन-सी है?
A. यह मानव विकास को वैज्ञानिक और जीवन-काल दृष्टि से समझता है
B. यह केवल शरीर का वजन मापता है
C. यह केवल रंगों का अध्ययन करता है
D. यह केवल भाषा की वर्तनी देखता है
उत्तर: A. यह मानव विकास को वैज्ञानिक और जीवन-काल दृष्टि से समझता है
व्याख्या: विकासात्मक मनोविज्ञान व्यक्ति के संपूर्ण जीवन में होने वाले परिवर्तनों का अध्ययन करता है।

100. विकासात्मक मनोविज्ञान का सबसे उपयुक्त निष्कर्ष क्या है?
A. यह जन्म से वृद्धावस्था तक मानव विकास के शारीरिक, मानसिक, सामाजिक और भावात्मक पक्षों का अध्ययन करता है
B. यह केवल बालों की वृद्धि का अध्ययन करता है
C. यह केवल भोजन की मात्रा बताता है
D. यह व्यवहार से असंबंधित विषय है
उत्तर: A. यह जन्म से वृद्धावस्था तक मानव विकास के शारीरिक, मानसिक, सामाजिक और भावात्मक पक्षों का अध्ययन करता है
व्याख्या: विकासात्मक मनोविज्ञान मानव जीवन की सभी अवस्थाओं को समझने का वैज्ञानिक आधार प्रदान करता है।

अध्याय 19: बाल विकास

100 वस्तुनिष्ठ प्रश्न

1. बाल विकास का अर्थ क्या है?
A. बच्चे में शारीरिक, मानसिक, सामाजिक और भावात्मक परिवर्तनों का अध्ययन
B. केवल बच्चे की ऊँचाई मापना
C. केवल बच्चे का नाम रखना
D. केवल बच्चे के कपड़े बदलना
उत्तर: A. बच्चे में शारीरिक, मानसिक, सामाजिक और भावात्मक परिवर्तनों का अध्ययन
व्याख्या: बाल विकास बच्चे के संपूर्ण विकास को समझने की प्रक्रिया है।

2. बाल विकास किस विषय से संबंधित है?
A. विकासात्मक मनोविज्ञान
B. खगोल विज्ञान
C. रसायन विज्ञान
D. भूगोल
उत्तर: A. विकासात्मक मनोविज्ञान
व्याख्या: विकासात्मक मनोविज्ञान में बाल्यावस्था के विकास का विशेष अध्ययन किया जाता है।

3. बाल विकास में कौन-सा पक्ष शामिल है?
A. शारीरिक, संज्ञानात्मक, सामाजिक और भावात्मक विकास
B. केवल भोजन
C. केवल रंग पहचानना
D. केवल कपड़ों की पसंद
उत्तर: A. शारीरिक, संज्ञानात्मक, सामाजिक और भावात्मक विकास
व्याख्या: बच्चे का विकास कई पक्षों में एक साथ होता है।

4. बाल विकास की प्रमुख विशेषता क्या है?
A. यह क्रमबद्ध और निरंतर प्रक्रिया है
B. यह बिना किसी क्रम के होता है
C. यह केवल एक दिन में पूरा हो जाता है
D. यह केवल स्कूल में होता है
उत्तर: A. यह क्रमबद्ध और निरंतर प्रक्रिया है
व्याख्या: बाल विकास सामान्यतः निश्चित क्रम में और धीरे-धीरे आगे बढ़ता है।

5. बाल विकास को प्रभावित करने वाले प्रमुख कारक कौन-से हैं?
A. वंशानुक्रम और वातावरण
B. केवल खिलौने
C. केवल मौसम
D. केवल बच्चे का नाम
उत्तर: A. वंशानुक्रम और वातावरण
व्याख्या: जन्मजात गुण और वातावरण दोनों बच्चे के विकास को प्रभावित करते हैं।

6. वंशानुक्रम का बाल विकास में क्या अर्थ है?
A. माता-पिता से प्राप्त जैविक गुण
B. विद्यालय की इमारत
C. मित्रों की संख्या
D. किताबों का रंग
उत्तर: A. माता-पिता से प्राप्त जैविक गुण
व्याख्या: वंशानुक्रम बच्चे की शारीरिक बनावट और कुछ क्षमताओं का आधार बनता है।

7. वातावरण बाल विकास को कैसे प्रभावित करता है?
A. परिवार, विद्यालय, समाज और संस्कृति के माध्यम से
B. केवल रक्त समूह से
C. केवल आँखों के रंग से
D. केवल जन्मतिथि से
उत्तर: A. परिवार, विद्यालय, समाज और संस्कृति के माध्यम से
व्याख्या: बच्चे के आसपास की परिस्थितियाँ उसके व्यवहार और सीखने को प्रभावित करती हैं।

8. बाल विकास में परिवार की भूमिका क्या है?
A. सुरक्षा, प्रेम, अनुशासन और प्रारंभिक सीख देना
B. कोई भूमिका नहीं
C. केवल खिलौने देना
D. केवल कपड़े देना
उत्तर: A. सुरक्षा, प्रेम, अनुशासन और प्रारंभिक सीख देना
व्याख्या: परिवार बच्चे का पहला सामाजिक और भावात्मक वातावरण होता है।

9. बाल विकास में माता-पिता का व्यवहार क्यों महत्वपूर्ण है?

A. यह बच्चे के आत्मविश्वास और भावात्मक सुरक्षा को प्रभावित करता है
B. इसका कोई प्रभाव नहीं होता
C. यह केवल वजन बढ़ाता है
D. यह केवल बालों का रंग बदलता है
उत्तर: A. यह बच्चे के आत्मविश्वास और भावात्मक सुरक्षा को प्रभावित करता है
व्याख्या: माता-पिता का प्रेमपूर्ण और संतुलित व्यवहार बच्चे के स्वस्थ विकास में सहायक होता है।

10. बाल विकास में पोषण का महत्व क्या है?
A. शारीरिक और मानसिक विकास के लिए आवश्यक
B. केवल स्वाद के लिए
C. कोई महत्व नहीं
D. केवल खेल के लिए
उत्तर: A. शारीरिक और मानसिक विकास के लिए आवश्यक
व्याख्या: संतुलित पोषण शरीर और मस्तिष्क के विकास में मदद करता है।

11. बाल विकास में खेल का महत्व क्या है?
A. सीखने, सामाजिकता और शारीरिक विकास में सहायता
B. केवल समय नष्ट करना
C. कोई लाभ नहीं
D. केवल थकान बढ़ाना
उत्तर: A. सीखने, सामाजिकता और शारीरिक विकास में सहायता
व्याख्या: खेल बच्चे को अनुभव, सहयोग और समस्या समाधान सीखने का अवसर देता है।

12. शारीरिक विकास का अर्थ क्या है?
A. शरीर की ऊँचाई, वजन, मांसपेशियों और अंगों का विकास
B. केवल भाषा सीखना
C. केवल कल्पना करना
D. केवल भावनाएँ महसूस करना
उत्तर: A. शरीर की ऊँचाई, वजन, मांसपेशियों और अंगों का विकास
व्याख्या: शारीरिक विकास शरीर की वृद्धि और कार्यक्षमता से जुड़ा है।

13. संज्ञानात्मक विकास का अर्थ क्या है?
A. सोच, स्मृति, तर्क और समस्या समाधान का विकास
B. केवल शरीर का वजन
C. केवल कपड़ों की पसंद
D. केवल नींद
उत्तर: A. सोच, स्मृति, तर्क और समस्या समाधान का विकास
व्याख्या: संज्ञानात्मक विकास बच्चे की मानसिक क्षमताओं के विकास से संबंधित है।

14. सामाजिक विकास का अर्थ क्या है?
A. दूसरों के साथ संबंध और सामाजिक व्यवहार सीखना
B. केवल खाना खाना
C. केवल सोना
D. केवल चलना
उत्तर: A. दूसरों के साथ संबंध और सामाजिक व्यवहार सीखना
व्याख्या: सामाजिक विकास में सहयोग, साझा करना और नियमों को समझना शामिल है।

15. भावात्मक विकास किससे संबंधित है?
A. भावनाओं की पहचान, अभिव्यक्ति और नियंत्रण से
B. केवल शरीर की लंबाई से
C. केवल भोजन से
D. केवल गणित से
उत्तर: A. भावनाओं की पहचान, अभिव्यक्ति और नियंत्रण से
व्याख्या: भावात्मक विकास बच्चे को अपनी और दूसरों की भावनाएँ समझने में मदद करता है।

16. भाषा विकास का अर्थ क्या है?
A. भाषा समझने और बोलने की क्षमता का विकास
B. केवल दौड़ना
C. केवल चित्र बनाना
D. केवल सोना
उत्तर: A. भाषा समझने और बोलने की क्षमता का विकास
व्याख्या: भाषा विकास संचार और विचारों की अभिव्यक्ति के लिए आवश्यक है।

17. नैतिक विकास का अर्थ क्या है?
A. सही-गलत की समझ और नैतिक व्यवहार का विकास
B. केवल वजन बढ़ना
C. केवल खेलना
D. केवल रंग पहचानना
उत्तर: A. सही-गलत की समझ और नैतिक व्यवहार का विकास
व्याख्या: नैतिक विकास बच्चे को सामाजिक नियमों और मूल्यों के अनुसार व्यवहार करना सिखाता है।

18. बाल विकास में परिपक्वता का अर्थ क्या है?
A. जैविक रूप से तैयार होने की प्राकृतिक प्रक्रिया
B. केवल पढ़ाई करना
C. केवल दंड मिलना
D. केवल खेलना
उत्तर: A. जैविक रूप से तैयार होने की प्राकृतिक प्रक्रिया
व्याख्या: परिपक्वता शरीर और तंत्रिका तंत्र के प्राकृतिक विकास से जुड़ी होती है।

19. बाल विकास में अधिगम का अर्थ क्या है?
A. अनुभव और अभ्यास से व्यवहार में परिवर्तन
B. केवल जन्मजात प्रतिक्रिया
C. केवल नींद
D. केवल भूख
उत्तर: A. अनुभव और अभ्यास से व्यवहार में परिवर्तन
व्याख्या: बच्चा अनुभव, अभ्यास और अनुकरण से नए व्यवहार सीखता है।

20. बाल विकास में व्यक्तिगत भिन्नता का अर्थ क्या है?
A. बच्चों की विकास गति और शैली अलग-अलग हो सकती है
B. सभी बच्चे बिल्कुल समान होते हैं
C. कोई अंतर नहीं होता
D. केवल नाम अलग होता है
उत्तर: A. बच्चों की विकास गति और शैली अलग-अलग हो सकती है
व्याख्या: हर बच्चे की क्षमता, रुचि और विकास की गति अलग

हो सकती है।

21. बाल विकास का शीर्ष-पाद सिद्धांत क्या बताता है?

A. विकास सिर से पैर की ओर होता है
B. विकास पैर से सिर की ओर होता है
C. विकास केवल हाथों में होता है
D. विकास बिना क्रम के होता है
उत्तर: A. विकास सिर से पैर की ओर होता है
व्याख्या: बच्चा पहले सिर और गर्दन पर नियंत्रण सीखता है, फिर शरीर के निचले भागों पर।

22. बाल विकास का निकट-दूर सिद्धांत क्या बताता है?

A. विकास शरीर के केंद्र से बाहरी भागों की ओर होता है
B. विकास केवल उंगलियों से शुरू होता है
C. विकास केवल पैरों में होता है
D. विकास का कोई क्रम नहीं होता
उत्तर: A. विकास शरीर के केंद्र से बाहरी भागों की ओर होता है
व्याख्या: बच्चा पहले धड़ और कंधों पर नियंत्रण पाता है, फिर हाथों और उंगलियों पर।

23. बाल विकास में सामान्य से विशिष्ट की ओर सिद्धांत क्या है?

A. बच्चा पहले सामान्य क्रियाएँ करता है, फिर विशिष्ट कौशल सीखता है
B. बच्चा पहले कठिन गणित सीखता है
C. बच्चा पहले लिखना और बाद में देखना सीखता है
D. विकास उल्टा होता है
उत्तर: A. बच्चा पहले सामान्य क्रियाएँ करता है, फिर विशिष्ट कौशल सीखता है
व्याख्या: जैसे बच्चा पहले पूरे हाथ से पकड़ता है, बाद में उंगलियों से सूक्ष्म पकड़ विकसित करता है।

24. बाल विकास में निरंतरता का अर्थ क्या है?

A. विकास धीरे-धीरे और क्रमिक रूप से चलता है
B. विकास अचानक समाप्त हो जाता है
C. विकास कभी नहीं होता
D. विकास केवल जन्म के दिन होता है
उत्तर: A. विकास धीरे-धीरे और क्रमिक रूप से चलता है
व्याख्या: बच्चे में बदलाव समय के साथ लगातार होते रहते हैं।

25. बाल विकास में संवेदनशील अवधि का अर्थ क्या है?

A. ऐसा समय जब कुछ कौशल आसानी से विकसित होते हैं
B. ऐसा समय जब बच्चा कुछ नहीं सीखता
C. केवल सोने का समय
D. केवल भोजन का समय
उत्तर: A. ऐसा समय जब कुछ कौशल आसानी से विकसित होते हैं
व्याख्या: कुछ क्षमताएँ विशेष आयु में अधिक तेजी से विकसित होती हैं।

26. जन्मपूर्व विकास किस अवधि को कहते हैं?

A. गर्भाधान से जन्म तक
B. जन्म से दो वर्ष तक
C. 6 से 12 वर्ष तक
D. 12 से 18 वर्ष तक
उत्तर: A. गर्भाधान से जन्म तक
व्याख्या: जन्मपूर्व अवस्था में भ्रूण का विकास गर्भ में होता है।

27. जन्मपूर्व विकास में माता का स्वास्थ्य क्यों महत्वपूर्ण है?

A. भ्रूण के शारीरिक और मानसिक विकास को प्रभावित करता है
B. इसका कोई प्रभाव नहीं
C. केवल बच्चे का नाम तय करता है
D. केवल कपड़े तय करता है
उत्तर: A. भ्रूण के शारीरिक और मानसिक विकास को प्रभावित करता है
व्याख्या: माता का पोषण, स्वास्थ्य और जीवनशैली भ्रूण के विकास को प्रभावित कर सकते हैं।

28. शैशवावस्था किस अवधि को कहा जाता है?

A. जन्म से लगभग दो वर्ष तक
B. 7 से 11 वर्ष तक
C. 12 से 18 वर्ष तक
D. 60 वर्ष के बाद
उत्तर: A. जन्म से लगभग दो वर्ष तक
व्याख्या: शैशवावस्था में शरीर, इंद्रियों और प्रारंभिक सीखने का तेज विकास होता है।

29. नवजात शिशु में कौन-सी क्रियाएँ प्रमुख होती हैं?

A. प्रतिवर्त क्रियाएँ
B. अमूर्त तर्क
C. नैतिक निर्णय
D. वैज्ञानिक सोच
उत्तर: A. प्रतिवर्त क्रियाएँ
व्याख्या: चूसना, पकड़ना और पलक झपकाना जैसी क्रियाएँ जन्मजात होती हैं।

30. शिशु में लगाव किससे संबंधित है?

A. देखभालकर्ता के साथ भावनात्मक बंधन से
B. केवल खिलौने से
C. केवल भाषा परीक्षा से
D. केवल भोजन के स्वाद से
उत्तर: A. देखभालकर्ता के साथ भावनात्मक बंधन से
व्याख्या: सुरक्षित लगाव बच्चे में भरोसा और भावात्मक सुरक्षा विकसित करता है।

31. सुरक्षित लगाव का प्रभाव क्या होता है?

A. आत्मविश्वास और सामाजिक सुरक्षा की भावना
B. हमेशा भय
C. कोई संबंध न बनना
D. सीखना बंद हो जाना
उत्तर: A. आत्मविश्वास और सामाजिक सुरक्षा की भावना
व्याख्या: सुरक्षित लगाव बच्चे के स्वस्थ भावात्मक और सामाजिक विकास में सहायक होता है।

32. प्रारंभिक बाल्यावस्था किससे संबंधित है?

A. भाषा, खेल, कल्पना और सामाजिक कौशल के विकास से
B. केवल वृद्धावस्था से
C. केवल नौकरी से
D. केवल गर्भावस्था से

उत्तर: A. भाषा, खेल, कल्पना और सामाजिक कौशल के विकास से
व्याख्या: इस अवस्था में बच्चा बोलना, खेलना और दूसरों से जुड़ना सीखता है।

33. प्रारंभिक बाल्यावस्था में कल्पनाशील खेल का महत्व क्या है?
A. रचनात्मकता और सामाजिक भूमिकाओं की समझ बढ़ाना
B. कोई महत्व नहीं
C. केवल समय खराब करना
D. केवल थकान बढ़ाना
उत्तर: A. रचनात्मकता और सामाजिक भूमिकाओं की समझ बढ़ाना
व्याख्या: कल्पनाशील खेल बच्चे को सोचने और सामाजिक भूमिकाएँ समझने में मदद करता है।

34. मध्य बाल्यावस्था में कौन-सा विकास अधिक स्पष्ट होता है?
A. विद्यालयी कौशल और तार्किक सोच
B. केवल प्रतिवर्त
C. केवल गर्भ विकास
D. केवल वृद्धावस्था अनुभव
उत्तर: A. विद्यालयी कौशल और तार्किक सोच
व्याख्या: मध्य बाल्यावस्था में बच्चा पढ़ना, लिखना, गणना और नियम समझना सीखता है।

35. बाल्यावस्था में साथियों का महत्व क्या है?
A. सहयोग, प्रतिस्पर्धा और सामाजिक नियम सीखना
B. कोई महत्व नहीं
C. केवल भोजन देना
D. केवल नींद बढ़ाना
उत्तर: A. सहयोग, प्रतिस्पर्धा और सामाजिक नियम सीखना
व्याख्या: साथियों के साथ बच्चा सामाजिक व्यवहार और संबंध बनाना सीखता है।

36. पियाजे का सिद्धांत किससे संबंधित है?
A. संज्ञानात्मक विकास
B. केवल शारीरिक वृद्धि
C. केवल भोजन
D. केवल नींद
उत्तर: A. संज्ञानात्मक विकास
व्याख्या: पियाजे ने बच्चों की सोच के विकास की अवस्थाएँ बताईं।

37. पियाजे की संवेदी-गत्यात्मक अवस्था किस आयु से संबंधित है?
A. जन्म से लगभग 2 वर्ष तक
B. 2 से 7 वर्ष
C. 7 से 11 वर्ष
D. 12 वर्ष के बाद
उत्तर: A. जन्म से लगभग 2 वर्ष तक
व्याख्या: बच्चा इंद्रियों और क्रियाओं के माध्यम से दुनिया को समझता है।

38. वस्तु स्थायित्व का अर्थ क्या है?
A. वस्तु दिखाई न देने पर भी मौजूद रहती है
B. वस्तु हमेशा गायब हो जाती है
C. वस्तु का रंग बदल जाता है
D. वस्तु का कोई अस्तित्व नहीं होता
उत्तर: A. वस्तु दिखाई न देने पर भी मौजूद रहती है
व्याख्या: यह संवेदी-गत्यात्मक अवस्था में विकसित होने वाली महत्वपूर्ण समझ है।

39. पियाजे की पूर्व-संक्रियात्मक अवस्था किस आयु से संबंधित है?
A. लगभग 2 से 7 वर्ष
B. जन्म से 1 वर्ष
C. 7 से 11 वर्ष
D. 60 वर्ष के बाद
उत्तर: A. लगभग 2 से 7 वर्ष
व्याख्या: इस अवस्था में भाषा और प्रतीकात्मक सोच विकसित होती है।

40. पूर्व-संक्रियात्मक अवस्था की विशेषता क्या है?
A. प्रतीकात्मक सोच और आत्मकेन्द्रितता
B. पूर्ण अमूर्त तर्क
C. वैज्ञानिक परिकल्पना
D. वृद्धावस्था चिंतन
उत्तर: A. प्रतीकात्मक सोच और आत्मकेन्द्रितता
व्याख्या: बच्चा प्रतीकों का उपयोग करता है, पर दूसरों के दृष्टिकोण को समझने में कठिनाई हो सकती है।

41. पियाजे की ठोस संक्रियात्मक अवस्था किस आयु से संबंधित है?
A. लगभग 7 से 11 वर्ष
B. जन्म से 2 वर्ष
C. 2 से 7 वर्ष
D. 18 वर्ष के बाद
उत्तर: A. लगभग 7 से 11 वर्ष
व्याख्या: बच्चा ठोस वस्तुओं और घटनाओं पर तार्किक सोच विकसित करता है।

42. संरक्षण की अवधारणा का अर्थ क्या है?
A. रूप बदलने पर भी मात्रा समान रह सकती है
B. मात्रा हमेशा बदल जाती है
C. वस्तु गायब हो जाती है
D. केवल रंग बदलता है
उत्तर: A. रूप बदलने पर भी मात्रा समान रह सकती है
व्याख्या: यह ठोस संक्रियात्मक अवस्था में विकसित होने वाली महत्वपूर्ण क्षमता है।

43. पियाजे की औपचारिक संक्रियात्मक अवस्था किससे संबंधित है?
A. अमूर्त और काल्पनिक तर्क से
B. केवल प्रतिवर्त से
C. केवल चूसने से
D. केवल चलने से
उत्तर: A. अमूर्त और काल्पनिक तर्क से
व्याख्या: किशोरावस्था में बच्चा अमूर्त विचार और वैज्ञानिक तर्क

कर सकता है।

44. आत्मसातीकरण का अर्थ क्या है?

A. नई जानकारी को पुराने मानसिक ढाँचे में शामिल करना
B. हर जानकारी को भूल जाना
C. केवल सोना
D. केवल खेलना
उत्तर: A. नई जानकारी को पुराने मानसिक ढाँचे में शामिल करना
व्याख्या: बच्चा नई चीजों को पहले से मौजूद समझ के अनुसार समझता है।

45. समायोजन का अर्थ क्या है?

A. नई जानकारी के अनुसार मानसिक ढाँचे में परिवर्तन करना
B. केवल याद करना
C. केवल दंड देना
D. केवल खाना
उत्तर: A. नई जानकारी के अनुसार मानसिक ढाँचे में परिवर्तन करना
व्याख्या: बच्चा नए अनुभवों के अनुसार अपनी सोच को बदलता है।

46. वाइगोत्स्की का सिद्धांत किस पर बल देता है?

A. सामाजिक संपर्क, भाषा और संस्कृति पर
B. केवल जैविक वृद्धि पर
C. केवल भोजन पर
D. केवल प्रतिवर्त पर
उत्तर: A. सामाजिक संपर्क, भाषा और संस्कृति पर
व्याख्या: वाइगोत्स्की ने सीखने में सामाजिक वातावरण की भूमिका को महत्वपूर्ण माना।

47. निकटस्थ विकास क्षेत्र का अर्थ क्या है?

A. बच्चा सहायता से जो कर सकता है और अकेले जो कर सकता है, उनके बीच का अंतर
B. केवल खेल का मैदान
C. केवल शरीर का भाग
D. केवल विद्यालय भवन
उत्तर: A. बच्चा सहायता से जो कर सकता है और अकेले जो कर सकता है, उनके बीच का अंतर
व्याख्या: उचित सहायता से बच्चा अपनी वर्तमान क्षमता से आगे सीख सकता है।

48. स्कैफोल्डिंग का अर्थ क्या है?

A. सीखने में अस्थायी सहायता देना
B. बच्चे को अकेला छोड़ना
C. केवल दंड देना
D. सीखना रोकना
उत्तर: A. सीखने में अस्थायी सहायता देना
व्याख्या: शिक्षक या अभिभावक धीरे-धीरे सहायता देकर बच्चे को स्वतंत्र बनाते हैं।

49. भाषा बाल विकास में क्यों महत्वपूर्ण है?

A. संचार, सोच और सीखने में सहायता करती है
B. कोई महत्व नहीं
C. केवल आवाज है
D. केवल मनोरंजन है
उत्तर: A. संचार, सोच और सीखने में सहायता करती है
व्याख्या: भाषा बच्चे के सामाजिक और संज्ञानात्मक विकास का महत्वपूर्ण साधन है।

50. भाषा विकास में अनुकरण की भूमिका क्या है?

A. बच्चा दूसरों को सुनकर और देखकर भाषा सीखता है
B. बच्चा भाषा नहीं सीखता
C. केवल दंड से भाषा आती है
D. केवल नींद से भाषा आती है
उत्तर: A. बच्चा दूसरों को सुनकर और देखकर भाषा सीखता है
व्याख्या: बच्चे माता-पिता और आसपास के लोगों की भाषा का अनुकरण करते हैं।

51. बाल विकास में अनुकरण का अर्थ क्या है?

A. दूसरों के व्यवहार को देखकर वैसा व्यवहार सीखना
B. केवल भूलना
C. केवल रोना
D. केवल सोना
उत्तर: A. दूसरों के व्यवहार को देखकर वैसा व्यवहार सीखना
व्याख्या: बच्चे माता-पिता, शिक्षक और साथियों के व्यवहार से सीखते हैं।

52. बंडूरा का सामाजिक अधिगम सिद्धांत किससे संबंधित है?

A. अवलोकन और अनुकरण से सीखना
B. केवल अचेतन इच्छाओं से
C. केवल शरीर की वृद्धि से
D. केवल नींद से
उत्तर: A. अवलोकन और अनुकरण से सीखना
व्याख्या: बंडूरा ने बताया कि बच्चे दूसरों को देखकर व्यवहार सीखते हैं।

53. बाल विकास में प्रबलन का अर्थ क्या है?

A. ऐसा परिणाम जो व्यवहार को मजबूत करे
B. हर व्यवहार को रोकना
C. केवल दंड देना
D. केवल भूलना
उत्तर: A. ऐसा परिणाम जो व्यवहार को मजबूत करे
व्याख्या: प्रशंसा या पुरस्कार बच्चे के अच्छे व्यवहार को बढ़ा सकते हैं।

54. दंड का सावधानीपूर्वक उपयोग क्यों आवश्यक है?

A. अत्यधिक दंड बच्चे में भय और असुरक्षा बढ़ा सकता है
B. दंड हमेशा विकास बढ़ाता है
C. दंड का कोई प्रभाव नहीं
D. दंड से बच्चा हमेशा खुश रहता है
उत्तर: A. अत्यधिक दंड बच्चे में भय और असुरक्षा बढ़ा सकता है
व्याख्या: सकारात्मक अनुशासन बच्चे के विकास के लिए अधिक उपयोगी माना जाता है।

55. सकारात्मक अनुशासन का अर्थ क्या है?

A. प्रेम, नियम और समझाइश के साथ व्यवहार सुधारना
B. केवल कठोर दंड देना
C. बच्चे को डराना

D. बच्चे की बात कभी न सुनना
उत्तर: A. प्रेम, नियम और समझाइश के साथ व्यवहार सुधारना
व्याख्या: सकारात्मक अनुशासन बच्चे में जिम्मेदारी और आत्म-नियंत्रण विकसित करता है।

56. बाल विकास में आत्मविश्वास कैसे बढ़ता है?
A. प्रोत्साहन, सफलता के अनुभव और समर्थन से
B. लगातार अपमान से
C. अत्यधिक डर से
D. अवसर न देने से
उत्तर: A. प्रोत्साहन, सफलता के अनुभव और समर्थन से
व्याख्या: बच्चे को प्रयास और उपलब्धि का अवसर मिलने पर आत्मविश्वास बढ़ता है।

57. बाल विकास में आत्म-नियंत्रण का अर्थ क्या है?
A. अपनी भावनाओं और व्यवहार को नियंत्रित करना
B. हर समय रोना
C. बिना सोचे प्रतिक्रिया देना
D. नियमों को न समझना
उत्तर: A. अपनी भावनाओं और व्यवहार को नियंत्रित करना
व्याख्या: आत्म-नियंत्रण बच्चे को सामाजिक और शैक्षिक जीवन में मदद करता है।

58. बाल विकास में आत्म-अवधारणा का अर्थ क्या है?
A. बच्चे की अपने बारे में धारणा
B. केवल दूसरों की ऊँचाई
C. केवल भोजन की पसंद
D. केवल किताबों की संख्या
उत्तर: A. बच्चे की अपने बारे में धारणा
व्याख्या: बच्चा स्वयं को कैसे देखता है, यह उसके व्यवहार और आत्मविश्वास को प्रभावित करता है।

59. बाल विकास में आत्म-सम्मान का अर्थ क्या है?
A. स्वयं के प्रति मूल्य और सम्मान की भावना
B. केवल दूसरों की नकल
C. केवल डर
D. केवल भोजन
उत्तर: A. स्वयं के प्रति मूल्य और सम्मान की भावना
व्याख्या: आत्म-सम्मान बच्चे के सामाजिक व्यवहार और सीखने की प्रेरणा को प्रभावित करता है।

60. बाल विकास में भावनात्मक सुरक्षा का महत्व क्या है?
A. बच्चा भरोसा, आत्मविश्वास और संतुलन विकसित करता है
B. कोई महत्व नहीं
C. केवल नींद बढ़ती है
D. केवल वजन बढ़ता है
उत्तर: A. बच्चा भरोसा, आत्मविश्वास और संतुलन विकसित करता है
व्याख्या: भावनात्मक सुरक्षा स्वस्थ व्यक्तित्व विकास का आधार है।

61. बाल विकास में सामाजिकरण का अर्थ क्या है?
A. सामाजिक नियम, मूल्य और व्यवहार सीखना
B. केवल खाना खाना
C. केवल सोना
D. केवल अकेले रहना
उत्तर: A. सामाजिक नियम, मूल्य और व्यवहार सीखना
व्याख्या: सामाजिकरण से बच्चा समाज में स्वीकार्य व्यवहार सीखता है।

62. सामाजिकरण का पहला माध्यम कौन है?
A. परिवार
B. समाचार पत्र
C. बाजार
D. कार्यालय
उत्तर: A. परिवार
व्याख्या: बच्चा सबसे पहले परिवार से भाषा, व्यवहार और मूल्य सीखता है।

63. विद्यालय बाल विकास में कैसे सहायक है?
A. ज्ञान, अनुशासन, सहयोग और सामाजिक कौशल विकसित करता है
B. केवल भवन देता है
C. कोई भूमिका नहीं
D. केवल भोजन देता है
उत्तर: A. ज्ञान, अनुशासन, सहयोग और सामाजिक कौशल विकसित करता है
व्याख्या: विद्यालय बच्चे के बौद्धिक और सामाजिक विकास का महत्वपूर्ण केंद्र है।

64. शिक्षक की भूमिका बाल विकास में क्या है?
A. मार्गदर्शन, प्रेरणा और अनुकूल सीखने का वातावरण देना
B. केवल दंड देना
C. केवल उपस्थिति लेना
D. कोई भूमिका नहीं
उत्तर: A. मार्गदर्शन, प्रेरणा और अनुकूल सीखने का वातावरण देना
व्याख्या: शिक्षक बच्चे की क्षमता पहचानकर उसे सही दिशा दे सकता है।

65. साथियों का प्रभाव बाल विकास में किस रूप में होता है?
A. सहयोग, साझा करना और समूह व्यवहार सीखने में
B. कोई प्रभाव नहीं
C. केवल शरीर बढ़ाने में
D. केवल नींद बढ़ाने में
उत्तर: A. सहयोग, साझा करना और समूह व्यवहार सीखने में
व्याख्या: साथियों के साथ बच्चा सामाजिक नियम और संबंध बनाना सीखता है।

66. बाल विकास में संस्कृति की भूमिका क्या है?
A. मूल्य, भाषा और व्यवहार के तरीके सिखाना
B. कोई भूमिका नहीं
C. केवल बालों का रंग बदलना
D. केवल वजन बढ़ाना
उत्तर: A. मूल्य, भाषा और व्यवहार के तरीके सिखाना
व्याख्या: संस्कृति बच्चे की सोच, भाषा और सामाजिक व्यवहार को प्रभावित करती है।

67. बाल विकास में मीडिया का प्रभाव कैसा हो सकता है?
A. सकारात्मक या नकारात्मक दोनों

B. केवल सकारात्मक
C. कोई प्रभाव नहीं
D. केवल शारीरिक
उत्तर: A. सकारात्मक या नकारात्मक दोनों
व्याख्या: मीडिया ज्ञान दे सकता है, लेकिन अनुचित सामग्री व्यवहार को प्रभावित कर सकती है।

68. बाल विकास में कहानी सुनाना क्यों उपयोगी है?
A. भाषा, कल्पना और नैतिक समझ बढ़ाने के लिए
B. कोई उपयोग नहीं
C. केवल समय नष्ट करने के लिए
D. केवल नींद रोकने के लिए
उत्तर: A. भाषा, कल्पना और नैतिक समझ बढ़ाने के लिए
व्याख्या: कहानियाँ बच्चे की भाषा, सोच और मूल्य-समझ को विकसित करती हैं।

69. बाल विकास में रचनात्मक गतिविधियों का महत्व क्या है?
A. कल्पना, अभिव्यक्ति और समस्या समाधान को बढ़ाना
B. कोई महत्व नहीं
C. केवल थकान देना
D. केवल अनुशासन तोड़ना
उत्तर: A. कल्पना, अभिव्यक्ति और समस्या समाधान को बढ़ाना
व्याख्या: चित्रकारी, संगीत और हस्तकला जैसी गतिविधियाँ रचनात्मकता विकसित करती हैं।

70. बाल विकास में स्वास्थ्य का महत्व क्या है?
A. सीखने और शारीरिक विकास के लिए आवश्यक
B. कोई महत्व नहीं
C. केवल कपड़ों से संबंधित
D. केवल नाम से संबंधित
उत्तर: A. सीखने और शारीरिक विकास के लिए आवश्यक
व्याख्या: स्वस्थ बच्चा अधिक सक्रिय और सीखने के लिए तैयार रहता है।

71. बाल विकास में नींद क्यों महत्वपूर्ण है?
A. शरीर और मस्तिष्क के विकास तथा स्मृति के लिए
B. कोई महत्व नहीं
C. केवल समय खराब करती है
D. केवल खेल रोकती है
उत्तर: A. शरीर और मस्तिष्क के विकास तथा स्मृति के लिए
व्याख्या: पर्याप्त नींद बच्चे की ऊर्जा, ध्यान और सीखने में मदद करती है।

72. बाल विकास में स्वच्छता का महत्व क्या है?
A. स्वास्थ्य और रोगों से बचाव के लिए
B. कोई महत्व नहीं
C. केवल दिखावे के लिए
D. केवल दंड से जुड़ा
उत्तर: A. स्वास्थ्य और रोगों से बचाव के लिए
व्याख्या: स्वच्छता बच्चों को स्वस्थ रखती है और नियमित आदतें विकसित करती है।

73. बाल विकास में सूक्ष्म मोटर कौशल क्या हैं?
A. उंगलियों और हाथों की छोटी गतिविधियाँ
B. केवल दौड़ना
C. केवल कूदना
D. केवल सोना
उत्तर: A. उंगलियों और हाथों की छोटी गतिविधियाँ
व्याख्या: लिखना, बटन लगाना और चित्र बनाना सूक्ष्म मोटर कौशल के उदाहरण हैं।

74. स्थूल मोटर कौशल क्या हैं?
A. बड़े मांसपेशी समूहों से जुड़ी गतिविधियाँ
B. केवल उंगलियों की गति
C. केवल बोलना
D. केवल पढ़ना
उत्तर: A. बड़े मांसपेशी समूहों से जुड़ी गतिविधियाँ
व्याख्या: चलना, दौड़ना, कूदना और संतुलन बनाना स्थूल मोटर कौशल हैं।

75. बाल विकास में समस्या समाधान कौशल क्यों महत्वपूर्ण है?
A. बच्चा कठिनाइयों का हल खोजना सीखता है
B. कोई महत्व नहीं
C. केवल डर बढ़ाता है
D. केवल रोना सिखाता है
उत्तर: A. बच्चा कठिनाइयों का हल खोजना सीखता है
व्याख्या: समस्या समाधान से बच्चे में तर्क और आत्मनिर्भरता विकसित होती है।

76. बाल विकास में जिज्ञासा का महत्व क्या है?
A. सीखने और खोज की प्रेरणा देती है
B. हमेशा हानिकारक है
C. कोई महत्व नहीं
D. केवल शरारत है
उत्तर: A. सीखने और खोज की प्रेरणा देती है
व्याख्या: जिज्ञासा बच्चे को प्रश्न पूछने और नई चीजें सीखने के लिए प्रेरित करती है।

77. बाल विकास में प्रश्न पूछना क्या दर्शाता है?
A. जिज्ञासा और संज्ञानात्मक विकास
B. केवल अनुशासनहीनता
C. केवल डर
D. कोई विकास नहीं
उत्तर: A. जिज्ञासा और संज्ञानात्मक विकास
व्याख्या: प्रश्न पूछना बच्चे की सोच और समझ के विकास का संकेत है।

78. बाल विकास में पुरस्कार का उचित उपयोग कैसे होना चाहिए?
A. अच्छे व्यवहार को प्रोत्साहित करने के लिए संतुलित रूप से
B. हर बात पर रिश्वत की तरह
C. कभी नहीं
D. केवल डराने के लिए
उत्तर: A. अच्छे व्यवहार को प्रोत्साहित करने के लिए संतुलित रूप से
व्याख्या: उचित पुरस्कार बच्चे में सकारात्मक व्यवहार को मजबूत कर सकता है।

79. बाल विकास में अत्यधिक संरक्षण का प्रभाव क्या हो सकता है?
A. आत्मनिर्भरता कम हो सकती है
B. बच्चा हमेशा स्वतंत्र बनता है
C. कोई प्रभाव नहीं
D. केवल भाषा बढ़ती है
उत्तर: A. आत्मनिर्भरता कम हो सकती है
व्याख्या: बहुत अधिक संरक्षण बच्चे को निर्णय लेने और समस्या हल करने से रोक सकता है।

80. बाल विकास में उपेक्षा का प्रभाव क्या हो सकता है?
A. असुरक्षा, कम आत्मसम्मान और व्यवहार समस्याएँ
B. हमेशा बेहतर विकास
C. कोई प्रभाव नहीं
D. केवल ऊँचाई बढ़ना
उत्तर: A. असुरक्षा, कम आत्मसम्मान और व्यवहार समस्याएँ
व्याख्या: उपेक्षा बच्चे के भावात्मक और सामाजिक विकास को नुकसान पहुँचा सकती है।

81. बाल विकास में समावेशी शिक्षा का अर्थ क्या है?
A. सभी बच्चों को समान सीखने का अवसर देना
B. कुछ बच्चों को बाहर रखना
C. केवल तेज बच्चों को पढ़ाना
D. केवल परीक्षा लेना
उत्तर: A. सभी बच्चों को समान सीखने का अवसर देना
व्याख्या: समावेशी शिक्षा विविध क्षमताओं वाले बच्चों को साथ सीखने का अवसर देती है।

82. विशेष आवश्यकता वाले बच्चों के लिए क्या आवश्यक है?
A. व्यक्तिगत सहायता और अनुकूल शिक्षण
B. केवल दंड
C. शिक्षा से दूर रखना
D. कोई सहायता नहीं
उत्तर: A. व्यक्तिगत सहायता और अनुकूल शिक्षण
व्याख्या: उनकी जरूरतों के अनुसार सहायता देने से विकास बेहतर होता है।

83. बाल विकास में विकासात्मक विलंब का अर्थ क्या है?
A. अपेक्षित आयु की तुलना में कौशलों का धीमा विकास
B. बहुत तेज विकास
C. सामान्य विकास
D. केवल नींद
उत्तर: A. अपेक्षित आयु की तुलना में कौशलों का धीमा विकास
व्याख्या: यदि बच्चा सामान्य समय पर कौशल विकसित नहीं करता, तो विलंब माना जा सकता है।

84. विकासात्मक विलंब में सबसे अच्छा कदम क्या है?
A. समय पर पहचान और विशेषज्ञ सहायता
B. अनदेखा करना
C. बच्चे को दोष देना
D. पढ़ाई रोकना
उत्तर: A. समय पर पहचान और विशेषज्ञ सहायता
व्याख्या: प्रारंभिक हस्तक्षेप बच्चे के विकास में सुधार ला सकता है।

85. बाल विकास में अवलोकन विधि क्यों उपयोगी है?
A. बच्चे के वास्तविक व्यवहार को समझने के लिए
B. केवल अंक देने के लिए
C. केवल दंड देने के लिए
D. केवल नाम लिखने के लिए
उत्तर: A. बच्चे के वास्तविक व्यवहार को समझने के लिए
व्याख्या: अवलोकन से प्राकृतिक परिस्थिति में बच्चे का व्यवहार समझा जा सकता है।

86. केस अध्ययन विधि में क्या किया जाता है?
A. किसी बच्चे का गहन और विस्तृत अध्ययन
B. केवल ऊँचाई मापना
C. केवल रंग देखना
D. केवल भोजन देना
उत्तर: A. किसी बच्चे का गहन और विस्तृत अध्ययन
व्याख्या: केस अध्ययन से बच्चे की समस्या, पृष्ठभूमि और विकास को विस्तार से समझा जाता है।

87. बाल विकास में अनुदैर्ध्य अध्ययन क्या है?
A. एक ही बच्चों का लंबे समय तक अध्ययन
B. एक समय में अलग-अलग बच्चों की तुलना
C. केवल एक दिन का परीक्षण
D. केवल प्रयोगशाला अध्ययन
उत्तर: A. एक ही बच्चों का लंबे समय तक अध्ययन
व्याख्या: इससे समय के साथ विकास में होने वाले बदलाव समझे जाते हैं।

88. बाल विकास में अनुप्रस्थ अध्ययन क्या है?
A. एक समय में अलग-अलग आयु समूहों का अध्ययन
B. एक ही बच्चे का जीवनभर अध्ययन
C. केवल साक्षात्कार
D. केवल दवा परीक्षण
उत्तर: A. एक समय में अलग-अलग आयु समूहों का अध्ययन
व्याख्या: यह कम समय में अलग-अलग आयु के बच्चों की तुलना करने में मदद करता है।

89. बाल विकास का शिक्षा में महत्व क्या है?
A. आयु और क्षमता के अनुसार शिक्षण योजना बनाने में
B. केवल भवन बनाने में
C. केवल फीस लेने में
D. कोई महत्व नहीं
उत्तर: A. आयु और क्षमता के अनुसार शिक्षण योजना बनाने में
व्याख्या: शिक्षक बच्चे के विकास स्तर के अनुसार शिक्षण विधि चुन सकता है।

90. बाल विकास का परामर्श में महत्व क्या है?
A. बच्चे की समस्या और विकास अवस्था को समझने में
B. केवल दवा देने में
C. केवल अंक बताने में
D. कोई महत्व नहीं
उत्तर: A. बच्चे की समस्या और विकास अवस्था को समझने में
व्याख्या: परामर्श में बच्चे की आयु, अनुभव और भावनात्मक जरूरतों को समझना आवश्यक है।

91. बाल विकास में अभिभावक-शिक्षक सहयोग क्यों जरूरी है?
A. बच्चे के समग्र विकास के लिए
B. केवल रिपोर्ट कार्ड के लिए
C. कोई जरूरत नहीं
D. केवल छुट्टी तय करने के लिए
उत्तर: A. बच्चे के समग्र विकास के लिए
व्याख्या: घर और स्कूल का सहयोग बच्चे को बेहतर समर्थन देता है।

92. बाल विकास में सुरक्षित वातावरण का महत्व क्या है?
A. बच्चा बिना भय के सीख और खोज कर सकता है
B. कोई महत्व नहीं
C. केवल सजावट के लिए
D. केवल नियम तोड़ने के लिए
उत्तर: A. बच्चा बिना भय के सीख और खोज कर सकता है
व्याख्या: सुरक्षित वातावरण बच्चे में आत्मविश्वास और जिज्ञासा बढ़ाता है।

93. बाल विकास में स्वतंत्रता का उचित अवसर क्यों आवश्यक है?
A. आत्मनिर्भरता और निर्णय क्षमता विकसित करने के लिए
B. बच्चे को पूरी तरह अकेला छोड़ने के लिए
C. कोई महत्व नहीं
D. केवल गलती कराने के लिए
उत्तर: A. आत्मनिर्भरता और निर्णय क्षमता विकसित करने के लिए
व्याख्या: उचित स्वतंत्रता से बच्चा जिम्मेदारी और समस्या समाधान सीखता है।

94. बाल विकास में अनुशासन का सही अर्थ क्या है?
A. नियमों के साथ आत्म-नियंत्रण और जिम्मेदारी सिखाना
B. केवल कठोर दंड देना
C. बच्चे को डराना
D. बच्चे को बोलने न देना
उत्तर: A. नियमों के साथ आत्म-नियंत्रण और जिम्मेदारी सिखाना
व्याख्या: स्वस्थ अनुशासन बच्चे में सामाजिक और नैतिक व्यवहार विकसित करता है।

95. बाल विकास में रचनात्मकता कैसे बढ़ाई जा सकती है?
A. प्रश्न, खेल, कला और नए अनुभवों के अवसर देकर
B. हर समय रोककर
C. केवल रटवाकर
D. गलती पर तुरंत दंड देकर
उत्तर: A. प्रश्न, खेल, कला और नए अनुभवों के अवसर देकर
व्याख्या: खुले और प्रोत्साहनपूर्ण वातावरण से बच्चे की रचनात्मकता विकसित होती है।

96. बाल विकास में भय का अधिक प्रयोग क्यों हानिकारक है?
A. यह आत्मविश्वास और भावात्मक सुरक्षा को कम कर सकता है
B. यह हमेशा सीखने को बढ़ाता है
C. कोई प्रभाव नहीं
D. यह केवल खेल बढ़ाता है
उत्तर: A. यह आत्मविश्वास और भावात्मक सुरक्षा को कम कर सकता है
व्याख्या: भय आधारित नियंत्रण बच्चे में चिंता और असुरक्षा बढ़ा सकता है।

97. बाल विकास में प्रशंसा का महत्व क्या है?
A. अच्छे प्रयास और आत्मविश्वास को बढ़ाना
B. हमेशा नुकसान करना
C. कोई महत्व नहीं
D. केवल घमंड पैदा करना
उत्तर: A. अच्छे प्रयास और आत्मविश्वास को बढ़ाना
व्याख्या: संतुलित प्रशंसा बच्चे को सकारात्मक प्रयास जारी रखने के लिए प्रेरित करती है।

98. बाल विकास में संतुलित दिनचर्या क्यों आवश्यक है?
A. स्वास्थ्य, अनुशासन और सीखने में सहायता के लिए
B. कोई आवश्यकता नहीं
C. केवल बच्चे को बाँधने के लिए
D. केवल खेल रोकने के लिए
उत्तर: A. स्वास्थ्य, अनुशासन और सीखने में सहायता के लिए
व्याख्या: नियमित दिनचर्या बच्चे को सुरक्षा, अनुशासन और समय प्रबंधन सिखाती है।

99. बाल विकास की सबसे उपयुक्त विशेषता कौन-सी है?
A. यह बच्चे के संपूर्ण और क्रमिक विकास से संबंधित है
B. यह केवल ऊँचाई मापता है
C. यह केवल भोजन बताता है
D. यह केवल कपड़े चुनता है
उत्तर: A. यह बच्चे के संपूर्ण और क्रमिक विकास से संबंधित है
व्याख्या: बाल विकास में बच्चे के शरीर, मन, भावना और समाज से जुड़े सभी पक्ष शामिल हैं।

100. बाल विकास का सबसे उचित निष्कर्ष क्या है?
A. बाल विकास बच्चे के शारीरिक, मानसिक, सामाजिक, भावात्मक और नैतिक विकास की वैज्ञानिक समझ है
B. बाल विकास केवल वजन बढ़ने का नाम है
C. बाल विकास का शिक्षा से कोई संबंध नहीं
D. बाल विकास केवल जन्म के समय होता है
उत्तर: A. बाल विकास बच्चे के शारीरिक, मानसिक, सामाजिक, भावात्मक और नैतिक विकास की वैज्ञानिक समझ है
व्याख्या: बाल विकास को समझकर बच्चे की जरूरतों के अनुसार सही मार्गदर्शन और शिक्षा दी जा सकती है।

अध्याय 20: शिक्षा मनोविज्ञान

100 वस्तुनिष्ठ प्रश्न

1. शिक्षा मनोविज्ञान का अर्थ क्या है?
A. शिक्षा और सीखने की प्रक्रिया में मनोवैज्ञानिक सिद्धांतों का अध्ययन
B. केवल विद्यालय भवन का अध्ययन
C. केवल परीक्षा परिणामों का अध्ययन
D. केवल खेलकूद का अध्ययन
उत्तर: A. शिक्षा और सीखने की प्रक्रिया में मनोवैज्ञानिक

सिद्धांतों का अध्ययन
व्याख्या: शिक्षा मनोविज्ञान सीखने, शिक्षण और विद्यार्थी व्यवहार को समझने में सहायता करता है।

2. शिक्षा मनोविज्ञान किस विषय की शाखा है?
A. मनोविज्ञान
B. भूगोल
C. रसायन विज्ञान
D. खगोल विज्ञान
उत्तर: A. मनोविज्ञान
व्याख्या: यह मनोविज्ञान की अनुप्रयुक्त शाखा है, जो शिक्षा क्षेत्र में उपयोगी है।

3. शिक्षा मनोविज्ञान का मुख्य उद्देश्य क्या है?
A. शिक्षण और अधिगम को प्रभावी बनाना
B. केवल स्कूल की दीवारें सजाना
C. केवल छुट्टियाँ तय करना
D. केवल फीस लेना
उत्तर: A. शिक्षण और अधिगम को प्रभावी बनाना
व्याख्या: शिक्षा मनोविज्ञान विद्यार्थी की जरूरतों के अनुसार शिक्षण को बेहतर बनाता है।

4. शिक्षा मनोविज्ञान किसका अध्ययन करता है?
A. विद्यार्थी, शिक्षक, सीखने की प्रक्रिया और शिक्षण परिस्थितियाँ
B. केवल विद्यालय की इमारत
C. केवल बस व्यवस्था
D. केवल भोजन व्यवस्था
उत्तर: A. विद्यार्थी, शिक्षक, सीखने की प्रक्रिया और शिक्षण परिस्थितियाँ
व्याख्या: यह शिक्षा से जुड़े मनोवैज्ञानिक पहलुओं का वैज्ञानिक अध्ययन करता है।

5. शिक्षा मनोविज्ञान का संबंध किससे सबसे अधिक है?
A. अधिगम और शिक्षण से
B. केवल मौसम से
C. केवल कपड़ों से
D. केवल बाजार से
उत्तर: A. अधिगम और शिक्षण से
व्याख्या: शिक्षा मनोविज्ञान सीखने और सिखाने की प्रक्रिया को समझने पर केंद्रित है।

6. शिक्षा मनोविज्ञान शिक्षक के लिए क्यों उपयोगी है?
A. विद्यार्थी की रुचि, क्षमता और भिन्नताओं को समझने के लिए
B. केवल उपस्थिति लेने के लिए
C. केवल कक्षा सजाने के लिए
D. केवल छुट्टी देने के लिए
उत्तर: A. विद्यार्थी की रुचि, क्षमता और भिन्नताओं को समझने के लिए
व्याख्या: शिक्षक शिक्षा मनोविज्ञान की सहायता से विद्यार्थियों के अनुसार शिक्षण विधि चुन सकता है।

7. शिक्षा मनोविज्ञान में विद्यार्थी को किस रूप में देखा जाता है?
A. सक्रिय सीखने वाला
B. केवल परीक्षा देने वाला
C. केवल अनुशासनहीन व्यक्ति
D. निष्क्रिय वस्तु
उत्तर: A. सक्रिय सीखने वाला
व्याख्या: विद्यार्थी अनुभव, अभ्यास और सहभागिता से सीखता है।

8. शिक्षा मनोविज्ञान में शिक्षक की भूमिका क्या है?
A. मार्गदर्शक और प्रेरक
B. केवल दंड देने वाला
C. केवल उपस्थिति लेने वाला
D. केवल दर्शक
उत्तर: A. मार्गदर्शक और प्रेरक
व्याख्या: शिक्षक सीखने की प्रक्रिया को दिशा देता है और विद्यार्थियों को प्रेरित करता है।

9. शिक्षा मनोविज्ञान में अधिगम का अर्थ क्या है?
A. अनुभव और अभ्यास से व्यवहार में अपेक्षाकृत स्थायी परिवर्तन
B. केवल जन्मजात क्रिया
C. केवल सोना
D. केवल भोजन करना
उत्तर: A. अनुभव और अभ्यास से व्यवहार में अपेक्षाकृत स्थायी परिवर्तन
व्याख्या: अधिगम में ज्ञान, कौशल, दृष्टिकोण और व्यवहार में परिवर्तन शामिल होता है।

10. शिक्षा मनोविज्ञान में परिपक्वता का अर्थ क्या है?
A. जैविक रूप से तैयार होने की प्राकृतिक प्रक्रिया
B. केवल परीक्षा पास करना
C. केवल दंड मिलना
D. केवल खेलना
उत्तर: A. जैविक रूप से तैयार होने की प्राकृतिक प्रक्रिया
व्याख्या: परिपक्वता सीखने की क्षमता और समय को प्रभावित करती है।

11. शिक्षा मनोविज्ञान में प्रेरणा का अर्थ क्या है?
A. सीखने या कार्य करने की आंतरिक या बाहरी शक्ति
B. केवल डर
C. केवल नींद
D. केवल भोजन
उत्तर: A. सीखने या कार्य करने की आंतरिक या बाहरी शक्ति
व्याख्या: प्रेरणा विद्यार्थी को लक्ष्य की ओर प्रयास करने के लिए सक्रिय करती है।

12. आंतरिक प्रेरणा का उदाहरण क्या है?
A. ज्ञान प्राप्त करने की अपनी रुचि
B. केवल पुरस्कार के लिए पढ़ना
C. केवल दंड से बचने के लिए पढ़ना
D. केवल अंक दिखाने के लिए पढ़ना
उत्तर: A. ज्ञान प्राप्त करने की अपनी रुचि
व्याख्या: आंतरिक प्रेरणा व्यक्ति के भीतर से उत्पन्न होती है।

13. बाहरी प्रेरणा का उदाहरण क्या है?
A. पुरस्कार, अंक या प्रशंसा के लिए पढ़ना
B. विषय में स्वाभाविक रुचि

C. जिज्ञासा से पढ़ना
D. आत्म-विकास के लिए पढ़ना
उत्तर: A. पुरस्कार, अंक या प्रशंसा के लिए पढ़ना
व्याख्या: बाहरी प्रेरणा बाहरी परिणामों या प्रोत्साहनों से जुड़ी होती है।

14. शिक्षा मनोविज्ञान में रुचि का महत्व क्या है?
A. सीखने को अधिक प्रभावी और आनंददायक बनाना
B. सीखने को रोकना
C. कोई प्रभाव नहीं
D. केवल थकान बढ़ाना
उत्तर: A. सीखने को अधिक प्रभावी और आनंददायक बनाना
व्याख्या: रुचि होने पर विद्यार्थी अधिक ध्यान और प्रयास करता है।

15. शिक्षा मनोविज्ञान में ध्यान का महत्व क्या है?
A. सीखने की सामग्री पर मानसिक ऊर्जा केंद्रित करना
B. केवल सोना
C. केवल खेलना
D. केवल भूलना
उत्तर: A. सीखने की सामग्री पर मानसिक ऊर्जा केंद्रित करना
व्याख्या: ध्यान के बिना सीखना कमजोर हो सकता है।

16. स्मृति का शिक्षा में महत्व क्या है?
A. सीखी गई सामग्री को याद रखने और पुनः उपयोग करने में सहायता
B. केवल भूलने में सहायता
C. कोई महत्व नहीं
D. केवल खेल में उपयोग
उत्तर: A. सीखी गई सामग्री को याद रखने और पुनः उपयोग करने में सहायता
व्याख्या: स्मृति ज्ञान को सुरक्षित रखने और परीक्षा में उपयोग करने में मदद करती है।

17. विस्मरण का अर्थ क्या है?
A. सीखी हुई सामग्री को याद न कर पाना
B. नई चीज सीखना
C. ध्यान लगाना
D. समझना
उत्तर: A. सीखी हुई सामग्री को याद न कर पाना
व्याख्या: विस्मरण अभ्यास की कमी, हस्तक्षेप या रुचि की कमी से हो सकता है।

18. शिक्षा मनोविज्ञान में बुद्धि का महत्व क्या है?
A. सीखने, समस्या समाधान और अनुकूलन में सहायता
B. केवल शरीर की ऊँचाई बताना
C. केवल भोजन की पसंद बताना
D. कोई महत्व नहीं
उत्तर: A. सीखने, समस्या समाधान और अनुकूलन में सहायता
व्याख्या: बुद्धि विद्यार्थी की समझ और समस्या समाधान क्षमता को प्रभावित करती है।

19. व्यक्तिगत भिन्नता का अर्थ क्या है?
A. विद्यार्थियों की क्षमताओं, रुचियों और सीखने की गति में अंतर
B. सभी विद्यार्थी समान होते हैं
C. केवल नाम अलग होते हैं
D. कोई अंतर नहीं होता
उत्तर: A. विद्यार्थियों की क्षमताओं, रुचियों और सीखने की गति में अंतर
व्याख्या: शिक्षक को इन भिन्नताओं के अनुसार शिक्षण करना चाहिए।

20. शिक्षा मनोविज्ञान में बाल-केंद्रित शिक्षा का अर्थ क्या है?
A. विद्यार्थी की जरूरत, रुचि और क्षमता के अनुसार शिक्षा
B. केवल शिक्षक की सुविधा के अनुसार शिक्षा
C. केवल परीक्षा के लिए शिक्षा
D. केवल पुस्तक पढ़ाना
उत्तर: A. विद्यार्थी की जरूरत, रुचि और क्षमता के अनुसार शिक्षा
व्याख्या: बाल-केंद्रित शिक्षा विद्यार्थी को सीखने की प्रक्रिया का केंद्र मानती है।

21. शिक्षा मनोविज्ञान में सीखने की तत्परता का अर्थ क्या है?
A. विद्यार्थी का सीखने के लिए शारीरिक और मानसिक रूप से तैयार होना
B. केवल किताब खरीदना
C. केवल स्कूल आना
D. केवल परीक्षा देना
उत्तर: A. विद्यार्थी का सीखने के लिए शारीरिक और मानसिक रूप से तैयार होना
व्याख्या: तत्परता होने पर सीखना अधिक प्रभावी होता है।

22. थॉर्नडाइक किस सिद्धांत से संबंधित हैं?
A. प्रयास और भूल सिद्धांत
B. अंतर्दृष्टि सिद्धांत
C. शास्त्रीय अनुबंधन
D. सामाजिक अधिगम
उत्तर: A. प्रयास और भूल सिद्धांत
व्याख्या: थॉर्नडाइक ने अधिगम को प्रयास और भूल के माध्यम से समझाया।

23. थॉर्नडाइक का प्रभाव का नियम क्या कहता है?
A. सुखद परिणाम व्यवहार को मजबूत करते हैं
B. हर व्यवहार अपने आप समाप्त हो जाता है
C. दंड हमेशा सीखने को बढ़ाता है
D. सीखना बिना परिणाम के होता है
उत्तर: A. सुखद परिणाम व्यवहार को मजबूत करते हैं
व्याख्या: जिन प्रतिक्रियाओं के परिणाम संतोषजनक होते हैं, वे दोहराई जाती हैं।

24. थॉर्नडाइक का अभ्यास का नियम क्या कहता है?
A. अभ्यास से संबंध मजबूत होते हैं
B. अभ्यास से सीखना घटता है
C. अभ्यास का कोई महत्व नहीं
D. अभ्यास केवल खेल में उपयोगी है
उत्तर: A. अभ्यास से संबंध मजबूत होते हैं
व्याख्या: बार-बार अभ्यास करने से सीखना स्थायी होता है।

25. थॉर्नडाइक का तत्परता का नियम क्या बताता है?
A. सीखने के लिए तैयारी आवश्यक है
B. सीखना बिना तैयारी के हमेशा श्रेष्ठ होता है
C. तैयारी का कोई महत्व नहीं
D. केवल दंड से सीखना होता है
उत्तर: A. सीखने के लिए तैयारी आवश्यक है
व्याख्या: विद्यार्थी तैयार हो तो सीखना अधिक सफल होता है।

26. पावलॉव किस सिद्धांत से संबंधित हैं?
A. शास्त्रीय अनुबंधन
B. ऑपेरेंट अनुबंधन
C. अंतर्दृष्टि अधिगम
D. प्रयास और भूल
उत्तर: A. शास्त्रीय अनुबंधन
व्याख्या: पावलॉव ने उत्तेजना और प्रतिक्रिया के संबंध से सीखने को समझाया।

27. शास्त्रीय अनुबंधन में अधिगम कैसे होता है?
A. दो उत्तेजनाओं के संबंध से
B. केवल पुरस्कार से
C. केवल दंड से
D. केवल सोच से
उत्तर: A. दो उत्तेजनाओं के संबंध से
व्याख्या: तटस्थ उत्तेजना बार-बार प्राकृतिक उत्तेजना से जुड़कर प्रतिक्रिया उत्पन्न कर सकती है।

28. स्किनर किस सिद्धांत से संबंधित हैं?
A. ऑपेरेंट अनुबंधन
B. शास्त्रीय अनुबंधन
C. अंतर्दृष्टि सिद्धांत
D. मनोविश्लेषण
उत्तर: A. ऑपेरेंट अनुबंधन
व्याख्या: स्किनर ने व्यवहार को परिणामों, पुरस्कार और दंड से समझाया।

29. ऑपेरेंट अनुबंधन में प्रबलन का अर्थ क्या है?
A. व्यवहार को मजबूत करने वाला परिणाम
B. हर व्यवहार को रोकना
C. केवल भूलना
D. केवल सोना
उत्तर: A. व्यवहार को मजबूत करने वाला परिणाम
व्याख्या: प्रबलन से किसी व्यवहार की पुनरावृत्ति की संभावना बढ़ती है।

30. सकारात्मक प्रबलन का उदाहरण क्या है?
A. अच्छे उत्तर पर प्रशंसा देना
B. पढ़ाई रोक देना
C. गलती पर अपमान करना
D. कोई प्रतिक्रिया न देना
उत्तर: A. अच्छे उत्तर पर प्रशंसा देना
व्याख्या: सकारात्मक प्रबलन में सुखद परिणाम देकर व्यवहार को बढ़ाया जाता है।

31. नकारात्मक प्रबलन का अर्थ क्या है?
A. अप्रिय स्थिति हटाकर व्यवहार को मजबूत करना
B. दंड देना
C. पुरस्कार देना ही
D. सीखना रोकना
उत्तर: A. अप्रिय स्थिति हटाकर व्यवहार को मजबूत करना
व्याख्या: नकारात्मक प्रबलन में अप्रिय चीज हटने से व्यवहार की संभावना बढ़ती है।

32. दंड का उद्देश्य क्या होता है?
A. अवांछित व्यवहार को कम करना
B. व्यवहार को हमेशा बढ़ाना
C. सीखना रोकना
D. स्मृति मिटाना
उत्तर: A. अवांछित व्यवहार को कम करना
व्याख्या: दंड से व्यवहार कम हो सकता है, पर इसका सावधानी से उपयोग करना चाहिए।

33. कोहलर किस सिद्धांत से संबंधित हैं?
A. अंतर्दृष्टि अधिगम
B. शास्त्रीय अनुबंधन
C. ऑपेरेंट अनुबंधन
D. प्रयास और भूल
उत्तर: A. अंतर्दृष्टि अधिगम
व्याख्या: कोहलर ने समस्या समाधान में अचानक समझ आने की प्रक्रिया को अधिगम माना।

34. अंतर्दृष्टि अधिगम का अर्थ क्या है?
A. समस्या का समाधान अचानक समझ में आना
B. केवल रटना
C. केवल दंड से सीखना
D. बिना सोचे प्रतिक्रिया देना
उत्तर: A. समस्या का समाधान अचानक समझ में आना
व्याख्या: इसमें व्यक्ति परिस्थिति के संबंधों को समझकर समाधान खोजता है।

35. बंडूरा किस सिद्धांत से संबंधित हैं?
A. सामाजिक अधिगम सिद्धांत
B. मनोविश्लेषण
C. शास्त्रीय अनुबंधन
D. प्रयास और भूल
उत्तर: A. सामाजिक अधिगम सिद्धांत
व्याख्या: बंडूरा ने अवलोकन और अनुकरण से सीखने पर बल दिया।

36. सामाजिक अधिगम में मॉडलिंग का अर्थ क्या है?
A. दूसरों को देखकर व्यवहार सीखना
B. केवल पुस्तक पढ़ना
C. केवल सोना
D. केवल भूलना
उत्तर: A. दूसरों को देखकर व्यवहार सीखना
व्याख्या: विद्यार्थी शिक्षक, माता-पिता और साथियों के व्यवहार का अनुकरण करते हैं।

37. शिक्षा में पुनर्बलन का उपयोग क्यों किया जाता है?
A. अच्छे व्यवहार और सीखने को बढ़ाने के लिए
B. सीखना रोकने के लिए

C. विद्यार्थियों को डराने के लिए
D. केवल समय बिताने के लिए
उत्तर: A. अच्छे व्यवहार और सीखने को बढ़ाने के लिए
व्याख्या: प्रशंसा और पुरस्कार से सकारात्मक व्यवहार मजबूत हो सकता है।

38. शिक्षा में प्रतिपुष्टि का अर्थ क्या है?
A. विद्यार्थी को उसके प्रदर्शन के बारे में जानकारी देना
B. केवल अंक छिपाना
C. केवल दंड देना
D. कोई प्रतिक्रिया न देना
उत्तर: A. विद्यार्थी को उसके प्रदर्शन के बारे में जानकारी देना
व्याख्या: प्रतिपुष्टि से विद्यार्थी अपनी गलतियों और सुधार के तरीकों को समझता है।

39. शिक्षा में अभ्यास का महत्व क्या है?
A. सीखने को स्थायी और कुशल बनाना
B. सीखने को कमजोर करना
C. कोई महत्व नहीं
D. केवल थकान देना
उत्तर: A. सीखने को स्थायी और कुशल बनाना
व्याख्या: नियमित अभ्यास से ज्ञान और कौशल मजबूत होते हैं।

40. शिक्षा में स्थानांतरण अधिगम का अर्थ क्या है?
A. एक स्थिति में सीखी बात का दूसरी स्थिति में उपयोग
B. सीखना भूल जाना
C. केवल स्कूल बदलना
D. केवल किताब बदलना
उत्तर: A. एक स्थिति में सीखी बात का दूसरी स्थिति में उपयोग
व्याख्या: जैसे गणितीय तर्क का उपयोग विज्ञान में करना।

41. सकारात्मक स्थानांतरण कब होता है?
A. पुराना सीखना नए सीखने में सहायता करे
B. पुराना सीखना नए सीखने में बाधा बने
C. दोनों का कोई संबंध न हो
D. सीखना बंद हो जाए
उत्तर: A. पुराना सीखना नए सीखने में सहायता करे
व्याख्या: जब पूर्व ज्ञान नए विषय को समझने में मदद करे, तो सकारात्मक स्थानांतरण होता है।

42. नकारात्मक स्थानांतरण कब होता है?
A. पुराना सीखना नए सीखने में बाधा बने
B. पुराना सीखना सहायता करे
C. कोई प्रभाव न पड़े
D. केवल खेल में हो
उत्तर: A. पुराना सीखना नए सीखने में बाधा बने
व्याख्या: जब पुरानी आदत नई स्थिति में गलत प्रतिक्रिया पैदा करे, तो नकारात्मक स्थानांतरण होता है।

43. शून्य स्थानांतरण का अर्थ क्या है?
A. पुराने सीखने का नए सीखने पर कोई प्रभाव न होना
B. बहुत अधिक सहायता होना
C. बाधा होना
D. सीखना समाप्त होना
उत्तर: A. पुराने सीखने का नए सीखने पर कोई प्रभाव न होना
व्याख्या: जब दो सीखने की स्थितियों में संबंध न हो, तो प्रभाव नहीं पड़ता।

44. शिक्षा में रटने की सीमा क्या है?
A. समझ और उपयोग क्षमता कम हो सकती है
B. हमेशा गहरी समझ देता है
C. कभी भूल नहीं होती
D. रचनात्मकता बढ़ाता ही है
उत्तर: A. समझ और उपयोग क्षमता कम हो सकती है
व्याख्या: केवल रटना बिना समझ के स्थायी और उपयोगी सीखने में बाधा हो सकता है।

45. अर्थपूर्ण अधिगम का अर्थ क्या है?
A. नई जानकारी को समझकर पूर्व ज्ञान से जोड़ना
B. बिना समझ के याद करना
C. केवल लिखना
D. केवल सुनना
उत्तर: A. नई जानकारी को समझकर पूर्व ज्ञान से जोड़ना
व्याख्या: अर्थपूर्ण अधिगम अधिक स्थायी और उपयोगी होता है।

46. समस्या समाधान शिक्षण का उद्देश्य क्या है?
A. तर्क, सोच और निर्णय क्षमता विकसित करना
B. केवल उत्तर रटाना
C. केवल चुप कराना
D. केवल परीक्षा लेना
उत्तर: A. तर्क, सोच और निर्णय क्षमता विकसित करना
व्याख्या: समस्या समाधान से विद्यार्थी सक्रिय रूप से सोचता और सीखता है।

47. खोज विधि का अर्थ क्या है?
A. विद्यार्थी स्वयं अनुभव और खोज से सीखता है
B. शिक्षक केवल उत्तर बता देता है
C. केवल रटना
D. केवल दंड
उत्तर: A. विद्यार्थी स्वयं अनुभव और खोज से सीखता है
व्याख्या: खोज विधि जिज्ञासा और सक्रिय अधिगम को बढ़ाती है।

48. परियोजना विधि का मुख्य उद्देश्य क्या है?
A. वास्तविक कार्य के माध्यम से सीखना
B. केवल पुस्तक पढ़ना
C. केवल परीक्षा देना
D. केवल अनुशासन
उत्तर: A. वास्तविक कार्य के माध्यम से सीखना
व्याख्या: परियोजना विधि में विद्यार्थी योजना बनाकर व्यावहारिक कार्य करता है।

49. शिक्षण में दृश्य सामग्री का उपयोग क्यों किया जाता है?
A. विषय को स्पष्ट और रोचक बनाने के लिए
B. सीखना रोकने के लिए
C. केवल सजावट के लिए
D. कोई लाभ नहीं
उत्तर: A. विषय को स्पष्ट और रोचक बनाने के लिए
व्याख्या: दृश्य सामग्री कठिन विषयों को सरल और समझने योग्य बनाती है।

50. शिक्षा में बहु-संवेदी शिक्षण का अर्थ क्या है?
A. कई इंद्रियों के माध्यम से सीखना
B. केवल सुनकर सीखना
C. केवल देखकर सीखना
D. बिना अनुभव सीखना
उत्तर: A. कई इंद्रियों के माध्यम से सीखना
व्याख्या: देखने, सुनने और करने से सीखना अधिक प्रभावी हो सकता है।

51. शिक्षा मनोविज्ञान में मूल्यांकन का उद्देश्य क्या है?
A. सीखने की प्रगति और कठिनाइयों को समझना
B. केवल दंड देना
C. केवल तुलना करना
D. केवल फीस लेना
उत्तर: A. सीखने की प्रगति और कठिनाइयों को समझना
व्याख्या: मूल्यांकन से शिक्षक शिक्षण सुधार और विद्यार्थी सहायता की योजना बना सकता है।

52. निर्माणात्मक मूल्यांकन का अर्थ क्या है?
A. सीखने के दौरान सुधार के लिए किया गया मूल्यांकन
B. केवल अंतिम परीक्षा
C. केवल प्रमाणपत्र देना
D. कोई मूल्यांकन नहीं
उत्तर: A. सीखने के दौरान सुधार के लिए किया गया मूल्यांकन
व्याख्या: निर्माणात्मक मूल्यांकन सीखने की प्रक्रिया में सुधार हेतु किया जाता है।

53. संकलनात्मक मूल्यांकन का अर्थ क्या है?
A. पाठ्यक्रम के अंत में उपलब्धि का मूल्यांकन
B. सीखने से पहले मूल्यांकन
C. बिना उद्देश्य मूल्यांकन
D. केवल मौखिक प्रश्न
उत्तर: A. पाठ्यक्रम के अंत में उपलब्धि का मूल्यांकन
व्याख्या: संकलनात्मक मूल्यांकन अंतिम उपलब्धि या परिणाम को मापता है।

54. निदानात्मक मूल्यांकन का उद्देश्य क्या है?
A. सीखने की कठिनाइयों और कारणों की पहचान
B. केवल पुरस्कार देना
C. केवल रैंक बनाना
D. केवल छुट्टी देना
उत्तर: A. सीखने की कठिनाइयों और कारणों की पहचान
व्याख्या: निदानात्मक मूल्यांकन से विद्यार्थी की समस्या समझकर सुधारात्मक सहायता दी जाती है।

55. उपचारात्मक शिक्षण का अर्थ क्या है?
A. सीखने की कमियों को दूर करने के लिए विशेष शिक्षण
B. केवल दंड देना
C. केवल परीक्षा लेना
D. केवल किताब बदलना
उत्तर: A. सीखने की कमियों को दूर करने के लिए विशेष शिक्षण
व्याख्या: उपचारात्मक शिक्षण कमजोरियों को सुधारने के लिए किया जाता है।

56. शिक्षा में समावेशी शिक्षा का अर्थ क्या है?
A. सभी विद्यार्थियों को समान सीखने का अवसर देना
B. कमजोर विद्यार्थियों को अलग करना
C. केवल तेज विद्यार्थियों को पढ़ाना
D. केवल परीक्षा लेना
उत्तर: A. सभी विद्यार्थियों को समान सीखने का अवसर देना
व्याख्या: समावेशी शिक्षा विविध क्षमताओं और पृष्ठभूमि वाले विद्यार्थियों को साथ सीखने का अवसर देती है।

57. विशेष आवश्यकता वाले विद्यार्थियों के लिए क्या आवश्यक है?
A. अनुकूल शिक्षण और व्यक्तिगत सहायता
B. शिक्षा से दूर रखना
C. केवल दंड देना
D. कोई सहायता नहीं
उत्तर: A. अनुकूल शिक्षण और व्यक्तिगत सहायता
व्याख्या: व्यक्तिगत जरूरतों के अनुसार सहायता से विद्यार्थी बेहतर सीख सकता है।

58. प्रतिभाशाली विद्यार्थी की पहचान किससे होती है?
A. उच्च क्षमता, रचनात्मकता और तेज सीखने की क्षमता
B. हमेशा अनुशासनहीनता
C. सीखने में असमर्थता
D. केवल कम अंक
उत्तर: A. उच्च क्षमता, रचनात्मकता और तेज सीखने की क्षमता
व्याख्या: प्रतिभाशाली विद्यार्थी को चुनौतीपूर्ण और समृद्ध शिक्षण की आवश्यकता होती है।

59. धीमे सीखने वाले विद्यार्थी के लिए क्या करना चाहिए?
A. सरल, चरणबद्ध और पुनरावृत्ति आधारित शिक्षण
B. उसे अनदेखा करना
C. केवल दंड देना
D. पढ़ाई बंद कराना
उत्तर: A. सरल, चरणबद्ध और पुनरावृत्ति आधारित शिक्षण
व्याख्या: धीमे सीखने वाले विद्यार्थी को अतिरिक्त समय और अभ्यास की जरूरत होती है।

60. सीखने की कठिनाई का अर्थ क्या है?
A. सामान्य बुद्धि के बावजूद पढ़ने, लिखने या गणना में कठिनाई
B. पढ़ाई में रुचि होना
C. हमेशा उच्च अंक लाना
D. कोई समस्या नहीं
उत्तर: A. सामान्य बुद्धि के बावजूद पढ़ने, लिखने या गणना में कठिनाई
व्याख्या: सीखने की कठिनाई विशेष क्षेत्रों में सीखने को प्रभावित कर सकती है।

61. डिस्लेक्सिया किससे संबंधित है?
A. पढ़ने में कठिनाई
B. सुनने में पूर्ण असमर्थता
C. केवल खेल में कठिनाई
D. केवल भोजन में कठिनाई
उत्तर: A. पढ़ने में कठिनाई
व्याख्या: डिस्लेक्सिया में अक्षरों और शब्दों को पढ़ने में कठिनाई हो सकती है।

62. डिस्कैल्कुलिया किससे संबंधित है?
A. गणना और संख्या समझने में कठिनाई
B. केवल पढ़ने में कठिनाई
C. केवल बोलने में कठिनाई
D. केवल चलने में कठिनाई
उत्तर: A. गणना और संख्या समझने में कठिनाई
व्याख्या: डिस्कैल्कुलिया गणितीय समझ और गणना को प्रभावित करता है।

63. शिक्षा में परामर्श का उद्देश्य क्या है?
A. विद्यार्थी की शैक्षिक, व्यक्तिगत और सामाजिक समस्याओं में सहायता
B. केवल दंड देना
C. केवल फीस लेना
D. केवल उपस्थिति लेना
उत्तर: A. विद्यार्थी की शैक्षिक, व्यक्तिगत और सामाजिक समस्याओं में सहायता
व्याख्या: परामर्श विद्यार्थी को निर्णय लेने और समायोजन में मदद करता है।

64. मार्गदर्शन का अर्थ क्या है?
A. विद्यार्थी को सही दिशा और निर्णय में सहायता देना
B. केवल आदेश देना
C. केवल डराना
D. केवल परीक्षा लेना
उत्तर: A. विद्यार्थी को सही दिशा और निर्णय में सहायता देना
व्याख्या: मार्गदर्शन विद्यार्थी की रुचि और क्षमता के अनुसार विकल्प चुनने में मदद करता है।

65. शैक्षिक मार्गदर्शन किससे संबंधित है?
A. विषय चयन, अध्ययन आदत और सीखने की योजना से
B. केवल भोजन से
C. केवल खेल से
D. केवल कपड़ों से
उत्तर: A. विषय चयन, अध्ययन आदत और सीखने की योजना से
व्याख्या: शैक्षिक मार्गदर्शन विद्यार्थी को पढ़ाई से जुड़े निर्णयों में सहायता करता है।

66. व्यावसायिक मार्गदर्शन का उद्देश्य क्या है?
A. रुचि और क्षमता के अनुसार करियर चयन में सहायता
B. केवल परीक्षा लेना
C. केवल दंड देना
D. केवल छुट्टी देना
उत्तर: A. रुचि और क्षमता के अनुसार करियर चयन में सहायता
व्याख्या: व्यावसायिक मार्गदर्शन विद्यार्थी को भविष्य के कार्यक्षेत्र चुनने में मदद करता है।

67. कक्षा प्रबंधन का अर्थ क्या है?
A. सीखने के लिए अनुशासित और सकारात्मक वातावरण बनाना
B. केवल विद्यार्थियों को चुप कराना
C. केवल दंड देना
D. केवल फर्नीचर सजाना
उत्तर: A. सीखने के लिए अनुशासित और सकारात्मक वातावरण बनाना
व्याख्या: प्रभावी कक्षा प्रबंधन सीखने की गुणवत्ता बढ़ाता है।

68. अच्छे कक्षा वातावरण की विशेषता क्या है?
A. सुरक्षा, सम्मान, सहभागिता और स्पष्ट नियम
B. भय और अपमान
C. अव्यवस्था
D. केवल चुप्पी
उत्तर: A. सुरक्षा, सम्मान, सहभागिता और स्पष्ट नियम
व्याख्या: सकारात्मक वातावरण विद्यार्थी को सीखने के लिए प्रेरित करता है।

69. शिक्षा में अनुशासन का सही अर्थ क्या है?
A. आत्म-नियंत्रण और जिम्मेदार व्यवहार विकसित करना
B. केवल कठोर दंड
C. विद्यार्थी को डराना
D. बोलने से रोकना
उत्तर: A. आत्म-नियंत्रण और जिम्मेदार व्यवहार विकसित करना
व्याख्या: स्वस्थ अनुशासन विद्यार्थी में जिम्मेदारी और सामाजिक व्यवहार विकसित करता है।

70. शिक्षा में सहयोगात्मक अधिगम का अर्थ क्या है?
A. विद्यार्थी समूह में मिलकर सीखते हैं
B. हर विद्यार्थी अकेले सीखता है
C. शिक्षक केवल पढ़ता है
D. कोई सीखना नहीं
उत्तर: A. विद्यार्थी समूह में मिलकर सीखते हैं
व्याख्या: सहयोगात्मक अधिगम सामाजिक कौशल और गहरी समझ विकसित करता है।

71. प्रतिस्पर्धा का संतुलित उपयोग क्यों आवश्यक है?
A. अत्यधिक प्रतिस्पर्धा तनाव बढ़ा सकती है
B. प्रतिस्पर्धा हमेशा नुकसान करती है
C. प्रतिस्पर्धा का कोई प्रभाव नहीं
D. प्रतिस्पर्धा से सीखना रुकता है
उत्तर: A. अत्यधिक प्रतिस्पर्धा तनाव बढ़ा सकती है
व्याख्या: स्वस्थ प्रतिस्पर्धा प्रेरणा देती है, पर अत्यधिक दबाव हानिकारक हो सकता है।

72. शिक्षा में रचनात्मकता का महत्व क्या है?
A. नए विचार और समस्या समाधान क्षमता विकसित करना
B. केवल रटना बढ़ाना
C. कोई महत्व नहीं
D. अनुशासन समाप्त करना
उत्तर: A. नए विचार और समस्या समाधान क्षमता विकसित करना
व्याख्या: रचनात्मकता विद्यार्थी को स्वतंत्र और मौलिक सोचने में मदद करती है।

73. शिक्षा में आलोचनात्मक चिंतन का अर्थ क्या है?
A. जानकारी का तर्कपूर्ण विश्लेषण और मूल्यांकन
B. बिना सोचे मान लेना
C. केवल याद करना
D. केवल लिखना
उत्तर: A. जानकारी का तर्कपूर्ण विश्लेषण और मूल्यांकन

व्याख्या: आलोचनात्मक चिंतन विद्यार्थी को सही निर्णय लेने में सक्षम बनाता है।

74. शिक्षा में समस्या-आधारित अधिगम का लाभ क्या है?
A. वास्तविक समस्याओं से सीखना और समाधान कौशल विकसित करना
B. केवल उत्तर रटना
C. सीखना रोकना
D. कोई लाभ नहीं
उत्तर: A. वास्तविक समस्याओं से सीखना और समाधान कौशल विकसित करना
व्याख्या: यह विधि विद्यार्थी को सक्रिय और व्यावहारिक सीखने का अवसर देती है।

75. शिक्षा में अनुभवात्मक अधिगम का अर्थ क्या है?
A. प्रत्यक्ष अनुभव और गतिविधियों से सीखना
B. केवल सुनकर सीखना
C. केवल रटना
D. केवल परीक्षा देना
उत्तर: A. प्रत्यक्ष अनुभव और गतिविधियों से सीखना
व्याख्या: अनुभवात्मक अधिगम सीखने को जीवन से जोड़ता है।

76. शिक्षा में अधिगम शैली का अर्थ क्या है?
A. विद्यार्थी का सीखने का पसंदीदा तरीका
B. केवल शिक्षक की लिखावट
C. केवल किताब का आकार
D. केवल परीक्षा का समय
उत्तर: A. विद्यार्थी का सीखने का पसंदीदा तरीका
व्याख्या: कुछ विद्यार्थी देखकर, कुछ सुनकर और कुछ करके बेहतर सीखते हैं।

77. बहु-बुद्धि सिद्धांत किसने दिया?
A. हॉवर्ड गार्डनर
B. फ्रायड
C. पावलॉव
D. स्किनर
उत्तर: A. हॉवर्ड गार्डनर
व्याख्या: गार्डनर ने बुद्धि को कई प्रकारों में समझाया।

78. बहु-बुद्धि सिद्धांत का शिक्षा में उपयोग क्या है?
A. अलग-अलग क्षमताओं के अनुसार शिक्षण करना
B. सभी को एक ही तरीके से पढ़ाना
C. केवल परीक्षा लेना
D. कोई उपयोग नहीं
उत्तर: A. अलग-अलग क्षमताओं के अनुसार शिक्षण करना
व्याख्या: इससे शिक्षक विविध प्रतिभाओं को पहचानकर शिक्षण योजना बना सकता है।

79. भावनात्मक बुद्धि का शिक्षा में महत्व क्या है?
A. अपनी और दूसरों की भावनाओं को समझकर बेहतर संबंध बनाना
B. केवल गणित हल करना
C. केवल याद करना
D. कोई महत्व नहीं
उत्तर: A. अपनी और दूसरों की भावनाओं को समझकर बेहतर संबंध बनाना
व्याख्या: भावनात्मक बुद्धि सामाजिक संबंधों और आत्म-नियंत्रण में सहायक है।

80. शिक्षा में तनाव प्रबंधन क्यों आवश्यक है?
A. परीक्षा और पढ़ाई के दबाव को संतुलित करने के लिए
B. तनाव हमेशा अच्छा होता है
C. कोई आवश्यकता नहीं
D. केवल दंड देने के लिए
उत्तर: A. परीक्षा और पढ़ाई के दबाव को संतुलित करने के लिए
व्याख्या: तनाव प्रबंधन विद्यार्थी के मानसिक स्वास्थ्य और प्रदर्शन को बेहतर बनाता है।

81. परीक्षा चिंता का अर्थ क्या है?
A. परीक्षा के समय अत्यधिक भय या तनाव
B. परीक्षा में रुचि होना
C. हमेशा खुशी
D. कोई चिंता नहीं
उत्तर: A. परीक्षा के समय अत्यधिक भय या तनाव
व्याख्या: परीक्षा चिंता ध्यान, स्मृति और प्रदर्शन को प्रभावित कर सकती है।

82. परीक्षा चिंता कम करने का उचित उपाय क्या है?
A. नियमित तैयारी, अभ्यास और विश्राम तकनीक
B. पढ़ाई छोड़ देना
C. केवल डराना
D. नींद पूरी न करना
उत्तर: A. नियमित तैयारी, अभ्यास और विश्राम तकनीक
व्याख्या: योजनाबद्ध अध्ययन और विश्राम से परीक्षा तनाव कम हो सकता है।

83. शिक्षा में प्रेरक वातावरण कैसा होना चाहिए?
A. प्रोत्साहन, सहयोग और सफलता के अवसरों वाला
B. भय और अपमान वाला
C. पूरी तरह निष्क्रिय
D. केवल दंड आधारित
उत्तर: A. प्रोत्साहन, सहयोग और सफलता के अवसरों वाला
व्याख्या: सकारात्मक वातावरण विद्यार्थी को प्रयास करने और सीखने के लिए प्रेरित करता है।

84. शिक्षा में प्रशंसा का सही उपयोग क्या है?
A. वास्तविक प्रयास और सुधार को प्रोत्साहित करना
B. बिना कारण हर समय प्रशंसा
C. कभी प्रशंसा न करना
D. केवल डराना
उत्तर: A. वास्तविक प्रयास और सुधार को प्रोत्साहित करना
व्याख्या: संतुलित प्रशंसा विद्यार्थी के आत्मविश्वास और प्रेरणा को बढ़ाती है।

85. शिक्षा में गृहकार्य का उद्देश्य क्या होना चाहिए?
A. अभ्यास, पुनरावृत्ति और स्वाध्याय की आदत विकसित करना
B. केवल बोझ बढ़ाना
C. केवल दंड देना
D. कोई उद्देश्य नहीं
उत्तर: A. अभ्यास, पुनरावृत्ति और स्वाध्याय की आदत विकसित

करना
व्याख्या: उचित गृहकार्य सीखने को मजबूत और नियमित बनाता है।

86. शिक्षा में स्वाध्याय का महत्व क्या है?
A. आत्मनिर्भरता और गहरी समझ विकसित करना
B. केवल समय खराब करना
C. कोई महत्व नहीं
D. शिक्षक की भूमिका समाप्त करना
उत्तर: A. आत्मनिर्भरता और गहरी समझ विकसित करना
व्याख्या: स्वाध्याय विद्यार्थी को स्वतंत्र रूप से सीखने की क्षमता देता है।

87. शिक्षा में समूह चर्चा का लाभ क्या है?
A. विचारों का आदान-प्रदान और संचार कौशल
B. सीखना रोकना
C. केवल शोर करना
D. कोई लाभ नहीं
उत्तर: A. विचारों का आदान-प्रदान और संचार कौशल
व्याख्या: समूह चर्चा से विद्यार्थी तर्क, अभिव्यक्ति और सहयोग सीखते हैं।

88. शिक्षा में प्रश्न पूछना क्यों महत्वपूर्ण है?
A. जिज्ञासा, समझ और सक्रिय अधिगम को बढ़ाता है
B. केवल अनुशासनहीनता है
C. कोई महत्व नहीं
D. सीखना रोकता है
उत्तर: A. जिज्ञासा, समझ और सक्रिय अधिगम को बढ़ाता है
व्याख्या: प्रश्न विद्यार्थी की सोच और सहभागिता को विकसित करते हैं।

89. शिक्षा में शिक्षक की निष्पक्षता क्यों आवश्यक है?
A. सभी विद्यार्थियों में विश्वास और समान अवसर के लिए
B. केवल कुछ विद्यार्थियों को लाभ देने के लिए
C. कोई आवश्यकता नहीं
D. केवल डराने के लिए
उत्तर: A. सभी विद्यार्थियों में विश्वास और समान अवसर के लिए
व्याख्या: निष्पक्ष व्यवहार से कक्षा में सम्मान और विश्वास का वातावरण बनता है।

90. शिक्षा में नैतिक शिक्षा का उद्देश्य क्या है?
A. मूल्य, जिम्मेदारी और अच्छे व्यवहार का विकास
B. केवल अंक बढ़ाना
C. केवल खेल कराना
D. कोई उद्देश्य नहीं
उत्तर: A. मूल्य, जिम्मेदारी और अच्छे व्यवहार का विकास
व्याख्या: नैतिक शिक्षा विद्यार्थी को समाजोपयोगी और जिम्मेदार नागरिक बनाती है।

91. शिक्षा में जीवन कौशल का महत्व क्या है?
A. निर्णय, संचार, समस्या समाधान और आत्म-प्रबंधन विकसित करना
B. केवल परीक्षा के अंक
C. कोई महत्व नहीं
D. केवल रटना
उत्तर: A. निर्णय, संचार, समस्या समाधान और आत्म-प्रबंधन विकसित करना
व्याख्या: जीवन कौशल विद्यार्थी को दैनिक जीवन की चुनौतियों से निपटने में मदद करते हैं।

92. शिक्षा में समायोजन का अर्थ क्या है?
A. विद्यार्थी का विद्यालय, परिवार और समाज के साथ संतुलन बनाना
B. केवल किताब बदलना
C. केवल परीक्षा देना
D. केवल खेलना
उत्तर: A. विद्यार्थी का विद्यालय, परिवार और समाज के साथ संतुलन बनाना
व्याख्या: अच्छा समायोजन सीखने और मानसिक स्वास्थ्य दोनों के लिए आवश्यक है।

93. शिक्षा में मानसिक स्वास्थ्य का महत्व क्या है?
A. सीखने, संबंधों और भावनात्मक संतुलन के लिए
B. कोई महत्व नहीं
C. केवल खेल के लिए
D. केवल अंक के लिए
उत्तर: A. सीखने, संबंधों और भावनात्मक संतुलन के लिए
व्याख्या: मानसिक रूप से स्वस्थ विद्यार्थी बेहतर सीखता और सामाजिक संबंध बनाता है।

94. शिक्षा मनोविज्ञान का पाठ्यक्रम निर्माण में उपयोग क्या है?
A. आयु, रुचि और क्षमता के अनुसार पाठ्यक्रम बनाना
B. केवल किताब का रंग चुनना
C. केवल फीस तय करना
D. कोई उपयोग नहीं
उत्तर: A. आयु, रुचि और क्षमता के अनुसार पाठ्यक्रम बनाना
व्याख्या: शिक्षा मनोविज्ञान पाठ्यक्रम को विद्यार्थी-केंद्रित बनाने में सहायता करता है।

95. शिक्षा मनोविज्ञान शिक्षण विधि चयन में कैसे सहायक है?
A. विषय और विद्यार्थी की जरूरत के अनुसार विधि चुनने में
B. केवल एक ही विधि अपनाने में
C. कोई सहायता नहीं
D. केवल दंड चुनने में
उत्तर: A. विषय और विद्यार्थी की जरूरत के अनुसार विधि चुनने में
व्याख्या: शिक्षक शिक्षा मनोविज्ञान के आधार पर प्रभावी शिक्षण रणनीति चुन सकता है।

96. शिक्षा मनोविज्ञान अनुशासन समस्याओं में कैसे सहायक है?
A. व्यवहार के कारण समझकर सकारात्मक सुधार में
B. केवल कठोर दंड में
C. समस्या को अनदेखा करने में
D. विद्यार्थी को निकालने में
उत्तर: A. व्यवहार के कारण समझकर सकारात्मक सुधार में
व्याख्या: मनोवैज्ञानिक समझ से अनुशासन समस्याओं का स्वस्थ समाधान किया जा सकता है।

97. शिक्षा मनोविज्ञान का शिक्षक प्रशिक्षण में महत्व क्या है?
A. शिक्षक को विद्यार्थी व्यवहार और सीखने की प्रक्रिया समझाना
B. केवल उपस्थिति लेना सिखाना
C. केवल भवन निर्माण सिखाना
D. कोई महत्व नहीं
उत्तर: A. शिक्षक को विद्यार्थी व्यवहार और सीखने की प्रक्रिया समझाना
व्याख्या: शिक्षक प्रशिक्षण में शिक्षा मनोविज्ञान प्रभावी शिक्षण की आधारभूत समझ देता है।
98. शिक्षा मनोविज्ञान का मुख्य क्षेत्र कौन-सा है?
A. अधिगम, शिक्षण, मूल्यांकन, मार्गदर्शन और कक्षा व्यवहार
B. केवल मौसम
C. केवल भवन निर्माण
D. केवल व्यापार
उत्तर: A. अधिगम, शिक्षण, मूल्यांकन, मार्गदर्शन और कक्षा व्यवहार
व्याख्या: शिक्षा मनोविज्ञान शिक्षा प्रक्रिया के अनेक मनोवैज्ञानिक पहलुओं का अध्ययन करता है।
99. शिक्षा मनोविज्ञान की सबसे उपयुक्त विशेषता क्या है?
A. यह शिक्षा को वैज्ञानिक और विद्यार्थी-केंद्रित बनाता है
B. यह केवल परीक्षा परिणाम देखता है
C. यह केवल भवन सजाता है
D. यह शिक्षा से असंबंधित है
उत्तर: A. यह शिक्षा को वैज्ञानिक और विद्यार्थी-केंद्रित बनाता है
व्याख्या: शिक्षा मनोविज्ञान शिक्षण और अधिगम को प्रभावी बनाने के लिए वैज्ञानिक आधार देता है।
100. शिक्षा मनोविज्ञान का सबसे उचित निष्कर्ष क्या है?
A. यह विद्यार्थी, शिक्षक और सीखने की प्रक्रिया को समझकर शिक्षा को प्रभावी बनाता है
B. यह केवल किताबों की संख्या बताता है
C. यह केवल खेलकूद का अध्ययन करता है
D. इसका शिक्षा से कोई संबंध नहीं
उत्तर: A. यह विद्यार्थी, शिक्षक और सीखने की प्रक्रिया को समझकर शिक्षा को प्रभावी बनाता है
व्याख्या: शिक्षा मनोविज्ञान शिक्षा की समस्याओं को समझने और समाधान खोजने में महत्वपूर्ण भूमिका निभाता है।

अध्याय 21: सामाजिक मनोविज्ञान

100 वस्तुनिष्ठ प्रश्न

1. सामाजिक मनोविज्ञान का अर्थ क्या है?
A. व्यक्ति के विचार, भावनाओं और व्यवहार पर सामाजिक प्रभावों का अध्ययन
B. केवल शरीर की बनावट का अध्ययन
C. केवल मौसम का अध्ययन
D. केवल गणितीय नियमों का अध्ययन
उत्तर: A. व्यक्ति के विचार, भावनाओं और व्यवहार पर सामाजिक प्रभावों का अध्ययन
व्याख्या: सामाजिक मनोविज्ञान यह समझता है कि समाज, समूह और अन्य लोग व्यक्ति के व्यवहार को कैसे प्रभावित करते हैं।
2. सामाजिक मनोविज्ञान किस विषय की शाखा है?
A. मनोविज्ञान
B. रसायन विज्ञान
C. भूगोल
D. खगोल विज्ञान
उत्तर: A. मनोविज्ञान
व्याख्या: सामाजिक मनोविज्ञान मनोविज्ञान की वह शाखा है जो सामाजिक परिस्थितियों में व्यक्ति के व्यवहार का अध्ययन करती है।
3. सामाजिक मनोविज्ञान का मुख्य केंद्र क्या है?
A. सामाजिक संदर्भ में व्यक्ति का व्यवहार
B. केवल पौधों का विकास
C. केवल नदियों का प्रवाह
D. केवल ग्रहों की गति
उत्तर: A. सामाजिक संदर्भ में व्यक्ति का व्यवहार
व्याख्या: यह विषय व्यक्ति और समाज के परस्पर संबंधों को समझने पर केंद्रित है।
4. सामाजिक प्रभाव का अर्थ क्या है?
A. दूसरों की उपस्थिति या विचारों से व्यवहार में परिवर्तन
B. केवल शारीरिक वृद्धि
C. केवल नींद आना
D. केवल भोजन की पसंद
उत्तर: A. दूसरों की उपस्थिति या विचारों से व्यवहार में परिवर्तन
व्याख्या: व्यक्ति का व्यवहार परिवार, मित्रों, समूह और समाज से प्रभावित हो सकता है।
5. सामाजिक मनोविज्ञान में व्यक्ति को किस रूप में देखा जाता है?
A. सामाजिक प्राणी
B. केवल जैविक मशीन
C. पूर्णतः अलग-थलग प्राणी
D. केवल आर्थिक इकाई
उत्तर: A. सामाजिक प्राणी
व्याख्या: मनुष्य समाज में रहकर सीखता, सोचता और व्यवहार करता है।
6. सामाजिक अनुभूति का अर्थ क्या है?
A. सामाजिक जानकारी को समझने और व्याख्या करने की मानसिक प्रक्रिया
B. केवल स्वाद पहचानना
C. केवल रंग देखना
D. केवल आवाज सुनना
उत्तर: A. सामाजिक जानकारी को समझने और व्याख्या करने की मानसिक प्रक्रिया
व्याख्या: सामाजिक अनुभूति से व्यक्ति दूसरों के व्यवहार, इरादों और भावनाओं को समझता है।
7. सामाजिक धारणा का अर्थ क्या है?
A. दूसरों के बारे में धारणा बनाना
B. केवल वस्तुओं का वजन मापना

C. केवल मौसम पहचानना
D. केवल गणना करना
उत्तर: A. दूसरों के बारे में धारणा बनाना
व्याख्या: सामाजिक धारणा में व्यक्ति दूसरों के व्यक्तित्व, व्यवहार और भावनाओं को समझने का प्रयास करता है।

8. प्रथम प्रभाव का अर्थ क्या है?
A. पहली मुलाकात में बनी धारणा
B. अंतिम परीक्षा का परिणाम
C. केवल जन्म का समय
D. केवल शारीरिक रोग
उत्तर: A. पहली मुलाकात में बनी धारणा
व्याख्या: पहली मुलाकात में बनी छवि आगे के सामाजिक व्यवहार को प्रभावित कर सकती है।

9. रूढ़िबद्ध धारणा का अर्थ क्या है?
A. किसी समूह के बारे में सामान्यीकृत और स्थिर धारणा
B. व्यक्ति का सही वैज्ञानिक मापन
C. केवल व्यक्तिगत अनुभव
D. केवल तटस्थ निरीक्षण
उत्तर: A. किसी समूह के बारे में सामान्यीकृत और स्थिर धारणा
व्याख्या: रूढ़िबद्ध धारणा में समूह के सभी सदस्यों को एक जैसा मान लिया जाता है।

10. पूर्वाग्रह का अर्थ क्या है?
A. किसी व्यक्ति या समूह के प्रति पहले से बनी नकारात्मक या सकारात्मक धारणा
B. केवल निष्पक्ष निर्णय
C. केवल वैज्ञानिक प्रमाण
D. केवल शारीरिक क्षमता
उत्तर: A. किसी व्यक्ति या समूह के प्रति पहले से बनी नकारात्मक या सकारात्मक धारणा
व्याख्या: पूर्वाग्रह बिना पर्याप्त जानकारी के बना दृष्टिकोण होता है।

11. भेदभाव का अर्थ क्या है?
A. पूर्वाग्रह के आधार पर असमान व्यवहार करना
B. सभी के साथ समान व्यवहार करना
C. निष्पक्ष मूल्यांकन करना
D. केवल सहायता करना
उत्तर: A. पूर्वाग्रह के आधार पर असमान व्यवहार करना
व्याख्या: जब पूर्वाग्रह व्यवहार में बदलता है और किसी के साथ अन्याय होता है, तो उसे भेदभाव कहते हैं।

12. अभिवृत्ति का अर्थ क्या है?
A. किसी वस्तु, व्यक्ति या विचार के प्रति स्थायी मानसिक प्रवृत्ति
B. केवल शरीर की लंबाई
C. केवल रक्त समूह
D. केवल भोजन की मात्रा
उत्तर: A. किसी वस्तु, व्यक्ति या विचार के प्रति स्थायी मानसिक प्रवृत्ति
व्याख्या: अभिवृत्ति व्यक्ति के विचार, भावना और व्यवहार को प्रभावित करती है।

13. अभिवृत्ति के प्रमुख घटक कौन-से हैं?
A. संज्ञानात्मक, भावात्मक और व्यवहारात्मक
B. केवल ऊँचाई, वजन और रंग
C. केवल भोजन, नींद और खेल
D. केवल भाषा, गणित और विज्ञान
उत्तर: A. संज्ञानात्मक, भावात्मक और व्यवहारात्मक
व्याख्या: अभिवृत्ति में विचार, भावना और व्यवहार की प्रवृत्ति शामिल होती है।

14. संज्ञानात्मक घटक किससे संबंधित है?
A. विश्वास और विचारों से
B. केवल भावनाओं से
C. केवल क्रिया से
D. केवल शरीर से
उत्तर: A. विश्वास और विचारों से
व्याख्या: किसी विषय के बारे में व्यक्ति क्या सोचता है, यह संज्ञानात्मक घटक है।

15. भावात्मक घटक किससे संबंधित है?
A. भावनाओं और पसंद-नापसंद से
B. केवल तर्क से
C. केवल शरीर से
D. केवल गणना से
उत्तर: A. भावनाओं और पसंद-नापसंद से
व्याख्या: किसी वस्तु या व्यक्ति के प्रति अच्छा या बुरा महसूस करना भावात्मक घटक है।

16. व्यवहारात्मक घटक किससे संबंधित है?
A. कार्य करने की प्रवृत्ति से
B. केवल सोच से
C. केवल कल्पना से
D. केवल स्मृति से
उत्तर: A. कार्य करने की प्रवृत्ति से
व्याख्या: अभिवृत्ति व्यक्ति को किसी दिशा में व्यवहार करने के लिए प्रेरित कर सकती है।

17. अभिवृत्ति परिवर्तन का अर्थ क्या है?
A. किसी विषय के प्रति दृष्टिकोण में बदलाव
B. केवल शरीर का रंग बदलना
C. केवल नाम बदलना
D. केवल नींद बदलना
उत्तर: A. किसी विषय के प्रति दृष्टिकोण में बदलाव
व्याख्या: नई जानकारी, अनुभव या सामाजिक प्रभाव से अभिवृत्ति बदल सकती है।

18. मनोवृत्ति और अभिवृत्ति में क्या संबंध है?
A. दोनों व्यक्ति के दृष्टिकोण और प्रतिक्रिया की प्रवृत्ति से संबंधित हैं
B. दोनों केवल शारीरिक वृद्धि हैं
C. दोनों केवल गणितीय नियम हैं
D. दोनों का व्यवहार से कोई संबंध नहीं
उत्तर: A. दोनों व्यक्ति के दृष्टिकोण और प्रतिक्रिया की प्रवृत्ति से संबंधित हैं
व्याख्या: सामान्य रूप से अभिवृत्ति व्यक्ति के मानसिक दृष्टिकोण को दर्शाती है।

19. सामाजिक मानदंड का अर्थ क्या है?
A. समाज या समूह द्वारा स्वीकार किए गए व्यवहार नियम
B. केवल प्राकृतिक नियम
C. केवल गणित का सूत्र
D. केवल मौसम का नियम
उत्तर: A. समाज या समूह द्वारा स्वीकार किए गए व्यवहार नियम
व्याख्या: सामाजिक मानदंड बताते हैं कि किसी समूह में कैसा व्यवहार उचित माना जाता है।

20. सामाजिक भूमिका का अर्थ क्या है?
A. समाज में किसी स्थिति से जुड़ी अपेक्षित व्यवहार शैली
B. केवल नाटक का संवाद
C. केवल कपड़ों का प्रकार
D. केवल भोजन की आदत
उत्तर: A. समाज में किसी स्थिति से जुड़ी अपेक्षित व्यवहार शैली
व्याख्या: शिक्षक, विद्यार्थी, माता-पिता जैसी भूमिकाओं से कुछ व्यवहार अपेक्षाएँ जुड़ी होती हैं।

21. सामाजिक स्थिति का अर्थ क्या है?
A. समाज या समूह में व्यक्ति का स्थान
B. केवल शारीरिक ऊँचाई
C. केवल घर का आकार
D. केवल मौसम
उत्तर: A. समाज या समूह में व्यक्ति का स्थान
व्याख्या: व्यक्ति की सामाजिक स्थिति उसके अधिकार, कर्तव्य और भूमिका को प्रभावित कर सकती है।

22. समूह का अर्थ क्या है?
A. दो या अधिक व्यक्तियों का ऐसा समूह जिनमें परस्पर संबंध हो
B. केवल वस्तुओं का ढेर
C. केवल एक अकेला व्यक्ति
D. केवल भवनों की संख्या
उत्तर: A. दो या अधिक व्यक्तियों का ऐसा समूह जिनमें परस्पर संबंध हो
व्याख्या: समूह में सदस्य एक-दूसरे को प्रभावित करते हैं और साझा उद्देश्य रख सकते हैं।

23. प्राथमिक समूह का उदाहरण क्या है?
A. परिवार
B. रेलवे स्टेशन
C. बाजार की भीड़
D. बस स्टैंड
उत्तर: A. परिवार
व्याख्या: प्राथमिक समूह में निकट, व्यक्तिगत और भावनात्मक संबंध होते हैं।

24. द्वितीयक समूह का उदाहरण क्या है?
A. कार्यालय या संस्था
B. परिवार
C. घनिष्ठ मित्र मंडली
D. माता-पिता
उत्तर: A. कार्यालय या संस्था
व्याख्या: द्वितीयक समूह में संबंध औपचारिक और उद्देश्य-आधारित होते हैं।

25. संदर्भ समूह का अर्थ क्या है?
A. ऐसा समूह जिससे व्यक्ति अपने व्यवहार और मूल्यों की तुलना करता है
B. केवल खेल का मैदान
C. केवल भीड़
D. केवल परिवार की संख्या
उत्तर: A. ऐसा समूह जिससे व्यक्ति अपने व्यवहार और मूल्यों की तुलना करता है
व्याख्या: संदर्भ समूह व्यक्ति के लक्ष्य, मूल्य और आत्म-मूल्यांकन को प्रभावित कर सकता है।

26. समूह मानदंड क्या होते हैं?
A. समूह में स्वीकार्य व्यवहार के नियम
B. केवल व्यक्ति का नाम
C. केवल कपड़ों का रंग
D. केवल भोजन का स्वाद
उत्तर: A. समूह में स्वीकार्य व्यवहार के नियम
व्याख्या: समूह मानदंड सदस्यों के व्यवहार को नियंत्रित और निर्देशित करते हैं।

27. समूह एकता का अर्थ क्या है?
A. समूह सदस्यों के बीच जुड़ाव और सहयोग की भावना
B. समूह का टूटना
C. केवल भीड़ होना
D. केवल शोर होना
उत्तर: A. समूह सदस्यों के बीच जुड़ाव और सहयोग की भावना
व्याख्या: समूह एकता से सदस्य समूह के लक्ष्यों के लिए मिलकर काम करते हैं।

28. अनुरूपता का अर्थ क्या है?
A. समूह के दबाव या मानदंडों के अनुसार व्यवहार बदलना
B. हमेशा विरोध करना
C. अकेले निर्णय लेना
D. कोई सामाजिक प्रभाव न होना
उत्तर: A. समूह के दबाव या मानदंडों के अनुसार व्यवहार बदलना
व्याख्या: व्यक्ति समूह में स्वीकार्यता पाने के लिए अपना व्यवहार बदल सकता है।

29. अनुपालन का अर्थ क्या है?
A. किसी अनुरोध या निर्देश के अनुसार व्यवहार करना
B. बिना कारण आक्रामक होना
C. सभी नियमों को तोड़ना
D. केवल कल्पना करना
उत्तर: A. किसी अनुरोध या निर्देश के अनुसार व्यवहार करना
व्याख्या: अनुपालन में व्यक्ति सीधे अनुरोध या दबाव के कारण व्यवहार करता है।

30. आज्ञापालन का अर्थ क्या है?
A. अधिकार वाले व्यक्ति के आदेश का पालन करना
B. हमेशा नियम तोड़ना
C. केवल मित्रों की नकल करना
D. कोई प्रतिक्रिया न देना
उत्तर: A. अधिकार वाले व्यक्ति के आदेश का पालन करना

व्याख्या: आज्ञापालन में व्यक्ति अधिकारी, शिक्षक या नेता के निर्देशों का पालन करता है।

31. सामाजिक सुविधा का अर्थ क्या है?

A. दूसरों की उपस्थिति में सरल कार्यों का प्रदर्शन बेहतर होना
B. अकेले रहने से हमेशा बेहतर प्रदर्शन
C. दूसरों की उपस्थिति में हर कार्य खराब होना
D. सीखना बंद हो जाना
उत्तर: A. दूसरों की उपस्थिति में सरल कार्यों का प्रदर्शन बेहतर होना
व्याख्या: दूसरों की उपस्थिति व्यक्ति की सक्रियता बढ़ाकर सरल कार्यों में प्रदर्शन सुधार सकती है।

32. सामाजिक अवरोध का अर्थ क्या है?

A. दूसरों की उपस्थिति में कठिन कार्यों का प्रदर्शन कमजोर होना
B. हर स्थिति में प्रदर्शन बेहतर होना
C. अकेले रहकर भूलना
D. कोई प्रभाव न होना
उत्तर: A. दूसरों की उपस्थिति में कठिन कार्यों का प्रदर्शन कमजोर होना
व्याख्या: दबाव या चिंता के कारण कठिन कार्यों में प्रदर्शन कम हो सकता है।

33. सामाजिक आलस्य का अर्थ क्या है?

A. समूह में व्यक्तिगत प्रयास कम कर देना
B. अकेले अधिक मेहनत करना
C. हमेशा अधिक जिम्मेदारी लेना
D. समूह छोड़ देना
उत्तर: A. समूह में व्यक्तिगत प्रयास कम कर देना
व्याख्या: जब व्यक्ति को लगता है कि उसका योगदान अलग से नहीं पहचाना जाएगा, तो प्रयास कम हो सकता है।

34. समूह चिंतन का अर्थ क्या है?

A. समूह में सहमति बनाए रखने के कारण आलोचनात्मक सोच कम होना
B. अकेले विचार करना
C. हमेशा सही निर्णय लेना
D. समूह का टूटना
उत्तर: A. समूह में सहमति बनाए रखने के कारण आलोचनात्मक सोच कम होना
व्याख्या: समूह चिंतन में सदस्य विरोधी विचारों को दबा सकते हैं, जिससे निर्णय कमजोर हो सकता है।

35. नेतृत्व का अर्थ क्या है?

A. समूह को लक्ष्य की ओर प्रभावित और निर्देशित करने की प्रक्रिया
B. केवल आदेश देना
C. केवल अकेले काम करना
D. केवल पद का नाम
उत्तर: A. समूह को लक्ष्य की ओर प्रभावित और निर्देशित करने की प्रक्रिया
व्याख्या: प्रभावी नेतृत्व समूह के सदस्यों को प्रेरित और संगठित करता है।

36. लोकतांत्रिक नेतृत्व की विशेषता क्या है?

A. सदस्यों की भागीदारी और विचारों को महत्व देना
B. केवल कठोर आदेश देना
C. कोई निर्णय न लेना
D. समूह को छोड़ देना
उत्तर: A. सदस्यों की भागीदारी और विचारों को महत्व देना
व्याख्या: लोकतांत्रिक नेतृत्व में निर्णय प्रक्रिया में समूह की भागीदारी होती है।

37. निरंकुश नेतृत्व की विशेषता क्या है?

A. नेता द्वारा एकतरफा निर्णय लेना
B. सभी को स्वतंत्र छोड़ देना
C. कोई नियम न होना
D. केवल चर्चा करना
उत्तर: A. नेता द्वारा एकतरफा निर्णय लेना
व्याख्या: निरंकुश नेतृत्व में शक्ति और निर्णय मुख्यतः नेता के पास होते हैं।

38. उदार नेतृत्व की विशेषता क्या है?

A. सदस्यों को अधिक स्वतंत्रता देना
B. हर बात पर कठोर नियंत्रण
C. कोई स्वतंत्रता नहीं
D. केवल दंड देना
उत्तर: A. सदस्यों को अधिक स्वतंत्रता देना
व्याख्या: उदार नेतृत्व में नेता कम हस्तक्षेप करता है और सदस्य स्वयं निर्णय लेते हैं।

39. सामाजिकरण का अर्थ क्या है?

A. समाज के नियम, मूल्य और व्यवहार सीखने की प्रक्रिया
B. केवल जन्म लेना
C. केवल खाना खाना
D. केवल सोना
उत्तर: A. समाज के नियम, मूल्य और व्यवहार सीखने की प्रक्रिया
व्याख्या: सामाजिकरण से व्यक्ति समाज में स्वीकार्य व्यवहार और भूमिकाएँ सीखता है।

40. सामाजिकरण का पहला माध्यम कौन है?

A. परिवार
B. बाजार
C. कार्यालय
D. समाचार पत्र
उत्तर: A. परिवार
व्याख्या: बच्चा सबसे पहले परिवार से भाषा, मूल्य और व्यवहार सीखता है।

41. विद्यालय सामाजिकरण में कैसे सहायक है?

A. अनुशासन, सहयोग और सामाजिक नियम सिखाकर
B. केवल भोजन देकर
C. केवल कपड़े देकर
D. कोई भूमिका नहीं
उत्तर: A. अनुशासन, सहयोग और सामाजिक नियम सिखाकर
व्याख्या: विद्यालय बच्चे को समूह में रहना, नियम पालन और जिम्मेदारी सिखाता है।

42. साथियों का सामाजिकरण में क्या महत्व है?

A. सहयोग, प्रतिस्पर्धा और समूह व्यवहार सीखना
B. कोई महत्व नहीं
C. केवल शारीरिक वृद्धि
D. केवल नींद बढ़ाना
उत्तर: A. सहयोग, प्रतिस्पर्धा और समूह व्यवहार सीखना
व्याख्या: साथियों के साथ व्यक्ति सामाजिक कौशल और संबंध बनाना सीखता है।

43. संस्कृति का सामाजिक व्यवहार पर क्या प्रभाव होता है?
A. मूल्य, विश्वास और व्यवहार के तरीके निर्धारित करती है
B. कोई प्रभाव नहीं
C. केवल शरीर का रंग बदलती है
D. केवल भोजन की मात्रा बदलती है
उत्तर: A. मूल्य, विश्वास और व्यवहार के तरीके निर्धारित करती है
व्याख्या: संस्कृति व्यक्ति की सोच, भाषा और सामाजिक व्यवहार को गहराई से प्रभावित करती है।

44. सामाजिक पहचान का अर्थ क्या है?
A. व्यक्ति की स्वयं को किसी समूह का सदस्य मानने की भावना
B. केवल नाम लिखना
C. केवल शरीर पहचानना
D. केवल आवाज पहचानना
उत्तर: A. व्यक्ति की स्वयं को किसी समूह का सदस्य मानने की भावना
व्याख्या: व्यक्ति अपनी पहचान परिवार, जाति, राष्ट्र, पेशा या समूह से जोड़ सकता है।

45. आत्म-अवधारणा पर समाज का प्रभाव कैसे पड़ता है?
A. दूसरों की प्रतिक्रिया और सामाजिक तुलना से
B. केवल भोजन से
C. केवल नींद से
D. कोई प्रभाव नहीं
उत्तर: A. दूसरों की प्रतिक्रिया और सामाजिक तुलना से
व्याख्या: व्यक्ति स्वयं को अक्सर दूसरों की राय और तुलना के आधार पर समझता है।

46. सामाजिक तुलना का अर्थ क्या है?
A. स्वयं की तुलना दूसरों से करना
B. केवल वस्तुओं की कीमत तुलना
C. केवल मौसम तुलना
D. केवल वजन मापना
उत्तर: A. स्वयं की तुलना दूसरों से करना
व्याख्या: सामाजिक तुलना से व्यक्ति अपनी क्षमता, स्थिति और सफलता का मूल्यांकन करता है।

47. आरोपण का अर्थ क्या है?
A. व्यवहार के कारणों की व्याख्या करना
B. केवल याद करना
C. केवल भूलना
D. केवल देखना
उत्तर: A. व्यवहार के कारणों की व्याख्या करना
व्याख्या: व्यक्ति दूसरों या अपने व्यवहार के पीछे कारण खोजने का प्रयास करता है।

48. आंतरिक आरोपण का अर्थ क्या है?
A. व्यवहार का कारण व्यक्ति के गुणों या स्वभाव में मानना
B. कारण मौसम में मानना
C. कारण परिस्थिति में मानना
D. कारण संयोग में मानना
उत्तर: A. व्यवहार का कारण व्यक्ति के गुणों या स्वभाव में मानना
व्याख्या: जब हम किसी व्यवहार को व्यक्ति की क्षमता, स्वभाव या इरादे से जोड़ते हैं, तो यह आंतरिक आरोपण है।

49. बाहरी आरोपण का अर्थ क्या है?
A. व्यवहार का कारण परिस्थिति या वातावरण में मानना
B. कारण केवल स्वभाव में मानना
C. कारण केवल बुद्धि में मानना
D. कारण केवल व्यक्तित्व में मानना
उत्तर: A. व्यवहार का कारण परिस्थिति या वातावरण में मानना
व्याख्या: जब व्यवहार को स्थिति, दबाव या वातावरण से जोड़ा जाता है, तो यह बाहरी आरोपण है।

50. मूल आरोपण त्रुटि का अर्थ क्या है?
A. दूसरों के व्यवहार को स्वभाव से अधिक और परिस्थिति से कम जोड़ना
B. हमेशा सही कारण बताना
C. केवल अपनी गलती मानना
D. कोई कारण न खोजना
उत्तर: A. दूसरों के व्यवहार को स्वभाव से अधिक और परिस्थिति से कम जोड़ना
व्याख्या: इस त्रुटि में व्यक्ति दूसरों की परिस्थिति को कम महत्व देता है।

51. स्व-हितकारी पूर्वाग्रह का अर्थ क्या है?
A. सफलता का श्रेय स्वयं को और असफलता का कारण परिस्थिति को देना
B. हर गलती स्वयं पर लेना
C. दूसरों को हमेशा श्रेय देना
D. कोई मूल्यांकन न करना
उत्तर: A. सफलता का श्रेय स्वयं को और असफलता का कारण परिस्थिति को देना
व्याख्या: यह व्यक्ति के आत्मसम्मान की रक्षा करने वाली प्रवृत्ति है।

52. परोपकार का अर्थ क्या है?
A. दूसरों की सहायता करना
B. केवल स्वयं का लाभ देखना
C. दूसरों को नुकसान पहुँचाना
D. सामाजिक नियम तोड़ना
उत्तर: A. दूसरों की सहायता करना
व्याख्या: परोपकार में व्यक्ति दूसरों की भलाई के लिए कार्य करता है।

53. परोपकारी व्यवहार का उदाहरण क्या है?
A. घायल व्यक्ति की सहायता करना
B. किसी को जानबूझकर धक्का देना
C. किसी का मजाक उड़ाना

D. नियम तोड़ना
उत्तर: A. घायल व्यक्ति की सहायता करना
व्याख्या: जरूरतमंद की सहायता करना परोपकारी व्यवहार का उदाहरण है।

54. दर्शक प्रभाव का अर्थ क्या है?
A. अधिक लोगों की उपस्थिति में सहायता की संभावना कम होना
B. अधिक लोगों में सहायता हमेशा बढ़ना
C. अकेले व्यक्ति कभी सहायता नहीं करता
D. सहायता का समाज से कोई संबंध नहीं
उत्तर: A. अधिक लोगों की उपस्थिति में सहायता की संभावना कम होना
व्याख्या: भीड़ में व्यक्ति जिम्मेदारी दूसरों पर छोड़ सकता है।

55. जिम्मेदारी का प्रसार क्या है?
A. समूह में जिम्मेदारी का बँट जाना
B. एक व्यक्ति पर सारी जिम्मेदारी आना
C. जिम्मेदारी का समाप्त होना
D. केवल नेता की जिम्मेदारी
उत्तर: A. समूह में जिम्मेदारी का बँट जाना
व्याख्या: जब कई लोग मौजूद हों, तो प्रत्येक व्यक्ति कम जिम्मेदार महसूस कर सकता है।

56. आक्रामकता का अर्थ क्या है?
A. दूसरों को हानि पहुँचाने की नीयत वाला व्यवहार
B. सहायता करना
C. सहयोग करना
D. शांत रहना
उत्तर: A. दूसरों को हानि पहुँचाने की नीयत वाला व्यवहार
व्याख्या: आक्रामकता शारीरिक, मौखिक या मानसिक रूप में दिखाई दे सकती है।

57. मौखिक आक्रामकता का उदाहरण क्या है?
A. अपमानजनक शब्द कहना
B. भोजन देना
C. सहायता करना
D. प्रशंसा करना
उत्तर: A. अपमानजनक शब्द कहना
व्याख्या: शब्दों से किसी को चोट पहुँचाना मौखिक आक्रामकता है।

58. शारीरिक आक्रामकता का उदाहरण क्या है?
A. मारना या धक्का देना
B. मुस्कुराना
C. समझाना
D. सहयोग करना
उत्तर: A. मारना या धक्का देना
व्याख्या: शरीर के माध्यम से नुकसान पहुँचाना शारीरिक आक्रामकता है।

59. निराशा-आक्रामकता सिद्धांत क्या कहता है?
A. लक्ष्य में बाधा आने से आक्रामकता बढ़ सकती है
B. निराशा से हमेशा शांति आती है
C. आक्रामकता का कोई कारण नहीं होता
D. लक्ष्य से आक्रामकता घटती ही है
उत्तर: A. लक्ष्य में बाधा आने से आक्रामकता बढ़ सकती है
व्याख्या: जब व्यक्ति की इच्छा पूरी नहीं होती, तो निराशा आक्रामक प्रतिक्रिया को जन्म दे सकती है।

60. सामाजिक अधिगम सिद्धांत आक्रामकता को कैसे समझता है?
A. आक्रामक व्यवहार अवलोकन और अनुकरण से सीखा जा सकता है
B. आक्रामकता कभी सीखी नहीं जाती
C. आक्रामकता केवल भोजन से आती है
D. आक्रामकता का समाज से संबंध नहीं
उत्तर: A. आक्रामक व्यवहार अवलोकन और अनुकरण से सीखा जा सकता है
व्याख्या: बच्चे या व्यक्ति दूसरों को देखकर आक्रामक व्यवहार सीख सकते हैं।

61. संघर्ष का अर्थ क्या है?
A. दो या अधिक पक्षों के लक्ष्यों या हितों में टकराव
B. पूर्ण सहमति
C. केवल सहयोग
D. केवल मौन रहना
उत्तर: A. दो या अधिक पक्षों के लक्ष्यों या हितों में टकराव
व्याख्या: संघर्ष व्यक्तिगत, समूह या सामाजिक स्तर पर हो सकता है।

62. संघर्ष समाधान का उचित तरीका क्या है?
A. संवाद, समझौता और सहयोग
B. केवल हिंसा
C. हमेशा बचना
D. दूसरों को दोष देना
उत्तर: A. संवाद, समझौता और सहयोग
व्याख्या: स्वस्थ संवाद और समझौता संघर्ष को शांतिपूर्ण ढंग से हल कर सकते हैं।

63. सहयोग का अर्थ क्या है?
A. साझा लक्ष्य के लिए मिलकर काम करना
B. दूसरों को रोकना
C. केवल प्रतिस्पर्धा करना
D. समूह छोड़ना
उत्तर: A. साझा लक्ष्य के लिए मिलकर काम करना
व्याख्या: सहयोग से समूह लक्ष्य अधिक प्रभावी ढंग से प्राप्त कर सकता है।

64. प्रतिस्पर्धा का अर्थ क्या है?
A. सीमित संसाधन या लक्ष्य के लिए मुकाबला करना
B. हमेशा सहयोग करना
C. किसी की सहायता करना
D. नियमों को मानना ही
उत्तर: A. सीमित संसाधन या लक्ष्य के लिए मुकाबला करना
व्याख्या: प्रतिस्पर्धा प्रेरक हो सकती है, पर अत्यधिक होने पर तनाव बढ़ा सकती है।

65. सामाजिक समर्थन का अर्थ क्या है?
A. दूसरों से भावनात्मक, सूचनात्मक या व्यावहारिक सहायता मिलना

B. अकेले रहना
C. केवल आलोचना मिलना
D. सहायता से बचना
उत्तर: A. दूसरों से भावनात्मक, सूचनात्मक या व्यावहारिक सहायता मिलना
व्याख्या: सामाजिक समर्थन तनाव कम करने और मानसिक स्वास्थ्य सुधारने में सहायक है।

66. मित्रता सामाजिक जीवन में क्यों महत्वपूर्ण है?
A. भावनात्मक सहयोग और अपनापन देती है
B. हमेशा तनाव बढ़ाती है
C. कोई महत्व नहीं
D. केवल समय नष्ट करती है
उत्तर: A. भावनात्मक सहयोग और अपनापन देती है
व्याख्या: मित्रता व्यक्ति को समर्थन, विश्वास और सामाजिक जुड़ाव देती है।

67. प्रेम और आकर्षण का सामाजिक मनोविज्ञान में अध्ययन क्यों किया जाता है?
A. क्योंकि ये सामाजिक संबंधों को प्रभावित करते हैं
B. क्योंकि ये केवल जैविक विषय हैं
C. क्योंकि इनका व्यवहार से कोई संबंध नहीं
D. क्योंकि ये केवल गणितीय नियम हैं
उत्तर: A. क्योंकि ये सामाजिक संबंधों को प्रभावित करते हैं
व्याख्या: आकर्षण, निकटता और समानता संबंधों के निर्माण में भूमिका निभाते हैं।

68. पारस्परिक आकर्षण में समानता का प्रभाव क्या होता है?
A. समान रुचि और मूल्य संबंधों को मजबूत कर सकते हैं
B. समानता हमेशा संबंध तोड़ती है
C. समानता का कोई प्रभाव नहीं
D. समानता केवल भोजन में होती है
उत्तर: A. समान रुचि और मूल्य संबंधों को मजबूत कर सकते हैं
व्याख्या: लोग अक्सर उन लोगों से आकर्षित होते हैं जिनके विचार और रुचियाँ उनसे मिलती हैं।

69. निकटता का आकर्षण पर क्या प्रभाव होता है?
A. बार-बार संपर्क से आकर्षण बढ़ सकता है
B. निकटता से संबंध हमेशा खराब होते हैं
C. निकटता का कोई प्रभाव नहीं
D. निकटता केवल दूरी मापती है
उत्तर: A. बार-बार संपर्क से आकर्षण बढ़ सकता है
व्याख्या: जिन लोगों से हमारा संपर्क अधिक होता है, उनसे संबंध बनने की संभावना बढ़ती है।

70. संचार का अर्थ क्या है?
A. विचारों, भावनाओं और सूचनाओं का आदान-प्रदान
B. केवल चुप रहना
C. केवल भोजन करना
D. केवल सोना
उत्तर: A. विचारों, भावनाओं और सूचनाओं का आदान-प्रदान
व्याख्या: संचार सामाजिक संबंधों और सहयोग का आधार है।

71. अशाब्दिक संचार का उदाहरण क्या है?
A. चेहरे के भाव और हाव-भाव
B. लिखित पत्र
C. भाषण
D. पुस्तक पढ़ना
उत्तर: A. चेहरे के भाव और हाव-भाव
व्याख्या: बिना शब्दों के संकेतों से भी भावनाएँ और संदेश व्यक्त किए जाते हैं।

72. प्रभावी संचार की विशेषता क्या है?
A. स्पष्टता, सुनना और सम्मान
B. केवल तेज बोलना
C. दूसरों को रोकना
D. गलतफहमी बढ़ाना
उत्तर: A. स्पष्टता, सुनना और सम्मान
व्याख्या: प्रभावी संचार में संदेश स्पष्ट होता है और दूसरे की बात ध्यान से सुनी जाती है।

73. जनमत का अर्थ क्या है?
A. किसी सामाजिक मुद्दे पर लोगों की सामूहिक राय
B. केवल एक व्यक्ति की निजी सोच
C. केवल परीक्षा परिणाम
D. केवल मौसम सूचना
उत्तर: A. किसी सामाजिक मुद्दे पर लोगों की सामूहिक राय
व्याख्या: जनमत समाज की सोच और निर्णयों को प्रभावित कर सकता है।

74. प्रचार का अर्थ क्या है?
A. किसी विचार या उद्देश्य को फैलाने का प्रयास
B. केवल निष्पक्ष शोध
C. केवल व्यक्तिगत डायरी
D. केवल मौन रहना
उत्तर: A. किसी विचार या उद्देश्य को फैलाने का प्रयास
व्याख्या: प्रचार के माध्यम से लोगों की राय और व्यवहार प्रभावित किए जा सकते हैं।

75. अफवाह का अर्थ क्या है?
A. बिना प्रमाण फैली हुई सूचना
B. सत्यापित वैज्ञानिक तथ्य
C. आधिकारिक सूचना
D. केवल पुस्तक का पाठ
उत्तर: A. बिना प्रमाण फैली हुई सूचना
व्याख्या: अफवाहें अनिश्चितता और डर की स्थिति में तेजी से फैल सकती हैं।

76. अफवाहों को रोकने का उचित तरीका क्या है?
A. सही सूचना और स्पष्ट संचार देना
B. और अधिक भ्रम फैलाना
C. चुप रहना ही हमेशा पर्याप्त है
D. झूठी बात दोहराना
उत्तर: A. सही सूचना और स्पष्ट संचार देना
व्याख्या: विश्वसनीय जानकारी अफवाहों को कम करने में मदद करती है।

77. भीड़ का अर्थ क्या है?
A. किसी स्थान पर एकत्रित लोगों का समूह

B. केवल एक व्यक्ति
C. केवल परिवार
D. केवल संस्था
उत्तर: A. किसी स्थान पर एकत्रित लोगों का समूह
व्याख्या: भीड़ में व्यक्तियों का व्यवहार सामान्य स्थिति से अलग हो सकता है।

78. भीड़ व्यवहार की विशेषता क्या हो सकती है?
A. भावनात्मकता और अनुकरण में वृद्धि
B. हमेशा पूर्ण तर्कशीलता
C. कोई सामाजिक प्रभाव नहीं
D. पूर्ण शांति ही
उत्तर: A. भावनात्मकता और अनुकरण में वृद्धि
व्याख्या: भीड़ में व्यक्ति दूसरों के व्यवहार से जल्दी प्रभावित हो सकता है।

79. व्यक्तिहीनता का अर्थ क्या है?
A. समूह या भीड़ में व्यक्तिगत पहचान और जिम्मेदारी की भावना कम होना
B. आत्म-ज्ञान बढ़ना
C. जिम्मेदारी बढ़ना
D. अकेले रहना
उत्तर: A. समूह या भीड़ में व्यक्तिगत पहचान और जिम्मेदारी की भावना कम होना
व्याख्या: व्यक्तिहीनता में व्यक्ति ऐसे कार्य कर सकता है जो अकेले में नहीं करता।

80. सामाजिक नियंत्रण का अर्थ क्या है?
A. समाज द्वारा व्यवहार को नियमों और मानदंडों से नियंत्रित करना
B. हर व्यक्ति को स्वतंत्र छोड़ देना
C. कोई नियम न होना
D. केवल शारीरिक नियंत्रण
उत्तर: A. समाज द्वारा व्यवहार को नियमों और मानदंडों से नियंत्रित करना
व्याख्या: सामाजिक नियंत्रण व्यवस्था और अनुशासन बनाए रखने में सहायता करता है।

81. सामाजिक परिवर्तन का अर्थ क्या है?
A. समाज की संरचना, मूल्य या व्यवहार में बदलाव
B. केवल मौसम बदलना
C. केवल कपड़े बदलना
D. केवल नाम बदलना
उत्तर: A. समाज की संरचना, मूल्य या व्यवहार में बदलाव
व्याख्या: सामाजिक परिवर्तन शिक्षा, तकनीक, अर्थव्यवस्था और संस्कृति से प्रभावित हो सकता है।

82. सामाजिक मनोविज्ञान में मूल्य का अर्थ क्या है?
A. समाज द्वारा महत्वपूर्ण माने गए आदर्श और मान्यताएँ
B. केवल वस्तु की कीमत
C. केवल अंक
D. केवल वजन
उत्तर: A. समाज द्वारा महत्वपूर्ण माने गए आदर्श और मान्यताएँ
व्याख्या: मूल्य व्यक्ति के निर्णय और सामाजिक व्यवहार को दिशा देते हैं।

83. नैतिक व्यवहार सामाजिक मनोविज्ञान में क्यों महत्वपूर्ण है?
A. यह सामाजिक संबंधों और व्यवस्था को मजबूत करता है
B. इसका समाज से कोई संबंध नहीं
C. यह केवल शरीर से संबंधित है
D. यह केवल परीक्षा में उपयोगी है
उत्तर: A. यह सामाजिक संबंधों और व्यवस्था को मजबूत करता है
व्याख्या: नैतिक व्यवहार विश्वास, सहयोग और सामाजिक सद्भाव बढ़ाता है।

84. सामाजिक जिम्मेदारी का अर्थ क्या है?
A. समाज और दूसरों के प्रति कर्तव्य समझना
B. केवल अपना लाभ देखना
C. दूसरों की उपेक्षा करना
D. नियम तोड़ना
उत्तर: A. समाज और दूसरों के प्रति कर्तव्य समझना
व्याख्या: सामाजिक जिम्मेदारी व्यक्ति को समाजोपयोगी व्यवहार के लिए प्रेरित करती है।

85. सामूहिक व्यवहार का अर्थ क्या है?
A. लोगों का समूह के रूप में समान या संयुक्त व्यवहार
B. केवल अकेले निर्णय
C. केवल व्यक्तिगत सोच
D. कोई व्यवहार नहीं
उत्तर: A. लोगों का समूह के रूप में समान या संयुक्त व्यवहार
व्याख्या: सामूहिक व्यवहार रैली, आंदोलन, भीड़ या सामाजिक अभियान में देखा जा सकता है।

86. सामाजिक आंदोलन का अर्थ क्या है?
A. सामाजिक परिवर्तन के लिए संगठित सामूहिक प्रयास
B. केवल व्यक्तिगत खेल
C. केवल व्यापार
D. केवल परीक्षा
उत्तर: A. सामाजिक परिवर्तन के लिए संगठित सामूहिक प्रयास
व्याख्या: सामाजिक आंदोलन किसी सामाजिक समस्या या परिवर्तन के लिए लोगों को संगठित करता है।

87. मीडिया सामाजिक मनोविज्ञान में क्यों महत्वपूर्ण है?
A. यह राय, अभिवृत्ति और व्यवहार को प्रभावित कर सकता है
B. इसका समाज से कोई संबंध नहीं
C. यह केवल मनोरंजन ही है
D. यह केवल मौसम बताता है
उत्तर: A. यह राय, अभिवृत्ति और व्यवहार को प्रभावित कर सकता है
व्याख्या: मीडिया सूचना, विचार और सामाजिक मानदंडों के प्रसार में भूमिका निभाता है।

88. सोशल मीडिया का सामाजिक प्रभाव क्या हो सकता है?
A. संबंध, राय, पहचान और समूह व्यवहार को प्रभावित करना
B. कोई प्रभाव नहीं
C. केवल शरीर की ऊँचाई बढ़ाना
D. केवल नींद बढ़ाना
उत्तर: A. संबंध, राय, पहचान और समूह व्यवहार को प्रभावित

करना
व्याख्या: सोशल मीडिया तेजी से सूचना और सामाजिक प्रभाव फैलाने का माध्यम है।

89. सामाजिक मनोविज्ञान का शिक्षा में उपयोग क्या है?
A. कक्षा समूह, अनुशासन, सहयोग और अभिवृत्ति समझने में
B. केवल भवन बनाने में
C. केवल फीस तय करने में
D. कोई उपयोग नहीं
उत्तर: A. कक्षा समूह, अनुशासन, सहयोग और अभिवृत्ति समझने में
व्याख्या: शिक्षक सामाजिक मनोविज्ञान से कक्षा व्यवहार और समूह संबंध बेहतर समझ सकता है।

90. सामाजिक मनोविज्ञान का परामर्श में उपयोग क्या है?
A. संबंधों, समूह दबाव और सामाजिक समायोजन को समझने में
B. केवल दवा देने में
C. केवल ऊँचाई मापने में
D. कोई उपयोग नहीं
उत्तर: A. संबंधों, समूह दबाव और सामाजिक समायोजन को समझने में
व्याख्या: परामर्श में व्यक्ति के सामाजिक संबंध और सामाजिक दबाव महत्वपूर्ण होते हैं।

91. सामाजिक मनोविज्ञान का संगठन में उपयोग क्या है?
A. नेतृत्व, समूह कार्य और संचार सुधारने में
B. केवल भवन सजाने में
C. केवल मशीन चलाने में
D. कोई उपयोग नहीं
उत्तर: A. नेतृत्व, समूह कार्य और संचार सुधारने में
व्याख्या: संगठन में समूह व्यवहार और नेतृत्व की समझ कार्यक्षमता बढ़ाती है।

92. सामाजिक मनोविज्ञान का स्वास्थ्य क्षेत्र में उपयोग क्या है?
A. स्वास्थ्य व्यवहार, सामाजिक समर्थन और जनजागरूकता समझने में
B. केवल दवा का रंग चुनने में
C. केवल अस्पताल की दीवारें सजाने में
D. कोई उपयोग नहीं
उत्तर: A. स्वास्थ्य व्यवहार, सामाजिक समर्थन और जनजागरूकता समझने में
व्याख्या: स्वास्थ्य संबंधी आदतें और जागरूकता सामाजिक प्रभावों से प्रभावित होती हैं।

93. सामाजिक मनोविज्ञान में अनुसंधान क्यों आवश्यक है?
A. सामाजिक व्यवहार को वैज्ञानिक ढंग से समझने के लिए
B. केवल अनुमान लगाने के लिए
C. केवल अफवाह फैलाने के लिए
D. कोई आवश्यकता नहीं
उत्तर: A. सामाजिक व्यवहार को वैज्ञानिक ढंग से समझने के लिए
व्याख्या: अनुसंधान से सामाजिक प्रभावों और व्यवहार के कारणों की विश्वसनीय जानकारी मिलती है।

94. सामाजिक मनोविज्ञान में अवलोकन विधि का उपयोग क्या है?
A. वास्तविक सामाजिक व्यवहार को देखने के लिए
B. केवल दवा देने के लिए
C. केवल गणना रोकने के लिए
D. कोई उपयोग नहीं
उत्तर: A. वास्तविक सामाजिक व्यवहार को देखने के लिए
व्याख्या: अवलोकन से प्राकृतिक परिस्थितियों में सामाजिक व्यवहार समझा जा सकता है।

95. सामाजिक मनोविज्ञान में प्रयोग विधि का लाभ क्या है?
A. कारण और प्रभाव संबंधों की जाँच करना
B. केवल कहानी सुनाना
C. केवल अनुमान लगाना
D. कोई नियंत्रण न रखना
उत्तर: A. कारण और प्रभाव संबंधों की जाँच करना
व्याख्या: प्रयोग विधि नियंत्रित परिस्थिति में सामाजिक प्रभावों का अध्ययन करने में सहायक है।

96. सामाजिक मनोविज्ञान में सर्वेक्षण विधि का उपयोग क्या है?
A. लोगों की राय, अभिवृत्ति और विश्वास जानने के लिए
B. केवल रक्त जाँच के लिए
C. केवल मौसम मापने के लिए
D. कोई उपयोग नहीं
उत्तर: A. लोगों की राय, अभिवृत्ति और विश्वास जानने के लिए
व्याख्या: सर्वेक्षण बड़े समूहों की सोच और दृष्टिकोण समझने में उपयोगी है।

97. सामाजिक मनोविज्ञान का सबसे महत्वपूर्ण अध्ययन क्षेत्र कौन-सा है?
A. व्यक्ति और समाज की परस्पर क्रिया
B. केवल पौधों की वृद्धि
C. केवल ग्रहों की गति
D. केवल रासायनिक प्रतिक्रिया
उत्तर: A. व्यक्ति और समाज की परस्पर क्रिया
व्याख्या: सामाजिक मनोविज्ञान व्यक्ति के व्यवहार पर सामाजिक संदर्भ के प्रभाव को समझता है।

98. सामाजिक मनोविज्ञान व्यक्ति को क्या समझने में सहायता करता है?
A. दूसरों के साथ संबंध, प्रभाव और व्यवहार
B. केवल शरीर की लंबाई
C. केवल भोजन की मात्रा
D. केवल नींद का समय
उत्तर: A. दूसरों के साथ संबंध, प्रभाव और व्यवहार
व्याख्या: यह व्यक्ति को सामाजिक जीवन और संबंधों की मनोवैज्ञानिक समझ देता है।

99. सामाजिक मनोविज्ञान की सबसे उपयुक्त विशेषता क्या है?
A. यह सामाजिक परिस्थितियों में व्यक्ति के व्यवहार का वैज्ञानिक अध्ययन करता है
B. यह केवल मौसम का अध्ययन करता है

C. यह केवल शारीरिक रोगों का अध्ययन करता है
D. यह समाज से असंबंधित है
उत्तर: A. यह सामाजिक परिस्थितियों में व्यक्ति के व्यवहार का वैज्ञानिक अध्ययन करता है
व्याख्या: सामाजिक मनोविज्ञान व्यक्ति और समाज के बीच संबंधों को वैज्ञानिक रूप से समझाता है।

100. सामाजिक मनोविज्ञान का सबसे उचित निष्कर्ष क्या है?
A. व्यक्ति का व्यवहार समाज, समूह, संस्कृति और सामाजिक प्रभावों से प्रभावित होता है
B. व्यक्ति का व्यवहार कभी समाज से प्रभावित नहीं होता
C. सामाजिक संबंधों का मनोविज्ञान से कोई संबंध नहीं
D. सामाजिक मनोविज्ञान केवल शारीरिक विकास का अध्ययन है
उत्तर: A. व्यक्ति का व्यवहार समाज, समूह, संस्कृति और सामाजिक प्रभावों से प्रभावित होता है
व्याख्या: सामाजिक मनोविज्ञान बताता है कि मनुष्य सामाजिक वातावरण में रहकर सोचता, सीखता और व्यवहार करता है।

अध्याय 22: समूह व्यवहार

100 वस्तुनिष्ठ प्रश्न

1. समूह व्यवहार का अर्थ क्या है?
A. समूह में व्यक्तियों के विचार, भावनाओं और कार्यों का अध्ययन
B. केवल एक व्यक्ति का अकेला व्यवहार
C. केवल शरीर की वृद्धि
D. केवल मौसम का अध्ययन
उत्तर: A. समूह में व्यक्तियों के विचार, भावनाओं और कार्यों का अध्ययन
व्याख्या: समूह व्यवहार यह समझता है कि समूह में व्यक्ति कैसे सोचते, निर्णय लेते और कार्य करते हैं।

2. समूह का अर्थ क्या है?
A. दो या अधिक व्यक्तियों का ऐसा संगठन जिनमें परस्पर संबंध हो
B. केवल वस्तुओं का ढेर
C. केवल एक अकेला व्यक्ति
D. केवल भवनों की संख्या
उत्तर: A. दो या अधिक व्यक्तियों का ऐसा संगठन जिनमें परस्पर संबंध हो
व्याख्या: समूह में सदस्यों के बीच संपर्क, उद्देश्य और प्रभाव पाया जाता है।

3. समूह व्यवहार किस विषय से संबंधित है?
A. सामाजिक मनोविज्ञान
B. खगोल विज्ञान
C. वनस्पति विज्ञान
D. रसायन विज्ञान
उत्तर: A. सामाजिक मनोविज्ञान
व्याख्या: समूह व्यवहार सामाजिक परिस्थितियों में व्यक्ति और समूह के संबंधों का अध्ययन करता है।

4. समूह बनने का मुख्य आधार क्या हो सकता है?
A. समान उद्देश्य, रुचि या आवश्यकता
B. केवल शरीर की ऊँचाई
C. केवल मौसम
D. केवल जन्मतिथि
उत्तर: A. समान उद्देश्य, रुचि या आवश्यकता
व्याख्या: लोग साझा लक्ष्य, रुचि या जरूरतों के कारण समूह बनाते हैं।

5. समूह व्यवहार का अध्ययन क्यों महत्वपूर्ण है?
A. सहयोग, नेतृत्व और निर्णय प्रक्रिया समझने के लिए
B. केवल कपड़ों का रंग जानने के लिए
C. केवल भोजन की मात्रा जानने के लिए
D. कोई महत्व नहीं
उत्तर: A. सहयोग, नेतृत्व और निर्णय प्रक्रिया समझने के लिए
व्याख्या: समूह व्यवहार की समझ शिक्षा, संगठन और समाज में उपयोगी है।

6. प्राथमिक समूह का उदाहरण क्या है?
A. परिवार
B. कार्यालय समिति
C. राजनीतिक दल
D. व्यापार संघ
उत्तर: A. परिवार
व्याख्या: प्राथमिक समूह में निकट, व्यक्तिगत और भावनात्मक संबंध होते हैं।

7. द्वितीयक समूह का उदाहरण क्या है?
A. कार्यालय या संस्था
B. माता-पिता
C. भाई-बहन
D. घनिष्ठ मित्र
उत्तर: A. कार्यालय या संस्था
व्याख्या: द्वितीयक समूह में संबंध औपचारिक और उद्देश्य-आधारित होते हैं।

8. औपचारिक समूह की विशेषता क्या है?
A. निर्धारित नियम, भूमिका और संरचना
B. कोई नियम नहीं
C. केवल भावनात्मक संबंध
D. पूर्णतः असंगठित संबंध
उत्तर: A. निर्धारित नियम, भूमिका और संरचना
व्याख्या: औपचारिक समूह में उद्देश्य और कार्यप्रणाली स्पष्ट होती है।

9. अनौपचारिक समूह की विशेषता क्या है?
A. स्वाभाविक संबंध और व्यक्तिगत निकटता
B. केवल लिखित नियम
C. केवल सरकारी आदेश
D. कोई सामाजिक संबंध नहीं
उत्तर: A. स्वाभाविक संबंध और व्यक्तिगत निकटता
व्याख्या: अनौपचारिक समूह मित्रता, रुचि और व्यक्तिगत संबंधों पर आधारित होते हैं।

10. संदर्भ समूह का अर्थ क्या है?

A. ऐसा समूह जिससे व्यक्ति अपने व्यवहार और मूल्यों की तुलना करता है
B. केवल भीड़
C. केवल भवन
D. केवल वस्तुओं का समूह
उत्तर: A. ऐसा समूह जिससे व्यक्ति अपने व्यवहार और मूल्यों की तुलना करता है
व्याख्या: संदर्भ समूह व्यक्ति के आदर्श, लक्ष्य और आत्म-मूल्यांकन को प्रभावित करता है।

11. सदस्यता समूह का अर्थ क्या है?
A. वह समूह जिसका व्यक्ति वास्तविक सदस्य होता है
B. वह समूह जिसे व्यक्ति कभी नहीं जानता
C. केवल काल्पनिक समूह
D. केवल भीड़
उत्तर: A. वह समूह जिसका व्यक्ति वास्तविक सदस्य होता है
व्याख्या: सदस्यता समूह में व्यक्ति प्रत्यक्ष रूप से जुड़ा होता है।

12. समूह मानदंड क्या हैं?
A. समूह में स्वीकार्य व्यवहार के नियम
B. केवल व्यक्ति का नाम
C. केवल शरीर का वजन
D. केवल भवन का आकार
उत्तर: A. समूह में स्वीकार्य व्यवहार के नियम
व्याख्या: समूह मानदंड सदस्यों के व्यवहार को नियंत्रित और निर्देशित करते हैं।

13. समूह भूमिका का अर्थ क्या है?
A. समूह में किसी सदस्य से अपेक्षित व्यवहार
B. केवल व्यक्ति का नाम
C. केवल कपड़ों की पसंद
D. केवल भोजन की आदत
उत्तर: A. समूह में किसी सदस्य से अपेक्षित व्यवहार
व्याख्या: हर सदस्य की भूमिका समूह के कार्य और संबंधों को प्रभावित करती है।

14. समूह स्थिति का अर्थ क्या है?
A. समूह में व्यक्ति का स्थान या प्रतिष्ठा
B. केवल शारीरिक ऊँचाई
C. केवल आवाज की तीव्रता
D. केवल जन्म स्थान
उत्तर: A. समूह में व्यक्ति का स्थान या प्रतिष्ठा
व्याख्या: समूह में स्थिति व्यक्ति के प्रभाव और जिम्मेदारी को प्रभावित कर सकती है।

15. समूह एकता का अर्थ क्या है?
A. सदस्यों के बीच जुड़ाव और साथ रहने की भावना
B. समूह का टूटना
C. केवल भीड़ होना
D. कोई संबंध न होना
उत्तर: A. सदस्यों के बीच जुड़ाव और साथ रहने की भावना
व्याख्या: समूह एकता समूह को मजबूत और सहयोगी बनाती है।

16. समूह एकता किससे बढ़ती है?
A. साझा लक्ष्य, सहयोग और विश्वास से
B. लगातार संघर्ष से
C. अविश्वास से
D. स्पष्ट लक्ष्य न होने से
उत्तर: A. साझा लक्ष्य, सहयोग और विश्वास से
व्याख्या: समान उद्देश्य और आपसी विश्वास समूह को एकजुट करते हैं।

17. समूह दबाव का अर्थ क्या है?
A. समूह द्वारा व्यक्ति के व्यवहार को प्रभावित करना
B. केवल शारीरिक दबाव
C. केवल मौसम का दबाव
D. कोई प्रभाव नहीं
उत्तर: A. समूह द्वारा व्यक्ति के व्यवहार को प्रभावित करना
व्याख्या: समूह दबाव व्यक्ति को समूह मानदंडों के अनुसार व्यवहार करने के लिए प्रेरित कर सकता है।

18. अनुरूपता का अर्थ क्या है?
A. समूह मानदंडों के अनुसार व्यवहार बदलना
B. हमेशा समूह का विरोध करना
C. अकेले निर्णय लेना
D. कोई सामाजिक प्रभाव न होना
उत्तर: A. समूह मानदंडों के अनुसार व्यवहार बदलना
व्याख्या: व्यक्ति समूह में स्वीकार्यता पाने के लिए अनुरूप व्यवहार कर सकता है।

19. अनुपालन का अर्थ क्या है?
A. किसी अनुरोध या निर्देश के अनुसार व्यवहार करना
B. समूह से भागना
C. हर नियम तोड़ना
D. केवल चुप रहना
उत्तर: A. किसी अनुरोध या निर्देश के अनुसार व्यवहार करना
व्याख्या: अनुपालन में व्यक्ति सीधे अनुरोध या दबाव के कारण व्यवहार करता है।

20. आज्ञापालन का अर्थ क्या है?
A. अधिकार वाले व्यक्ति के आदेश का पालन करना
B. बिना नियम के व्यवहार करना
C. हमेशा विरोध करना
D. समूह छोड़ना
उत्तर: A. अधिकार वाले व्यक्ति के आदेश का पालन करना
व्याख्या: आज्ञापालन में व्यक्ति नेता, शिक्षक या अधिकारी के आदेश का पालन करता है।

21. समूह में नेतृत्व का अर्थ क्या है?
A. समूह को लक्ष्य की ओर निर्देशित और प्रेरित करना
B. केवल आदेश देना
C. समूह को तोड़ना
D. किसी से बात न करना
उत्तर: A. समूह को लक्ष्य की ओर निर्देशित और प्रेरित करना
व्याख्या: नेता समूह के सदस्यों को संगठित कर लक्ष्य प्राप्ति में सहायता करता है।

22. प्रभावी नेता की विशेषता क्या है?
A. संचार, निर्णय क्षमता और प्रेरणा

B. केवल कठोरता
C. कोई लक्ष्य न होना
D. सदस्यों की उपेक्षा
उत्तर: A. संचार, निर्णय क्षमता और प्रेरणा
व्याख्या: प्रभावी नेता स्पष्ट संवाद करता है और समूह को प्रेरित करता है।

23. लोकतांत्रिक नेतृत्व की विशेषता क्या है?
A. सदस्यों की भागीदारी और विचारों को महत्व देना
B. एकतरफा आदेश देना
C. किसी को बोलने न देना
D. कोई निर्णय न लेना
उत्तर: A. सदस्यों की भागीदारी और विचारों को महत्व देना
व्याख्या: लोकतांत्रिक नेतृत्व में समूह की सहभागिता और चर्चा को महत्व दिया जाता है।

24. निरंकुश नेतृत्व की विशेषता क्या है?
A. नेता द्वारा एकतरफा निर्णय लेना
B. सभी को स्वतंत्र छोड़ देना
C. कोई नियंत्रण न होना
D. केवल चर्चा करना
उत्तर: A. नेता द्वारा एकतरफा निर्णय लेना
व्याख्या: निरंकुश नेतृत्व में निर्णय और नियंत्रण मुख्यतः नेता के पास होते हैं।

25. उदार नेतृत्व की विशेषता क्या है?
A. सदस्यों को अधिक स्वतंत्रता देना
B. हर बात पर कठोर नियंत्रण
C. कोई स्वतंत्रता नहीं
D. केवल दंड देना
उत्तर: A. सदस्यों को अधिक स्वतंत्रता देना
व्याख्या: उदार नेतृत्व में नेता कम हस्तक्षेप करता है और सदस्य स्वतंत्र रूप से कार्य करते हैं।

26. समूह निर्णय का अर्थ क्या है?
A. समूह के सदस्यों द्वारा मिलकर निर्णय लेना
B. केवल एक व्यक्ति का निजी निर्णय
C. बिना चर्चा निर्णय
D. निर्णय न लेना
उत्तर: A. समूह के सदस्यों द्वारा मिलकर निर्णय लेना
व्याख्या: समूह निर्णय में विभिन्न विचारों और अनुभवों का उपयोग किया जाता है।

27. समूह निर्णय का लाभ क्या है?
A. अधिक विचार और जानकारी उपलब्ध होती है
B. हमेशा समय बचता है
C. कोई चर्चा नहीं होती
D. हमेशा गलत निर्णय होता है
उत्तर: A. अधिक विचार और जानकारी उपलब्ध होती है
व्याख्या: समूह में अलग-अलग दृष्टिकोण निर्णय को बेहतर बना सकते हैं।

28. समूह निर्णय की सीमा क्या हो सकती है?
A. समय अधिक लगना और समूह दबाव
B. हमेशा पूर्ण सहमति
C. कोई समस्या नहीं
D. तुरंत निर्णय
उत्तर: A. समय अधिक लगना और समूह दबाव
व्याख्या: समूह निर्णय में चर्चा लंबी हो सकती है और सदस्य दबाव में आ सकते हैं।

29. समूह चिंतन का अर्थ क्या है?
A. सहमति बनाए रखने के कारण आलोचनात्मक सोच कम होना
B. हमेशा सही निर्णय
C. केवल अकेले सोचना
D. कोई समूह प्रभाव नहीं
उत्तर: A. सहमति बनाए रखने के कारण आलोचनात्मक सोच कम होना
व्याख्या: समूह चिंतन में सदस्य विरोधी विचारों को दबा सकते हैं, जिससे निर्णय कमजोर हो सकता है।

30. समूह ध्रुवीकरण का अर्थ क्या है?
A. चर्चा के बाद समूह का दृष्टिकोण अधिक चरम हो जाना
B. समूह का पूरी तरह निष्क्रिय होना
C. कोई मत न बनना
D. हमेशा मध्यम निर्णय
उत्तर: A. चर्चा के बाद समूह का दृष्टिकोण अधिक चरम हो जाना
व्याख्या: समूह चर्चा कभी-कभी सदस्यों के विचारों को अधिक तीव्र बना सकती है।

31. सामाजिक सुविधा का अर्थ क्या है?
A. दूसरों की उपस्थिति में सरल कार्यों का प्रदर्शन बेहतर होना
B. दूसरों की उपस्थिति में हर कार्य खराब होना
C. अकेले रहना ही बेहतर होना
D. कोई प्रभाव न होना
उत्तर: A. दूसरों की उपस्थिति में सरल कार्यों का प्रदर्शन बेहतर होना
व्याख्या: समूह या दर्शकों की उपस्थिति सरल कार्यों में प्रदर्शन बढ़ा सकती है।

32. सामाजिक अवरोध कब हो सकता है?
A. कठिन कार्यों में दूसरों की उपस्थिति से प्रदर्शन कमजोर हो
B. हर कार्य बेहतर हो
C. कोई चिंता न हो
D. व्यक्ति अकेला हो
उत्तर: A. कठिन कार्यों में दूसरों की उपस्थिति से प्रदर्शन कमजोर हो
व्याख्या: दबाव या मूल्यांकन की चिंता कठिन कार्यों में प्रदर्शन घटा सकती है।

33. सामाजिक आलस्य का अर्थ क्या है?
A. समूह में व्यक्तिगत प्रयास कम कर देना
B. अकेले अधिक मेहनत करना
C. हमेशा जिम्मेदारी लेना
D. समूह छोड़ देना
उत्तर: A. समूह में व्यक्तिगत प्रयास कम कर देना
व्याख्या: जब व्यक्तिगत योगदान स्पष्ट नहीं होता, तो कुछ सदस्य कम प्रयास कर सकते हैं।

34. सामाजिक आलस्य कम करने का उपाय क्या है?

A. व्यक्तिगत जिम्मेदारी और योगदान स्पष्ट करना
B. सभी को अनाम रखना
C. लक्ष्य छिपाना
D. प्रयास न मापना
उत्तर: A. व्यक्तिगत जिम्मेदारी और योगदान स्पष्ट करना
व्याख्या: जब प्रत्येक सदस्य का योगदान पहचाना जाता है, तो प्रयास बढ़ता है।

35. टीमवर्क का अर्थ क्या है?
A. साझा लक्ष्य के लिए मिलकर काम करना
B. अकेले काम करना
C. दूसरों को रोकना
D. बिना लक्ष्य काम करना
उत्तर: A. साझा लक्ष्य के लिए मिलकर काम करना
व्याख्या: टीमवर्क में सहयोग, संचार और जिम्मेदारी शामिल होते हैं।

36. प्रभावी टीमवर्क की विशेषता क्या है?
A. स्पष्ट लक्ष्य, विश्वास और सहयोग
B. अस्पष्ट लक्ष्य और अविश्वास
C. लगातार संघर्ष
D. कोई संवाद नहीं
उत्तर: A. स्पष्ट लक्ष्य, विश्वास और सहयोग
व्याख्या: सफल टीम में सदस्य एक-दूसरे पर भरोसा करते हैं और मिलकर कार्य करते हैं।

37. समूह संचार का अर्थ क्या है?
A. समूह सदस्यों के बीच विचारों और सूचनाओं का आदान-प्रदान
B. केवल चुप रहना
C. केवल आदेश देना
D. कोई बातचीत नहीं
उत्तर: A. समूह सदस्यों के बीच विचारों और सूचनाओं का आदान-प्रदान
व्याख्या: प्रभावी संचार समूह की सफलता के लिए आवश्यक है।

38. प्रभावी समूह संचार की विशेषता क्या है?
A. स्पष्टता, सुनना और सम्मान
B. भ्रम, शोर और अपमान
C. केवल एकतरफा आदेश
D. कोई प्रतिक्रिया नहीं
उत्तर: A. स्पष्टता, सुनना और सम्मान
व्याख्या: स्पष्ट और सम्मानपूर्ण संवाद समूह में विश्वास और समझ बढ़ाता है।

39. समूह संघर्ष का अर्थ क्या है?
A. सदस्यों या उपसमूहों के बीच लक्ष्य या विचारों का टकराव
B. पूर्ण सहमति
C. केवल सहयोग
D. कोई मतभेद नहीं
उत्तर: A. सदस्यों या उपसमूहों के बीच लक्ष्य या विचारों का टकराव
व्याख्या: समूह में विचारों, भूमिकाओं या संसाधनों को लेकर संघर्ष हो सकता है।

40. समूह संघर्ष का सकारात्मक पक्ष क्या हो सकता है?
A. नए विचार और सुधार की संभावना
B. हमेशा विनाश
C. सीखना बंद होना
D. सहयोग समाप्त होना
उत्तर: A. नए विचार और सुधार की संभावना
व्याख्या: नियंत्रित संघर्ष से समस्याएँ सामने आती हैं और बेहतर समाधान मिल सकते हैं।

41. समूह संघर्ष का नकारात्मक प्रभाव क्या हो सकता है?
A. तनाव, अविश्वास और कार्यक्षमता में कमी
B. हमेशा बेहतर सहयोग
C. कोई प्रभाव नहीं
D. लक्ष्य तुरंत पूरा होना
उत्तर: A. तनाव, अविश्वास और कार्यक्षमता में कमी
व्याख्या: अनियंत्रित संघर्ष समूह को कमजोर कर सकता है।

42. संघर्ष समाधान का उचित तरीका क्या है?
A. संवाद, समझौता और सहयोग
B. केवल आरोप लगाना
C. हिंसा करना
D. समस्या छिपाना
उत्तर: A. संवाद, समझौता और सहयोग
व्याख्या: खुली बातचीत और सहयोग से संघर्ष का स्वस्थ समाधान हो सकता है।

43. समूह में सहयोग का अर्थ क्या है?
A. साझा लक्ष्य के लिए मिलकर प्रयास करना
B. दूसरों को रोकना
C. केवल प्रतिस्पर्धा करना
D. समूह छोड़ना
उत्तर: A. साझा लक्ष्य के लिए मिलकर प्रयास करना
व्याख्या: सहयोग समूह की एकता और सफलता को बढ़ाता है।

44. समूह में प्रतिस्पर्धा का अर्थ क्या है?
A. सीमित संसाधन या लक्ष्य के लिए मुकाबला करना
B. हमेशा मिलकर काम करना
C. दूसरों की सहायता करना
D. कोई लक्ष्य न होना
उत्तर: A. सीमित संसाधन या लक्ष्य के लिए मुकाबला करना
व्याख्या: प्रतिस्पर्धा प्रेरणा दे सकती है, पर अत्यधिक होने पर तनाव पैदा कर सकती है।

45. स्वस्थ प्रतिस्पर्धा की विशेषता क्या है?
A. नियमों के भीतर प्रयास और सुधार
B. धोखा और नुकसान पहुँचाना
C. सहयोग समाप्त करना
D. दूसरों को अपमानित करना
उत्तर: A. नियमों के भीतर प्रयास और सुधार
व्याख्या: स्वस्थ प्रतिस्पर्धा व्यक्ति और समूह दोनों के विकास में सहायक होती है।

46. समूह में विश्वास का महत्व क्या है?
A. सहयोग और खुला संवाद बढ़ाना
B. अविश्वास बढ़ाना

C. कार्य रोकना
D. संघर्ष ही बढ़ाना
उत्तर: A. सहयोग और खुला संवाद बढ़ाना
व्याख्या: विश्वास समूह के सदस्यों को एक-दूसरे के साथ प्रभावी ढंग से काम करने में मदद करता है।

47. समूह में जिम्मेदारी का महत्व क्या है?
A. कार्यों को समय पर और सही ढंग से पूरा करना
B. कार्यों को टालना
C. केवल दूसरों पर निर्भर रहना
D. लक्ष्य भूल जाना
उत्तर: A. कार्यों को समय पर और सही ढंग से पूरा करना
व्याख्या: जिम्मेदार सदस्य समूह की सफलता में योगदान देते हैं।

48. समूह में भूमिका अस्पष्टता का अर्थ क्या है?
A. सदस्य को अपनी भूमिका स्पष्ट न होना
B. भूमिका बहुत स्पष्ट होना
C. सभी कार्य पूरे होना
D. कोई समस्या न होना
उत्तर: A. सदस्य को अपनी भूमिका स्पष्ट न होना
व्याख्या: भूमिका अस्पष्टता से भ्रम, तनाव और कार्यक्षमता में कमी हो सकती है।

49. भूमिका संघर्ष का अर्थ क्या है?
A. दो या अधिक भूमिकाओं की अपेक्षाओं में टकराव
B. सभी भूमिकाएँ समान होना
C. कोई अपेक्षा न होना
D. भूमिका स्पष्ट होना
उत्तर: A. दो या अधिक भूमिकाओं की अपेक्षाओं में टकराव
व्याख्या: जब व्यक्ति से अलग-अलग भूमिकाओं में विरोधी अपेक्षाएँ हों, तो भूमिका संघर्ष होता है।

50. समूह में सत्ता का अर्थ क्या है?
A. दूसरों के व्यवहार को प्रभावित करने की क्षमता
B. केवल शारीरिक शक्ति
C. कोई प्रभाव नहीं
D. केवल पद का नाम
उत्तर: A. दूसरों के व्यवहार को प्रभावित करने की क्षमता
व्याख्या: सत्ता औपचारिक पद, विशेषज्ञता, पुरस्कार या व्यक्तिगत प्रभाव से आ सकती है।

51. वैध सत्ता का आधार क्या है?
A. पद या अधिकार
B. केवल मित्रता
C. केवल उम्र
D. केवल भोजन
उत्तर: A. पद या अधिकार
व्याख्या: वैध सत्ता व्यक्ति की औपचारिक भूमिका या पद से आती है।

52. विशेषज्ञ सत्ता का आधार क्या है?
A. ज्ञान और कौशल
B. केवल दंड
C. केवल धन
D. केवल शारीरिक बल
उत्तर: A. ज्ञान और कौशल
व्याख्या: विशेषज्ञता के कारण व्यक्ति दूसरों को प्रभावित कर सकता है।

53. पुरस्कार सत्ता का आधार क्या है?
A. पुरस्कार या लाभ देने की क्षमता
B. केवल डर
C. केवल नियम तोड़ना
D. केवल चुप रहना
उत्तर: A. पुरस्कार या लाभ देने की क्षमता
व्याख्या: जो व्यक्ति पुरस्कार दे सकता है, वह दूसरों के व्यवहार को प्रभावित कर सकता है।

54. दंडात्मक सत्ता का आधार क्या है?
A. दंड देने या नकारात्मक परिणाम देने की क्षमता
B. केवल सहायता करना
C. केवल प्रशंसा करना
D. कोई प्रभाव नहीं
उत्तर: A. दंड देने या नकारात्मक परिणाम देने की क्षमता
व्याख्या: दंड की संभावना भी लोगों के व्यवहार को नियंत्रित कर सकती है।

55. करिश्माई प्रभाव किससे संबंधित है?
A. व्यक्ति के आकर्षक व्यक्तित्व और प्रेरक क्षमता से
B. केवल नियम पुस्तिका से
C. केवल भवन से
D. केवल भोजन से
उत्तर: A. व्यक्ति के आकर्षक व्यक्तित्व और प्रेरक क्षमता से
व्याख्या: करिश्माई व्यक्ति अपने व्यक्तित्व और दृष्टि से लोगों को प्रभावित कर सकता है।

56. समूह विकास का प्रारंभिक चरण क्या कहलाता है?
A. गठन
B. समापन
C. विघटन
D. मूल्यांकन
उत्तर: A. गठन
व्याख्या: गठन चरण में सदस्य एक-दूसरे को समझते और समूह के उद्देश्य को जानने का प्रयास करते हैं।

57. समूह विकास में संघर्ष चरण की विशेषता क्या है?
A. मतभेद और भूमिकाओं को लेकर तनाव
B. पूर्ण सहमति
C. कोई संवाद नहीं
D. समूह समाप्त होना
उत्तर: A. मतभेद और भूमिकाओं को लेकर तनाव
व्याख्या: प्रारंभिक समय में सदस्यों के विचार और अपेक्षाएँ टकरा सकती हैं।

58. समूह विकास में मानकीकरण चरण का अर्थ क्या है?
A. नियम, भूमिकाएँ और संबंध स्पष्ट होना
B. समूह का टूटना
C. कोई नियम न बनना
D. केवल संघर्ष होना
उत्तर: A. नियम, भूमिकाएँ और संबंध स्पष्ट होना

व्याख्या: इस चरण में समूह में सहयोग और मानदंड विकसित होते हैं।

59. समूह विकास में प्रदर्शन चरण का अर्थ क्या है?
A. समूह का लक्ष्य की ओर प्रभावी कार्य करना
B. केवल परिचय देना
C. केवल संघर्ष करना
D. कार्य बंद करना
उत्तर: A. समूह का लक्ष्य की ओर प्रभावी कार्य करना
व्याख्या: प्रदर्शन चरण में समूह संगठित होकर लक्ष्य प्राप्ति के लिए काम करता है।

60. समूह विकास में समापन चरण कब आता है?
A. कार्य पूरा होने या समूह समाप्त होने पर
B. समूह बनने से पहले
C. पहले दिन
D. बिना कारण
उत्तर: A. कार्य पूरा होने या समूह समाप्त होने पर
व्याख्या: समापन चरण में समूह अपने कार्य का मूल्यांकन करता और समाप्त हो सकता है।

61. समूह में सामूहिक लक्ष्य का महत्व क्या है?
A. सदस्यों को एक दिशा में जोड़ना
B. भ्रम बढ़ाना
C. समूह को कमजोर करना
D. कोई महत्व नहीं
उत्तर: A. सदस्यों को एक दिशा में जोड़ना
व्याख्या: साझा लक्ष्य समूह की एकता और प्रयास को मजबूत करता है।

62. समूह में साझा पहचान का अर्थ क्या है?
A. सदस्यों का स्वयं को एक समूह का हिस्सा मानना
B. केवल व्यक्तिगत पहचान
C. कोई संबंध न होना
D. केवल नाम लिखना
उत्तर: A. सदस्यों का स्वयं को एक समूह का हिस्सा मानना
व्याख्या: साझा पहचान समूह एकता और निष्ठा को बढ़ाती है।

63. समूह निष्ठा का अर्थ क्या है?
A. समूह के प्रति लगाव और प्रतिबद्धता
B. समूह से दूरी
C. केवल विरोध
D. कोई भावना नहीं
उत्तर: A. समूह के प्रति लगाव और प्रतिबद्धता
व्याख्या: निष्ठा समूह के लक्ष्यों और सदस्यों के प्रति जिम्मेदारी की भावना बढ़ाती है।

64. समूह में प्रेरणा का स्रोत क्या हो सकता है?
A. लक्ष्य, मान्यता और समूह समर्थन
B. केवल थकान
C. केवल भ्रम
D. कोई स्रोत नहीं
उत्तर: A. लक्ष्य, मान्यता और समूह समर्थन
व्याख्या: समूह समर्थन और उपलब्धि की मान्यता सदस्यों को प्रेरित करती है।

65. समूह में पुरस्कार का प्रभाव क्या हो सकता है?
A. सकारात्मक व्यवहार और प्रयास बढ़ाना
B. हमेशा प्रयास घटाना
C. कोई प्रभाव नहीं
D. समूह तोड़ना
उत्तर: A. सकारात्मक व्यवहार और प्रयास बढ़ाना
व्याख्या: उचित पुरस्कार सदस्यों को बेहतर प्रदर्शन के लिए प्रेरित कर सकता है।

66. समूह में निष्पक्षता क्यों आवश्यक है?
A. विश्वास और संतोष बनाए रखने के लिए
B. पक्षपात बढ़ाने के लिए
C. संघर्ष बढ़ाने के लिए
D. कोई आवश्यकता नहीं
उत्तर: A. विश्वास और संतोष बनाए रखने के लिए
व्याख्या: निष्पक्ष व्यवहार से सदस्यों में भरोसा और सहयोग बढ़ता है।

67. समूह में पक्षपात का प्रभाव क्या हो सकता है?
A. असंतोष और संघर्ष बढ़ना
B. हमेशा एकता बढ़ना
C. कोई प्रभाव नहीं
D. कार्यक्षमता बढ़ना ही
उत्तर: A. असंतोष और संघर्ष बढ़ना
व्याख्या: पक्षपात समूह में विश्वास और न्याय की भावना को कमजोर करता है।

68. समूह में संचार बाधा का उदाहरण क्या है?
A. गलतफहमी या अस्पष्ट संदेश
B. स्पष्ट संवाद
C. ध्यान से सुनना
D. खुली चर्चा
उत्तर: A. गलतफहमी या अस्पष्ट संदेश
व्याख्या: अस्पष्ट संदेश समूह में भ्रम और संघर्ष पैदा कर सकता है।

69. समूह में सक्रिय श्रवण का अर्थ क्या है?
A. ध्यान से सुनना और समझकर प्रतिक्रिया देना
B. बीच में रोकना
C. अनदेखा करना
D. केवल आदेश देना
उत्तर: A. ध्यान से सुनना और समझकर प्रतिक्रिया देना
व्याख्या: सक्रिय श्रवण से संवाद प्रभावी और सम्मानपूर्ण बनता है।

70. समूह में प्रतिक्रिया का महत्व क्या है?
A. सुधार और प्रदर्शन बढ़ाने में सहायता
B. कोई महत्व नहीं
C. केवल आलोचना
D. कार्य रोकना
उत्तर: A. सुधार और प्रदर्शन बढ़ाने में सहायता
व्याख्या: रचनात्मक प्रतिक्रिया सदस्य को अपनी कमियाँ और सुधार के तरीके समझाती है।

71. समूह में मनोबल का अर्थ क्या है?

A. समूह सदस्यों का उत्साह और आत्मविश्वास
B. केवल शरीर की शक्ति
C. केवल भोजन की मात्रा
D. कोई भावना नहीं
उत्तर: A. समूह सदस्यों का उत्साह और आत्मविश्वास
व्याख्या: उच्च मनोबल समूह की कार्यक्षमता और सहयोग को बढ़ाता है।

72. समूह मनोबल कैसे बढ़ाया जा सकता है?
A. प्रशंसा, सहयोग और स्पष्ट लक्ष्य देकर
B. लगातार अपमान से
C. भ्रम और अविश्वास से
D. लक्ष्य छिपाकर
उत्तर: A. प्रशंसा, सहयोग और स्पष्ट लक्ष्य देकर
व्याख्या: सकारात्मक वातावरण और मान्यता मनोबल को मजबूत करते हैं।

73. समूह में अनुशासन का अर्थ क्या है?
A. नियमों और जिम्मेदार व्यवहार का पालन
B. पूर्ण अव्यवस्था
C. कोई नियम न होना
D. केवल दंड
उत्तर: A. नियमों और जिम्मेदार व्यवहार का पालन
व्याख्या: अनुशासन समूह को व्यवस्थित और लक्ष्य-केंद्रित रखता है।

74. समूह में अनुशासन बनाए रखने का सही तरीका क्या है?
A. स्पष्ट नियम, निष्पक्षता और संवाद
B. केवल कठोर दंड
C. नियम छिपाना
D. पक्षपात करना
उत्तर: A. स्पष्ट नियम, निष्पक्षता और संवाद
व्याख्या: स्पष्ट अपेक्षाएँ और न्यायपूर्ण व्यवहार अनुशासन बनाए रखते हैं।

75. समूह में परिवर्तन का विरोध क्यों हो सकता है?
A. असुरक्षा, आदत या अनिश्चितता के कारण
B. हमेशा खुशी के कारण
C. कोई कारण नहीं
D. केवल सफलता के कारण
उत्तर: A. असुरक्षा, आदत या अनिश्चितता के कारण
व्याख्या: लोग नई परिस्थितियों से डर या असुविधा महसूस कर सकते हैं।

76. समूह में परिवर्तन स्वीकार कराने का उपाय क्या है?
A. स्पष्ट जानकारी, सहभागिता और समर्थन
B. अचानक दबाव
C. जानकारी छिपाना
D. केवल आदेश देना
उत्तर: A. स्पष्ट जानकारी, सहभागिता और समर्थन
व्याख्या: परिवर्तन में सदस्यों की भागीदारी और समर्थन से स्वीकार्यता बढ़ती है।

77. समूह में नवाचार का अर्थ क्या है?
A. नए विचारों और तरीकों को अपनाना
B. केवल पुराने तरीके अपनाना
C. कोई विचार न देना
D. कार्य रोकना
उत्तर: A. नए विचारों और तरीकों को अपनाना
व्याख्या: नवाचार समूह को समस्याओं के नए समाधान खोजने में मदद करता है।

78. समूह में रचनात्मकता कैसे बढ़ती है?
A. खुला वातावरण और विचारों को प्रोत्साहन देकर
B. हर विचार को रोककर
C. डर और अपमान से
D. केवल दंड से
उत्तर: A. खुला वातावरण और विचारों को प्रोत्साहन देकर
व्याख्या: सुरक्षित और प्रोत्साहनपूर्ण वातावरण में सदस्य नए विचार साझा करते हैं।

79. समूह में ब्रेनस्टॉर्मिंग का अर्थ क्या है?
A. अधिक से अधिक विचार बिना तुरंत आलोचना के प्रस्तुत करना
B. केवल चुप रहना
C. विचारों को रोकना
D. केवल एक व्यक्ति का निर्णय
उत्तर: A. अधिक से अधिक विचार बिना तुरंत आलोचना के प्रस्तुत करना
व्याख्या: ब्रेनस्टॉर्मिंग रचनात्मक विचार उत्पन्न करने की तकनीक है।

80. समूह में सामूहिक जिम्मेदारी का अर्थ क्या है?
A. समूह के परिणामों के लिए सभी का उत्तरदायित्व
B. केवल नेता की जिम्मेदारी
C. किसी की जिम्मेदारी नहीं
D. केवल बाहरी व्यक्ति की जिम्मेदारी
उत्तर: A. समूह के परिणामों के लिए सभी का उत्तरदायित्व
व्याख्या: सामूहिक जिम्मेदारी से सदस्य समूह के लक्ष्य के प्रति गंभीर रहते हैं।

81. समूह में व्यक्तिगत जिम्मेदारी क्यों आवश्यक है?
A. प्रत्येक सदस्य का योगदान स्पष्ट करने के लिए
B. जिम्मेदारी हटाने के लिए
C. प्रयास कम करने के लिए
D. भ्रम बढ़ाने के लिए
उत्तर: A. प्रत्येक सदस्य का योगदान स्पष्ट करने के लिए
व्याख्या: व्यक्तिगत जिम्मेदारी सामाजिक आलस्य को कम करती है।

82. समूह में पारस्परिक निर्भरता का अर्थ क्या है?
A. सदस्यों का एक-दूसरे पर कार्य के लिए निर्भर होना
B. कोई संबंध न होना
C. पूर्ण अलगाव
D. केवल प्रतिस्पर्धा
उत्तर: A. सदस्यों का एक-दूसरे पर कार्य के लिए निर्भर होना
व्याख्या: पारस्परिक निर्भरता सहयोग और समन्वय को बढ़ाती है।

83. समूह में समन्वय का अर्थ क्या है?
A. कार्यों और प्रयासों को व्यवस्थित रूप से जोड़ना
B. अव्यवस्था बढ़ाना
C. लक्ष्य छिपाना
D. केवल व्यक्तिगत कार्य
उत्तर: A. कार्यों और प्रयासों को व्यवस्थित रूप से जोड़ना
व्याख्या: समन्वय से समूह कार्य प्रभावी और समयबद्ध होता है।

84. समूह में योजना का महत्व क्या है?
A. लक्ष्य, कार्य और संसाधनों को व्यवस्थित करना
B. भ्रम बढ़ाना
C. कार्य रोकना
D. कोई महत्व नहीं
उत्तर: A. लक्ष्य, कार्य और संसाधनों को व्यवस्थित करना
व्याख्या: योजना समूह को सही दिशा और कार्य क्रम देती है।

85. समूह में मूल्यांकन का उद्देश्य क्या है?
A. कार्य की प्रगति और सुधार की जरूरत समझना
B. केवल दोष देना
C. कोई उद्देश्य नहीं
D. कार्य छिपाना
उत्तर: A. कार्य की प्रगति और सुधार की जरूरत समझना
व्याख्या: मूल्यांकन से समूह अपने प्रदर्शन को सुधार सकता है।

86. समूह में आत्म-मूल्यांकन का अर्थ क्या है?
A. समूह द्वारा अपने कार्य और व्यवहार की समीक्षा
B. केवल दूसरों को दोष देना
C. कोई समीक्षा न करना
D. कार्य छोड़ना
उत्तर: A. समूह द्वारा अपने कार्य और व्यवहार की समीक्षा
व्याख्या: आत्म-मूल्यांकन समूह को अपनी शक्तियों और कमजोरियों को समझने में मदद करता है।

87. समूह में सीखने का लाभ क्या है?
A. विचार साझा करना और सहयोग से समझ बढ़ना
B. सीखना हमेशा रुकना
C. कोई लाभ नहीं
D. केवल भ्रम बढ़ना
उत्तर: A. विचार साझा करना और सहयोग से समझ बढ़ना
व्याख्या: समूह में सीखना सामाजिक कौशल और ज्ञान दोनों को बढ़ाता है।

88. समूह में सहानुभूति का महत्व क्या है?
A. दूसरों की भावनाएँ समझकर संबंध मजबूत करना
B. दूसरों की उपेक्षा करना
C. संघर्ष बढ़ाना
D. कोई महत्व नहीं
उत्तर: A. दूसरों की भावनाएँ समझकर संबंध मजबूत करना
व्याख्या: सहानुभूति समूह में विश्वास और सहयोग को बढ़ाती है।

89. समूह में सम्मान का महत्व क्या है?
A. सुरक्षित और सकारात्मक वातावरण बनाना
B. अपमान बढ़ाना
C. संवाद रोकना
D. कोई प्रभाव नहीं
उत्तर: A. सुरक्षित और सकारात्मक वातावरण बनाना
व्याख्या: सम्मानपूर्ण व्यवहार से सदस्य खुलकर विचार साझा करते हैं।

90. समूह में विविधता का अर्थ क्या है?
A. सदस्यों की पृष्ठभूमि, विचार और क्षमताओं में भिन्नता
B. सभी का बिल्कुल समान होना
C. कोई अंतर न होना
D. केवल एक ही विचार
उत्तर: A. सदस्यों की पृष्ठभूमि, विचार और क्षमताओं में भिन्नता
व्याख्या: विविधता समूह को अलग-अलग दृष्टिकोण और रचनात्मक समाधान देती है।

91. समूह में विविधता का लाभ क्या है?
A. नए विचार और व्यापक दृष्टिकोण
B. हमेशा नुकसान
C. कोई लाभ नहीं
D. सोच सीमित होना
उत्तर: A. नए विचार और व्यापक दृष्टिकोण
व्याख्या: विविध सदस्य समूह को अधिक रचनात्मक और लचीला बना सकते हैं।

92. समूह में विविधता से चुनौती क्या हो सकती है?
A. गलतफहमी या मतभेद
B. हमेशा पूर्ण सहमति
C. कोई समस्या नहीं
D. संवाद की जरूरत नहीं
उत्तर: A. गलतफहमी या मतभेद
व्याख्या: विविधता के कारण विचारों में अंतर हो सकता है, जिसे संवाद से संभालना चाहिए।

93. समूह में समावेशन का अर्थ क्या है?
A. सभी सदस्यों को सम्मान और भागीदारी का अवसर देना
B. कुछ सदस्यों को बाहर रखना
C. केवल नेता को बोलने देना
D. कोई भागीदारी नहीं
उत्तर: A. सभी सदस्यों को सम्मान और भागीदारी का अवसर देना
व्याख्या: समावेशन से हर सदस्य समूह में मूल्यवान महसूस करता है।

94. समूह में नैतिकता का महत्व क्या है?
A. ईमानदारी, निष्पक्षता और जिम्मेदारी बनाए रखना
B. धोखा देना
C. पक्षपात करना
D. केवल लाभ देखना
उत्तर: A. ईमानदारी, निष्पक्षता और जिम्मेदारी बनाए रखना
व्याख्या: नैतिकता समूह में विश्वास और विश्वसनीयता को मजबूत करती है।

95. समूह में गोपनीयता का महत्व कब होता है?
A. संवेदनशील जानकारी की सुरक्षा के लिए
B. हर बात फैलाने के लिए
C. अफवाह बढ़ाने के लिए
D. कोई महत्व नहीं

उत्तर: A. संवेदनशील जानकारी की सुरक्षा के लिए
व्याख्या: गोपनीयता समूह में विश्वास और सुरक्षा की भावना बनाए रखती है।

96. समूह में अफवाह का प्रभाव क्या हो सकता है?
A. भ्रम, अविश्वास और तनाव बढ़ना
B. हमेशा सहयोग बढ़ना
C. कोई प्रभाव नहीं
D. लक्ष्य स्पष्ट होना
उत्तर: A. भ्रम, अविश्वास और तनाव बढ़ना
व्याख्या: अफवाहें समूह के वातावरण और संबंधों को कमजोर कर सकती हैं।

97. समूह में अफवाह रोकने का उपाय क्या है?
A. सही सूचना और स्पष्ट संचार
B. जानकारी छिपाना
C. भ्रम फैलाना
D. चुप रहना ही हमेशा पर्याप्त है
उत्तर: A. सही सूचना और स्पष्ट संचार
व्याख्या: पारदर्शी और विश्वसनीय सूचना अफवाहों को कम करती है।

98. समूह व्यवहार का शिक्षा में उपयोग क्या है?
A. समूह कार्य, कक्षा अनुशासन और सहयोगात्मक अधिगम समझने में
B. केवल भवन बनाने में
C. केवल फीस तय करने में
D. कोई उपयोग नहीं
उत्तर: A. समूह कार्य, कक्षा अनुशासन और सहयोगात्मक अधिगम समझने में
व्याख्या: शिक्षक समूह व्यवहार की समझ से कक्षा को बेहतर ढंग से संचालित कर सकता है।

99. समूह व्यवहार की सबसे उपयुक्त विशेषता क्या है?
A. यह समूह में व्यक्ति और सदस्यों की परस्पर क्रिया का अध्ययन करता है
B. यह केवल शरीर का अध्ययन करता है
C. यह केवल मौसम का अध्ययन करता है
D. यह समाज से असंबंधित है
उत्तर: A. यह समूह में व्यक्ति और सदस्यों की परस्पर क्रिया का अध्ययन करता है
व्याख्या: समूह व्यवहार सामाजिक प्रभाव, सहयोग, नेतृत्व और निर्णय को समझने में सहायता करता है।

100. समूह व्यवहार का सबसे उचित निष्कर्ष क्या है?
A. समूह व्यक्ति के व्यवहार, निर्णय, प्रेरणा और संबंधों को प्रभावित करता है
B. समूह का व्यक्ति पर कोई प्रभाव नहीं होता
C. समूह केवल वस्तुओं का ढेर है
D. समूह व्यवहार का मनोविज्ञान से कोई संबंध नहीं
उत्तर: A. समूह व्यक्ति के व्यवहार, निर्णय, प्रेरणा और संबंधों को प्रभावित करता है
व्याख्या: समूह व्यवहार को समझकर शिक्षा, संगठन और समाज में सहयोग और कार्यक्षमता बढ़ाई जा सकती है।

अध्याय 23: अभिवृत्ति एवं मूल्य

100 वस्तुनिष्ठ प्रश्न

1. अभिवृत्ति का अर्थ क्या है?
A. किसी व्यक्ति, वस्तु या विचार के प्रति स्थायी मानसिक प्रवृत्ति
B. केवल शरीर की लंबाई
C. केवल भोजन की मात्रा
D. केवल नींद का समय
उत्तर: A. किसी व्यक्ति, वस्तु या विचार के प्रति स्थायी मानसिक प्रवृत्ति
व्याख्या: अभिवृत्ति व्यक्ति के विचार, भावनाओं और व्यवहार को प्रभावित करती है।

2. अभिवृत्ति किससे संबंधित होती है?
A. विचार, भावना और व्यवहार से
B. केवल शरीर से
C. केवल मौसम से
D. केवल भोजन से
उत्तर: A. विचार, भावना और व्यवहार से
व्याख्या: अभिवृत्ति में संज्ञानात्मक, भावात्मक और व्यवहारात्मक पक्ष शामिल होते हैं।

3. अभिवृत्ति के प्रमुख घटक कौन-से हैं?
A. संज्ञानात्मक, भावात्मक और व्यवहारात्मक
B. शारीरिक, आर्थिक और भौगोलिक
C. नींद, भोजन और खेल
D. भाषा, रंग और आकार
उत्तर: A. संज्ञानात्मक, भावात्मक और व्यवहारात्मक
व्याख्या: अभिवृत्ति को ABC मॉडल से समझा जाता है: Affect, Behaviour, Cognition।

4. संज्ञानात्मक घटक किससे संबंधित है?
A. विश्वास और विचारों से
B. केवल भावनाओं से
C. केवल क्रिया से
D. केवल शरीर से
उत्तर: A. विश्वास और विचारों से
व्याख्या: किसी विषय के बारे में व्यक्ति क्या सोचता है, यह संज्ञानात्मक घटक है।

5. भावात्मक घटक किससे संबंधित है?
A. भावनाओं और पसंद-नापसंद से
B. केवल तर्क से
C. केवल गणना से
D. केवल शरीर से
उत्तर: A. भावनाओं और पसंद-नापसंद से
व्याख्या: किसी वस्तु या विचार के प्रति अच्छा या बुरा महसूस करना भावात्मक घटक है।

6. व्यवहारात्मक घटक किससे संबंधित है?
A. कार्य करने की प्रवृत्ति से
B. केवल सोच से
C. केवल कल्पना से
D. केवल स्मृति से

उत्तर: A. कार्य करने की प्रवृत्ति से
व्याख्या: अभिवृत्ति व्यक्ति को किसी दिशा में व्यवहार करने के लिए प्रेरित कर सकती है।

7. अभिवृत्ति की प्रमुख विशेषता क्या है?
A. यह सीखी हुई और अपेक्षाकृत स्थायी होती है
B. यह केवल जन्मजात होती है
C. यह कभी बदलती नहीं
D. इसका व्यवहार से कोई संबंध नहीं
उत्तर: A. यह सीखी हुई और अपेक्षाकृत स्थायी होती है
व्याख्या: अभिवृत्तियाँ अनुभव, परिवार, शिक्षा और समाज से विकसित होती हैं।

8. अभिवृत्ति का निर्माण किससे होता है?
A. अनुभव, सामाजिक प्रभाव और सीखने से
B. केवल रक्त समूह से
C. केवल मौसम से
D. केवल ऊँचाई से
उत्तर: A. अनुभव, सामाजिक प्रभाव और सीखने से
व्याख्या: व्यक्ति अपने अनुभवों और सामाजिक वातावरण से अभिवृत्तियाँ विकसित करता है।

9. परिवार अभिवृत्ति निर्माण में कैसे सहायक है?
A. प्रारंभिक मूल्य और व्यवहार सिखाकर
B. केवल भोजन देकर
C. केवल कपड़े देकर
D. कोई भूमिका नहीं
उत्तर: A. प्रारंभिक मूल्य और व्यवहार सिखाकर
व्याख्या: परिवार बच्चे की पहली सामाजिक संस्था है, जहाँ से वह दृष्टिकोण सीखता है।

10. विद्यालय अभिवृत्ति निर्माण में कैसे सहायक है?
A. अनुशासन, सहयोग और सामाजिक मूल्यों को सिखाकर
B. केवल परीक्षा लेकर
C. केवल भवन देकर
D. कोई प्रभाव नहीं
उत्तर: A. अनुशासन, सहयोग और सामाजिक मूल्यों को सिखाकर
व्याख्या: विद्यालय शिक्षा और सामाजिक अनुभवों के माध्यम से अभिवृत्तियाँ विकसित करता है।

11. समाज अभिवृत्ति को कैसे प्रभावित करता है?
A. मानदंड, संस्कृति और परंपराओं के माध्यम से
B. केवल मौसम से
C. केवल शरीर से
D. कोई प्रभाव नहीं
उत्तर: A. मानदंड, संस्कृति और परंपराओं के माध्यम से
व्याख्या: समाज के नियम और मान्यताएँ व्यक्ति के दृष्टिकोण को आकार देते हैं।

12. मीडिया अभिवृत्ति निर्माण में क्या भूमिका निभाता है?
A. सूचना और विचारों के प्रसार से अभिवृत्ति प्रभावित करता है
B. कोई प्रभाव नहीं
C. केवल शरीर की वृद्धि करता है
D. केवल नींद बढ़ाता है
उत्तर: A. सूचना और विचारों के प्रसार से अभिवृत्ति प्रभावित करता है
व्याख्या: मीडिया किसी विषय के प्रति जनमत और दृष्टिकोण को प्रभावित कर सकता है।

13. अभिवृत्ति परिवर्तन का अर्थ क्या है?
A. किसी विषय के प्रति दृष्टिकोण में बदलाव
B. केवल शरीर का रंग बदलना
C. केवल नाम बदलना
D. केवल भोजन बदलना
उत्तर: A. किसी विषय के प्रति दृष्टिकोण में बदलाव
व्याख्या: नई जानकारी, अनुभव या सामाजिक प्रभाव से अभिवृत्ति बदल सकती है।

14. अभिवृत्ति परिवर्तन का प्रमुख साधन क्या हो सकता है?
A. प्रेरक संचार
B. केवल नींद
C. केवल भोजन
D. केवल मौन
उत्तर: A. प्रेरक संचार
व्याख्या: प्रभावी संदेश, विश्वसनीय स्रोत और तर्क अभिवृत्ति परिवर्तन में सहायक होते हैं।

15. प्रेरक संचार में स्रोत की विश्वसनीयता क्यों महत्वपूर्ण है?
A. विश्वसनीय स्रोत संदेश को अधिक प्रभावी बनाता है
B. स्रोत का कोई महत्व नहीं
C. केवल आवाज मायने रखती है
D. केवल रंग मायने रखता है
उत्तर: A. विश्वसनीय स्रोत संदेश को अधिक प्रभावी बनाता है
व्याख्या: लोग विश्वसनीय और विशेषज्ञ स्रोत की बात अधिक स्वीकार करते हैं।

16. अभिवृत्ति और व्यवहार में क्या संबंध है?
A. अभिवृत्ति व्यवहार को प्रभावित कर सकती है
B. दोनों का कोई संबंध नहीं
C. व्यवहार हमेशा अभिवृत्ति से अलग होता है
D. अभिवृत्ति केवल शरीर से जुड़ी है
उत्तर: A. अभिवृत्ति व्यवहार को प्रभावित कर सकती है
व्याख्या: व्यक्ति की सोच और भावना उसके कार्यों को दिशा दे सकती है।

17. अभिवृत्ति हमेशा व्यवहार में क्यों नहीं बदलती?
A. परिस्थिति, सामाजिक दबाव और अवसर के कारण
B. क्योंकि अभिवृत्ति का कोई अर्थ नहीं
C. क्योंकि व्यवहार जन्मजात होता है
D. क्योंकि समाज का कोई प्रभाव नहीं
उत्तर: A. परिस्थिति, सामाजिक दबाव और अवसर के कारण
व्याख्या: कई बार व्यक्ति की अभिवृत्ति अलग होती है, लेकिन सामाजिक दबाव व्यवहार बदल देता है।

18. संज्ञानात्मक विसंगति का अर्थ क्या है?
A. विचारों, विश्वासों या व्यवहार में असंगति से उत्पन्न मानसिक तनाव
B. पूर्ण संतुलन
C. केवल स्मृति बढ़ना

D. केवल नींद आना
उत्तर: A. विचारों, विश्वासों या व्यवहार में असंगति से उत्पन्न मानसिक तनाव
व्याख्या: जब व्यक्ति के विचार और व्यवहार मेल नहीं खाते, तो मानसिक असुविधा होती है।

19. संज्ञानात्मक विसंगति सिद्धांत किसने दिया?
A. लियोन फेस्टिंगर
B. सिगमंड फ्रायड
C. इवान पावलॉव
D. बी. एफ. स्किनर
उत्तर: A. लियोन फेस्टिंगर
व्याख्या: फेस्टिंगर ने बताया कि व्यक्ति असंगति कम करने का प्रयास करता है।

20. संज्ञानात्मक विसंगति कम करने का तरीका क्या हो सकता है?
A. विचार या व्यवहार में परिवर्तन करना
B. हमेशा असंगति बढ़ाना
C. कोई प्रयास न करना
D. केवल सोना
उत्तर: A. विचार या व्यवहार में परिवर्तन करना
व्याख्या: व्यक्ति अपने विचार, व्यवहार या तर्क बदलकर मानसिक संतुलन बनाने का प्रयास करता है।

21. पूर्वाग्रह का संबंध किससे है?
A. किसी समूह या व्यक्ति के प्रति पहले से बनी धारणा से
B. केवल वैज्ञानिक सत्य से
C. केवल निष्पक्ष निर्णय से
D. केवल गणना से
उत्तर: A. किसी समूह या व्यक्ति के प्रति पहले से बनी धारणा से
व्याख्या: पूर्वाग्रह बिना पर्याप्त जानकारी के बना दृष्टिकोण हो सकता है।

22. रूढ़िबद्ध धारणा का अर्थ क्या है?
A. किसी समूह के बारे में सामान्यीकृत धारणा
B. हर व्यक्ति का वैज्ञानिक मूल्यांकन
C. केवल व्यक्तिगत अनुभव
D. केवल तटस्थ निरीक्षण
उत्तर: A. किसी समूह के बारे में सामान्यीकृत धारणा
व्याख्या: इसमें समूह के सभी सदस्यों को एक जैसा मान लिया जाता है।

23. भेदभाव का अर्थ क्या है?
A. पूर्वाग्रह के आधार पर असमान व्यवहार करना
B. सभी के साथ समान व्यवहार करना
C. निष्पक्ष मूल्यांकन
D. केवल सहायता करना
उत्तर: A. पूर्वाग्रह के आधार पर असमान व्यवहार करना
व्याख्या: जब पूर्वाग्रह व्यवहार में बदलता है, तो भेदभाव उत्पन्न होता है।

24. अभिवृत्ति मापन का उद्देश्य क्या है?
A. व्यक्ति के दृष्टिकोण और प्रवृत्ति को जानना
B. केवल वजन मापना
C. केवल ऊँचाई मापना
D. केवल तापमान मापना
उत्तर: A. व्यक्ति के दृष्टिकोण और प्रवृत्ति को जानना
व्याख्या: अभिवृत्ति मापन से किसी विषय पर व्यक्ति की राय समझी जाती है।

25. लिकर्ट स्केल किसके मापन में उपयोगी है?
A. अभिवृत्ति
B. रक्तचाप
C. तापमान
D. ऊँचाई
उत्तर: A. अभिवृत्ति
व्याख्या: लिकर्ट स्केल में व्यक्ति सहमति या असहमति के स्तर को बताता है।

26. थर्स्टन स्केल किससे संबंधित है?
A. अभिवृत्ति मापन
B. शारीरिक परीक्षण
C. मौसम मापन
D. रक्त परीक्षण
उत्तर: A. अभिवृत्ति मापन
व्याख्या: थर्स्टन स्केल अभिवृत्ति की तीव्रता मापने की विधि है।

27. सिमेंटिक डिफरेंशियल स्केल किसके लिए प्रयोग होता है?
A. किसी वस्तु या विचार के प्रति अर्थात्मक प्रतिक्रिया मापने के लिए
B. केवल रक्त समूह जानने के लिए
C. केवल ऊँचाई मापने के लिए
D. केवल नींद मापने के लिए
उत्तर: A. किसी वस्तु या विचार के प्रति अर्थात्मक प्रतिक्रिया मापने के लिए
व्याख्या: इसमें विपरीत विशेषणों के बीच व्यक्ति अपनी प्रतिक्रिया देता है।

28. मूल्य का अर्थ क्या है?
A. समाज या व्यक्ति द्वारा महत्वपूर्ण माने गए आदर्श और मान्यताएँ
B. केवल वस्तु की कीमत
C. केवल अंक
D. केवल वजन
उत्तर: A. समाज या व्यक्ति द्वारा महत्वपूर्ण माने गए आदर्श और मान्यताएँ
व्याख्या: मूल्य व्यक्ति के निर्णय और व्यवहार को दिशा देते हैं।

29. मूल्य किसे प्रभावित करते हैं?
A. निर्णय, लक्ष्य और व्यवहार
B. केवल शरीर की ऊँचाई
C. केवल भोजन की मात्रा
D. केवल मौसम
उत्तर: A. निर्णय, लक्ष्य और व्यवहार
व्याख्या: व्यक्ति अपने मूल्यों के आधार पर सही-गलत और महत्वपूर्ण-अमहत्वपूर्ण का निर्णय करता है।

30. मूल्य और अभिवृत्ति में क्या संबंध है?

A. मूल्य अभिवृत्तियों को दिशा देते हैं
B. दोनों का कोई संबंध नहीं
C. मूल्य केवल वस्तु की कीमत है
D. अभिवृत्ति केवल शारीरिक गुण है
उत्तर: A. मूल्य अभिवृत्तियों को दिशा देते हैं
व्याख्या: मूल्यों के आधार पर व्यक्ति किसी विषय के प्रति सकारात्मक या नकारात्मक अभिवृत्ति बना सकता है।

31. व्यक्तिगत मूल्य का उदाहरण क्या है?
A. ईमानदारी
B. तापमान
C. रक्तचाप
D. ऊँचाई
उत्तर: A. ईमानदारी
व्याख्या: ईमानदारी व्यक्ति के व्यवहार और निर्णय को प्रभावित करने वाला मूल्य है।

32. सामाजिक मूल्य का उदाहरण क्या है?
A. सहयोग और समानता
B. केवल वजन
C. केवल रंग
D. केवल आकार
उत्तर: A. सहयोग और समानता
व्याख्या: सामाजिक मूल्य समाज में संबंधों और व्यवहार को दिशा देते हैं।

33. नैतिक मूल्य का उदाहरण क्या है?
A. सत्य, न्याय और करुणा
B. केवल धन
C. केवल भोजन
D. केवल नींद
उत्तर: A. सत्य, न्याय और करुणा
व्याख्या: नैतिक मूल्य व्यक्ति को सही और गलत में अंतर करने में मदद करते हैं।

34. सौंदर्यात्मक मूल्य किससे संबंधित हैं?
A. सुंदरता और कला की सराहना से
B. केवल धन से
C. केवल शक्ति से
D. केवल गणना से
उत्तर: A. सुंदरता और कला की सराहना से
व्याख्या: सौंदर्यात्मक मूल्य व्यक्ति की कला, संगीत और सौंदर्य के प्रति रुचि दर्शाते हैं।

35. धार्मिक मूल्य किससे संबंधित हैं?
A. आस्था, विश्वास और आध्यात्मिकता से
B. केवल गणित से
C. केवल भोजन से
D. केवल खेल से
उत्तर: A. आस्था, विश्वास और आध्यात्मिकता से
व्याख्या: धार्मिक मूल्य व्यक्ति के विश्वास और जीवन दृष्टि को प्रभावित कर सकते हैं।

36. आर्थिक मूल्य किससे संबंधित हैं?
A. उपयोगिता, धन और संसाधनों से
B. केवल कला से
C. केवल भावना से
D. केवल खेल से
उत्तर: A. उपयोगिता, धन और संसाधनों से
व्याख्या: आर्थिक मूल्य वस्तुओं और कार्यों की उपयोगिता तथा लाभ से जुड़े होते हैं।

37. राजनीतिक मूल्य किससे संबंधित हैं?
A. शक्ति, अधिकार और नागरिक जिम्मेदारी से
B. केवल भोजन से
C. केवल नींद से
D. केवल रंग से
उत्तर: A. शक्ति, अधिकार और नागरिक जिम्मेदारी से
व्याख्या: राजनीतिक मूल्य शासन, अधिकारों और नागरिक कर्तव्यों से जुड़े होते हैं।

38. मूल्य निर्माण का प्रमुख माध्यम क्या है?
A. परिवार, शिक्षा, समाज और संस्कृति
B. केवल शरीर की लंबाई
C. केवल मौसम
D. केवल भोजन
उत्तर: A. परिवार, शिक्षा, समाज और संस्कृति
व्याख्या: मूल्य सामाजिकरण और अनुभवों से विकसित होते हैं।

39. मूल्य शिक्षा का उद्देश्य क्या है?
A. नैतिक, सामाजिक और मानवीय गुणों का विकास
B. केवल परीक्षा लेना
C. केवल अंक बढ़ाना
D. कोई उद्देश्य नहीं
उत्तर: A. नैतिक, सामाजिक और मानवीय गुणों का विकास
व्याख्या: मूल्य शिक्षा व्यक्ति को जिम्मेदार और संवेदनशील नागरिक बनाती है।

40. मूल्य शिक्षा का विद्यालय में महत्व क्या है?
A. चरित्र निर्माण और सामाजिक जिम्मेदारी विकसित करना
B. केवल भवन सजाना
C. केवल खेल कराना
D. कोई महत्व नहीं
उत्तर: A. चरित्र निर्माण और सामाजिक जिम्मेदारी विकसित करना
व्याख्या: विद्यालय मूल्य शिक्षा के माध्यम से विद्यार्थियों में अच्छे व्यवहार और जिम्मेदारी विकसित करता है।

41. शिक्षक मूल्य निर्माण में कैसे सहायक है?
A. आदर्श व्यवहार और मार्गदर्शन देकर
B. केवल उपस्थिति लेकर
C. केवल दंड देकर
D. कोई भूमिका नहीं
उत्तर: A. आदर्श व्यवहार और मार्गदर्शन देकर
व्याख्या: शिक्षक का आचरण विद्यार्थियों के मूल्यों पर गहरा प्रभाव डालता है।

42. सहानुभूति किस प्रकार का मूल्य है?
A. मानवीय मूल्य
B. केवल आर्थिक मूल्य

C. केवल राजनीतिक मूल्य
D. केवल शारीरिक गुण
उत्तर: A. मानवीय मूल्य
व्याख्या: सहानुभूति दूसरों की भावनाओं को समझने और सहायता करने की भावना है।

43. सहिष्णुता का अर्थ क्या है?
A. भिन्न विचारों और विश्वासों का सम्मान करना
B. केवल अपने विचार थोपना
C. दूसरों को अनदेखा करना
D. हर मत का विरोध करना
उत्तर: A. भिन्न विचारों और विश्वासों का सम्मान करना
व्याख्या: सहिष्णुता सामाजिक सद्भाव और शांति को बढ़ाती है।

44. समानता का अर्थ क्या है?
A. सभी को समान सम्मान और अवसर देना
B. कुछ लोगों को ही अवसर देना
C. पक्षपात करना
D. केवल धनवानों को महत्व देना
उत्तर: A. सभी को समान सम्मान और अवसर देना
व्याख्या: समानता सामाजिक न्याय और लोकतांत्रिक मूल्यों का आधार है।

45. न्याय का अर्थ क्या है?
A. निष्पक्ष और उचित व्यवहार
B. पक्षपात
C. अन्याय
D. केवल दंड
उत्तर: A. निष्पक्ष और उचित व्यवहार
व्याख्या: न्याय समाज में विश्वास और व्यवस्था बनाए रखने में सहायक है।

46. जिम्मेदारी का अर्थ क्या है?
A. अपने कर्तव्यों और परिणामों को स्वीकार करना
B. हर कार्य से बचना
C. दूसरों को दोष देना
D. नियम तोड़ना
उत्तर: A. अपने कर्तव्यों और परिणामों को स्वीकार करना
व्याख्या: जिम्मेदारी व्यक्ति को अनुशासित और विश्वसनीय बनाती है।

47. अनुशासन किस प्रकार का मूल्य है?
A. व्यक्तिगत और सामाजिक मूल्य
B. केवल आर्थिक मूल्य
C. केवल शारीरिक गुण
D. केवल मौसम से जुड़ा गुण
उत्तर: A. व्यक्तिगत और सामाजिक मूल्य
व्याख्या: अनुशासन व्यक्ति और समाज दोनों में व्यवस्था बनाए रखता है।

48. ईमानदारी का महत्व क्या है?
A. विश्वास और नैतिक व्यवहार को मजबूत करना
B. धोखा बढ़ाना
C. अविश्वास बढ़ाना
D. कोई महत्व नहीं
उत्तर: A. विश्वास और नैतिक व्यवहार को मजबूत करना
व्याख्या: ईमानदारी सामाजिक संबंधों में भरोसा पैदा करती है।

49. सहयोग का मूल्य किसमें सहायक है?
A. समूह कार्य और सामाजिक संबंधों में
B. केवल अकेलेपन में
C. केवल संघर्ष में
D. कोई लाभ नहीं
उत्तर: A. समूह कार्य और सामाजिक संबंधों में
व्याख्या: सहयोग साझा लक्ष्यों को प्राप्त करने में सहायता करता है।

50. करुणा का अर्थ क्या है?
A. दूसरों के दुख को समझकर सहायता की भावना
B. दूसरों को नुकसान पहुँचाना
C. केवल कठोरता
D. कोई भावना नहीं
उत्तर: A. दूसरों के दुख को समझकर सहायता की भावना
व्याख्या: करुणा मानवीय संबंधों और सामाजिक संवेदनशीलता को बढ़ाती है।

51. देशभक्ति किस प्रकार का मूल्य है?
A. राष्ट्रीय मूल्य
B. केवल आर्थिक मूल्य
C. केवल सौंदर्यात्मक मूल्य
D. केवल शारीरिक गुण
उत्तर: A. राष्ट्रीय मूल्य
व्याख्या: देशभक्ति राष्ट्र के प्रति प्रेम, सम्मान और जिम्मेदारी की भावना है।

52. लोकतांत्रिक मूल्य का उदाहरण क्या है?
A. स्वतंत्रता, समानता और सहभागिता
B. केवल आदेश पालन
C. केवल निरंकुशता
D. केवल पक्षपात
उत्तर: A. स्वतंत्रता, समानता और सहभागिता
व्याख्या: लोकतांत्रिक मूल्य नागरिक जीवन और सामाजिक न्याय को मजबूत करते हैं।

53. पर्यावरणीय मूल्य का उदाहरण क्या है?
A. प्रकृति संरक्षण
B. संसाधनों का दुरुपयोग
C. प्रदूषण बढ़ाना
D. पेड़ों को काटना ही
उत्तर: A. प्रकृति संरक्षण
व्याख्या: पर्यावरणीय मूल्य प्रकृति और संसाधनों की रक्षा के लिए प्रेरित करते हैं।

54. वैश्विक मूल्य का उदाहरण क्या है?
A. शांति और मानवता
B. केवल स्थानीय स्वार्थ
C. केवल संघर्ष
D. केवल भेदभाव
उत्तर: A. शांति और मानवता
व्याख्या: वैश्विक मूल्य विश्व स्तर पर सहयोग और मानव कल्याण

को बढ़ाते हैं।

55. मूल्य संघर्ष का अर्थ क्या है?
A. दो या अधिक मूल्यों के बीच टकराव
B. सभी मूल्यों का समान होना
C. कोई निर्णय न लेना
D. मूल्य समाप्त होना
उत्तर: A. दो या अधिक मूल्यों के बीच टकराव
व्याख्या: कभी-कभी व्यक्ति को ऐसे निर्णय लेने पड़ते हैं जहाँ अलग-अलग मूल्य टकराते हैं।

56. मूल्य स्पष्टता का अर्थ क्या है?
A. अपने मूल्यों को समझना और स्पष्ट करना
B. मूल्यों को छिपाना
C. कोई मूल्य न रखना
D. केवल दूसरों की नकल करना
उत्तर: A. अपने मूल्यों को समझना और स्पष्ट करना
व्याख्या: मूल्य स्पष्टता व्यक्ति को सही निर्णय लेने में मदद करती है।

57. मूल्य आंतरिकीकरण का अर्थ क्या है?
A. मूल्यों को अपने व्यक्तित्व और व्यवहार का हिस्सा बनाना
B. केवल सुनना
C. केवल याद करना
D. मूल्यों को अस्वीकार करना
उत्तर: A. मूल्यों को अपने व्यक्तित्व और व्यवहार का हिस्सा बनाना
व्याख्या: जब मूल्य व्यक्ति के व्यवहार में स्वाभाविक रूप से दिखाई दें, तो वे आंतरिकीकृत हो जाते हैं।

58. अभिवृत्ति और मूल्य में मुख्य अंतर क्या है?
A. अभिवृत्ति किसी विशिष्ट विषय के प्रति होती है, मूल्य व्यापक आदर्श होते हैं
B. दोनों बिल्कुल समान हैं
C. मूल्य केवल कीमत है
D. अभिवृत्ति केवल शरीर है
उत्तर: A. अभिवृत्ति किसी विशिष्ट विषय के प्रति होती है, मूल्य व्यापक आदर्श होते हैं
व्याख्या: मूल्य व्यक्ति के जीवन के सामान्य सिद्धांत हैं, जबकि अभिवृत्ति किसी वस्तु या विचार के प्रति दृष्टिकोण है।

59. मूल्य व्यवहार को कैसे प्रभावित करते हैं?
A. सही-गलत और प्राथमिकताओं का निर्णय कराकर
B. कोई प्रभाव नहीं
C. केवल नींद बदलकर
D. केवल शरीर बदलकर
उत्तर: A. सही-गलत और प्राथमिकताओं का निर्णय कराकर
व्याख्या: व्यक्ति अपने मूल्यों के अनुसार चुनाव और व्यवहार करता है।

60. अभिवृत्ति व्यवहार को कब अधिक प्रभावित करती है?
A. जब अभिवृत्ति मजबूत और स्पष्ट हो
B. जब व्यक्ति को विषय पता न हो
C. जब सामाजिक दबाव बहुत अधिक हो
D. जब अभिवृत्ति कमजोर हो
उत्तर: A. जब अभिवृत्ति मजबूत और स्पष्ट हो
व्याख्या: मजबूत अभिवृत्ति व्यवहार की भविष्यवाणी अधिक अच्छे से कर सकती है।

61. सामाजिक मानदंड अभिवृत्ति को कैसे प्रभावित करते हैं?
A. स्वीकार्य व्यवहार और सोच की दिशा देकर
B. कोई प्रभाव नहीं
C. केवल शरीर पर प्रभाव
D. केवल मौसम पर प्रभाव
उत्तर: A. स्वीकार्य व्यवहार और सोच की दिशा देकर
व्याख्या: व्यक्ति समाज में स्वीकृति पाने के लिए अपनी अभिवृत्ति बदल सकता है।

62. समूह दबाव का अभिवृत्ति पर क्या प्रभाव हो सकता है?
A. व्यक्ति समूह के अनुसार अपना दृष्टिकोण बदल सकता है
B. कोई प्रभाव नहीं
C. हमेशा स्वतंत्र विचार ही रहता है
D. केवल शरीर बदलता है
उत्तर: A. व्यक्ति समूह के अनुसार अपना दृष्टिकोण बदल सकता है
व्याख्या: समूह स्वीकृति की इच्छा अभिवृत्ति परिवर्तन का कारण बन सकती है।

63. सामाजिक अधिगम से अभिवृत्ति कैसे बनती है?
A. दूसरों को देखकर और अनुकरण करके
B. केवल जन्म से
C. केवल दवा से
D. कोई सीखना नहीं
उत्तर: A. दूसरों को देखकर और अनुकरण करके
व्याख्या: बच्चे और व्यक्ति मॉडल के व्यवहार को देखकर दृष्टिकोण सीखते हैं।

64. प्रत्यक्ष अनुभव अभिवृत्ति को कैसे प्रभावित करता है?
A. व्यक्तिगत अनुभव से अभिवृत्ति मजबूत हो सकती है
B. कोई प्रभाव नहीं
C. केवल नींद बढ़ती है
D. केवल वजन बढ़ता है
उत्तर: A. व्यक्तिगत अनुभव से अभिवृत्ति मजबूत हो सकती है
व्याख्या: प्रत्यक्ष अनुभव से बनी अभिवृत्तियाँ अधिक स्थायी हो सकती हैं।

65. अभिवृत्ति की दिशा का अर्थ क्या है?
A. सकारात्मक या नकारात्मक रुख
B. केवल दूरी
C. केवल ऊँचाई
D. केवल वजन
उत्तर: A. सकारात्मक या नकारात्मक रुख
व्याख्या: व्यक्ति किसी विषय के प्रति अनुकूल या प्रतिकूल दृष्टिकोण रख सकता है।

66. अभिवृत्ति की तीव्रता का अर्थ क्या है?
A. अभिवृत्ति की मजबूती
B. केवल आवाज की ऊँचाई
C. केवल शरीर की लंबाई

D. केवल रंग
उत्तर: A. अभिवृत्ति की मजबूती
व्याख्या: तीव्र अभिवृत्ति व्यक्ति के व्यवहार को अधिक प्रभावित कर सकती है।

67. अभिवृत्ति की स्थिरता का अर्थ क्या है?
A. समय के साथ अभिवृत्ति का टिके रहना
B. हर पल बदलना
C. कोई अभिवृत्ति न होना
D. केवल शरीर का स्थिर होना
उत्तर: A. समय के साथ अभिवृत्ति का टिके रहना
व्याख्या: स्थिर अभिवृत्तियाँ अनुभव और मूल्यों से मजबूत होती हैं।

68. अभिवृत्ति की व्यापकता का अर्थ क्या है?
A. कितने विषयों या स्थितियों तक अभिवृत्ति फैली है
B. केवल कमरे का आकार
C. केवल वजन
D. केवल तापमान
उत्तर: A. कितने विषयों या स्थितियों तक अभिवृत्ति फैली है
व्याख्या: कुछ अभिवृत्तियाँ सीमित होती हैं, जबकि कुछ व्यापक सामाजिक क्षेत्रों से जुड़ी होती हैं।

69. मूल्य की स्थिरता का अर्थ क्या है?
A. मूल्य अपेक्षाकृत लंबे समय तक टिके रहते हैं
B. मूल्य हर क्षण बदलते हैं
C. मूल्य का कोई प्रभाव नहीं
D. मूल्य केवल कीमत है
उत्तर: A. मूल्य अपेक्षाकृत लंबे समय तक टिके रहते हैं
व्याख्या: मूल्य व्यक्ति के व्यक्तित्व और संस्कृति में गहराई से जुड़े होते हैं।

70. मूल्य प्रणाली का अर्थ क्या है?
A. व्यक्ति या समाज के मूल्यों का संगठित ढाँचा
B. केवल कीमतों की सूची
C. केवल परीक्षा अंक
D. केवल वजन मापना
उत्तर: A. व्यक्ति या समाज के मूल्यों का संगठित ढाँचा
व्याख्या: मूल्य प्रणाली व्यक्ति के निर्णयों और जीवन शैली को दिशा देती है।

71. अभिवृत्ति का सामाजिक कार्य क्या है?
A. व्यक्ति को सामाजिक वातावरण में प्रतिक्रिया करने में सहायता देना
B. केवल शरीर बढ़ाना
C. कोई कार्य नहीं
D. केवल नींद लाना
उत्तर: A. व्यक्ति को सामाजिक वातावरण में प्रतिक्रिया करने में सहायता देना
व्याख्या: अभिवृत्ति व्यक्ति को सामाजिक स्थितियों में निर्णय और व्यवहार की दिशा देती है।

72. अभिवृत्ति का ज्ञानात्मक कार्य क्या है?
A. जानकारी को व्यवस्थित कर समझ बनाने में सहायता
B. केवल भूलना
C. केवल सोना
D. कोई ज्ञान नहीं
उत्तर: A. जानकारी को व्यवस्थित कर समझ बनाने में सहायता
व्याख्या: अभिवृत्ति व्यक्ति को जटिल सामाजिक जानकारी को सरल बनाने में मदद करती है।

73. अभिवृत्ति का मूल्य-अभिव्यक्ति कार्य क्या है?
A. व्यक्ति अपने मूल्यों और पहचान को व्यक्त करता है
B. केवल भोजन व्यक्त करता है
C. केवल वजन बताता है
D. कोई अभिव्यक्ति नहीं
उत्तर: A. व्यक्ति अपने मूल्यों और पहचान को व्यक्त करता है
व्याख्या: अभिवृत्ति व्यक्ति की मान्यताओं और आत्म-पहचान को दिखाती है।

74. अभिवृत्ति का अहं-रक्षात्मक कार्य क्या है?
A. आत्मसम्मान की रक्षा करना
B. केवल शरीर की रक्षा
C. केवल भोजन की रक्षा
D. कोई रक्षा नहीं
उत्तर: A. आत्मसम्मान की रक्षा करना
व्याख्या: कुछ अभिवृत्तियाँ व्यक्ति को असुरक्षा या चिंता से बचाने में मदद करती हैं।

75. अभिवृत्ति का उपयोगितावादी कार्य क्या है?
A. लाभ प्राप्त करने और हानि से बचने में सहायता
B. केवल नुकसान देना
C. कोई लाभ नहीं
D. केवल भ्रम
उत्तर: A. लाभ प्राप्त करने और हानि से बचने में सहायता
व्याख्या: व्यक्ति ऐसी अभिवृत्तियाँ विकसित कर सकता है जो उसे पुरस्कार या सामाजिक स्वीकृति दिलाएँ।

76. मूल्य शिक्षा में कथा-कहानी का उपयोग क्यों किया जाता है?
A. नैतिक संदेश सरल और रोचक ढंग से देने के लिए
B. केवल समय बिताने के लिए
C. कोई उपयोग नहीं
D. केवल मनोरंजन के लिए बिना सीख
उत्तर: A. नैतिक संदेश सरल और रोचक ढंग से देने के लिए
व्याख्या: कहानियाँ बच्चों को मूल्य समझाने का प्रभावी माध्यम हैं।

77. मूल्य शिक्षा में भूमिका-अभिनय का लाभ क्या है?
A. स्थितियों को अनुभव करके मूल्य समझना
B. केवल याद करना
C. कोई सीखना नहीं
D. केवल खेलना
उत्तर: A. स्थितियों को अनुभव करके मूल्य समझना
व्याख्या: भूमिका-अभिनय से विद्यार्थी व्यवहारिक रूप में मूल्य सीखते हैं।

78. मूल्य शिक्षा में चर्चा का महत्व क्या है?
A. विचारों का आदान-प्रदान और नैतिक सोच विकसित करना
B. केवल शोर करना

C. कोई लाभ नहीं
D. सोच रोकना
उत्तर: A. विचारों का आदान-प्रदान और नैतिक सोच विकसित करना
व्याख्या: चर्चा से विद्यार्थी अलग-अलग दृष्टिकोण समझते हैं।

79. मूल्य शिक्षा में सेवा-कार्य का उद्देश्य क्या है?
A. सामाजिक जिम्मेदारी और सहानुभूति विकसित करना
B. केवल अंक लेना
C. केवल समय बिताना
D. कोई उद्देश्य नहीं
उत्तर: A. सामाजिक जिम्मेदारी और सहानुभूति विकसित करना
व्याख्या: सेवा-कार्य से विद्यार्थी समाज के प्रति संवेदनशील बनते हैं।

80. मूल्य शिक्षा में शिक्षक का आदर्श व्यवहार क्यों महत्वपूर्ण है?
A. विद्यार्थी व्यवहार देखकर सीखते हैं
B. शिक्षक का व्यवहार कोई प्रभाव नहीं डालता
C. केवल पुस्तक महत्वपूर्ण है
D. केवल परीक्षा महत्वपूर्ण है
उत्तर: A. विद्यार्थी व्यवहार देखकर सीखते हैं
व्याख्या: शिक्षक का आचरण विद्यार्थियों के लिए मॉडल का काम करता है।

81. अभिवृत्ति और पूर्वाग्रह में क्या संबंध है?
A. पूर्वाग्रह एक प्रकार की नकारात्मक अभिवृत्ति हो सकता है
B. दोनों का कोई संबंध नहीं
C. पूर्वाग्रह हमेशा वैज्ञानिक होता है
D. अभिवृत्ति केवल शारीरिक गुण है
उत्तर: A. पूर्वाग्रह एक प्रकार की नकारात्मक अभिवृत्ति हो सकता है
व्याख्या: पूर्वाग्रह अक्सर किसी समूह के प्रति नकारात्मक दृष्टिकोण के रूप में दिखाई देता है।

82. अभिवृत्ति और रूढ़िबद्ध धारणा में क्या संबंध है?
A. रूढ़िबद्ध धारणा अभिवृत्ति के संज्ञानात्मक पक्ष को प्रभावित कर सकती है
B. कोई संबंध नहीं
C. रूढ़िबद्ध धारणा केवल शारीरिक माप है
D. अभिवृत्ति केवल भोजन है
उत्तर: A. रूढ़िबद्ध धारणा अभिवृत्ति के संज्ञानात्मक पक्ष को प्रभावित कर सकती है
व्याख्या: समूह के बारे में सामान्यीकृत विश्वास अभिवृत्ति का आधार बन सकते हैं।

83. सकारात्मक अभिवृत्ति का शिक्षा में महत्व क्या है?
A. सीखने की रुचि और उपलब्धि बढ़ाना
B. सीखना रोकना
C. कोई प्रभाव नहीं
D. केवल तनाव बढ़ाना
उत्तर: A. सीखने की रुचि और उपलब्धि बढ़ाना
व्याख्या: सकारात्मक अभिवृत्ति विद्यार्थी को प्रयास और सहभागिता के लिए प्रेरित करती है।

84. नकारात्मक अभिवृत्ति का प्रभाव क्या हो सकता है?
A. सीखने और संबंधों में बाधा
B. हमेशा सफलता
C. कोई प्रभाव नहीं
D. केवल आनंद
उत्तर: A. सीखने और संबंधों में बाधा
व्याख्या: नकारात्मक दृष्टिकोण व्यक्ति की प्रेरणा और व्यवहार को कमजोर कर सकता है।

85. मूल्य और चरित्र में क्या संबंध है?
A. मूल्य चरित्र निर्माण का आधार हैं
B. कोई संबंध नहीं
C. चरित्र केवल शरीर है
D. मूल्य केवल कीमत है
उत्तर: A. मूल्य चरित्र निर्माण का आधार हैं
व्याख्या: व्यक्ति के मूल्य उसके चरित्र और व्यवहार में दिखाई देते हैं।

86. मूल्य और संस्कृति में क्या संबंध है?
A. संस्कृति मूल्यों को संरक्षित और प्रसारित करती है
B. कोई संबंध नहीं
C. मूल्य केवल व्यक्तिगत होते हैं
D. संस्कृति केवल भोजन है
उत्तर: A. संस्कृति मूल्यों को संरक्षित और प्रसारित करती है
व्याख्या: संस्कृति समाज के मूल्यों को पीढ़ी-दर-पीढ़ी आगे बढ़ाती है।

87. मूल्य और सामाजिकरण में क्या संबंध है?
A. सामाजिकरण से मूल्य सीखे जाते हैं
B. सामाजिकरण का मूल्यों से कोई संबंध नहीं
C. मूल्य जन्म से पूरी तरह तय होते हैं
D. मूल्य केवल कीमत है
उत्तर: A. सामाजिकरण से मूल्य सीखे जाते हैं
व्याख्या: परिवार, विद्यालय और समाज के माध्यम से व्यक्ति मूल्य सीखता है।

88. मूल्य और निर्णय लेने में क्या संबंध है?
A. मूल्य निर्णयों को दिशा देते हैं
B. निर्णय केवल संयोग से होते हैं
C. मूल्य का कोई प्रभाव नहीं
D. निर्णय केवल नींद से होते हैं
उत्तर: A. मूल्य निर्णयों को दिशा देते हैं
व्याख्या: व्यक्ति अपने मूल्यों के अनुसार विकल्प चुनता है।

89. अभिवृत्ति और प्रेरणा में क्या संबंध है?
A. सकारात्मक अभिवृत्ति प्रेरणा बढ़ा सकती है
B. कोई संबंध नहीं
C. अभिवृत्ति प्रेरणा को हमेशा घटाती है
D. प्रेरणा केवल शरीर से जुड़ी है
उत्तर: A. सकारात्मक अभिवृत्ति प्रेरणा बढ़ा सकती है
व्याख्या: जब व्यक्ति किसी कार्य के प्रति सकारात्मक दृष्टिकोण रखता है, तो वह अधिक प्रयास करता है।

90. मूल्य और आत्म-अनुशासन में क्या संबंध है?
A. मूल्य व्यक्ति को आत्म-नियंत्रण और अनुशासन की दिशा देते हैं

B. कोई संबंध नहीं
C. मूल्य अनुशासन खत्म करते हैं
D. आत्म-अनुशासन केवल दंड है
उत्तर: A. मूल्य व्यक्ति को आत्म-नियंत्रण और अनुशासन की दिशा देते हैं
व्याख्या: अनुशासन, जिम्मेदारी और ईमानदारी जैसे मूल्य आत्म-नियंत्रण को मजबूत करते हैं।

91. अभिवृत्ति परिवर्तन में पुनर्बलन की भूमिका क्या है?
A. इच्छित दृष्टिकोण को मजबूत करना
B. हर दृष्टिकोण को कमजोर करना
C. कोई भूमिका नहीं
D. केवल दंड देना
उत्तर: A. इच्छित दृष्टिकोण को मजबूत करना
व्याख्या: प्रशंसा या पुरस्कार से सकारात्मक अभिवृत्ति मजबूत हो सकती है।

92. अभिवृत्ति परिवर्तन में समूह चर्चा का प्रभाव क्या हो सकता है?
A. नए दृष्टिकोण और समझ विकसित करना
B. हमेशा भ्रम बढ़ाना
C. कोई प्रभाव नहीं
D. केवल मौन रहना
उत्तर: A. नए दृष्टिकोण और समझ विकसित करना
व्याख्या: समूह चर्चा से व्यक्ति अलग-अलग विचारों को समझकर अपना दृष्टिकोण बदल सकता है।

93. अभिवृत्ति परिवर्तन में शिक्षा की भूमिका क्या है?
A. सही जानकारी और तर्क देकर दृष्टिकोण बदलना
B. कोई भूमिका नहीं
C. केवल भ्रम फैलाना
D. केवल दंड देना
उत्तर: A. सही जानकारी और तर्क देकर दृष्टिकोण बदलना
व्याख्या: शिक्षा व्यक्ति को तथ्य, तर्क और आलोचनात्मक सोच देती है।

94. मूल्य शिक्षा में आलोचनात्मक चिंतन क्यों आवश्यक है?
A. सही-गलत का तर्कपूर्ण निर्णय करने के लिए
B. केवल रटने के लिए
C. कोई आवश्यकता नहीं
D. सोच रोकने के लिए
उत्तर: A. सही-गलत का तर्कपूर्ण निर्णय करने के लिए
व्याख्या: आलोचनात्मक चिंतन विद्यार्थी को नैतिक निर्णय लेने में सक्षम बनाता है।

95. मूल्य शिक्षा का अंतिम लक्ष्य क्या है?
A. जिम्मेदार, संवेदनशील और नैतिक नागरिक बनाना
B. केवल अंक बढ़ाना
C. केवल परीक्षा पास कराना
D. कोई लक्ष्य नहीं
उत्तर: A. जिम्मेदार, संवेदनशील और नैतिक नागरिक बनाना
व्याख्या: मूल्य शिक्षा व्यक्ति और समाज दोनों के विकास के लिए आवश्यक है।

96. अभिवृत्ति का संगठनात्मक जीवन में महत्व क्या है?
A. कार्य संतुष्टि, सहयोग और प्रदर्शन को प्रभावित करना
B. कोई महत्व नहीं
C. केवल वेतन तय करना
D. केवल भवन सजाना
उत्तर: A. कार्य संतुष्टि, सहयोग और प्रदर्शन को प्रभावित करना
व्याख्या: कर्मचारियों की अभिवृत्ति संगठन के वातावरण और उत्पादकता को प्रभावित करती है।

97. मूल्य का सामाजिक जीवन में महत्व क्या है?
A. सामाजिक सद्भाव और जिम्मेदारी बनाए रखना
B. संघर्ष ही बढ़ाना
C. कोई महत्व नहीं
D. केवल निजी लाभ
उत्तर: A. सामाजिक सद्भाव और जिम्मेदारी बनाए रखना
व्याख्या: साझा मूल्य समाज में विश्वास, सहयोग और व्यवस्था बनाते हैं।

98. अभिवृत्ति एवं मूल्य का अध्ययन किसमें सहायक है?
A. व्यक्ति के व्यवहार, निर्णय और सामाजिक संबंध समझने में
B. केवल शरीर की बनावट समझने में
C. केवल मौसम समझने में
D. केवल गणितीय गणना में
उत्तर: A. व्यक्ति के व्यवहार, निर्णय और सामाजिक संबंध समझने में
व्याख्या: अभिवृत्ति और मूल्य व्यक्ति के जीवन दृष्टिकोण और व्यवहार को समझने में मदद करते हैं।

99. अभिवृत्ति की सबसे उपयुक्त विशेषता क्या है?
A. यह किसी विषय के प्रति व्यक्ति की सीखी हुई मानसिक प्रवृत्ति है
B. यह केवल शारीरिक गुण है
C. यह कभी नहीं बदलती
D. इसका व्यवहार से कोई संबंध नहीं
उत्तर: A. यह किसी विषय के प्रति व्यक्ति की सीखी हुई मानसिक प्रवृत्ति है
व्याख्या: अभिवृत्ति अनुभव और सामाजिक प्रभाव से बनती है तथा व्यवहार को प्रभावित करती है।

100. मूल्य का सबसे उचित निष्कर्ष क्या है?
A. मूल्य व्यक्ति और समाज के व्यवहार को दिशा देने वाले आदर्श हैं
B. मूल्य केवल वस्तु की कीमत हैं
C. मूल्य का जीवन से कोई संबंध नहीं
D. मूल्य केवल परीक्षा अंक हैं
उत्तर: A. मूल्य व्यक्ति और समाज के व्यवहार को दिशा देने वाले आदर्श हैं
व्याख्या: मूल्य व्यक्ति के निर्णय, चरित्र और सामाजिक व्यवहार का आधार बनते हैं।

अध्याय 24: मानसिक स्वास्थ्य

100 वस्तुनिष्ठ प्रश्न

1. मानसिक स्वास्थ्य का अर्थ क्या है?
A. व्यक्ति का भावनात्मक, सामाजिक और मानसिक रूप से

संतुलित होना
B. केवल शरीर का स्वस्थ होना
C. केवल अधिक धन होना
D. केवल परीक्षा में अच्छे अंक आना
उत्तर: A. व्यक्ति का भावनात्मक, सामाजिक और मानसिक रूप से संतुलित होना
व्याख्या: मानसिक स्वास्थ्य व्यक्ति की सोच, भावना, व्यवहार और संबंधों को संतुलित रखता है।

2. मानसिक स्वास्थ्य किससे संबंधित है?
A. सोच, भावना और व्यवहार से
B. केवल ऊँचाई से
C. केवल वजन से
D. केवल कपड़ों से
उत्तर: A. सोच, भावना और व्यवहार से
व्याख्या: मानसिक स्वास्थ्य व्यक्ति के विचारों, भावनाओं और दैनिक व्यवहार को प्रभावित करता है।

3. अच्छे मानसिक स्वास्थ्य की प्रमुख विशेषता क्या है?
A. आत्मविश्वास और भावनात्मक संतुलन
B. हमेशा क्रोध करना
C. हर समय डरना
D. समाज से अलग रहना
उत्तर: A. आत्मविश्वास और भावनात्मक संतुलन
व्याख्या: मानसिक रूप से स्वस्थ व्यक्ति परिस्थितियों का संतुलित ढंग से सामना करता है।

4. मानसिक स्वास्थ्य का शिक्षा में महत्व क्या है?
A. सीखने, ध्यान और उपलब्धि को बेहतर बनाना
B. केवल छुट्टी बढ़ाना
C. केवल खेल रोकना
D. कोई महत्व नहीं
उत्तर: A. सीखने, ध्यान और उपलब्धि को बेहतर बनाना
व्याख्या: मानसिक स्वास्थ्य अच्छा हो तो विद्यार्थी बेहतर सीखता और प्रदर्शन करता है।

5. मानसिक स्वास्थ्य का सामाजिक जीवन में महत्व क्या है?
A. अच्छे संबंध और सामाजिक समायोजन में सहायता
B. संबंध तोड़ना
C. हमेशा विवाद करना
D. दूसरों से दूर रहना
उत्तर: A. अच्छे संबंध और सामाजिक समायोजन में सहायता
व्याख्या: मानसिक रूप से स्वस्थ व्यक्ति दूसरों के साथ संतुलित संबंध बना सकता है।

6. मानसिक रूप से स्वस्थ व्यक्ति कैसा होता है?
A. आत्म-स्वीकार करने वाला और वास्तविकता को समझने वाला
B. हमेशा भ्रमित
C. हर समय आक्रामक
D. हमेशा निराश
उत्तर: A. आत्म-स्वीकार करने वाला और वास्तविकता को समझने वाला
व्याख्या: स्वस्थ व्यक्ति अपनी क्षमताओं और सीमाओं को समझता है।

7. मानसिक स्वास्थ्य में आत्म-जागरूकता का अर्थ क्या है?
A. अपनी भावनाओं, विचारों और व्यवहार को समझना
B. केवल दूसरों की गलती देखना
C. केवल शरीर देखना
D. केवल नाम याद रखना
उत्तर: A. अपनी भावनाओं, विचारों और व्यवहार को समझना
व्याख्या: आत्म-जागरूकता व्यक्ति को स्वयं को बेहतर ढंग से समझने में मदद करती है।

8. आत्म-सम्मान का मानसिक स्वास्थ्य से क्या संबंध है?
A. सकारात्मक आत्म-सम्मान मानसिक स्वास्थ्य को मजबूत करता है
B. आत्म-सम्मान का कोई संबंध नहीं
C. आत्म-सम्मान हमेशा नुकसान करता है
D. आत्म-सम्मान केवल धन से जुड़ा है
उत्तर: A. सकारात्मक आत्म-सम्मान मानसिक स्वास्थ्य को मजबूत करता है
व्याख्या: आत्म-सम्मान व्यक्ति को आत्मविश्वास और संतुलन देता है।

9. भावनात्मक संतुलन का अर्थ क्या है?
A. भावनाओं को उचित ढंग से समझना और नियंत्रित करना
B. भावनाओं को हमेशा दबाना
C. हर समय रोना
D. हर समय क्रोध करना
उत्तर: A. भावनाओं को उचित ढंग से समझना और नियंत्रित करना
व्याख्या: भावनात्मक संतुलन तनावपूर्ण स्थितियों में सही प्रतिक्रिया देने में सहायता करता है।

10. मानसिक स्वास्थ्य में समायोजन का अर्थ क्या है?
A. परिस्थिति के अनुसार संतुलित व्यवहार करना
B. हर परिस्थिति से भागना
C. हमेशा झगड़ा करना
D. केवल दूसरों को दोष देना
उत्तर: A. परिस्थिति के अनुसार संतुलित व्यवहार करना
व्याख्या: समायोजन व्यक्ति को जीवन की परिस्थितियों से सफलतापूर्वक निपटने में मदद करता है।

11. अच्छा समायोजन किसका संकेत है?
A. अच्छे मानसिक स्वास्थ्य का
B. शारीरिक ऊँचाई का
C. केवल धन का
D. केवल परीक्षा परिणाम का
उत्तर: A. अच्छे मानसिक स्वास्थ्य का
व्याख्या: समायोजित व्यक्ति परिवार, विद्यालय और समाज में संतुलित व्यवहार करता है।

12. तनाव का अर्थ क्या है?
A. दबाव या चुनौती के कारण उत्पन्न मानसिक और शारीरिक प्रतिक्रिया
B. हमेशा खुशी
C. केवल नींद
D. केवल भोजन
उत्तर: A. दबाव या चुनौती के कारण उत्पन्न मानसिक और

शारीरिक प्रतिक्रिया
व्याख्या: तनाव तब होता है जब व्यक्ति किसी स्थिति को कठिन या दबावपूर्ण मानता है।

13. तनाव का सामान्य कारण क्या हो सकता है?
A. परीक्षा, कार्यभार और पारिवारिक समस्या
B. केवल आराम
C. केवल खेल
D. केवल मनोरंजन
उत्तर: A. परीक्षा, कार्यभार और पारिवारिक समस्या
व्याख्या: जीवन की मांगें और दबाव तनाव उत्पन्न कर सकते हैं।

14. अत्यधिक तनाव का प्रभाव क्या हो सकता है?
A. ध्यान, नींद और स्वास्थ्य पर नकारात्मक प्रभाव
B. हमेशा लाभ
C. कोई प्रभाव नहीं
D. स्मृति हमेशा बढ़ना
उत्तर: A. ध्यान, नींद और स्वास्थ्य पर नकारात्मक प्रभाव
व्याख्या: लंबे समय तक तनाव मानसिक और शारीरिक स्वास्थ्य को प्रभावित कर सकता है।

15. तनाव प्रबंधन का उचित उपाय क्या है?
A. समय प्रबंधन, विश्राम और सकारात्मक सोच
B. समस्या से हमेशा भागना
C. नींद बिल्कुल न लेना
D. केवल चिंता करना
उत्तर: A. समय प्रबंधन, विश्राम और सकारात्मक सोच
व्याख्या: तनाव प्रबंधन व्यक्ति को दबाव का संतुलित सामना करने में सहायता करता है।

16. चिंता का अर्थ क्या है?
A. भविष्य की अनिश्चितता या खतरे को लेकर बेचैनी
B. पूर्ण शांति
C. केवल खुशी
D. केवल नींद
उत्तर: A. भविष्य की अनिश्चितता या खतरे को लेकर बेचैनी
व्याख्या: चिंता सामान्य हो सकती है, लेकिन अत्यधिक चिंता कार्यक्षमता घटा सकती है।

17. सामान्य चिंता और असामान्य चिंता में मुख्य अंतर क्या है?
A. असामान्य चिंता अत्यधिक और लंबे समय तक रहती है
B. सामान्य चिंता हमेशा रोग है
C. असामान्य चिंता हमेशा लाभदायक है
D. दोनों में कोई अंतर नहीं
उत्तर: A. असामान्य चिंता अत्यधिक और लंबे समय तक रहती है
व्याख्या: जब चिंता दैनिक जीवन को प्रभावित करे, तो वह समस्या बन सकती है।

18. परीक्षा चिंता का अर्थ क्या है?
A. परीक्षा के समय अत्यधिक डर या तनाव
B. परीक्षा में रुचि
C. परीक्षा में आनंद
D. परीक्षा से कोई संबंध नहीं
उत्तर: A. परीक्षा के समय अत्यधिक डर या तनाव
व्याख्या: परीक्षा चिंता ध्यान, स्मृति और प्रदर्शन को प्रभावित कर सकती है।

19. परीक्षा चिंता कम करने का तरीका क्या है?
A. नियमित तैयारी, अभ्यास और विश्राम
B. पढ़ाई छोड़ देना
C. पूरी रात जागना
D. केवल डरना
उत्तर: A. नियमित तैयारी, अभ्यास और विश्राम
व्याख्या: योजनाबद्ध अध्ययन और विश्राम तकनीक परीक्षा चिंता कम करती है।

20. अवसाद का सामान्य लक्षण क्या हो सकता है?
A. लगातार उदासी और रुचि में कमी
B. हमेशा उत्साह
C. अत्यधिक खुशी
D. केवल भूख बढ़ना
उत्तर: A. लगातार उदासी और रुचि में कमी
व्याख्या: अवसाद में व्यक्ति उदास, निराश और कम रुचि वाला महसूस कर सकता है।

21. मानसिक स्वास्थ्य में निराशा का अर्थ क्या है?
A. लक्ष्य प्राप्ति में बाधा से उत्पन्न असंतोष
B. हमेशा सफलता
C. पूर्ण संतोष
D. केवल मनोरंजन
उत्तर: A. लक्ष्य प्राप्ति में बाधा से उत्पन्न असंतोष
व्याख्या: निराशा व्यक्ति में तनाव, क्रोध या उदासी पैदा कर सकती है।

22. निराशा से निपटने का स्वस्थ तरीका क्या है?
A. समस्या को समझकर वैकल्पिक समाधान खोजना
B. हर बात पर हिंसा करना
C. प्रयास बंद कर देना
D. दूसरों को हमेशा दोष देना
उत्तर: A. समस्या को समझकर वैकल्पिक समाधान खोजना
व्याख्या: समस्या समाधान और सकारात्मक सोच निराशा कम करने में सहायक हैं।

23. संघर्ष का अर्थ क्या है?
A. दो इच्छाओं, लक्ष्यों या विचारों के बीच टकराव
B. पूर्ण सहमति
C. हमेशा आराम
D. कोई निर्णय न लेना
उत्तर: A. दो इच्छाओं, लक्ष्यों या विचारों के बीच टकराव
व्याख्या: संघर्ष आंतरिक या बाहरी दोनों रूपों में हो सकता है।

24. मानसिक संघर्ष का उदाहरण क्या है?
A. दो विकल्पों में निर्णय न कर पाना
B. केवल खाना खाना
C. केवल सोना
D. केवल खेलना
उत्तर: A. दो विकल्पों में निर्णय न कर पाना
व्याख्या: जब व्यक्ति दो विपरीत विकल्पों में उलझता है, तो

मानसिक संघर्ष होता है।

25. संघर्ष समाधान का स्वस्थ तरीका क्या है?
A. तर्कपूर्ण निर्णय और संवाद
B. समस्या को हमेशा दबाना
C. हर स्थिति में गुस्सा करना
D. निर्णय से भागना
उत्तर: A. तर्कपूर्ण निर्णय और संवाद
व्याख्या: समझदारी और संवाद से संघर्ष का समाधान किया जा सकता है।

26. समायोजन की समस्या कब उत्पन्न होती है?
A. जब व्यक्ति परिस्थिति से संतुलित ढंग से नहीं निपट पाता
B. जब व्यक्ति स्वस्थ हो
C. जब व्यक्ति प्रसन्न हो
D. जब कोई चुनौती न हो
उत्तर: A. जब व्यक्ति परिस्थिति से संतुलित ढंग से नहीं निपट पाता
व्याख्या: समायोजन की कठिनाई मानसिक तनाव और व्यवहार समस्याएँ पैदा कर सकती है।

27. कुप्रसमायोजन का अर्थ क्या है?
A. परिस्थिति के साथ असंतुलित या अनुचित व्यवहार
B. अच्छा संतुलन
C. सफल अनुकूलन
D. स्वस्थ संबंध
उत्तर: A. परिस्थिति के साथ असंतुलित या अनुचित व्यवहार
व्याख्या: कुप्रसमायोजन व्यक्ति के व्यक्तिगत और सामाजिक जीवन को प्रभावित कर सकता है।

28. कुप्रसमायोजन का संकेत क्या हो सकता है?
A. अत्यधिक आक्रामकता या सामाजिक अलगाव
B. सहयोग
C. संतुलित व्यवहार
D. आत्मविश्वास
उत्तर: A. अत्यधिक आक्रामकता या सामाजिक अलगाव
व्याख्या: असामान्य व्यवहार और संबंधों में कठिनाई कुप्रसमायोजन के संकेत हो सकते हैं।

29. रक्षा-युक्तियाँ किसलिए प्रयोग होती हैं?
A. चिंता और तनाव से मन की रक्षा के लिए
B. केवल शरीर मजबूत करने के लिए
C. केवल परीक्षा पास करने के लिए
D. केवल खेल जीतने के लिए
उत्तर: A. चिंता और तनाव से मन की रक्षा के लिए
व्याख्या: रक्षा-युक्तियाँ व्यक्ति को मानसिक असुविधा से बचाने का प्रयास करती हैं।

30. दमन का अर्थ क्या है?
A. कष्टदायक विचारों को अचेतन में दबा देना
B. हर बात खुलकर कहना
C. केवल याद रखना
D. केवल सीखना
उत्तर: A. कष्टदायक विचारों को अचेतन में दबा देना
व्याख्या: दमन में व्यक्ति अप्रिय अनुभवों को चेतना से दूर कर देता है।

31. प्रक्षेपण का अर्थ क्या है?
A. अपनी कमियों या भावनाओं को दूसरों पर आरोपित करना
B. अपनी गलती स्वीकार करना
C. दूसरों की सहायता करना
D. सकारात्मक सोच रखना
उत्तर: A. अपनी कमियों या भावनाओं को दूसरों पर आरोपित करना
व्याख्या: प्रक्षेपण में व्यक्ति अपनी अस्वीकार्य भावनाओं को दूसरों में देखता है।

32. युक्तिकरण का अर्थ क्या है?
A. असफलता के लिए तर्कसंगत दिखने वाले बहाने बनाना
B. वास्तविक कारण स्वीकार करना
C. बिना कारण कार्य करना
D. हमेशा सत्य बोलना
उत्तर: A. असफलता के लिए तर्कसंगत दिखने वाले बहाने बनाना
व्याख्या: युक्तिकरण में व्यक्ति अपने व्यवहार को उचित ठहराने का प्रयास करता है।

33. प्रतिगमन का अर्थ क्या है?
A. तनाव में पहले के बाल-सुलभ व्यवहार पर लौटना
B. परिपक्व व्यवहार करना
C. समस्या का समाधान करना
D. आत्मविश्वास बढ़ाना
उत्तर: A. तनाव में पहले के बाल-सुलभ व्यवहार पर लौटना
व्याख्या: प्रतिगमन में व्यक्ति कठिन स्थिति में अपरिपक्व व्यवहार कर सकता है।

34. विस्थापन का अर्थ क्या है?
A. क्रोध या भावना को सुरक्षित लक्ष्य पर निकालना
B. भावना को समझना
C. समस्या को सीधे हल करना
D. पूरी तरह शांत रहना
उत्तर: A. क्रोध या भावना को सुरक्षित लक्ष्य पर निकालना
व्याख्या: विस्थापन में व्यक्ति असली कारण पर प्रतिक्रिया न देकर किसी अन्य पर प्रतिक्रिया करता है।

35. उदात्तीकरण का अर्थ क्या है?
A. अस्वीकार्य ऊर्जा को सामाजिक रूप से स्वीकार्य कार्य में बदलना
B. हर भावना दबाना
C. केवल क्रोध करना
D. दूसरों को दोष देना
उत्तर: A. अस्वीकार्य ऊर्जा को सामाजिक रूप से स्वीकार्य कार्य में बदलना
व्याख्या: उदात्तीकरण एक सकारात्मक रक्षा-युक्ति मानी जाती है।

36. मानसिक स्वास्थ्य में आत्म-नियंत्रण का महत्व क्या है?
A. आवेगों और भावनाओं को संतुलित रखने में सहायता
B. हर समय आवेग में कार्य करना
C. केवल गुस्सा बढ़ाना
D. कोई महत्व नहीं

उत्तर: A. आवेगों और भावनाओं को संतुलित रखने में सहायता
व्याख्या: आत्म-नियंत्रण व्यक्ति को उचित निर्णय और व्यवहार में मदद करता है।

37. सकारात्मक सोच का मानसिक स्वास्थ्य पर क्या प्रभाव है?
A. आशा, आत्मविश्वास और तनाव सहनशीलता बढ़ती है
B. तनाव हमेशा बढ़ता है
C. कोई प्रभाव नहीं
D. व्यक्ति हमेशा भ्रमित होता है
उत्तर: A. आशा, आत्मविश्वास और तनाव सहनशीलता बढ़ती है
व्याख्या: सकारात्मक सोच कठिन परिस्थितियों से निपटने की क्षमता बढ़ाती है।

38. आत्मविश्वास का अर्थ क्या है?
A. अपनी क्षमता पर विश्वास
B. हमेशा दूसरों पर निर्भर रहना
C. स्वयं को अयोग्य मानना
D. हर कार्य से डरना
उत्तर: A. अपनी क्षमता पर विश्वास
व्याख्या: आत्मविश्वास व्यक्ति को निर्णय लेने और प्रयास करने में मदद करता है।

39. आत्म-स्वीकार का अर्थ क्या है?
A. अपनी शक्तियों और सीमाओं को स्वीकार करना
B. अपनी हर कमी छिपाना
C. केवल दूसरों जैसा बनना
D. स्वयं से नफरत करना
उत्तर: A. अपनी शक्तियों और सीमाओं को स्वीकार करना
व्याख्या: आत्म-स्वीकार मानसिक संतुलन और आत्म-विकास के लिए आवश्यक है।

40. मानसिक स्वास्थ्य में लक्ष्य निर्धारण क्यों महत्वपूर्ण है?
A. जीवन को दिशा और प्रेरणा देने के लिए
B. भ्रम बढ़ाने के लिए
C. प्रयास रोकने के लिए
D. कोई महत्व नहीं
उत्तर: A. जीवन को दिशा और प्रेरणा देने के लिए
व्याख्या: स्पष्ट लक्ष्य व्यक्ति को संगठित और प्रेरित रखते हैं।

41. सामाजिक समर्थन का अर्थ क्या है?
A. परिवार, मित्रों या समाज से भावनात्मक और व्यावहारिक सहायता
B. अकेलापन
C. केवल आलोचना
D. सहायता से बचना
उत्तर: A. परिवार, मित्रों या समाज से भावनात्मक और व्यावहारिक सहायता
व्याख्या: सामाजिक समर्थन तनाव कम करने और मानसिक स्वास्थ्य सुधारने में सहायक है।

42. मित्रता मानसिक स्वास्थ्य में कैसे सहायक है?
A. अपनापन, सहयोग और भावनात्मक सहारा देती है
B. हमेशा तनाव बढ़ाती है
C. कोई भूमिका नहीं
D. व्यक्ति को अकेला करती है
उत्तर: A. अपनापन, सहयोग और भावनात्मक सहारा देती है
व्याख्या: अच्छे मित्र व्यक्ति को भावनात्मक सुरक्षा और समर्थन देते हैं।

43. परिवार का मानसिक स्वास्थ्य में क्या योगदान है?
A. सुरक्षा, प्रेम और सहयोग प्रदान करना
B. केवल भोजन देना
C. केवल कपड़े देना
D. कोई योगदान नहीं
उत्तर: A. सुरक्षा, प्रेम और सहयोग प्रदान करना
व्याख्या: सहयोगी परिवार व्यक्ति के मानसिक संतुलन को मजबूत करता है।

44. विद्यालय मानसिक स्वास्थ्य में कैसे सहायक हो सकता है?
A. सकारात्मक वातावरण, परामर्श और सहयोग देकर
B. केवल दंड देकर
C. केवल परीक्षा लेकर
D. विद्यार्थियों को डराकर
उत्तर: A. सकारात्मक वातावरण, परामर्श और सहयोग देकर
व्याख्या: विद्यालय का वातावरण विद्यार्थी के मानसिक स्वास्थ्य को प्रभावित करता है।

45. शिक्षक की भूमिका मानसिक स्वास्थ्य में क्या है?
A. समझ, प्रोत्साहन और मार्गदर्शन देना
B. केवल अपमान करना
C. केवल दंड देना
D. कोई भूमिका नहीं
उत्तर: A. समझ, प्रोत्साहन और मार्गदर्शन देना
व्याख्या: शिक्षक विद्यार्थियों में आत्मविश्वास और सकारात्मक व्यवहार विकसित कर सकता है।

46. परामर्श का मानसिक स्वास्थ्य में उद्देश्य क्या है?
A. व्यक्ति को समस्याएँ समझने और समाधान खोजने में सहायता देना
B. केवल आदेश देना
C. केवल आलोचना करना
D. समस्या बढ़ाना
उत्तर: A. व्यक्ति को समस्याएँ समझने और समाधान खोजने में सहायता देना
व्याख्या: परामर्श व्यक्ति को भावनात्मक और व्यवहारिक कठिनाइयों से निपटने में मदद करता है।

47. मार्गदर्शन का मानसिक स्वास्थ्य से संबंध क्या है?
A. सही निर्णय और समायोजन में सहायता
B. भ्रम बढ़ाना
C. हर निर्णय रोकना
D. कोई संबंध नहीं
उत्तर: A. सही निर्णय और समायोजन में सहायता
व्याख्या: मार्गदर्शन व्यक्ति को शिक्षा, करियर और जीवन संबंधी निर्णयों में सहायता करता है।

48. मानसिक स्वास्थ्य शिक्षा का उद्देश्य क्या है?
A. मानसिक स्वास्थ्य के प्रति जागरूकता और स्वस्थ आदतें विकसित करना

B. केवल बीमारी छिपाना
C. केवल परीक्षा लेना
D. कोई उद्देश्य नहीं
उत्तर: A. मानसिक स्वास्थ्य के प्रति जागरूकता और स्वस्थ आदतें विकसित करना
व्याख्या: मानसिक स्वास्थ्य शिक्षा व्यक्ति को तनाव, भावनाओं और संबंधों को समझने में मदद करती है।

49. मानसिक स्वच्छता का अर्थ क्या है?
A. मानसिक स्वास्थ्य को बनाए रखने के उपाय और आदतें
B. केवल शरीर धोना
C. केवल कपड़े साफ रखना
D. केवल घर साफ करना
उत्तर: A. मानसिक स्वास्थ्य को बनाए रखने के उपाय और आदतें
व्याख्या: मानसिक स्वच्छता में सकारात्मक सोच, संतुलित जीवन और तनाव नियंत्रण शामिल हैं।

50. मानसिक स्वच्छता का प्रमुख उद्देश्य क्या है?
A. मानसिक रोगों की रोकथाम और संतुलित व्यक्तित्व विकास
B. केवल धन कमाना
C. केवल मनोरंजन
D. केवल प्रतियोगिता
उत्तर: A. मानसिक रोगों की रोकथाम और संतुलित व्यक्तित्व विकास
व्याख्या: मानसिक स्वच्छता व्यक्ति को स्वस्थ और संतुलित जीवन जीने में मदद करती है।

51. मानसिक स्वास्थ्य बनाए रखने के लिए कौन-सी आदत उपयोगी है?
A. नियमित नींद, व्यायाम और संतुलित दिनचर्या
B. लगातार जागना
C. हर समय चिंता करना
D. सामाजिक संबंध तोड़ना
उत्तर: A. नियमित नींद, व्यायाम और संतुलित दिनचर्या
व्याख्या: स्वस्थ जीवनशैली मानसिक संतुलन को मजबूत करती है।

52. नींद का मानसिक स्वास्थ्य में क्या महत्व है?
A. मस्तिष्क को आराम और भावनात्मक संतुलन देती है
B. कोई महत्व नहीं
C. तनाव हमेशा बढ़ाती है
D. स्मृति हमेशा मिटाती है
उत्तर: A. मस्तिष्क को आराम और भावनात्मक संतुलन देती है
व्याख्या: पर्याप्त नींद ध्यान, स्मृति और भावनात्मक नियंत्रण में सहायक है।

53. व्यायाम मानसिक स्वास्थ्य में कैसे सहायक है?
A. तनाव कम करता और मनोदशा सुधारता है
B. हमेशा चिंता बढ़ाता है
C. कोई प्रभाव नहीं
D. नींद खराब करता है
उत्तर: A. तनाव कम करता और मनोदशा सुधारता है
व्याख्या: नियमित व्यायाम मानसिक ऊर्जा और सकारात्मक भावना बढ़ा सकता है।

54. संतुलित आहार का मानसिक स्वास्थ्य से क्या संबंध है?
A. शरीर और मस्तिष्क को आवश्यक ऊर्जा देता है
B. कोई संबंध नहीं
C. केवल वजन बढ़ाता है
D. हमेशा तनाव बढ़ाता है
उत्तर: A. शरीर और मस्तिष्क को आवश्यक ऊर्जा देता है
व्याख्या: संतुलित आहार शारीरिक और मानसिक कार्यक्षमता में सहायक है।

55. विश्राम तकनीक का उदाहरण क्या है?
A. गहरी साँस लेना और ध्यान
B. लगातार चिंता करना
C. पूरी रात जागना
D. समस्या से भागना
उत्तर: A. गहरी साँस लेना और ध्यान
व्याख्या: विश्राम तकनीक तनाव और चिंता को कम करने में सहायक होती है।

56. ध्यान का मानसिक स्वास्थ्य में लाभ क्या है?
A. मन को शांत और एकाग्र बनाना
B. तनाव हमेशा बढ़ाना
C. स्मृति कमजोर करना
D. कोई लाभ नहीं
उत्तर: A. मन को शांत और एकाग्र बनाना
व्याख्या: ध्यान भावनात्मक नियंत्रण और एकाग्रता में मदद कर सकता है।

57. समय प्रबंधन मानसिक स्वास्थ्य में क्यों आवश्यक है?
A. कार्यभार और तनाव को नियंत्रित करने के लिए
B. काम टालने के लिए
C. भ्रम बढ़ाने के लिए
D. कोई महत्व नहीं
उत्तर: A. कार्यभार और तनाव को नियंत्रित करने के लिए
व्याख्या: समय प्रबंधन से व्यक्ति कार्यों को व्यवस्थित कर तनाव कम कर सकता है।

58. कार्य टालना मानसिक स्वास्थ्य को कैसे प्रभावित कर सकता है?
A. तनाव और अपराधबोध बढ़ा सकता है
B. हमेशा शांति देता है
C. कोई प्रभाव नहीं
D. आत्मविश्वास हमेशा बढ़ाता है
उत्तर: A. तनाव और अपराधबोध बढ़ा सकता है
व्याख्या: काम टालने से दबाव बढ़ता है और चिंता उत्पन्न हो सकती है।

59. समस्या समाधान कौशल का महत्व क्या है?
A. कठिनाइयों से प्रभावी ढंग से निपटने में सहायता
B. समस्या बढ़ाने में
C. निर्णय रोकने में
D. केवल बहाने बनाने में
उत्तर: A. कठिनाइयों से प्रभावी ढंग से निपटने में सहायता
व्याख्या: समस्या समाधान कौशल तनाव और असहायता को कम करता है।

60. निर्णय क्षमता मानसिक स्वास्थ्य में क्यों महत्वपूर्ण है?
A. सही विकल्प चुनने और भ्रम कम करने के लिए
B. हर निर्णय से बचने के लिए
C. दूसरों पर निर्भर रहने के लिए
D. कोई महत्व नहीं
उत्तर: A. सही विकल्प चुनने और भ्रम कम करने के लिए
व्याख्या: निर्णय क्षमता व्यक्ति को आत्मविश्वास और नियंत्रण की भावना देती है।

61. भावनात्मक बुद्धि का मानसिक स्वास्थ्य से क्या संबंध है?
A. अपनी और दूसरों की भावनाओं को समझने में सहायता
B. केवल गणित हल करना
C. केवल याद करना
D. कोई संबंध नहीं
उत्तर: A. अपनी और दूसरों की भावनाओं को समझने में सहायता
व्याख्या: भावनात्मक बुद्धि संबंधों और आत्म-नियंत्रण को बेहतर बनाती है।

62. सहानुभूति का मानसिक स्वास्थ्य में महत्व क्या है?
A. संबंधों को मजबूत और सहयोगी बनाना
B. दूसरों की उपेक्षा करना
C. संघर्ष बढ़ाना
D. कोई महत्व नहीं
उत्तर: A. संबंधों को मजबूत और सहयोगी बनाना
व्याख्या: सहानुभूति सामाजिक समर्थन और स्वस्थ संबंधों को बढ़ाती है।

63. प्रभावी संचार मानसिक स्वास्थ्य में कैसे सहायक है?
A. गलतफहमी कम कर संबंध बेहतर बनाता है
B. विवाद बढ़ाता है
C. संबंध तोड़ता है
D. कोई भूमिका नहीं
उत्तर: A. गलतफहमी कम कर संबंध बेहतर बनाता है
व्याख्या: स्पष्ट और सम्मानपूर्ण संवाद मानसिक तनाव कम कर सकता है।

64. आत्म-अभिव्यक्ति का अर्थ क्या है?
A. अपनी भावनाओं और विचारों को उचित ढंग से व्यक्त करना
B. हर भावना दबाना
C. केवल चुप रहना
D. दूसरों को अपमानित करना
उत्तर: A. अपनी भावनाओं और विचारों को उचित ढंग से व्यक्त करना
व्याख्या: स्वस्थ आत्म-अभिव्यक्ति भावनात्मक संतुलन में सहायक है।

65. आक्रामक व्यवहार मानसिक स्वास्थ्य को कैसे प्रभावित करता है?
A. संबंधों में तनाव और संघर्ष बढ़ाता है
B. हमेशा संबंध सुधारता है
C. कोई प्रभाव नहीं
D. आत्म-नियंत्रण बढ़ाता है
उत्तर: A. संबंधों में तनाव और संघर्ष बढ़ाता है
व्याख्या: आक्रामकता व्यक्ति और समाज दोनों के लिए हानिकारक हो सकती है।

66. निष्क्रिय व्यवहार का अर्थ क्या है?
A. अपनी जरूरतों और भावनाओं को व्यक्त न कर पाना
B. संतुलित अभिव्यक्ति
C. स्पष्ट संवाद
D. आत्मविश्वासपूर्ण व्यवहार
उत्तर: A. अपनी जरूरतों और भावनाओं को व्यक्त न कर पाना
व्याख्या: निष्क्रिय व्यवहार से तनाव और असंतोष बढ़ सकता है।

67. आत्मविश्वासी व्यवहार का अर्थ क्या है?
A. अपने विचारों को सम्मानपूर्वक और स्पष्ट रूप से रखना
B. दूसरों पर हमला करना
C. हमेशा चुप रहना
D. दूसरों को दबाना
उत्तर: A. अपने विचारों को सम्मानपूर्वक और स्पष्ट रूप से रखना
व्याख्या: आत्मविश्वासी व्यवहार स्वस्थ संबंध और आत्म-सम्मान को बढ़ाता है।

68. मानसिक स्वास्थ्य में रचनात्मकता का महत्व क्या है?
A. भावनाओं की सकारात्मक अभिव्यक्ति और समस्या समाधान
B. तनाव बढ़ाना
C. कोई महत्व नहीं
D. केवल भ्रम पैदा करना
उत्तर: A. भावनाओं की सकारात्मक अभिव्यक्ति और समस्या समाधान
व्याख्या: रचनात्मक गतिविधियाँ तनाव कम करने और आत्म-अभिव्यक्ति में सहायक हैं।

69. मनोरंजन का मानसिक स्वास्थ्य में क्या महत्व है?
A. तनाव कम करना और आनंद देना
B. हमेशा नुकसान करना
C. कोई प्रभाव नहीं
D. चिंता बढ़ाना
उत्तर: A. तनाव कम करना और आनंद देना
व्याख्या: स्वस्थ मनोरंजन मानसिक ताजगी और संतुलन बनाए रखता है।

70. हास्य का मानसिक स्वास्थ्य पर क्या प्रभाव हो सकता है?
A. तनाव कम करना और सकारात्मक भावना बढ़ाना
B. हमेशा दुख बढ़ाना
C. कोई प्रभाव नहीं
D. संबंध तोड़ना
उत्तर: A. तनाव कम करना और सकारात्मक भावना बढ़ाना
व्याख्या: हास्य व्यक्ति को कठिन स्थितियों में हल्कापन और राहत देता है।

71. मानसिक स्वास्थ्य में आध्यात्मिकता का संभावित योगदान क्या है?
A. अर्थ, आशा और आंतरिक शांति देना
B. हमेशा तनाव बढ़ाना

C. कोई भूमिका नहीं
D. केवल भ्रम पैदा करना
उत्तर: A. अर्थ, आशा और आंतरिक शांति देना
व्याख्या: आध्यात्मिकता कुछ व्यक्तियों को जीवन में उद्देश्य और शांति का अनुभव कराती है।

72. मानसिक स्वास्थ्य में आत्म-प्रेरणा का अर्थ क्या है?
A. स्वयं को लक्ष्य की ओर प्रयास करने के लिए प्रेरित करना
B. हमेशा दूसरों पर निर्भर रहना
C. प्रयास छोड़ देना
D. केवल डरना
उत्तर: A. स्वयं को लक्ष्य की ओर प्रयास करने के लिए प्रेरित करना
व्याख्या: आत्म-प्रेरणा व्यक्ति को कठिनाइयों के बावजूद आगे बढ़ने में मदद करती है।

73. लचीलापन का अर्थ क्या है?
A. कठिन परिस्थितियों से उबरने की क्षमता
B. हर कठिनाई से टूट जाना
C. कोई प्रयास न करना
D. केवल भाग जाना
उत्तर: A. कठिन परिस्थितियों से उबरने की क्षमता
व्याख्या: लचीलापन व्यक्ति को तनाव और असफलता के बाद पुनः प्रयास करने में सक्षम बनाता है।

74. मानसिक स्वास्थ्य में आशावाद का महत्व क्या है?
A. भविष्य के प्रति सकारात्मक दृष्टिकोण देना
B. हमेशा निराशा बढ़ाना
C. कोई महत्व नहीं
D. प्रयास रोकना
उत्तर: A. भविष्य के प्रति सकारात्मक दृष्टिकोण देना
व्याख्या: आशावादी व्यक्ति कठिन परिस्थितियों में भी समाधान खोजने का प्रयास करता है।

75. नकारात्मक सोच का प्रभाव क्या हो सकता है?
A. चिंता, निराशा और आत्मविश्वास में कमी
B. हमेशा सफलता
C. तनाव कम होना
D. संबंध हमेशा बेहतर होना
उत्तर: A. चिंता, निराशा और आत्मविश्वास में कमी
व्याख्या: लगातार नकारात्मक सोच मानसिक संतुलन को कमजोर कर सकती है।

76. मानसिक स्वास्थ्य में आत्म-देखभाल का अर्थ क्या है?
A. अपने शारीरिक, मानसिक और भावनात्मक कल्याण का ध्यान रखना
B. स्वयं को अनदेखा करना
C. केवल दूसरों की सेवा करना
D. आराम से हमेशा बचना
उत्तर: A. अपने शारीरिक, मानसिक और भावनात्मक कल्याण का ध्यान रखना
व्याख्या: आत्म-देखभाल संतुलित जीवन और मानसिक स्वास्थ्य के लिए आवश्यक है।

77. स्वस्थ सीमाएँ बनाना क्यों जरूरी है?
A. तनाव कम करने और आत्म-सम्मान बनाए रखने के लिए
B. हर संबंध तोड़ने के लिए
C. दूसरों को अपमानित करने के लिए
D. कोई आवश्यकता नहीं
उत्तर: A. तनाव कम करने और आत्म-सम्मान बनाए रखने के लिए
व्याख्या: स्वस्थ सीमाएँ व्यक्ति को अपनी जरूरतों और अधिकारों की रक्षा करने में मदद करती हैं।

78. मानसिक स्वास्थ्य में अकेलापन किसका कारण बन सकता है?
A. उदासी और सामाजिक अलगाव
B. हमेशा खुशी
C. बेहतर संबंध
D. कोई प्रभाव नहीं
उत्तर: A. उदासी और सामाजिक अलगाव
व्याख्या: लंबे समय तक अकेलापन मानसिक स्वास्थ्य को प्रभावित कर सकता है।

79. सामाजिक अलगाव का प्रभाव क्या हो सकता है?
A. तनाव और भावनात्मक कठिनाई बढ़ना
B. हमेशा आत्मविश्वास बढ़ना
C. कोई प्रभाव नहीं
D. संबंध बेहतर होना
उत्तर: A. तनाव और भावनात्मक कठिनाई बढ़ना
व्याख्या: सामाजिक संपर्क की कमी व्यक्ति को भावनात्मक रूप से कमजोर कर सकती है।

80. मानसिक स्वास्थ्य में नशे का प्रभाव क्या हो सकता है?
A. निर्णय क्षमता और भावनात्मक संतुलन को नुकसान
B. हमेशा स्वास्थ्य सुधारना
C. कोई प्रभाव नहीं
D. स्मृति हमेशा बढ़ाना
उत्तर: A. निर्णय क्षमता और भावनात्मक संतुलन को नुकसान
व्याख्या: नशा मानसिक और सामाजिक जीवन पर नकारात्मक प्रभाव डाल सकता है।

81. मानसिक स्वास्थ्य समस्याओं में सहायता कब लेनी चाहिए?
A. जब समस्या लंबे समय तक रहे और दैनिक जीवन प्रभावित करे
B. कभी सहायता न लें
C. केवल समस्या छिपाएँ
D. हमेशा अकेले सहें
उत्तर: A. जब समस्या लंबे समय तक रहे और दैनिक जीवन प्रभावित करे
व्याख्या: समय पर सहायता लेने से समस्या को बेहतर ढंग से संभाला जा सकता है।

82. मानसिक स्वास्थ्य विशेषज्ञ कौन हो सकता है?
A. मनोवैज्ञानिक या मनोचिकित्सक
B. केवल दुकानदार
C. केवल चालक
D. केवल खिलाड़ी
उत्तर: A. मनोवैज्ञानिक या मनोचिकित्सक

व्याख्या: मानसिक स्वास्थ्य विशेषज्ञ भावनात्मक और व्यवहारिक समस्याओं में सहायता करते हैं।

83. मनोवैज्ञानिक का मुख्य कार्य क्या है?

A. व्यवहार, भावनाओं और मानसिक प्रक्रियाओं का मूल्यांकन और परामर्श
B. केवल दवा बेचना
C. केवल भवन बनाना
D. केवल मौसम बताना
उत्तर: A. व्यवहार, भावनाओं और मानसिक प्रक्रियाओं का मूल्यांकन और परामर्श
व्याख्या: मनोवैज्ञानिक परीक्षण, परामर्श और उपचारात्मक सहायता प्रदान कर सकते हैं।

84. मनोचिकित्सक की विशेषता क्या है?

A. वह चिकित्सा विशेषज्ञ होता है और दवा दे सकता है
B. वह केवल शिक्षक होता है
C. वह केवल खिलाड़ी होता है
D. वह केवल लेखक होता है
उत्तर: A. वह चिकित्सा विशेषज्ञ होता है और दवा दे सकता है
व्याख्या: मनोचिकित्सक मानसिक रोगों का चिकित्सकीय उपचार कर सकता है।

85. परामर्श और मनोचिकित्सा का उद्देश्य क्या है?

A. भावनात्मक कठिनाइयों और व्यवहार समस्याओं में सहायता
B. समस्या बढ़ाना
C. केवल आलोचना करना
D. केवल आदेश देना
उत्तर: A. भावनात्मक कठिनाइयों और व्यवहार समस्याओं में सहायता
व्याख्या: परामर्श और चिकित्सा व्यक्ति को स्वस्थ ढंग से सोचने और व्यवहार करने में मदद करते हैं।

86. मानसिक रोगों के प्रति कलंक का अर्थ क्या है?

A. मानसिक समस्याओं को लेकर नकारात्मक सामाजिक धारणा
B. पूर्ण स्वीकृति
C. सही जानकारी
D. सहायता देना
उत्तर: A. मानसिक समस्याओं को लेकर नकारात्मक सामाजिक धारणा
व्याख्या: कलंक के कारण लोग सहायता लेने से डर सकते हैं।

87. मानसिक स्वास्थ्य कलंक कम करने का तरीका क्या है?

A. जागरूकता, शिक्षा और संवेदनशील व्यवहार
B. अफवाह फैलाना
C. समस्या छिपाना
D. मजाक उड़ाना
उत्तर: A. जागरूकता, शिक्षा और संवेदनशील व्यवहार
व्याख्या: सही जानकारी और सहानुभूति मानसिक स्वास्थ्य के प्रति सकारात्मक दृष्टिकोण बनाती है।

88. मानसिक स्वास्थ्य में गोपनीयता क्यों महत्वपूर्ण है?

A. व्यक्ति की निजता और विश्वास बनाए रखने के लिए
B. हर बात फैलाने के लिए
C. मजाक बनाने के लिए
D. कोई महत्व नहीं
उत्तर: A. व्यक्ति की निजता और विश्वास बनाए रखने के लिए
व्याख्या: गोपनीयता परामर्श और सहायता प्रक्रिया में विश्वास को मजबूत करती है।

89. विद्यालय में मानसिक स्वास्थ्य कार्यक्रम का उद्देश्य क्या है?

A. विद्यार्थियों में जागरूकता, परामर्श और भावनात्मक समर्थन देना
B. केवल परीक्षा कठिन बनाना
C. केवल दंड देना
D. कोई उद्देश्य नहीं
उत्तर: A. विद्यार्थियों में जागरूकता, परामर्श और भावनात्मक समर्थन देना
व्याख्या: ऐसे कार्यक्रम विद्यार्थियों की समस्याओं की पहचान और सहायता में मदद करते हैं।

90. मानसिक स्वास्थ्य में जीवन कौशल का महत्व क्या है?

A. निर्णय, संचार, समस्या समाधान और आत्म-प्रबंधन विकसित करना
B. केवल अंक बढ़ाना
C. कोई महत्व नहीं
D. केवल रटना
उत्तर: A. निर्णय, संचार, समस्या समाधान और आत्म-प्रबंधन विकसित करना
व्याख्या: जीवन कौशल व्यक्ति को दैनिक चुनौतियों से निपटने में सक्षम बनाते हैं।

91. आत्म-प्रबंधन का अर्थ क्या है?

A. अपनी भावनाओं, समय और व्यवहार को नियंत्रित करना
B. हर बात दूसरों पर छोड़ना
C. कोई नियंत्रण न रखना
D. केवल गुस्सा करना
उत्तर: A. अपनी भावनाओं, समय और व्यवहार को नियंत्रित करना
व्याख्या: आत्म-प्रबंधन मानसिक संतुलन और सफलता में सहायक है।

92. मानसिक स्वास्थ्य में नैतिक मूल्यों का महत्व क्या है?

A. सही व्यवहार और सामाजिक जिम्मेदारी विकसित करना
B. केवल भ्रम बढ़ाना
C. कोई महत्व नहीं
D. संबंध तोड़ना
उत्तर: A. सही व्यवहार और सामाजिक जिम्मेदारी विकसित करना
व्याख्या: नैतिक मूल्य व्यक्ति को संतुलित और जिम्मेदार जीवन जीने में मदद करते हैं।

93. मानसिक स्वास्थ्य और व्यक्तित्व में क्या संबंध है?

A. मानसिक स्वास्थ्य संतुलित व्यक्तित्व विकास में सहायक है
B. कोई संबंध नहीं
C. व्यक्तित्व केवल शरीर है
D. मानसिक स्वास्थ्य केवल धन है
उत्तर: A. मानसिक स्वास्थ्य संतुलित व्यक्तित्व विकास में सहायक है

व्याख्या: स्वस्थ मानसिक अवस्था व्यक्ति के व्यक्तित्व को सकारात्मक दिशा देती है।

94. मानसिक स्वास्थ्य और सीखने में क्या संबंध है?
A. अच्छा मानसिक स्वास्थ्य सीखने की क्षमता बढ़ाता है
B. कोई संबंध नहीं
C. सीखना हमेशा मानसिक स्वास्थ्य घटाता है
D. मानसिक स्वास्थ्य केवल खेल से जुड़ा है
उत्तर: A. अच्छा मानसिक स्वास्थ्य सीखने की क्षमता बढ़ाता है
व्याख्या: ध्यान, स्मृति और प्रेरणा मानसिक स्वास्थ्य से प्रभावित होते हैं।

95. मानसिक स्वास्थ्य और कार्यक्षमता में क्या संबंध है?
A. मानसिक संतुलन कार्यक्षमता और उत्पादकता बढ़ाता है
B. कोई संबंध नहीं
C. तनाव हमेशा कार्यक्षमता बढ़ाता है
D. कार्यक्षमता केवल शारीरिक बल पर निर्भर है
उत्तर: A. मानसिक संतुलन कार्यक्षमता और उत्पादकता बढ़ाता है
व्याख्या: मानसिक रूप से स्वस्थ व्यक्ति अधिक व्यवस्थित और प्रभावी ढंग से काम करता है।

96. मानसिक स्वास्थ्य का मुख्य लक्ष्य क्या है?
A. संतुलित, सुखी और उत्पादक जीवन
B. केवल धन प्राप्त करना
C. केवल दूसरों पर नियंत्रण
D. केवल प्रतियोगिता जीतना
उत्तर: A. संतुलित, सुखी और उत्पादक जीवन
व्याख्या: मानसिक स्वास्थ्य व्यक्ति को जीवन की चुनौतियों से स्वस्थ ढंग से निपटने में मदद करता है।

97. मानसिक स्वास्थ्य की रोकथामात्मक दृष्टि का अर्थ क्या है?
A. समस्याएँ गंभीर होने से पहले जागरूकता और सहायता देना
B. समस्या बढ़ने का इंतजार करना
C. सहायता से बचना
D. केवल दंड देना
उत्तर: A. समस्याएँ गंभीर होने से पहले जागरूकता और सहायता देना
व्याख्या: रोकथामात्मक प्रयास मानसिक समस्याओं की संभावना कम कर सकते हैं।

98. मानसिक स्वास्थ्य की सबसे उपयुक्त विशेषता क्या है?
A. यह व्यक्ति के विचार, भावना, व्यवहार और संबंधों का संतुलन है
B. यह केवल शरीर की शक्ति है
C. यह केवल धन है
D. यह केवल परीक्षा परिणाम है
उत्तर: A. यह व्यक्ति के विचार, भावना, व्यवहार और संबंधों का संतुलन है
व्याख्या: मानसिक स्वास्थ्य जीवन के सभी क्षेत्रों में संतुलित कार्य करने की क्षमता देता है।

99. मानसिक स्वास्थ्य का समाज के लिए महत्व क्या है?
A. सहयोगी, जिम्मेदार और उत्पादक नागरिक बनाना
B. संघर्ष बढ़ाना
C. समाज से दूरी बनाना
D. कोई महत्व नहीं
उत्तर: A. सहयोगी, जिम्मेदार और उत्पादक नागरिक बनाना
व्याख्या: मानसिक रूप से स्वस्थ लोग समाज में सकारात्मक योगदान दे सकते हैं।

100. मानसिक स्वास्थ्य का सबसे उचित निष्कर्ष क्या है?
A. मानसिक स्वास्थ्य संतुलित सोच, भावनात्मक नियंत्रण और सामाजिक समायोजन का आधार है
B. मानसिक स्वास्थ्य का जीवन से कोई संबंध नहीं
C. मानसिक स्वास्थ्य केवल शारीरिक शक्ति है
D. मानसिक स्वास्थ्य केवल मनोरंजन है
उत्तर: A. मानसिक स्वास्थ्य संतुलित सोच, भावनात्मक नियंत्रण और सामाजिक समायोजन का आधार है
व्याख्या: अच्छा मानसिक स्वास्थ्य व्यक्ति को सफल, संतुलित और संतोषपूर्ण जीवन जीने में सहायता करता है।

अध्याय 25: असामान्य मनोविज्ञान

100 वस्तुनिष्ठ प्रश्न

1. असामान्य मनोविज्ञान का अर्थ क्या है?
A. असामान्य व्यवहार, मानसिक विकारों और उनके कारणों का अध्ययन
B. केवल सामान्य बुद्धि का अध्ययन
C. केवल शरीर की वृद्धि का अध्ययन
D. केवल खेल-कूद का अध्ययन
उत्तर: A. असामान्य व्यवहार, मानसिक विकारों और उनके कारणों का अध्ययन
व्याख्या: असामान्य मनोविज्ञान व्यक्ति के असामान्य विचार, भावनाएँ और व्यवहार को समझने का प्रयास करता है।

2. असामान्य व्यवहार किसे कहा जाता है?
A. ऐसा व्यवहार जो सामाजिक मानदंडों से बहुत अलग हो और व्यक्ति को कष्ट दे
B. हमेशा प्रसन्न रहना
C. नियमित दिनचर्या अपनाना
D. स्वस्थ संबंध बनाना
उत्तर: A. ऐसा व्यवहार जो सामाजिक मानदंडों से बहुत अलग हो और व्यक्ति को कष्ट दे
व्याख्या: असामान्य व्यवहार में सामाजिक विचलन, व्यक्तिगत पीड़ा और कार्यक्षमता में कमी शामिल हो सकती है।

3. असामान्य मनोविज्ञान का मुख्य उद्देश्य क्या है?
A. मानसिक विकारों को समझना, पहचानना और उपचार में सहायता करना
B. केवल शरीर का वजन मापना
C. केवल परीक्षा लेना
D. केवल मनोरंजन करना
उत्तर: A. मानसिक विकारों को समझना, पहचानना और उपचार में सहायता करना
व्याख्या: यह विषय मानसिक समस्याओं के कारण, लक्षण और उपचार को समझने में मदद करता है।

4. असामान्यता का निर्धारण किस आधार पर किया जा सकता है?
A. सामाजिक मानदंड, व्यक्तिगत कष्ट और कार्यक्षमता में बाधा
B. केवल कपड़ों के रंग से
C. केवल भोजन की पसंद से
D. केवल उम्र से
उत्तर: A. सामाजिक मानदंड, व्यक्तिगत कष्ट और कार्यक्षमता में बाधा
व्याख्या: असामान्यता को समझने के लिए व्यवहार की तीव्रता, अवधि और प्रभाव देखा जाता है।

5. सामाजिक मानदंड से विचलन का अर्थ क्या है?
A. समाज में स्वीकार्य व्यवहार से बहुत अलग व्यवहार करना
B. समाज के नियमों का उचित पालन
C. दूसरों की सहायता करना
D. नियमित पढ़ाई करना
उत्तर: A. समाज में स्वीकार्य व्यवहार से बहुत अलग व्यवहार करना
व्याख्या: यदि व्यवहार सामाजिक नियमों से अत्यधिक अलग हो, तो उसे असामान्य माना जा सकता है।

6. व्यक्तिगत कष्ट असामान्य व्यवहार का संकेत कब बनता है?
A. जब व्यक्ति अपने विचारों या भावनाओं से बहुत पीड़ा अनुभव करे
B. जब व्यक्ति प्रसन्न हो
C. जब व्यक्ति आराम करे
D. जब व्यक्ति स्वस्थ हो
उत्तर: A. जब व्यक्ति अपने विचारों या भावनाओं से बहुत पीड़ा अनुभव करे
व्याख्या: चिंता, उदासी या भय यदि अत्यधिक हो जाए तो मानसिक समस्या का संकेत हो सकता है।

7. कार्यक्षमता में कमी का अर्थ क्या है?
A. दैनिक जीवन, पढ़ाई, काम या संबंधों में कठिनाई होना
B. कार्यों को समय पर पूरा करना
C. अच्छे संबंध बनाना
D. आत्मविश्वास बढ़ना
उत्तर: A. दैनिक जीवन, पढ़ाई, काम या संबंधों में कठिनाई होना
व्याख्या: मानसिक विकार व्यक्ति की सामान्य जीवन-क्रियाओं को प्रभावित कर सकते हैं।

8. असामान्य व्यवहार हमेशा किसका संकेत नहीं होता?
A. मानसिक रोग का
B. सामाजिक प्रभाव का
C. भावनात्मक प्रतिक्रिया का
D. परिस्थिति का
उत्तर: A. मानसिक रोग का
व्याख्या: हर अलग व्यवहार मानसिक रोग नहीं होता; संदर्भ, संस्कृति और परिस्थिति को भी समझना आवश्यक है।

9. असामान्य मनोविज्ञान में संस्कृति का महत्व क्यों है?
A. क्योंकि सामान्य और असामान्य व्यवहार संस्कृति के अनुसार बदल सकते हैं
B. क्योंकि संस्कृति का कोई प्रभाव नहीं
C. क्योंकि सभी संस्कृतियों में व्यवहार समान होता है
D. क्योंकि संस्कृति केवल भाषा है
उत्तर: A. क्योंकि सामान्य और असामान्य व्यवहार संस्कृति के अनुसार बदल सकते हैं
व्याख्या: किसी समाज में स्वीकार्य व्यवहार दूसरे समाज में असामान्य माना जा सकता है।

10. मानसिक विकार का अर्थ क्या है?
A. विचार, भावना या व्यवहार में ऐसी समस्या जो कष्ट और कार्यक्षमता में बाधा पैदा करे
B. केवल शारीरिक कमजोरी
C. केवल कम अंक आना
D. केवल थकान होना
उत्तर: A. विचार, भावना या व्यवहार में ऐसी समस्या जो कष्ट और कार्यक्षमता में बाधा पैदा करे
व्याख्या: मानसिक विकार व्यक्ति के मानसिक संतुलन और सामाजिक जीवन को प्रभावित कर सकता है।

11. मानसिक विकारों के वर्गीकरण का उद्देश्य क्या है?
A. लक्षणों को व्यवस्थित कर पहचान और उपचार में सहायता देना
B. लोगों को डराना
C. केवल नाम याद कराना
D. समस्या छिपाना
उत्तर: A. लक्षणों को व्यवस्थित कर पहचान और उपचार में सहायता देना
व्याख्या: वर्गीकरण से विशेषज्ञों को सही निदान और उपचार योजना बनाने में सहायता मिलती है।

12. DSM का संबंध किससे है?
A. मानसिक विकारों के निदान और वर्गीकरण से
B. केवल गणित से
C. केवल इतिहास से
D. केवल खेल से
उत्तर: A. मानसिक विकारों के निदान और वर्गीकरण से
व्याख्या: DSM मानसिक विकारों की पहचान और वर्गीकरण के लिए उपयोगी मार्गदर्शिका है।

13. ICD का संबंध किससे है?
A. रोगों के अंतरराष्ट्रीय वर्गीकरण से
B. केवल भाषा अध्ययन से
C. केवल परीक्षा प्रणाली से
D. केवल मौसम विज्ञान से
उत्तर: A. रोगों के अंतरराष्ट्रीय वर्गीकरण से
व्याख्या: ICD विश्व स्तर पर रोगों और स्वास्थ्य समस्याओं के वर्गीकरण में प्रयोग होता है।

14. असामान्य व्यवहार के जैविक कारणों में क्या शामिल हो सकता है?
A. आनुवंशिकता, मस्तिष्क रसायन और तंत्रिका तंत्र
B. केवल कपड़ों का रंग
C. केवल मौसम
D. केवल नाम
उत्तर: A. आनुवंशिकता, मस्तिष्क रसायन और तंत्रिका तंत्र
व्याख्या: जैविक कारक मानसिक विकारों की संभावना को प्रभावित कर सकते हैं।

15. मनोवैज्ञानिक कारणों में क्या शामिल हो सकता है?
A. तनाव, आघात, नकारात्मक सोच और सीखने के अनुभव
B. केवल ऊँचाई
C. केवल रक्त समूह
D. केवल मौसम
उत्तर: A. तनाव, आघात, नकारात्मक सोच और सीखने के अनुभव
व्याख्या: व्यक्ति के अनुभव और मानसिक प्रक्रियाएँ असामान्य व्यवहार को प्रभावित कर सकती हैं।

16. सामाजिक कारणों में क्या शामिल हो सकता है?
A. परिवार, गरीबी, सामाजिक दबाव और संबंधों की समस्या
B. केवल शरीर की बनावट
C. केवल भोजन
D. केवल रंग
उत्तर: A. परिवार, गरीबी, सामाजिक दबाव और संबंधों की समस्या
व्याख्या: सामाजिक वातावरण व्यक्ति के मानसिक स्वास्थ्य पर गहरा प्रभाव डालता है।

17. जैव-मनो-सामाजिक मॉडल क्या बताता है?
A. मानसिक विकार जैविक, मनोवैज्ञानिक और सामाजिक कारकों के संयुक्त प्रभाव से बनते हैं
B. केवल शरीर ही सब कुछ तय करता है
C. केवल समाज ही कारण है
D. केवल भोजन कारण है
उत्तर: A. मानसिक विकार जैविक, मनोवैज्ञानिक और सामाजिक कारकों के संयुक्त प्रभाव से बनते हैं
व्याख्या: यह मॉडल मानसिक समस्याओं को व्यापक दृष्टि से समझने में मदद करता है।

18. तनाव-असंवेदनशीलता मॉडल का अर्थ क्या है?
A. व्यक्ति की संवेदनशीलता और तनाव मिलकर विकार की संभावना बढ़ा सकते हैं
B. तनाव का कोई प्रभाव नहीं
C. हर व्यक्ति समान रूप से प्रभावित होता है
D. केवल उम्र कारण है
उत्तर: A. व्यक्ति की संवेदनशीलता और तनाव मिलकर विकार की संभावना बढ़ा सकते हैं
व्याख्या: जिन व्यक्तियों में जैविक या मनोवैज्ञानिक संवेदनशीलता होती है, उनमें तनाव से समस्या बढ़ सकती है।

19. चिंता विकारों की मुख्य विशेषता क्या है?
A. अत्यधिक भय, चिंता और बेचैनी
B. हमेशा खुशी
C. स्मृति का पूर्ण अभाव
D. केवल भूख बढ़ना
उत्तर: A. अत्यधिक भय, चिंता और बेचैनी
व्याख्या: चिंता विकारों में डर या चिंता इतनी अधिक हो जाती है कि दैनिक जीवन प्रभावित होता है।

20. सामान्यीकृत चिंता विकार में क्या पाया जाता है?
A. अनेक बातों को लेकर लगातार और अत्यधिक चिंता
B. केवल एक दिन की खुशी
C. हमेशा नींद आना
D. कोई चिंता नहीं
उत्तर: A. अनेक बातों को लेकर लगातार और अत्यधिक चिंता
व्याख्या: इसमें व्यक्ति छोटी-छोटी बातों को लेकर भी लंबे समय तक चिंतित रहता है।

21. पैनिक अटैक का प्रमुख लक्षण क्या है?
A. अचानक तीव्र डर, धड़कन और घबराहट
B. पूर्ण शांति
C. केवल भूख लगना
D. केवल हँसी आना
उत्तर: A. अचानक तीव्र डर, धड़कन और घबराहट
व्याख्या: पैनिक अटैक में व्यक्ति को अचानक अत्यधिक भय और शारीरिक लक्षण महसूस हो सकते हैं।

22. फोबिया का अर्थ क्या है?
A. किसी वस्तु या स्थिति से अत्यधिक और अवास्तविक भय
B. सामान्य पसंद
C. स्वस्थ रुचि
D. अच्छी स्मृति
उत्तर: A. किसी वस्तु या स्थिति से अत्यधिक और अवास्तविक भय
व्याख्या: फोबिया में भय इतना अधिक होता है कि व्यक्ति उस वस्तु या स्थिति से बचने लगता है।

23. सामाजिक चिंता विकार में व्यक्ति किससे डरता है?
A. सामाजिक स्थितियों में आलोचना या अपमान से
B. केवल अंधेरे से
C. केवल ऊँचाई से
D. केवल भोजन से
उत्तर: A. सामाजिक स्थितियों में आलोचना या अपमान से
व्याख्या: इसमें व्यक्ति दूसरों के सामने बोलने या प्रदर्शन करने से अत्यधिक डर सकता है।

24. ऑब्सेशन का अर्थ क्या है?
A. बार-बार आने वाले अनचाहे विचार
B. हमेशा सुखद विचार
C. पूर्ण शांति
D. केवल नींद
उत्तर: A. बार-बार आने वाले अनचाहे विचार

व्याख्या: ऑब्सेशन व्यक्ति को परेशान करने वाले विचार, संदेह या कल्पनाएँ हो सकते हैं।

25. कम्पल्शन का अर्थ क्या है?
A. चिंता कम करने के लिए बार-बार किया जाने वाला व्यवहार
B. केवल खेलना
C. केवल पढ़ना
D. केवल सोना
उत्तर: A. चिंता कम करने के लिए बार-बार किया जाने वाला व्यवहार
व्याख्या: कम्पल्शन जैसे बार-बार हाथ धोना या जाँच करना चिंता को अस्थायी रूप से कम कर सकता है।

26. OCD में मुख्य रूप से क्या पाया जाता है?
A. ऑब्सेशन और कम्पल्शन
B. केवल खुशी
C. केवल भूख
D. केवल ऊँचाई
उत्तर: A. ऑब्सेशन और कम्पल्शन
व्याख्या: OCD में अनचाहे विचार और दोहराए जाने वाले व्यवहार व्यक्ति को परेशान करते हैं।

27. आघातोत्तर तनाव विकार किसके बाद हो सकता है?
A. गंभीर दुर्घटना, हिंसा या भयावह घटना के बाद
B. सामान्य आराम के बाद
C. मनोरंजन के बाद
D. नियमित पढ़ाई के बाद
उत्तर: A. गंभीर दुर्घटना, हिंसा या भयावह घटना के बाद
व्याख्या: आघातपूर्ण घटना के बाद डरावनी यादें, सपने और बचाव व्यवहार हो सकते हैं।

28. PTSD का सामान्य लक्षण क्या हो सकता है?
A. घटना की बार-बार याद, डर और बचाव व्यवहार
B. हमेशा आनंद
C. कोई तनाव नहीं
D. केवल भूख
उत्तर: A. घटना की बार-बार याद, डर और बचाव व्यवहार
व्याख्या: PTSD में व्यक्ति घटना से जुड़ी यादों और परिस्थितियों से बचने का प्रयास करता है।

29. मूड विकार किससे संबंधित होते हैं?
A. मनोदशा में असामान्य परिवर्तन से
B. केवल शरीर की लंबाई से
C. केवल भाषा से
D. केवल मौसम से
उत्तर: A. मनोदशा में असामान्य परिवर्तन से
व्याख्या: मूड विकारों में उदासी, उत्साह या मनोदशा के उतार-चढ़ाव प्रमुख होते हैं।

30. अवसाद का प्रमुख लक्षण क्या है?
A. लगातार उदासी और रुचि में कमी
B. अत्यधिक प्रसन्नता
C. केवल खेल में रुचि
D. हमेशा उत्साह
उत्तर: A. लगातार उदासी और रुचि में कमी
व्याख्या: अवसाद में व्यक्ति उदास, निराश और ऊर्जा की कमी महसूस कर सकता है।

31. अवसाद में कौन-सा लक्षण पाया जा सकता है?
A. नींद, भूख और ऊर्जा में बदलाव
B. हमेशा अधिक ऊर्जा
C. केवल हँसी
D. कोई बदलाव नहीं
उत्तर: A. नींद, भूख और ऊर्जा में बदलाव
व्याख्या: अवसाद व्यक्ति की शारीरिक और मानसिक दिनचर्या को प्रभावित कर सकता है।

32. द्विध्रुवी विकार की विशेषता क्या है?
A. अवसाद और उन्माद के दौर
B. केवल सामान्य खुशी
C. केवल डर
D. केवल भूलना
उत्तर: A. अवसाद और उन्माद के दौर
व्याख्या: द्विध्रुवी विकार में मनोदशा अत्यधिक ऊँची और अत्यधिक नीची हो सकती है।

33. उन्माद का लक्षण क्या हो सकता है?
A. अत्यधिक ऊर्जा, कम नींद और बढ़ा हुआ आत्मविश्वास
B. लगातार उदासी
C. पूर्ण निष्क्रियता
D. केवल रोना
उत्तर: A. अत्यधिक ऊर्जा, कम नींद और बढ़ा हुआ आत्मविश्वास
व्याख्या: उन्माद में व्यक्ति अत्यधिक सक्रिय, उत्साहित और जोखिमपूर्ण व्यवहार कर सकता है।

34. मनोविकृति का अर्थ क्या है?
A. वास्तविकता से संपर्क में गंभीर बाधा
B. सामान्य सोच
C. स्वस्थ संबंध
D. नियमित नींद
उत्तर: A. वास्तविकता से संपर्क में गंभीर बाधा
व्याख्या: मनोविकृति में व्यक्ति वास्तविकता को सही ढंग से समझने में कठिनाई अनुभव कर सकता है।

35. भ्रम का अर्थ क्या है?
A. गलत लेकिन दृढ़ विश्वास जो वास्तविकता से मेल नहीं खाता
B. सही जानकारी
C. सामान्य याद
D. स्वस्थ कल्पना
उत्तर: A. गलत लेकिन दृढ़ विश्वास जो वास्तविकता से मेल नहीं खाता
व्याख्या: भ्रम में व्यक्ति प्रमाण के बावजूद गलत विश्वास बनाए रख सकता है।

36. मतिभ्रम का अर्थ क्या है?
A. बिना बाहरी उत्तेजना के अनुभव होना
B. सही सुनना
C. स्पष्ट देखना
D. सामान्य स्मृति
उत्तर: A. बिना बाहरी उत्तेजना के अनुभव होना
व्याख्या: मतिभ्रम में व्यक्ति ऐसी आवाज, दृश्य या अनुभूति महसूस कर सकता है जो वास्तविक रूप से मौजूद नहीं होती।

37. सिज़ोफ्रेनिया की प्रमुख विशेषता क्या है?
A. विचार, अनुभूति और व्यवहार में गंभीर अव्यवस्था
B. केवल सामान्य चिंता
C. केवल परीक्षा डर
D. केवल भूख
उत्तर: A. विचार, अनुभूति और व्यवहार में गंभीर अव्यवस्था
व्याख्या: सिज़ोफ्रेनिया में भ्रम, मतिभ्रम और अव्यवस्थित सोच जैसे लक्षण हो सकते हैं।

38. सिज़ोफ्रेनिया में सकारात्मक लक्षण का उदाहरण क्या है?
A. भ्रम और मतिभ्रम
B. भावनाओं की कमी
C. सामाजिक वापसी
D. बोलने में कमी
उत्तर: A. भ्रम और मतिभ्रम
व्याख्या: सकारात्मक लक्षण वे हैं जो सामान्य अनुभवों में अतिरिक्त रूप से जुड़ जाते हैं।

39. सिज़ोफ्रेनिया में नकारात्मक लक्षण का उदाहरण क्या है?
A. भावनात्मक अभिव्यक्ति में कमी
B. अत्यधिक भ्रम
C. मतिभ्रम
D. तेज बोलना
उत्तर: A. भावनात्मक अभिव्यक्ति में कमी
व्याख्या: नकारात्मक लक्षण सामान्य क्षमताओं या भावनात्मक अभिव्यक्ति में कमी को दर्शाते हैं।

40. व्यक्तित्व विकार का अर्थ क्या है?
A. लंबे समय तक बने रहने वाले कठोर और असंतुलित व्यक्तित्व पैटर्न
B. केवल अस्थायी थकान
C. केवल एक दिन की उदासी
D. केवल भूख
उत्तर: A. लंबे समय तक बने रहने वाले कठोर और असंतुलित व्यक्तित्व पैटर्न
व्याख्या: व्यक्तित्व विकार व्यक्ति के संबंधों, सोच और व्यवहार को लंबे समय तक प्रभावित कर सकते हैं।

41. असामाजिक व्यक्तित्व विकार में क्या पाया जा सकता है?
A. दूसरों के अधिकारों की उपेक्षा और नियमों का उल्लंघन
B. अत्यधिक सहानुभूति
C. पूर्ण अनुशासन
D. हमेशा सहयोग
उत्तर: A. दूसरों के अधिकारों की उपेक्षा और नियमों का उल्लंघन
व्याख्या: इसमें व्यक्ति सामाजिक नियमों और दूसरों की भावनाओं की परवाह कम कर सकता है।

42. सीमा-रेखा व्यक्तित्व विकार की विशेषता क्या हो सकती है?
A. संबंधों, भावनाओं और आत्म-छवि में अस्थिरता
B. हमेशा स्थिर मनोदशा
C. पूर्ण शांति
D. कोई संबंध समस्या नहीं
उत्तर: A. संबंधों, भावनाओं और आत्म-छवि में अस्थिरता
व्याख्या: इस विकार में तीव्र भावनात्मक उतार-चढ़ाव और संबंधों में कठिनाई हो सकती है।

43. नार्सिसिस्टिक व्यक्तित्व विकार में क्या पाया जा सकता है?
A. अत्यधिक आत्म-महत्व और प्रशंसा की आवश्यकता
B. पूर्ण विनम्रता
C. हमेशा आत्म-त्याग
D. कोई आत्म-छवि नहीं
उत्तर: A. अत्यधिक आत्म-महत्व और प्रशंसा की आवश्यकता
व्याख्या: इसमें व्यक्ति स्वयं को बहुत महत्वपूर्ण मान सकता है और प्रशंसा चाहता है।

44. बाल्यावस्था से जुड़े विकारों में क्या शामिल हो सकता है?
A. ADHD और ऑटिज्म स्पेक्ट्रम विकार
B. केवल वृद्धावस्था की समस्या
C. केवल नींद
D. केवल भोजन
उत्तर: A. ADHD और ऑटिज्म स्पेक्ट्रम विकार
व्याख्या: कुछ मानसिक और विकासात्मक समस्याएँ बचपन में दिखाई देती हैं।

45. ADHD की प्रमुख विशेषता क्या है?
A. ध्यान की कमी, अति सक्रियता और आवेगशीलता
B. हमेशा शांत रहना
C. बहुत धीमी सोच
D. पूर्ण एकाग्रता
उत्तर: A. ध्यान की कमी, अति सक्रियता और आवेगशीलता
व्याख्या: ADHD में बच्चा ध्यान बनाए रखने और आवेग नियंत्रित करने में कठिनाई अनुभव कर सकता है।

46. ऑटिज्म स्पेक्ट्रम विकार में मुख्य कठिनाई किस क्षेत्र में होती है?
A. सामाजिक संचार और दोहरावदार व्यवहार
B. केवल ऊँचाई
C. केवल भूख

D. केवल नींद
उत्तर: A. सामाजिक संचार और दोहरावदार व्यवहार
व्याख्या: ऑटिज्म में सामाजिक संपर्क, संचार और व्यवहार पैटर्न प्रभावित हो सकते हैं।

47. बौद्धिक अक्षमता का अर्थ क्या है?
A. बौद्धिक कार्य और अनुकूलन कौशल में महत्वपूर्ण कमी
B. अत्यधिक बुद्धि
C. केवल शारीरिक कमजोरी
D. केवल खेल में कमी
उत्तर: A. बौद्धिक कार्य और अनुकूलन कौशल में महत्वपूर्ण कमी
व्याख्या: इसमें सीखने, समस्या समाधान और दैनिक जीवन कौशल में कठिनाई हो सकती है।

48. सीखने संबंधी विकार किससे जुड़े होते हैं?
A. पढ़ने, लिखने या गणना में विशेष कठिनाई से
B. केवल खेल से
C. केवल भोजन से
D. केवल नींद से
उत्तर: A. पढ़ने, लिखने या गणना में विशेष कठिनाई से
व्याख्या: सीखने संबंधी विकार सामान्य बुद्धि के बावजूद विशेष शैक्षिक कौशल को प्रभावित कर सकते हैं।

49. डिस्लेक्सिया किससे संबंधित है?
A. पढ़ने में कठिनाई से
B. केवल सुनने से
C. केवल दौड़ने से
D. केवल भोजन से
उत्तर: A. पढ़ने में कठिनाई से
व्याख्या: डिस्लेक्सिया में अक्षरों, शब्दों और पढ़ने की प्रक्रिया में कठिनाई हो सकती है।

50. पदार्थ उपयोग विकार का अर्थ क्या है?
A. किसी पदार्थ के उपयोग पर नियंत्रण कम होना और नुकसान के बावजूद उपयोग जारी रखना
B. केवल पानी पीना
C. केवल भोजन करना
D. स्वस्थ आदत
उत्तर: A. किसी पदार्थ के उपयोग पर नियंत्रण कम होना और नुकसान के बावजूद उपयोग जारी रखना
व्याख्या: इसमें पदार्थ के प्रति निर्भरता और दैनिक जीवन पर नकारात्मक प्रभाव हो सकता है।

51. लत का प्रमुख संकेत क्या है?
A. नियंत्रण की कमी और बार-बार उपयोग की तीव्र इच्छा
B. पूर्ण नियंत्रण
C. कोई इच्छा नहीं
D. हमेशा स्वस्थ व्यवहार
उत्तर: A. नियंत्रण की कमी और बार-बार उपयोग की तीव्र इच्छा
व्याख्या: लत में व्यक्ति हानिकारक परिणामों के बावजूद व्यवहार या पदार्थ उपयोग रोक नहीं पाता।

52. वापसी लक्षण किसे कहते हैं?
A. पदार्थ छोड़ने पर शारीरिक या मानसिक असुविधा
B. पदार्थ लेने पर पूर्ण शांति
C. हमेशा खुशी
D. केवल नींद
उत्तर: A. पदार्थ छोड़ने पर शारीरिक या मानसिक असुविधा
व्याख्या: निर्भरता होने पर पदार्थ न मिलने से बेचैनी, चिड़चिड़ापन या शारीरिक लक्षण हो सकते हैं।

53. सहनशीलता का अर्थ क्या है?
A. समान प्रभाव के लिए पदार्थ की अधिक मात्रा की आवश्यकता
B. कम मात्रा से अधिक प्रभाव
C. कोई प्रभाव नहीं
D. पदार्थ से दूरी
उत्तर: A. समान प्रभाव के लिए पदार्थ की अधिक मात्रा की आवश्यकता
व्याख्या: समय के साथ शरीर पदार्थ का आदी हो सकता है और अधिक मात्रा की जरूरत महसूस हो सकती है।

54. भोजन विकार किससे संबंधित हैं?
A. भोजन, शरीर-छवि और वजन को लेकर असामान्य व्यवहार से
B. केवल सामान्य भूख से
C. केवल स्वाद से
D. केवल पानी पीने से
उत्तर: A. भोजन, शरीर-छवि और वजन को लेकर असामान्य व्यवहार से
व्याख्या: भोजन विकार व्यक्ति के शारीरिक और मानसिक स्वास्थ्य दोनों को प्रभावित कर सकते हैं।

55. एनोरेक्सिया नर्वोसा की विशेषता क्या है?
A. वजन बढ़ने का तीव्र भय और भोजन का अत्यधिक नियंत्रण
B. हमेशा अधिक भोजन
C. केवल नींद
D. सामान्य भोजन आदत
उत्तर: A. वजन बढ़ने का तीव्र भय और भोजन का अत्यधिक नियंत्रण
व्याख्या: इसमें व्यक्ति कम वजन के बावजूद स्वयं को मोटा समझ सकता है।

56. बुलिमिया नर्वोसा में क्या पाया जाता है?
A. अत्यधिक भोजन के बाद वजन नियंत्रित करने के अनुचित प्रयास
B. हमेशा संतुलित भोजन
C. कोई चिंता नहीं
D. केवल पानी पीना
उत्तर: A. अत्यधिक भोजन के बाद वजन नियंत्रित करने के अनुचित प्रयास
व्याख्या: इसमें binge eating और फिर उल्टी या अन्य तरीकों से वजन नियंत्रित करने का प्रयास हो सकता है।

57. सोमैटिक लक्षण विकार में क्या प्रमुख होता है?
A. शारीरिक लक्षणों को लेकर अत्यधिक चिंता
B. कोई शारीरिक चिंता नहीं
C. हमेशा प्रसन्नता
D. केवल खेल
उत्तर: A. शारीरिक लक्षणों को लेकर अत्यधिक चिंता
व्याख्या: व्यक्ति शारीरिक लक्षणों को लेकर बहुत परेशान रहता है, भले ही चिकित्सकीय कारण स्पष्ट न हो।

58. डिसोसिएटिव विकार किससे संबंधित हैं?
A. चेतना, स्मृति या पहचान में अलगाव से
B. केवल भोजन से
C. केवल गणित से
D. केवल नींद से
उत्तर: A. चेतना, स्मृति या पहचान में अलगाव से
व्याख्या: डिसोसिएटिव विकारों में व्यक्ति की पहचान या स्मृति में असामान्य परिवर्तन हो सकते हैं।

59. डिसोसिएटिव अम्नेशिया का अर्थ क्या है?
A. महत्वपूर्ण व्यक्तिगत जानकारी याद न रहना
B. सब कुछ स्पष्ट याद रहना
C. केवल गणित भूलना
D. केवल भाषा भूलना
उत्तर: A. महत्वपूर्ण व्यक्तिगत जानकारी याद न रहना
व्याख्या: यह अक्सर तनाव या आघात से जुड़ी स्मृति हानि के रूप में दिखाई दे सकता है।

60. नींद विकार किसे प्रभावित करते हैं?
A. नींद की मात्रा, गुणवत्ता या समय को
B. केवल भोजन को
C. केवल कपड़ों को
D. केवल ऊँचाई को
उत्तर: A. नींद की मात्रा, गुणवत्ता या समय को
व्याख्या: नींद विकार व्यक्ति की ऊर्जा, ध्यान और मानसिक स्वास्थ्य को प्रभावित कर सकते हैं।

61. अनिद्रा का अर्थ क्या है?
A. नींद आने या बनाए रखने में कठिनाई
B. अत्यधिक भोजन
C. बहुत अधिक बोलना
D. पूर्ण विश्राम
उत्तर: A. नींद आने या बनाए रखने में कठिनाई
व्याख्या: अनिद्रा में व्यक्ति पर्याप्त अवसर होने पर भी अच्छी नींद नहीं ले पाता।

62. मानसिक विकारों का निदान कौन कर सकता है?
A. प्रशिक्षित मानसिक स्वास्थ्य विशेषज्ञ
B. कोई भी व्यक्ति बिना प्रशिक्षण
C. केवल मित्र
D. केवल दुकानदार
उत्तर: A. प्रशिक्षित मानसिक स्वास्थ्य विशेषज्ञ
व्याख्या: सही निदान के लिए विशेषज्ञ मूल्यांकन, इतिहास और लक्षणों की समझ आवश्यक होती है।

63. मनोवैज्ञानिक मूल्यांकन में क्या शामिल हो सकता है?
A. साक्षात्कार, अवलोकन और मनोवैज्ञानिक परीक्षण
B. केवल अनुमान
C. केवल नाम पूछना
D. केवल कपड़े देखना
उत्तर: A. साक्षात्कार, अवलोकन और मनोवैज्ञानिक परीक्षण
व्याख्या: मूल्यांकन से व्यक्ति की समस्या, लक्षण और कार्यक्षमता को समझा जाता है।

64. नैदानिक साक्षात्कार का उद्देश्य क्या है?
A. व्यक्ति की समस्या, इतिहास और अनुभवों को समझना
B. केवल परीक्षा अंक जानना
C. केवल वजन मापना
D. केवल मौसम पूछना
उत्तर: A. व्यक्ति की समस्या, इतिहास और अनुभवों को समझना
व्याख्या: साक्षात्कार विशेषज्ञ को लक्षणों और जीवन परिस्थितियों की जानकारी देता है।

65. केस हिस्ट्री का अर्थ क्या है?
A. व्यक्ति के जीवन, परिवार, स्वास्थ्य और समस्या का विस्तृत विवरण
B. केवल नाम की सूची
C. केवल उम्र
D. केवल पता
उत्तर: A. व्यक्ति के जीवन, परिवार, स्वास्थ्य और समस्या का विस्तृत विवरण
व्याख्या: केस हिस्ट्री निदान और उपचार योजना बनाने में सहायक होती है।

66. मनोवैज्ञानिक परीक्षण का उद्देश्य क्या है?
A. मानसिक क्षमताओं, व्यक्तित्व या लक्षणों का मापन
B. केवल शरीर का तापमान
C. केवल कपड़े
D. केवल भोजन
उत्तर: A. मानसिक क्षमताओं, व्यक्तित्व या लक्षणों का मापन
व्याख्या: परीक्षण वैज्ञानिक तरीके से व्यक्ति की मानसिक स्थिति को समझने में मदद करते हैं।

67. उपचार का मुख्य उद्देश्य क्या है?
A. लक्षणों को कम करना और व्यक्ति की कार्यक्षमता सुधारना
B. समस्या छिपाना
C. व्यक्ति को दोष देना
D. डर बढ़ाना
उत्तर: A. लक्षणों को कम करना और व्यक्ति की कार्यक्षमता सुधारना
व्याख्या: उपचार व्यक्ति को बेहतर जीवन और संतुलित व्यवहार की दिशा में सहायता करता है।

68. मनोचिकित्सा का अर्थ क्या है?
A. बातचीत और मनोवैज्ञानिक तकनीकों द्वारा मानसिक समस्याओं का उपचार
B. केवल दवा देना
C. केवल शारीरिक व्यायाम
D. केवल दंड देना
उत्तर: A. बातचीत और मनोवैज्ञानिक तकनीकों द्वारा मानसिक समस्याओं का उपचार
व्याख्या: मनोचिकित्सा व्यक्ति को विचारों, भावनाओं और व्यवहार को समझने में मदद करती है।

69. संज्ञानात्मक व्यवहार चिकित्सा का मुख्य लक्ष्य क्या है?
A. नकारात्मक विचारों और व्यवहारों को बदलना
B. केवल सोना
C. केवल भोजन बदलना
D. समस्या को अनदेखा करना
उत्तर: A. नकारात्मक विचारों और व्यवहारों को बदलना
व्याख्या: CBT में व्यक्ति असहायक सोच को पहचानकर अधिक उपयोगी सोच और व्यवहार विकसित करता है।

70. व्यवहार चिकित्सा किस सिद्धांत पर आधारित है?
A. सीखने के सिद्धांतों पर
B. केवल भाग्य पर
C. केवल शरीर की लंबाई पर
D. केवल मौसम पर
उत्तर: A. सीखने के सिद्धांतों पर
व्याख्या: व्यवहार चिकित्सा में अवांछित व्यवहार बदलने के लिए सीखने की तकनीकों का उपयोग होता है।

71. व्यवस्थित असंवेदनशीलता किसमें उपयोगी है?
A. भय और फोबिया कम करने में
B. भूख बढ़ाने में
C. ऊँचाई बढ़ाने में
D. स्मृति मिटाने में
उत्तर: A. भय और फोबिया कम करने में
व्याख्या: इसमें व्यक्ति को धीरे-धीरे भय वाली स्थिति से सुरक्षित ढंग से परिचित कराया जाता है।

72. एक्सपोजर थेरेपी का उद्देश्य क्या है?
A. भय वाली स्थिति का सुरक्षित सामना कर भय कम करना
B. भय से हमेशा बचना
C. समस्या छिपाना
D. केवल दवा लेना
उत्तर: A. भय वाली स्थिति का सुरक्षित सामना कर भय कम करना
व्याख्या: बार-बार सुरक्षित संपर्क से भय की तीव्रता कम हो सकती है।

73. मनोविश्लेषणात्मक चिकित्सा किस पर बल देती है?
A. अचेतन संघर्षों और बचपन के अनुभवों पर
B. केवल वर्तमान भोजन पर
C. केवल व्यायाम पर
D. केवल मौसम पर
उत्तर: A. अचेतन संघर्षों और बचपन के अनुभवों पर
व्याख्या: यह दृष्टिकोण मानता है कि अचेतन भावनाएँ व्यवहार को प्रभावित कर सकती हैं।

74. मानवतावादी चिकित्सा का मुख्य विचार क्या है?
A. व्यक्ति की आत्म-विकास क्षमता और स्वीकृति पर बल
B. केवल दंड
C. केवल आदेश
D. केवल नियंत्रण
उत्तर: A. व्यक्ति की आत्म-विकास क्षमता और स्वीकृति पर बल
व्याख्या: मानवतावादी चिकित्सा व्यक्ति को सम्मान, सहानुभूति और आत्म-समझ देती है।

75. क्लाइंट-केंद्रित चिकित्सा किसने विकसित की?
A. कार्ल रोजर्स
B. इवान पावलॉव
C. बी. एफ. स्किनर
D. जॉन लॉक
उत्तर: A. कार्ल रोजर्स
व्याख्या: रोजर्स ने सहानुभूति, स्वीकृति और प्रामाणिकता को उपचार का आधार माना।

76. समूह चिकित्सा का लाभ क्या है?
A. समान समस्याओं वाले लोगों से समर्थन और अनुभव साझा करना
B. हमेशा अलगाव बढ़ाना
C. कोई संवाद नहीं
D. केवल दंड देना
उत्तर: A. समान समस्याओं वाले लोगों से समर्थन और अनुभव साझा करना
व्याख्या: समूह चिकित्सा में व्यक्ति दूसरों से सीखता और भावनात्मक समर्थन पाता है।

77. परिवार चिकित्सा कब उपयोगी होती है?
A. जब पारिवारिक संबंध समस्या को प्रभावित कर रहे हों
B. केवल अकेलेपन में
C. केवल शारीरिक बीमारी में
D. कभी नहीं
उत्तर: A. जब पारिवारिक संबंध समस्या को प्रभावित कर रहे हों
व्याख्या: परिवार चिकित्सा संबंधों, संवाद और सहयोग को सुधारने में सहायता करती है।

78. औषधीय उपचार किसके द्वारा दिया जाता है?
A. मनोचिकित्सक या योग्य चिकित्सक
B. कोई भी मित्र
C. केवल शिक्षक
D. केवल दुकानदार
उत्तर: A. मनोचिकित्सक या योग्य चिकित्सक
व्याख्या: दवाओं का उपयोग प्रशिक्षित चिकित्सकीय विशेषज्ञ की देखरेख में होना चाहिए।

79. मानसिक विकारों में दवा का उद्देश्य क्या हो सकता है?
A. लक्षणों को नियंत्रित करना
B. व्यक्ति को दोष देना
C. समस्या बढ़ाना
D. केवल नींद रोकना
उत्तर: A. लक्षणों को नियंत्रित करना
व्याख्या: कुछ विकारों में दवाएँ लक्षणों की तीव्रता कम करने में सहायक हो सकती हैं।

80. पुनर्वास का उद्देश्य क्या है?
A. व्यक्ति को सामाजिक, व्यावसायिक और दैनिक जीवन में पुनः सक्षम बनाना
B. व्यक्ति को अलग रखना
C. समस्या छिपाना
D. कार्यक्षमता घटाना
उत्तर: A. व्यक्ति को सामाजिक, व्यावसायिक और दैनिक जीवन में पुनः सक्षम बनाना
व्याख्या: पुनर्वास व्यक्ति को स्वतंत्र और उत्पादक जीवन की ओर ले जाने में मदद करता है।

81. मानसिक विकारों की रोकथाम में क्या उपयोगी है?
A. जागरूकता, तनाव प्रबंधन और समय पर सहायता
B. समस्या छिपाना
C. कलंक बढ़ाना
D. सहायता से बचना
उत्तर: A. जागरूकता, तनाव प्रबंधन और समय पर सहायता
व्याख्या: शुरुआती सहायता और स्वस्थ जीवनशैली समस्याओं को गंभीर होने से रोक सकती है।

82. प्राथमिक रोकथाम का उद्देश्य क्या है?
A. समस्या शुरू होने से पहले जोखिम कम करना
B. समस्या बढ़ने देना
C. केवल उपचार के बाद सहायता
D. कोई रोकथाम नहीं
उत्तर: A. समस्या शुरू होने से पहले जोखिम कम करना
व्याख्या: प्राथमिक रोकथाम में जागरूकता, शिक्षा और स्वस्थ वातावरण शामिल होते हैं।

83. द्वितीयक रोकथाम का उद्देश्य क्या है?
A. समस्या की जल्दी पहचान और शीघ्र उपचार
B. समस्या छिपाना
C. उपचार रोकना
D. केवल आलोचना
उत्तर: A. समस्या की जल्दी पहचान और शीघ्र उपचार
व्याख्या: जल्दी पहचान से विकार की गंभीरता और अवधि कम की जा सकती है।

84. तृतीयक रोकथाम का उद्देश्य क्या है?
A. विकार के बाद पुनर्वास और कार्यक्षमता सुधारना
B. समस्या शुरू करना
C. सहायता रोकना
D. केवल दोष देना
उत्तर: A. विकार के बाद पुनर्वास और कार्यक्षमता सुधारना
व्याख्या: तृतीयक रोकथाम व्यक्ति को पुनः सामान्य जीवन में लौटने में मदद करती है।

85. मानसिक विकारों से जुड़ा कलंक क्या करता है?
A. सहायता लेने में बाधा पैदा करता है
B. सहायता बढ़ाता है
C. समस्या तुरंत हल करता है
D. कोई प्रभाव नहीं
उत्तर: A. सहायता लेने में बाधा पैदा करता है
व्याख्या: कलंक के कारण व्यक्ति अपनी समस्या छिपा सकता है और उपचार से बच सकता है।

86. मानसिक स्वास्थ्य के प्रति संवेदनशील दृष्टिकोण क्या है?
A. व्यक्ति को सम्मान, सहानुभूति और सहायता देना
B. मजाक उड़ाना
C. दोष देना
D. अलग कर देना
उत्तर: A. व्यक्ति को सम्मान, सहानुभूति और सहायता देना
व्याख्या: संवेदनशील व्यवहार मानसिक स्वास्थ्य सहायता को अधिक प्रभावी बनाता है।

87. आत्म-हानि के संकेतों को कैसे लेना चाहिए?
A. गंभीरता से लेकर तुरंत सहायता उपलब्ध करानी चाहिए
B. मजाक समझना चाहिए
C. अनदेखा करना चाहिए
D. दोष देना चाहिए
उत्तर: A. गंभीरता से लेकर तुरंत सहायता उपलब्ध करानी चाहिए
व्याख्या: आत्म-हानि के विचार या संकेत आपात सहायता और विशेषज्ञ सहयोग की मांग करते हैं।

88. संकट की स्थिति में सबसे उचित कदम क्या है?
A. सुरक्षित वातावरण और तत्काल सहायता
B. व्यक्ति को अकेला छोड़ देना
C. समस्या छिपाना
D. केवल डाँटना
उत्तर: A. सुरक्षित वातावरण और तत्काल सहायता
व्याख्या: संकट में व्यक्ति की सुरक्षा और त्वरित सहायता सबसे महत्वपूर्ण होती है।

89. मानसिक विकारों में परिवार की भूमिका क्या हो सकती है?
A. सहयोग, समझ और उपचार में सहायता
B. केवल आलोचना
C. समस्या बढ़ाना
D. व्यक्ति को अलग करना
उत्तर: A. सहयोग, समझ और उपचार में सहायता
व्याख्या: परिवार का सहयोग उपचार और पुनर्वास को मजबूत बना सकता है।

90. विद्यालय में मानसिक स्वास्थ्य पहचान क्यों जरूरी है?
A. बच्चों की समस्याओं को जल्दी समझकर सहायता देने के लिए
B. केवल दंड देने के लिए
C. पढ़ाई रोकने के लिए
D. समस्या छिपाने के लिए
उत्तर: A. बच्चों की समस्याओं को जल्दी समझकर सहायता देने के लिए
व्याख्या: विद्यालय बच्चों के व्यवहार और सीखने की कठिनाइयों की पहचान में महत्वपूर्ण भूमिका निभा सकता है।

91. शिक्षक असामान्य व्यवहार में कैसे सहायता कर सकता है?
A. निरीक्षण, संवेदनशील संवाद और परामर्श के लिए संदर्भ देकर
B. मजाक उड़ाकर
C. दंड देकर ही
D. समस्या को अनदेखा कर
उत्तर: A. निरीक्षण, संवेदनशील संवाद और परामर्श के लिए संदर्भ देकर
व्याख्या: शिक्षक प्रारंभिक संकेत पहचानकर उचित सहायता की दिशा में मार्गदर्शन कर सकता है।

92. असामान्य व्यवहार की पहचान में अवलोकन क्यों उपयोगी है?
A. व्यवहार की आवृत्ति, तीव्रता और परिस्थिति समझने के लिए
B. केवल अनुमान लगाने के लिए
C. केवल नाम लिखने के लिए
D. कोई उपयोग नहीं
उत्तर: A. व्यवहार की आवृत्ति, तीव्रता और परिस्थिति समझने के लिए
व्याख्या: नियमित अवलोकन से व्यवहार के पैटर्न और समस्या की गंभीरता समझी जा सकती है।

93. असामान्य व्यवहार का उपचार केवल किस पर निर्भर नहीं करता?
A. एक ही विधि पर
B. समस्या की प्रकृति पर
C. व्यक्ति की आवश्यकता पर
D. विशेषज्ञ मूल्यांकन पर
उत्तर: A. एक ही विधि पर
व्याख्या: उपचार व्यक्ति की समस्या, उम्र, परिस्थिति और आवश्यकता के अनुसार बदलता है।

94. असामान्य मनोविज्ञान में नैतिकता क्यों आवश्यक है?
A. गोपनीयता, सम्मान और सुरक्षित उपचार के लिए
B. व्यक्ति को दोष देने के लिए
C. जानकारी फैलाने के लिए
D. मजाक बनाने के लिए
उत्तर: A. गोपनीयता, सम्मान और सुरक्षित उपचार के लिए
व्याख्या: मानसिक स्वास्थ्य सेवाओं में व्यक्ति की निजता और अधिकारों की रक्षा जरूरी है।

95. गोपनीयता का अर्थ क्या है?
A. व्यक्ति की निजी जानकारी को सुरक्षित रखना
B. हर बात सबको बताना
C. समस्या फैलाना
D. अफवाह बनाना
उत्तर: A. व्यक्ति की निजी जानकारी को सुरक्षित रखना
व्याख्या: गोपनीयता से व्यक्ति विशेषज्ञ पर भरोसा कर पाता है और खुलकर बात करता है।

96. असामान्य मनोविज्ञान का समाज में महत्व क्या है?
A. मानसिक विकारों के प्रति समझ और सहायता बढ़ाना
B. कलंक बढ़ाना
C. लोगों को अलग करना
D. समस्या छिपाना
उत्तर: A. मानसिक विकारों के प्रति समझ और सहायता बढ़ाना
व्याख्या: यह विषय समाज को मानसिक स्वास्थ्य के प्रति जागरूक और संवेदनशील बनाता है।

97. मानसिक विकारों के प्रति सही दृष्टिकोण क्या होना चाहिए?
A. उपचार योग्य समस्या के रूप में समझना
B. केवल कमजोरी मानना
C. मजाक बनाना
D. सहायता से रोकना
उत्तर: A. उपचार योग्य समस्या के रूप में समझना
व्याख्या: अधिकांश मानसिक समस्याओं में उचित सहायता और उपचार से सुधार संभव होता है।

98. असामान्य मनोविज्ञान की सबसे उपयुक्त विशेषता क्या है?
A. यह असामान्य व्यवहार के कारण, लक्षण और उपचार का अध्ययन करता है
B. यह केवल शरीर का अध्ययन करता है
C. यह केवल मौसम का अध्ययन करता है
D. यह केवल आर्थिक विषय है
उत्तर: A. यह असामान्य व्यवहार के कारण, लक्षण और उपचार का अध्ययन करता है
व्याख्या: असामान्य मनोविज्ञान मानसिक विकारों को वैज्ञानिक और मानवीय दृष्टि से समझता है।

99. असामान्य व्यवहार को समझते समय क्या ध्यान रखना चाहिए?
A. व्यक्ति की परिस्थिति, संस्कृति और कष्ट को
B. केवल बाहरी रूप को
C. केवल उम्र को
D. केवल नाम को
उत्तर: A. व्यक्ति की परिस्थिति, संस्कृति और कष्ट को
व्याख्या: व्यवहार का मूल्यांकन संदर्भ और व्यक्ति के अनुभवों को समझकर करना चाहिए।

100. असामान्य मनोविज्ञान का सबसे उचित निष्कर्ष क्या है?
A. यह मानसिक समस्याओं की पहचान, समझ, उपचार और रोकथाम में सहायक है
B. यह केवल रोगों को बढ़ाता है
C. इसका व्यवहार से कोई संबंध नहीं
D. यह केवल शारीरिक शक्ति का अध्ययन है
उत्तर: A. यह मानसिक समस्याओं की पहचान, समझ, उपचार और रोकथाम में सहायक है
व्याख्या: असामान्य मनोविज्ञान व्यक्ति और समाज दोनों के मानसिक स्वास्थ्य सुधार में महत्वपूर्ण भूमिका निभाता है।

अध्याय 26: परामर्श एवं निर्देशन

100 वस्तुनिष्ठ प्रश्न

1. निर्देशन का अर्थ क्या है?
A. व्यक्ति को सही निर्णय और समायोजन में सहायता देना
B. केवल आदेश देना
C. केवल दंड देना
D. केवल मनोरंजन करना
उत्तर: A. व्यक्ति को सही निर्णय और समायोजन में सहायता देना
व्याख्या: निर्देशन व्यक्ति को अपनी क्षमताओं, रुचियों और परिस्थितियों के अनुसार उचित मार्ग चुनने में मदद करता है।

2. परामर्श का अर्थ क्या है?
A. व्यक्ति की समस्या को समझकर समाधान खोजने में सहायता देना
B. केवल सलाह थोपना
C. केवल परीक्षा लेना
D. केवल नियम बनाना
उत्तर: A. व्यक्ति की समस्या को समझकर समाधान खोजने में सहायता देना
व्याख्या: परामर्श एक सहायक प्रक्रिया है जिसमें व्यक्ति स्वयं को समझकर उचित निर्णय लेता है।

3. निर्देशन और परामर्श का मुख्य उद्देश्य क्या है?
A. व्यक्ति का सर्वांगीण विकास और समायोजन
B. व्यक्ति को भ्रमित करना
C. केवल अंक बढ़ाना
D. केवल अनुशासन कराना
उत्तर: A. व्यक्ति का सर्वांगीण विकास और समायोजन
व्याख्या: दोनों प्रक्रियाएँ व्यक्ति को शिक्षा, व्यवसाय और व्यक्तिगत जीवन में संतुलित निर्णय लेने में सहायता करती हैं।

4. निर्देशन किस प्रकार की प्रक्रिया है?
A. सतत और विकासात्मक प्रक्रिया
B. केवल एक दिन की प्रक्रिया
C. केवल दंड प्रक्रिया
D. केवल शारीरिक प्रक्रिया
उत्तर: A. सतत और विकासात्मक प्रक्रिया
व्याख्या: निर्देशन व्यक्ति के विकास के विभिन्न चरणों में निरंतर सहायता प्रदान करता है।

5. परामर्श किस प्रकार की प्रक्रिया है?
A. दो व्यक्तियों के बीच सहयोगात्मक और गोपनीय प्रक्रिया
B. केवल सार्वजनिक घोषणा
C. केवल आदेशात्मक प्रक्रिया
D. केवल परीक्षा प्रक्रिया
उत्तर: A. दो व्यक्तियों के बीच सहयोगात्मक और गोपनीय प्रक्रिया
व्याख्या: परामर्श में परामर्शदाता और परामर्शार्थी के बीच विश्वासपूर्ण संबंध आवश्यक होता है।

6. निर्देशन का केंद्र कौन होता है?
A. व्यक्ति और उसकी आवश्यकताएँ
B. केवल विद्यालय भवन
C. केवल पाठ्यपुस्तक
D. केवल परीक्षा परिणाम
उत्तर: A. व्यक्ति और उसकी आवश्यकताएँ
व्याख्या: निर्देशन व्यक्ति की रुचि, क्षमता, योग्यता और समस्याओं को ध्यान में रखकर दिया जाता है।

7. परामर्श में परामर्शार्थी कौन होता है?
A. सहायता प्राप्त करने वाला व्यक्ति
B. केवल शिक्षक
C. केवल प्रधानाचार्य
D. केवल अभिभावक
उत्तर: A. सहायता प्राप्त करने वाला व्यक्ति
व्याख्या: परामर्शार्थी अपनी समस्या, भावना या निर्णय संबंधी कठिनाई लेकर परामर्शदाता के पास आता है।

8. परामर्शदाता कौन होता है?
A. प्रशिक्षित व्यक्ति जो सहायता और मार्गदर्शन देता है
B. केवल मित्र
C. केवल दुकानदार
D. केवल परीक्षक
उत्तर: A. प्रशिक्षित व्यक्ति जो सहायता और मार्गदर्शन देता है
व्याख्या: परामर्शदाता व्यक्ति की समस्या को समझकर उसे उचित समाधान की दिशा में सहायता करता है।

9. निर्देशन का प्रमुख सिद्धांत क्या है?
A. व्यक्ति की व्यक्तिगत भिन्नताओं का सम्मान
B. सभी को एक जैसा मानना
C. केवल दंड देना
D. समस्या को अनदेखा करना
उत्तर: A. व्यक्ति की व्यक्तिगत भिन्नताओं का सम्मान
व्याख्या: प्रत्येक व्यक्ति की क्षमता, रुचि, आवश्यकता और परिस्थिति अलग होती है।

10. परामर्श में गोपनीयता क्यों आवश्यक है?
A. विश्वास और खुली बातचीत के लिए
B. जानकारी फैलाने के लिए
C. व्यक्ति को डराने के लिए
D. समस्या छिपाने के लिए
उत्तर: A. विश्वास और खुली बातचीत के लिए
व्याख्या: गोपनीयता से परामर्शार्थी अपनी बात निःसंकोच कह पाता है।

11. निर्देशन की आवश्यकता क्यों होती है?
A. शिक्षा, व्यवसाय और जीवन संबंधी निर्णयों में सहायता के लिए
B. केवल समय बिताने के लिए
C. केवल मनोरंजन के लिए
D. केवल दंड देने के लिए
उत्तर: A. शिक्षा, व्यवसाय और जीवन संबंधी निर्णयों में सहायता के लिए
व्याख्या: निर्देशन व्यक्ति को उचित विकल्प चुनने और समस्याओं से निपटने में मदद करता है।

12. परामर्श की आवश्यकता कब होती है?
A. जब व्यक्ति भावनात्मक, व्यक्तिगत या निर्णय संबंधी कठिनाई अनुभव करे
B. जब कोई समस्या न हो
C. केवल खेल के समय
D. केवल भोजन के समय
उत्तर: A. जब व्यक्ति भावनात्मक, व्यक्तिगत या निर्णय संबंधी कठिनाई अनुभव करे
व्याख्या: परामर्श व्यक्ति को अपनी समस्या समझने और समाधान खोजने में सहायता करता है।

13. शैक्षिक निर्देशन का संबंध किससे है?
A. अध्ययन, विषय चयन और शैक्षिक प्रगति से
B. केवल खेल से
C. केवल व्यापार से
D. केवल भोजन से
उत्तर: A. अध्ययन, विषय चयन और शैक्षिक प्रगति से
व्याख्या: शैक्षिक निर्देशन विद्यार्थी को उचित पाठ्यक्रम, अध्ययन आदत और परीक्षा तैयारी में सहायता देता है।

14. व्यावसायिक निर्देशन का उद्देश्य क्या है?
A. व्यक्ति को उचित व्यवसाय या करियर चुनने में सहायता देना
B. केवल परीक्षा लेना
C. केवल खेल कराना
D. केवल छुट्टी देना
उत्तर: A. व्यक्ति को उचित व्यवसाय या करियर चुनने में सहायता देना
व्याख्या: व्यावसायिक निर्देशन व्यक्ति की रुचि, योग्यता और अवसरों के अनुसार करियर चयन में मदद करता है।

15. व्यक्तिगत निर्देशन किससे संबंधित है?
A. व्यक्तिगत समस्याओं, भावनाओं और समायोजन से
B. केवल गणित से
C. केवल मौसम से
D. केवल भवन से
उत्तर: A. व्यक्तिगत समस्याओं, भावनाओं और समायोजन से
व्याख्या: व्यक्तिगत निर्देशन व्यक्ति को आत्म-समझ, भावनात्मक संतुलन और सामाजिक समायोजन में सहायता देता है।

16. सामाजिक निर्देशन का उद्देश्य क्या है?
A. सामाजिक संबंध और सहयोगी व्यवहार विकसित करना
B. व्यक्ति को अलग करना
C. केवल दंड देना
D. संबंध तोड़ना
उत्तर: A. सामाजिक संबंध और सहयोगी व्यवहार विकसित करना
व्याख्या: सामाजिक निर्देशन व्यक्ति को समाज में संतुलित व्यवहार और संबंध बनाने में सहायता करता है।

17. स्वास्थ्य निर्देशन का संबंध किससे है?
A. शारीरिक और मानसिक स्वास्थ्य संबंधी जागरूकता से
B. केवल धन से
C. केवल कपड़ों से
D. केवल खेल जीतने से
उत्तर: A. शारीरिक और मानसिक स्वास्थ्य संबंधी जागरूकता से
व्याख्या: स्वास्थ्य निर्देशन व्यक्ति को स्वस्थ आदतें और स्वास्थ्य समस्याओं से बचाव सिखाता है।

18. नैतिक निर्देशन का उद्देश्य क्या है?
A. सही-गलत की समझ और नैतिक मूल्य विकसित करना
B. केवल अंक बढ़ाना
C. केवल प्रतियोगिता कराना
D. केवल आदेश देना
उत्तर: A. सही-गलत की समझ और नैतिक मूल्य विकसित करना
व्याख्या: नैतिक निर्देशन व्यक्ति में ईमानदारी, जिम्मेदारी और अनुशासन जैसे मूल्य विकसित करता है।

19. परामर्श का गैर-निर्देशात्मक दृष्टिकोण किसने विकसित किया?
A. कार्ल रोजर्स
B. सिगमंड फ्रायड
C. इवान पावलॉव
D. बी. एफ. स्किनर
उत्तर: A. कार्ल रोजर्स
व्याख्या: कार्ल रोजर्स ने क्लाइंट-केंद्रित परामर्श में स्वीकृति, सहानुभूति और आत्म-विकास पर बल दिया।

20. निर्देशात्मक परामर्श में मुख्य भूमिका किसकी होती है?
A. परामर्शदाता की
B. केवल परामर्शार्थी की
C. केवल मित्र की
D. केवल परिवार की
उत्तर: A. परामर्शदाता की
व्याख्या: निर्देशात्मक परामर्श में परामर्शदाता समस्या का विश्लेषण कर अधिक सक्रिय रूप से सुझाव देता है।

21. गैर-निर्देशात्मक परामर्श में मुख्य भूमिका किसकी होती है?
A. परामर्शार्थी की
B. केवल शिक्षक की
C. केवल प्रधानाचार्य की
D. केवल समाज की
उत्तर: A. परामर्शार्थी की
व्याख्या: इस दृष्टिकोण में परामर्शार्थी स्वयं अपनी समस्या को समझकर समाधान की ओर बढ़ता है।

22. उदार या मिश्रित परामर्श का अर्थ क्या है?
A. परिस्थिति के अनुसार निर्देशात्मक और गैर-निर्देशात्मक दोनों तकनीकों का उपयोग
B. केवल आदेश देना
C. केवल चुप रहना
D. कोई सहायता न देना
उत्तर: A. परिस्थिति के अनुसार निर्देशात्मक और गैर-निर्देशात्मक दोनों तकनीकों का उपयोग
व्याख्या: मिश्रित परामर्श में परामर्शदाता व्यक्ति की आवश्यकता के अनुसार लचीला दृष्टिकोण अपनाता है।

23. परामर्श संबंध की मुख्य विशेषता क्या है?
A. विश्वास, सम्मान और सहानुभूति
B. डर, दंड और अपमान
C. केवल आदेश
D. केवल आलोचना
उत्तर: A. विश्वास, सम्मान और सहानुभूति
व्याख्या: प्रभावी परामर्श के लिए सुरक्षित और स्वीकारात्मक वातावरण आवश्यक होता है।

24. सहानुभूति का अर्थ क्या है?
A. दूसरे की भावनाओं को समझना
B. केवल दया दिखाना
C. उपेक्षा करना
D. आलोचना करना
उत्तर: A. दूसरे की भावनाओं को समझना
व्याख्या: सहानुभूति परामर्शदाता को परामर्शार्थी की स्थिति को संवेदनशीलता से समझने में मदद करती है।

25. सक्रिय श्रवण का अर्थ क्या है?
A. ध्यानपूर्वक सुनना और समझ को स्पष्ट करना
B. बीच में रोकना
C. केवल सलाह देना
D. बात अनदेखी करना
उत्तर: A. ध्यानपूर्वक सुनना और समझ को स्पष्ट करना
व्याख्या: सक्रिय श्रवण से परामर्शार्थी को लगता है कि उसकी बात को महत्व दिया जा रहा है।

26. परामर्श में स्वीकार्यता का अर्थ क्या है?
A. व्यक्ति को बिना अपमान और बिना पक्षपात स्वीकार करना
B. व्यक्ति को दोष देना
C. व्यक्ति को डराना
D. व्यक्ति की बात न सुनना
उत्तर: A. व्यक्ति को बिना अपमान और बिना पक्षपात स्वीकार करना
व्याख्या: स्वीकार्यता परामर्शार्थी को खुलकर अपनी बात कहने में सहायता देती है।

27. परामर्श में प्रामाणिकता का अर्थ क्या है?
A. परामर्शदाता का ईमानदार और वास्तविक होना
B. झूठा व्यवहार करना
C. केवल दिखावा करना
D. जानकारी छिपाना
उत्तर: A. परामर्शदाता का ईमानदार और वास्तविक होना
व्याख्या: प्रामाणिकता से परामर्श संबंध में विश्वास और सहजता बढ़ती है।

28. परामर्श प्रक्रिया का पहला चरण क्या है?
A. संबंध स्थापना
B. उपचार समाप्ति
C. रिपोर्ट छिपाना
D. दंड देना
उत्तर: A. संबंध स्थापना
व्याख्या: परामर्श की शुरुआत में विश्वासपूर्ण संबंध बनाना आवश्यक होता है।

29. समस्या पहचान किस चरण से संबंधित है?
A. परामर्शार्थी की कठिनाई को समझना
B. समस्या छिपाना
C. केवल दंड देना
D. बातचीत रोकना
उत्तर: A. परामर्शार्थी की कठिनाई को समझना
व्याख्या: समस्या की सही पहचान से आगे की सहायता प्रभावी बनती है।

30. लक्ष्य निर्धारण का उद्देश्य क्या है?
A. परामर्श की दिशा और अपेक्षित परिणाम तय करना
B. भ्रम बढ़ाना
C. समस्या को अनदेखा करना
D. केवल समय बिताना
उत्तर: A. परामर्श की दिशा और अपेक्षित परिणाम तय करना
व्याख्या: स्पष्ट लक्ष्य परामर्श प्रक्रिया को व्यवस्थित और उपयोगी बनाते हैं।

31. परामर्श में कार्ययोजना क्यों बनाई जाती है?
A. समस्या समाधान के लिए व्यवहारिक कदम तय करने हेतु
B. व्यक्ति को डराने हेतु
C. समस्या बढ़ाने हेतु
D. बातचीत समाप्त करने हेतु
उत्तर: A. समस्या समाधान के लिए व्यवहारिक कदम तय करने हेतु
व्याख्या: कार्ययोजना व्यक्ति को वास्तविक जीवन में परिवर्तन करने में सहायता देती है।

32. अनुवर्ती कार्रवाई का अर्थ क्या है?
A. परामर्श के बाद प्रगति की समीक्षा करना
B. समस्या भूल जाना
C. व्यक्ति से संबंध तोड़ना
D. केवल रिपोर्ट फेंकना
उत्तर: A. परामर्श के बाद प्रगति की समीक्षा करना
व्याख्या: अनुवर्ती कार्रवाई से यह देखा जाता है कि व्यक्ति को दी गई सहायता कितनी प्रभावी रही।

33. परामर्श में साक्षात्कार का उपयोग क्यों किया जाता है?
A. व्यक्ति की समस्या, इतिहास और भावनाएँ समझने के लिए
B. केवल नाम पूछने के लिए
C. केवल परीक्षा लेने के लिए
D. केवल दंड देने के लिए
उत्तर: A. व्यक्ति की समस्या, इतिहास और भावनाएँ समझने के

लिए
व्याख्या: साक्षात्कार परामर्शार्थी की परिस्थिति और अनुभवों को समझने का प्रमुख साधन है।

34. अवलोकन का महत्व क्या है?
A. व्यवहार और भावनात्मक संकेतों को समझना
B. केवल अनुमान लगाना
C. केवल लिखावट देखना
D. कोई महत्व नहीं
उत्तर: A. व्यवहार और भावनात्मक संकेतों को समझना
व्याख्या: अवलोकन से व्यक्ति के व्यवहार, चेहरे के भाव और सामाजिक प्रतिक्रिया को समझा जा सकता है।

35. मनोवैज्ञानिक परीक्षण का उपयोग किसलिए होता है?
A. रुचि, योग्यता, व्यक्तित्व और क्षमता मापने के लिए
B. केवल ऊँचाई मापने के लिए
C. केवल वजन मापने के लिए
D. केवल तापमान मापने के लिए
उत्तर: A. रुचि, योग्यता, व्यक्तित्व और क्षमता मापने के लिए
व्याख्या: परीक्षण वैज्ञानिक जानकारी देकर निर्देशन और परामर्श को अधिक प्रभावी बनाते हैं।

36. अभिरुचि परीक्षण का उद्देश्य क्या है?
A. व्यक्ति की पसंद और रुचि क्षेत्रों को जानना
B. केवल रक्तचाप मापना
C. केवल भोजन की मात्रा जानना
D. केवल ऊँचाई जानना
उत्तर: A. व्यक्ति की पसंद और रुचि क्षेत्रों को जानना
व्याख्या: अभिरुचि परीक्षण करियर और विषय चयन में सहायता कर सकता है।

37. योग्यता परीक्षण किसके लिए उपयोगी है?
A. व्यक्ति की विशेष क्षमता और संभाव्यता जानने के लिए
B. केवल बीमारी जानने के लिए
C. केवल नींद जानने के लिए
D. केवल भोजन जानने के लिए
उत्तर: A. व्यक्ति की विशेष क्षमता और संभाव्यता जानने के लिए
व्याख्या: योग्यता परीक्षण यह समझने में मदद करता है कि व्यक्ति किस क्षेत्र में सफल हो सकता है।

38. बुद्धि परीक्षण का उद्देश्य क्या है?
A. बौद्धिक क्षमता का आकलन करना
B. केवल रंग पहचानना
C. केवल वजन मापना
D. केवल खेल कौशल मापना
उत्तर: A. बौद्धिक क्षमता का आकलन करना
व्याख्या: बुद्धि परीक्षण सीखने, तर्क और समस्या समाधान क्षमता को समझने में सहायक है।

39. व्यक्तित्व परीक्षण का उपयोग किसलिए किया जाता है?
A. व्यक्ति के गुण, व्यवहार शैली और भावनात्मक पैटर्न समझने के लिए
B. केवल कपड़े देखने के लिए
C. केवल भोजन पसंद जानने के लिए
D. केवल ऊँचाई मापने के लिए
उत्तर: A. व्यक्ति के गुण, व्यवहार शैली और भावनात्मक पैटर्न समझने के लिए
व्याख्या: व्यक्तित्व परीक्षण परामर्श में व्यक्ति की विशेषताओं को समझने में मदद करता है।

40. केस स्टडी विधि का अर्थ क्या है?
A. व्यक्ति की समस्या और जीवन परिस्थितियों का विस्तृत अध्ययन
B. केवल एक शब्द लिखना
C. केवल अंक बताना
D. केवल आदेश देना
उत्तर: A. व्यक्ति की समस्या और जीवन परिस्थितियों का विस्तृत अध्ययन
व्याख्या: केस स्टडी से व्यक्ति की समस्या को गहराई से समझा जाता है।

41. संचयी अभिलेख का अर्थ क्या है?
A. विद्यार्थी की शैक्षिक, स्वास्थ्य और व्यवहार संबंधी जानकारी का संग्रह
B. केवल नाम की सूची
C. केवल शुल्क रसीद
D. केवल छुट्टी पत्र
उत्तर: A. विद्यार्थी की शैक्षिक, स्वास्थ्य और व्यवहार संबंधी जानकारी का संग्रह
व्याख्या: संचयी अभिलेख विद्यार्थी के विकास और समस्याओं को समझने में सहायक होता है।

42. निर्देशन सेवा का प्रमुख घटक क्या है?
A. सूचना सेवा
B. केवल दंड सेवा
C. केवल भोजन सेवा
D. केवल परिवहन सेवा
उत्तर: A. सूचना सेवा
व्याख्या: सूचना सेवा विद्यार्थियों को शिक्षा, व्यवसाय और अवसरों से संबंधित सही जानकारी देती है।

43. सूचना सेवा का उद्देश्य क्या है?
A. विद्यार्थी को विकल्पों और अवसरों की जानकारी देना
B. जानकारी छिपाना
C. भ्रम फैलाना
D. केवल आदेश देना
उत्तर: A. विद्यार्थी को विकल्पों और अवसरों की जानकारी देना
व्याख्या: सही सूचना निर्णय लेने की प्रक्रिया को आसान बनाती है।

44. प्लेसमेंट सेवा का उद्देश्य क्या है?
A. विद्यार्थी को उचित पाठ्यक्रम, कार्य या प्रशिक्षण में स्थान दिलाना
B. विद्यार्थी को अलग करना
C. केवल दंड देना
D. केवल परीक्षा रोकना
उत्तर: A. विद्यार्थी को उचित पाठ्यक्रम, कार्य या प्रशिक्षण में स्थान दिलाना
व्याख्या: प्लेसमेंट सेवा व्यक्ति की क्षमता और रुचि के अनुसार अवसर उपलब्ध कराती है।

45. अनुवर्ती सेवा का उद्देश्य क्या है?
A. दी गई सहायता के परिणामों की जाँच करना
B. सहायता रोकना
C. विद्यार्थी को भूल जाना
D. जानकारी मिटाना
उत्तर: A. दी गई सहायता के परिणामों की जाँच करना
व्याख्या: अनुवर्ती सेवा से निर्देशन कार्यक्रम की प्रभावशीलता का मूल्यांकन किया जाता है।

46. मूल्यांकन सेवा का उद्देश्य क्या है?
A. निर्देशन कार्यक्रम की उपयोगिता और प्रभाव का आकलन
B. केवल भवन देखना
C. केवल शुल्क लेना
D. केवल छुट्टी देना
उत्तर: A. निर्देशन कार्यक्रम की उपयोगिता और प्रभाव का आकलन
व्याख्या: मूल्यांकन से कार्यक्रम की कमियाँ और सुधार की संभावनाएँ पता चलती हैं।

47. विद्यालय में निर्देशन क्यों आवश्यक है?
A. विद्यार्थियों के शैक्षिक, व्यक्तिगत और करियर विकास के लिए
B. केवल अनुशासन के लिए
C. केवल छुट्टी के लिए
D. केवल खेल रोकने के लिए
उत्तर: A. विद्यार्थियों के शैक्षिक, व्यक्तिगत और करियर विकास के लिए
व्याख्या: विद्यालयी निर्देशन विद्यार्थियों को सही विषय, आदतें और जीवन कौशल चुनने में मदद करता है।

48. विद्यार्थी के विषय चयन में निर्देशन कैसे सहायक है?
A. रुचि, योग्यता और भविष्य के अवसरों के आधार पर निर्णय में
B. केवल मित्रों की नकल में
C. बिना जानकारी के चयन में
D. केवल दबाव में चयन में
उत्तर: A. रुचि, योग्यता और भविष्य के अवसरों के आधार पर निर्णय में
व्याख्या: सही विषय चयन विद्यार्थी की सफलता और संतुष्टि से जुड़ा होता है।

49. करियर निर्देशन में कौन-सी जानकारी आवश्यक है?
A. रुचि, योग्यता, शिक्षा और रोजगार अवसर
B. केवल कपड़ों का रंग
C. केवल भोजन पसंद
D. केवल ऊँचाई
उत्तर: A. रुचि, योग्यता, शिक्षा और रोजगार अवसर
व्याख्या: करियर निर्देशन व्यक्ति को अपनी क्षमता और उपलब्ध अवसरों का मिलान करने में सहायता करता है।

50. परामर्श में आत्म-समझ का महत्व क्या है?
A. व्यक्ति अपनी क्षमता, भावनाएँ और समस्याएँ समझता है
B. व्यक्ति दूसरों को दोष देता है
C. व्यक्ति समस्या छिपाता है
D. व्यक्ति निर्णय से भागता है
उत्तर: A. व्यक्ति अपनी क्षमता, भावनाएँ और समस्याएँ समझता है
व्याख्या: आत्म-समझ परामर्शार्थी को बेहतर निर्णय लेने और बदलाव करने में मदद करती है।

51. आत्म-स्वीकार का अर्थ क्या है?
A. अपनी शक्तियों और सीमाओं को स्वीकार करना
B. स्वयं से घृणा करना
C. केवल दूसरों जैसा बनना
D. अपनी समस्या छिपाना
उत्तर: A. अपनी शक्तियों और सीमाओं को स्वीकार करना
व्याख्या: आत्म-स्वीकार व्यक्ति को मानसिक संतुलन और आत्म-विकास में सहायता देता है।

52. परामर्श में निर्णय क्षमता क्यों विकसित की जाती है?
A. व्यक्ति स्वयं उचित विकल्प चुन सके
B. व्यक्ति हमेशा दूसरों पर निर्भर रहे
C. व्यक्ति निर्णय से बचे
D. व्यक्ति भ्रमित रहे
उत्तर: A. व्यक्ति स्वयं उचित विकल्प चुन सके
व्याख्या: परामर्श का उद्देश्य व्यक्ति को आत्मनिर्भर और सक्षम बनाना है।

53. समस्या समाधान कौशल का महत्व क्या है?
A. कठिनाइयों से प्रभावी ढंग से निपटने के लिए
B. समस्या बढ़ाने के लिए
C. समस्या छिपाने के लिए
D. केवल बहाने बनाने के लिए
उत्तर: A. कठिनाइयों से प्रभावी ढंग से निपटने के लिए
व्याख्या: समस्या समाधान कौशल व्यक्ति को तनाव कम करने और उचित कदम उठाने में मदद करता है।

54. परामर्श में भावनात्मक अभिव्यक्ति क्यों आवश्यक है?
A. दबे हुए तनाव और भावनाओं को समझने के लिए
B. व्यक्ति को चुप कराने के लिए
C. समस्या छिपाने के लिए
D. केवल आलोचना के लिए
उत्तर: A. दबे हुए तनाव और भावनाओं को समझने के लिए
व्याख्या: भावनाओं को सुरक्षित ढंग से व्यक्त करने से राहत और स्पष्टता मिलती है।

55. परामर्श में प्रश्न पूछने का उद्देश्य क्या है?
A. समस्या को स्पष्ट और गहराई से समझना
B. व्यक्ति को डराना
C. बातचीत रोकना
D. अपमान करना
उत्तर: A. समस्या को स्पष्ट और गहराई से समझना
व्याख्या: उचित प्रश्न परामर्शार्थी को सोचने और अपनी स्थिति समझने में मदद करते हैं।

56. खुला प्रश्न किसे कहते हैं?
A. जिसका उत्तर विस्तार से दिया जा सके
B. जिसका उत्तर केवल हाँ या नहीं हो
C. जिसका कोई उत्तर न हो
D. जो अपमानजनक हो
उत्तर: A. जिसका उत्तर विस्तार से दिया जा सके

व्याख्या: खुले प्रश्न परामर्शार्थी को अपनी बात विस्तार से बताने का अवसर देते हैं।

57. बंद प्रश्न किसे कहते हैं?

A. जिसका उत्तर संक्षिप्त या हाँ-नहीं में हो
B. जिसका उत्तर बहुत लंबा हो
C. जिसका कोई संबंध न हो
D. जो हमेशा गलत हो
उत्तर: A. जिसका उत्तर संक्षिप्त या हाँ-नहीं में हो
व्याख्या: बंद प्रश्न विशिष्ट जानकारी प्राप्त करने में सहायक होते हैं।

58. परावर्तन का अर्थ क्या है?

A. परामर्शार्थी की भावनाओं या बात को समझकर वापस स्पष्ट करना
B. बात काटना
C. आदेश देना
D. मजाक बनाना
उत्तर: A. परामर्शार्थी की भावनाओं या बात को समझकर वापस स्पष्ट करना
व्याख्या: परावर्तन से परामर्शार्थी को लगता है कि उसकी बात सही ढंग से समझी गई है।

59. सारांश देने का उद्देश्य क्या है?

A. बातचीत के मुख्य बिंदुओं को संक्षेप में स्पष्ट करना
B. बात को उलझाना
C. समस्या छिपाना
D. बातचीत समाप्त करना ही
उत्तर: A. बातचीत के मुख्य बिंदुओं को संक्षेप में स्पष्ट करना
व्याख्या: सारांश परामर्श प्रक्रिया को व्यवस्थित और स्पष्ट बनाता है।

60. परामर्श में मौन का उपयोग कब सहायक हो सकता है?

A. जब परामर्शार्थी को सोचने और भावनाएँ व्यक्त करने का समय चाहिए
B. हमेशा बातचीत रोकने के लिए
C. व्यक्ति को डराने के लिए
D. समस्या अनदेखी करने के लिए
उत्तर: A. जब परामर्शार्थी को सोचने और भावनाएँ व्यक्त करने का समय चाहिए
व्याख्या: उचित मौन व्यक्ति को आत्मचिंतन और भावनात्मक अभिव्यक्ति का अवसर देता है।

61. समूह परामर्श का अर्थ क्या है?

A. समान समस्याओं वाले कई व्यक्तियों को साथ में सहायता देना
B. केवल एक व्यक्ति को दंड देना
C. केवल भाषण देना
D. कोई संवाद न करना
उत्तर: A. समान समस्याओं वाले कई व्यक्तियों को साथ में सहायता देना
व्याख्या: समूह परामर्श में सदस्य अनुभव साझा करते और एक-दूसरे से सीखते हैं।

62. समूह परामर्श का लाभ क्या है?

A. सहयोग, साझा अनुभव और सामाजिक कौशल का विकास
B. अकेलापन बढ़ाना
C. गोपनीयता तोड़ना
D. समस्या बढ़ाना
उत्तर: A. सहयोग, साझा अनुभव और सामाजिक कौशल का विकास
व्याख्या: समूह वातावरण व्यक्ति को समर्थन और नए दृष्टिकोण देता है।

63. व्यक्तिगत परामर्श कब उपयोगी है?

A. जब समस्या निजी, भावनात्मक या गहन हो
B. जब कोई समस्या न हो
C. केवल खेल प्रतियोगिता में
D. केवल छुट्टी के समय
उत्तर: A. जब समस्या निजी, भावनात्मक या गहन हो
व्याख्या: व्यक्तिगत परामर्श में व्यक्ति को अधिक गोपनीय और व्यक्तिगत सहायता मिलती है।

64. पारिवारिक परामर्श का उद्देश्य क्या है?

A. परिवार के संबंध, संवाद और समझ को सुधारना
B. परिवार को अलग करना
C. केवल आलोचना करना
D. समस्या छिपाना
उत्तर: A. परिवार के संबंध, संवाद और समझ को सुधारना
व्याख्या: पारिवारिक परामर्श परिवार के सदस्यों के बीच सहयोग और संतुलन बढ़ाता है।

65. विवाह परामर्श किससे संबंधित है?

A. पति-पत्नी के संबंध और संवाद सुधारने से
B. केवल व्यापार से
C. केवल परीक्षा से
D. केवल खेल से
उत्तर: A. पति-पत्नी के संबंध और संवाद सुधारने से
व्याख्या: विवाह परामर्श वैवाहिक समस्याओं को समझकर समाधान की दिशा देता है।

66. करियर परामर्श का उद्देश्य क्या है?

A. शिक्षा और व्यवसाय संबंधी उचित निर्णय में सहायता
B. केवल मनोरंजन कराना
C. केवल दंड देना
D. केवल खेल चुनना
उत्तर: A. शिक्षा और व्यवसाय संबंधी उचित निर्णय में सहायता
व्याख्या: करियर परामर्श रुचि, योग्यता और अवसरों के आधार पर भविष्य की योजना बनाने में मदद करता है।

67. किशोर परामर्श क्यों आवश्यक है?

A. पहचान, भावनाओं, पढ़ाई और संबंधों की समस्याओं में सहायता के लिए
B. केवल दंड देने के लिए
C. केवल आदेश देने के लिए
D. केवल खेल रोकने के लिए
उत्तर: A. पहचान, भावनाओं, पढ़ाई और संबंधों की समस्याओं में सहायता के लिए
व्याख्या: किशोरावस्था में शारीरिक, भावनात्मक और सामाजिक परिवर्तन होते हैं, जिनमें मार्गदर्शन आवश्यक है।

68. बाल परामर्श में किस बात का ध्यान रखना चाहिए?
A. बच्चे की आयु, भाषा और भावनात्मक स्तर
B. केवल दंड
C. केवल लंबी सलाह
D. केवल आलोचना
उत्तर: A. बच्चे की आयु, भाषा और भावनात्मक स्तर
व्याख्या: बाल परामर्श में खेल, चित्र और सरल भाषा जैसी तकनीकें उपयोगी हो सकती हैं।

69. परामर्श में नैतिकता का प्रमुख आधार क्या है?
A. गोपनीयता, सम्मान और हितकारी व्यवहार
B. धोखा, अपमान और दबाव
C. जानकारी फैलाना
D. पक्षपात करना
उत्तर: A. गोपनीयता, सम्मान और हितकारी व्यवहार
व्याख्या: नैतिकता परामर्शार्थी की सुरक्षा, अधिकार और सम्मान की रक्षा करती है।

70. सूचित सहमति का अर्थ क्या है?
A. परामर्श प्रक्रिया समझाकर व्यक्ति की स्वीकृति लेना
B. बिना बताए परामर्श करना
C. व्यक्ति को मजबूर करना
D. जानकारी छिपाना
उत्तर: A. परामर्श प्रक्रिया समझाकर व्यक्ति की स्वीकृति लेना
व्याख्या: सूचित सहमति परामर्शार्थी के अधिकार और स्वतंत्रता का सम्मान करती है।

71. परामर्श में सीमाओं का अर्थ क्या है?
A. पेशेवर संबंध की स्पष्ट मर्यादाएँ
B. कोई मर्यादा न रखना
C. निजी लाभ लेना
D. पक्षपात करना
उत्तर: A. पेशेवर संबंध की स्पष्ट मर्यादाएँ
व्याख्या: पेशेवर सीमाएँ परामर्श संबंध को सुरक्षित और प्रभावी बनाए रखती हैं।

72. परामर्श में रेफरल का अर्थ क्या है?
A. आवश्यकता होने पर व्यक्ति को उचित विशेषज्ञ के पास भेजना
B. व्यक्ति को छोड़ देना
C. समस्या छिपाना
D. केवल दंड देना
उत्तर: A. आवश्यकता होने पर व्यक्ति को उचित विशेषज्ञ के पास भेजना
व्याख्या: यदि समस्या परामर्शदाता की क्षमता से बाहर हो, तो विशेषज्ञ सहायता जरूरी होती है।

73. परामर्श में संकट स्थिति का उदाहरण क्या है?
A. आत्म-हानि का विचार या गंभीर भावनात्मक टूटन
B. सामान्य खुशी
C. नियमित पढ़ाई
D. सामान्य बातचीत
उत्तर: A. आत्म-हानि का विचार या गंभीर भावनात्मक टूटन
व्याख्या: संकट में व्यक्ति की सुरक्षा और तत्काल सहायता सबसे महत्वपूर्ण होती है।

74. संकट परामर्श का पहला उद्देश्य क्या है?
A. व्यक्ति की सुरक्षा सुनिश्चित करना
B. व्यक्ति को अकेला छोड़ना
C. समस्या को टालना
D. मजाक बनाना
उत्तर: A. व्यक्ति की सुरक्षा सुनिश्चित करना
व्याख्या: संकट की स्थिति में तुरंत सुरक्षा, समर्थन और आवश्यक विशेषज्ञ सहायता दी जाती है।

75. विद्यालयी परामर्शदाता का कार्य क्या है?
A. विद्यार्थियों की शैक्षिक, व्यक्तिगत और सामाजिक समस्याओं में सहायता
B. केवल दंड देना
C. केवल शुल्क लेना
D. केवल भवन देखना
उत्तर: A. विद्यार्थियों की शैक्षिक, व्यक्तिगत और सामाजिक समस्याओं में सहायता
व्याख्या: विद्यालयी परामर्शदाता विद्यार्थियों को समायोजन, अध्ययन और करियर संबंधी सहायता देता है।

76. शिक्षक निर्देशन में कैसे सहायता कर सकता है?
A. विद्यार्थियों की रुचि, व्यवहार और कठिनाइयों को पहचानकर
B. केवल डाँटकर
C. केवल परीक्षा लेकर
D. समस्या अनदेखी करके
उत्तर: A. विद्यार्थियों की रुचि, व्यवहार और कठिनाइयों को पहचानकर
व्याख्या: शिक्षक विद्यार्थी के दैनिक व्यवहार को देखकर प्रारंभिक सहायता दे सकता है।

77. अभिभावक निर्देशन में कैसे सहयोग कर सकते हैं?
A. बच्चे की रुचि और क्षमता को समझकर सहयोग देकर
B. केवल दबाव डालकर
C. बच्चे की बात अनदेखी कर
D. तुलना करके
उत्तर: A. बच्चे की रुचि और क्षमता को समझकर सहयोग देकर
व्याख्या: अभिभावक का सहयोग बच्चे के आत्मविश्वास और निर्णय क्षमता को मजबूत करता है।

78. परामर्श में अभिभावक की भूमिका कब महत्वपूर्ण होती है?
A. जब बच्चे की समस्या परिवार या विकास से जुड़ी हो
B. कभी नहीं
C. केवल शुल्क जमा करने में
D. केवल दंड देने में
उत्तर: A. जब बच्चे की समस्या परिवार या विकास से जुड़ी हो
व्याख्या: बच्चे के व्यवहार और भावनाओं पर पारिवारिक वातावरण का गहरा प्रभाव होता है।

79. निर्देशन में व्यक्तिगत भिन्नता क्यों महत्वपूर्ण है?
A. प्रत्येक व्यक्ति की क्षमता, रुचि और परिस्थिति अलग होती है
B. सभी व्यक्ति बिल्कुल समान होते हैं
C. भिन्नता का कोई महत्व नहीं
D. केवल अंक मायने रखते हैं

उत्तर: A. प्रत्येक व्यक्ति की क्षमता, रुचि और परिस्थिति अलग होती है
व्याख्या: प्रभावी निर्देशन व्यक्ति की विशिष्ट आवश्यकताओं के अनुसार होना चाहिए।

80. परामर्श में सांस्कृतिक संवेदनशीलता का अर्थ क्या है?
A. व्यक्ति की संस्कृति, भाषा और मान्यताओं का सम्मान करना
B. संस्कृति का मजाक बनाना
C. सभी पर एक ही विचार थोपना
D. व्यक्ति की पृष्ठभूमि अनदेखी करना
उत्तर: A. व्यक्ति की संस्कृति, भाषा और मान्यताओं का सम्मान करना
व्याख्या: सांस्कृतिक संवेदनशीलता परामर्श को अधिक स्वीकार्य और प्रभावी बनाती है।

81. परामर्श में पक्षपात से बचना क्यों आवश्यक है?
A. निष्पक्ष और सम्मानपूर्ण सहायता के लिए
B. व्यक्ति को डराने के लिए
C. निर्णय थोपने के लिए
D. समस्या बढ़ाने के लिए
उत्तर: A. निष्पक्ष और सम्मानपूर्ण सहायता के लिए
व्याख्या: पक्षपात परामर्श संबंध और निर्णय प्रक्रिया को प्रभावित कर सकता है।

82. निर्देशन में सूचना की विश्वसनीयता क्यों जरूरी है?
A. सही निर्णय लेने के लिए
B. भ्रम फैलाने के लिए
C. गलत विकल्प चुनाने के लिए
D. केवल डराने के लिए
उत्तर: A. सही निर्णय लेने के लिए
व्याख्या: करियर, पाठ्यक्रम और अवसरों की सही जानकारी व्यक्ति के भविष्य को प्रभावित करती है।

83. करियर चयन में रुचि का महत्व क्या है?
A. रुचि कार्य में संतुष्टि और प्रेरणा बढ़ाती है
B. रुचि का कोई महत्व नहीं
C. केवल दबाव मायने रखता है
D. केवल संयोग मायने रखता है
उत्तर: A. रुचि कार्य में संतुष्टि और प्रेरणा बढ़ाती है
व्याख्या: जिस क्षेत्र में व्यक्ति की रुचि होती है, उसमें वह अधिक लगन से कार्य करता है।

84. करियर चयन में योग्यता का महत्व क्या है?
A. सफलता की संभावना और उपयुक्तता जानने में
B. केवल नाम चुनने में
C. केवल कपड़े चुनने में
D. कोई महत्व नहीं
उत्तर: A. सफलता की संभावना और उपयुक्तता जानने में
व्याख्या: योग्यता के अनुसार करियर चुनने से व्यक्ति बेहतर प्रदर्शन कर सकता है।

85. करियर चयन में मूल्य का महत्व क्या है?
A. व्यक्ति की जीवन प्राथमिकताओं के अनुसार निर्णय लेने में
B. केवल वेतन देखने में
C. केवल दूसरों की नकल में
D. कोई महत्व नहीं
उत्तर: A. व्यक्ति की जीवन प्राथमिकताओं के अनुसार निर्णय लेने में
व्याख्या: मूल्य व्यक्ति को ऐसा करियर चुनने में मदद करते हैं जो उसके जीवन दृष्टिकोण से मेल खाए।

86. परामर्श में प्रेरणा बढ़ाने का उद्देश्य क्या है?
A. व्यक्ति को सकारात्मक परिवर्तन के लिए तैयार करना
B. व्यक्ति को निराश करना
C. प्रयास रोकना
D. समस्या छिपाना
उत्तर: A. व्यक्ति को सकारात्मक परिवर्तन के लिए तैयार करना
व्याख्या: प्रेरणा व्यक्ति को लक्ष्य की ओर कार्य करने और कठिनाइयों से निपटने में मदद करती है।

87. परामर्श में आत्मविश्वास कैसे बढ़ाया जा सकता है?
A. व्यक्ति की शक्तियों को पहचानकर और छोटे लक्ष्य देकर
B. लगातार आलोचना करके
C. तुलना करके
D. डराकर
उत्तर: A. व्यक्ति की शक्तियों को पहचानकर और छोटे लक्ष्य देकर
व्याख्या: छोटे सफल अनुभव व्यक्ति में आत्मविश्वास और आशा बढ़ाते हैं।

88. अध्ययन निर्देशन में क्या शामिल है?
A. समय प्रबंधन, अध्ययन आदत और परीक्षा तैयारी
B. केवल खेल
C. केवल भोजन
D. केवल यात्रा
उत्तर: A. समय प्रबंधन, अध्ययन आदत और परीक्षा तैयारी
व्याख्या: अध्ययन निर्देशन विद्यार्थी को व्यवस्थित पढ़ाई और बेहतर प्रदर्शन में सहायता करता है।

89. परीक्षा परामर्श का उद्देश्य क्या है?
A. परीक्षा चिंता कम करना और तैयारी को व्यवस्थित करना
B. परीक्षा से डराना
C. पढ़ाई रोकना
D. केवल दंड देना
उत्तर: A. परीक्षा चिंता कम करना और तैयारी को व्यवस्थित करना
व्याख्या: परीक्षा परामर्श विद्यार्थियों को तनाव नियंत्रण और प्रभावी अध्ययन रणनीति सिखाता है।

90. अनुशासन संबंधी परामर्श का उद्देश्य क्या है?
A. व्यवहार के कारण समझकर सकारात्मक सुधार करना
B. केवल दंड देना
C. विद्यार्थी को अपमानित करना
D. समस्या बढ़ाना
उत्तर: A. व्यवहार के कारण समझकर सकारात्मक सुधार करना
व्याख्या: अनुशासनात्मक समस्याओं में परामर्श सुधारात्मक और सहायक दृष्टिकोण अपनाता है।

91. परामर्श में रिकॉर्ड रखना क्यों आवश्यक है?
A. प्रगति, समस्या और सहायता प्रक्रिया को व्यवस्थित रखने के

लिए
B. जानकारी फैलाने के लिए
C. व्यक्ति को डराने के लिए
D. केवल औपचारिकता के लिए
उत्तर: A. प्रगति, समस्या और सहायता प्रक्रिया को व्यवस्थित रखने के लिए
व्याख्या: उचित रिकॉर्ड भविष्य की योजना और अनुवर्ती सहायता में सहायक होता है।

92. परामर्श रिकॉर्ड में गोपनीयता क्यों जरूरी है?
A. परामर्शार्थी की निजता और विश्वास की रक्षा के लिए
B. सभी को जानकारी देने के लिए
C. मजाक बनाने के लिए
D. समस्या फैलाने के लिए
उत्तर: A. परामर्शार्थी की निजता और विश्वास की रक्षा के लिए
व्याख्या: रिकॉर्ड सुरक्षित रखने से नैतिकता और पेशेवर विश्वास बना रहता है।

93. निर्देशन कार्यक्रम की सफलता किस पर निर्भर करती है?
A. प्रशिक्षित कर्मी, सही सूचना और सहयोगी वातावरण
B. केवल भवन पर
C. केवल दंड पर
D. केवल परीक्षा पर
उत्तर: A. प्रशिक्षित कर्मी, सही सूचना और सहयोगी वातावरण
व्याख्या: प्रभावी निर्देशन के लिए विद्यालय, परिवार और विशेषज्ञों का सहयोग आवश्यक है।

94. परामर्श की सफलता किस पर निर्भर करती है?
A. विश्वासपूर्ण संबंध, सक्रिय सहभागिता और उचित तकनीक
B. केवल आदेश पर
C. केवल दंड पर
D. केवल चुप्पी पर
उत्तर: A. विश्वासपूर्ण संबंध, सक्रिय सहभागिता और उचित तकनीक
व्याख्या: परामर्श तब प्रभावी होता है जब परामर्शार्थी सुरक्षित महसूस करे और प्रक्रिया में भाग ले।

95. परामर्शदाता का महत्वपूर्ण गुण क्या है?
A. धैर्य, सहानुभूति और निष्पक्षता
B. कठोरता और अपमान
C. अधीरता
D. पक्षपात
उत्तर: A. धैर्य, सहानुभूति और निष्पक्षता
व्याख्या: ये गुण परामर्श संबंध को सुरक्षित और उपयोगी बनाते हैं।

96. निर्देशन का अंतिम लक्ष्य क्या है?
A. व्यक्ति को आत्मनिर्भर और सक्षम बनाना
B. व्यक्ति को निर्भर बनाना
C. निर्णय छीन लेना
D. समस्या छिपाना
उत्तर: A. व्यक्ति को आत्मनिर्भर और सक्षम बनाना
व्याख्या: निर्देशन व्यक्ति को स्वयं निर्णय लेने और जीवन में समायोजन करने की क्षमता देता है।

97. परामर्श का अंतिम लक्ष्य क्या है?
A. व्यक्ति को अपनी समस्या समझकर समाधान की दिशा में सक्षम बनाना
B. व्यक्ति को डराना
C. व्यक्ति पर निर्णय थोपना
D. समस्या बढ़ाना
उत्तर: A. व्यक्ति को अपनी समस्या समझकर समाधान की दिशा में सक्षम बनाना
व्याख्या: परामर्श व्यक्ति में आत्म-समझ, आत्मविश्वास और निर्णय क्षमता विकसित करता है।

98. निर्देशन और परामर्श में मुख्य अंतर क्या है?
A. निर्देशन व्यापक सहायता है, परामर्श अधिक व्यक्तिगत और गहन सहायता है
B. दोनों का कोई संबंध नहीं
C. परामर्श केवल दंड है
D. निर्देशन केवल खेल है
उत्तर: A. निर्देशन व्यापक सहायता है, परामर्श अधिक व्यक्तिगत और गहन सहायता है
व्याख्या: निर्देशन सामान्य विकास और निर्णय में सहायता देता है, जबकि परामर्श विशिष्ट समस्या पर गहराई से काम करता है।

99. परामर्श एवं निर्देशन का शिक्षा में महत्व क्या है?
A. विद्यार्थी के शैक्षिक, भावनात्मक और करियर विकास में सहायता
B. केवल छुट्टी बढ़ाना
C. केवल परीक्षा कठिन बनाना
D. केवल दंड देना
उत्तर: A. विद्यार्थी के शैक्षिक, भावनात्मक और करियर विकास में सहायता
व्याख्या: ये सेवाएँ विद्यार्थी को संतुलित, आत्मविश्वासी और सफल बनने में मदद करती हैं।

100. परामर्श एवं निर्देशन का सबसे उचित निष्कर्ष क्या है?
A. ये व्यक्ति को आत्म-समझ, सही निर्णय और समायोजन में सहायता देने वाली प्रक्रियाएँ हैं
B. ये केवल आदेश देने की प्रक्रियाएँ हैं
C. इनका शिक्षा से कोई संबंध नहीं
D. ये केवल मनोरंजन के साधन हैं
उत्तर: A. ये व्यक्ति को आत्म-समझ, सही निर्णय और समायोजन में सहायता देने वाली प्रक्रियाएँ हैं
व्याख्या: परामर्श एवं निर्देशन व्यक्ति के व्यक्तिगत, सामाजिक, शैक्षिक और व्यावसायिक विकास में महत्वपूर्ण भूमिका निभाते हैं।

अध्याय 27: मनोवैज्ञानिक परीक्षण एवं मापन

100 वस्तुनिष्ठ प्रश्न

1. मनोवैज्ञानिक परीक्षण का अर्थ क्या है?
A. मानसिक गुणों और व्यवहार का वैज्ञानिक मापन
B. केवल शरीर का वजन मापना
C. केवल रक्तचाप मापना
D. केवल ऊँचाई मापना

उत्तर: A. मानसिक गुणों और व्यवहार का वैज्ञानिक मापन
व्याख्या: मनोवैज्ञानिक परीक्षण बुद्धि, व्यक्तित्व, अभिरुचि, योग्यता और अन्य मानसिक गुणों को मापते हैं।

2. मापन का अर्थ क्या है?
A. किसी गुण को संख्यात्मक रूप में व्यक्त करना
B. केवल अनुमान लगाना
C. केवल बातचीत करना
D. केवल याद करना
उत्तर: A. किसी गुण को संख्यात्मक रूप में व्यक्त करना
व्याख्या: मापन से किसी विशेष गुण की मात्रा या स्तर का पता चलता है।

3. मनोवैज्ञानिक मापन का उद्देश्य क्या है?
A. व्यक्ति की क्षमता, रुचि और व्यक्तित्व को समझना
B. केवल कपड़े देखना
C. केवल नाम पूछना
D. केवल मौसम जानना
उत्तर: A. व्यक्ति की क्षमता, रुचि और व्यक्तित्व को समझना
व्याख्या: मनोवैज्ञानिक मापन शिक्षा, परामर्श और चयन में उपयोगी होता है।

4. मनोवैज्ञानिक परीक्षण की प्रमुख विशेषता क्या है?
A. वस्तुनिष्ठता, विश्वसनीयता और वैधता
B. केवल अनुमान
C. केवल पक्षपात
D. केवल मनोरंजन
उत्तर: A. वस्तुनिष्ठता, विश्वसनीयता और वैधता
व्याख्या: अच्छा परीक्षण वैज्ञानिक, स्थिर और उद्देश्यपूर्ण परिणाम देता है।

5. वस्तुनिष्ठता का अर्थ क्या है?
A. परिणाम परीक्षक की व्यक्तिगत राय से प्रभावित न हों
B. परीक्षक की इच्छा के अनुसार परिणाम बदलना
C. केवल अनुमान लगाना
D. केवल भावना के आधार पर निर्णय
उत्तर: A. परिणाम परीक्षक की व्यक्तिगत राय से प्रभावित न हों
व्याख्या: वस्तुनिष्ठ परीक्षण में स्कोरिंग और व्याख्या स्पष्ट नियमों पर आधारित होती है।

6. विश्वसनीयता का अर्थ क्या है?
A. परीक्षण का बार-बार समान परिणाम देना
B. हर बार अलग परिणाम देना
C. केवल कठिन होना
D. केवल लंबा होना
उत्तर: A. परीक्षण का बार-बार समान परिणाम देना
व्याख्या: विश्वसनीय परीक्षण स्थिर और सुसंगत परिणाम प्रदान करता है।

7. वैधता का अर्थ क्या है?
A. परीक्षण वास्तव में उसी गुण को मापे जिसके लिए बनाया गया है
B. परीक्षण हमेशा छोटा हो
C. परीक्षण में रंगीन चित्र हों
D. परीक्षण केवल कठिन हो
उत्तर: A. परीक्षण वास्तव में उसी गुण को मापे जिसके लिए बनाया गया है
व्याख्या: वैध परीक्षण सही गुण का सही मापन करता है।

8. मानकीकरण का अर्थ क्या है?
A. परीक्षण के प्रशासन, स्कोरिंग और व्याख्या की समान प्रक्रिया
B. हर व्यक्ति के लिए अलग नियग
C. बिना नियम परीक्षण लेना
D. केवल मौखिक बातचीत
उत्तर: A. परीक्षण के प्रशासन, स्कोरिंग और व्याख्या की समान प्रक्रिया
व्याख्या: मानकीकरण से सभी व्यक्तियों पर परीक्षण समान परिस्थितियों में लागू होता है।

9. मानदंड का अर्थ क्या है?
A. तुलना के लिए स्थापित सामान्य स्कोर
B. केवल प्रश्नों की संख्या
C. केवल परीक्षक का नाम
D. केवल उत्तर पुस्तिका
उत्तर: A. तुलना के लिए स्थापित सामान्य स्कोर
व्याख्या: मानदंड से व्यक्ति के स्कोर की तुलना समान समूह से की जाती है।

10. परीक्षण प्रशासन का अर्थ क्या है?
A. परीक्षण को निर्धारित नियमों के अनुसार लागू करना
B. केवल प्रश्न पढ़ना
C. बिना समय सीमा परीक्षण लेना
D. परिणाम छिपाना
उत्तर: A. परीक्षण को निर्धारित नियमों के अनुसार लागू करना
व्याख्या: सही प्रशासन से परीक्षण परिणाम अधिक विश्वसनीय और वैध बनते हैं।

11. स्कोरिंग का अर्थ क्या है?
A. उत्तरों को निर्धारित नियमों के अनुसार अंक देना
B. अनुमान से अंक देना
C. केवल नाम लिखना
D. उत्तरों को अनदेखा करना
उत्तर: A. उत्तरों को निर्धारित नियमों के अनुसार अंक देना
व्याख्या: स्कोरिंग में स्पष्ट नियमों का पालन करना आवश्यक है।

12. व्याख्या का अर्थ क्या है?
A. प्राप्त स्कोर का अर्थ समझना
B. केवल अंक जोड़ना
C. उत्तर मिटाना
D. प्रश्न बदलना
उत्तर: A. प्राप्त स्कोर का अर्थ समझना
व्याख्या: व्याख्या से पता चलता है कि स्कोर व्यक्ति की क्षमता या गुण के बारे में क्या बताता है।

13. बुद्धि परीक्षण का उद्देश्य क्या है?
A. बौद्धिक क्षमता और समस्या समाधान क्षमता मापना
B. केवल वजन मापना
C. केवल भोजन पसंद जानना
D. केवल रंग पहचानना
उत्तर: A. बौद्धिक क्षमता और समस्या समाधान क्षमता मापना

व्याख्या: बुद्धि परीक्षण तर्क, स्मृति, समझ और समस्या समाधान का आकलन करता है।

14. व्यक्तित्व परीक्षण का उद्देश्य क्या है?

A. व्यक्ति के गुण, भावनात्मक पैटर्न और व्यवहार शैली को समझना
B. केवल ऊँचाई मापना
C. केवल रक्त समूह जानना
D. केवल नींद मापना
उत्तर: A. व्यक्ति के गुण, भावनात्मक पैटर्न और व्यवहार शैली को समझना
व्याख्या: व्यक्तित्व परीक्षण व्यक्ति के स्वभाव और व्यवहारिक विशेषताओं को समझने में सहायक है।

15. अभिरुचि परीक्षण किसके लिए उपयोगी है?

A. व्यक्ति की रुचि क्षेत्रों को जानने के लिए
B. केवल बीमारी पहचानने के लिए
C. केवल तापमान मापने के लिए
D. केवल कपड़े चुनने के लिए
उत्तर: A. व्यक्ति की रुचि क्षेत्रों को जानने के लिए
व्याख्या: अभिरुचि परीक्षण विषय और करियर चयन में सहायता करता है।

16. योग्यता परीक्षण का उद्देश्य क्या है?

A. किसी विशेष क्षेत्र में सफलता की संभाव्यता मापना
B. केवल शरीर की लंबाई मापना
C. केवल भोजन की मात्रा जानना
D. केवल मौसम जानना
उत्तर: A. किसी विशेष क्षेत्र में सफलता की संभाव्यता मापना
व्याख्या: योग्यता परीक्षण व्यक्ति की विशेष क्षमता या aptitude का आकलन करता है।

17. उपलब्धि परीक्षण किससे संबंधित है?

A. सीखे गए ज्ञान और कौशल के मापन से
B. जन्मजात क्षमता से ही
C. केवल व्यक्तित्व से
D. केवल रुचि से
उत्तर: A. सीखे गए ज्ञान और कौशल के मापन से
व्याख्या: उपलब्धि परीक्षण यह मापता है कि विद्यार्थी ने किसी विषय में कितना सीखा है।

18. अभिवृत्ति मापन का उद्देश्य क्या है?

A. किसी विषय के प्रति व्यक्ति के दृष्टिकोण को मापना
B. केवल ऊँचाई मापना
C. केवल वजन मापना
D. केवल तापमान मापना
उत्तर: A. किसी विषय के प्रति व्यक्ति के दृष्टिकोण को मापना
व्याख्या: अभिवृत्ति मापन से व्यक्ति की सकारात्मक या नकारात्मक प्रवृत्ति समझी जाती है।

19. प्रक्षेपी परीक्षण किस पर आधारित होते हैं?

A. अस्पष्ट उद्दीपनों पर व्यक्ति की प्रतिक्रिया
B. केवल सही-गलत उत्तर
C. केवल गणितीय प्रश्न
D. केवल शारीरिक मापन
उत्तर: A. अस्पष्ट उद्दीपनों पर व्यक्ति की प्रतिक्रिया
व्याख्या: प्रक्षेपी परीक्षण व्यक्ति के अचेतन भावों और व्यक्तित्व को समझने में उपयोगी माने जाते हैं।

20. रोर्शाख परीक्षण किस प्रकार का परीक्षण है?

A. प्रक्षेपी व्यक्तित्व परीक्षण
B. उपलब्धि परीक्षण
C. अभिरुचि परीक्षण
D. शारीरिक परीक्षण
उत्तर: A. प्रक्षेपी व्यक्तित्व परीक्षण
व्याख्या: रोर्शाख में स्याही धब्बों पर व्यक्ति की प्रतिक्रिया का विश्लेषण किया जाता है।

21. TAT का पूरा नाम क्या है?

A. थीमैटिक एपर्सेप्शन टेस्ट
B. टोटल अटेंशन टेस्ट
C. टेम्परेरी एबिलिटी टेस्ट
D. टीचर असेसमेंट टेस्ट
उत्तर: A. थीमैटिक एपर्सेप्शन टेस्ट
व्याख्या: TAT में चित्रों के आधार पर कहानी बनवाई जाती है।

22. प्रश्नावली का उपयोग किसलिए किया जाता है?

A. व्यक्ति से लिखित उत्तरों द्वारा जानकारी प्राप्त करने के लिए
B. केवल शरीर मापने के लिए
C. केवल दवा देने के लिए
D. केवल खेल कराने के लिए
उत्तर: A. व्यक्ति से लिखित उत्तरों द्वारा जानकारी प्राप्त करने के लिए
व्याख्या: प्रश्नावली में व्यक्ति अपने विचार, भावनाएँ या व्यवहार से संबंधित उत्तर देता है।

23. रेटिंग स्केल का अर्थ क्या है?

A. किसी गुण की मात्रा या स्तर को अंकित करना
B. केवल नाम लिखना
C. केवल हाँ-नहीं पूछना
D. केवल चित्र बनाना
उत्तर: A. किसी गुण की मात्रा या स्तर को अंकित करना
व्याख्या: रेटिंग स्केल व्यवहार या गुण की तीव्रता मापने में सहायक है।

24. लिकर्ट स्केल किसमें प्रयोग होती है?

A. अभिवृत्ति मापन में
B. रक्तचाप मापन में
C. तापमान मापन में
D. ऊँचाई मापन में
उत्तर: A. अभिवृत्ति मापन में
व्याख्या: लिकर्ट स्केल में व्यक्ति सहमति या असहमति के स्तर को बताता है।

25. साक्षात्कार का उपयोग किसलिए होता है?

A. व्यक्ति से प्रत्यक्ष बातचीत द्वारा जानकारी प्राप्त करने के लिए
B. केवल लिखित परीक्षा के लिए
C. केवल खेल के लिए
D. केवल दंड के लिए
उत्तर: A. व्यक्ति से प्रत्यक्ष बातचीत द्वारा जानकारी प्राप्त करने

के लिए
व्याख्या: साक्षात्कार व्यक्ति के अनुभव, समस्या और विचारों को समझने का साधन है।

26. अवलोकन विधि का उपयोग किसमें होता है?
A. व्यवहार को प्रत्यक्ष रूप से देखने और दर्ज करने में
B. केवल अनुमान लगाने में
C. केवल लिखित उत्तरों में
D. केवल याद करने में
उत्तर: A. व्यवहार को प्रत्यक्ष रूप से देखने और दर्ज करने में
व्याख्या: अवलोकन से वास्तविक व्यवहार का अध्ययन किया जा सकता है।

27. मनोवैज्ञानिक परीक्षण में निर्देश क्यों महत्वपूर्ण हैं?
A. सभी परीक्षार्थियों को समान जानकारी देने के लिए
B. भ्रम बढ़ाने के लिए
C. परीक्षण कठिन बनाने के लिए
D. उत्तर बताने के लिए
उत्तर: A. सभी परीक्षार्थियों को समान जानकारी देने के लिए
व्याख्या: स्पष्ट निर्देश परीक्षण की निष्पक्षता और मानकीकरण को बनाए रखते हैं।

28. समय सीमा का महत्व क्या है?
A. परीक्षण की समानता और तुलना बनाए रखने के लिए
B. परीक्षार्थी को डराने के लिए
C. परिणाम बदलने के लिए
D. कोई महत्व नहीं
उत्तर: A. परीक्षण की समानता और तुलना बनाए रखने के लिए
व्याख्या: निर्धारित समय सभी परीक्षार्थियों के लिए समान परिस्थिति बनाता है।

29. परीक्षण सामग्री में क्या शामिल हो सकता है?
A. प्रश्न-पत्र, उत्तर-पत्र, निर्देश और स्कोरिंग कुंजी
B. केवल भोजन
C. केवल कपड़े
D. केवल खेल सामग्री
उत्तर: A. प्रश्न-पत्र, उत्तर-पत्र, निर्देश और स्कोरिंग कुंजी
व्याख्या: परीक्षण सामग्री सही प्रशासन और स्कोरिंग के लिए आवश्यक होती है।

30. स्कोरिंग कुंजी का उपयोग किसलिए होता है?
A. सही उत्तरों और अंकों का निर्धारण करने के लिए
B. प्रश्न बदलने के लिए
C. परीक्षार्थी को डराने के लिए
D. परिणाम छिपाने के लिए
उत्तर: A. सही उत्तरों और अंकों का निर्धारण करने के लिए
व्याख्या: स्कोरिंग कुंजी वस्तुनिष्ठ और समान अंकन में सहायता करती है।

31. कच्चा स्कोर क्या है?
A. परीक्षण में सीधे प्राप्त अंक
B. तुलना के बाद प्राप्त प्रतिशतक
C. केवल अनुमानित अंक
D. बिना उत्तर के अंक
उत्तर: A. परीक्षण में सीधे प्राप्त अंक
व्याख्या: कच्चा स्कोर व्यक्ति द्वारा प्राप्त वास्तविक अंक होता है, जिसे आगे मानदंड से तुलना की जा सकती है।

32. प्रतिशतक का अर्थ क्या है?
A. वह स्थिति जो बताती है कि व्यक्ति कितने प्रतिशत लोगों से बेहतर है
B. केवल कुल अंक
C. केवल गलत उत्तर
D. केवल समय
उत्तर: A. वह स्थिति जो बताती है कि व्यक्ति कितने प्रतिशत लोगों से बेहतर है
व्याख्या: प्रतिशतक व्यक्ति के प्रदर्शन की समूह में स्थिति बताता है।

33. मानक स्कोर का उपयोग क्यों किया जाता है?
A. अलग-अलग परीक्षणों के स्कोर की तुलना करने के लिए
B. स्कोर छिपाने के लिए
C. उत्तर बदलने के लिए
D. परीक्षण रोकने के लिए
उत्तर: A. अलग-अलग परीक्षणों के स्कोर की तुलना करने के लिए
व्याख्या: मानक स्कोर कच्चे अंकों को तुलनात्मक रूप में बदलता है।

34. सामान्य वितरण का संबंध किससे है?
A. स्कोरों के घंटी आकार के वितरण से
B. केवल चित्रकला से
C. केवल भाषा से
D. केवल भोजन से
उत्तर: A. स्कोरों के घंटी आकार के वितरण से
व्याख्या: कई मनोवैज्ञानिक गुण सामान्य वितरण के रूप में पाए जा सकते हैं।

35. माध्य का अर्थ क्या है?
A. सभी अंकों का औसत
B. सबसे अधिक बार आने वाला अंक
C. बीच का अंक
D. सबसे कम अंक
उत्तर: A. सभी अंकों का औसत
व्याख्या: माध्य कुल अंकों को संख्या से विभाजित करके प्राप्त किया जाता है।

36. माध्यिका का अर्थ क्या है?
A. क्रमबद्ध अंकों का मध्य मान
B. सभी अंकों का योग
C. सबसे अधिक बार आने वाला अंक
D. सबसे बड़ा अंक
उत्तर: A. क्रमबद्ध अंकों का मध्य मान
व्याख्या: माध्यिका डेटा को क्रम में रखने पर बीच का मान होता है।

37. बहुलक का अर्थ क्या है?
A. सबसे अधिक बार आने वाला अंक
B. सबसे छोटा अंक
C. सबसे बड़ा अंक
D. सभी अंकों का औसत

उत्तर: A. सबसे अधिक बार आने वाला अंक
व्याख्या: बहुलक वितरण में सबसे अधिक आवृत्ति वाला मान होता है।

38. मानक विचलन क्या बताता है?
A. स्कोर माध्य से कितने फैले हुए हैं
B. केवल कुल अंक
C. केवल नाम
D. केवल समय
उत्तर: A. स्कोर माध्य से कितने फैले हुए हैं
व्याख्या: मानक विचलन स्कोरों की फैलाव या विविधता को बताता है।

39. सहसंबंध का अर्थ क्या है?
A. दो चरों के बीच संबंध की मात्रा
B. केवल एक अंक
C. केवल कुल योग
D. कोई संबंध नहीं
उत्तर: A. दो चरों के बीच संबंध की मात्रा
व्याख्या: सहसंबंध बताता है कि दो चर किस हद तक साथ-साथ बदलते हैं।

40. सकारात्मक सहसंबंध का अर्थ क्या है?
A. एक चर बढ़े तो दूसरा भी बढ़े
B. एक चर बढ़े तो दूसरा घटे
C. दोनों में कोई संबंध न हो
D. दोनों हमेशा समान हों
उत्तर: A. एक चर बढ़े तो दूसरा भी बढ़े
व्याख्या: सकारात्मक सहसंबंध में दोनों चर समान दिशा में बदलते हैं।

41. नकारात्मक सहसंबंध का अर्थ क्या है?
A. एक चर बढ़े तो दूसरा घटे
B. दोनों साथ बढ़ें
C. दोनों में कोई संबंध न हो
D. दोनों स्थिर रहें
उत्तर: A. एक चर बढ़े तो दूसरा घटे
व्याख्या: नकारात्मक सहसंबंध में दोनों चर विपरीत दिशा में बदलते हैं।

42. शून्य सहसंबंध का अर्थ क्या है?
A. दो चरों में कोई स्पष्ट संबंध न होना
B. पूर्ण संबंध
C. हमेशा समान परिवर्तन
D. हमेशा विपरीत परिवर्तन
उत्तर: A. दो चरों में कोई स्पष्ट संबंध न होना
व्याख्या: शून्य सहसंबंध में एक चर के परिवर्तन से दूसरे का अनुमान नहीं लगाया जा सकता।

43. विश्वसनीयता जाँच की टेस्ट-रीटेस्ट विधि क्या है?
A. एक ही परीक्षण को दो बार देकर परिणामों की तुलना
B. केवल एक प्रश्न पूछना
C. अलग-अलग विषयों की तुलना
D. बिना परीक्षण परिणाम देना
उत्तर: A. एक ही परीक्षण को दो बार देकर परिणामों की तुलना
व्याख्या: यदि दोनों बार स्कोर समान हों, तो परीक्षण विश्वसनीय माना जाता है।

44. समानांतर रूप विश्वसनीयता का अर्थ क्या है?
A. परीक्षण के दो समान रूपों के स्कोर की तुलना
B. केवल एक रूप देना
C. कोई तुलना नहीं
D. उत्तर बदलना
उत्तर: A. परीक्षण के दो समान रूपों के स्कोर की तुलना
व्याख्या: समान कठिनाई और सामग्री वाले दो रूपों से विश्वसनीयता जाँची जाती है।

45. आंतरिक सुसंगति किससे संबंधित है?
A. परीक्षण के प्रश्नों के आपसी संबंध से
B. केवल समय सीमा से
C. केवल परीक्षक के नाम से
D. केवल कागज से
उत्तर: A. परीक्षण के प्रश्नों के आपसी संबंध से
व्याख्या: आंतरिक सुसंगति बताती है कि प्रश्न एक ही गुण को कितनी समानता से मापते हैं।

46. वैधता का प्रमुख प्रकार कौन-सा है?
A. सामग्री वैधता
B. भोजन वैधता
C. कपड़ा वैधता
D. रंग वैधता
उत्तर: A. सामग्री वैधता
व्याख्या: सामग्री वैधता में देखा जाता है कि परीक्षण विषय या गुण की पूरी सामग्री को कितना प्रतिनिधित्व करता है।

47. मानदंड-संबंधी वैधता किससे जुड़ी है?
A. परीक्षण स्कोर और बाहरी मानदंड के संबंध से
B. केवल प्रश्नों की संख्या से
C. केवल रंग से
D. केवल समय से
उत्तर: A. परीक्षण स्कोर और बाहरी मानदंड के संबंध से
व्याख्या: यह बताती है कि परीक्षण वास्तविक प्रदर्शन या किसी मानदंड से कितना संबंधित है।

48. निर्माण वैधता का अर्थ क्या है?
A. परीक्षण किसी सैद्धांतिक गुण को सही मापता है या नहीं
B. परीक्षण भवन में लिया गया या नहीं
C. परीक्षण छोटा है या नहीं
D. उत्तर पत्र रंगीन है या नहीं
उत्तर: A. परीक्षण किसी सैद्धांतिक गुण को सही मापता है या नहीं
व्याख्या: निर्माण वैधता बुद्धि, चिंता या व्यक्तित्व जैसे अमूर्त गुणों के मापन से संबंधित है।

49. परीक्षण में पक्षपात का अर्थ क्या है?
A. कुछ समूहों के लिए अनुचित लाभ या हानि होना
B. सभी के लिए समान अवसर
C. निष्पक्ष परिणाम
D. समान निर्देश
उत्तर: A. कुछ समूहों के लिए अनुचित लाभ या हानि होना

व्याख्या: पक्षपात परीक्षण की निष्पक्षता और वैधता को प्रभावित करता है।

50. सांस्कृतिक निष्पक्षता का अर्थ क्या है?
A. परीक्षण किसी विशेष संस्कृति के पक्ष में न हो
B. केवल एक भाषा में कठिन प्रश्न हों
C. केवल एक समूह को लाभ मिले
D. सांस्कृतिक अंतर अनदेखे हों
उत्तर: A. परीक्षण किसी विशेष संस्कृति के पक्ष में न हो
व्याख्या: सांस्कृतिक निष्पक्षता से विभिन्न पृष्ठभूमि के लोग समान रूप से मूल्यांकन में भाग ले सकते हैं।

51. परीक्षण में नैतिकता क्यों आवश्यक है?
A. निष्पक्षता, गोपनीयता और सही उपयोग के लिए
B. परिणाम फैलाने के लिए
C. व्यक्ति को डराने के लिए
D. गलत निर्णय के लिए
उत्तर: A. निष्पक्षता, गोपनीयता और सही उपयोग के लिए
व्याख्या: नैतिकता व्यक्ति के अधिकारों और परीक्षण की विश्वसनीयता की रक्षा करती है।

52. सूचित सहमति का अर्थ क्या है?
A. परीक्षण का उद्देश्य बताकर व्यक्ति की स्वीकृति लेना
B. बिना बताए परीक्षण लेना
C. जबरदस्ती परीक्षण लेना
D. परिणाम छिपाना
उत्तर: A. परीक्षण का उद्देश्य बताकर व्यक्ति की स्वीकृति लेना
व्याख्या: सूचित सहमति व्यक्ति की स्वतंत्रता और अधिकारों का सम्मान करती है।

53. परीक्षण परिणामों की गोपनीयता क्यों जरूरी है?
A. व्यक्ति की निजता और विश्वास की रक्षा के लिए
B. परिणाम सबको बताने के लिए
C. मजाक बनाने के लिए
D. गलत उपयोग के लिए
उत्तर: A. व्यक्ति की निजता और विश्वास की रक्षा के लिए
व्याख्या: मनोवैज्ञानिक परीक्षण के परिणाम निजी और संवेदनशील हो सकते हैं।

54. परीक्षण का दुरुपयोग किससे हो सकता है?
A. गलत व्याख्या या बिना प्रशिक्षण उपयोग से
B. सही प्रशासन से
C. प्रशिक्षित विशेषज्ञ से
D. मानकीकरण से
उत्तर: A. गलत व्याख्या या बिना प्रशिक्षण उपयोग से
व्याख्या: मनोवैज्ञानिक परीक्षणों का उपयोग प्रशिक्षित व्यक्तियों द्वारा सावधानी से किया जाना चाहिए।

55. समूह परीक्षण का अर्थ क्या है?
A. एक साथ कई व्यक्तियों पर लागू परीक्षण
B. केवल एक व्यक्ति पर परीक्षण
C. बिना प्रश्नों का परीक्षण
D. केवल मौखिक बातचीत
उत्तर: A. एक साथ कई व्यक्तियों पर लागू परीक्षण
व्याख्या: समूह परीक्षण समय और संसाधन बचाता है।

56. व्यक्तिगत परीक्षण का अर्थ क्या है?
A. एक समय में एक व्यक्ति पर लागू परीक्षण
B. कई लोगों पर साथ में परीक्षण
C. केवल लिखित परीक्षा
D. केवल ऑनलाइन खेल
उत्तर: A. एक समय में एक व्यक्ति पर लागू परीक्षण
व्याख्या: व्यक्तिगत परीक्षण में परीक्षक व्यक्ति के व्यवहार और प्रतिक्रिया को विस्तार से देख सकता है।

57. मौखिक परीक्षण किस पर आधारित होता है?
A. भाषा और शब्दों पर
B. केवल चित्रों पर
C. केवल क्रिया पर
D. केवल उपकरणों पर
उत्तर: A. भाषा और शब्दों पर
व्याख्या: मौखिक परीक्षण में प्रश्न और उत्तर भाषा के माध्यम से होते हैं।

58. अमौखिक परीक्षण किस पर आधारित होता है?
A. चित्र, आकृति और प्रतीकों पर
B. केवल शब्दों पर
C. केवल निबंध पर
D. केवल बातचीत पर
उत्तर: A. चित्र, आकृति और प्रतीकों पर
व्याख्या: अमौखिक परीक्षण भाषा पर कम निर्भर होते हैं।

59. प्रदर्शन परीक्षण का अर्थ क्या है?
A. कार्य करके क्षमता दिखाने वाला परीक्षण
B. केवल लिखित उत्तर
C. केवल मौखिक उत्तर
D. केवल अनुमान
उत्तर: A. कार्य करके क्षमता दिखाने वाला परीक्षण
व्याख्या: प्रदर्शन परीक्षण में व्यक्ति को वस्तुओं या कार्यों के माध्यम से क्षमता दिखानी होती है।

60. गति परीक्षण का उद्देश्य क्या है?
A. निर्धारित समय में सरल कार्यों की संख्या मापना
B. कठिन प्रश्नों को बिना समय सीमा हल करना
C. केवल व्यक्तित्व मापना
D. केवल रुचि मापना
उत्तर: A. निर्धारित समय में सरल कार्यों की संख्या मापना
व्याख्या: गति परीक्षण कार्य करने की तेजी और दक्षता को मापता है।

61. शक्ति परीक्षण का उद्देश्य क्या है?
A. कठिन प्रश्नों द्वारा अधिकतम क्षमता मापना
B. केवल तेजी मापना
C. केवल नाम पूछना
D. केवल समय काटना
उत्तर: A. कठिन प्रश्नों द्वारा अधिकतम क्षमता मापना
व्याख्या: शक्ति परीक्षण में कठिनाई स्तर बढ़ता है और व्यक्ति की क्षमता का आकलन होता है।

62. उपलब्धि परीक्षण का विद्यालय में उपयोग क्या है?
A. विद्यार्थियों की शैक्षिक प्रगति जानना

B. केवल छुट्टी देना
C. केवल खेल कराना
D. केवल दंड देना
उत्तर: A. विद्यार्थियों की शैक्षिक प्रगति जानना
व्याख्या: उपलब्धि परीक्षण से शिक्षक को सीखने के स्तर और सुधार की आवश्यकता का पता चलता है।

63. निदानात्मक परीक्षण का उद्देश्य क्या है?
A. सीखने की कठिनाइयों और कमजोरियों की पहचान
B. केवल अंतिम अंक देना
C. केवल पुरस्कार देना
D. केवल उपस्थिति लेना
उत्तर: A. सीखने की कठिनाइयों और कमजोरियों की पहचान
व्याख्या: निदानात्मक परीक्षण से विद्यार्थी की विशेष समस्या को समझकर सुधारात्मक शिक्षण दिया जा सकता है।

64. चयन परीक्षण का उपयोग कहाँ होता है?
A. नौकरी, प्रवेश या प्रशिक्षण के लिए उपयुक्त व्यक्ति चुनने में
B. केवल मनोरंजन में
C. केवल खेल देखने में
D. केवल भोजन चुनने में
उत्तर: A. नौकरी, प्रवेश या प्रशिक्षण के लिए उपयुक्त व्यक्ति चुनने में
व्याख्या: चयन परीक्षण योग्यता और क्षमता के आधार पर उचित उम्मीदवार चुनने में मदद करता है।

65. परामर्श में परीक्षण का उपयोग क्यों किया जाता है?
A. व्यक्ति की क्षमता, रुचि और समस्या को समझने के लिए
B. व्यक्ति को डराने के लिए
C. निर्णय थोपने के लिए
D. परिणाम छिपाने के लिए
उत्तर: A. व्यक्ति की क्षमता, रुचि और समस्या को समझने के लिए
व्याख्या: परीक्षण परामर्शदाता को वस्तुनिष्ठ जानकारी प्रदान करते हैं।

66. करियर निर्देशन में कौन-सा परीक्षण उपयोगी है?
A. अभिरुचि और योग्यता परीक्षण
B. केवल रक्त परीक्षण
C. केवल तापमान परीक्षण
D. केवल ऊँचाई परीक्षण
उत्तर: A. अभिरुचि और योग्यता परीक्षण
व्याख्या: ये परीक्षण व्यक्ति की रुचि और क्षमता के अनुसार करियर चयन में सहायता करते हैं।

67. परीक्षण रिपोर्ट में क्या शामिल होना चाहिए?
A. उद्देश्य, स्कोर, व्याख्या और सुझाव
B. केवल नाम
C. केवल रंग
D. केवल अनुमान
उत्तर: A. उद्देश्य, स्कोर, व्याख्या और सुझाव
व्याख्या: अच्छी रिपोर्ट स्पष्ट, संक्षिप्त और उपयोगी जानकारी देती है।

68. परीक्षण रिपोर्ट लिखते समय क्या ध्यान रखना चाहिए?
A. सरल भाषा, गोपनीयता और सही व्याख्या
B. अस्पष्ट भाषा
C. अपमानजनक शब्द
D. गलत निष्कर्ष
उत्तर: A. सरल भाषा, गोपनीयता और सही व्याख्या
व्याख्या: रिपोर्ट व्यक्ति की सहायता के लिए होती है, इसलिए स्पष्ट और जिम्मेदार भाषा आवश्यक है।

69. परीक्षण परिणामों का उपयोग किसके लिए नहीं करना चाहिए?
A. व्यक्ति को स्थायी रूप से लेबल करने के लिए
B. सहायता योजना बनाने के लिए
C. शैक्षिक निर्णय में सहायता के लिए
D. परामर्श में समझ बढ़ाने के लिए
उत्तर: A. व्यक्ति को स्थायी रूप से लेबल करने के लिए
व्याख्या: परीक्षण परिणाम केवल एक समय की जानकारी देते हैं, इन्हें अंतिम पहचान नहीं मानना चाहिए।

70. परीक्षण में त्रुटि का अर्थ क्या है?
A. वास्तविक क्षमता और प्राप्त स्कोर में अंतर
B. हमेशा सही परिणाम
C. पूर्ण वैधता
D. कोई अंतर नहीं
उत्तर: A. वास्तविक क्षमता और प्राप्त स्कोर में अंतर
व्याख्या: मापन में कुछ त्रुटि संभव होती है, इसलिए परिणाम सावधानी से समझने चाहिए।

71. मापन त्रुटि कम करने का उपाय क्या है?
A. मानकीकृत प्रक्रिया और प्रशिक्षित परीक्षक
B. अनुमान लगाना
C. निर्देश बदलना
D. समय सीमा हटाना
उत्तर: A. मानकीकृत प्रक्रिया और प्रशिक्षित परीक्षक
व्याख्या: सही प्रशासन और स्कोरिंग से त्रुटि कम होती है।

72. अभ्यास प्रभाव का अर्थ क्या है?
A. बार-बार परीक्षण देने से स्कोर में सुधार होना
B. अभ्यास से स्कोर घटाना
C. कोई प्रभाव नहीं
D. परीक्षण भूल जाना
उत्तर: A. बार-बार परीक्षण देने से स्कोर में सुधार होना
व्याख्या: पुनरावृत्ति से व्यक्ति प्रश्न शैली से परिचित हो सकता है।

73. थकान का परीक्षण परिणाम पर क्या प्रभाव हो सकता है?
A. प्रदर्शन घट सकता है
B. प्रदर्शन हमेशा बढ़ता है
C. कोई प्रभाव नहीं
D. स्कोर हमेशा पूर्ण होता है
उत्तर: A. प्रदर्शन घट सकता है
व्याख्या: थकान ध्यान और गति को प्रभावित कर सकती है।

74. प्रेरणा का परीक्षण परिणाम पर क्या प्रभाव है?
A. अधिक प्रेरणा बेहतर प्रदर्शन में सहायक हो सकती है
B. प्रेरणा का कोई प्रभाव नहीं

C. प्रेरणा हमेशा नुकसान करती है
D. प्रेरणा केवल भोजन से जुड़ी है
उत्तर: A. अधिक प्रेरणा बेहतर प्रदर्शन में सहायक हो सकती है
व्याख्या: व्यक्ति की रुचि और प्रयास परीक्षण स्कोर को प्रभावित कर सकते हैं।

75. परीक्षण वातावरण कैसा होना चाहिए?
A. शांत, व्यवस्थित और बाधा रहित
B. शोरपूर्ण
C. असंगठित
D. डरावना
उत्तर: A. शांत, व्यवस्थित और बाधा रहित
व्याख्या: उचित वातावरण व्यक्ति को अपनी क्षमता के अनुसार प्रदर्शन करने में मदद करता है।

76. परीक्षण में निष्पक्षता का अर्थ क्या है?
A. सभी परीक्षार्थियों को समान अवसर और समान नियम
B. कुछ को विशेष लाभ
C. निर्देश बदलना
D. पक्षपात करना
उत्तर: A. सभी परीक्षार्थियों को समान अवसर और समान नियम
व्याख्या: निष्पक्षता परीक्षण परिणामों की विश्वसनीयता और वैधता को मजबूत करती है।

77. भाषा बाधा परीक्षण परिणाम को कैसे प्रभावित कर सकती है?
A. व्यक्ति की वास्तविक क्षमता कम दिखाई दे सकती है
B. हमेशा स्कोर बढ़ता है
C. कोई प्रभाव नहीं
D. परिणाम अधिक वैध हो जाते हैं
उत्तर: A. व्यक्ति की वास्तविक क्षमता कम दिखाई दे सकती है
व्याख्या: यदि व्यक्ति परीक्षण भाषा नहीं समझता, तो स्कोर क्षमता के बजाय भाषा कठिनाई दर्शा सकता है।

78. विशेष आवश्यकता वाले व्यक्तियों के लिए परीक्षण में क्या जरूरी है?
A. उचित अनुकूलन और निष्पक्ष अवसर
B. उन्हें परीक्षण से हमेशा बाहर करना
C. निर्देश न देना
D. परिणाम अनदेखा करना
उत्तर: A. उचित अनुकूलन और निष्पक्ष अवसर
व्याख्या: अनुकूलन से व्यक्ति अपनी वास्तविक क्षमता दिखा सकता है।

79. ऑनलाइन परीक्षण की विशेषता क्या है?
A. डिजिटल माध्यम से प्रशासन और स्कोरिंग
B. केवल मौखिक बातचीत
C. केवल कागज पर परीक्षण
D. कोई रिकॉर्ड नहीं
उत्तर: A. डिजिटल माध्यम से प्रशासन और स्कोरिंग
व्याख्या: ऑनलाइन परीक्षण समय बचा सकता है, लेकिन तकनीकी और सुरक्षा पहलुओं का ध्यान जरूरी है।

80. ऑनलाइन परीक्षण में प्रमुख सावधानी क्या है?
A. गोपनीयता, सुरक्षा और पहचान की पुष्टि
B. परिणाम सबको बताना
C. बिना निर्देश परीक्षण लेना
D. डेटा खो देना
उत्तर: A. गोपनीयता, सुरक्षा और पहचान की पुष्टि
व्याख्या: डिजिटल परीक्षण में डेटा सुरक्षा और निष्पक्षता महत्वपूर्ण हैं।

81. मनोवैज्ञानिक मापन में सांख्यिकी का महत्व क्या है?
A. स्कोरों का विश्लेषण और व्याख्या करने में
B. केवल चित्र बनाने में
C. केवल नाम लिखने में
D. कोई महत्व नहीं
उत्तर: A. स्कोरों का विश्लेषण और व्याख्या करने में
व्याख्या: सांख्यिकी से स्कोर, मानदंड, विश्वसनीयता और वैधता का अध्ययन किया जाता है।

82. नमूना का अर्थ क्या है?
A. जनसंख्या का प्रतिनिधि छोटा समूह
B. पूरी दुनिया
C. केवल एक प्रश्न
D. केवल उत्तर पत्र
उत्तर: A. जनसंख्या का प्रतिनिधि छोटा समूह
व्याख्या: नमूने के आधार पर बड़े समूह के बारे में निष्कर्ष निकाले जाते हैं।

83. प्रतिनिधि नमूना क्यों आवश्यक है?
A. निष्कर्षों को व्यापक समूह पर लागू करने के लिए
B. परिणाम छिपाने के लिए
C. परीक्षण कठिन बनाने के लिए
D. केवल समय बढ़ाने के लिए
उत्तर: A. निष्कर्षों को व्यापक समूह पर लागू करने के लिए
व्याख्या: प्रतिनिधि नमूना वास्तविक जनसंख्या की विशेषताओं को दर्शाता है।

84. परीक्षण निर्माण का पहला चरण क्या है?
A. उद्देश्य और मापे जाने वाले गुण का निर्धारण
B. परिणाम घोषित करना
C. उत्तर बदलना
D. रिपोर्ट छिपाना
उत्तर: A. उद्देश्य और मापे जाने वाले गुण का निर्धारण
व्याख्या: स्पष्ट उद्देश्य के बिना परीक्षण की सामग्री और संरचना तय नहीं की जा सकती।

85. आइटम लेखन का अर्थ क्या है?
A. परीक्षण के प्रश्न या कथन तैयार करना
B. केवल अंक जोड़ना
C. केवल रिपोर्ट लिखना
D. केवल नाम लिखना
उत्तर: A. परीक्षण के प्रश्न या कथन तैयार करना
व्याख्या: अच्छे आइटम स्पष्ट, उपयुक्त और उद्देश्य से संबंधित होने चाहिए।

86. आइटम विश्लेषण का उद्देश्य क्या है?
A. प्रश्नों की कठिनाई और भेदकता जाँचना
B. प्रश्नों को रंगना

C. उत्तर छिपाना
D. समय बढ़ाना
उत्तर: A. प्रश्नों की कठिनाई और भेदकता जाँचना
व्याख्या: आइटम विश्लेषण से अच्छे और कमजोर प्रश्नों की पहचान होती है।

87. कठिनाई सूचकांक क्या बताता है?
A. प्रश्न कितना आसान या कठिन है
B. परीक्षक का नाम
C. समय सीमा
D. उत्तर पत्र का रंग
उत्तर: A. प्रश्न कितना आसान या कठिन है
व्याख्या: कठिनाई सूचकांक बताता है कि कितने परीक्षार्थियों ने प्रश्न सही किया।

88. भेदकता सूचकांक क्या बताता है?
A. प्रश्न अच्छे और कमजोर परीक्षार्थियों में कितना अंतर करता है
B. प्रश्न का रंग
C. उत्तर की लंबाई
D. समय
उत्तर: A. प्रश्न अच्छे और कमजोर परीक्षार्थियों में कितना अंतर करता है
व्याख्या: अच्छा प्रश्न उच्च और निम्न प्रदर्शन करने वालों में अंतर कर सकता है।

89. पायलट अध्ययन का उद्देश्य क्या है?
A. परीक्षण को छोटे समूह पर आजमाकर सुधार करना
B. अंतिम परिणाम घोषित करना
C. प्रश्नों को छिपाना
D. बिना जाँच परीक्षण लागू करना
उत्तर: A. परीक्षण को छोटे समूह पर आजमाकर सुधार करना
व्याख्या: पायलट अध्ययन से परीक्षण की भाषा, कठिनाई और समय संबंधी समस्याएँ पता चलती हैं।

90. परीक्षण मानकीकरण में क्या शामिल है?
A. निर्देश, समय, स्कोरिंग और मानदंड तय करना
B. हर बार नियम बदलना
C. बिना स्कोरिंग परीक्षण लेना
D. केवल अनुमान लगाना
उत्तर: A. निर्देश, समय, स्कोरिंग और मानदंड तय करना
व्याख्या: मानकीकरण परीक्षण को वैज्ञानिक और तुलनीय बनाता है।

91. मनोवैज्ञानिक परीक्षण का शिक्षा में उपयोग क्या है?
A. विषय चयन, कठिनाई पहचान और परामर्श में सहायता
B. केवल छुट्टी देने में
C. केवल खेल रोकने में
D. केवल दंड देने में
उत्तर: A. विषय चयन, कठिनाई पहचान और परामर्श में सहायता
व्याख्या: परीक्षण विद्यार्थी की क्षमता, रुचि और सीखने की जरूरतों को समझने में मदद करते हैं।

92. उद्योग में मनोवैज्ञानिक परीक्षण का उपयोग क्या है?
A. चयन, प्रशिक्षण और कार्य उपयुक्तता में
B. केवल भोजन व्यवस्था में
C. केवल भवन सजावट में
D. कोई उपयोग नहीं
उत्तर: A. चयन, प्रशिक्षण और कार्य उपयुक्तता में
व्याख्या: उद्योगों में परीक्षण कर्मचारियों की योग्यता और व्यक्तित्व समझने में सहायक होते हैं।

93. नैदानिक क्षेत्र में परीक्षण का उपयोग क्या है?
A. मानसिक समस्याओं के मूल्यांकन और उपचार योजना में
B. केवल कपड़े चुनने में
C. केवल खेल में
D. केवल मौसम में
उत्तर: A. मानसिक समस्याओं के मूल्यांकन और उपचार योजना में
व्याख्या: नैदानिक परीक्षण लक्षणों, व्यक्तित्व और कार्यक्षमता को समझने में सहायता करते हैं।

94. अनुसंधान में परीक्षण का उपयोग क्या है?
A. मानसिक गुणों और व्यवहारों का व्यवस्थित अध्ययन
B. केवल मनोरंजन
C. केवल दंड
D. कोई उपयोग नहीं
उत्तर: A. मानसिक गुणों और व्यवहारों का व्यवस्थित अध्ययन
व्याख्या: शोध में परीक्षण डेटा एकत्र करने और सिद्धांतों की जाँच में उपयोगी होते हैं।

95. परीक्षण परिणामों की सीमा क्या है?
A. वे व्यक्ति की पूरी क्षमता या व्यक्तित्व को पूर्ण रूप से नहीं बताते
B. वे हमेशा अंतिम सत्य होते हैं
C. उनमें कोई त्रुटि नहीं होती
D. वे संदर्भ से स्वतंत्र होते हैं
उत्तर: A. वे व्यक्ति की पूरी क्षमता या व्यक्तित्व को पूर्ण रूप से नहीं बताते
व्याख्या: परीक्षण परिणामों को संदर्भ, अवलोकन और अन्य जानकारी के साथ समझना चाहिए।

96. मनोवैज्ञानिक परीक्षण में प्रशिक्षित परीक्षक क्यों जरूरी है?
A. सही प्रशासन, स्कोरिंग और व्याख्या के लिए
B. परीक्षण को कठिन बनाने के लिए
C. परिणाम बदलने के लिए
D. व्यक्ति को डराने के लिए
उत्तर: A. सही प्रशासन, स्कोरिंग और व्याख्या के लिए
व्याख्या: प्रशिक्षित परीक्षक परीक्षण की वैज्ञानिकता और नैतिकता बनाए रखता है।

97. अच्छा मनोवैज्ञानिक परीक्षण कैसा होना चाहिए?
A. विश्वसनीय, वैध, मानकीकृत और निष्पक्ष
B. पक्षपाती और अस्पष्ट
C. बिना नियम का
D. हमेशा अनुमान आधारित
उत्तर: A. विश्वसनीय, वैध, मानकीकृत और निष्पक्ष
व्याख्या: अच्छे परीक्षण से सही और उपयोगी जानकारी मिलती है।

98. मनोवैज्ञानिक मापन का सबसे बड़ा लाभ क्या है?
A. मानसिक गुणों को व्यवस्थित और वैज्ञानिक रूप से समझना
B. केवल व्यक्ति को लेबल करना
C. केवल दंड देना
D. केवल भ्रम फैलाना
उत्तर: A. मानसिक गुणों को व्यवस्थित और वैज्ञानिक रूप से समझना
व्याख्या: मापन से शिक्षा, परामर्श, चयन और शोध में बेहतर निर्णय लिए जा सकते हैं।

99. मनोवैज्ञानिक परीक्षण का उपयोग करते समय क्या ध्यान रखना चाहिए?
A. नैतिकता, गोपनीयता और सही व्याख्या
B. परिणामों का गलत उपयोग
C. बिना सहमति परीक्षण
D. पक्षपातपूर्ण निर्णय
उत्तर: A. नैतिकता, गोपनीयता और सही व्याख्या
व्याख्या: परीक्षण का जिम्मेदार उपयोग व्यक्ति के अधिकार और कल्याण की रक्षा करता है।

100. मनोवैज्ञानिक परीक्षण एवं मापन का सबसे उचित निष्कर्ष क्या है?
A. यह मानसिक गुणों के वैज्ञानिक आकलन और निर्णय में सहायता करता है
B. यह केवल अनुमान लगाने की प्रक्रिया है
C. इसका शिक्षा और परामर्श से कोई संबंध नहीं
D. यह केवल शारीरिक मापन है
उत्तर: A. यह मानसिक गुणों के वैज्ञानिक आकलन और निर्णय में सहायता करता है
व्याख्या: मनोवैज्ञानिक परीक्षण एवं मापन व्यक्ति की क्षमताओं, रुचियों और व्यवहार को समझने का महत्वपूर्ण साधन है।

अध्याय 28: अनुसंधान विधियाँ

100 वस्तुनिष्ठ प्रश्न

1. अनुसंधान का अर्थ क्या है?
A. किसी समस्या या तथ्य का व्यवस्थित और वैज्ञानिक अध्ययन
B. केवल अनुमान लगाना
C. केवल याद करना
D. केवल कहानी लिखना
उत्तर: A. किसी समस्या या तथ्य का व्यवस्थित और वैज्ञानिक अध्ययन
व्याख्या: अनुसंधान में तथ्य, प्रमाण और वैज्ञानिक विधि के आधार पर निष्कर्ष निकाले जाते हैं।

2. मनोविज्ञान में अनुसंधान का मुख्य उद्देश्य क्या है?
A. व्यवहार और मानसिक प्रक्रियाओं को समझना, समझाना और भविष्यवाणी करना
B. केवल मनोरंजन करना
C. केवल दंड देना
D. केवल कविता लिखना
उत्तर: A. व्यवहार और मानसिक प्रक्रियाओं को समझना, समझाना और भविष्यवाणी करना
व्याख्या: मनोवैज्ञानिक अनुसंधान व्यक्ति और समूह के व्यवहार को वैज्ञानिक रूप से समझने में सहायता करता है।

3. वैज्ञानिक विधि की प्रमुख विशेषता क्या है?
A. वस्तुनिष्ठता, व्यवस्थितता और सत्यापन
B. केवल कल्पना
C. केवल विश्वास
D. केवल परंपरा
उत्तर: A. वस्तुनिष्ठता, व्यवस्थितता और सत्यापन
व्याख्या: वैज्ञानिक विधि में निष्कर्ष प्रमाण और पुनः परीक्षण पर आधारित होते हैं।

4. अनुसंधान समस्या क्या होती है?
A. वह प्रश्न या विषय जिसका वैज्ञानिक अध्ययन किया जाना है
B. केवल कहानी का शीर्षक
C. केवल परीक्षा प्रश्न
D. केवल व्यक्तिगत राय
उत्तर: A. वह प्रश्न या विषय जिसका वैज्ञानिक अध्ययन किया जाना है
व्याख्या: अनुसंधान समस्या अध्ययन की दिशा और उद्देश्य निर्धारित करती है।

5. परिकल्पना का अर्थ क्या है?
A. परीक्षण योग्य संभावित उत्तर या अनुमान
B. अंतिम सिद्ध निष्कर्ष
C. केवल कल्पना जो कभी जाँची न जाए
D. केवल कहानी
उत्तर: A. परीक्षण योग्य संभावित उत्तर या अनुमान
व्याख्या: परिकल्पना अनुसंधान में जाँची जाने वाली संभावित व्याख्या होती है।

6. चर का अर्थ क्या है?
A. ऐसा गुण या कारक जो बदल सकता है
B. हमेशा स्थिर रहने वाली वस्तु
C. केवल नाम
D. केवल संख्या
उत्तर: A. ऐसा गुण या कारक जो बदल सकता है
व्याख्या: आयु, बुद्धि, चिंता और उपलब्धि जैसे कारक चर हो सकते हैं।

7. स्वतंत्र चर क्या होता है?
A. वह चर जिसे शोधकर्ता बदलता या नियंत्रित करता है
B. परिणाम के रूप में मापा गया चर
C. हमेशा स्थिर चर
D. अप्रासंगिक चर
उत्तर: A. वह चर जिसे शोधकर्ता बदलता या नियंत्रित करता है
व्याख्या: स्वतंत्र चर का प्रभाव आश्रित चर पर देखा जाता है।

8. आश्रित चर क्या होता है?
A. वह चर जिसमें स्वतंत्र चर के प्रभाव से परिवर्तन मापा जाता है
B. शोधकर्ता द्वारा बदला गया चर
C. कोई संबंध न रखने वाला चर
D. हमेशा समान रहने वाला चर
उत्तर: A. वह चर जिसमें स्वतंत्र चर के प्रभाव से परिवर्तन मापा जाता है

व्याख्या: आश्रित चर अनुसंधान का परिणाम या प्रभाव दर्शाता है।

9. नियंत्रित चर का उद्देश्य क्या है?
A. अन्य प्रभावों को स्थिर रखकर सही निष्कर्ष निकालना
B. परिणाम बदलना
C. भ्रम बढ़ाना
D. अनुसंधान रोकना
उत्तर: A. अन्य प्रभावों को स्थिर रखकर सही निष्कर्ष निकालना
व्याख्या: नियंत्रित चर से यह सुनिश्चित होता है कि परिणाम मुख्य चर के प्रभाव से आए हैं।

10. जनसंख्या का अर्थ क्या है?
A. वह पूरा समूह जिसके बारे में अध्ययन करना है
B. केवल एक व्यक्ति
C. केवल एक प्रश्न
D. केवल एक उत्तर
उत्तर: A. वह पूरा समूह जिसके बारे में अध्ययन करना है
व्याख्या: जनसंख्या वह समूह है जिससे संबंधित निष्कर्ष निकाले जाते हैं।

11. नमूना क्या होता है?
A. जनसंख्या का प्रतिनिधि छोटा भाग
B. पूरी जनसंख्या
C. केवल शोधकर्ता
D. केवल प्रश्नावली
उत्तर: A. जनसंख्या का प्रतिनिधि छोटा भाग
व्याख्या: नमूने के आधार पर बड़ी जनसंख्या के बारे में अनुमान लगाया जाता है।

12. नमूना चयन का उद्देश्य क्या है?
A. कम समय और संसाधनों में प्रतिनिधि जानकारी प्राप्त करना
B. परिणाम छिपाना
C. शोध रोकना
D. केवल अनुमान लगाना
उत्तर: A. कम समय और संसाधनों में प्रतिनिधि जानकारी प्राप्त करना
व्याख्या: उचित नमूना शोध निष्कर्षों की विश्वसनीयता बढ़ाता है।

13. यादृच्छिक नमूना क्या है?
A. जिसमें प्रत्येक सदस्य को चुने जाने का समान अवसर हो
B. केवल मित्रों को चुनना
C. केवल सुविधा से चुनना
D. केवल एक व्यक्ति चुनना
उत्तर: A. जिसमें प्रत्येक सदस्य को चुने जाने का समान अवसर हो
व्याख्या: यादृच्छिक नमूना पक्षपात कम करता है।

14. स्तरीकृत नमूना किसमें उपयोगी है?
A. जब जनसंख्या में अलग-अलग उपसमूह हों
B. जब केवल एक व्यक्ति हो
C. जब कोई समूह न हो
D. जब शोध न करना हो
उत्तर: A. जब जनसंख्या में अलग-अलग उपसमूह हों
व्याख्या: स्तरीकृत नमूने में प्रत्येक उपसमूह से प्रतिनिधि चुने जाते हैं।

15. सुविधा नमूना का अर्थ क्या है?
A. आसानी से उपलब्ध व्यक्तियों को नमूने में लेना
B. पूरी जनसंख्या को लेना
C. केवल यादृच्छिक चयन
D. कोई चयन नहीं
उत्तर: A. आसानी से उपलब्ध व्यक्तियों को नमूने में लेना
व्याख्या: सुविधा नमूना आसान होता है, पर इसमें पक्षपात की संभावना अधिक होती है।

16. अवलोकन विधि का अर्थ क्या है?
A. व्यवहार को देखकर व्यवस्थित रूप से दर्ज करना
B. केवल अनुमान लगाना
C. केवल कहानी सुनना
D. केवल परीक्षा लेना
उत्तर: A. व्यवहार को देखकर व्यवस्थित रूप से दर्ज करना
व्याख्या: अवलोकन से वास्तविक परिस्थितियों में व्यवहार का अध्ययन किया जा सकता है।

17. प्राकृतिक अवलोकन क्या है?
A. प्राकृतिक परिस्थिति में व्यवहार का अध्ययन
B. प्रयोगशाला में कृत्रिम अध्ययन
C. केवल प्रश्नावली भरना
D. केवल साक्षात्कार करना
उत्तर: A. प्राकृतिक परिस्थिति में व्यवहार का अध्ययन
व्याख्या: इसमें व्यक्ति के व्यवहार को बिना हस्तक्षेप के वास्तविक वातावरण में देखा जाता है।

18. नियंत्रित अवलोकन क्या है?
A. निर्धारित परिस्थिति और नियमों में व्यवहार का अवलोकन
B. बिना योजना अवलोकन
C. केवल अनुमान
D. केवल बातचीत
उत्तर: A. निर्धारित परिस्थिति और नियमों में व्यवहार का अवलोकन
व्याख्या: नियंत्रित अवलोकन में शोधकर्ता परिस्थिति को व्यवस्थित रखता है।

19. सहभागी अवलोकन में शोधकर्ता क्या करता है?
A. समूह का हिस्सा बनकर व्यवहार का अध्ययन करता है
B. केवल दूर से देखता है
C. कोई डेटा नहीं लेता
D. केवल प्रश्न पूछता है
उत्तर: A. समूह का हिस्सा बनकर व्यवहार का अध्ययन करता है
व्याख्या: सहभागी अवलोकन में शोधकर्ता समूह के अनुभव को भीतर से समझने का प्रयास करता है।

20. असहभागी अवलोकन में शोधकर्ता क्या करता है?
A. समूह से अलग रहकर व्यवहार देखता है
B. समूह में शामिल हो जाता है
C. व्यवहार बदल देता है
D. कोई अवलोकन नहीं करता
उत्तर: A. समूह से अलग रहकर व्यवहार देखता है
व्याख्या: इसमें शोधकर्ता दूरी बनाकर वस्तुनिष्ठ अवलोकन

करता है।

21. साक्षात्कार विधि का अर्थ क्या है?
A. प्रत्यक्ष बातचीत द्वारा जानकारी प्राप्त करना
B. केवल लिखित परीक्षा
C. केवल प्रयोग
D. केवल अनुमान
उत्तर: A. प्रत्यक्ष बातचीत द्वारा जानकारी प्राप्त करना
व्याख्या: साक्षात्कार में शोधकर्ता उत्तरदाता से प्रश्न पूछकर जानकारी एकत्र करता है।

22. संरचित साक्षात्कार क्या है?
A. पूर्व निर्धारित प्रश्नों वाला साक्षात्कार
B. बिना प्रश्नों वाला साक्षात्कार
C. केवल अनौपचारिक बातचीत
D. कोई रिकॉर्ड नहीं
उत्तर: A. पूर्व निर्धारित प्रश्नों वाला साक्षात्कार
व्याख्या: संरचित साक्षात्कार में सभी उत्तरदाताओं से समान प्रश्न पूछे जाते हैं।

23. असंरचित साक्षात्कार क्या है?
A. लचीला और खुला साक्षात्कार
B. केवल हाँ-नहीं प्रश्न
C. पूरी तरह बंद प्रश्न
D. बिना बातचीत
उत्तर: A. लचीला और खुला साक्षात्कार
व्याख्या: असंरचित साक्षात्कार में उत्तरदाता को विस्तार से बोलने का अवसर मिलता है।

24. प्रश्नावली विधि का अर्थ क्या है?
A. लिखित प्रश्नों के माध्यम से जानकारी प्राप्त करना
B. केवल मौखिक आदेश
C. केवल प्रयोगशाला कार्य
D. केवल अवलोकन
उत्तर: A. लिखित प्रश्नों के माध्यम से जानकारी प्राप्त करना
व्याख्या: प्रश्नावली बड़ी संख्या में लोगों से जानकारी लेने का सरल साधन है।

25. बंद प्रश्न का लाभ क्या है?
A. उत्तरों का विश्लेषण आसान होता है
B. उत्तर हमेशा लंबे होते हैं
C. तुलना असंभव होती है
D. कोई डेटा नहीं मिलता
उत्तर: A. उत्तरों का विश्लेषण आसान होता है
व्याख्या: बंद प्रश्नों के उत्तर सीमित विकल्पों में होते हैं, इसलिए उनका विश्लेषण सरल होता है।

26. खुले प्रश्न का लाभ क्या है?
A. उत्तरदाता अपने विचार विस्तार से बता सकता है
B. उत्तर केवल हाँ-नहीं होता है
C. कोई जानकारी नहीं मिलती
D. उत्तर हमेशा गलत होता है
उत्तर: A. उत्तरदाता अपने विचार विस्तार से बता सकता है
व्याख्या: खुले प्रश्न गहराई और व्यक्तिगत अनुभव समझने में सहायक होते हैं।

27. केस स्टडी विधि क्या है?
A. किसी व्यक्ति, समूह या घटना का गहन अध्ययन
B. केवल संख्या गिनना
C. केवल यादृच्छिक चयन
D. केवल प्रयोगशाला परीक्षण
उत्तर: A. किसी व्यक्ति, समूह या घटना का गहन अध्ययन
व्याख्या: केस स्टडी जटिल व्यवहार और परिस्थितियों को विस्तार से समझने में मदद करती है।

28. केस स्टडी का लाभ क्या है?
A. गहन और विस्तृत जानकारी मिलती है
B. हमेशा बड़े समूह पर लागू होती है
C. कोई विवरण नहीं मिलता
D. केवल अनुमान मिलता है
उत्तर: A. गहन और विस्तृत जानकारी मिलती है
व्याख्या: केस स्टडी विशेष मामलों को गहराई से समझने में उपयोगी है।

29. केस स्टडी की सीमा क्या है?
A. निष्कर्षों का सामान्यीकरण सीमित हो सकता है
B. जानकारी बहुत कम मिलती है
C. व्यक्ति का अध्ययन नहीं होता
D. कोई उपयोग नहीं
उत्तर: A. निष्कर्षों का सामान्यीकरण सीमित हो सकता है
व्याख्या: एक या कुछ मामलों के आधार पर पूरी जनसंख्या पर निष्कर्ष लागू करना कठिन हो सकता है।

30. सर्वेक्षण विधि का उद्देश्य क्या है?
A. बड़े समूह से विचार, व्यवहार या जानकारी एकत्र करना
B. केवल एक व्यक्ति का अध्ययन
C. केवल प्रयोग करना
D. केवल अनुमान लगाना
उत्तर: A. बड़े समूह से विचार, व्यवहार या जानकारी एकत्र करना
व्याख्या: सर्वेक्षण सामाजिक और शैक्षिक विषयों पर व्यापक जानकारी देता है।

31. प्रयोगात्मक विधि की मुख्य विशेषता क्या है?
A. स्वतंत्र चर में परिवर्तन कर आश्रित चर पर प्रभाव देखना
B. केवल अवलोकन करना
C. केवल कहानी लिखना
D. केवल राय लेना
उत्तर: A. स्वतंत्र चर में परिवर्तन कर आश्रित चर पर प्रभाव देखना
व्याख्या: प्रयोगात्मक विधि कारण-परिणाम संबंध की जाँच के लिए उपयोगी है।

32. प्रयोग समूह क्या होता है?
A. वह समूह जिस पर स्वतंत्र चर लागू किया जाता है
B. वह समूह जिस पर कोई प्रभाव नहीं दिया जाता
C. केवल दर्शक समूह
D. कोई समूह नहीं
उत्तर: A. वह समूह जिस पर स्वतंत्र चर लागू किया जाता है
व्याख्या: प्रयोग समूह में शोधकर्ता उपचार या परिवर्तन लागू

करता है।

33. नियंत्रण समूह क्या होता है?
A. वह समूह जिस पर स्वतंत्र चर लागू नहीं किया जाता
B. वह समूह जिसे उपचार दिया जाता है
C. केवल शोधकर्ता
D. केवल उपकरण
उत्तर: A. वह समूह जिस पर स्वतंत्र चर लागू नहीं किया जाता
व्याख्या: नियंत्रण समूह तुलना के लिए उपयोग किया जाता है।

34. यादृच्छिक आवंटन का उद्देश्य क्या है?
A. समूहों के बीच प्रारंभिक अंतर कम करना
B. पक्षपात बढ़ाना
C. केवल सुविधा से समूह बनाना
D. परिणाम छिपाना
उत्तर: A. समूहों के बीच प्रारंभिक अंतर कम करना
व्याख्या: यादृच्छिक आवंटन से प्रयोग और नियंत्रण समूह अधिक तुलनीय बनते हैं।

35. प्रयोगशाला प्रयोग का लाभ क्या है?
A. नियंत्रण अधिक होता है
B. नियंत्रण बिल्कुल नहीं होता
C. वास्तविकता हमेशा अधिक होती है
D. डेटा नहीं मिलता
उत्तर: A. नियंत्रण अधिक होता है
व्याख्या: प्रयोगशाला में बाहरी कारकों को नियंत्रित करना आसान होता है।

36. प्रयोगशाला प्रयोग की सीमा क्या है?
A. कृत्रिम परिस्थिति के कारण वास्तविक जीवन से दूरी हो सकती है
B. नियंत्रण बहुत कम होता है
C. डेटा नहीं मिलता
D. कोई निष्कर्ष नहीं निकलता
उत्तर: A. कृत्रिम परिस्थिति के कारण वास्तविक जीवन से दूरी हो सकती है
व्याख्या: प्रयोगशाला की स्थिति हमेशा वास्तविक जीवन व्यवहार को पूरी तरह नहीं दर्शाती।

37. क्षेत्र प्रयोग क्या है?
A. वास्तविक जीवन परिस्थिति में किया गया प्रयोग
B. केवल प्रयोगशाला में किया गया प्रयोग
C. केवल प्रश्नावली
D. केवल पुस्तक अध्ययन
उत्तर: A. वास्तविक जीवन परिस्थिति में किया गया प्रयोग
व्याख्या: क्षेत्र प्रयोग में प्राकृतिकता अधिक होती है, पर नियंत्रण कम हो सकता है।

38. सहसंबंधात्मक अध्ययन का उद्देश्य क्या है?
A. दो या अधिक चरों के संबंध का अध्ययन
B. कारण-परिणाम सिद्ध करना हमेशा
C. केवल एक चर मापना
D. कोई संबंध न देखना
उत्तर: A. दो या अधिक चरों के संबंध का अध्ययन
व्याख्या: सहसंबंध बताता है कि चर साथ-साथ कैसे बदलते हैं, पर कारण सिद्ध नहीं करता।

39. सकारात्मक सहसंबंध क्या है?
A. एक चर बढ़ने पर दूसरा भी बढ़े
B. एक चर बढ़ने पर दूसरा घटे
C. कोई संबंध न हो
D. दोनों स्थिर रहें
उत्तर: A. एक चर बढ़ने पर दूसरा भी बढ़े
व्याख्या: जैसे अध्ययन समय बढ़ने पर उपलब्धि बढ़ सकती है।

40. नकारात्मक सहसंबंध क्या है?
A. एक चर बढ़ने पर दूसरा घटे
B. दोनों साथ बढ़ें
C. कोई संबंध न हो
D. दोनों समान रहें
उत्तर: A. एक चर बढ़ने पर दूसरा घटे
व्याख्या: जैसे तनाव बढ़ने पर प्रदर्शन घट सकता है।

41. शून्य सहसंबंध क्या दर्शाता है?
A. चरों में कोई स्पष्ट संबंध नहीं
B. पूर्ण संबंध
C. हमेशा विपरीत संबंध
D. हमेशा समान संबंध
उत्तर: A. चरों में कोई स्पष्ट संबंध नहीं
व्याख्या: शून्य सहसंबंध में एक चर से दूसरे का अनुमान नहीं लगाया जा सकता।

42. सहसंबंध का मुख्य सीमित पक्ष क्या है?
A. यह कारण-परिणाम सिद्ध नहीं करता
B. यह संबंध नहीं बताता
C. यह डेटा नहीं देता
D. यह हमेशा गलत होता है
उत्तर: A. यह कारण-परिणाम सिद्ध नहीं करता
व्याख्या: सहसंबंध केवल संबंध की दिशा और मात्रा बताता है, कारण नहीं।

43. अनुदैर्ध्य अध्ययन क्या है?
A. लंबे समय तक उन्हीं व्यक्तियों का अध्ययन
B. एक बार का अध्ययन
C. केवल प्रयोगशाला अध्ययन
D. केवल प्रश्नावली
उत्तर: A. लंबे समय तक उन्हीं व्यक्तियों का अध्ययन
व्याख्या: अनुदैर्ध्य अध्ययन विकास और परिवर्तन को समय के साथ समझने में उपयोगी है।

44. अनुप्रस्थ अध्ययन क्या है?
A. अलग-अलग आयु या समूहों का एक समय पर अध्ययन
B. उन्हीं व्यक्तियों का वर्षों तक अध्ययन
C. केवल एक व्यक्ति का अध्ययन
D. कोई तुलना नहीं
उत्तर: A. अलग-अलग आयु या समूहों का एक समय पर अध्ययन
व्याख्या: अनुप्रस्थ अध्ययन कम समय में विभिन्न समूहों की तुलना करता है।

45. गुणात्मक अनुसंधान किस पर बल देता है?

A. अनुभव, अर्थ और गहन समझ पर
B. केवल संख्याओं पर
C. केवल प्रयोग पर
D. केवल सांख्यिकी पर
उत्तर: A. अनुभव, अर्थ और गहन समझ पर
व्याख्या: गुणात्मक शोध व्यक्ति के अनुभवों और संदर्भ को समझने में सहायक है।

46. मात्रात्मक अनुसंधान किस पर आधारित होता है?
A. संख्यात्मक डेटा और सांख्यिकीय विश्लेषण पर
B. केवल कहानी पर
C. केवल अनुभव वर्णन पर
D. केवल खुली बातचीत पर
उत्तर: A. संख्यात्मक डेटा और सांख्यिकीय विश्लेषण पर
व्याख्या: मात्रात्मक शोध मापन और सांख्यिकी के माध्यम से निष्कर्ष निकालता है।

47. मिश्रित विधि अनुसंधान क्या है?
A. गुणात्मक और मात्रात्मक दोनों विधियों का उपयोग
B. केवल अनुमान
C. केवल कहानी
D. कोई डेटा नहीं
उत्तर: A. गुणात्मक और मात्रात्मक दोनों विधियों का उपयोग
व्याख्या: मिश्रित विधि से विषय को व्यापक और गहराई से समझा जा सकता है।

48. डेटा संग्रह का अर्थ क्या है?
A. अनुसंधान के लिए आवश्यक जानकारी एकत्र करना
B. निष्कर्ष पहले लिखना
C. डेटा न लेना
D. केवल अनुमान
उत्तर: A. अनुसंधान के लिए आवश्यक जानकारी एकत्र करना
व्याख्या: डेटा संग्रह शोध प्रक्रिया का महत्वपूर्ण चरण है।

49. प्राथमिक डेटा क्या होता है?
A. शोधकर्ता द्वारा सीधे एकत्र किया गया डेटा
B. पहले से प्रकाशित डेटा
C. केवल पुस्तक का शीर्षक
D. केवल अनुमान
उत्तर: A. शोधकर्ता द्वारा सीधे एकत्र किया गया डेटा
व्याख्या: प्राथमिक डेटा सीधे उत्तरदाताओं या अवलोकन से प्राप्त होता है।

50. द्वितीयक डेटा क्या होता है?
A. पहले से उपलब्ध स्रोतों से प्राप्त डेटा
B. शोधकर्ता द्वारा पहली बार लिया गया डेटा
C. केवल मौखिक उत्तर
D. कोई डेटा नहीं
उत्तर: A. पहले से उपलब्ध स्रोतों से प्राप्त डेटा
व्याख्या: पुस्तकें, रिपोर्ट, अभिलेख और प्रकाशित आँकड़े द्वितीयक डेटा हो सकते हैं।

51. डेटा विश्लेषण का उद्देश्य क्या है?
A. एकत्रित जानकारी से अर्थपूर्ण निष्कर्ष निकालना
B. डेटा छिपाना
C. प्रश्न बदलना
D. परिणाम रोकना
उत्तर: A. एकत्रित जानकारी से अर्थपूर्ण निष्कर्ष निकालना
व्याख्या: विश्लेषण से शोध समस्या और परिकल्पना के बारे में उत्तर मिलते हैं।

52. वर्णनात्मक सांख्यिकी का उपयोग किसलिए होता है?
A. डेटा को सारांश रूप में प्रस्तुत करने के लिए
B. केवल भविष्यवाणी करने के लिए
C. डेटा नष्ट करने के लिए
D. कोई उपयोग नहीं
उत्तर: A. डेटा को सारांश रूप में प्रस्तुत करने के लिए
व्याख्या: माध्य, माध्यिका, बहुलक और मानक विचलन वर्णनात्मक सांख्यिकी के उदाहरण हैं।

53. अनुमानात्मक सांख्यिकी का उद्देश्य क्या है?
A. नमूने के आधार पर जनसंख्या के बारे में निष्कर्ष निकालना
B. केवल डेटा लिखना
C. कोई निष्कर्ष नहीं
D. केवल चित्र बनाना
उत्तर: A. नमूने के आधार पर जनसंख्या के बारे में निष्कर्ष निकालना
व्याख्या: अनुमानात्मक सांख्यिकी शोध निष्कर्षों को व्यापक समूह पर लागू करने में मदद करती है।

54. माध्य का अर्थ क्या है?
A. अंकों का औसत
B. सबसे अधिक आने वाला अंक
C. बीच का अंक
D. सबसे कम अंक
उत्तर: A. अंकों का औसत
व्याख्या: माध्य कुल अंकों को संख्या से भाग देकर प्राप्त होता है।

55. माध्यिका क्या है?
A. क्रमबद्ध डेटा का मध्य मान
B. सभी अंकों का योग
C. सबसे अधिक बार आने वाला मान
D. सबसे बड़ा मान
उत्तर: A. क्रमबद्ध डेटा का मध्य मान
व्याख्या: डेटा को क्रम में रखने पर बीच का मान माध्यिका कहलाता है।

56. बहुलक क्या है?
A. सबसे अधिक बार आने वाला मान
B. सबसे छोटा मान
C. सबसे बड़ा मान
D. सभी अंकों का औसत
उत्तर: A. सबसे अधिक बार आने वाला मान
व्याख्या: बहुलक वह मान है जिसकी आवृत्ति सबसे अधिक होती है।

57. मानक विचलन क्या बताता है?
A. डेटा में फैलाव की मात्रा
B. केवल औसत

C. केवल कुल योग
D. केवल नाम
उत्तर: A. डेटा में फैलाव की मात्रा
व्याख्या: मानक विचलन बताता है कि स्कोर माध्य से कितने फैले हुए हैं।

58. शोध रिपोर्ट का उद्देश्य क्या है?
A. शोध प्रक्रिया, परिणाम और निष्कर्ष प्रस्तुत करना
B. डेटा छिपाना
C. केवल शीर्षक लिखना
D. परिणाम बदलना
उत्तर: A. शोध प्रक्रिया, परिणाम और निष्कर्ष प्रस्तुत करना
व्याख्या: शोध रिपोर्ट से अन्य लोग अध्ययन को समझ और जाँच सकते हैं।

59. शोध रिपोर्ट में क्या शामिल होता है?
A. प्रस्तावना, विधि, परिणाम, चर्चा और संदर्भ
B. केवल नाम
C. केवल अनुमान
D. केवल चित्र
उत्तर: A. प्रस्तावना, विधि, परिणाम, चर्चा और संदर्भ
व्याख्या: रिपोर्ट की संरचना शोध को व्यवस्थित और वैज्ञानिक बनाती है।

60. साहित्य समीक्षा का उद्देश्य क्या है?
A. पूर्व शोध और सिद्धांतों का अध्ययन करना
B. केवल कविता पढ़ना
C. डेटा छिपाना
D. निष्कर्ष पहले तय करना
उत्तर: A. पूर्व शोध और सिद्धांतों का अध्ययन करना
व्याख्या: साहित्य समीक्षा से शोध समस्या की पृष्ठभूमि और शोध अंतर स्पष्ट होता है।

61. संदर्भ सूची का महत्व क्या है?
A. उपयोग किए गए स्रोतों को मान्यता देना
B. स्रोत छिपाना
C. चोरी बढ़ाना
D. केवल पृष्ठ भरना
उत्तर: A. उपयोग किए गए स्रोतों को मान्यता देना
व्याख्या: संदर्भ सूची अकादमिक ईमानदारी और सत्यापन के लिए आवश्यक है।

62. शोध में साहित्यिक चोरी क्या है?
A. दूसरों के विचार या शब्द बिना श्रेय के उपयोग करना
B. सही संदर्भ देना
C. अपने निष्कर्ष लिखना
D. डेटा विश्लेषण करना
उत्तर: A. दूसरों के विचार या शब्द बिना श्रेय के उपयोग करना
व्याख्या: साहित्यिक चोरी अनैतिक है और शोध की विश्वसनीयता को नुकसान पहुँचाती है।

63. शोध में नैतिकता क्यों आवश्यक है?
A. प्रतिभागियों के अधिकार और सुरक्षा की रक्षा के लिए
B. परिणाम बदलने के लिए
C. प्रतिभागियों को डराने के लिए
D. डेटा छिपाने के लिए
उत्तर: A. प्रतिभागियों के अधिकार और सुरक्षा की रक्षा के लिए
व्याख्या: नैतिक शोध में सम्मान, सुरक्षा और निष्पक्षता का पालन किया जाता है।

64. सूचित सहमति का अर्थ क्या है?
A. प्रतिभागी को जानकारी देकर स्वेच्छा से सहमति लेना
B. बिना बताए शोध करना
C. जबरदस्ती भाग लेना
D. जानकारी छिपाना
उत्तर: A. प्रतिभागी को जानकारी देकर स्वेच्छा से सहमति लेना
व्याख्या: सूचित सहमति प्रतिभागी की स्वतंत्रता और अधिकारों का सम्मान करती है।

65. गोपनीयता का अर्थ क्या है?
A. प्रतिभागी की निजी जानकारी सुरक्षित रखना
B. जानकारी सबको बताना
C. डेटा बेच देना
D. नाम प्रकाशित करना
उत्तर: A. प्रतिभागी की निजी जानकारी सुरक्षित रखना
व्याख्या: गोपनीयता प्रतिभागियों के विश्वास और सुरक्षा के लिए जरूरी है।

66. स्वैच्छिक सहभागिता का अर्थ क्या है?
A. प्रतिभागी अपनी इच्छा से शोध में भाग ले
B. प्रतिभागी को मजबूर किया जाए
C. बिना जानकारी शामिल किया जाए
D. कोई विकल्प न दिया जाए
उत्तर: A. प्रतिभागी अपनी इच्छा से शोध में भाग ले
व्याख्या: शोध में भाग लेना व्यक्ति की स्वतंत्र पसंद होना चाहिए।

67. शोध से हटने का अधिकार किसका है?
A. प्रतिभागी का
B. केवल शोधकर्ता का
C. केवल संस्था का
D. किसी का नहीं
उत्तर: A. प्रतिभागी का
व्याख्या: प्रतिभागी किसी भी समय शोध से हट सकता है।

68. जोखिम-लाभ विश्लेषण का अर्थ क्या है?
A. शोध के संभावित नुकसान और लाभ का मूल्यांकन
B. केवल लाभ छिपाना
C. केवल जोखिम बढ़ाना
D. कोई मूल्यांकन नहीं
उत्तर: A. शोध के संभावित नुकसान और लाभ का मूल्यांकन
व्याख्या: नैतिक शोध में प्रतिभागियों को अनावश्यक नुकसान से बचाया जाता है।

69. डीब्रीफिंग का अर्थ क्या है?
A. शोध के बाद प्रतिभागियों को वास्तविक उद्देश्य और जानकारी बताना
B. शोध से पहले डराना
C. डेटा छिपाना
D. प्रतिभागियों को हटाना
उत्तर: A. शोध के बाद प्रतिभागियों को वास्तविक उद्देश्य और

जानकारी बताना
व्याख्या: विशेषकर जहाँ पूर्ण जानकारी पहले नहीं दी गई हो, वहाँ डीब्रीफिंग आवश्यक है।

70. शोध में धोखे का उपयोग कब स्वीकार्य हो सकता है?
A. जब आवश्यक हो, नुकसान न हो और बाद में डीब्रीफिंग हो
B. हमेशा बिना कारण
C. प्रतिभागी को नुकसान पहुँचाने के लिए
D. डेटा छिपाने के लिए
उत्तर: A. जब आवश्यक हो, नुकसान न हो और बाद में डीब्रीफिंग हो
व्याख्या: धोखे का उपयोग सीमित और नैतिक समीक्षा के अधीन होना चाहिए।

71. शोध पक्षपात का अर्थ क्या है?
A. शोधकर्ता या प्रक्रिया के कारण परिणाम प्रभावित होना
B. पूरी निष्पक्षता
C. सही नियंत्रण
D. कोई प्रभाव नहीं
उत्तर: A. शोधकर्ता या प्रक्रिया के कारण परिणाम प्रभावित होना
व्याख्या: पक्षपात निष्कर्षों की वैधता को कम कर सकता है।

72. पर्यवेक्षक पक्षपात क्या है?
A. शोधकर्ता की अपेक्षाओं से अवलोकन प्रभावित होना
B. प्रतिभागी का नाम बदलना
C. उपकरण टूटना
D. कोई प्रभाव नहीं
उत्तर: A. शोधकर्ता की अपेक्षाओं से अवलोकन प्रभावित होना
व्याख्या: पर्यवेक्षक पक्षपात से डेटा वस्तुनिष्ठ नहीं रह पाता।

73. प्रतिभागी पक्षपात क्या है?
A. प्रतिभागी का शोध की अपेक्षा के अनुसार व्यवहार बदलना
B. शोधकर्ता का व्यवहार बदलना
C. उपकरण बदलना
D. कोई प्रतिक्रिया न देना
उत्तर: A. प्रतिभागी का शोध की अपेक्षा के अनुसार व्यवहार बदलना
व्याख्या: प्रतिभागी यह सोचकर व्यवहार बदल सकता है कि शोधकर्ता क्या चाहता है।

74. सामाजिक वांछनीयता पक्षपात क्या है?
A. सामाजिक रूप से स्वीकार्य उत्तर देने की प्रवृत्ति
B. हमेशा सत्य बोलना
C. कोई उत्तर न देना
D. शोध से हटना
उत्तर: A. सामाजिक रूप से स्वीकार्य उत्तर देने की प्रवृत्ति
व्याख्या: संवेदनशील प्रश्नों में लोग वास्तविक उत्तर छिपाकर स्वीकार्य उत्तर दे सकते हैं।

75. अंध विधि का उद्देश्य क्या है?
A. अपेक्षा प्रभाव को कम करना
B. डेटा छिपाना
C. प्रतिभागी को नुकसान देना
D. शोध रोकना
उत्तर: A. अपेक्षा प्रभाव को कम करना
व्याख्या: अंध विधि में प्रतिभागी या शोधकर्ता को कुछ जानकारी नहीं दी जाती ताकि पक्षपात कम हो।

76. दोहरा-अंध प्रयोग क्या है?
A. प्रतिभागी और शोधकर्ता दोनों को समूह जानकारी न हो
B. दोनों सब कुछ जानते हों
C. केवल प्रतिभागी जानता हो
D. कोई समूह न हो
उत्तर: A. प्रतिभागी और शोधकर्ता दोनों को समूह जानकारी न हो
व्याख्या: दोहरा-अंध प्रयोग अपेक्षा और पर्यवेक्षक पक्षपात को कम करता है।

77. वैधता का अर्थ क्या है?
A. शोध वास्तव में वही मापे या जाँचे जो उद्देश्य है
B. शोध हमेशा लंबा हो
C. शोध में चित्र हों
D. शोध बिना डेटा हो
उत्तर: A. शोध वास्तव में वही मापे या जाँचे जो उद्देश्य है
व्याख्या: वैधता निष्कर्षों की सहीता से संबंधित है।

78. आंतरिक वैधता का अर्थ क्या है?
A. परिणाम वास्तव में स्वतंत्र चर के कारण हैं या नहीं
B. परिणाम बाहर लागू होंगे या नहीं
C. केवल नमूना आकार
D. केवल रिपोर्ट शैली
उत्तर: A. परिणाम वास्तव में स्वतंत्र चर के कारण हैं या नहीं
व्याख्या: आंतरिक वैधता प्रयोग में कारण-परिणाम निष्कर्ष की मजबूती बताती है।

79. बाह्य वैधता का अर्थ क्या है?
A. निष्कर्ष अन्य व्यक्तियों, परिस्थितियों या समय पर लागू हो सकते हैं या नहीं
B. केवल प्रयोगशाला नियंत्रण
C. केवल एक व्यक्ति
D. केवल प्रश्नावली
उत्तर: A. निष्कर्ष अन्य व्यक्तियों, परिस्थितियों या समय पर लागू हो सकते हैं या नहीं
व्याख्या: बाह्य वैधता शोध निष्कर्षों के सामान्यीकरण से संबंधित है।

80. विश्वसनीयता का अर्थ क्या है?
A. शोध या मापन का स्थिर और सुसंगत परिणाम देना
B. हर बार अलग परिणाम
C. केवल अनुमान
D. कोई मापन नहीं
उत्तर: A. शोध या मापन का स्थिर और सुसंगत परिणाम देना
व्याख्या: विश्वसनीयता से परिणामों की स्थिरता और भरोसेमंदता पता चलती है।

81. पुनरावृत्ति का महत्व क्या है?
A. शोध निष्कर्षों की पुष्टि करने के लिए
B. परिणाम छिपाने के लिए
C. शोध रोकने के लिए
D. केवल नाम बदलने के लिए

उत्तर: A. शोध निष्कर्षों की पुष्टि करने के लिए
व्याख्या: यदि अलग शोधकर्ता समान परिणाम पाते हैं, तो निष्कर्ष अधिक विश्वसनीय होते हैं।

82. सामान्यीकरण का अर्थ क्या है?
A. निष्कर्षों को व्यापक जनसंख्या पर लागू करना
B. केवल एक व्यक्ति तक सीमित रखना
C. डेटा छिपाना
D. परिणाम बदलना
उत्तर: A. निष्कर्षों को व्यापक जनसंख्या पर लागू करना
व्याख्या: अच्छा नमूना और बाह्य वैधता सामान्यीकरण को मजबूत बनाते हैं।

83. पायलट अध्ययन का उद्देश्य क्या है?
A. मुख्य शोध से पहले विधि और उपकरण की जाँच
B. अंतिम निष्कर्ष देना
C. डेटा न लेना
D. रिपोर्ट प्रकाशित करना
उत्तर: A. मुख्य शोध से पहले विधि और उपकरण की जाँच
व्याख्या: पायलट अध्ययन से संभावित समस्याएँ पहले ही पता चल जाती हैं।

84. अनुसंधान डिजाइन का अर्थ क्या है?
A. शोध की योजना और कार्यप्रणाली
B. केवल कवर पेज
C. केवल शीर्षक
D. केवल अनुमान
उत्तर: A. शोध की योजना और कार्यप्रणाली
व्याख्या: अनुसंधान डिजाइन बताता है कि डेटा कैसे एकत्र और विश्लेषित किया जाएगा।

85. वर्णनात्मक अनुसंधान का उद्देश्य क्या है?
A. स्थिति, व्यवहार या घटना का वर्णन करना
B. हमेशा कारण सिद्ध करना
C. केवल प्रयोग करना
D. कोई डेटा न लेना
उत्तर: A. स्थिति, व्यवहार या घटना का वर्णन करना
व्याख्या: वर्णनात्मक शोध वर्तमान स्थिति या व्यवहार का व्यवस्थित विवरण देता है।

86. व्याख्यात्मक अनुसंधान किस पर बल देता है?
A. कारणों और संबंधों को समझने पर
B. केवल नाम लिखने पर
C. केवल कहानी पर
D. केवल अनुमान पर
उत्तर: A. कारणों और संबंधों को समझने पर
व्याख्या: व्याख्यात्मक शोध यह समझने का प्रयास करता है कि कोई घटना क्यों होती है।

87. क्रियात्मक अनुसंधान का उद्देश्य क्या है?
A. व्यावहारिक समस्या का समाधान और सुधार करना
B. केवल सिद्धांत बनाना
C. कोई परिवर्तन न करना
D. केवल पुस्तक पढ़ना
उत्तर: A. व्यावहारिक समस्या का समाधान और सुधार करना
व्याख्या: शिक्षा और संगठन में क्रियात्मक अनुसंधान सुधारात्मक कार्यों के लिए उपयोगी है।

88. सहमति पत्र का महत्व क्या है?
A. प्रतिभागी की स्वीकृति और अधिकारों का प्रमाण
B. डेटा छिपाने का साधन
C. परिणाम बदलने का तरीका
D. कोई महत्व नहीं
उत्तर: A. प्रतिभागी की स्वीकृति और अधिकारों का प्रमाण
व्याख्या: सहमति पत्र शोध में पारदर्शिता और नैतिकता बनाए रखता है।

89. शोध में डेटा सुरक्षा क्यों आवश्यक है?
A. प्रतिभागियों की निजी जानकारी की रक्षा के लिए
B. डेटा बेचने के लिए
C. नाम फैलाने के लिए
D. परिणाम छिपाने के लिए
उत्तर: A. प्रतिभागियों की निजी जानकारी की रक्षा के लिए
व्याख्या: डेटा सुरक्षा नैतिक और कानूनी जिम्मेदारी है।

90. शोध में निष्पक्षता का अर्थ क्या है?
A. डेटा और निष्कर्षों को बिना पक्षपात प्रस्तुत करना
B. पसंद के अनुसार परिणाम बदलना
C. विरोधी डेटा छिपाना
D. केवल मनचाहा निष्कर्ष देना
उत्तर: A. डेटा और निष्कर्षों को बिना पक्षपात प्रस्तुत करना
व्याख्या: निष्पक्षता वैज्ञानिक शोध की विश्वसनीयता का आधार है।

91. शोध में निष्कर्ष कब लिखे जाते हैं?
A. डेटा विश्लेषण और परिणामों के आधार पर
B. डेटा से पहले
C. केवल अनुमान से
D. बिना अध्ययन के
उत्तर: A. डेटा विश्लेषण और परिणामों के आधार पर
व्याख्या: निष्कर्ष प्रमाण और विश्लेषण पर आधारित होने चाहिए।

92. चर्चा भाग का उद्देश्य क्या है?
A. परिणामों का अर्थ, सीमाएँ और महत्व समझाना
B. केवल शीर्षक दोहराना
C. डेटा छिपाना
D. परिणाम बदलना
उत्तर: A. परिणामों का अर्थ, सीमाएँ और महत्व समझाना
व्याख्या: चर्चा में निष्कर्षों की व्याख्या और पूर्व शोध से तुलना की जाती है।

93. शोध की सीमा का अर्थ क्या है?
A. अध्ययन की कमजोरियाँ या सीमित पक्ष
B. शोध की सफलता ही
C. केवल निष्कर्ष
D. कोई कमी नहीं
उत्तर: A. अध्ययन की कमजोरियाँ या सीमित पक्ष
व्याख्या: सीमाएँ बताने से शोध की पारदर्शिता और विश्वसनीयता बढ़ती है।

94. भविष्य के शोध के सुझाव क्यों दिए जाते हैं?
A. आगे के अध्ययन की दिशा बताने के लिए
B. शोध रोकने के लिए
C. डेटा छिपाने के लिए
D. परिणाम बदलने के लिए
उत्तर: A. आगे के अध्ययन की दिशा बताने के लिए
व्याख्या: सुझाव शोध क्षेत्र में नए प्रश्न और सुधार की संभावनाएँ दिखाते हैं।
95. मनोवैज्ञानिक अनुसंधान में संवेदनशील विषयों पर क्या सावधानी जरूरी है?
A. प्रतिभागी की सुरक्षा, गोपनीयता और सम्मान
B. डराना और दबाव डालना
C. नाम सार्वजनिक करना
D. जोखिम बढ़ाना
उत्तर: A. प्रतिभागी की सुरक्षा, गोपनीयता और सम्मान
व्याख्या: मानसिक स्वास्थ्य, आघात या निजी अनुभवों से जुड़े विषयों में विशेष नैतिक सावधानी चाहिए।
96. शोध में उपकरण चयन कैसे होना चाहिए?
A. उद्देश्य, वैधता और विश्वसनीयता के आधार पर
B. केवल सुविधा से
C. बिना जाँच
D. केवल अनुमान से
उत्तर: A. उद्देश्य, वैधता और विश्वसनीयता के आधार पर
व्याख्या: सही उपकरण से डेटा की गुणवत्ता और निष्कर्षों की विश्वसनीयता बढ़ती है।
97. अनुसंधान में समय-सारणी का महत्व क्या है?
A. कार्य को व्यवस्थित और समय पर पूरा करने के लिए
B. शोध रोकने के लिए
C. डेटा छिपाने के लिए
D. केवल औपचारिकता के लिए
उत्तर: A. कार्य को व्यवस्थित और समय पर पूरा करने के लिए
व्याख्या: समय-सारणी से शोध प्रक्रिया नियंत्रित और प्रभावी रहती है।
98. अनुसंधान विधियों का अध्ययन क्यों आवश्यक है?
A. वैज्ञानिक सोच और सही निष्कर्ष विकसित करने के लिए
B. केवल याद करने के लिए
C. केवल परीक्षा पास करने के लिए
D. कोई उपयोग नहीं
उत्तर: A. वैज्ञानिक सोच और सही निष्कर्ष विकसित करने के लिए
व्याख्या: अनुसंधान विधियाँ व्यवहार और मानसिक प्रक्रियाओं के अध्ययन को प्रमाण आधारित बनाती हैं।
99. मनोवैज्ञानिक अनुसंधान का समाज में महत्व क्या है?
A. शिक्षा, स्वास्थ्य, संगठन और सामाजिक समस्याओं के समाधान में सहायता
B. केवल मनोरंजन
C. केवल भ्रम फैलाना
D. कोई उपयोग नहीं
उत्तर: A. शिक्षा, स्वास्थ्य, संगठन और सामाजिक समस्याओं के समाधान में सहायता
व्याख्या: मनोवैज्ञानिक शोध व्यवहार को समझकर व्यावहारिक सुधारों में मदद करता है।
100. अनुसंधान विधियों का सबसे उचित निष्कर्ष क्या है?
A. ये मनोविज्ञान को वैज्ञानिक और प्रमाण आधारित बनाती हैं
B. ये केवल अनुमान पर आधारित हैं
C. इनका व्यवहार अध्ययन से कोई संबंध नहीं
D. ये केवल कहानी लेखन हैं
उत्तर: A. ये मनोविज्ञान को वैज्ञानिक और प्रमाण आधारित बनाती हैं
व्याख्या: अनुसंधान विधियाँ मनोवैज्ञानिक ज्ञान को व्यवस्थित, सत्यापित और उपयोगी बनाती हैं।

अध्याय 29: सांख्यिकी का परिचय

100 वस्तुनिष्ठ प्रश्न

1. सांख्यिकी का अर्थ क्या है?
A. संख्यात्मक तथ्यों का संग्रह, वर्गीकरण, प्रस्तुतीकरण और विश्लेषण
B. केवल कहानी लिखना
C. केवल चित्र बनाना
D. केवल अनुमान लगाना
उत्तर: A. संख्यात्मक तथ्यों का संग्रह, वर्गीकरण, प्रस्तुतीकरण और विश्लेषण
व्याख्या: सांख्यिकी डेटा को व्यवस्थित करके अर्थपूर्ण निष्कर्ष निकालने में सहायता करती है।
2. मनोविज्ञान में सांख्यिकी का उपयोग क्यों किया जाता है?
A. व्यवहार और मानसिक प्रक्रियाओं से जुड़े आँकड़ों का विश्लेषण करने के लिए
B. केवल मनोरंजन के लिए
C. केवल कविता लिखने के लिए
D. केवल नाम याद करने के लिए
उत्तर: A. व्यवहार और मानसिक प्रक्रियाओं से जुड़े आँकड़ों का विश्लेषण करने के लिए
व्याख्या: मनोवैज्ञानिक शोध में प्राप्त डेटा को समझने और निष्कर्ष निकालने के लिए सांख्यिकी उपयोगी है।
3. डेटा का अर्थ क्या है?
A. अध्ययन से प्राप्त तथ्य या जानकारी
B. केवल कल्पना
C. केवल राय
D. केवल शीर्षक
उत्तर: A. अध्ययन से प्राप्त तथ्य या जानकारी
व्याख्या: डेटा संख्यात्मक या वर्णनात्मक जानकारी हो सकती है, जिसका विश्लेषण किया जाता है।
4. संख्यात्मक डेटा किसे कहते हैं?
A. जिसे संख्या के रूप में व्यक्त किया जा सके
B. जिसे केवल कहानी में लिखा जाए
C. जिसे देखा न जा सके
D. जिसका कोई मापन न हो
उत्तर: A. जिसे संख्या के रूप में व्यक्त किया जा सके

व्याख्या: जैसे अंक, आयु, ऊँचाई और स्कोर संख्यात्मक डेटा के उदाहरण हैं।

5. गुणात्मक डेटा किसे कहते हैं?
A. जो गुण, श्रेणी या विशेषता को दर्शाए
B. केवल अंक
C. केवल औसत
D. केवल प्रतिशत
उत्तर: A. जो गुण, श्रेणी या विशेषता को दर्शाए
व्याख्या: जैसे लिंग, रुचि, व्यक्तित्व प्रकार और प्रतिक्रिया श्रेणी गुणात्मक डेटा हो सकते हैं।

6. प्राथमिक डेटा क्या होता है?
A. शोधकर्ता द्वारा सीधे एकत्र किया गया डेटा
B. पहले से प्रकाशित डेटा
C. केवल अनुमानित डेटा
D. बिना स्रोत का डेटा
उत्तर: A. शोधकर्ता द्वारा सीधे एकत्र किया गया डेटा
व्याख्या: प्रश्नावली, साक्षात्कार या परीक्षण से सीधे प्राप्त डेटा प्राथमिक डेटा कहलाता है।

7. द्वितीयक डेटा क्या होता है?
A. पहले से उपलब्ध स्रोतों से प्राप्त डेटा
B. शोधकर्ता द्वारा पहली बार लिया गया डेटा
C. केवल मौखिक डेटा
D. बिना रिकॉर्ड का डेटा
उत्तर: A. पहले से उपलब्ध स्रोतों से प्राप्त डेटा
व्याख्या: पुस्तक, रिपोर्ट, अभिलेख और प्रकाशित आँकड़े द्वितीयक डेटा के स्रोत हो सकते हैं।

8. सांख्यिकी की प्रमुख शाखाएँ कौन-सी हैं?
A. वर्णनात्मक और अनुमानात्मक सांख्यिकी
B. केवल भाषा और साहित्य
C. केवल इतिहास और भूगोल
D. केवल कला और संगीत
उत्तर: A. वर्णनात्मक और अनुमानात्मक सांख्यिकी
व्याख्या: वर्णनात्मक सांख्यिकी डेटा का सार देती है, जबकि अनुमानात्मक सांख्यिकी निष्कर्ष निकालती है।

9. वर्णनात्मक सांख्यिकी का उद्देश्य क्या है?
A. डेटा को सारांश और व्यवस्थित रूप में प्रस्तुत करना
B. हमेशा भविष्यवाणी करना
C. डेटा छिपाना
D. निष्कर्ष बिना डेटा देना
उत्तर: A. डेटा को सारांश और व्यवस्थित रूप में प्रस्तुत करना
व्याख्या: माध्य, माध्यिका, बहुलक और मानक विचलन वर्णनात्मक सांख्यिकी के उदाहरण हैं।

10. अनुमानात्मक सांख्यिकी का उद्देश्य क्या है?
A. नमूने के आधार पर जनसंख्या के बारे में निष्कर्ष निकालना
B. केवल तालिका बनाना
C. केवल नाम लिखना
D. केवल डेटा संग्रह करना
उत्तर: A. नमूने के आधार पर जनसंख्या के बारे में निष्कर्ष निकालना
व्याख्या: अनुमानात्मक सांख्यिकी से शोध निष्कर्षों को व्यापक समूह पर लागू किया जा सकता है।

11. जनसंख्या का अर्थ क्या है?
A. अध्ययन से संबंधित पूरा समूह
B. केवल एक व्यक्ति
C. केवल एक प्रश्न
D. केवल एक उत्तर
उत्तर: A. अध्ययन से संबंधित पूरा समूह
व्याख्या: जनसंख्या वह समूह है जिसके बारे में शोधकर्ता निष्कर्ष निकालना चाहता है।

12. नमूना क्या है?
A. जनसंख्या का प्रतिनिधि छोटा भाग
B. पूरी जनसंख्या
C. केवल शोधकर्ता
D. केवल उपकरण
उत्तर: A. जनसंख्या का प्रतिनिधि छोटा भाग
व्याख्या: नमूने के आधार पर पूरी जनसंख्या के बारे में अनुमान लगाया जाता है।

13. चर का अर्थ क्या है?
A. ऐसा गुण या मात्रा जो बदल सकती है
B. हमेशा स्थिर वस्तु
C. केवल नाम
D. केवल पुस्तक
उत्तर: A. ऐसा गुण या मात्रा जो बदल सकती है
व्याख्या: आयु, बुद्धि, उपलब्धि, चिंता और प्रेरणा चर के उदाहरण हैं।

14. सतत चर क्या होता है?
A. जो किसी सीमा में कोई भी मान ले सकता है
B. जो केवल दो मान लेता है
C. जो कभी बदलता नहीं
D. जो केवल नाम होता है
उत्तर: A. जो किसी सीमा में कोई भी मान ले सकता है
व्याख्या: ऊँचाई, वजन और समय सतत चर के उदाहरण हैं।

15. असतत चर क्या होता है?
A. जो अलग-अलग गिने जाने योग्य मान लेता है
B. जो अनंत मान लेता है
C. जो हमेशा दशमलव होता है
D. जो मापा नहीं जा सकता
उत्तर: A. जो अलग-अलग गिने जाने योग्य मान लेता है
व्याख्या: बच्चों की संख्या या सही उत्तरों की संख्या असतत चर हो सकती है।

16. मापन का अर्थ क्या है?
A. किसी गुण को संख्या या श्रेणी में व्यक्त करना
B. केवल अनुमान लगाना
C. केवल बातचीत करना
D. केवल याद करना
उत्तर: A. किसी गुण को संख्या या श्रेणी में व्यक्त करना
व्याख्या: मापन से किसी गुण की मात्रा या स्तर का पता चलता है।

17. नाममात्र मापनी का उदाहरण कौन-सा है?
A. लिंग या धर्म जैसी श्रेणियाँ
B. तापमान
C. बुद्धि स्कोर
D. आयु
उत्तर: A. लिंग या धर्म जैसी श्रेणियाँ
व्याख्या: नाममात्र मापनी में डेटा को केवल श्रेणियों में बाँटा जाता है।

18. क्रमिक मापनी का उदाहरण कौन-सा है?
A. प्रथम, द्वितीय, तृतीय स्थान
B. वजन
C. ऊँचाई
D. समय
उत्तर: A. प्रथम, द्वितीय, तृतीय स्थान
व्याख्या: क्रमिक मापनी में क्रम होता है, पर अंतर बराबर होना आवश्यक नहीं।

19. अंतराल मापनी की विशेषता क्या है?
A. समान अंतर होते हैं पर वास्तविक शून्य नहीं होता
B. केवल नाम होते हैं
C. केवल क्रम होता है
D. कोई मापन नहीं होता
उत्तर: A. समान अंतर होते हैं पर वास्तविक शून्य नहीं होता
व्याख्या: तापमान का सेल्सियस पैमाना अंतराल मापनी का उदाहरण है।

20. अनुपात मापनी की विशेषता क्या है?
A. समान अंतर और वास्तविक शून्य दोनों होते हैं
B. केवल श्रेणियाँ होती हैं
C. केवल क्रम होता है
D. वास्तविक शून्य नहीं होता
उत्तर: A. समान अंतर और वास्तविक शून्य दोनों होते हैं
व्याख्या: आयु, वजन और लंबाई अनुपात मापनी के उदाहरण हैं।

21. आवृत्ति का अर्थ क्या है?
A. कोई मान कितनी बार आता है
B. सभी अंकों का औसत
C. सबसे बड़ा मान
D. सबसे छोटा मान
उत्तर: A. कोई मान कितनी बार आता है
व्याख्या: आवृत्ति बताती है कि डेटा में कोई स्कोर या श्रेणी कितनी बार दिखाई देती है।

22. आवृत्ति वितरण क्या है?
A. डेटा को मानों और उनकी आवृत्तियों में व्यवस्थित करना
B. डेटा मिटाना
C. केवल निष्कर्ष लिखना
D. बिना क्रम डेटा रखना
उत्तर: A. डेटा को मानों और उनकी आवृत्तियों में व्यवस्थित करना
व्याख्या: आवृत्ति वितरण डेटा को समझने और विश्लेषण करने में सहायक होता है।

23. वर्ग अंतराल का अर्थ क्या है?
A. डेटा को समूहों में बाँटने की सीमा
B. केवल एक अंक
C. केवल कुल योग
D. केवल नाम
उत्तर: A. डेटा को समूहों में बाँटने की सीमा
व्याख्या: जैसे 10-20, 20-30 आदि वर्ग अंतराल कहलाते हैं।

24. संचयी आवृत्ति क्या है?
A. क्रमशः जुड़ती हुई आवृत्तियों का योग
B. केवल एक आवृत्ति
C. सबसे कम आवृत्ति
D. गलत आवृत्ति
उत्तर: A. क्रमशः जुड़ती हुई आवृत्तियों का योग
व्याख्या: संचयी आवृत्ति से किसी सीमा तक कुल आवृत्ति ज्ञात होती है।

25. प्रतिशत का अर्थ क्या है?
A. सौ के आधार पर व्यक्त अनुपात
B. केवल कुल योग
C. केवल औसत
D. केवल अंतर
उत्तर: A. सौ के आधार पर व्यक्त अनुपात
व्याख्या: प्रतिशत डेटा की तुलना को सरल बनाता है।

26. अनुपात का अर्थ क्या है?
A. दो मात्राओं की तुलना
B. केवल एक संख्या
C. केवल कुल योग
D. केवल सबसे बड़ा मान
उत्तर: A. दो मात्राओं की तुलना
व्याख्या: अनुपात से दो संख्याओं के संबंध को समझा जाता है।

27. माध्य क्या है?
A. सभी अंकों का औसत
B. बीच का अंक
C. सबसे अधिक आने वाला अंक
D. सबसे छोटा अंक
उत्तर: A. सभी अंकों का औसत
व्याख्या: माध्य कुल अंकों को अंकों की संख्या से भाग देकर प्राप्त होता है।

28. माध्यिका क्या है?
A. क्रमबद्ध डेटा का मध्य मान
B. सभी अंकों का योग
C. सबसे अधिक आने वाला मान
D. सबसे कम मान
उत्तर: A. क्रमबद्ध डेटा का मध्य मान
व्याख्या: डेटा को आरोही या अवरोही क्रम में रखने पर बीच का मान माध्यिका कहलाता है।

29. बहुलक क्या है?
A. सबसे अधिक बार आने वाला मान
B. सबसे बड़ा मान
C. सबसे छोटा मान

D. सभी अंकों का औसत
उत्तर: A. सबसे अधिक बार आने वाला मान
व्याख्या: बहुलक वह स्कोर है जिसकी आवृत्ति सबसे अधिक होती है।

30. केंद्रीय प्रवृत्ति का अर्थ क्या है?
A. डेटा के केंद्र या सामान्य मान को दर्शाना
B. डेटा को छिपाना
C. केवल सबसे बड़ा मान बताना
D. केवल सबसे छोटा मान बताना
उत्तर: A. डेटा के केंद्र या सामान्य मान को दर्शाना
व्याख्या: माध्य, माध्यिका और बहुलक केंद्रीय प्रवृत्ति के माप हैं।

31. माध्य का मुख्य लाभ क्या है?
A. सभी मानों को ध्यान में रखता है
B. केवल एक मान लेता है
C. कभी प्रभावित नहीं होता
D. क्रम की आवश्यकता नहीं होती
उत्तर: A. सभी मानों को ध्यान में रखता है
व्याख्या: माध्य सभी स्कोरों पर आधारित होता है, इसलिए सामान्य औसत बताता है।

32. माध्य की मुख्य सीमा क्या है?
A. अत्यधिक बड़े या छोटे मानों से प्रभावित होता है
B. सभी मानों को लेता ही नहीं
C. गणना संभव नहीं
D. डेटा की जरूरत नहीं
उत्तर: A. अत्यधिक बड़े या छोटे मानों से प्रभावित होता है
व्याख्या: असामान्य मान माध्य को ऊपर या नीचे खींच सकते हैं।

33. माध्यिका कब उपयोगी होती है?
A. जब डेटा में अत्यधिक मान हों
B. जब सभी मान समान हों
C. जब कोई क्रम न हो
D. जब डेटा न हो
उत्तर: A. जब डेटा में अत्यधिक मान हों
व्याख्या: माध्यिका अत्यधिक बड़े या छोटे मानों से कम प्रभावित होती है।

34. बहुलक कब उपयोगी होता है?
A. सबसे सामान्य या लोकप्रिय मान जानने के लिए
B. केवल औसत जानने के लिए
C. केवल मध्य मान जानने के लिए
D. केवल फैलाव जानने के लिए
उत्तर: A. सबसे सामान्य या लोकप्रिय मान जानने के लिए
व्याख्या: बहुलक बताता है कि कौन-सा मान सबसे अधिक बार आया है।

35. प्रसरणशीलता का अर्थ क्या है?
A. डेटा के फैलाव या बिखराव की मात्रा
B. डेटा का केंद्र
C. केवल औसत
D. केवल प्रतिशत
उत्तर: A. डेटा के फैलाव या बिखराव की मात्रा
व्याख्या: प्रसरणशीलता बताती है कि स्कोर एक-दूसरे से कितने अलग हैं।

36. परास क्या है?
A. अधिकतम और न्यूनतम मान का अंतर
B. सभी अंकों का औसत
C. मध्य मान
D. सबसे अधिक आने वाला मान
उत्तर: A. अधिकतम और न्यूनतम मान का अंतर
व्याख्या: परास फैलाव का सबसे सरल माप है।

37. चतुर्थक विचलन किससे संबंधित है?
A. मध्य 50 प्रतिशत डेटा के फैलाव से
B. सभी अंकों के योग से
C. केवल अधिकतम मान से
D. केवल न्यूनतम मान से
उत्तर: A. मध्य 50 प्रतिशत डेटा के फैलाव से
व्याख्या: चतुर्थक विचलन चरम मानों से कम प्रभावित होता है।

38. मानक विचलन क्या बताता है?
A. स्कोर माध्य से औसतन कितने दूर हैं
B. केवल कुल योग
C. केवल सबसे बड़ा मान
D. केवल मध्य मान
उत्तर: A. स्कोर माध्य से औसतन कितने दूर हैं
व्याख्या: मानक विचलन डेटा के फैलाव का महत्वपूर्ण माप है।

39. विचरण क्या है?
A. मानक विचलन का वर्ग
B. माध्य का वर्ग
C. बहुलक का वर्ग
D. प्रतिशत का वर्ग
उत्तर: A. मानक विचलन का वर्ग
व्याख्या: विचरण स्कोरों के फैलाव को वर्ग इकाइयों में व्यक्त करता है।

40. कम मानक विचलन क्या दर्शाता है?
A. स्कोर माध्य के पास हैं
B. स्कोर बहुत फैले हैं
C. कोई डेटा नहीं
D. माध्य गलत है
उत्तर: A. स्कोर माध्य के पास हैं
व्याख्या: कम मानक विचलन डेटा में कम विविधता को दर्शाता है।

41. अधिक मानक विचलन क्या दर्शाता है?
A. स्कोर अधिक फैले हुए हैं
B. सभी स्कोर समान हैं
C. कोई फैलाव नहीं
D. डेटा छोटा है
उत्तर: A. स्कोर अधिक फैले हुए हैं
व्याख्या: अधिक मानक विचलन बताता है कि स्कोरों में अधिक अंतर है।

42. सामान्य वितरण का आकार कैसा होता है?
A. घंटी के आकार का
B. सीधी रेखा जैसा

C. त्रिभुज जैसा
D. वर्ग जैसा
उत्तर: A. घंटी के आकार का
व्याख्या: सामान्य वितरण में अधिकांश स्कोर माध्य के आसपास होते हैं।

43. सामान्य वितरण में माध्य, माध्यिका और बहुलक कैसे होते हैं?
A. तीनों समान होते हैं
B. तीनों अलग-अलग होते हैं
C. केवल माध्य नहीं होता
D. केवल बहुलक नहीं होता
उत्तर: A. तीनों समान होते हैं
व्याख्या: पूर्ण सामान्य वितरण सममित होता है, इसलिए तीनों केंद्रीय मान समान होते हैं।

44. विषम वितरण क्या होता है?
A. जब वितरण सममित न हो
B. जब सभी स्कोर समान हों
C. जब कोई डेटा न हो
D. जब माध्य शून्य हो
उत्तर: A. जब वितरण सममित न हो
व्याख्या: विषम वितरण में स्कोर एक ओर अधिक झुके होते हैं।

45. धनात्मक विषमता क्या दर्शाती है?
A. वितरण की पूँछ दाईं ओर लंबी होती है
B. पूँछ बाईं ओर लंबी होती है
C. वितरण पूर्ण सममित होता है
D. कोई पूँछ नहीं होती
उत्तर: A. वितरण की पूँछ दाईं ओर लंबी होती है
व्याख्या: धनात्मक विषमता में कुछ उच्च स्कोर वितरण को दाईं ओर खींचते हैं।

46. ऋणात्मक विषमता क्या दर्शाती है?
A. वितरण की पूँछ बाईं ओर लंबी होती है
B. पूँछ दाईं ओर लंबी होती है
C. वितरण सममित होता है
D. सभी स्कोर समान होते हैं
उत्तर: A. वितरण की पूँछ बाईं ओर लंबी होती है
व्याख्या: ऋणात्मक विषमता में कुछ निम्न स्कोर वितरण को बाईं ओर खींचते हैं।

47. सहसंबंध का अर्थ क्या है?
A. दो चरों के बीच संबंध की दिशा और मात्रा
B. केवल एक चर का औसत
C. केवल डेटा का योग
D. केवल प्रतिशत
उत्तर: A. दो चरों के बीच संबंध की दिशा और मात्रा
व्याख्या: सहसंबंध बताता है कि दो चर किस प्रकार साथ-साथ बदलते हैं।

48. सकारात्मक सहसंबंध क्या है?
A. एक चर बढ़े तो दूसरा भी बढ़े
B. एक चर बढ़े तो दूसरा घटे
C. कोई संबंध न हो
D. दोनों स्थिर रहें
उत्तर: A. एक चर बढ़े तो दूसरा भी बढ़े
व्याख्या: जैसे अध्ययन समय बढ़ने पर उपलब्धि बढ़ सकती है।

49. नकारात्मक सहसंबंध क्या है?
A. एक चर बढ़े तो दूसरा घटे
B. दोनों साथ बढ़ें
C. कोई संबंध न हो
D. दोनों समान रहें
उत्तर: A. एक चर बढ़े तो दूसरा घटे
व्याख्या: जैसे तनाव बढ़ने पर प्रदर्शन घट सकता है।

50. शून्य सहसंबंध क्या दर्शाता है?
A. दो चरों में कोई स्पष्ट संबंध नहीं
B. पूर्ण संबंध
C. हमेशा समान संबंध
D. हमेशा विपरीत संबंध
उत्तर: A. दो चरों में कोई स्पष्ट संबंध नहीं
व्याख्या: शून्य सहसंबंध में एक चर से दूसरे का अनुमान नहीं लगाया जा सकता।

51. सहसंबंध गुणांक का मान किस सीमा में होता है?
A. -1 से +1 तक
B. 0 से 100 तक
C. 1 से 10 तक
D. 10 से 100 तक
उत्तर: A. -1 से +1 तक
व्याख्या: +1 पूर्ण सकारात्मक और -1 पूर्ण नकारात्मक सहसंबंध को दर्शाता है।

52. +1 सहसंबंध क्या दर्शाता है?
A. पूर्ण सकारात्मक संबंध
B. पूर्ण नकारात्मक संबंध
C. कोई संबंध नहीं
D. गलत डेटा
उत्तर: A. पूर्ण सकारात्मक संबंध
व्याख्या: +1 का अर्थ है कि दोनों चर पूरी तरह समान दिशा में बदलते हैं।

53. -1 सहसंबंध क्या दर्शाता है?
A. पूर्ण नकारात्मक संबंध
B. पूर्ण सकारात्मक संबंध
C. कोई संबंध नहीं
D. औसत संबंध
उत्तर: A. पूर्ण नकारात्मक संबंध
व्याख्या: -1 का अर्थ है कि दोनों चर पूरी तरह विपरीत दिशा में बदलते हैं।

54. 0 सहसंबंध क्या दर्शाता है?
A. कोई रैखिक संबंध नहीं
B. पूर्ण संबंध
C. पूर्ण विपरीत संबंध
D. उच्च संबंध
उत्तर: A. कोई रैखिक संबंध नहीं
व्याख्या: 0 सहसंबंध बताता है कि चरों में स्पष्ट रैखिक संबंध नहीं

है।

55. सहसंबंध से क्या सिद्ध नहीं होता?
A. कारण-परिणाम संबंध
B. संबंध की दिशा
C. संबंध की मात्रा
D. चरों का साथ बदलना
उत्तर: A. कारण-परिणाम संबंध
व्याख्या: सहसंबंध केवल संबंध बताता है, यह नहीं बताता कि एक चर दूसरे का कारण है।

56. ग्राफ का उपयोग क्यों किया जाता है?
A. डेटा को दृश्य रूप में समझाने के लिए
B. डेटा छिपाने के लिए
C. केवल सजावट के लिए
D. परिणाम बदलने के लिए
उत्तर: A. डेटा को दृश्य रूप में समझाने के लिए
व्याख्या: ग्राफ डेटा की प्रवृत्ति, तुलना और फैलाव को आसानी से दिखाते हैं।

57. बार आरेख किसके लिए उपयोगी है?
A. श्रेणीगत डेटा की तुलना के लिए
B. केवल सतत डेटा के लिए
C. केवल सहसंबंध के लिए
D. केवल औसत के लिए
उत्तर: A. श्रेणीगत डेटा की तुलना के लिए
व्याख्या: बार आरेख अलग-अलग श्रेणियों की आवृत्ति या मात्रा दिखाता है।

58. पाई चार्ट क्या दर्शाता है?
A. कुल में भागों का प्रतिशत या अनुपात
B. केवल समय क्रम
C. केवल सहसंबंध
D. केवल माध्य
उत्तर: A. कुल में भागों का प्रतिशत या अनुपात
व्याख्या: पाई चार्ट कुल को विभिन्न भागों में विभाजित करके दिखाता है।

59. हिस्टोग्राम किस डेटा के लिए उपयोगी है?
A. सतत आवृत्ति वितरण
B. केवल नाममात्र डेटा
C. केवल एकल उत्तर
D. केवल लिखित वर्णन
उत्तर: A. सतत आवृत्ति वितरण
व्याख्या: हिस्टोग्राम वर्ग अंतरालों में डेटा की आवृत्ति दिखाता है।

60. आवृत्ति बहुभुज क्या है?
A. वर्ग मध्य बिंदुओं को जोड़कर बनाया गया ग्राफ
B. केवल वृत्ताकार चित्र
C. केवल तालिका
D. केवल एक रेखा बिना डेटा
उत्तर: A. वर्ग मध्य बिंदुओं को जोड़कर बनाया गया ग्राफ
व्याख्या: आवृत्ति बहुभुज डेटा वितरण की आकृति दिखाता है।

61. ओजाइव क्या दर्शाता है?
A. संचयी आवृत्ति वितरण
B. केवल माध्य
C. केवल बहुलक
D. केवल परास
उत्तर: A. संचयी आवृत्ति वितरण
व्याख्या: ओजाइव से माध्यिका, चतुर्थक और प्रतिशतक समझे जा सकते हैं।

62. स्कैटर डायग्राम किसके लिए उपयोगी है?
A. दो चरों के संबंध को देखने के लिए
B. केवल एक चर का औसत देखने के लिए
C. केवल प्रतिशत दिखाने के लिए
D. केवल नाम लिखने के लिए
उत्तर: A. दो चरों के संबंध को देखने के लिए
व्याख्या: स्कैटर डायग्राम सहसंबंध की दिशा और प्रकृति का संकेत देता है।

63. तालिकाकरण का अर्थ क्या है?
A. डेटा को पंक्तियों और स्तंभों में व्यवस्थित करना
B. डेटा मिटाना
C. केवल कहानी लिखना
D. निष्कर्ष पहले देना
उत्तर: A. डेटा को पंक्तियों और स्तंभों में व्यवस्थित करना
व्याख्या: तालिका डेटा को साफ और तुलनात्मक रूप में प्रस्तुत करती है।

64. वर्गीकरण का उद्देश्य क्या है?
A. समान गुणों के आधार पर डेटा को समूहों में बाँटना
B. डेटा छिपाना
C. डेटा बदलना
D. कोई क्रम न रखना
उत्तर: A. समान गुणों के आधार पर डेटा को समूहों में बाँटना
व्याख्या: वर्गीकरण डेटा को समझने और विश्लेषण करने में सरल बनाता है।

65. कोडिंग का अर्थ क्या है?
A. उत्तरों या श्रेणियों को प्रतीक या संख्या देना
B. डेटा मिटाना
C. केवल निष्कर्ष लिखना
D. प्रश्न बदलना
उत्तर: A. उत्तरों या श्रेणियों को प्रतीक या संख्या देना
व्याख्या: कोडिंग से डेटा को विश्लेषण के लिए व्यवस्थित किया जाता है।

66. रॉ डेटा क्या होता है?
A. मूल रूप में प्राप्त असंसाधित डेटा
B. विश्लेषण के बाद निष्कर्ष
C. केवल औसत
D. केवल ग्राफ
उत्तर: A. मूल रूप में प्राप्त असंसाधित डेटा
व्याख्या: रॉ डेटा को विश्लेषण से पहले साफ और व्यवस्थित किया जाता है।

67. डेटा संपादन का उद्देश्य क्या है?
A. त्रुटियों और अधूरी जानकारी की जाँच करना
B. सही डेटा हटाना

C. निष्कर्ष बदलना
D. डेटा छिपाना
उत्तर: A. त्रुटियों और अधूरी जानकारी की जाँच करना
व्याख्या: संपादन से डेटा की गुणवत्ता और विश्वसनीयता बढ़ती है।

68. डेटा विश्लेषण का अर्थ क्या है?
A. डेटा से अर्थपूर्ण निष्कर्ष निकालना
B. डेटा जमा करके छोड़ देना
C. डेटा नष्ट करना
D. केवल शीर्षक लिखना
उत्तर: A. डेटा से अर्थपूर्ण निष्कर्ष निकालना
व्याख्या: विश्लेषण से शोध प्रश्नों और परिकल्पनाओं के उत्तर मिलते हैं।

69. सांख्यिकीय निष्कर्ष किस पर आधारित होने चाहिए?
A. डेटा और उचित विश्लेषण पर
B. केवल अनुमान पर
C. केवल इच्छा पर
D. केवल अफवाह पर
उत्तर: A. डेटा और उचित विश्लेषण पर
व्याख्या: वैज्ञानिक निष्कर्ष प्रमाण और सांख्यिकीय विश्लेषण से मजबूत होते हैं।

70. मानक स्कोर का उद्देश्य क्या है?
A. अलग-अलग स्कोरों की तुलना आसान करना
B. स्कोर छिपाना
C. डेटा मिटाना
D. केवल नाम बदलना
उत्तर: A. अलग-अलग स्कोरों की तुलना आसान करना
व्याख्या: मानक स्कोर स्कोर को समान पैमाने पर व्यक्त करता है।

71. Z-स्कोर क्या बताता है?
A. कोई स्कोर माध्य से कितने मानक विचलन दूर है
B. केवल कुल अंक
C. केवल प्रतिशत
D. केवल नाम
उत्तर: A. कोई स्कोर माध्य से कितने मानक विचलन दूर है
व्याख्या: Z-स्कोर से व्यक्ति के स्कोर की स्थिति समझी जाती है।

72. प्रतिशतक क्या बताता है?
A. व्यक्ति कितने प्रतिशत लोगों से ऊपर या बराबर है
B. केवल कुल अंक
C. केवल गलत उत्तर
D. केवल समय
उत्तर: A. व्यक्ति कितने प्रतिशत लोगों से ऊपर या बराबर है
व्याख्या: प्रतिशतक समूह में व्यक्ति की सापेक्ष स्थिति बताता है।

73. 75वाँ प्रतिशतक क्या दर्शाता है?
A. व्यक्ति लगभग 75 प्रतिशत लोगों से ऊपर या बराबर है
B. व्यक्ति सबसे कम है
C. व्यक्ति का स्कोर शून्य है
D. कोई तुलना नहीं
उत्तर: A. व्यक्ति लगभग 75 प्रतिशत लोगों से ऊपर या बराबर है
व्याख्या: 75वाँ प्रतिशतक उच्च सापेक्ष स्थिति को दर्शाता है।

74. मानदंड का अर्थ क्या है?
A. तुलना के लिए स्थापित सामान्य स्कोर
B. केवल प्रश्नों की संख्या
C. केवल उत्तर कुंजी
D. केवल परीक्षक का नाम
उत्तर: A. तुलना के लिए स्थापित सामान्य स्कोर
व्याख्या: मानदंड से व्यक्ति के स्कोर की तुलना समान समूह से की जाती है।

75. सांख्यिकी में त्रुटि का अर्थ क्या है?
A. वास्तविक मान और प्राप्त मान में अंतर
B. हमेशा सही परिणाम
C. कोई अंतर नहीं
D. केवल सही उत्तर
उत्तर: A. वास्तविक मान और प्राप्त मान में अंतर
व्याख्या: मापन और नमूना चयन में त्रुटि संभव होती है।

76. नमूना त्रुटि क्या है?
A. नमूने और जनसंख्या के परिणामों में अंतर
B. प्रश्न की वर्तनी
C. डेटा का रंग
D. केवल नाम की गलती
उत्तर: A. नमूने और जनसंख्या के परिणामों में अंतर
व्याख्या: नमूना त्रुटि इसलिए होती है क्योंकि पूरा समूह नहीं बल्कि उसका भाग अध्ययन किया जाता है।

77. यादृच्छिक नमूना चयन का लाभ क्या है?
A. पक्षपात कम होता है
B. पक्षपात बढ़ता है
C. डेटा नहीं मिलता
D. परिणाम हमेशा गलत होते हैं
उत्तर: A. पक्षपात कम होता है
व्याख्या: प्रत्येक सदस्य को समान अवसर मिलने से नमूना अधिक प्रतिनिधि बनता है।

78. प्रतिनिधि नमूना क्यों आवश्यक है?
A. निष्कर्षों को जनसंख्या पर लागू करने के लिए
B. डेटा छिपाने के लिए
C. केवल समय बढ़ाने के लिए
D. शोध रोकने के लिए
उत्तर: A. निष्कर्षों को जनसंख्या पर लागू करने के लिए
व्याख्या: प्रतिनिधि नमूना जनसंख्या की विशेषताओं को सही रूप से दर्शाता है।

79. परिकल्पना परीक्षण का उद्देश्य क्या है?
A. अनुमान या दावे की सांख्यिकीय जाँच करना
B. केवल डेटा जमा करना
C. बिना प्रमाण निष्कर्ष देना
D. परिणाम छिपाना
उत्तर: A. अनुमान या दावे की सांख्यिकीय जाँच करना
व्याख्या: परिकल्पना परीक्षण से पता चलता है कि परिणाम संयोग से हैं या अर्थपूर्ण हैं।

80. शून्य परिकल्पना क्या होती है?

A. कोई अंतर या संबंध नहीं होने का कथन
B. हमेशा अंतर होने का कथन
C. केवल निष्कर्ष
D. केवल तालिका
उत्तर: A. कोई अंतर या संबंध नहीं होने का कथन
व्याख्या: शून्य परिकल्पना को सांख्यिकीय परीक्षण द्वारा जाँचा जाता है।

81. वैकल्पिक परिकल्पना क्या होती है?
A. अंतर या संबंध होने का कथन
B. कोई अंतर नहीं होने का कथन
C. केवल डेटा सूची
D. केवल त्रुटि
उत्तर: A. अंतर या संबंध होने का कथन
व्याख्या: वैकल्पिक परिकल्पना शोधकर्ता की अपेक्षित दिशा या संबंध को दर्शाती है।

82. महत्व स्तर का अर्थ क्या है?
A. त्रुटि की स्वीकार्य संभावना
B. कुल अंकों का योग
C. डेटा की संख्या
D. केवल औसत
उत्तर: A. त्रुटि की स्वीकार्य संभावना
व्याख्या: सामान्यतः 0.05 स्तर का अर्थ 5 प्रतिशत त्रुटि की संभावना स्वीकार करना है।

83. p-मूल्य क्या बताता है?
A. प्राप्त परिणाम संयोग से आने की संभावना
B. केवल कुल स्कोर
C. केवल प्रतिशतक
D. केवल माध्य
उत्तर: A. प्राप्त परिणाम संयोग से आने की संभावना
व्याख्या: कम p-मूल्य परिणाम को अधिक सांख्यिकीय रूप से अर्थपूर्ण दर्शा सकता है।

84. सांख्यिकीय महत्व का अर्थ क्या है?
A. परिणाम संयोग से होने की संभावना कम है
B. परिणाम हमेशा व्यावहारिक रूप से महत्वपूर्ण है
C. डेटा गलत है
D. कोई विश्लेषण नहीं हुआ
उत्तर: A. परिणाम संयोग से होने की संभावना कम है
व्याख्या: सांख्यिकीय महत्व बताता है कि परिणाम केवल संयोग से नहीं आया हो सकता।

85. व्यावहारिक महत्व का अर्थ क्या है?
A. परिणाम वास्तविक जीवन में उपयोगी या प्रभावी है
B. केवल p-मूल्य कम है
C. केवल तालिका सुंदर है
D. कोई उपयोग नहीं
उत्तर: A. परिणाम वास्तविक जीवन में उपयोगी या प्रभावी है
व्याख्या: कभी-कभी सांख्यिकीय रूप से महत्वपूर्ण परिणाम व्यावहारिक रूप से बहुत छोटे हो सकते हैं।

86. t-परीक्षण का उपयोग किसलिए होता है?
A. दो समूहों के माध्यों की तुलना के लिए
B. केवल आवृत्ति गिनने के लिए
C. केवल नाम लिखने के लिए
D. केवल ग्राफ बनाने के लिए
उत्तर: A. दो समूहों के माध्यों की तुलना के लिए
व्याख्या: t-परीक्षण छोटे नमूनों में माध्यों के अंतर की जाँच में उपयोगी है।

87. काई-वर्ग परीक्षण किसके लिए उपयोगी है?
A. श्रेणीगत डेटा में संबंध या अंतर जाँचने के लिए
B. केवल माध्य निकालने के लिए
C. केवल मानक विचलन के लिए
D. केवल प्रतिशतक के लिए
उत्तर: A. श्रेणीगत डेटा में संबंध या अंतर जाँचने के लिए
व्याख्या: काई-वर्ग परीक्षण आवृत्तियों के आधार पर सांख्यिकीय जाँच करता है।

88. ANOVA का उपयोग किसलिए होता है?
A. तीन या अधिक समूहों के माध्यों की तुलना के लिए
B. केवल दो नामों की तुलना के लिए
C. केवल एक स्कोर देखने के लिए
D. केवल तालिका बनाने के लिए
उत्तर: A. तीन या अधिक समूहों के माध्यों की तुलना के लिए
व्याख्या: ANOVA विभिन्न समूहों के बीच माध्य अंतर की जाँच करता है।

89. प्रतिगमन का उद्देश्य क्या है?
A. एक चर के आधार पर दूसरे चर का अनुमान लगाना
B. केवल डेटा मिटाना
C. केवल औसत निकालना
D. केवल आवृत्ति गिनना
उत्तर: A. एक चर के आधार पर दूसरे चर का अनुमान लगाना
व्याख्या: प्रतिगमन भविष्यवाणी और संबंध की दिशा समझने में उपयोगी है।

90. सांख्यिकी में निष्पक्षता क्यों आवश्यक है?
A. सही और विश्वसनीय निष्कर्षों के लिए
B. मनचाहा परिणाम दिखाने के लिए
C. डेटा छिपाने के लिए
D. पक्षपात बढ़ाने के लिए
उत्तर: A. सही और विश्वसनीय निष्कर्षों के लिए
व्याख्या: निष्पक्ष विश्लेषण वैज्ञानिक शोध की विश्वसनीयता बढ़ाता है।

91. डेटा की गलत प्रस्तुति से क्या समस्या होती है?
A. गलत निष्कर्ष और भ्रम पैदा हो सकता है
B. शोध अधिक सही हो जाता है
C. परिणाम बेहतर हो जाते हैं
D. कोई प्रभाव नहीं पड़ता
उत्तर: A. गलत निष्कर्ष और भ्रम पैदा हो सकता है
व्याख्या: गलत ग्राफ, गलत प्रतिशत या अधूरा डेटा पाठक को भ्रमित कर सकता है।

92. सांख्यिकी का शिक्षा में उपयोग क्या है?
A. परीक्षा परिणाम, उपलब्धि और प्रगति का विश्लेषण
B. केवल छुट्टी तय करना

C. केवल खेल रोकना
D. केवल भोजन चुनना
उत्तर: A. परीक्षा परिणाम, उपलब्धि और प्रगति का विश्लेषण
व्याख्या: शिक्षा में सांख्यिकी से विद्यार्थियों की उपलब्धि और सुधार की आवश्यकता समझी जाती है।

93. मनोवैज्ञानिक परीक्षण में सांख्यिकी का उपयोग क्या है?
A. स्कोर, मानदंड, विश्वसनीयता और वैधता का विश्लेषण
B. केवल प्रश्न लिखना
C. केवल नाम पूछना
D. केवल चित्र बनाना
उत्तर: A. स्कोर, मानदंड, विश्वसनीयता और वैधता का विश्लेषण
व्याख्या: परीक्षण निर्माण और व्याख्या में सांख्यिकी महत्वपूर्ण भूमिका निभाती है।

94. शोध में सांख्यिकी क्यों आवश्यक है?
A. डेटा को प्रमाण आधारित निष्कर्षों में बदलने के लिए
B. केवल पृष्ठ भरने के लिए
C. केवल अनुमान लगाने के लिए
D. केवल शीर्षक बनाने के लिए
उत्तर: A. डेटा को प्रमाण आधारित निष्कर्षों में बदलने के लिए
व्याख्या: सांख्यिकी शोध को वैज्ञानिक, वस्तुनिष्ठ और सत्यापन योग्य बनाती है।

95. सांख्यिकी की एक सीमा क्या है?
A. गलत डेटा होने पर निष्कर्ष भी गलत हो सकते हैं
B. यह कभी उपयोगी नहीं होती
C. यह डेटा को समझा नहीं सकती
D. यह केवल कहानी है
उत्तर: A. गलत डेटा होने पर निष्कर्ष भी गलत हो सकते हैं
व्याख्या: सांख्यिकीय विश्लेषण की गुणवत्ता डेटा की गुणवत्ता पर निर्भर करती है।

96. सांख्यिकी का दुरुपयोग कैसे हो सकता है?
A. डेटा को गलत ढंग से चुनकर या प्रस्तुत करके
B. सही विश्लेषण करके
C. निष्पक्ष रिपोर्ट देकर
D. पूर्ण डेटा दिखाकर
उत्तर: A. डेटा को गलत ढंग से चुनकर या प्रस्तुत करके
व्याख्या: चयनित डेटा या भ्रामक ग्राफ से गलत धारणा बनाई जा सकती है।

97. अच्छे सांख्यिकीय विश्लेषण की विशेषता क्या है?
A. सही डेटा, उचित विधि और स्पष्ट व्याख्या
B. केवल मनचाहा परिणाम
C. बिना डेटा निष्कर्ष
D. अस्पष्ट प्रस्तुति
उत्तर: A. सही डेटा, उचित विधि और स्पष्ट व्याख्या
व्याख्या: अच्छा विश्लेषण पारदर्शी, निष्पक्ष और उद्देश्य के अनुरूप होता है।

98. सांख्यिकी सीखने का मुख्य लाभ क्या है?
A. डेटा को समझकर सही निर्णय लेना
B. केवल सूत्र याद करना
C. केवल ग्राफ बनाना
D. केवल अंक बढ़ाना
उत्तर: A. डेटा को समझकर सही निर्णय लेना
व्याख्या: सांख्यिकी व्यक्ति को प्रमाण आधारित सोच और निर्णय क्षमता देती है।

99. मनोविज्ञान में सांख्यिकी का सबसे महत्वपूर्ण योगदान क्या है?
A. मानसिक और व्यवहारिक डेटा को वैज्ञानिक रूप से समझना
B. केवल सिद्धांत याद कराना
C. केवल कहानी बनाना
D. केवल व्यक्तिगत राय देना
उत्तर: A. मानसिक और व्यवहारिक डेटा को वैज्ञानिक रूप से समझना
व्याख्या: सांख्यिकी मनोवैज्ञानिक निष्कर्षों को अधिक विश्वसनीय और प्रमाण आधारित बनाती है।

100. सांख्यिकी का सबसे उचित निष्कर्ष क्या है?
A. यह डेटा को व्यवस्थित, विश्लेषित और अर्थपूर्ण बनाने की वैज्ञानिक विधि है
B. यह केवल अनुमान लगाने की कला है
C. इसका शोध से कोई संबंध नहीं
D. यह केवल गणितीय खेल है
उत्तर: A. यह डेटा को व्यवस्थित, विश्लेषित और अर्थपूर्ण बनाने की वैज्ञानिक विधि है
व्याख्या: सांख्यिकी शिक्षा, मनोविज्ञान, शोध और निर्णय निर्माण में अत्यंत उपयोगी है।

अध्याय 30: महत्वपूर्ण मनोवैज्ञानिक एवं उनके सिद्धांत

100 वस्तुनिष्ठ प्रश्न

1. मनोविश्लेषण सिद्धांत के जनक कौन माने जाते हैं?
A. सिगमंड फ्रायड
B. बी. एफ. स्किनर
C. जॉन वॉटसन
D. इवान पावलॉव
उत्तर: A. सिगमंड फ्रायड
व्याख्या: फ्रायड ने अचेतन मन, इड, ईगो और सुपरेगो की अवधारणाएँ दीं।

2. फ्रायड के अनुसार व्यक्तित्व का कौन-सा भाग नैतिकता से संबंधित है?
A. सुपरेगो
B. इड
C. ईगो
D. अचेतन
उत्तर: A. सुपरेगो
व्याख्या: सुपरेगो व्यक्ति के नैतिक मूल्यों और आदर्शों का प्रतिनिधित्व करता है।

3. इड का संबंध किससे है?
A. जैविक इच्छाओं और सुख सिद्धांत से
B. नैतिकता से

C. तर्क से
D. सामाजिक नियमों से
उत्तर: A. जैविक इच्छाओं और सुख सिद्धांत से
व्याख्या: इड तुरंत संतुष्टि चाहता है और सुख सिद्धांत पर कार्य करता है।

4. ईगो किस सिद्धांत पर कार्य करता है?
A. वास्तविकता सिद्धांत
B. सुख सिद्धांत
C. नैतिक सिद्धांत
D. सीखने का सिद्धांत
उत्तर: A. वास्तविकता सिद्धांत
व्याख्या: ईगो वास्तविक परिस्थितियों को ध्यान में रखकर निर्णय लेता है।

5. व्यवहारवाद के जनक कौन माने जाते हैं?
A. जॉन बी. वॉटसन
B. फ्रायड
C. कार्ल रोजर्स
D. एडलर
उत्तर: A. जॉन बी. वॉटसन
व्याख्या: वॉटसन ने मनोविज्ञान को व्यवहार का विज्ञान माना।

6. शास्त्रीय अनुबंधन सिद्धांत किसने दिया?
A. इवान पावलॉव
B. स्किनर
C. थॉर्नडाइक
D. कोहलर
उत्तर: A. इवान पावलॉव
व्याख्या: पावलॉव ने कुत्तों पर प्रयोग करके शास्त्रीय अनुबंधन सिद्धांत दिया।

7. ऑपेरेंट अनुबंधन सिद्धांत किसने दिया?
A. बी. एफ. स्किनर
B. पावलॉव
C. वॉटसन
D. टॉलमैन
उत्तर: A. बी. एफ. स्किनर
व्याख्या: स्किनर ने पुरस्कार और दंड के प्रभाव का अध्ययन किया।

8. प्रभाव का नियम किसने दिया?
A. एडवर्ड थॉर्नडाइक
B. स्किनर
C. पावलॉव
D. वॉटसन
उत्तर: A. एडवर्ड थॉर्नडाइक
व्याख्या: संतोषजनक परिणाम वाले व्यवहार के दोहराए जाने की संभावना बढ़ती है।

9. अंतर्दृष्टि अधिगम सिद्धांत किसने दिया?
A. वोल्फगैंग कोहलर
B. थॉर्नडाइक
C. स्किनर
D. पावलॉव
उत्तर: A. वोल्फगैंग कोहलर
व्याख्या: कोहलर ने चिंपैंजी पर प्रयोग करके अंतर्दृष्टि अधिगम बताया।

10. गेस्टाल्ट मनोविज्ञान किस पर बल देता है?
A. संपूर्ण अनुभव पर
B. केवल छोटे भागों पर
C. केवल अचेतन पर
D. केवल जैविक कारकों पर
उत्तर: A. संपूर्ण अनुभव पर
व्याख्या: गेस्टाल्ट मनोविज्ञान के अनुसार संपूर्ण अपने भागों के योग से अधिक होता है।

11. मनोसामाजिक विकास सिद्धांत किसने दिया?
A. एरिक एरिक्सन
B. फ्रायड
C. पियाजे
D. बंडूरा
उत्तर: A. एरिक एरिक्सन
व्याख्या: एरिक्सन ने जीवन को आठ मनोसामाजिक चरणों में विभाजित किया।

12. संज्ञानात्मक विकास सिद्धांत किसने दिया?
A. जीन पियाजे
B. वाइगोत्स्की
C. ब्रूनर
D. गार्डनर
उत्तर: A. जीन पियाजे
व्याख्या: पियाजे ने बच्चों के मानसिक विकास के चरण बताए।

13. पियाजे के अनुसार संवेदी-गत्यात्मक अवस्था किस आयु तक होती है?
A. जन्म से 2 वर्ष
B. 2 से 7 वर्ष
C. 7 से 11 वर्ष
D. 12 वर्ष के बाद
उत्तर: A. जन्म से 2 वर्ष
व्याख्या: इस अवस्था में बच्चा इंद्रियों और क्रियाओं के माध्यम से सीखता है।

14. सामाजिक-सांस्कृतिक सिद्धांत किसने दिया?
A. लेव वाइगोत्स्की
B. पियाजे
C. स्किनर
D. फ्रायड
उत्तर: A. लेव वाइगोत्स्की
व्याख्या: वाइगोत्स्की ने सामाजिक अंतःक्रिया को सीखने का आधार माना।

15. निकटस्थ विकास क्षेत्र (ZPD) की अवधारणा किसने दी?
A. वाइगोत्स्की
B. पियाजे
C. थॉर्नडाइक
D. स्किनर
उत्तर: A. वाइगोत्स्की
व्याख्या: ZPD वह क्षेत्र है जहाँ बच्चा सहायता से कार्य कर सकता है।

16. मानवतावादी मनोविज्ञान के प्रमुख प्रवर्तक कौन थे?
A. कार्ल रोजर्स और अब्राहम मैस्लो
B. फ्रायड और स्किनर
C. पावलॉव और वॉटसन
D. थॉर्नडाइक और कोहलर
उत्तर: A. कार्ल रोजर्स और अब्राहम मैस्लो
व्याख्या: मानवतावादी मनोविज्ञान आत्म-विकास और क्षमता पर बल देता है।

17. आवश्यकता पदानुक्रम सिद्धांत किसने दिया?
A. अब्राहम मैस्लो
B. रोजर्स
C. फ्रायड
D. स्किनर
उत्तर: A. अब्राहम मैस्लो
व्याख्या: मैस्लो ने आवश्यकताओं को क्रमबद्ध पिरामिड के रूप में प्रस्तुत किया।

18. आत्मसाक्षात्कार की अवधारणा किससे संबंधित है?
A. मैस्लो
B. स्किनर
C. पावलॉव
D. थॉर्नडाइक
उत्तर: A. मैस्लो
व्याख्या: आत्मसाक्षात्कार व्यक्ति की सर्वोच्च क्षमता प्राप्त करने की अवस्था है।

19. क्लाइंट-केंद्रित परामर्श सिद्धांत किसने दिया?
A. कार्ल रोजर्स
B. फ्रायड
C. एडलर
D. जंग
उत्तर: A. कार्ल रोजर्स
व्याख्या: रोजर्स ने सहानुभूति, स्वीकृति और प्रामाणिकता पर बल दिया।

20. व्यक्तिगत मनोविज्ञान के जनक कौन थे?
A. अल्फ्रेड एडलर
B. फ्रायड
C. जंग
D. स्किनर
उत्तर: A. अल्फ्रेड एडलर
व्याख्या: एडलर ने हीनता ग्रंथि और श्रेष्ठता की प्रेरणा पर बल दिया।

21. सामूहिक अचेतन की अवधारणा किसने दी?
A. कार्ल जंग
B. फ्रायड
C. एडलर
D. रोजर्स
उत्तर: A. कार्ल जंग
व्याख्या: जंग के अनुसार कुछ प्रतीक और अनुभव सार्वभौमिक होते हैं।

22. विश्लेषणात्मक मनोविज्ञान किससे संबंधित है?
A. कार्ल जंग
B. फ्रायड
C. स्किनर
D. मैस्लो
उत्तर: A. कार्ल जंग
व्याख्या: जंग ने व्यक्तित्व में सामूहिक अचेतन और आर्केटाइप्स पर बल दिया।

23. सामाजिक अधिगम सिद्धांत किसने दिया?
A. अल्बर्ट बंडूरा
B. स्किनर
C. पावलॉव
D. थॉर्नडाइक
उत्तर: A. अल्बर्ट बंडूरा
व्याख्या: बंडूरा ने अवलोकन और अनुकरण द्वारा सीखने पर बल दिया।

24. बोबो डॉल प्रयोग किससे संबंधित है?
A. अल्बर्ट बंडूरा
B. पियाजे
C. फ्रायड
D. वॉटसन
उत्तर: A. अल्बर्ट बंडूरा
व्याख्या: इस प्रयोग से आक्रामक व्यवहार के अवलोकन अधिगम को समझाया गया।

25. बहु-बुद्धि सिद्धांत किसने दिया?
A. हॉवर्ड गार्डनर
B. स्पीयरमैन
C. थर्स्टन
D. बिने
उत्तर: A. हॉवर्ड गार्डनर
व्याख्या: गार्डनर ने बुद्धि के कई प्रकार बताए।

26. द्वि-कारक बुद्धि सिद्धांत किसने दिया?
A. चार्ल्स स्पीयरमैन
B. गार्डनर
C. थर्स्टन
D. गिलफोर्ड

उत्तर: A. चार्ल्स स्पीयरमैन
व्याख्या: स्पीयरमैन ने g और s कारकों की अवधारणा दी।

27. प्राथमिक मानसिक योग्यताओं का सिद्धांत किसने दिया?
A. एल. एल. थर्स्टन
B. स्पीयरमैन
C. गार्डनर
D. बिने
उत्तर: A. एल. एल. थर्स्टन
व्याख्या: थर्स्टन ने बुद्धि को कई स्वतंत्र योग्यताओं में बाँटा।

28. बुद्धि परीक्षण का प्रारंभिक विकास किसने किया?
A. अल्फ्रेड बिने
B. स्पीयरमैन
C. स्किनर
D. पावलॉव
उत्तर: A. अल्फ्रेड बिने
व्याख्या: बिने ने बच्चों की बौद्धिक क्षमता मापने के लिए परीक्षण विकसित किया।

29. IQ की अवधारणा किससे संबंधित है?
A. बुद्धि लब्धि
B. प्रेरणा
C. व्यक्तित्व
D. अभिवृत्ति
उत्तर: A. बुद्धि लब्धि
व्याख्या: IQ व्यक्ति की मानसिक आयु और वास्तविक आयु के अनुपात पर आधारित होता है।

30. सीखने का संज्ञानात्मक सिद्धांत किसने विकसित किया?
A. एडवर्ड टॉलमैन
B. स्किनर
C. पावलॉव
D. वॉटसन
उत्तर: A. एडवर्ड टॉलमैन
व्याख्या: टॉलमैन ने संज्ञानात्मक मानचित्र की अवधारणा दी।

31. संज्ञानात्मक मानचित्र की अवधारणा किसने दी?
A. टॉलमैन
B. स्किनर
C. फ्रायड
D. कोहलर
उत्तर: A. टॉलमैन
व्याख्या: व्यक्ति मानसिक रूप से वातावरण का नक्शा बनाता है।

32. नैतिक विकास सिद्धांत किसने दिया?
A. लॉरेंस कोहलबर्ग
B. पियाजे
C. एरिक्सन
D. वाइगोत्स्की
उत्तर: A. लॉरेंस कोहलबर्ग
व्याख्या: कोहलबर्ग ने नैतिक विकास के तीन स्तर बताए।

33. कोहलबर्ग के अनुसार नैतिक विकास का सर्वोच्च स्तर कौन-सा है?
A. उत्तर-पारंपरिक स्तर
B. पारंपरिक स्तर
C. पूर्व-पारंपरिक स्तर
D. जैविक स्तर
उत्तर: A. उत्तर-पारंपरिक स्तर
व्याख्या: इस स्तर पर व्यक्ति सार्वभौमिक नैतिक सिद्धांतों के आधार पर निर्णय लेता है।

34. भावनात्मक बुद्धि की अवधारणा किसने लोकप्रिय बनाई?
A. डैनियल गोलमैन
B. स्पीयरमैन
C. स्किनर
D. पियाजे
उत्तर: A. डैनियल गोलमैन
व्याख्या: गोलमैन ने भावनात्मक नियंत्रण और सामाजिक कौशल पर बल दिया।

35. क्षेत्र सिद्धांत किसने दिया?
A. कर्ट लेविन
B. जंग
C. फ्रायड
D. रोजर्स
उत्तर: A. कर्ट लेविन
व्याख्या: लेविन ने व्यवहार को व्यक्ति और वातावरण का परिणाम माना।

36. सूत्र B = f(P,E) किसने दिया?
A. कर्ट लेविन
B. स्किनर
C. पियाजे
D. एडलर
उत्तर: A. कर्ट लेविन
व्याख्या: व्यवहार व्यक्ति और पर्यावरण दोनों पर निर्भर करता है।

37. प्रयत्न और भूल अधिगम सिद्धांत किसने दिया?
A. थॉर्नडाइक
B. पावलॉव
C. स्किनर
D. कोहलर
उत्तर: A. थॉर्नडाइक
व्याख्या: व्यक्ति प्रयास और गलतियों से सही प्रतिक्रिया सीखता है।

38. पुनर्बलन सिद्धांत किससे संबंधित है?
A. स्किनर
B. फ्रायड
C. जंग
D. एरिक्सन
उत्तर: A. स्किनर
व्याख्या: पुनर्बलन व्यवहार को मजबूत या कमजोर करता है।

39. सकारात्मक पुनर्बलन क्या है?
A. व्यवहार के बाद सुखद परिणाम देना
B. दंड देना
C. व्यवहार रोकना
D. अवलोकन करना
उत्तर: A. व्यवहार के बाद सुखद परिणाम देना
व्याख्या: सकारात्मक पुनर्बलन से व्यवहार दोहराने की संभावना बढ़ती है।

40. नकारात्मक पुनर्बलन क्या है?
A. अप्रिय स्थिति हटाकर व्यवहार बढ़ाना
B. दंड देना
C. व्यवहार समाप्त करना
D. केवल आलोचना करना
उत्तर: A. अप्रिय स्थिति हटाकर व्यवहार बढ़ाना
व्याख्या: नकारात्मक पुनर्बलन भी व्यवहार की संभावना बढ़ाता है।

41. जेम्स-लैंग संवेग सिद्धांत किससे संबंधित है?
A. विलियम जेम्स और लैंग
B. कैनन और बार्ड
C. फ्रायड
D. गोलमैन
उत्तर: A. विलियम जेम्स और लैंग
व्याख्या: शारीरिक परिवर्तन पहले और भावना बाद में अनुभव होती है।

42. कैनन-बार्ड सिद्धांत किससे संबंधित है?
A. संवेग और शारीरिक प्रतिक्रिया साथ-साथ होती हैं
B. केवल अचेतन मन
C. केवल पुनर्बलन
D. केवल अवलोकन
उत्तर: A. संवेग और शारीरिक प्रतिक्रिया साथ-साथ होती हैं
व्याख्या: कैनन और बार्ड ने जेम्स-लैंग सिद्धांत की आलोचना की।

43. दो-कारक संवेग सिद्धांत किसने दिया?
A. शैक्टर और सिंगर
B. जेम्स और लैंग
C. फ्रायड
D. रोजर्स
उत्तर: A. शैक्टर और सिंगर
व्याख्या: संवेग शारीरिक उत्तेजना और संज्ञानात्मक व्याख्या दोनों से बनता है।

44. क्षेत्र निर्भरता-अनिर्भरता की अवधारणा किसने दी?
A. विटकिन
B. गार्डनर
C. स्पीयरमैन
D. पियाजे
उत्तर: A. विटकिन
व्याख्या: यह संज्ञानात्मक शैली से संबंधित अवधारणा है।

45. प्रेक्षणीय अधिगम का संबंध किससे है?
A. बंडूरा
B. स्किनर
C. थॉर्नडाइक
D. पावलॉव
उत्तर: A. बंडूरा
व्याख्या: व्यक्ति दूसरों को देखकर सीख सकता है।

46. अधिगम का संबंध स्थापित करने का सिद्धांत किसने दिया?
A. गुथरी
B. स्किनर
C. पियाजे
D. फ्रायड
उत्तर: A. गुथरी
व्याख्या: गुथरी ने एक प्रयास में सीखने पर बल दिया।

47. ड्राइव रिडक्शन सिद्धांत किसने दिया?
A. क्लार्क हल
B. मैस्लो
C. स्किनर
D. एडलर
उत्तर: A. क्लार्क हल
व्याख्या: व्यक्ति जैविक आवश्यकताओं को कम करने के लिए प्रेरित होता है।

48. संज्ञानात्मक असंगति सिद्धांत किसने दिया?
A. लियोन फेस्टिंगर
B. फ्रायड
C. जंग
D. एरिक्सन
उत्तर: A. लियोन फेस्टिंगर
व्याख्या: विरोधी विचारों से मानसिक असुविधा उत्पन्न होती है।

49. आवश्यकता-उपलब्धि सिद्धांत किसने दिया?
A. मैक्लीलैंड
B. मैस्लो
C. फ्रायड
D. स्किनर
उत्तर: A. मैक्लीलैंड
व्याख्या: उपलब्धि प्रेरणा सफलता प्राप्त करने की इच्छा से संबंधित है।

50. तनाव के सामान्य अनुकूलन सिंड्रोम सिद्धांत किसने दिया?
A. हैंस सेलिए
B. कैनन
C. फ्रायड
D. गोलमैन
उत्तर: A. हैंस सेलिए
व्याख्या: तनाव की तीन अवस्थाएँ—चेतावनी, प्रतिरोध और थकावट—बताई गईं।

51. स्व-प्रभावकारिता की अवधारणा किसने दी?
A. अल्बर्ट बंडूरा
B. रोजर्स
C. पियाजे
D. वॉटसन
उत्तर: A. अल्बर्ट बंडूरा
व्याख्या: व्यक्ति का अपनी क्षमता पर विश्वास स्व-प्रभावकारिता कहलाता है।

52. व्यक्तित्व के गुण सिद्धांत से कौन संबंधित है?
A. गॉर्डन ऑलपोर्ट
B. फ्रायड
C. स्किनर
D. मैस्लो
उत्तर: A. गॉर्डन ऑलपोर्ट
व्याख्या: ऑलपोर्ट ने व्यक्तित्व को गुणों के आधार पर समझाया।

53. 16 व्यक्तित्व कारकों का सिद्धांत किसने दिया?
A. रेमंड कैटेल
B. ऑलपोर्ट
C. आइजेंक
D. फ्रायड
उत्तर: A. रेमंड कैटेल
व्याख्या: कैटेल ने 16PF व्यक्तित्व मॉडल प्रस्तुत किया।

54. व्यक्तित्व का PEN मॉडल किसने दिया?
A. हैंस आइजेंक
B. फ्रायड
C. जंग
D. एडलर
उत्तर: A. हैंस आइजेंक
व्याख्या: PEN मॉडल में Psychoticism, Extraversion और Neuroticism शामिल हैं।

55. अंतर्मुखी और बहिर्मुखी की अवधारणा किसने दी?
A. कार्ल जंग
B. स्किनर
C. मैस्लो
D. वॉटसन
उत्तर: A. कार्ल जंग
व्याख्या: जंग ने व्यक्तित्व प्रकारों का वर्गीकरण किया।

56. मनोमितीय परीक्षणों के विकास में किसका योगदान था?
A. अल्फ्रेड बिने
B. फ्रायड
C. पियाजे
D. जंग
उत्तर: A. अल्फ्रेड बिने
व्याख्या: बिने ने बुद्धि परीक्षण विकसित किए।

57. सामूहिक सीखने पर किसने बल दिया?
A. वाइगोत्स्की
B. स्किनर
C. पावलॉव
D. फ्रायड
उत्तर: A. वाइगोत्स्की
व्याख्या: सीखने में सामाजिक सहभागिता महत्वपूर्ण मानी गई।

58. खोज अधिगम सिद्धांत किसने दिया?
A. जेरोम ब्रूनर
B. पियाजे
C. स्किनर
D. थॉर्नडाइक
उत्तर: A. जेरोम ब्रूनर
व्याख्या: विद्यार्थी स्वयं खोज के माध्यम से सीखता है।

59. स्पाइरल पाठ्यक्रम की अवधारणा किसने दी?
A. ब्रूनर
B. पियाजे
C. वाइगोत्स्की
D. स्किनर
उत्तर: A. ब्रूनर
व्याख्या: विषयों को बढ़ती जटिलता के साथ दोहराया जाना चाहिए।

60. शारीरिक आवश्यकताओं को सबसे निम्न स्तर पर किसने रखा?
A. मैस्लो
B. फ्रायड
C. स्किनर
D. गोलमैन
उत्तर: A. मैस्लो
व्याख्या: भोजन, पानी और नींद जैसी आवश्यकताएँ मूलभूत हैं।

61. प्रगतिशील शिक्षा के समर्थक कौन थे?
A. जॉन ड्यूई
B. स्किनर
C. पियाजे
D. फ्रायड
उत्तर: A. जॉन ड्यूई
व्याख्या: ड्यूई ने अनुभव आधारित शिक्षा पर बल दिया।

62. कार्यात्मकवाद से कौन संबंधित है?
A. विलियम जेम्स
B. फ्रायड
C. जंग
D. स्किनर
उत्तर: A. विलियम जेम्स
व्याख्या: कार्यात्मकवाद मानसिक प्रक्रियाओं के कार्यों पर बल देता है।

63. संरचनावाद के प्रवर्तक कौन थे?
A. विल्हेम वुंट
B. जेम्स
C. स्किनर
D. फ्रायड
उत्तर: A. विल्हेम वुंट
व्याख्या: वुंट ने चेतना के घटकों का अध्ययन किया।

64. प्रथम मनोवैज्ञानिक प्रयोगशाला किसने स्थापित की?
A. विल्हेम वुंट
B. फ्रायड
C. जंग
D. पावलॉव
उत्तर: A. विल्हेम वुंट
व्याख्या: 1879 में जर्मनी में पहली प्रयोगशाला स्थापित हुई।

65. क्रियात्मक अनुबंधन का संबंध किससे है?
A. स्किनर
B. पावलॉव
C. वॉटसन
D. एडलर
उत्तर: A. स्किनर
व्याख्या: व्यवहार के परिणाम उसके दोहराव को प्रभावित करते हैं।

66. अधिगम का संबंधवादी सिद्धांत किसने दिया?
A. थॉर्नडाइक
B. स्किनर
C. कोहलर
D. पियाजे
उत्तर: A. थॉर्नडाइक
व्याख्या: उद्दीपन और प्रतिक्रिया के संबंध पर बल दिया गया।

67. बुद्धि के त्रिआयामी मॉडल किसने दिया?
A. जे. पी. गिलफोर्ड
B. स्पीयरमैन
C. गार्डनर
D. बिने
उत्तर: A. जे. पी. गिलफोर्ड
व्याख्या: गिलफोर्ड ने बुद्धि को अनेक आयामों में बाँटा।

68. स्वप्न विश्लेषण का संबंध किससे है?
A. फ्रायड
B. जंग
C. स्किनर
D. एरिक्सन
उत्तर: A. फ्रायड
व्याख्या: फ्रायड ने स्वप्नों को अचेतन इच्छाओं का प्रतीक माना।

69. प्रबलन अनुसूचियाँ किसने दीं?
A. स्किनर
B. पावलॉव
C. वॉटसन
D. जंग
उत्तर: A. स्किनर
व्याख्या: निरंतर और आंशिक प्रबलन अनुसूचियाँ व्यवहार को प्रभावित करती हैं।

70. मनोविश्लेषण में रक्षा-युक्तियाँ किससे संबंधित हैं?
A. ईगो
B. इड
C. सुपरेगो
D. अवलोकन
उत्तर: A. ईगो
व्याख्या: ईगो चिंता से बचने के लिए रक्षा-युक्तियों का उपयोग करता है।

71. प्रक्षेपण रक्षा-युक्ति का अर्थ क्या है?
A. अपनी भावनाएँ दूसरों पर आरोपित करना
B. वास्तविकता स्वीकार करना
C. समस्या हल करना
D. पुरस्कार देना
उत्तर: A. अपनी भावनाएँ दूसरों पर आरोपित करना
व्याख्या: व्यक्ति अपनी अस्वीकार्य भावनाओं को दूसरों में देखता है।

72. दमन रक्षा-युक्ति का अर्थ क्या है?
A. अप्रिय विचारों को अचेतन में दबाना
B. खुले रूप में व्यक्त करना
C. व्यवहार दोहराना
D. अनुकरण करना
उत्तर: A. अप्रिय विचारों को अचेतन में दबाना
व्याख्या: दमन चिंता कम करने का अचेतन प्रयास है।

73. सीखने में पुनर्बलन के महत्व पर किसने बल दिया?
A. स्किनर
B. फ्रायड
C. जंग
D. पियाजे
उत्तर: A. स्किनर
व्याख्या: पुनर्बलन व्यवहार को बनाए रखने में सहायक होता है।

74. समग्र अधिगम का संबंध किससे है?
A. गेस्टाल्ट मनोविज्ञान
B. व्यवहारवाद

C. मनोविश्लेषण
D. मानवतावाद
उत्तर: A. गेस्टाल्ट मनोविज्ञान
व्याख्या: व्यक्ति समस्या को संपूर्ण रूप में समझता है।

75. सामाजिक रुचि की अवधारणा किसने दी?
A. एडलर
B. जंग
C. फ्रायड
D. स्किनर
उत्तर: A. एडलर
व्याख्या: एडलर ने समाज से जुड़ाव को महत्वपूर्ण माना।

76. सामूहिक अचेतन में पाए जाने वाले प्रतीकों को क्या कहा गया?
A. आर्केटाइप्स
B. ड्राइव्स
C. पुनर्बलन
D. स्कीमा
उत्तर: A. आर्केटाइप्स
व्याख्या: आर्केटाइप्स सार्वभौमिक प्रतीकात्मक प्रतिरूप हैं।

77. स्कीमा की अवधारणा किससे संबंधित है?
A. पियाजे
B. फ्रायड
C. स्किनर
D. गोलमैन
उत्तर: A. पियाजे
व्याख्या: स्कीमा मानसिक संरचनाएँ हैं जिनसे व्यक्ति अनुभवों को समझता है।

78. आत्म-अवधारणा का संबंध किससे है?
A. कार्ल रोजर्स
B. फ्रायड
C. जंग
D. एडलर
उत्तर: A. कार्ल रोजर्स
व्याख्या: व्यक्ति स्वयं को कैसे देखता है, इसे आत्म-अवधारणा कहा जाता है।

79. बिना शर्त सकारात्मक सम्मान की अवधारणा किसने दी?
A. कार्ल रोजर्स
B. फ्रायड
C. स्किनर
D. पावलॉव
उत्तर: A. कार्ल रोजर्स
व्याख्या: व्यक्ति को बिना शर्त स्वीकार करना मानसिक विकास में सहायक है।

80. प्रेरणा के प्रोत्साहन सिद्धांत का संबंध किससे है?
A. बाहरी पुरस्कारों से
B. केवल जैविक आवश्यकताओं से
C. केवल अचेतन से
D. केवल नैतिकता से
उत्तर: A. बाहरी पुरस्कारों से
व्याख्या: व्यक्ति पुरस्कार पाने के लिए प्रेरित होता है।

81. उपलब्धि प्रेरणा परीक्षण किससे संबंधित है?
A. मैक्लीलैंड
B. मैस्लो
C. फ्रायड
D. पियाजे
उत्तर: A. मैक्लीलैंड
व्याख्या: उपलब्धि प्रेरणा सफलता प्राप्त करने की इच्छा को दर्शाती है।

82. अनुकरण द्वारा सीखने की अवधारणा किससे जुड़ी है?
A. बंडूरा
B. पावलॉव
C. स्किनर
D. थॉर्नडाइक
उत्तर: A. बंडूरा
व्याख्या: व्यक्ति दूसरों के व्यवहार की नकल करके सीख सकता है।

83. शिक्षण मशीन का विकास किसने किया?
A. स्किनर
B. पियाजे
C. फ्रायड
D. वॉटसन
उत्तर: A. स्किनर
व्याख्या: स्किनर ने प्रोग्रामित अधिगम पर बल दिया।

84. क्रमिक समीपता विधि किससे संबंधित है?
A. स्किनर
B. पावलॉव
C. कोहलर
D. वॉटसन
उत्तर: A. स्किनर
व्याख्या: जटिल व्यवहार छोटे-छोटे चरणों से विकसित किए जाते हैं।

85. बुद्धि की मानसिक आयु अवधारणा किसने दी?
A. बिने
B. गार्डनर
C. स्पीयरमैन
D. गिलफोर्ड
उत्तर: A. बिने
व्याख्या: मानसिक आयु बुद्धि मापन का आधार बनी।

86. मनोविज्ञान को चेतना का विज्ञान किसने माना?
A. वुंट
B. वॉटसन

C. स्किनर
D. फ्रायड
उत्तर: A. वुंट
व्याख्या: प्रारंभिक मनोविज्ञान चेतना के अध्ययन पर केंद्रित था।

87. मनोविज्ञान को व्यवहार का विज्ञान किसने कहा?
A. वॉटसन
B. फ्रायड
C. वुंट
D. जेम्स
उत्तर: A. वॉटसन
व्याख्या: व्यवहारवाद ने केवल प्रेक्षणीय व्यवहार को महत्व दिया।

88. कार्यात्मकवाद का मुख्य उद्देश्य क्या था?
A. मानसिक प्रक्रियाओं के कार्य समझना
B. केवल अचेतन का अध्ययन
C. केवल पुनर्बलन
D. केवल अनुकरण
उत्तर: A. मानसिक प्रक्रियाओं के कार्य समझना
व्याख्या: कार्यात्मकवाद ने अनुकूलन और व्यवहार के उपयोग पर बल दिया।

89. आधुनिक बुद्धि परीक्षणों पर किसका प्रभाव अधिक रहा?
A. बिने
B. फ्रायड
C. वॉटसन
D. पावलॉव
उत्तर: A. बिने
व्याख्या: बिने के परीक्षणों ने आधुनिक बुद्धि मापन की नींव रखी।

90. आत्म-सिद्धि की अवधारणा किससे जुड़ी है?
A. मैस्लो
B. स्किनर
C. जंग
D. वॉटसन
उत्तर: A. मैस्लो
व्याख्या: व्यक्ति अपनी सर्वोच्च क्षमता प्राप्त करना चाहता है।

91. संज्ञानात्मक क्रांति का संबंध किससे है?
A. मानसिक प्रक्रियाओं के अध्ययन से
B. केवल व्यवहार से
C. केवल अचेतन से
D. केवल पुनर्बलन से
उत्तर: A. मानसिक प्रक्रियाओं के अध्ययन से
व्याख्या: संज्ञानात्मक मनोविज्ञान ने सोच, स्मृति और समस्या समाधान पर बल दिया।

92. अवलोकन अधिगम में मॉडल का क्या महत्व है?
A. व्यक्ति मॉडल को देखकर सीखता है
B. मॉडल का कोई महत्व नहीं
C. केवल दंड महत्वपूर्ण है
D. केवल पुनर्बलन महत्वपूर्ण है
उत्तर: A. व्यक्ति मॉडल को देखकर सीखता है
व्याख्या: मॉडल का व्यवहार सीखने को प्रभावित करता है।

93. मनोवैज्ञानिक परीक्षणों में मानकीकरण पर किसने बल दिया?
A. बिने
B. फ्रायड
C. स्किनर
D. एरिक्सन
उत्तर: A. बिने
व्याख्या: परीक्षणों को समान नियमों के अनुसार लागू करना आवश्यक है।

94. व्यक्तित्व विकास में अचेतन की भूमिका पर किसने बल दिया?
A. फ्रायड
B. स्किनर
C. पियाजे
D. गार्डनर
उत्तर: A. फ्रायड
व्याख्या: फ्रायड के अनुसार अचेतन इच्छाएँ व्यवहार को प्रभावित करती हैं।

95. अनुभव आधारित शिक्षा का समर्थन किसने किया?
A. जॉन ड्यूई
B. फ्रायड
C. स्किनर
D. जंग
उत्तर: A. जॉन ड्यूई
व्याख्या: शिक्षा को जीवन और अनुभव से जोड़ना चाहिए।

96. समस्या समाधान में अंतर्दृष्टि पर किसने बल दिया?
A. कोहलर
B. स्किनर
C. थॉर्नडाइक
D. वॉटसन
उत्तर: A. कोहलर
व्याख्या: व्यक्ति अचानक समाधान समझ सकता है।

97. मानव व्यवहार को पर्यावरण का परिणाम किसने माना?
A. व्यवहारवादियों ने
B. मानवतावादियों ने
C. मनोविश्लेषकों ने
D. गेस्टाल्टवादियों ने
उत्तर: A. व्यवहारवादियों ने
व्याख्या: व्यवहारवादी बाहरी उद्दीपनों और पुनर्बलन पर बल देते थे।

98. आत्म-विकास पर सबसे अधिक बल किसने दिया?
A. मानवतावादी मनोवैज्ञानिकों ने
B. व्यवहारवादियों ने
C. मनोविश्लेषकों ने
D. संरचनावादियों ने
उत्तर: A. मानवतावादी मनोवैज्ञानिकों ने
व्याख्या: मानवतावादी दृष्टिकोण व्यक्ति की क्षमता और स्वतंत्रता पर केंद्रित है।

99. सामाजिक कारकों के महत्व पर किसने विशेष बल दिया?
A. वाइगोत्स्की
B. स्किनर
C. फ्रायड
D. पावलॉव
उत्तर: A. वाइगोत्स्की
व्याख्या: सामाजिक संपर्क सीखने और विकास के लिए आवश्यक है।

100. महत्वपूर्ण मनोवैज्ञानिकों के सिद्धांतों का अध्ययन क्यों आवश्यक है?
A. व्यवहार, अधिगम, व्यक्तित्व और विकास को समझने के लिए
B. केवल परीक्षा पास करने के लिए
C. केवल सिद्धांत याद करने के लिए
D. केवल इतिहास जानने के लिए
उत्तर: A. व्यवहार, अधिगम, व्यक्तित्व और विकास को समझने के लिए
व्याख्या: विभिन्न मनोवैज्ञानिकों के सिद्धांत मनोविज्ञान की आधारशिला हैं और मानव व्यवहार को समझने में सहायता करते हैं।

RK Success Solutions – Psychology MCQs

Previous Year Questions (PYQs) Section

CTET Previous Year Questions

1. 'Classical Conditioning' सिद्धांत किसने दिया?
A. Skinner
B. Pavlov
C. Thorndike
D. Watson
उत्तर: B. Pavlov
व्याख्या: Pavlov ने कुत्तों पर प्रयोग करके Classical Conditioning सिद्धांत दिया।

2. 'Trial and Error Learning' सिद्धांत किसने दिया?
A. Thorndike
B. Skinner
C. Freud
D. Kohler
उत्तर: A. Thorndike
व्याख्या: सीखना प्रयास और भूल के माध्यम से होता है।

3. 'Insight Learning' का संबंध किससे है?
A. Kohler
B. Pavlov
C. Skinner
D. Freud
उत्तर: A. Kohler
व्याख्या: अचानक समाधान समझ आना अंतर्दृष्टि कहलाता है।

4. 'Operant Conditioning' सिद्धांत किसने दिया?
A. Skinner
B. Pavlov
C. Watson
D. Freud
उत्तर: A. Skinner
व्याख्या: व्यवहार को पुनर्बलन द्वारा नियंत्रित किया जा सकता है।

5. 'Social Learning Theory' किसने दी?
A. Bandura
B. Freud
C. Skinner
D. Piaget
उत्तर: A. Bandura
व्याख्या: व्यक्ति दूसरों को देखकर सीखता है।

6. 'Hierarchy of Needs' सिद्धांत किससे संबंधित है?
A. Maslow
B. Freud
C. Rogers
D. Watson
उत्तर: A. Maslow
व्याख्या: आवश्यकताओं को स्तरों में बाँटा गया है।

7. 'Psychoanalysis' सिद्धांत किसने दिया?
A. Freud
B. Watson
C. Skinner
D. Pavlov
उत्तर: A. Freud
व्याख्या: Freud ने अचेतन मन पर बल दिया।

8. 'Cognitive Development Theory' किसने दी?
A. Piaget
B. Vygotsky
C. Skinner
D. Freud
उत्तर: A. Piaget
व्याख्या: मानसिक विकास के चरणों का वर्णन किया गया।

9. 'Zone of Proximal Development' किससे संबंधित है?
A. Vygotsky
B. Piaget

C. Thorndike
D. Watson
उत्तर: A. Vygotsky
व्याख्या: सहायता से सीखने की क्षमता।

10. 'Law of Effect' किसने दिया?
A. Thorndike
B. Pavlov
C. Watson
D. Skinner
उत्तर: A. Thorndike
व्याख्या: संतोषजनक परिणाम व्यवहार को मजबूत करते हैं।

11. 'Self Actualization' का संबंध किससे है?
A. Maslow
B. Freud
C. Skinner
D. Watson
उत्तर: A. Maslow
व्याख्या: व्यक्ति अपनी सर्वोच्च क्षमता प्राप्त करना चाहता है।

12. 'Client Centered Therapy' किसने दी?
A. Rogers
B. Freud
C. Jung
D. Adler
उत्तर: A. Rogers
व्याख्या: व्यक्ति-केंद्रित परामर्श पर बल दिया गया।

13. 'Collective Unconscious' की अवधारणा किसने दी?
A. Jung
B. Freud
C. Watson
D. Skinner
उत्तर: A. Jung
व्याख्या: सामूहिक अचेतन सभी मनुष्यों में पाया जाता है।

14. 'Defense Mechanism' किससे संबंधित है?
A. Freud
B. Watson
C. Skinner
D. Pavlov
उत्तर: A. Freud
व्याख्या: Ego चिंता कम करने हेतु रक्षा-युक्तियाँ अपनाता है।

15. 'Bobo Doll Experiment' किसने किया?
A. Bandura
B. Pavlov
C. Skinner
D. Freud
उत्तर: A. Bandura
व्याख्या: अवलोकन अधिगम का प्रसिद्ध प्रयोग।

16. 'Emotional Intelligence' शब्द को लोकप्रिय किसने बनाया?
A. Daniel Goleman
B. Piaget
C. Freud
D. Watson
उत्तर: A. Daniel Goleman
व्याख्या: भावनात्मक नियंत्रण सामाजिक सफलता में सहायक है।

17. 'Mental Age' की अवधारणा किसने दी?
A. Binet
B. Gardner
C. Kohler
D. Skinner
उत्तर: A. Binet
व्याख्या: मानसिक आयु बुद्धि परीक्षण का आधार है।

18. 'Multiple Intelligence Theory' किसने दी?
A. Gardner
B. Spearman
C. Freud
D. Watson
उत्तर: A. Gardner
व्याख्या: Gardner ने बुद्धि के कई प्रकार बताए।

19. 'Two Factor Theory' किसने दी?
A. Spearman
B. Gardner
C. Guilford
D. Binet
उत्तर: A. Spearman
व्याख्या: g और s factors बुद्धि के आधार हैं।

20. 'Field Theory' किसने दी?
A. Kurt Lewin
B. Freud
C. Skinner
D. Rogers
उत्तर: A. Kurt Lewin
व्याख्या: व्यवहार व्यक्ति और वातावरण का परिणाम है।

21. 'Cognitive Map' का संबंध किससे है?
A. Tolman
B. Pavlov
C. Watson
D. Skinner
उत्तर: A. Tolman
व्याख्या: व्यक्ति मानसिक नक्शा बनाकर सीखता है।

22. 'Law of Readiness' किसने दिया?
A. Thorndike
B. Skinner
C. Pavlov
D. Freud
उत्तर: A. Thorndike
व्याख्या: सीखने के लिए तत्परता आवश्यक है।

23. 'Reinforcement Theory' किसने दी?
A. Skinner
B. Watson
C. Freud
D. Jung
उत्तर: A. Skinner
व्याख्या: पुनर्बलन व्यवहार को प्रभावित करता है।

24. 'Little Albert Experiment' किसने किया?
A. Watson
B. Pavlov
C. Skinner
D. Kohler
उत्तर: A. Watson
व्याख्या: भय अनुबंधन का प्रयोग।

25. 'Behaviorism' के प्रवर्तक कौन थे?
A. Watson
B. Freud
C. Wundt
D. James
उत्तर: A. Watson
व्याख्या: व्यवहारवाद प्रेक्षणीय व्यवहार पर आधारित है।

26. 'Analytical Psychology' किससे संबंधित है?
A. Jung
B. Freud
C. Rogers
D. Adler
उत्तर: A. Jung
व्याख्या: Jung ने विश्लेषणात्मक मनोविज्ञान विकसित किया।

27. 'Need for Achievement' सिद्धांत किसने दिया?
A. McClelland
B. Maslow
C. Freud
D. Skinner
उत्तर: A. McClelland
व्याख्या: सफलता प्राप्त करने की प्रेरणा।

28. 'PEN Theory' किसने दी?
A. Eysenck
B. Freud
C. Jung
D. Adler
उत्तर: A. Eysenck
व्याख्या: PEN मॉडल व्यक्तित्व सिद्धांत है।

29. 'Unconditional Positive Regard' किसने दिया?
A. Rogers
B. Freud
C. Watson
D. Skinner
उत्तर: A. Rogers
व्याख्या: व्यक्ति को बिना शर्त स्वीकार करना।

30. प्रथम मनोवैज्ञानिक प्रयोगशाला किसने स्थापित की?
A. Wilhelm Wundt
B. Freud
C. Skinner
D. Pavlov
उत्तर: A. Wilhelm Wundt
व्याख्या: 1879 में प्रथम प्रयोगशाला स्थापित की गई।

31. 'Drive Reduction Theory' किसने दी?
A. Hull
B. Freud
C. Skinner
D. Maslow
उत्तर: A. Hull
व्याख्या: जैविक आवश्यकताओं की पूर्ति प्रेरणा का आधार है।

32. 'Cognitive Dissonance Theory' किसने दी?
A. Festinger
B. Rogers
C. Watson
D. Jung
उत्तर: A. Festinger
व्याख्या: विरोधी विचार मानसिक तनाव उत्पन्न करते हैं।

33. 'Observational Learning' किससे संबंधित है?
A. Bandura
B. Pavlov
C. Skinner
D. Thorndike
उत्तर: A. Bandura
व्याख्या: व्यक्ति दूसरों को देखकर सीखता है।

34. 'General Adaptation Syndrome' किसने दिया?
A. Hans Selye
B. Freud
C. Maslow
D. Piaget
उत्तर: A. Hans Selye
व्याख्या: तनाव की अवस्थाओं का सिद्धांत।

35. 'Structuralism' के जनक कौन थे?
A. Wundt
B. James
C. Watson
D. Freud
उत्तर: A. Wundt
व्याख्या: चेतना के संरचनात्मक अध्ययन पर बल दिया गया।

36. 'Functionalism' किससे संबंधित है?
A. William James
B. Freud
C. Skinner
D. Watson
उत्तर: A. William James
व्याख्या: मानसिक प्रक्रियाओं के कार्यों पर बल दिया गया।

37. 'Latent Learning' किसने दी?
A. Tolman
B. Pavlov
C. Skinner
D. Kohler
उत्तर: A. Tolman
व्याख्या: सीखना बिना प्रत्यक्ष पुनर्बलन के भी हो सकता है।

38. 'Scaffolding' की अवधारणा किससे जुड़ी है?
A. Vygotsky
B. Piaget
C. Skinner
D. Freud
उत्तर: A. Vygotsky
व्याख्या: सीखने में सहायता प्रदान करना।

39. 'Moral Development Theory' किसने दी?
A. Kohlberg
B. Piaget
C. Freud
D. Watson
उत्तर: A. Kohlberg
व्याख्या: नैतिक विकास के स्तर बताए गए।

40. 'Theory of Insight' किसने दी?
A. Kohler
B. Thorndike
C. Pavlov
D. Skinner
उत्तर: A. Kohler
व्याख्या: समस्या समाधान में अचानक समझ विकसित होती है।

41. 'Hierarchy Theory' किससे संबंधित है?
A. Maslow
B. Rogers
C. Freud
D. Watson
उत्तर: A. Maslow
व्याख्या: आवश्यकताओं को क्रमबद्ध रूप में प्रस्तुत किया गया।

42. 'Introvert-Extrovert' अवधारणा किसने दी?
A. Jung
B. Freud
C. Adler
D. Skinner
उत्तर: A. Jung
व्याख्या: व्यक्तित्व प्रकारों का वर्गीकरण।

43. 'Psychosexual Development' सिद्धांत किसने दिया?
A. Freud
B. Erikson
C. Piaget
D. Skinner
उत्तर: A. Freud
व्याख्या: व्यक्तित्व विकास के मनो-यौन चरण।

44. 'Psychosocial Development' सिद्धांत किसने दिया?
A. Erikson
B. Freud
C. Piaget
D. Watson
उत्तर: A. Erikson
व्याख्या: जीवन के आठ मनोसामाजिक चरण बताए गए।

45. 'Conditioned Response' शब्द किससे संबंधित है?
A. Pavlov
B. Skinner
C. Freud
D. Thorndike
उत्तर: A. Pavlov
व्याख्या: अनुबंधन के बाद उत्पन्न प्रतिक्रिया।

46. 'Programmed Learning' किसने विकसित किया?
A. Skinner
B. Watson
C. Pavlov
D. Kohler
उत्तर: A. Skinner
व्याख्या: चरणबद्ध अधिगम प्रक्रिया विकसित की गई।

47. 'Individual Psychology' किससे संबंधित है?
A. Adler
B. Freud
C. Jung
D. Rogers
उत्तर: A. Adler
व्याख्या: हीनता ग्रंथि पर बल दिया गया।

48. 'Group Dynamics' का संबंध किससे है?
A. Kurt Lewin
B. Skinner
C. Freud
D. Piaget
उत्तर: A. Kurt Lewin
व्याख्या: समूह व्यवहार के अध्ययन से संबंधित।

49. 'Learning by Doing' पर किसने बल दिया?
A. John Dewey
B. Freud
C. Watson
D. Pavlov
उत्तर: A. John Dewey
व्याख्या: अनुभव आधारित शिक्षा का समर्थन।

50. Psychology को 'Science of Behavior' किसने कहा?
A. Watson
B. Freud
C. James
D. Wundt
उत्तर: A. Watson
व्याख्या: व्यवहारवाद का मुख्य आधार प्रेक्षणीय व्यवहार है।

UGC NET Psychology PYQs

1. 'Hierarchy of Needs' सिद्धांत किसने दिया?
A. Freud
B. Maslow
C. Rogers
D. Jung
उत्तर: B. Maslow
व्याख्या: Maslow ने आवश्यकताओं को क्रमबद्ध पिरामिड के रूप में प्रस्तुत किया।

2. 'Collective Unconscious' की अवधारणा किसने दी?
A. Adler
B. Jung
C. Freud
D. Watson
उत्तर: B. Jung
व्याख्या: Jung ने सामूहिक अचेतन की अवधारणा प्रस्तुत की।

3. 'Self Efficacy' किससे संबंधित है?
A. Bandura
B. Skinner
C. Freud
D. Piaget
उत्तर: A. Bandura
व्याख्या: Self Efficacy व्यक्ति के आत्मविश्वास को दर्शाती है।

4. 'Need for Achievement' सिद्धांत किसने दिया?
A. McClelland
B. Maslow
C. Freud
D. Rogers
उत्तर: A. McClelland
व्याख्या: सफलता प्राप्त करने की प्रेरणा को Achievement Motivation कहते हैं।

5. 'Operant Conditioning' सिद्धांत किसने दिया?
A. Skinner
B. Pavlov
C. Watson
D. Kohler
उत्तर: A. Skinner
व्याख्या: व्यवहार को पुनर्बलन द्वारा नियंत्रित किया जा सकता है।

6. 'Two Factor Theory of Intelligence' किसने दी?
A. Spearman
B. Gardner
C. Guilford
D. Thurstone
उत्तर: A. Spearman
व्याख्या: Spearman ने g और s factors दिए।

7. 'Multiple Intelligence Theory' किसने दी?
A. Gardner
B. Binet
C. Freud
D. Watson
उत्तर: A. Gardner
व्याख्या: Gardner ने बुद्धि के अनेक प्रकार बताए।

8. 'Client Centered Therapy' किसने दी?
A. Rogers
B. Freud
C. Adler
D. Jung
उत्तर: A. Rogers
व्याख्या: इसमें व्यक्ति-केंद्रित परामर्श पर बल दिया गया।

9. 'Defense Mechanism' का संबंध किससे है?
A. Freud
B. Skinner
C. Piaget
D. Watson
उत्तर: A. Freud
व्याख्या: Ego चिंता से बचने हेतु रक्षा-युक्तियाँ अपनाता है।

10. 'Classical Conditioning' किससे संबंधित है?
A. Pavlov
B. Skinner
C. Thorndike
D. Bandura
उत्तर: A. Pavlov
व्याख्या: Pavlov ने कुत्तों पर प्रयोग किया।

11. 'Social Learning Theory' किसने दी?
A. Bandura
B. Freud
C. Watson
D. Skinner
उत्तर: A. Bandura
व्याख्या: व्यक्ति दूसरों को देखकर सीखता है।

12. 'Psychoanalysis' सिद्धांत के जनक कौन हैं?
A. Freud
B. Jung
C. Adler
D. Rogers
उत्तर: A. Freud
व्याख्या: Freud ने मनोविश्लेषण सिद्धांत दिया।

13. 'Insight Learning' किसने दिया?
A. Kohler
B. Thorndike
C. Pavlov
D. Watson
उत्तर: A. Kohler
व्याख्या: समस्या का अचानक समाधान Insight कहलाता है।

14. 'Trial and Error Learning' किससे संबंधित है?
A. Thorndike
B. Skinner
C. Freud
D. Piaget
उत्तर: A. Thorndike
व्याख्या: प्रयास और भूल द्वारा सीखना।

15. 'Hierarchy Theory' का संबंध किससे है?
A. Maslow
B. Watson
C. Jung
D. Freud
उत्तर: A. Maslow
व्याख्या: आवश्यकताओं को स्तरों में बाँटा गया।

16. 'Zone of Proximal Development' किसने दी?
A. Vygotsky
B. Piaget
C. Skinner
D. Thorndike
उत्तर: A. Vygotsky
व्याख्या: सहायता से सीखने की क्षमता।

17. 'Cognitive Development Theory' किसने दी?
A. Piaget
B. Watson
C. Freud
D. Skinner
उत्तर: A. Piaget
व्याख्या: मानसिक विकास के चरण बताए गए।

18. 'PEN Theory' किसने दी?
A. Eysenck
B. Freud
C. Adler
D. Rogers
उत्तर: A. Eysenck
व्याख्या: PEN व्यक्तित्व मॉडल प्रसिद्ध है।

19. 'Emotional Intelligence' शब्द को लोकप्रिय किसने बनाया?
A. Daniel Goleman
B. Freud
C. Watson
D. Skinner
उत्तर: A. Daniel Goleman
व्याख्या: भावनात्मक बुद्धि सामाजिक सफलता में सहायक है।

20. 'Mental Age' की अवधारणा किसने दी?
A. Binet
B. Gardner
C. Piaget
D. Kohler
उत्तर: A. Binet
व्याख्या: बुद्धि परीक्षण का आधार मानसिक आयु है।

KVS Previous Year Questions

1. 'Classical Conditioning' सिद्धांत किसने दिया?
A. Skinner
B. Pavlov
C. Thorndike
D. Watson
उत्तर: B. Pavlov
व्याख्या: Pavlov ने कुत्तों पर प्रयोग करके Classical Conditioning सिद्धांत दिया।
(CTET 2023)

2. 'Trial and Error Learning' सिद्धांत किसने दिया?
A. Thorndike
B. Skinner
C. Freud
D. Kohler
उत्तर: A. Thorndike
व्याख्या: Thorndike ने सीखने की प्रयत्न एवं भूल विधि का सिद्धांत दिया।
(CTET 2022)

3. 'Insight Learning' का संबंध किससे है?
A. Pavlov
B. Watson
C. Kohler
D. Skinner
उत्तर: C. Kohler
व्याख्या: Kohler ने चिंपैंजी पर प्रयोग करके Insight Learning को समझाया।
(CTET 2021)

4. 'Operant Conditioning' सिद्धांत किसने दिया?
A. Skinner
B. Pavlov
C. Watson
D. Freud
उत्तर: A. Skinner
व्याख्या: Skinner ने पुनर्बलन आधारित अधिगम सिद्धांत दिया।

5. 'Law of Readiness' किसने दिया?
A. Thorndike
B. Skinner
C. Watson
D. Piaget
उत्तर: A. Thorndike
व्याख्या: सीखने के लिए तत्परता आवश्यक होती है।

6. 'Bobo Doll Experiment' किसने किया?
A. Bandura
B. Freud
C. Jung

D. Pavlov
उत्तर: A. Bandura
व्याख्या: Bandura ने observational learning को सिद्ध किया।

7. 'Hierarchy of Needs' सिद्धांत किससे संबंधित है?
A. Maslow
B. Freud
C. Skinner
D. Rogers
उत्तर: A. Maslow
व्याख्या: Maslow ने आवश्यकताओं का पिरामिड प्रस्तुत किया।

8. बुद्धि परीक्षण का विकास किसने किया?
A. Alfred Binet
B. Gardner
C. Piaget
D. Watson
उत्तर: A. Alfred Binet
व्याख्या: Binet ने पहला बुद्धि परीक्षण विकसित किया।

9. 'Collective Unconscious' की अवधारणा किसने दी?
A. Jung
B. Freud
C. Adler
D. Rogers
उत्तर: A. Jung
व्याख्या: Jung ने सामूहिक अचेतन की अवधारणा प्रस्तुत की।

10. 'Self Actualization' का संबंध किससे है?
A. Maslow
B. Skinner
C. Freud
D. Watson
उत्तर: A. Maslow
व्याख्या: Self Actualization सर्वोच्च मानवीय क्षमता को दर्शाता है।

11. 'Psychoanalysis' सिद्धांत किसने दिया?
A. Freud
B. Watson
C. Pavlov
D. Skinner
उत्तर: A. Freud
व्याख्या: Freud ने अचेतन मन पर आधारित सिद्धांत दिया।

12. 'Social Learning Theory' किसने दी?
A. Bandura
B. Skinner
C. Thorndike
D. Kohler
उत्तर: A. Bandura
व्याख्या: व्यक्ति अवलोकन द्वारा भी सीखता है।

13. 'Cognitive Development Theory' किसने दी?
A. Piaget
B. Vygotsky
C. Skinner
D. Freud
उत्तर: A. Piaget
व्याख्या: Piaget ने बच्चों के मानसिक विकास के चरण बताए।

14. 'Zone of Proximal Development' का संबंध किससे है?
A. Vygotsky
B. Piaget
C. Watson
D. Pavlov
उत्तर: A. Vygotsky
व्याख्या: सहायता से सीखने की क्षमता को ZPD कहते हैं।

15. 'Client Centered Therapy' किसने दी?
A. Rogers
B. Freud
C. Adler
D. Jung
उत्तर: A. Rogers
व्याख्या: Rogers ने client-centered approach दी।

16. 'Stimulus Response Theory' किससे संबंधित है?
A. Watson
B. Freud
C. Piaget
D. Jung
उत्तर: A. Watson
व्याख्या: व्यवहारवाद में उद्दीपन और प्रतिक्रिया का महत्व है।

17. 'Little Albert Experiment' किसने किया?
A. Watson
B. Pavlov
C. Skinner
D. Kohler
उत्तर: A. Watson
व्याख्या: भय अनुबंधन का प्रयोग Little Albert पर किया गया।

18. 'Reinforcement' का संबंध किससे है?
A. Skinner
B. Freud
C. Adler
D. Jung
उत्तर: A. Skinner
व्याख्या: Reinforcement व्यवहार को मजबूत बनाता है।

19. 'Insight' शब्द का संबंध किससे है?
A. Kohler
B. Thorndike
C. Watson
D. Skinner
उत्तर: A. Kohler
व्याख्या: अचानक समाधान समझ आना Insight कहलाता है।

20. 'Law of Effect' किसने दिया?
A. Thorndike
B. Skinner
C. Pavlov
D. Freud
उत्तर: A. Thorndike
व्याख्या: संतोषजनक परिणाम वाले व्यवहार दोहराए जाते हैं।

21. 'PEN Theory' किसने दी?
A. Eysenck
B. Freud
C. Jung
D. Adler
उत्तर: A. Eysenck
व्याख्या: PEN मॉडल में तीन व्यक्तित्व आयाम हैं।

22. 'Defense Mechanism' का संबंध किससे है?
A. Freud
B. Skinner
C. Watson
D. Piaget
उत्तर: A. Freud
व्याख्या: Ego चिंता कम करने हेतु रक्षा-युक्तियाँ अपनाता है।

23. 'Operant Chamber' किसने विकसित किया?
A. Skinner
B. Watson
C. Pavlov
D. Freud
उत्तर: A. Skinner
व्याख्या: इसे Skinner Box भी कहा जाता है।

24. 'Mental Age' की अवधारणा किसने दी?
A. Binet
B. Gardner
C. Piaget
D. Thorndike
उत्तर: A. Binet
व्याख्या: मानसिक आयु बुद्धि परीक्षण का आधार बनी।

25. 'Field Theory' किसने दी?
A. Kurt Lewin
B. Freud
C. Rogers
D. Skinner
उत्तर: A. Kurt Lewin
व्याख्या: व्यवहार व्यक्ति और वातावरण का परिणाम है।

26. 'Cognitive Map' का संबंध किससे है?
A. Tolman
B. Skinner
C. Freud
D. Jung
उत्तर: A. Tolman
व्याख्या: व्यक्ति मानसिक नक्शा बनाकर सीखता है।

27. 'Achievement Motivation' सिद्धांत किसने दिया?
A. McClelland
B. Maslow
C. Freud
D. Rogers
उत्तर: A. McClelland
व्याख्या: उपलब्धि प्रेरणा सफलता पाने की इच्छा है।

28. 'Emotional Intelligence' को लोकप्रिय किसने बनाया?
A. Daniel Goleman
B. Piaget
C. Watson
D. Skinner
उत्तर: A. Daniel Goleman
व्याख्या: भावनात्मक नियंत्रण और सामाजिक कौशल पर बल दिया गया।

29. 'Trial and Error' अधिगम किस पर आधारित है?
A. प्रयास और भूल
B. अनुकरण
C. अंतर्दृष्टि
D. अवलोकन
उत्तर: A. प्रयास और भूल
व्याख्या: गलतियों से सही प्रतिक्रिया सीखी जाती है।

30. Psychology को 'Behavior का Science' किसने कहा?
A. Watson
B. Freud
C. Wundt
D. James
उत्तर: A. Watson
व्याख्या: Watson व्यवहारवाद के प्रमुख प्रवर्तक थे।

UGC NET Psychology PYQs

1. 'Hierarchy of Needs' सिद्धांत किसने दिया?
A. Freud
B. Maslow
C. Rogers
D. Jung
उत्तर: B. Maslow
व्याख्या: Maslow ने आवश्यकताओं को क्रमबद्ध पिरामिड के रूप में प्रस्तुत किया।

2. 'Collective Unconscious' की अवधारणा किसने दी?
A. Adler
B. Jung
C. Freud
D. Watson
उत्तर: B. Jung
व्याख्या: Jung ने सामूहिक अचेतन की अवधारणा प्रस्तुत की।

3. 'Self-Efficacy' किससे संबंधित है?
A. Bandura
B. Skinner

C. Freud
D. Piaget
उत्तर: A. Bandura
व्याख्या: Self Efficacy व्यक्ति के आत्मविश्वास को दर्शाती है।

4. 'Need for Achievement' सिद्धांत किसने दिया?
A. McClelland
B. Maslow
C. Freud
D. Rogers
उत्तर: A. McClelland
व्याख्या: सफलता प्राप्त करने की प्रेरणा को Achievement Motivation कहते हैं।

5. 'Operant Conditioning' सिद्धांत किसने दिया?
A. Skinner
B. Pavlov
C. Watson
D. Kohler
उत्तर: A. Skinner
व्याख्या: व्यवहार को पुनर्बलन द्वारा नियंत्रित किया जा सकता है।

6. 'Two Factor Theory of Intelligence' किसने दी?
A. Spearman
B. Gardner
C. Guilford
D. Thurstone
उत्तर: A. Spearman
व्याख्या: Spearman ने g और s factors दिए।

7. 'Multiple Intelligence Theory' किसने दी?
A. Gardner
B. Binet
C. Freud
D. Watson
उत्तर: A. Gardner
व्याख्या: Gardner ने बुद्धि के अनेक प्रकार बताए।

8. 'Client Centered Therapy' किसने दी?
A. Rogers
B. Freud
C. Adler
D. Jung
उत्तर: A. Rogers
व्याख्या: इसमें व्यक्ति-केंद्रित परामर्श पर बल दिया गया।

9. 'Defense Mechanism' का संबंध किससे है?
A. Freud
B. Skinner
C. Piaget
D. Watson
उत्तर: A. Freud
व्याख्या: Ego चिंता से बचने हेतु रक्षा-युक्तियाँ अपनाता है।

10. 'Classical Conditioning' किससे संबंधित है?
A. Pavlov
B. Skinner
C. Thorndike
D. Bandura
उत्तर: A. Pavlov
व्याख्या: Pavlov ने कुत्तों पर प्रयोग किया।

11. 'Social Learning Theory' किसने दी?
A. Bandura
B. Freud
C. Watson
D. Skinner
उत्तर: A. Bandura
व्याख्या: व्यक्ति दूसरों को देखकर सीखता है।

12. 'Psychoanalysis' सिद्धांत के जनक कौन हैं?
A. Freud
B. Jung
C. Adler
D. Rogers
उत्तर: A. Freud
व्याख्या: Freud ने मनोविश्लेषण सिद्धांत दिया।

13. 'Insight Learning' किसने दिया?
A. Kohler
B. Thorndike
C. Pavlov
D. Watson
उत्तर: A. Kohler
व्याख्या: समस्या का अचानक समाधान Insight कहलाता है।

14. 'Trial and Error Learning' किससे संबंधित है?
A. Thorndike
B. Skinner
C. Freud
D. Piaget
उत्तर: A. Thorndike
व्याख्या: प्रयास और भूल द्वारा सीखना।

15. 'Hierarchy Theory' का संबंध किससे है?
A. Maslow
B. Watson
C. Jung
D. Freud
उत्तर: A. Maslow
व्याख्या: आवश्यकताओं को स्तरों में बाँटा गया।

16. 'Zone of Proximal Development' किसने दी?
A. Vygotsky
B. Piaget
C. Skinner
D. Thorndike
उत्तर: A. Vygotsky
व्याख्या: सहायता से सीखने की क्षमता।

17. 'Cognitive Development Theory' किसने दी?
A. Piaget
B. Watson
C. Freud
D. Skinner
उत्तर: A. Piaget
व्याख्या: मानसिक विकास के चरण बताए गए।

18. 'PEN Theory' किसने दी?
A. Eysenck
B. Freud
C. Adler
D. Rogers
उत्तर: A. Eysenck
व्याख्या: PEN व्यक्तित्व मॉडल प्रसिद्ध है।

19. 'Emotional Intelligence' शब्द को लोकप्रिय किसने बनाया?
A. Daniel Goleman
B. Freud
C. Watson
D. Skinner
उत्तर: A. Daniel Goleman
व्याख्या: भावनात्मक बुद्धि सामाजिक सफलता में सहायक है।

20. 'Mental Age' की अवधारणा किसने दी?
A. Binet
B. Gardner
C. Piaget
D. Kohler
उत्तर: A. Binet
व्याख्या: बुद्धि परीक्षण का आधार मानसिक आयु है।

21. 'Field Theory' किसने दी?
A. Kurt Lewin
B. Freud
C. Watson
D. Skinner
उत्तर: A. Kurt Lewin
व्याख्या: व्यवहार व्यक्ति और वातावरण पर निर्भर करता है।

22. 'Cognitive Map' किससे संबंधित है?
A. Tolman
B. Skinner
C. Watson
D. Pavlov
उत्तर: A. Tolman
व्याख्या: मानसिक नक्शा बनाकर सीखना।

23. 'Bobo Doll Experiment' किसने किया?
A. Bandura
B. Skinner
C. Pavlov
D. Freud
उत्तर: A. Bandura
व्याख्या: अवलोकन अधिगम का प्रयोग।

24. 'Self Actualization' किससे संबंधित है?
A. Maslow
B. Freud
C. Skinner
D. Watson
उत्तर: A. Maslow
व्याख्या: व्यक्ति की सर्वोच्च क्षमता।

25. 'Little Albert Experiment' किसने किया?
A. Watson
B. Pavlov
C. Skinner
D. Kohler
उत्तर: A. Watson
व्याख्या: भय अनुबंधन से संबंधित प्रयोग।

26. 'Reinforcement Theory' किसने दी?
A. Skinner
B. Freud
C. Adler
D. Jung
उत्तर: A. Skinner
व्याख्या: पुनर्बलन व्यवहार को प्रभावित करता है।

27. 'Analytical Psychology' किससे संबंधित है?
A. Jung
B. Freud
C. Rogers
D. Skinner
उत्तर: A. Jung
व्याख्या: Jung ने विश्लेषणात्मक मनोविज्ञान विकसित किया।

28. 'Law of Effect' किसने दिया?
A. Thorndike
B. Skinner
C. Pavlov
D. Watson
उत्तर: A. Thorndike
व्याख्या: संतोषजनक परिणाम व्यवहार को मजबूत करते हैं।

29. 'Unconditional Positive Regard' किसने दिया?
A. Rogers
B. Freud
C. Adler
D. Jung
उत्तर: A. Rogers
व्याख्या: व्यक्ति को बिना शर्त स्वीकार करना।

30. 'Behaviorism' के प्रमुख प्रवर्तक कौन थे?
A. Watson
B. Freud
C. James

D. Wundt
उत्तर: A. Watson
व्याख्या: व्यवहारवाद केवल प्रेक्षणीय व्यवहार पर बल देता है।

KVS Previous Year Questions

1. 'Operant Conditioning' सिद्धांत किसने दिया?
A. Skinner
B. Pavlov
C. Thorndike
D. Kohler
उत्तर: A. Skinner
व्याख्या: Skinner ने व्यवहार पर पुनर्बलन के प्रभाव को समझाया।

2. 'Classical Conditioning' सिद्धांत किससे संबंधित है?
A. Pavlov
B. Freud
C. Skinner
D. Watson
उत्तर: A. Pavlov
व्याख्या: Pavlov ने कुत्तों पर प्रयोग करके अधिगम सिद्धांत दिया।

3. 'Trial and Error Learning' सिद्धांत किसने दिया?
A. Thorndike
B. Watson
C. Skinner
D. Jung
उत्तर: A. Thorndike
व्याख्या: सीखना प्रयास और भूल के माध्यम से होता है।

4. 'Insight Learning' का संबंध किससे है?
A. Kohler
B. Pavlov
C. Skinner
D. Freud
उत्तर: A. Kohler
व्याख्या: अचानक समाधान समझ आना अंतर्दृष्टि कहलाता है।

5. 'Social Learning Theory' किसने दी?
A. Bandura
B. Freud
C. Skinner
D. Piaget
उत्तर: A. Bandura
व्याख्या: व्यक्ति दूसरों को देखकर सीखता है।

6. 'Hierarchy of Needs' सिद्धांत किससे संबंधित है?
A. Maslow
B. Freud
C. Rogers
D. Watson
उत्तर: A. Maslow
व्याख्या: आवश्यकताओं को स्तरों में बाँटा गया है।

7. 'Psychoanalysis' सिद्धांत किसने दिया?
A. Freud
B. Watson
C. Skinner
D. Pavlov
उत्तर: A. Freud
व्याख्या: Freud ने अचेतन मन पर बल दिया।

8. 'Cognitive Development Theory' किसने दी?
A. Piaget
B. Vygotsky
C. Skinner
D. Freud
उत्तर: A. Piaget
व्याख्या: मानसिक विकास के चरणों का वर्णन किया गया।

9. 'Zone of Proximal Development' किससे संबंधित है?
A. Vygotsky
B. Piaget
C. Thorndike
D. Watson
उत्तर: A. Vygotsky
व्याख्या: सहायता से सीखने की क्षमता।

10. 'Law of Effect' किसने दिया?
A. Thorndike
B. Pavlov
C. Watson
D. Skinner
उत्तर: A. Thorndike
व्याख्या: संतोषजनक परिणाम व्यवहार को मजबूत करते हैं।

11. 'Self Actualization' का संबंध किससे है?
A. Maslow
B. Freud
C. Skinner
D. Watson
उत्तर: A. Maslow
व्याख्या: व्यक्ति अपनी सर्वोच्च क्षमता प्राप्त करना चाहता है।

12. 'Client Centered Therapy' किसने दी?
A. Rogers
B. Freud
C. Jung
D. Adler
उत्तर: A. Rogers
व्याख्या: व्यक्ति-केंद्रित परामर्श पर बल दिया गया।

13. 'Collective Unconscious' की अवधारणा किसने दी?
A. Jung
B. Freud
C. Watson
D. Skinner
उत्तर: A. Jung
व्याख्या: सामूहिक अचेतन सभी मनुष्यों में पाया जाता है।

14. 'Defense Mechanism' किससे संबंधित है?
A. Freud
B. Watson
C. Skinner
D. Pavlov
उत्तर: A. Freud
व्याख्या: Ego चिंता कम करने हेतु रक्षा-युक्तियाँ अपनाता है।

15. 'Bobo Doll Experiment' किसने किया?
A. Bandura
B. Pavlov
C. Skinner
D. Freud
उत्तर: A. Bandura
व्याख्या: अवलोकन अधिगम का प्रसिद्ध प्रयोग।

16. 'Emotional Intelligence' शब्द को लोकप्रिय किसने बनाया?
A. Daniel Goleman
B. Piaget
C. Freud
D. Watson
उत्तर: A. Daniel Goleman
व्याख्या: भावनात्मक नियंत्रण सामाजिक सफलता में सहायक है।

17. 'Mental Age' की अवधारणा किसने दी?
A. Binet
B. Gardner
C. Kohler
D. Skinner
उत्तर: A. Binet
व्याख्या: मानसिक आयु बुद्धि परीक्षण का आधार है।

18. 'Multiple Intelligence Theory' किसने दी?
A. Gardner
B. Spearman
C. Freud
D. Watson
उत्तर: A. Gardner
व्याख्या: Gardner ने बुद्धि के कई प्रकार बताए।

19. 'Two Factor Theory' किसने दी?
A. Spearman
B. Gardner
C. Guilford
D. Binet
उत्तर: A. Spearman
व्याख्या: g और s factors बुद्धि के आधार हैं।

20. 'Field Theory' किसने दी?
A. Kurt Lewin
B. Freud
C. Skinner
D. Rogers
उत्तर: A. Kurt Lewin
व्याख्या: व्यवहार व्यक्ति और वातावरण का परिणाम है।

21. 'Cognitive Map' का संबंध किससे है?
A. Tolman
B. Pavlov
C. Watson
D. Skinner
उत्तर: A. Tolman
व्याख्या: व्यक्ति मानसिक नक्शा बनाकर सीखता है।

22. 'Law of Readiness' किसने दिया?
A. Thorndike
B. Skinner
C. Pavlov
D. Freud
उत्तर: A. Thorndike
व्याख्या: सीखने के लिए तत्परता आवश्यक है।

23. 'Reinforcement Theory' किसने दी?
A. Skinner
B. Watson
C. Freud
D. Jung
उत्तर: A. Skinner
व्याख्या: पुनर्बलन व्यवहार को प्रभावित करता है।

24. 'Little Albert Experiment' किसने किया?
A. Watson
B. Pavlov
C. Skinner
D. Kohler
उत्तर: A. Watson
व्याख्या: भय अनुबंधन का प्रयोग।

25. 'Behaviorism' के प्रवर्तक कौन थे?
A. Watson
B. Freud
C. Wundt
D. James
उत्तर: A. Watson
व्याख्या: व्यवहारवाद प्रेक्षणीय व्यवहार पर आधारित है।

26. 'Analytical Psychology' किससे संबंधित है?
A. Jung
B. Freud
C. Rogers
D. Adler
उत्तर: A. Jung
व्याख्या: Jung ने विश्लेषणात्मक मनोविज्ञान विकसित किया।

27. 'Need for Achievement' सिद्धांत किसने दिया?
A. McClelland
B. Maslow
C. Freud

D. Skinner
उत्तर: A. McClelland
व्याख्या: सफलता प्राप्त करने की प्रेरणा।

28. 'PEN Theory' किसने दी?
A. Eysenck
B. Freud
C. Jung
D. Adler
उत्तर: A. Eysenck
व्याख्या: PEN मॉडल व्यक्तित्व सिद्धांत है।

29. 'Unconditional Positive Regard' किसने दिया?
A. Rogers
B. Freud
C. Watson
D. Skinner
उत्तर: A. Rogers
व्याख्या: व्यक्ति को बिना शर्त स्वीकार करना।

30. प्रथम मनोवैज्ञानिक प्रयोगशाला किसने स्थापित की?
A. Wilhelm Wundt
B. Freud
C. Skinner
D. Pavlov
उत्तर: A. Wilhelm Wundt
व्याख्या: 1879 में प्रथम प्रयोगशाला स्थापित की गई।